納税者権利論の課題

北野弘久先生追悼論集刊行委員会 編

勁 草 書 房

北野弘久先生遺影

撮影　北野　謙　2001年1月

献呈の辞

戦後税法学の民主的発展のために揺るぎない足跡を遺してこられた北野弘久先生が、平成二二年六月一七日、急性白血病のため急逝された。ご葬儀はお身内とごく少数の教え子のみでしめやかに行われたが、先生のご遺言で七月一一日に執り行われた「北野弘久先生を送る会」は、一風変わった友人葬（？）となった。

そもそも北野先生は少年時代に父上を亡くされ、ご自身養子に出されることを危惧されるような家庭状況の中で、学費捻出のため滅多に家にも帰れぬほど家庭教師をしながら苦労して学業を成し遂げられた方で、税法学者となられてからは、弱い貧しい人々に少しでも人間らしい穏やかな暮らしを保障しようとする取り組みを、文字通り人生をかけて全うされた。そのご業績と活動は、質・量ともに常人の及ぶ域を遥かに超えている。本書の末尾に付した北野先生の主要研究業績（追補）は、先生の古稀記念論文集「納税者権利論の展開」（勁草書房、平成一三年六月）以降の情報で我々が補足しえたものをまとめたに過ぎないものであるが、これを含めた先生のご経歴とご業績を一瞥するだけでも先生のお仕事ぶりが尋常なものでなかったことは万人の目に明らかである。先生は、それこそ無尽蔵かと思われる情熱とスタミナで、馬車馬何頭分もの働きを続けてこられた。さすがに平成二二年六月に入院された折には、仕事はほとんどできなかったそうであるが、全く何もされなかったのは最後の三日間だけであったと伺っている。入院の直前には苦しい息を押して就職の決まっていなかった末弟子のために心のこもった推薦状も認めておられる。誰もが目を奪われる北野（税法学）理論の力強さと精力的な活動であるが、その背景には、常に深い同悲と慈しみの心が広がっていたことを忘れてはならないだろう。だからこそ、先の「送る会」には、教え子、研究者は勿論のこと、税法・法曹専門家、団体役職員、官吏、政治家から行きつけの料理店の店主まで、総勢八〇〇余名もの人々が駆けつけたのである。

北野先生は、また生涯自らの信念を貫かれた方でもある。あれほどの実務的、論理的能力を身に着けた方が、世間によくいる自称エリートの人々と同じような生き方をして、もう少し「賢く」資本、権力と付き合っていれば、遥かに大きな富、権力、名声を手に入れられたであろうことは疑いがない。しかし、先生はそれをなされなかった。先生はよく教室で、研究者に最も必要なことは節操を守ることである、と教えられた。初めは民主主義法学を標榜しておきながら、次第に個人的利益につられて国民・納税者の権利を売り渡すような議論を始めることを、先生は最も嫌われた。中扉にある「大衆に奉仕しない学問は有害である」との言葉は、学問は自分とは縁もゆかりもない大衆一般のために存在するのであって、それができない者は去れ、という大変厳しいものであるが、北野先生はこの立場を終生崩されなかった。元々は滝川事件で京大を飛び出られた末川博博士の言葉で、北野先生の学生時代の恩師大西芳雄先生を始め当時の同僚達の間で共有されていたものだそうであるが、学生時代に受けたこの教えを終生守り通した北野先生は、民主主義法学の誠実な学徒でもあられた。先の「送る会」は、自らの死をも納税者の権利を向上させるために役立てなさいという先生のご遺言によって執り行われた葬儀風決起集会であったが、先生のぶれない明確な哲学は、終生ではなく死後にまで貫かれる形となった。

「送る会」当日、人生を納税者の権利のために捧げられた北野先生を敬慕される多くの方々から、熱く暖かいお言葉が次々と披瀝された。その中のかなりのものは追悼論文集の刊行を求める内容を含むものであった。しかし、実はこの点については、北野先生ご自身は、弟子の問いかけに対し、一度はご自宅、一度は病院で消極的な判断を示されていた。理由は、現在の税法学界の現状では納税者の権利の向上に役立つ論文集の編纂が困難であること、自分の死後にまで残された人々に負担をかけたくないこと、の二つであった。三度目は、奥様から後に頂いた同様の回答であった。それにも拘わらずここに「北野弘久先生追悼論集　納税者権利論の課題」が刊行される運びとなったのは、「北野弘久先生を送る会」実行委員会のメンバー（浦野広明、小池幸造、黒川功、阿部徳幸＝年齢順）が、北野先生を敬慕する人々の熱い要望に勇気をもって応えようと決断したことによるし、何よりも自分たちの中にそうした方々と同じ思いがあったことによる。「送る会」実行委員会はさらに中村芳昭委員に応援を求め、北野弘久先生追悼論集刊行委員会に発展してここに本書の刊行に至った次第である。

本書は、既にこの献呈文からしてそうであるが、論文集としては少々毛色の変わった面を有している。北野先生に係る随想を掲載していたり、「納税者権利論の課題」と銘打っておきながら、納税者の権利とは間接的にしか関係しない分野やテーマを扱う論文が含まれているなど、厳密にいうと論文集の体裁を外れる部分を含んでいる。しかしこれらは全て北野税法学理論・哲学への評価、大衆に奉仕するという学問的実践意欲等といったいくつかの通奏低音によって繋がっている。「送る会」の参加者へのご遺族の礼状や「送る会」実行委員会からの当日の挨拶文が掲載されているのは、本書刊行の契機となった当日の雰囲気をできるだけお伝えしたいのと、北野先生の学問や人生のご紹介を、いわば本書による間接的参列者としてお聞きいただきたいという理由による。

本書が我が国の民主主義税法学の発展に何等か寄与するところがあり、天国の北野先生が笑って本書を納めてくださることを、刊行委員一同心より切望する次第である。

本書の刊行にあたっては、勁草書房編集部の竹田康夫氏に長期間お世話になり、適切なアドバイスを多数頂いた。心より厚くお礼申し上げる。また、編集作業においては、明海大学講師の山田朋生氏、日本大学大学院の本村大輔氏にもご助力頂いた。併せて感謝申し上げる。

二〇一一年一一月

北野弘久先生追悼論集刊行委員会
浦野　広明
中村　芳昭
小池　幸造
黒川　功
阿部　徳幸
（年齢順）

「北野弘久先生をおくる会」は平成二二年七月一一日に開催され、七〇〇余名もの方々のご参列のもと、しめやかな中にも独特の熱気を孕みつつとりおこなわれました。本追悼論集は、その刊行を求める多くの参列者の方々の熱意に動かされる形で刊行されるに至りました。以下に、故北野弘久先生のご生涯と「おくる会」当日の雰囲気を伝えるため、ご親族より参列者におくられましたお礼のお言葉と会場での実行委員長の挨拶を掲載いたします。

「北野弘久先生を送る会」参列者へのご遺族からのお礼

謹啓

この度は、主人をおくって頂く会にて、すばらしいおことばの数々や花々の献花、ご丁重な弔電等々をいただきまして誠に有難うございました。厚くお礼申しあげます。

主人は七十歳定年を迎えてから、すこしは家族二人の静かな日常をすごすようになっておりました。正月元旦は近くにおります子供達三人の家族十三人が揃って、大きなテーブルのご馳走を囲みますが、そうする孫たちの笑顔にうれしそうにしておりました。

家では温厚な主でしたが、特に若い来客、親戚の大学生などが来訪しますと、途端に元の北野弘久「教授」に戻り、自分の書物の序文や自ら指摘した箇所をみんなの前で音読させ、社会を見る目を説教しては、自分の著書を持って帰らせておりました。話が大好き、若者が大好き、なかなか話の尽きない人でした。

主人は病名を告げられて、新たに覚悟して生きる意欲を持ったようでした。急性骨髄性白血病と昨秋宣告されましたが、年齢も考えてガン治療は致しませんでした。一月、二月、三月、四月、五月までの寒い季節でも、講演に招かれると出かけていき、その都度自分はガンであることを公言しておりました。亡くなるまでの間、ほとんどを自宅で療養し、病気の苦痛にも耐えながら、原稿書きやインタビューなどをこなし、その合間にERに駆け込むことも度々でした。全く病院で過ごしましたのは最後の一週間だけでした。主人は時に「あと半年、八十歳までは生きないとね」ともらしておりましたが、これはかないませんでした。

主人は凄まじい生きざまをわたくしたち家族にみせてくれました。そうすることが出来ましたのも、みなさまの日ごろの北野弘久にたいする声援の賜物と私なりに理解しております。

わたくしども二人は生前いつも話しておりました。両親から授けていただいた名前で八十年近く仕事をし、少しは世の中のお役にも立てたことに感謝しながら、終生北野弘久で生き、終えると。これは以前から話し合って決めていたことです。お墓も近くのばらの花に囲まれた霊園に建て、仏壇も数年前に二人で足を運んで選んできめました。

このたびは、皆様の温かい善意と美しい花々に囲まれ、主人の好きな音楽におくられて、北野弘久最良の一日となりました。

家族一同心から厚く御礼申しあげます。

ありがとうございました。

敬白

北野八江

他　収、学、謙

「北野弘久先生をおくる会」実行委員会よりの挨拶

「北野弘久先生を送る会」実行委員会
委員長・日本大学法学部教授
黒　川　功

日本大学法学部で税法の講座を預らせて頂いております黒川でございます。「北野弘久先生をおくる会」実行委員を代表してご挨拶申し上げます。

本日はご多忙中にも拘りませず、かくも多数の方々にご参集頂き、誠に有り難うございます。実行委員一同、心よりお礼申し上げます。

私たち実行委員会のメンバー、小池幸造、浦野広明、阿部徳幸に私の四名は、本年四月一三日、先生ご入院先の多摩総合医療センターの病室に呼び集められました。そして先生が亡くなられた後にわれわれがなすべき事を、先生ご自身から指示されました。当日の先生は頭脳明晰で、お言葉もしっかりされており、いつもの北野先生そのものでした。さすがに話を終えられた後は、若干お疲れになったご様子もお見受け致しましたが、私たちは皆「騙された」と思ったほどで、誰一人、これほど早く先生の「ご遺言」を実行する日が来ようなどとは、夢にも想っておりませんでした。

先生から頂いた指示の要諦は、自分が死んでも普通の葬式などしてはいけない、弱い者のために人生を捧げた北野弘久という一人の人間の生き様を示して、納税者運動の機運を高めるための総決起集会を開きなさい、というものでした。自らの死をも、納税者の権利を護るために役立てなさいという、いかにも大衆の利益のために人生を捧げてこられた北野先生らしい、壮絶な、そして最後のお言いつけでした。

したがいまして、本日只今より執り行われます「北野弘久先生をおくる会」は、北野先生の「ご葬儀」ではございません。先生の「ご遺言」に従い、納税者の権利向上のために開催されます「総決起集会」でございます。会の開催に先立ちまして、私は実行委員長として、まずこのことを皆様にお伝えしなければなりません。

北野先生の辿られた壮烈な人生の軌跡と、お残しになられた膨大なご業績とは、決してかい摘んで紹介することなど許される次元のものではございませんが、先生の税法学教室を現在任されている者の責任として、全く不肖の弟子なりにではございますが、何とかその概要を紹介させて頂きたく存じます。

北野弘久先生は、昭和六年一月二八日に富山県に生を受けられました。幼い日に父上を亡くされていたため苦学生をしながらも、昭和三〇年には立命館大学法学部を優秀な成績で卒業され、大蔵省に入省されました。先生は、主税局税制第一課事務官として、わが国の税法改正法案の立案を担当する等、権力の中枢で辣腕を振るわれた後、再び学窓に戻る決心をされました。先生は、進歩的過ぎる言動を少しだけ謹んでさえくれれば、大蔵省が一生君の面倒を見るからという当時の上司の慰留を振り切って、早稲田大学大学院法学研究科に進学され、憲法学を修められました。昭和三七年に修了された後は、日本大学専任講師、助教授等を経て昭和四六年に同教授、昭和五〇年に同大学院法学研究科兼任教授となられました。平成八年には法学部比較法研究所長、一〇年には図書館長に就任される等、平成一三年一月に日本大学を定年にて退職されるまで税法学の研究・教育に尽力され、平成一三年四月に日本大学名誉教授になられました。

北野先生は税法学の研究において、わが国の税法学の草創期より、科学的民主主義税法学理論の確立に貢献されました。先生の構築された税法学理論は、納税者の立場に立った人権理論を中核とするもので、いわゆる「北野税法学」という固有名詞を冠されるほどの斬新性とオリジナリティをもつものでありました。それは日本税法学の歴史の中で、疑いもなく際立った存在価値を示しております。先生の代表的な著書のいくつかは中国でも翻訳出版されており、北野先生の学説は中国でも日本を代表する税法学理論として極めて高く評価されております。

北野税法学理論は、法認識論（すなわち社会に存在し機能する法の現実的な姿と機能＝生ける法の解明・客観的な認識）と、法実践論（すなわちルールとしての法のあるべき内容の探求＝法解釈・立法論）との峻別という科学的法律学の方法論を基盤にもっています。この点で、現在でも他の税法学と区別されるものです。先生はまず、税法現象の科学的・客観的認識を行なう法認識論をふまえた上で、次に、現段階でどのような法実践論―つまり法解釈・立法論―が日本国憲法の価値規範に最も適合するかを追求・解明するという独自の研究スタイルを構築されました。しかもそれは大蔵省主税局等における実務キャリアや法廷活動等の法実践経験を通じて形成された現実社会に対する深い洞察力を伴うことにより、群を抜く実証性、独創性を具備するに至っています。

北野先生は、租税国家体制における国家活動全体を射程に入れた現代租税法理論を展開されます。ここでの租税概念は、社会保険料等の公的負担を包摂し、かつ徴収面と使途面とを統合的に視野に入れた現代的租税概念として把握されます。そして先生は、そのような租税概念こそが日本国憲法の採用するところであるとして、これを税法学理論を展開する上での前提に据えられます。こうして展開される税法解釈論及び立法論を、先生は憲法人権規範論として構成され、そこでの中核概念として、高度の法実践性を有する納税者基本権（＝Taxpayer's Fundamental Rights）が、納税者という地位に特化される、人々の自由権、社会権、平和的生存権等の諸権利の集合的概念として提唱されます。

こうした北野理論の下では、現行憲法の租税法律主義（憲法三〇条、八四条）は、浅薄で納税者の権利を救う力に乏しい租税法定主義的な消極的な原則ではなく、より積極的な権利保障機能を有する法原則として構成されます。すなわち、国民の納税義務ないし国の徴税権は、憲法の応能負担原則（憲法一三、一四、二五、二九条等）等に合致する憲法適合性の範囲内においてのみ、かつ公共の福祉に合致する正しい国家目的、つまり「福祉目的」に税が使用される限りにおいてのみ成立するものとされ、この意味において租税法律主義は、二重に拡張された権利保障機能を有するものとして規定されます。

また、地方税については、国が有する課税権の行使が、国の法律によって地方に委任されているとする委任租税条例主義が従来通説でありましたが、先生は地方においても、住民の持つ課税権は住民代表議会が税条例の制定・改廃を通じて行使するものとして、税における民主主義の原理が貫徹されるべきことを唱え、本来的租税条例主義（各自治体は自己の税条例自体で独自の課税権を行使しうるとする）を提唱されました。この理論によれば、国の法律である「地方税法」（昭和二五年法律二二六号）は、基本的に標準法・枠法に過ぎないため、住民の納税義務の法的基礎とはならず、住民の納税義務の法源は、自分達が代表者を通じて制定した税条例のみとなります。この理論は後述致します法廷活動を通じて裁判所の認めるところとなり、公法学における国家主権論のドグマを事実上修正するという法学史的成果を残すこととなりました。さらに納税者基本権論の下では、特段の立法がなくとも、国民・納税者は、納税者としての資格に基づいて、納税者訴訟・国民訴訟を提起しうる等の先進的な指摘も示されました。

このように、今日においても十分に先駆的な北野税法学理論の基本的枠組は、既に処女論文集『税法の基本原理』（昭和三六年、中央経済社）において示されており、次いで公刊された学位論文『現代税法の構造』（昭和四七年、勁草書房）は、発行年だけで一万部超という専門書としては異例の発行部数を記録するなど、わが国税法学の草創期より、先生の研究は税法学界、実務界に多大なインパクトを与え続けてきました。また、これも専門書としては異例のロングセラーを続け発行部数が既に十数万部を超えている岩波新書『納税者の権利』（昭和五六年一一月）のように、その後公刊された膨大な著書、出版物には、税法のあらゆる分野において深化・発展した北野税法学が様々な形で著わされています。北野税法学理論は、紛れもなく戦後税法学理論の発展において主導的な役割を演じてきたものであり、先生の研究なくしては、わが国の税法学理論は今日のような形で発展することはなかったものといわなければなりません。

税法学の教育においては、北野先生は、学界、税務行政・実務界に多くの税法専門家を送り出し、その民主的発展の土壌を形成するという形で多大の貢献をしておられます。昭和三九年に日本大学がいち早く設けた税法学講座を三七年間にわたって守り続ける傍ら、先生は二度の研究担当・研究委員会委員長、比較法研究所長、図書館長、自己点検・評価委員会委員長、教員拡充委員会委員長等の重職を歴任して大学の運営に尽力されました。大学院法学研究科の北野研究室を中核として、先生が主催される税法関連の学舎は、三七年の歴史を通じて数百名もの税理士、公認会計士、国税専門官等を育成しており、大学院としては異例の北野同学会という大きなOB組織まで形成しています。同学舎からは、三木義一青山学院大学教授、中村芳昭同大学教授、石村耕治白鷗大学教授、小池幸造元静岡大学教授、伊藤悟札幌大学教授、阿部徳幸関東学院大学教授、不肖黒川功日本大学教授等、一部例外的な者もおりますが、当代を代表する税法研究者が多数輩出されており、極めて高い教育・指導成果を残しておられます。

北野先生は、特に税・財政法関連の研究、行政、争訟、立法、市民運動ひいては国際交流等の広汎な分野の民主的発展のため、法実践活動の面にも力を入れられ、各方面で常人には真似る事すら不可能と思われる超人的な活動実績を残して来られました。

先生は、わが国税法学の草創期より活発な学会活動を展開して日本税法学の開拓に尽力されました。日本財政法学会理事長、日本租税理論学会理事長等を歴任され、税財政に関する新しい学問の建設に尽力されるなど、先生は日本の税・財政法学発展の歴史になくてはならない役割を果たされました。また、日本法社会学会理事、日本土地法学会理事等を歴任するなど、広汎で多彩な分野の学会活動を積極的に支えてもこられました。さらに、法学者代表として三期（一六、一七、一八期）にわたって日本学術会議会員に選定され、ここでも公法学研究連絡委員会委員長（一六、一七期）、科学技術の発展と新たな平和問題特別委員会委員長（一七期）、学術のあり方常置委員会委員長（一八期）、平和問題研究連絡委員会委員長（一八期）等を歴任され、積極的に学術会議の活動を支えられました。特に委員長として取りまとめた報告書「科学技術の発展と新たな平和問題」（Developments in Science-Technology and New Threats to Peace）は、海外からも大きな反響を呼ぶなど、有能な委員長としての実績も残しておられます。

北野先生は、北野税法理論の法実践として、積極的に実際の税務争訟事件に関与してこられました。先生が法廷等でなした鑑定証言は約四〇〇回にものぼり、大島サラリーマン税金訴訟を始めとする戦後の主だった税・財政法事案の大半は先生が直接間接関わられたものであるといっても過言ではありません。秋田市国民健康保険税訴訟（秋田地判昭和五四年四月二七日）においては、前述の本来的租税条例主義の理論を事実上裁判所に採用させ、従来の公法学の理論的伝統に根本的改変をせまるに至りました。先生の理論が裁判で認められることにより、課税当局に税務通達の変更をさせた例も少なくありません。先生は、国会における参考人としての所見陳述も延べ一五回にわたって行なわれるなど、租税立法に対して税・財政法学の立場から望ましい影響を与えるための活動も積極的に行なってこられました。

納税者運動等に積極的に参加され、指導的な役割を果たしてこられたことも、北野先生が税・財政法学者の枠を超えて示された功績の一つに数えられます。国民税制調査会代表委員、日本税理士会連合会税制審議会特別（学者）委員、不公平な税制をただす会代表、ＴＣフォーラム（納税者の権利憲章をつくる会）代表、（社）自由人権協会理事、日本民主法律家協会代表理事・理事長、日本国際法律家協会副会長、日本反核法律家協会理事等を歴任されるなどし、今日の市民運動の基盤を形成する上で主導的な役割を演じてこられました。

さらに、国際学会での報告、英文での論文発表、海外での講演・教育活動等、国境を越えての研究、教育、啓蒙活動にも積極的に取り組んでこられました。特に中国においては、先生の著作のいくつかが翻訳出版され、同国の法学理論の動向に大きな影響を与えています。先生の中国学界への貢献は一般に広く認められており、中国財務省からは感謝状、西南政法大学からは名誉教授、北京大学からは客座教授の称号が贈られるなど、高い評価を受けています。また、国際学会等を舞台とする国際的研究、啓蒙活動にも極めて積極的であられます。一例だけ挙げれば、平成一二年二月にメルボルンで開催された法学国際協会（ＩＡＬＳ）の大会において、北野先生は日本学術会議代表として「ＷＴＯの画一的規制緩和の基本的姿勢の誤り」を指摘する特別報告を英語で行なわれました。この中で先生は、中小企業者の生存権を確保するためには、大企業への規制はむしろより厳しくすべきであること、「人の生命（いのち）」を守る医師、「人の生命の法的表現」である基本的人権を守る法律家等の資格は、より厳格に規制すべきであること等の指摘をされ、自らの人権理論を世界に向けて発信しておられます。

以上のように、北野弘久先生は、税・財政法における理論研究、教育、行政、争訟、実務、市民活動等の民主的発展に尽力してこられました。その功績は筆舌に尽くし難いほど顕著であるといわざるをえません。私たちは、今後われわれ一人一人が、納税者の権利実現のために少しでも大きな力を発揮していくことが、北野先生のご遺志に報いる唯一の道であり、本当の供養であると考えております。

なお、本日司会をして頂いております松岡基子先生には、本小冊子の編集を始め事務的な仕事を多く引き受けて頂きました。また、本会の開催にあたりましては、北野先生と生前親交をおもちだった青年税理士連盟等税理士関連団体の皆様から、自発的に多大なご助力を賜っております。実行委員一同、心より感謝いたします。

この度は、共に敬愛する北野弘久先生をおおくりする催しにご参加頂き、誠に有り難うございます。実行委員一同、重ねて心より御礼申し上げます。

平成二二年七月一一日

「北野弘久先生をおくる会」実行委員会
委員長　黒川　功
小池　幸造
浦野　広明
阿部　徳幸

目　次

Ⅲ　租税実体法

Ⅳ　租税手続法

V　租税実務、税務訴訟、納税者運動等

大衆に奉仕しない学問は有害である

末川博
大西芳雄
北野弘久

北野先生の思い出

北野弘久先生を偲ぶ

安藤　実

一　北野弘久先生と日本租税理論学会のこと

北野弘久先生と私の学縁は、ほかでもなく消費税で結ばれた。一九八九年六月六日の朝早く、北野先生から電話をいただいた。新刊の岩波ブックレット『消費税』に、静岡大学税制研究チームの試算を使わせてもらったお礼の挨拶の後、日本租税理論学会（仮称）を発足したいので、その準備会に出て欲しいというものだった。私に声をかけられたのは、売上税以来の静岡大学税制研究チーム（私のほか浅利一郎、金澤史男、土居英二、三木義一など静岡大学人文学部の同僚がメンバー）の活動もさることながら、谷山治雄先生と相談された末と思われる。もちろん承諾した。

七月九日午後、日本租税理論学会（仮称）創立準備会が開かれる東京市谷の私学会館に出向いた。小谷義次、谷山治雄、富岡幸雄、北野弘久の四先生と私という顔ぶれだった。

学会創立の趣旨、規約、会費等の原案は、すべて北野先生が用意されていた。そればかりか、学会事務局の要員として日本大学助手の伊藤悟さんを陪席させるなど周到な手配ぶりであった。お膳立てが整っていたこともあり、ほとんど異論もなく、終始なごやかな雰囲気のうちに進行した。

私の日記には、日本の租税民主主義について、多く語られたとある。また、この席で北野弘久先生が、谷山治雄、富岡幸雄の両先生から若干遅れるものの、戦後の一時期、両先生と同じ大蔵省の税務畑で活躍されていたと聞いたことも記されている。

これら三先生が共に、独特かつ鋭敏な税金感覚の持主として出色なのは、そのような経歴に負うところが大きいように思う。しかもそれぞれに、税法学、財政学、税務会計学といった異なる分野で、権威者として自他共に認める存在である。その三先生が肝胆相照らし、共に立ち上げたのが、日本租税理論学会というわけである。

その後、九月三〇日に東京、一二月三日に静岡と、拡大準備会を重ねて開いている。そしていよいよ一九八九年一二月九日、東京市谷・法政大学で日本租税理論学会の創立総会となった。この時点の会員登録数は、一三五人であった。

創立総会では、私が司会を務めた。初代理事長・小谷先生の挨拶に始まり、設立経緯については、谷山先生が報告された。北野先生は事務局長として、日本租税理論学会の理念や会員資格、学会規約等について説明に当られた。休憩後、財政学分野から谷山治雄、税務会計学から富岡幸雄、税法学から北野弘久の各先生から、問題提起がなされ、それらをめぐって討議が行われた。これらの内容は、学会機関誌第一号『租税科学と消費税問題』に収録されている。

学会創立の趣旨を見ると、「日本租税国家は、まさに危機の状況にある。それにもかかわらず、租税研究者の力が結集されていない。日本租税理論学会は、これまでの縦割りの学会にあきたらず、財政学、税法学、税務会計学、経営学、政治学等の各分野の研究者を網羅し、租税問題を総合的に研究する全国的組織を目指す」とあるが、この「日本租税国家の危機」論こそ、北野先生にとって、その研究生活を通じての課題だったといえる。

北野先生が永く事務局長として、日本租税理論学会の基礎を固められたこと、さらに小谷先生に次ぐ、理事長として学会の発展につくされたことについては、あらためて説明の要はないと思われる。

二〇一〇年七月一一日の「北野弘久先生を送る会」において、私は日本租税理論学会を代表して、「送ることば」を捧げた。そのなかで、北野先生が税法学者として、一貫して消費税批判の先頭に立ってこられたこと、また事務局長、理事長として全力を傾けて、日本租税理論学会を支えてこられたことに対し、次のような感謝のことばを申し上げた。

「私たちは、北野先生が説かれた、日本国民を納税者として無権利な植物人間にする消費税の導入が、納税者主権という日本租税国家の危機を意味すること、それはまた、平和憲法・福祉憲法である日本国憲法の危機をも意味するという教えを、深く肝に銘じて忘れません。

北野先生の烈々たる闘志と情熱こそ、財政学・税法学・税務会計学の三分野の研究者を結集させ、租税問題を総合的に研究する、この日本租税理論学会という、独自な学会の力の源泉でありました。折りしも本日は、消費税の大幅増税を争点とする参議院議員選挙投票日に当ります。私どもは、北野先生の高い志と強い実行力を受け継ぎ、広く国民のなかに、納税者主権の意識を高めていくために全力をつくします。

北野弘久先生、有難うございました。」

二　北野先生の人柄など

北野先生は、人にものを頼むのに、遠慮のない人だったと思う。相手の事情も、余り顧慮しないところがあった。

それが有名な早朝の電話に表れていた。とにかく、どんどん要求が出てくる。それを避けるため、噂では、携帯の番号を教えない人もいたという。

北野先生のそういう態度は、北野先生の「私心のなさ」から出ていたと思う。私の場合をふり返っても、北野先生からの頼み事は、いわば「おおやけごと」ばかりで、「私的利害」に関ることではなかった。

二〇〇三年七月二九日、北野先生から電話があった。この時ばかりは、珍しく夜の九時ころだった。「谷山さんが急病です。脳出血らしい。ついては八月一六日の不公平税制をただす会の研究会で、谷山報告の代役をお願いしたい。」お引き受けする。その八月一六日に、北野先生から私に、「スリムですが、何か注意していますか」と聞かれ、「規則正しい生活です」と答えた。谷山先生の発病以来、北野先生も健康に注意されていたようで、ご自身は「脳出血の予防のため、つとめて水を飲むようにしている」と言われた。

北野先生はまた、いわゆる細事をおろそかにしない人だった。その事務的能力の高さは、日本租税理論学会の事務局長としての手際の良い仕事ぶりからもうかがえるところだが、そういう事務をすこしも苦にする様子がなかった。日本租税理論学会の理事長の後任に、私を推すに当って、黒川功事務局長の事務補佐役をみずから申し出られ、実際に多くの面で、黒川事務局長を助けてこられたと思う。

ご自分の死を覚悟された時、関係者を呼ばれて、いろいろ後事を託されているなかで、「北野弘久先生を送る会」の形式や段取りまでも、細かく指示されたといわれる。ひょっとして、みずからの骨も拾いたいと思うような方だったのではないか、と想像してしまうほどである。

今回、「税法学の研究を志して」と題する、北野先生の古希記念回想文（二〇〇一年）を読んで、おどろかされたことを最後に書き留めておきたい。回想文には、一九六〇年に大蔵省を退官し、早稲田大学大学院法学研究科に入学された当時の生活を記したところがある。

「私は退官後、東京・牛込地区のアパートで所帯を持った。長男が生まれたが、毎日、泣くので、そのアパートでは研究ができない。毎夜、早稲田大学の図書館まで徒歩で行き、図書館で閉館まで研究をしたものであった。」

早稲田大学の図書館といえば、私にも懐かしい場所で、一九五四年に早大政経学部に入学して以来、よく利用していた。大隈公の銅像近く、文学部の建物の隣にあった図書館の二階の大閲覧室は、白い壁と褐色の腰板に囲まれていた。ドーム状の高い天井から灯りが吊り下がり、チョコレート色の広い長方形の木製テーブルが、中央の通路をはさんでいくつも並んでいた。椅子も革張りで背もたれも高く、落ち着いて読書に専念できた。確か、夜九時まで開いていた。

北野先生が社会人から早大の大学院生となって、この図書館に通っておられた一九六〇年代初期は、ちょうど私も法政大・大学院生で、政経学部の安藤彦太郎研究室を拠点に結成された早大満鉄史研究グループのメンバーでもあった。私の場合も、南満州鉄道会社に関する論文を作成するため、足しげく早大図書館に通っていたから、当時の北野弘久院生とお互い知らないままに出会っていたかも知れない。少なくとも同じ天井の下で、研究にいそしんでいたことは確かである。その意味では、これも学縁かと思われる。

北野先生と私

渋田幹雄

北野先生の追悼論文集へ寄稿するようにとのお誘いをいただきましたが、論文をまとめる程の資料もありません。私が北野先生と交流した思い出を記して、責めを果たしたいと思い筆をとりました。

北野先生との出会いが何時であったか、確かなことははっきりしません。たしか私が若い頃、中野民商事件の一審を担当して勝訴判決をとったことを北野先生が知って、私に執筆するようすすめて下さったことがはじめではないかと思います。

その後、昭和五六年に私が担当した水戸地裁での課税処分取消訴訟について、北野先生に鑑定意見書の作成をお願いし証人にも立っていただきました。そのため先生の研究室にも何度か通ったことがあります。

この事件は昭和六二年三月に一審で全面勝訴となり確定しましたので、納付済みの税金も還付されました。この判決については北野先生の還暦記念論文集に掲載させていただきました。

そして、その前後に税法研究会にも参加させていただいた記憶があります。

その後、北野先生の紹介で静岡県の浜名湖の近くの人の譲渡所得課税取消訴訟を受任したことがあります。この事件は、担当税理士の人が北野先生の学説を使って納税者のために頑張っていました。

又、北野先生は弁護士登録をされましたが、弁護士会への入会にあたり私も推薦人になりました。

北野先生は地元の人々の相談にも乗っておられたようで、売掛金の回収事件や建物の賃貸契約のトラブルなどのケースを紹介していただいたこともあります。

北野先生の御自宅は私の事務所からもそう遠くない場所にありましたので、何度か訪ねたこともありました。書庫も見せていただきました。

先生とは何回か食事をしたこともありましたが、先生はお酒が好きで、飲むと踊りだしたりして楽しい飲み方をされていたことが思い出されます。

私の感じたことを付け加えますと、先生は人一倍正義感が強く、しかもそれを実行する行動力はすさまじい程でした。いつも全力投球しているような激しい日々を送っていたのではないでしょうか。

先生を失って残念でなりません。

実務家からみた北野先生の学問と人間性

渡辺春己

はじめに

本稿では、北野先生の協力を得て私自身が関与した事件について報告するとともに、そこでみられる北野先生の学問的特徴とその人柄について触れてみたい（ただし、北野鑑定書の引用については、場合により読者の理解の便宜のため一部固有名詞として変えてある）。

一　親子会社間の清算段階における出捐金の性質

1　事件の概要

協同組合法に基づいて、秋田市在住の製パン業者らが協同組合秋田第一製パンを設立し、学校給食等へのパンの製造・販売を行っていたが、経営が悪化したため、秋田県中央会の指導の下、秋田第一製パン販売会社（以下「販売会社」という。）を設立したうえ、協同組合が販売会社に土地・建物（工場）を賃貸し、販売会社がパン類の製造・販売を行うという形態にした。

協同組合と販売会社との間では人的にもほぼ同一であって、「一心同体」の関係にあり、新設された販売会社には資産もないことから、協同組合が物心両面で全面的に協力し、最終責任を負うことを約していた。

ところが、販売会社の経営も困難となり、解散して債権者への配当をはかることとなった。

そこで「当初からの約束どおり」協同組合の資産（土地・建物）を売却し、販売会社の債務の返済にあてたところ、国税当局はこの返済金を販売会社にたいする寄付金として課税した事例である。

2　清算段階における親会社の子会社に対する出捐金の性格と本件の争点

(1)　出捐金の性格

法人が清算中に支出した金員は原則として残余財産として取り扱われている（法人税法九五条一項）。

しかし、子会社の整理等に際し、親会社たる法人から借入金の援助や債権の放棄等は社会的・経済的な要請からしばしば行われているところであるが、それらは寄付としてではなく、経営財務上単純な損金として認められている。

こうした行為は通常の取引においても親会社が子会社の保証契約を行った場合、保証債務の履行を行ったときなども所得の計算上当然の損金として認められているところである。

このように、継続的に企業活動をしている段階はもとより、清算活動段階においても約定等に基づいて出捐した場合には必要経費として処理されている。本件において、協同組合が最終責任をもつとする法的義務（履行引受）として、企業活動上合理的・相当性のある出捐金は、法人税法の解釈上、当然の義務的経費として認められるべきものである。

しかも、法人税基本通達九―四―一も

「法人がその子会社等の解散、経営権の譲渡等に伴い当該子会社等の債務のために債務の引受けその他の損失の負担をし、又は当該子会社等に対する債権の放棄をした場合においても、その負担又は放棄をしなければ今後より大きな損失を蒙ることになることが社会通念上明らかであると認められるためやむを得ずその負担又は放棄をするに至った等、そのことについて相当な理由があると認められるときは、その負担又は放棄をしたことにより生ずる損失の額は、寄付金の額に該当しないものとする。」

と定めているところである。

そして、北野鑑定書では特約の存在と上記法人税基本通達との関係について、

「法人税基本通達九―四―一は、その経費性が一般的に容易に理解されうる広告宣伝費・交通費・福利厚生費等以外の本件のごとき義務的経費の実務上の取扱い基準を示すものにすぎない。この通達の適用に関する限り、協同組合と販売会社との間の『特約』の存在は必ずしも必要とされていない。これは、親会社的企業の当然の義務的経費として一般に承認されているためであろう。本件の場合には、親企業としての一般的責任に加えて、具体的な『特約』までも存在した。」

と的確に説明している。

(2)　本件の争点

前述した法人の活動における経費についての基本的解釈を踏まえて、本件での争点は①協同組合が販売会社に対する全面的責任を負うとの特約（履行の引受）に基づいてなした清算段階における販売会社の債権者に対する弁済行為が損金となるか②前記法人税基本通達九―四―一が本件に適用されるかが問題とされた。

3　北野鑑定書の概要

(1)　協同組合は前記特約等を立証するため、数多くの証拠を提出し、立証活動を行った。北野先生も一審から上告審に至るまで数次にわたる鑑定書を提出している。

そこで、北野鑑定書の内容に触れながら、以下事案と事件の概要を説明する。

北野鑑定書ではまず

・昭和四三年八月の協同組合全員による販売会社宛の白紙委任状
・昭和四八年五月一七日の販売会社の取締役会議事録
・昭和四九年三月一三日の協同組合理事会議事録
・昭和五五年一月二八日の販売会社の債権者集会

などの記録や協同組合代表清算人や行政指導した秋田県中央会の職員、取引先の債権者などの各陳述書や証言を指摘し、それらの証拠の評価について、

「私は、前記証言等において本件における『真相』を確認するうえにおいても日本の中小企業社会を支配している『生ける法』を正鵠に認識することが重要である」

「税務行政は、このような日本の中小企業社会の現実を直視し、諸資料・諸事情を総合勘案して事柄の真相を見極めなければならない。裁判所においても右のような事実認定の姿勢が不可欠となろう。」

として、事実認定に対する基本的態度を示したうえで、前記白紙委任状、取締役会議事録、協同組合理事会議事録等について、具体的にその証拠価値を明らかにしている。

(2)　白紙委任状について

同白紙委任状は、販売会社を再建するについて協力した債権者が再建に必要であるとして、協同組合員全員に対し、白紙委任状の作成・提出を求めたものである。

北野鑑定書では、①販売会社および協同組合の再建については、販売会社の経営に参画する両債権者の代表にまかせること、②販売会社の経営がうまく行かないときには協同組合がその弁済について責任を負う、換言すれば、販売会社の全債権者に対して協同組合が「履行の引受け」を行うことの二点を意味していると指摘している。

何らの財産を有しない販売会社を再建するにあたり、当時唯一の財産を有していた協同組合の全面的なバックアップが必要であることから、協同組合の財産を実質的担保として提供させるために共有者たる組合員全員から白紙委任状を取得したものである。

このような事情のもとで作成された白紙委任状は、協同組合の全組合員がその共有する財産を販売会社の実質的担保として提供することを約したものであることは、社会的にみて常識といえるものであって、北野鑑定書の見解は当然の論といえる。

(3)　昭和四八年五月一七日販売会社取締役会議事録について
同議事録には、

「……新社長に代表取締役寺田建一を推薦いたしました。全役員異議なく承認致しましたが寺田代表取締役は当社と一心同体である協同組合秋田第一製パンの物心両面での強力なる支援を得られるならばという条件を提出致しましたので暫時休憩の上協同組合秋田第一製パンの理事長以下役員との折衝協議、将来抵当権設定による物件を必要とする場合は全面的に協力又協同組合との土地建物機械その他の本来の賃貸料は月五〇〇千円とする。その他物心両面の強力なる協力方の約束を得たので議事再開」

と記載されている。この事実について、北野鑑定書では

「これは、販売会社の取締役会が一時中断され、協同組合の理事会としての協議・決定が行われたことを意味する。右協議・決定は、協同組合の正式の機関決定である。『その他物心両面の強力なる協力方の約束』なる文面は、一連の諸資料・諸事情を総合的に客観的に検討すれば、協同組合が販売会社のすべての債務を最終的には全責任をもって履行することを意味することが明らかであり、そのことが関係者間においてもはや『公知の事実』であり自明であった」

としている。

(4)　昭和四九年三月一三日協同組合理事会議事録について

同議事録には、「第一号議案協同組合秋田第一製パンは秋田第一製パン販売株式会社に対し全面的に協力することを誓約する」との記載がある。

この事実について、北野鑑定書では形式的にも協同組合の理事会において以前と同様の決定の再確認が行われたものであり、「全面的協力」の意味は協同組合が販売会社の全ての債務を全責任をもって履行することである旨指摘している。

(5)　昭和五四年一二月二〇日の販売会社取締役会議事録について

同議事録に「吉田取締役より、我々は金融機関に保証をさせられているが、それは形式的だということで保証人になったのであり、もし万が一の場合はどうなるのか又商工中金へ理事会決議録なるものが出ているそうだが我々は関知していないと発言があり浅利取締役は協同組合秋田第一製パンの理事長としての立場より私は理事長として、又、皆さんは理事として聞いてくれ、最初からの約束通り協同組合が全責任を負うのであり、形式的に保証させられた皆さんには決して迷惑はかけないしかけさせられない。」との記載がある。

この点について、北野鑑定書では、

「吉田昭治氏は販売会社の取締役でありかつ協同組合の組合員であり協同組合の監事である。この吉田発言を機に販売会社の取締役会が中断され、協同組合の理事会に切り替えられたものとみるのが妥当である。つまり協同組合の正式の理事会が開かれたものとみるのが妥当である。このことは先述した協同組合と販売会社の役員会との関係からも明らかである。若干のコメントをすれば、浅利金十郎氏は販売会社の取締役であるが、協同組合の理事長であった。吉田発言を機に浅利氏は協同組合の理事長の地位に基づいてその段階から別途、協同組合の理事会を主催した。関係者間においてはつとに『公知の事実』であった『最初からの約束』が協同組合の右理事会において再確認する正式の機関決定が行われたものといえる。」

として、中小企業の経営実態を踏まえて組合員の具体的な行動と決議の法的意味を明確にしている。

(6)　そして、各証人や陳述書もまた、協同組合が最終的責任をもつことが合意されていたことを一致して証言しているのである。

北野鑑定書では、これら一連の証拠及び事実を中小企業の実態に基づいて、各証拠が一致して協同組合が最終的に責任をもつ旨の約定（履行の責任）の存在を認定しているが、北野鑑定書の見解は一般社会の経験則（というより常識）に合致するものである。

しかも、北野鑑定書が指摘するとおり、異なった年代に作成された各議事録等の内容は互いに照合し合っており、この点からも疑いないものと評することができる。

4　一審判決の内容

ところが、一審判決は協同組合の請求を認めなかった。

その理由は、たとえば

(1)　白紙委任状については「右白紙委任状を作成した各個人において責任を負担することがあることを確認し」などとして組合員個人の責任のためのものである旨その作成の趣旨を歪曲している。

しかし、前述したように、白紙委任状は何ら資産のなかった販売会社が唯一の担保として共有権者たる全組合員に対し白紙委任状の作成・提出を要請したものであり、土地・建物を所有していた協同組合の財産を最終的には提供するという意味以外にありえない。一審判決の右判示部分は、協同組合の財産の共有権者である組合員全員に対して白紙委任状の作成が要求された事情を全く無視している。

(2)　また、同判決は

「昭和五四年一二月二〇日に開催された販売会社の取締役会において、別表1記載の各債務を含む販売会社の債務について連帯保証人となった取締役の一人である吉田昭治から、万が一のときはどうなるのかとの趣旨の質問がなされ、これに対して原告理事長である浅利金十郎は、最初からの約束どおり原告は責任を負うこと、形式的に保証した者には迷惑をかけない旨を表明して出席者の了解を得た。」

「……右認定事実によれば、昭和五四年一二月二〇日以降の時点で、原告と販売会社及び原告以外の連帯保証人との間で、原告が販売会社の債務について弁済の責任を負担するとの内容の合意がなされたと認めることはできる」

と認定しているにもかかわらず、「右合意は、清算を間近にひかえ原告以外の連帯保証人には個人として迷惑をかけないという程度のもの」にこの部分でも限定したのである。

(3)　しかし、一審判決も「事実上、販売会社の役員構成は原告の理事と一体と考えることができること、販売会社の工場は原告から賃貸したものであることなど、両者間に人的ないしは物的な構成の面で客観的関係を有することを認めることができる」としているのであり、そのうえで協同組合が「販売会社の債務について弁済の責任を負担するとの内容の合意がなされたと認め」たのであるから、協同組合と販売会社との間に「特約」が認められることは、論理的にも社会的にも当然である。一審判決が判示した「個人に迷惑をかけないという程度のもの」であれば、協同組合員全員に対して「最初からの約束どおり原告は全責任を負うこと、形式的に保証した者には迷惑をかけない」との了解をとることなどありえないものであって、一審判決の論理自体が自己矛盾し破綻していることは明白である。そのうえ、何故か一審判決では法人税基本通達九―四―一の該当性についての判断を欠落させているのである。

5　控訴審における審議

控訴審では一審判決の自己矛盾や法人税基本通達九―四―一に関する判断の脱漏について指摘し、これらを踏まえて北野先生も鑑定書を提出した。

しかも、控訴審当時「住専」問題が浮上し「住専」に融資していた銀行等に配慮して法人税基本通達九―四―一をさらに広く適用すべきことが国税側から通達されたことが大きく報道されていた。

北野鑑定書では、住専問題について次のように述べている。

「住専（住宅金融専門会社。銀行ではない）に血税六八五〇億円をつぎ込むことが国民的な政治問題となった。本件に関連していえば、住専に融資した企業に対し法人税基本通達九―四―一を適用することが報道されている。報道によれば、国税庁は住専に融資した銀行等を親会社的企業と考えてその債権放棄分等を同通達に基づいて損金処理することを認める方針であると伝えられる。（中略）関係一般銀行等には親子関係がまったく存在しないことはいうまでもない。おそらく『融資』という取引関係の性格に鑑み親子関係に準ずるものとして弾力的に広く同通達を適用することとしているものと推察される。」

前記通達の内容に加えて、何ら資本関係等も存在しない住専問題での国税の通達解釈からすれば、本件の場合に少なくとも通達が適用されるべきことは誰の目にも明らかとなっていた。

そこで協同組合（控訴人）は法人税基本通達九―四―一に関し、再三にわたり求釈明を求め、また調査嘱託等を請求したが、裁判所は全く耳をかさず全て却下した。

6　控訴審判決の内容

(1)　控訴審判決も次のように述べて協同組合の主張を認めなかった。

「控訴人の主張する合意は、要するに、販売会社成立の経緯やその営業の実態などの販売会社と控訴人との実質的関係を根拠にして法律上全く別の人格である販売会社と控訴人の間において、販売会社の負担する債務について個々の取引を特定せず、また金額も限定せずに、抽象的包括的に全て最終的に控訴人が負担することが合意されていたものであるが、右合意の意味するものは、結局、債務負担の側面のみ販売会社と控訴人とが別人格であることを否定し、その側面では販売会社と控訴人とは実質的に同一人格であるというに等しいものであると解されるが、そのような合意がなされることと、控訴人と別人格である販売会社が設立されることとは全く矛盾することであるから、現に控訴人とは別人格の販売会社が設立されている以上、法的な拘束力を持つものとして右のような合意がなされることは、およそあり得ないことであるというべきであるし、仮にそのような合意が真実なされたとしても、そのような合意は、まさに都合のよい場面ごとに、法人格を主張したり法人格を否認したりするに等しいものであって、法人格の濫用というべきものであり、そのような合意の効力を第三者に主張することは許されないというべきである。」

「本件全証拠によるも、販売会社において、控訴人が販売会社の債務につき最終的な責任を負うことに対して何らかの対価の提供・利益の供与をしていたことを認めるに足りうる証拠はない」

(2)　しかし、協同組合と販売会社との間では土地・建物の賃貸借契約がなされ、協同組合は賃料を取得しているのである。しかも協同組合が最終的責任を負う（履行の引受）ことを認めることが両者の法人格を否定することにはなりえない。社会的にみても親会社等が子会社の経営について、担保的立場にいることはしばしばみられるところである。しかも、控訴審判決の論理によれば、法人税基本通達九—四—一自体が成立しえないことになるはずである。

(3)　この点について、上告審での北野鑑定書では

(a)「親子関係の税務の取扱いは、法的に別個の企業であっても経済的・実質的には同一企業とみられるところから、社会的責任を負うべき親会社の支出した損失負担等を寄付金として扱わず親会社の事業経営上の費用・損金として扱うものである。原判決は、両者はその法人格が別個であることを重視し、強調している。原判決は、法人税法における所得計算規定およびその取扱いの意味をまったく理解しておらず、重大な誤りを犯しているといわねばならない。」

としたうえ、法人税基本通達九—四—一の制定当時、国税庁の立案担当官自身が

「……いずれにしても、親会社が子会社の整理のために行う債権の放棄、債務の引受その他の損失負担については、一概にこれを単純な贈与と決めつけることができない面が多々に認められるということであり、従って、このようなものについては、その内容いかんにかかわらず、常に寄付金として処理する等のことは全く実態に即さない

のである(『税経通信』三五巻一一号一八六、一八七頁)。」

として、法人格が別個であることにとらわれるべきでないと指摘している。

さらに、

「親子関係の税務の取扱いは子会社が親会社に対して何らかの対価の提供・利益の供与があることから、適用されるものではない。この取扱いは、親会社が子会社に対する社会的責任を果たすためのやむを得ない措置である。この点からも容易に知られるように、原判決は親子関係の税務の取扱いの真の意味をまったく理解しておらず、むしろ驚くべき偏見に立っているものといわねばならない。」

「もし、上告人(協同組合)が販売会社の債務・損失を最終的に負担するということでなければ、およそ販売会社はその事業活動そのものを行うことができなかったのであり、それは公的企業である上告人自身がその本来の協同組合設立の目的を果たすことができなかったことを意味する。加えて、上告人が子会社である販売会社の債務・損失を責任をもって負担しなければ上告人の唯一の具体的事業活動(工場・敷地・機械設備等の販売会社への賃貸)も行うことができなくなる。それは、上告人がその唯一の収入源をも失うことを意味する。上告人と販売会社との間の特殊関係のゆえに、もし、上告人が販売会社の債務・損失を負担しなければ、販売会社の取引者たちは、販売会社が経営成績も悪く、かつほとんど資産を有していないところから上告人自身の資産を、直接的に強制執行の対象にするであろうことは火をみるより明らかであった。以上要するに、本件上告人には本件で問題になっている販売会社の債務・損失を負担することについてやむを得ない相当の理由が存在した。」

「上告人が本件販売会社のために支出した本件損失負担等は、社会的責任を果たすべき親会社である上告人の当然の義務的経費として上告人の法人所得計算上費用・損金に算入されるべきであるといわねばならない。それゆえ、上告人の清算段階において清算所得金額を構成する残余財産の価額を構成しない。」

などと論じ控訴審判決の自己矛盾を鋭く指摘し控訴審判決の基本的認識の誤りについて根本的な批判を加えている。

(b)　北野鑑定書が評述しているように、協同組合の構成員が自ら円滑に経営を行うため販売会社を設立し、各組合員が自ら所有する協同組合の財産を実質的担保として利用し販売会社を運営したのである。各組合員自ら提供した財産を自らの営業のために使用することは当然である。控訴審判決には一般社会の実態も常識も欠けているとしか評することができない。

しかも、前述したように、法人税基本通達九―四―一に関し、国に対する求釈明や調査嘱託等を却下しているが、裁判所に少しでも実態を知ろうとする姿勢があれば、調査をしているであろう。

このように、控訴審判決も自己矛盾し、法人税通達に関する基本的な認識すらかけているものであった。

二　「農業所得標準表」を巡る事案

1　事件の概要

山形県の置賜地方では置賜地区市町税務協議会（以下本件協議会という。）が設置され、長年本件協議会の定めた「農業所得標準表」に基づいて、所得税の申告をしていた。

農業所得標準表では、各地力等級の区分ごとの標準収入金額と標準経費額をベースにして、そのうえ各地区の諸事情に応じてできるだけ実額に近づけるために、各人の現実の収穫量に基づいて標準収入金額を修正し、また標準外経費については別枠としてその実額を必要経費に算入して申告していた。

ところが、昭和六〇年になり、昭和六〇年度分等の所得課税処分がそれまで認められていた農業所得標準表の解釈と運用を否定し、「農業所得標準表」の形式的、画一的な取扱いを行った事件である。

したがって、本件争点は本件協議会による農業所得標準表の性格とその解釈・運用がどのように定められていたか否かである。

2　北野鑑定書と一審判決

(1)　北野鑑定書は、「農業所得標準表」の作成の経過・内容及びそれまでの運用実態を踏まえて、次のように述べている。

「標準内必要経費額の算定において原告らが所得標準表を用いたのは、次の理由に基づく。同表において地力等級区分（A、B、C、……）ごとに示された標準必要経費額以上の経費を原告らが現実にも支出しているという経験的事実から、被告のいう標準内経費額の算定のために一般に承認されている同表の数字を用いたにすぎない。同表に含まれていないとみられる被告のいう標準外経費額については、原告らの各人の諸事情に応じて、各人ごとに個別に実額に基づいて別途控除することとした。各地域の農家にとって所得標準表の必要経費額（被告のいう標準内経費額）に含まれていないために、標準外経費額として別途控除すべき経費項目の範囲とその経費額は経験的に明らかであった。重要なことは、原告らの行った別途控除額が各年にわたり実額に基づいて算定されているという点である。どの農家にとっても共通的に生ずる必要経費額（被告のいう標準内経費額）がいくばくであるかはいちいち記帳しなくても経験的に算定しうる。原告らは課税当局と協議のうえ、最低必要経費額（被告のいう標準内経費額）の実額を算定する手段として所得標準表の数字を用いたのである。

原告らは以上のような納税申告を多年にわたって行ってきた。水稲を中心とする農業所得の特殊性を鑑みて、原告らの行ってきたこのような農業所得額の算定方法は、それなりの合理性をもつ一つの実額算定のやむを得ない方式といわねばならない。原告らの納税申告は一種の実額納税申告である。多年にわたり原告らはこのような取扱いを容認してきた課税行政の真相は、税法学的にはいわゆる推計課税ではなく一種の実額課税といえよう。」

農業所得標準表による納税は一般的に推計課税とされているが、北野鑑定書では本件農業所得標準表の具体的内容とその運用について仔細に検討を加え、本件においては「一種の実額課税」であると指摘したのである。

(2)　原告もまた農業所得標準表が国税のために作成・使用されているものであり、この前提のもとで置賜地区では実額に沿うべく特別な経費を認容してきたことなど農業所得標準表の実態を文献、協議会に属している市町の作成した資料、市町村の担当者の証言などによって立証活動を行った。

この立証活動によって、農業所得標準表が単なる目安であること、協議会を構成している市町では長期間にわたり柔軟な適用がなされていることが明らかにされた。

ところが、一審判決は所得標準表の形式的・画一的適用は合理性なものであるとして、違法を認めなかった。

3　控訴審の審理と判決

そこで、控訴審に至って一審判決の誤りを指摘し、さらなる立証活動を行ったところ、控訴審判決は次のようなものであった。

(1)　控訴審判決は

「三市五町の一部市町において本件所得標準の定める適用方法と異なる適用をしてきた事実があったことは否定できない。」

「……賦課課税時代における標準は、税務当局が個々の納税者の所得金額の査定のために使用していたものであるのに対し、申告納税制度においては、納税者が申告に際し所得金額を計算するための目安として使用するものである。」

「置賜地区市町税務協議会（本件協議会）が作成した農業所得標準も、同じ趣旨のもとに、そして、一般的に農業所得の実額を把握することが困難であるという実情に基づいて、定められたものである」

などとして、明確に本件農業所得標準表が「目安として使用するものである」ことを認め、さらに、本件所得標準表が弾力的に運用されていることについても多くの農業用の機器が標準外特別控除額として記載されていること、また各証人が一致して「弾力的な運用がなされているものである」としていることを認めた。

これらの認定事実は控訴人らの立証活動の反映である。

(2)　ところが他方、

「一部の市町の上記のような弾力的運用なるものが国税についての米沢税務署及び長井税務署の取扱いに影響を及ぼすものではない」

「それらはあくまで地方税につき課税権を有する市町の独自の取扱いであった」

として、それまでの実額に沿うべく行ってきた運用実態は「地方税」のための取扱いであるとし、「本件全証拠によるも、少なくとも、本件協議会並びに米沢税務署及び長井税務署と農業団体との間で本件所得標準の弾力的運用について合意や取決めがあったことを認めるに足りる証拠はない」として、国税については弾力的運用を否定し、結論的には一審判決と同じように所得標準表の形式的・機械的に従うべきものであるとしたのである。

(3)　しかし、国税に関して本件協議会に本件農業所得標準表の作成を委譲したこと、本件協議会の決定にその運用までをゆだねていることは、その制度の趣旨からして当然のことがらである。このことは、「国税庁三〇年史」や多くの資料も国税の制度であることを当然のこととして一致して記している。

現に、国側の証人である、国税庁の職員も

「……この協議会で標準を決めて、その協議会の決定とか運用方針に基づいて課税側も課税すると、しなければならないというふうにお考えですね。

はい、そうです。」

「……（国税側の主張によっても）こういう農業所得標準の運用方法に沿っていった場合は是認しているというふうに御主張なさっているんでそういうふうにお聞きしてよろしいですか。

はい。」

として、国税庁側もその主張自体農業所得標準の作成と運用を本件協議会に委ねていることを認めているのである。

そして、それまでの標準の内容及び運用方針についても、

「……六〇年の段階でその五九年以前と比較して、今度はこういうふうに改めるんだとか、そういうふうな変更の方針を協議会で決めたこともありませんね。

そういう記憶はないです。」

と国税庁側証人も認めているように、本件協議会が昭和六〇年度分以降その運用を変更する旨を決定した事実がないことは全証人の一致して証言しているところである。控訴審判決の「全証拠」とは一体何を指しているのか不可解としか評しようがない。

これらの各判決は、北野鑑定書の指摘する各証拠に基づく合理的判断を無視した、〝はじめに結論ありき〟の判示という他はない。

三　北野鑑定書の特徴と各判決

北野先生の基本的手法は、可能な限りの資料を収集し、これらの資料（証拠）に対し、実社会の実態（生ける法）を踏まえたうえで厳格に事実を認定し、その事実に対して応能負担の原則などの憲法原理に基づいた法解釈を展開している。

法人の清算における経費性については、協同組合と販売会社との関係について「中小企業の社会的実態」を踏まえて、各種証拠から認められる事実に基づいて法人の清算時における経費性について論じている。

また、「農業所得標準表」については、農業所得標準表の具体的内容と納税の実態を踏まえて、「実質的な実額課税」であるとしているのである。北野鑑定書を読んだ原告らがこれが自分たちの言いたいことを的確に指摘している旨一致して述べていた。

これに反し、すでに指摘したように、北野鑑定書を採用しなかった各判決は、自ら認定した事実に反する自己矛盾や事実の歪曲と付会な論理に終始しているといっても過言ではない。国を相手とする行政訴訟などにはよくみられるところであり、〃はじめに結論ありき〃と述べたのはその趣旨であり「レフリーが偏って試合でどんなにポイントを稼いでも敗けるとわかっている勝負を見ている観がある」（森村誠一『裁かれた七三一部隊』六頁）との見解が的を射ていると言わざるを得ない。

紹介した二つの事例をみても税務訴訟における納税側の勝訴の困難性が十分理解できるであろう。最近人災と言われる「原発」問題も、安全性に多くの疑問が指摘されたにもかかわらず、裁判所が国側の認定した「安全基準」を合法としていたのである。原発問題に関して、「国の定めた安全基準にもとづく国ないし事業者の主張をそのまま受け入れている理由は決して一つではなかろう。巨視的にいうならば、最高裁事務総局を頂点とした司法官僚機構の整備とともに、政治・行政権力に『物言わぬ』裁判官の輩出が基底にあるといってよい。この限りでは原発訴訟に限らず、数多くの憲法訴訟や行政訴訟と共通する」と新藤宗幸氏も指摘しているところである（「原発容認判決を書いた裁判官たちの責任」『法と民主主義』№四五九、一二頁以下）。

北野鑑定書における厳格な事実認定の手法と論理的かつ一貫性を持った法解釈は、前述した判決内容と対照的である。北野先生が国民の立場からその厳格な手法と学問的見解に基づいて国民の権利擁護と国の誤りを正す努力を行ってきたことは、裁判所に提出された北野先生のおびただしい鑑定書が如実に示している。先生の『税法の問題事例研究』『税法額の実践的展開』などの著書は先生の長年の努力の成果であり、本稿で紹介した事例もその一例にすぎない。

四　北野先生の人柄について

最後に、北野先生との個人的交流の中で私からみた北野先生の人柄に触れてみたい。

最近の福島原発問題で、「原発絶対安全」論を展開していた〝専門家〟に対し「御用学者」という言葉がメディアでも使用されるようになっている。また、行政に追随し「原発」を安全とした裁判に対する批判もなされるようになった。

ちなみに、福島第二原発一号炉等を「国の設置基準に違法性はない」とした最高裁第一小法廷の判事の一人であった味村治氏が最高裁判事退官後、東芝の社外監査役に天下っていたことが報じられている（『週刊金曜日』八四九号）。

北野先生はこのような「御用学者」とは最も遠い存在であり、先生にとって軽蔑の対象ですらあった。先生は、憲法と国民の権利のための理論を構築し、その本質に根ざした論理展開は他の追随を許さない。北野先生自身が大蔵省から面倒をみるとの誘いを受けたが断ったことを酒席の場でよく聞かされたものだ。

先生は鑑定書を作成するにあたっては、作成の日程を決めておいて記録を読むことにしていた。先生は予定していた作成日になると不足していた資料を次々と要求されたが、これに応ずるにはこちらも大変な労力を要した。

この事実に対する真摯な態度は本来裁判所にこそより強く求められるべきであろう。

また、先生の別の一面として、スポーツの専門的評論家とともに先生のプロ野球に関する見解が毎日新聞や週刊誌・紙などに掲載されたことを知る人はあまりいないだろう。

更に北野先生の還暦の会が朝日新聞の「人」の欄に掲載されたが、その記事は当時朝日新聞の花形記者であった本多勝一氏の朝日新聞記者としての最後の記事となったことも私には忘れ難いものである。

私にとって、先生の事実に対する厳格な態度と権力に媚びない学問的姿勢を法律実務家としてあるべき生き方を学ばせていただくとともに、先生とご一緒にプロ野球観戦したことも忘れられない思い出である。

先生には法律家としての基本的な素養というべき態度を学ばさせていただきました。本当に有難うございました。

I　財政学、会計学

租税競争と情報交換・国際利子所得課税

鶴田廣巳

本稿は、とくに一九九〇年代から追求されてきたいわゆる「有害な租税競争」に対抗する国際的な動向をフォローするとともに、クロスボーダーの利子所得に対する源泉徴収税や租税情報の交換をめぐる問題を検討することにより、クロスボーダーの資本所得に対する課税のあり方をさぐることを目的としている。

一　EUにおける貯蓄課税指令と情報交換

1　EUにおけるクロスボーダー貯蓄利子課税の歴史と論点

クロスボーダーの貯蓄利子に対する所得課税のあり方は、国際資本移動が増大するにつれて、最も重要な争点のひとつとしてたえず税制の舞台に登場する。ECにおいて最初にこの問題が議論されたのは一九六〇年代にさかのぼる。そこで論点となったのは、①国際的な二重課税（源泉地国での源泉徴収税と居住地国での所得課税）によりもたらされる資本移動の阻害や国際的な資本配分の歪み、②国内外の税率格差を利用した租税回避によりひき起こされる国際的な資本配分の歪みであった。こうした問題に対し、ＥＣでは二つの解決策が提起された。一方が、源泉徴収税の廃止と各国間での租税情報の自動的交換とを組み合わせるという方向であったのに対し[(1)]、他方はＥＣ域内での源泉徴収税の完全調和の実現と居住地国でのその完全控除とをセットにするものであった。前者の方策は銀行秘密の原則と抵触する、またＥＣ域外への大規模な資本逃避を招くおそれがあるなどの理由から採用されず、結局、ＥＣ委員会が選択したのは後者の方向であった。しかし、一〇％の共通源泉徴収税率の提案にもかかわらず、フランス・ベルギー・イタリアが租税回避の防止と税収の確保を目的としてそれよりも高い税率を主張する一方、資本市場の効率性と自由な資本移動の確保を重視するオランダ・ルクセンブルクがそれに反対するなど加盟国の対応は分かれ、結局、ＥＣ最初の貯蓄課税の協調提案は失敗に終わった[(2)]。

ＥＣにおいて再び貯蓄課税の調和が提起されたのは、一九八九年の指令提案においてである。そこでは前回、情報交換が否定されたことから、最低一五％の源泉徴収税の導入に限定した提案が行われた。この頃には加盟各国では外国源泉税を何らかの形で自国の個人所得税から控除することを認めるようになっていたため、国際的二重課税はＥＣ域内では事実上問題ではなくなっていたが、租税回避による資本配分の歪みの問題はなお解消されていなかった。最低源泉税率一五％と各国の所得税率との格差は依然として大きく、そのため租税回避のインセンティブもなお強かった。だが、加盟各国の対応は前回以上に割れることとなった。フランス、イタリアは源泉税率を引き上げるとともに配当も対象に加えるよう求め、ベルギー、ポルトガルはユーロ・ボンドが対象から外されたことに異論を唱えた。デンマークとオランダは情報交換制度の方をむしろ採用すべきだと主張した。他方、イギリスとルクセンブルクはＥＣとして共通の対策をとること自体に真っ向から反対した。こうした中でドイツの動向に注目が集まった。というのは、ドイツはＥＣの提案に先立ち八九年一月、利子に対する源泉徴収税を導入していたからである。しかし、同年四月には早くもその撤廃に追い込まれることとなった。その最大の原因はルクセンブルクなどへ巨額の資本逃避が発生し、金利の高騰・債券取引の縮小・為替相場の下落など金融市場に生じた大きな混乱であった。(3) ドイツのこの政策転換により、提案はまたしても挫折した。この段階では、資本逃避に対し国際的に連携した行動によって対応するということでは、課税環境はなお成熟していなかったといわざるをえないであろう。

以上の歴史からも窺えるように、クロスボーダーの貯蓄所得課税においてたえず争点となったのは、租税回避、資本逃避、資本配分の歪み、資本市場の効率性や競争力の低下、課税の公平の侵害、そして税収の喪失という相互に関連する問題であった。

2 タックス・パッケージ・貯蓄課税指令とその意義

EUにおける国際的な租税協調、しかも直接税の分野での協調の歴史の上でその大きな進展を印象づけるのは、一九九七年の欧州委員会の提案「有害な租税競争に対抗するためのパッケージ」に象徴される九〇年代以降の展開である。(4) この提案は共同体域内での事業課税についての行動要綱、クロスボーダーの利子所得に対する課税、企業間のクロスボーダーの利子・ロイヤリティ支払いに対する源泉徴収税の廃止をセットにした提案である。(5) いくつかの政策をパッケージに組み合わせることにより、加盟国間の利害の相違を調整し、各国に受け入れやすくすることを意図していた。それは、単一市場になお残る歪みを縮減し、税収の過度の喪失を防止し、租税構造を雇用にいっそう親和的な方向に発展させるために、ヨーロッパ規模で有害な租税競争に対抗しようとする戦略であった。(6) EUがタックス・パッケージの合意に至った背景には、①九二年にドイツが源泉徴収税を再導入した際、再びルクセンブルクへの資本流出と税収減に見舞われたこと、(7) ②ルクセンブルクと国境を接するベルギー・フランス・ドイツで海外資本所得の非課税に対し反省が生まれたこと、③マーストリヒト条約の調印により欧州の通貨・経済統合の機運が高まったこと、④九〇年代の経済不況により各国の財政事情が悪化し、欧州経済通貨同盟（EMU）の加盟に当たっての「収斂条件」に抵触する懸念が生じたことなどの要因が重なったことがあげられよう。(8) それはさておき、ここでは、クロスボーダーの利子所得に対する課税にしぼってその特徴と意義をみておこう。

九七年末の欧州理事会での提案の採択を受けて、翌九八年五月、欧州委員会は貯蓄所得に対し最低限の実効的な課税を行うための指令を提案した。そこで示されたのは、いわゆる「共存モデル」である。加盟国に対し、源泉徴収税の導入ないし自動的情報交換のいずれかを選択させようというものであった。それは、銀行秘密の維持のため情報交換に応じない加盟国と情報交換を推進しようとする加盟国のそれぞれの利害を調和させようとする一種の妥協的対応であった。「共存モデル」についての協議と並行して、提案はヨーロッパ金融市場の競争力を維持するために、主要な「第三国」からEU域内居住者が受け取る利子についてもこれらの諸国でEU域内と同等の源泉徴収課税が行われるよう交渉を開始することを義務づけていた。

しかし、その後の理事会内での協議は難航を重ねることとなる。二〇〇〇年六月のフェイラ理事会に至ってようやく合意にこぎつけることができたが、それには、イギリスが国内の銀行・課税当局間の情報交換制度を導入し、租税回避に対抗する手段としてその有効性を認める方向に転じたことが大きい。(9) かくして、同年一一月のEcofin会合では、①指令の実施から七年後には、すべての加盟国は相互に情報交換を行う、②移行期に源泉徴収税を実行する選択権を持つ国はオーストリア、ベルギー、ルクセンブルクに限られる。その税率は、最初の三年間は一五%、残りの期間は二〇%とする、③源泉徴収税の税収のうち七五%は投資家の居住する加盟国に移転する、④移行期間中、その他の加盟国は自動的情報交換に応じる、などの点で合意が成立した。これは、情報交換制度をEUの最終目標に設定したうえで、指令施行後七年以内の移行期間に限り、また特定の国だけに源泉徴収税の選択を認めるというものであり、九七・九八年段階での「共存モデル」とは大きく異なる考え方に立つものであった。(10) Ecofinでの合意を受け、〇一年七月、欧州委員会は新たに修正提案を行った。

だが、この修正提案もまた政治的試練を受けることになる。その主たる原因は、すでに述べたようにフェイラ理事会での決定により、貯蓄課税指令の実行にはアメリカ・スイスなどEU域外の主要「第三国」[11]、およびイギリス・オランダの属領・自治領[12]に貯蓄課税指令と「同等の措置」が導入されることが条件とされていたからである[13]。交渉はその年末から開始されたが、スイスとの交渉はとりわけ難航を極めた。後述するOECDのモデル租税情報交換条約への対応にも表れているように、スイスは銀行秘密を保護するため情報交換に応ずる意思はなかった。代わりにスイスが示した条件が三五％の源泉徴収税の導入であり、しかもオーストリア、ベルギー、ルクセンブルクもそれに同調するという条件付きであった[14]。アメリカはEUと公式協定を結ぶことについては拒否したが、自動的情報交換そのものは支持しており、実際、多くのEU加盟国と二国間の情報交換協定を結び、さらに拡大しようとしていることから問題はないものとされた。〇三年一月、Ecofinはアメリカではすでに「同等の措置」がとられているとする一方、スイスなどその他五か国とは源泉徴収税、自発的な情報公開、虚偽申告や同様の不正行為の場合の要請に基づく情報の交換に関する条項、および最低三年ごとの技術的見直しを協議する検証条項を含む取り決めを締結することを承認した[15]。域外の「第三国」との交渉結果を反映して、Ecofinでの合意は再び貯蓄課税を情報交換と源泉徴収税の二つの制度の共存に立ち戻らせることになった。同年六月、貯蓄課税指令が公式に採択された。これにより、①一二加盟国は〇五年一月以降[16]、自動的情報交換制度を導入する、②ベルギーなど三加盟国は源泉徴収税を課税する。税率は〇五年から三年間は一五％、次の三年間は二〇％、一一年以降は三五％とされた[17]。税収の移転は従来の方針どおり七五％とされた、③ベルギーなど三加盟国は、スイスやアメリカを除く先の五か国がOECD基準である「要請に基づく情報交換」に同意した場合、自動的情報交換制度を導入する、などが確定することとなった。かくして、〇五年七月、ついに貯蓄課税指令が実施に移されたのである。

では、貯蓄課税指令はEUにおける資本移動にどのような影響を及ぼしたのであろうか。指令第一八条は実施後、

表1　各種所得の動向

（%）

	粗貯蓄／GDP	利子所得／資産所得総額	配当所得／資産所得総額	個人利子所得／個人資産所得総額	個人配当所得／個人資産所得総額
2000	20.4	60.6	29.9	33.9	42.6
2001	20.1	60.2	31.9	33.4	44.0
2002	19.8	58.1	33.3	30.8	45.1
2003	19.6	55.4	35.7	28.9	46.7
2004	20.2	53.2	36.4	28.0	48.2
2005	19.8	53.0	37.0	27.0	48.9
2006	20.2	55.7	35.1	28.2	47.8

（注）EU20カ国の総計データである。

（出所）Hemmelgarn, T. and G. Nicodème, “Tax Co-ordination in Europe: Assessing the First Years of the EU-Savings Taxation Directive”, European Commission Taxation Papers, *Working Paper* No. 18 (2009), p. 13より作成。

三年ごとにその機能を検証し、報告するよう義務付けており、最初の報告書がすでに〇八年に出されている。その検証結果によれば、指令がさまざまな種類の資本投資の動向にとくに目立った影響を与えた様子はないとされる。その一端は、**表1**に示されている。データの制約から表示されている「利子所得」はクロスボーダー利子だけでなく国内支払利子も含むが、粗貯蓄の対GDP比はこの時期を通じて安定的である。利子所得、配当所得が資産所得ないし個人資産所得に占める比率は、前者が漸減、後者が漸増傾向を示すが、これはこの時期の相対的な低金利により貯蓄利子よりも配当の方が魅力を高めたことによる可能性が高いとされている[18]。

こうした意外な結果となった有力な原因と考えられるのは、ひとつにはループ・ホールの存在であり、いまひとつには多額の国際的預金を保有する諸国（スイスやルクセンブルクなど）が情報交換には応じず、相対的に低い税率で源泉徴収税を課税する（当初三年間は一五％）状況が続いていることが挙げられる[19]。ループ・ホールないし法的欠陥については多くの研究でも指摘されており、それはほぼ、①支払代理人（paying agent）と指令の地理的適用範囲、②受益権所有者（beneficial Owner）、③利子所得の定義、の三つの問題に集約される[20]。

第一の問題の支払代理人とは、一般には受益権所有者から投資の管理を委ねられた銀行等の金融機関である。これらの金融機関から受益権所有者に対し直接に利子の支払いが行われる場合には問題はないが、EU域外で設立された仲介ストラクチュア（intermediate structure）や域内で設立された免税の仲介ストラクチュアが係わる場合には租税回避が可能になる。また、指令が適用される地理的範囲はEUの領域に限定され、「同等の措置」が適用される範囲もアメリカ以外の五つの「第三国」と一〇の属領等に限られるため、これらの地域外のタックス・ヘイブンや金融センターに投資が行われる場合にはやはり税の回避が可能になる。(21) 第二の受益権所有者についても、指令が対象とするのは直接受益を得る個人であり、法人やその他の法的組成（legal arrangements）は対象とされないため、これらを利用すれば容易に課税を免れることができる。最後に、指令が対象とする利子所得はOECDなどの国際基準やEU各国の国内法での定義よりも幅広いにもかかわらず、元本保証付きの革新的金融商品や特定の生命保険商品などへの投資はカバーされていないことも問題とされている。

こうした指摘や〇八年の調査結果を踏まえて、欧州委員会は現在、貯蓄課税指令の見直しを進めており、その行方が注目される。また、情報交換に消極的ないし否定的な加盟国や「第三国」、さらには世界的に広がるタックス・ヘイブンの存在もEUの貯蓄課税指令の効果を削ぐ重要な要因であるが、ベルギーが一〇年一月一日より源泉徴収から情報交換に転換する一方、(22) 後述するOECDの取り組みのなかで情報交換に応じるタックス・ヘイブンが急増しており、この面でも今後の展開が注目される。

欧州共同体の内外でのさまざまな利害の対立を調整して、国際的な租税協調を進めてきたEUの実験はいまや域内を超え、グローバルな規模で租税協調に取り組むことの重要性を示唆しているといえるであろう。

二　有害な租税競争への対抗から租税情報の交換へ――ＯＥＣＤにおける取組み

1　有害な租税競争への対抗とその転換

ＥＵにおける取組みと相前後して、ＯＥＣＤにおいても同じく有害な租税競争に対抗するプロジェクトが始まった。その出発点となったのは、一九九八年に公表された報告書『有害な租税競争』である。同報告書は、タックス・ヘイブンと有害な租税優遇措置（harmful preferential tax regime）の両者を一括して「有害な租税制度（harmful tax practices）」として捉え、それが各国、各地域間に有害な租税競争をひき起こすことによりグローバルな規模で厚生を低下させ、租税制度の公正性に対する納税者の信頼を掘り崩すとして、そうした弊害に対抗するための国際的な協調行動とそのための勧告を提起した(23)。そこでは、タックス・ヘイブンだけでなくＯＥＣＤメンバー国と非メンバー国、さらにそれら諸国の保護領における有害な租税制度が検討の対象となっている。

では、有害な租税制度とはいったい何を指すのか。報告書が対象とするのは地理的な移動性の高い活動、すなわち金融活動や無形資産を含むその他の関連サービス活動であり、製造業等に対する租税インセンティブやクロスボーダーの貯蓄商品などは含まない。報告書は、有害な租税制度を識別する要因をタックス・ヘイブンと有害な租税優遇措置に分けて列挙している。前者の基準は、①無税ないし名目的な課税、②効果的な情報交換の欠如、③立法、行政等の規定の施行に当たっての透明性の欠如、④実質的活動が存在しないこと、の四つであり、他方、後者のそれは、①無税ないし低い実効税率、②租税優遇措置の国内市場への適用の制限（ring fencing）、③優遇措置の適用における透明性の欠如、④効果的な情報交換の欠如、である。両者の内容にはそれほど大きな違いがなく、このことがＯＥＣＤ内部でも混乱の要因となるが、同時にこれは問題の複雑さを反映しているといってよい。

報告書は、この基準に基づき有害な租税競争をひき起こすさまざまな要因の検討を踏まえて、国内立法、租税条約、国際協力の強化の三つの分野について、それに対抗するための一九項目にわたる勧告を行った。国内立法、租税条約に係わる勧告は、被支配外国法人や外国投資ファンド、課税上の目的のための銀行情報へのアクセスなどに関連する勧告や、条約便益の享受資格やタックス・ヘイブンとの租税条約の廃棄などに関する勧告など、総じて各国において取り組むべき改革課題が掲げられていた。これに対して、国際協力の強化に係わる勧告はOECD自身が各国と連携して実行に移すべき課題であり、OECD諸国が有害な租税優遇措置に取り組む際の指針となるガイドラインを示すとともに、タックス・ヘイブンのリストの作成、有害な租税制度に関するフォーラムの設立などが提起された。ガイドラインでは、①有害な租税措置の新設・拡充・強化を行わないこと、②既存の有害な租税措置を見直すこと、③五年以内（〇三年四月まで）に有害な租税措置の有害性を除去することなどが規定されていた。

勧告を受け、OECDは設立したフォーラムを中心に加盟国の有害な租税措置とタックス・ヘイブンについての検証作業を開始した。まず、前者については、二〇〇〇年に四七の優遇措置が潜在的に有害だと判定されたが、〇四年までにそのうち一八が廃止、一四が有害性の除去のために修正、一三は検証の結果、有害ではないと判定された。スイスの五〇％概算経費方式（50/50 practice）、ルクセンブルクの一九二九年持株会社のほか、ベルギーが新たに提案した調整センター制度（co-ordination centre regime）を含め、三つの措置が〇四年段階では結論が持ち越された。その後、ベルギー、スイスはそれぞれ導入見送り、廃止、ルクセンブルクも欧州委員会の指摘を受けて同じく廃止したため、現在では当初の目標は達成されたとみなされている。(24)

一方、タックス・ヘイブンについては、上記の基準に照らしてどの地域がそれに該当するかをリストアップする作業が進められた。九八年報告書の公表後、四七地域が審査の対象とされたが、〇〇年六月段階ではそのうち三五地域がタックス・ヘイブンの基準に該当するとして、そのリストが公表された。これらの地域に対し有害な租税措置の撤廃に協力するよう働きかけ、約束に応じない場合には非協力的タックス・ヘイブンとして〇一年七月末までに公表することとした。同時に、非協力的タックス・ヘイブンに対しては国際的に協調した「防御措置」をとるものとされた。[25]

だが、有害な租税制度や租税競争に対するOECDのこうした対抗的な姿勢は、取組みの進捗状況をまとめた〇一年報告書では大きく変化する。九八年報告書では「無税または名目的な税率」はタックス・ヘイブンの判定基準の「不可欠な出発点」とされていたのに対し、今回の報告書は「無税または名目的な税の基準は、それだけでタックス・ヘイブンとして特徴づけるには十分ではない」（強調は原文のまま）とし、「すべての地域が直接税を課税すべきかどうかを決定し、課税する場合にはその適切な税率を決定する権利を有することを、OECDは承認する」ことを強調する。さらに、「実質的活動なし」というタックス・ヘイブン認定の基準についても、それが非協力的か否かを判定する基準として利用すべきではないとされた。かくして、判定基準は情報交換の欠如と透明性の欠如だけとなり、いわば実体的基準というよりも手続き的基準に変質させられることとなったのである。[26]

タックス・ヘイブンの判定基準の緩和に象徴されるこうした動きは、有害な租税競争に国際的に連携して対抗し、抑制しようとするOECDの政策基調の変化を反映するものであった。そして、その背後にはアメリカの態度の変化が存在していたのである。

有害な租税競争プロジェクトにより、OECDはいくつかの目標を追求していたとされる。ひとつには外国投資家への低税率の提供による金融サービス活動の「密漁（poaching）」、つまり有害な租税措置を規制することであり、いまひとつはとくにタックス・ヘイブンを利用した法人の租税回避と個人の脱税を排除することであった。[27] しかし、法人の租税回避を操作可能な指標に基づいて規制することは各国の資本や政府の利害が絡み、容易なことではない。多国籍企業などがタックス・ヘイブンに立地する関連企業や関連金融機関、ペーパーカンパニーなどを利用して事業活動を展開している場合でも、金融取引の実際のやり取り、財務、意思決定などは実際には先進国に所在する本社などで行われているのが一般的であり、タックス・ヘイブンは取引が行われたとされる「架空の（sham）」場所にすぎない。「実質的活動なし」という基準が、もともとねらいを定めていたのはこのことにあったのではないかと考えられる。[28]ところが、ＯＥＣＤはこの基準の具体化をめぐって迷走する。もともと有害な租税措置とタックス・ヘイブンの基準とはほとんど差異がないといってよいほどであり、タックス・ヘイブンの場合の「実質的活動なし」と有害な租税措置の場合の「ring fencing」とが多少異なる程度に過ぎなかった。ところが、二〇〇〇年報告書では、タックス・ヘイブンの「実質的活動なし」の基準が一種の「ring fencing」の規定に置きかえられた。[29]それは、タックス・ヘイブンにおける法人の租税回避活動を指標に取り入れようとして、かえってタックス・ヘイブンと有害な租税措置との違いをあいまいにしてしまう結果になったからだと推測される。ＯＥＣＤのこの混乱が、事実上、タックス・ヘイブンに対して法人のタックス・コンプライアンスを改善するよう要求する道を閉ざしたのである。[30]

こうした事態に対し、〇一年五月、アメリカ・ブッシュ政権は、有害な租税競争を除去しようとするＯＥＣＤのプロジェクトを支持しないとの声明を発表した。[31]当時の財務長官オニールがＧ７諸国の財務大臣に送った書簡によれば、その理由は、①ＯＥＣＤプロジェクトの核心的側面は情報交換であり、その枠組みを発展させることが重要であること、②プロジェクトのその他の側面は、各国の税法を強化するために必要とされる範囲を超えていること、③プロジェクトが各国の投資と経済成長を促進する租税政策の採用を制約してはならず、各国の租税構造のあり方に干渉すべきではない、などとされている。[32]要するに、アメリカの主張は、各国の租税情報に対する門戸開放にあったと考えられるのである。[33]

かくして、これ以降、ＯＥＣＤはプロジェクトの目標を大きく縮小し、その努力をもっぱら情報交換と透明性の確保に向けていくことになる。

2　租税情報の交換とタックス・ヘイブン

ＯＥＣＤは、二〇〇〇年に三五地域からなるタックス・ヘイブンのリストを公表した際、翌年七月末までにこれらの地域が有害な租税制度の撤廃を約束しない場合には自動的に「非協力的タックス・ヘイブン」としてリストアップすると宣言していた。しかし、アメリカの圧力の下で〇一年初めからＯＥＣＤは従来の対決的なやり方を放棄し、タックス・ヘイブンとの協調色を強めてゆく。その間、〇〇年一二月にはいわゆる「マン島条項」が認められた。これは、マン島が協力に転じる条件としてＯＥＣＤ諸国も同様の条件を約束しない限り、約束した改革を実行しなくてもよいとの了解をＯＥＣＤから取り付けたものであり、その後のタックス・ヘイブンとの交渉に大きな影響を与えるものであった。[34]その上、すでに述べたように〇一年段階ではタックス・ヘイブンの基準そのものが変更されただけでなく、「非協力的タックス・ヘイブン」として認定される期限も当初の〇一年七月末から〇二年二月末まで延期された。このため、この期間にＯＥＣＤの透明性と情報交換の基準の履行に応じる国・地域が急増し、〇二年四月には三一の国・地域に達した。その結果、この段階で非協力的タックス・ヘイブンとされたのは、七つの国・地域に限られることとなったのである。[35]

ＯＥＣＤは、課税に関するグローバル・フォーラムにおいて、基準の履行を約束した国・地域を巻き込んで、透明性と効果的情報交換に関する国際的標準を作成する取組みを強めた。〇二年四月には、その作業グループにおいて完成された「租税情報交換モデル協定」(Model Agreement on Exchange of Information on Tax matters, TIEA) が公表された。そこでは、①民事、刑事両者の租税問題に関して要請に基づく情報交換を行うこと、②被要請国において自国の課税目的上必要としない情報についても情報交換に応じること、③締約国は、所管官庁が銀行等の金融機関が保有する情報、および所有権を持つ個人に関する情報を入手し、提供する権限を持つことを保証すること、④租税犯則事件への「双方可罰性（dual criminality)」原則の適用による情報交換の制限を行わないこと、⑤納税者の秘密や法的利益を守る適切なセーフガードを置くこと、⑥特定の納税者の租税事案と関連がないと思われる情報を要請するなど「証拠あさり」(fishing expeditions) をしてはならないこと、⑦交換情報は秘密扱いとし、その公開は被要請国の明示的かつ文書に基づく同意を必要とすること、などが規定された[36]。

これを受けて、〇五年、ＯＥＣＤモデル租税条約第二六条の改訂が行われ、新たに第四項(「自国の課税利益」要件に係わりなく情報交換を行わなければならないとの規定)、第五項(銀行秘密の存在をもって情報交換を拒否できないとの規定)が付け加えられた[37]。〇八年には、国際連合においてもまったく同趣旨の国連モデル租税条約の改訂が行われ、ある意味で租税問題に関する透明性と情報交換についての「国際的に合意された基準」が形成されたとも評価されるのである[38]。

ところで、ＯＥＣＤが情報交換の国際的標準とするのは、要請に基づく個別的情報交換 (information exchange upon request) である。これは、ＥＵにおいて一九六〇年代から提起され、貯蓄指令において実際に採用された自動的情報交換 (automatic exchange of information) とは大きく異なる。個別的情報交換では居住地国からの特別の要請に基づいて源泉地国側から情報が提供されるのが基本である。そこでは、情報を要請する側が可能な限りの調査を行い、該当する情報が欠かせないことを対手国に対して示すことを前提として、情報提供が行われる。これに対して、自動的情報交換は、源泉地国の課税当局が個別の要請とは係わりなくあらゆる租税関連の情報を定期的に居住地国側に提供するものである[39]。この点で、個別的情報交換は自動的情報交換と比べて、情報取得のハードルが格段に高いといわなければならない[40]。

〇四年一一月、Ｇ20財務相・中央銀行総裁会議は、ＯＥＣＤの透明性と情報交換に関する国際標準を受け入れる旨を表明するとともに、ＯＥＣＤのメンバー、非メンバーを問わず、すべての金融センターと国・地域がこの標準、とりわけ銀行情報へのアクセスの承認を受け入れるよう呼びかけた。一方、グローバル・フォーラムに参加する国・地域も〇〇年の設立当初にはOECD諸国以外にはわずかに六つの国・地域にすぎなかったが、[41] 〇九年九月のメキシコ会合において参加国・地域の拡大とメンバー国・地域の相互審査の実施を決定するなど抜本的な再構築が行われ、一一年六月現在では全部で一〇一の国・地域を数えるに至った。[42] この間、TIEAの締結数をみると、〇七年には累計二三件にすぎなかったが、一一年六月には四八六件と、とくに〇九、一〇年に劇的な増加を示した。〇五年改訂のモデル租税条約に準拠した租税条約とTIEAを合計した締結数も、〇九年四月のG20ロンドン・サミット時の六五件から一一年六月には六九三件へと激増をとげた。[43] また、OECDは〇九年四月以降、国際標準の受入れ状況を公表しているが、そこでは「国際標準を事実上履行している国・地域」、「国際標準の受入れを約束しているが、まだ履行していない国・地域」、「国際標準の受入れを約束していない国・地域」に分けて表示されている。〇九年にはそれぞれ四〇、三八、四の国・地域となっていたが、ブラック・リストに掲載された四か国はただちに受入れを表明し、一一年七月現在では八五、三、〇の国・地域となっている。なお、オーストリア、ベルギー、ルクセンブルク、スイスはモデル租税条約第二六条の受入れを留保していたが、ロンドン・サミット直前にこれを撤回し、改訂第二六条を踏まえた租税条約の再交渉に入っている。

これまで国際標準の受入れを約束したもののその実行を先延ばししてきた国・地域やそもそも受入れに否定的であった諸国がその姿勢を転換した背景には、いうまでもなく世界的な金融危機をきっかけとしてG20サミットが金融規制の強化を謳い、とくに〇九年四月のG20ロンドン・サミットの首脳宣言において「銀行秘密の時代は終わった」との表明がなされたことが大きい。同時に、それに先だって、〇八年に相次いで生じた「リヒテンシュタイン事件」「UBS事件」の影響もきわめて重大であった。[44]

では、透明性と情報交換の進展により、はたしてタックス・ヘイブン問題の解決はどこまで進展したといえるのであろうか。

ここで主なタックス・ヘイブンにおける非居住者の銀行債務残高の合計額の動向をたどってみると、一九八〇年末に一九八一億ドル、非居住者の銀行債務残高全体に占める比率が一四・八％であったものが、九〇年末には二兆一七九六億ドル、三三・六％、〇〇年末三兆四〇八七億ドル、三二・七％、一〇年末七兆七八二一億ドル、二七・三％となっている。(45) 〇八年の金融危機以後は、さすがに金額、比率ともに若干の低下を示すが、九〇年代以降の急成長ぶりは著しく、またOECDのプロジェクトによりさほど大きな影響を受けたようには見えない。(46) 最大のタックス・ヘイブンであるケイマンの場合、一九七八年末には二〇の国・地域の債務の一五・四％から〇六年末には五〇・二％に増加したとの推計もあり、国際的な圧力の高まりによる負担の増加にもかかわらず、逆に強いところが生き残っているともいわれる。(47)

それにもかかわらず、OECDのプロジェクトが個別的情報交換という制約のある方式であるとはいえ情報交換の国際的広がりを創り出してきたことも事実であり、これがもしEU貯蓄指令の下における自動的情報交換へと転換することができるならば、銀行秘密へのアクセスの大きな前進が可能となるであろう。(48)

三　国際的利子所得課税と情報交換

国際課税制度の発展の歴史を考える際、アメリカが果たしてきた役割はきわめて大きい。外国税額控除制度やサブパートFの立法化、被支配外国法人制度（Controlled Foreign Corporation rules）や移転価格制度の導入とその改定など、いずれもその後各国において普及をみた典型的な事例である。これらはある意味で積極的な役割といえるが、一九八四年における非居住者（個人・法人）のポートフォリオ利子に対する源泉徴収税の廃止は逆に否定的な役割を果たした代表例のひとつといえるであろう。

アメリカがこの措置を打ち出した背景には、レーガン政権の下での大減税と軍事力増強のための財政支出の増加により膨大な財政赤字が生じ、それを賄うために海外からの借入れを迫られたという事情がある。アメリカの政府と企業が海外から借入れを行う際、海外の貸手から受取金利に対する源泉徴収税の実質的な負担を迫られることを避けるためにとられた措置であった。[49] 受動的所得に対する三〇％源泉徴収税の課税という原則は維持する一方、非居住者が受け取る利子等にさまざまな例外措置を認めて免税とする措置を今日まで維持してきたのである。アメリカは世界最大の資本輸入国であり、毎年一・二兆ドルの直接投資、二・五兆ドル以上の証券投資を海外から受け入れており、もしこの借入れに対する支払利子に三〇％の源泉徴収税が課税されれば莫大な税収が得られるはずであるが、実際にアメリカが獲得する源泉徴収税は年に四〇億ドル以下でしかない。[50]

問題は、アメリカのこの措置が引き金になり、下向きの租税競争のなかで非居住者に支払われる利子に対して、イギリス、ドイツ、フランスなど主要な国々が次々と源泉徴収税の廃止で足並みをそろえたことである。[51] アメリカの免税措置はいわば「有害な租税競争」の一種であり、これによってまさしく「囚人のジレンマ」というべき状況が国際的に広がったのである。[52] この時期、ＯＥＣＤモデル租税条約に準拠する先進国を中心とした租税条約網は、情報交換についてはなお未整備であり、情報申告の体制が成立していたとしても受取った情報を照合することは困難であった。また、先進国間を中心に情報交換が行われたとしても、当時は先進国とタックス・ヘイブンとの間では租税条約は存在しておらず、タックス・ヘイブンを介在させれば課税の網から逃れることは相対的に容易であった。その意味で、所得が発生する源泉地国における源泉徴収税の存在は、国際的な資本の流れとそこから発生する資本所得を捕捉する重要な手段となるはずであった。課税所得捕捉のバックアップ装置ともいうべきこの源泉徴収制度が後退したことは、効果的な情報交換制度も整備されていない当時の条件の下では、国際的な資本所得課税の最も重要な手段を失うことを意味していたのである。

では、ＥＵにおいて貯蓄課税指令が実施に移され、またＯＥＣＤの透明性と情報交換についての「国際的に合意された基準」が受け入れられつつある現在、「共存モデル」にみられるように源泉徴収課税の意義は自動的情報交換制度が国際的に確立するまでの過渡的な制度と考えるべきなのであろうか。

現段階ではこの点についての評価は必ずしも収斂していない。情報交換じしんの評価についても悲観論と楽観論とが存在する。[53] 前者の見解では、資本輸出国と資本輸入国とでは情報交換をめぐる利害が異なり、輸出国は情報の入手によって自国の課税を強化できるのに対し、輸入国側は輸出国側へ情報を一方的に提供するだけで、情報交換のコストを負担するだけでなく外国からの投資先としての魅力を低下させるため、そこでは情報交換のインセンティブが機能しないとみる。他方、楽観論では、情報交換によって海外投資所得を隠匿して自国の課税を免れる魅力は薄れるため、各国が低税率を設定する傾向は弱まり、税収が増加する結果、情報交換はすべての国の利益になると捉えられる。また、同じ情報交換でも、個別的情報交換と自動的情報交換とでは、有効性や実行可能性に大きな隔たりがある。

情報交換よりもむしろ源泉徴収制度の方が将来的な発展の可能性が大きいとみる見解も存在する。それによれば、一国だけが源泉徴収課税を行うことはその国の国際競争力を削ぐため、望ましいのはＯＥＣＤ諸国が協調して源泉徴収課税を行うことだと主張する。[54]

しかし、真に望ましい政策方向は、自動的情報交換制度と源泉徴収制度とを組み合わせることではないか。情報交換制度の整備を行うことの前提は、一般に居住地原則に基づく国際所得課税の仕組みを整備することに求められるが、他方、資本を輸入する源泉地国側の課税権と税収の保障も重要な課題である。それにより、源泉地国側の課税努力と情報交換のインセンティブも高められる。かつてマクルアは「二一世紀の租税政策」のビジョンを展望する論文において、「租税のためのＧＡＴＴ」とでもいうべき国際的な資本課税のルールを確立することの重要性を指摘し、利子課税と国際協力の重要性を指摘したことは、示唆的である。[55] 自動的情報交換と源泉課税制度を併存させつつ国際租税協調を進めることこそ、求められている方向であろう。

（1）　それは、ＥＵ加盟国に居住する個人が「あらゆる手段により、共同体内で得る所得について自動的かつ効果的な証明」を確実に行うというものであった。Cf. European Economic Community, Programme for the Harmonization of Direct Taxes, *Bulletin of the European Economic Community*, Supplement to No. 8 (1967), p. 11.

（2）　Holzinger, K., “Tax Competition and Tax Co-Operation in the EU: The Case of Savings Taxation”, *Rationality and Society*, Vol. 17, No. 4 (2005), pp. 481–483.

（3）　*ibid.* p. 483.

（4）　European Commission, *Communication from the Commission to the Council and the European Parliament — A package to tackle harmful tax competition in the European Union*, COM (97) 564 final (1997).

（5）　行動要綱と有害な租税競争に関しては、とりあえず、拙稿「有害な租税競争と国際租税協調」会計検査研究二三号（二〇〇三）を参照。これらの問題についてのその後の展開については、たとえば、次を参照。Cattoir, P., A History of the “Tax Package”: The Principles and Issues Underlying the Community Approach, European Commission taxation papers, *Working Paper* No. 10 (2006).

（6）　Cattoir, P. *ibid.* p. 2.

（7）　この再導入は、九一年にドイツの連邦憲法裁判所が賃金に対し源泉徴収税を課税しながら利子に課税しないのは憲法の平等原則を侵害すると判示したからである。ドイツは源泉徴収税を再導入したが、非居住者には適用しないこととした。Cf. Avi-Yonah, “Memo to Congress: It’s Time to Repeal the U. S. Portfolio Interest Exemption”, *Tax Notes International*, December 7 (1998), p. 1820.

（8）　Cf. Holzinger, K., *op. cit.* p. 484.

（9）　*Ibid.* p. 485.

（10）　European Commission, *Proposal for a Council Directive to ensure effective taxation of savings income in the form of in-*

terest payments within the Community, COM (2001) 400 final (2001), pp. 2-4.

（11）アメリカ、スイスのほかは、アンドラ、リヒテンシュタイン、モナコ、サン・マリノなど、タックス・ヘイブン四か国である。

（12）ガーンジー、ジャージー、マン島、ブリティッシュ・バージン・アイランド、タークス＝カイコス諸島、オランダ領アンチル、アングイラ、ケイマン諸島、モントセラト、アルーバの一〇地域をさす。

（13）Cattoir, P. *op. cit.* p. 8.

（14）Keen, M. and Ligthart, J. E., "Cross-Border Savings Taxation in the European Union: An Economic Perspective", *Tax Notes International*, February 9 (2004), p. 541.

（15）Cattoir, P. *op. cit.* p. 10; Keen, M. and Ligthart *op. cit.* p. 541.

（16）条件が整わないため、その後、同年七月一日に変更された。Cf. Cattoir, P. *op. cit.* p. 10.

（17）フェイラ合意と異なり、二〇〇三年貯蓄指令では移行期をいつまでとするのかは決まっていない。

（18）Hemmelgarn, T. and G. Nicodème, "Tax Co-ordination in Europe: Assessing the First Years of the EU-Savings Taxation Directive", European Commission Taxation Papers, *Working Paper* No. 18 (2009), pp. 12-14.

（19）*Ibid.* p. 2.

（20）*Ibid.* pp. 7-10.

（21）*Ibid.* pp. 7-8. また、次も参照。European Commission, *Review of the Savings Taxation Directive—Frequently Asked Questions*, MEMO/08/704 (2008). こうしたタックス・ヘイブン等の代表例が、香港、ドバイ、パナマ、シンガポール、マカオである。

（22）欧州委員会のホームページ、参照（http://ec.europa.eu/taxation_customs/taxation/personal_tax/savings_tax/rules_applicable/index_en.htm）。

（23）OECD, *Harmful Tax Competition: An Emerging Global Issue*, 1998, pp. 7-8. 水野忠恒（監修）高木由利子（訳）『有害な税の競争――起こりつつある国際問題』（日本租税研究協会、一九九八）一～二頁。

（24）OECD, The OECD Project on Harmful Tax Practices: 2006 Update on Progress in Member Countries, 2006, pp. 3-6. 荒

木知「国際課税の最近のトピック――ＯＥＣＤにおけるタックス・ヘイブンプロジェクトを中心に」租税研究八月号（二〇〇九）一二五頁。

(25) OECD, *Towards Global Tax Cooperation*, 2000, p. 10, pp. 17-18, 24-25.

(26) OECD, *The OECD's Project on Harmful Tax Practices: The 2001 Progress Report*, 2001, p. 7, 10. 増井良啓「タックス・ヘイブンとの租税情報交換条約（TIEA）」税大ジャーナル一一号（二〇〇九）一八頁。

(27) Kudrle, R.T., "The OECD's Harmful Tax Competition Initiative and the Tax havens: From Bombshell to Damp Squib", *Global Economy Journal*, Vol. 8, Issue 1 (2008), p. 4.

(28) *Ibid.* p. 5.

(29) そこでは、「実質的活動なし」の基準が「その地域が現地での実質的な存在を必要としない外国所有のエンティティの設立を助長する、あるいは外国所有エンティティに対し現地経済に商業上の影響を及ぼすことを禁じている」と説明されている。この内容は、まさしくring fencingと同様の内容である。Cf. OECD, *op. cit.*, 2000, p. 10.

(30) Kudrle, *op. cit.* p. 10.

(31) Sullivan, M. A., Lessons from the last War on Tax havens, in do., *Briefing Book*, Tax Analysts 2008, p. 72 (http://www.taxanalysts.com/www/freefiles.nsf/Files/BriefingBook.pdf/$file/BriefingBook.pdf). 本庄資「オフショア・タックス・ヘイブンをめぐる国際課税（第一回）――オフショア・タックス・ヘイブンの現状と問題点」租税研究七三二号（二〇一〇）一六二頁。

(32) Sullivan, *op. cit.* pp. 73-74.

(33) Kudrleによれば、ブッシュ政権は、ＯＥＣＤのプロジェクトを二重の意味で疑わしいと考えたとされる。それは、第一に、税率の高いヨーロッパ諸国の願望に合わせて主として彼らの目的にアメリカを従わせようとするのではないか、第二に、「協調的防御措置」という言い回しがまったく漠然とした制裁にアメリカが協力するのを期待しているのではないか、との疑念である。Cf. Kudrle, *op. cit.* p. 8.

(34) Sullivan, *op. cit.* p. 72. 増井・前掲注（26）二八～二九頁。

(35) アンドラ、リヒテンシュタイン、リベリア、モナコ、マーシャル諸島、ナウル、バヌアツである。

（36）OECD, *The OECD's Project on Harmful Tax Practices: The 2004 Progress Report*, 2004, p.13; do., *Tax Co-operation: Towards A Level Playing Field*, 2006, p.10, 14, pp.17-18. また、増井良啓「租税条約に基づく情報交換」日本銀行金融研究所ディスカッションペーパーNo. 2011-J-9（二〇一一）一一〜一二頁。

（37）OECD, *Improving Access to Bank Information for Tax Purposes: The 2007 Progress Report*, 2007, p.9. 増井・前掲注（36）一四頁。なお、オーストリア、ベルギー、ルクセンブルク、スイスは、第二六条第五項については受入れを留保した。

（38）Cf. OECD, *Moving Forward on the Global Standards of Transparency and Exchange of Information for Tax Purposes*, 2009. 本庄・前掲注（31）一六九頁、中島隆仁「ＯＥＣＤのタックス・ヘイブン対策」税大ジャーナル一四号（二〇一〇）一四五、一四九頁。

（39）Keen, M. and Ligthart, J. E., "Information Sharing and International Taxation: A Primer", *International Tax and Public Finance*, vol.13 (2006), p.83. 増井・前掲注（36）六頁。情報交換には、このほかに自発的情報交換（spontaneous information exchange）やランダム・ベースの情報共有があるとされる。前者は、ある国の課税当局が、別の国の課税当局に対し、当該国が関心を持つと思われる情報を自発的に提供するものであり、後者はある種のリスク選択基準に基づいてその時々に相互に情報の共有が行われるものである。

（40）サリバンは、もっとはっきりと、個別的情報交換は要請する情報の特定とその手続きに大きな困難を抱えており、ＩＲＳが脱税を摘発するのに役立たないと断言している。Sullivan, *op. cit.* p.75.

（41）バミューダ、ケイマン諸島、キプロス、マルタ、モーリシャス、サン・マリノの六つの国・地域である。Cf. OECD, *op. cit.*, 2006, p.7.

（42）OECD, *The Global Forum on Transparency and Exchange of Information for Tax purposes: Information Brief*, 17 June 2011, p.13. 中島・前掲注（38）一四八頁。

（43）OECD, *ibid.* 2011, pp.24-25.

（44）この両事件の概要とその帰結については、差し当たり、次を参照のこと。石井道遠「タックス・コンプライアンスを巡る国際的連携の動きと我が国の政策対応の在り方（試論）」RIETI Discussion Paper Series 10-J-033（二〇一〇）八一〜八四頁。

（45）国際決済銀行のデータにより算定。Cf. BIS, External positions of banks in individual reporting countries, In all currencies vis-à-vis all sectors (http://www.bis.org/statistics/bankstats.htm).

(46) タックス・ヘイブンの実態、動向、特徴等については、さしあたり、次を参照。山口和之「タックス・ヘイブン規制の強化」レファレンス七〇六号(二〇〇九)、Gravelle, J. G., "Tax Haven: International Tax Avoidance and Evasion", *Congressional Research Service Report*, 2010.

(47) Kudrle, *op. cit.* p. 14.

(48) サリバンは、もしアメリカが本気でオフショアの脱税を抑制したいと思うなら、いくつかのEU非加盟国も参加したように、アメリカもEU貯蓄指令の下における自動的情報交換に参加することを検討すべきであろう、と指摘している。Cf. Sullivan, *op. cit.* p. 76

(49) Avi-Yonah, R. S., *International Tax as International Law*, New York, 2007, pp. 69–70.

(50) *Ibid.* p. 68.

(51) Avi-Yonah, *op. cit.* (1998), p. 1819.

(52) OECDは九八年報告書において、「クロスボーダーの利子が課税を免れることがないよう、情報交換と源泉徴収税をいかに活用するか」について、九九年に報告書を提出するとしていたが、今日までその約束は果たされていない。Cf. OECD, *op. cit.* 1998, pp. 9–10.

(53) Keen, M. and Ligthart, J.E., *op. cit.* (2004), pp. 542–543.

(54) Avi-Yonah, *op. cit.* 2007, p. 78.

(55) McLure, Jr., C. E., "Tax Policies for the XXIst Century", *Vision of the Tax Systems of the XXIst Century*, Proceedings of a Symposium held in Geneva in 1996 during the 50th Congress of the International Fiscal Association, vol. 21d (1997), pp. 27–45.

東日本大震災後の増税に関する一考察

――税に関する法と経済学的な観点からの法政策学を中心として――

山田朋生

一　はじめに

本稿の課題は、間接税である消費税[(1)]及び所得税を増税等するのではなく災害復興税等（特別法）を導入することの必要性について考察し、最終的には憲法第一三条及び第二五条の国民の権利を環境汚染公害問題[(2)]から保障すべく企業課税（ピグー税又はボーモル・オーツ税的な企業課税[(3)]の創設）の促進の必要性について言及をするというものである。

周知の通り、東日本大震災を契機に災害復興費等の補填財源として消費税や所得税等を増税しようとする動きが強くみられる。しかしながら、現在の経済社会がデフレスパイラルの状況にあるなかで、消費税や所得税を増税するということは、国民によるコンセンサス（consensus）を得られないものであるといえる。とは言え、復興財源を確保するのであれば間接税である消費税や所得税を増税するのではなく、例えば災害復興費税を別に創設し、期限付きで徴収（課税）するべきではないであろうか。

一方、今回の大震災では、二次災害として原発から放射性物質の漏出・拡散が生じており、これにより地震・津波の被災者のみならず農業、漁業関係者にも多大な経済的損失を与えている。また、地震・津波被害の復興の足枷にもなっている。本来、地震大国である我が国に原発のような放射性物質を扱う施設建造物を建てる場合、地震及び津波がくることを当然想定しているはずである。ところが、想定していた地震の規模はマグニチュード八・四程度と高かったものの、津波に関しては高さ五・四～五・七メートルと、かなり低い想定基準となっている。[4][5] 無論、費用対効果について考えた場合、例えば津波の高さを一〇〇メートルと想定して、防波堤（堤防）を設置することはナンセンスであろう。しかし、低い想定基準にして利益を確保し、安全を軽視したことにより、今回のような二次災害が引き起こされたのであれば、今後そのような利益優先、安全軽視の体質は改善されるべきである。そして、体質改善のためには当該企業を監視・監督する完全独立の第三者機関を設ける必要がある。なお、この財源は、例えば「核燃料税」[6]といったピグー税的（及びボーモル・オーツ税的）課税を当該企業に課することにより確保し得る。そして、このピグー税的課税は、同時に当該企業の安全に対する意識を高める効果も兼ね得ることになるであろう。

そこで本稿では、政府が介入して失敗した事業で、増税という形で失敗による損失を補塡しようとしている事例について、そのような増税政策が経済社会の回復に有効に寄与したのかどうか、法と経済学の観点から考察する（二）。次いで、平成二三年六月三〇日に政府・与党社会保障改革検討本部が作成し決定した「社会保障・税一体改革成案」（以下、「改革成案」と略記。）を取り上げ、政府が採用するであろう課税の在り方についてその適否を検討する（三）。そして以上の事を踏まえて、東日本大震災後の財源確保の手段として公共政策的な特別法の創設の必要性について提言をする（四）。そして最後に、結論として今後の政府における当該問題の対策及び方針について言及するものである。

二　法と経済学的な視点の重要性について

近年、政府が介入することで起きてしまった市場の失敗[7]などにより生じる、増税という国民に転嫁し得る政策及び制度が、果たして、経済社会（市場経済、経済社会）の回復において有効に機能するであろうかどうかを法と経済学[8]の法規範的な視点[9]から法政策学の考え方[10]を通じて取り上げ、その実態を政府・与党社会保障改革検討本部が平成二三年六月三〇日に決定した「改革成案」[11]を基に当該内容である政府における税制度及び税政策について検討し、今後の当該在り方（必要性）について考えていく必要がある。既に、法と経済学における学問の既往研究として、様々な先生方が法律分野においても研究されてご活躍をされている[12]。

今日、度重なる政府の介入による市場の失敗[13]（例えば、原発による公害等[14]）により、外部不経済[15]の状態が多々起きてしまっている。その影響は、増税や供給者による料金値上げという形で、いつの間にか国民一人一人に転嫁されてしまっている。

とりわけ、社会保障制度の財源を補填する為に、物品税方式が廃止され消費税が創設[16]された。これは、本来あるべき課税原則である応能負担原則[17]によらず、不公平税制とも言える一律の間接税による課税方式である消費税導入当時は、当初の人口ピラミッドの構造（一九六〇年代）は三角形に近い構造[18]をしていた。しかし、近年の少子高齢化社会の時代が到来するとともに、人口ピラミッドが釣鐘状の構造から逆三角形の構造[19]になりつつあり、当初の社会保障政策（制度）では、国民の税負担を多大なものにしており、もはや賄えない状態になってしまっている現在の状況である。国民の増税に対する意識も世論調査[20]の結果をみれば国民の意識が判るのではないであろうか。次節により法と経済という視点から、現行の消費税と所得税の今後の政策の在り方について分析（考察）したい。

三　社会保障・税一体改革成案における各課税問題

政府は、平成二三年年三月一一日に発生した東日本大震災が、我が国に未曾有の被害をもたらしたことによる国難を克服していくために、単なる災害復興にとどまらず、活力のある日本の再生を視野に入れた復興のための施策を推進していく必要があるとして、[21]平成二二年に一〇月に政府・与党社会保障改革検討本部[22]を設置した。同本部では、現在もなお各有識者検討会や集中検討会議において、「社会保障と税の一体改革」[23]のその在り方について議論がされている。

本節では、「改革成案」を取り上げ、主として災害復興費の財源になるであろう消費税、所得税について、それぞれの問題及び災害復興を事実上遅らせて、その足枷ともなっている環境汚染公害問題について指摘したい。

1　消費税及び所得税における諸問題

政府・与党社会保障改革検討本部は、社会保障の財源を安定的に確保するために、さらに東日本大震災の災害復興財源を確保するために、主として消費税[24]及び所得税（個人所得課税）を増税する必要がある旨提言している。ここでは、まず、この提言についてそれぞれの問題点を指摘したい。

(1)　消費税

平成二三年六月に、経済協力開発機構（ＯＥＣＤ）[25]と、それに続き国際通貨基金（ＩＭＦ）[26]が日本に対して税率を段階的に更に上げるようにという懸念や案を表明した。

このような各国の要請及び当該日本の現状に伴い、政府は「改革成案」の消費税に関する増税の考え方[27]に基づいて税制改革を行う方針である。

富の再分配としての消費税[28]が創設されて以来、三〜五%と段階的に税率は上がり、国民が一律に負担する水平的な課税として現在においても継続するに至っている。当初、国立社会保障・人口問題研究所[29]のデータをみると、消費税が創設された際には、日本の将来人口推計の人口ピラミッドは三角形に近い釣鐘状の構造をしている状態であったが、その後我が国における少子・高齢化が進み、平成二三年に至っては、人口ピラミッドが釣鐘状の構造から逆三角形の構造に変化しつつある状況になっている。これは消費税創設当時であれば、消費税政策という制度は成立していたかもしれないが、現在においては当該政策・制度を維持すれば、経済社会上で購買力のある実労働世代の減少に伴いいずれ財政破綻することになるのは時間の問題であろう。社会保障費を消費税で幾ら補塡しようとしても、実質、現状のままでは当該目的のためだけに使われているのかが判らず（可視化）、税の徴収については際限がない状態となる。

しかし、筆者は日本の風土（国民に対して外国並みのゼロ税率も無いまま[30]）には、今回の消費税増税の政策は形式ばかり先行してしまい実質的に現在の日本においては国際的な平均にする行為は合わないと考える。何故ならば、その理由として筆者は主として少子高齢化問題が原因としてあると考える。なお、消費税に関する既往研究としては、消費税が創設された当時から、その消費税の在り方についての問題を研究してこられた先生は数多くおられる[31]。

(2)　所得税

政府は消費税と同様に、所得税（個人所得課税[32]）も増税の対象としている。しかし、筆者は所得税増税にも反対である。

「改革成案」の中において、社会保障の安定財源確保の一つとして所得税も消費税と同様に増税の対象となっている。しかし、現段階（平成二三年七月）では、災害復興税を前述の消費税で賄うか、所得税で賄うかのどちらの方式になるか、または両方の方式にするかは未だ定まっていない。しかし、現政府の方針としては、所得税（個人所得課税）

についても課税の対象とする予定である。この増税についても、先述した少子高齢化問題の観点から実質的に現在の日本においては制度・政策的に相応しくないと考える。筆者も、①社会保障費のために必要な財源の確保のための増税や、②災害復興のために必要な財源の確保のための増税には賛成であるが、この場合に問題となってくるのが、少子高齢化問題であり、次節で取り上げる法政策・制度の問題になる。

2　災害復興財政を確保するための増税について

では、社会保障の財源および災害復興財源を確保するためには、どのような方法が妥当であろうか。筆者は、先に、消費税や所得税を増税することに反対であると述べた。しかし増税自体に反対しているわけではない。むしろ災害復興のための国民に対する課税には賛成だが、その前提条件として二次災害による国民への環境汚染公害問題については、憲法第一三条、第二五条の国民の権利を守るために、増税に伴う災害復興の遅れの原因となる原発や企業に対してのピグー税的課税（企業課税）の促進を最終的には、復興の妨げとなる当該企業に課税するべきではないであろうか。

筆者も災害復興のために必要な財源の確保のための課税には賛成であるが、この場合に問題となってくるのが、少子高齢化問題である。次節では、法政策・制度の問題である、①既存の消費税や所得税によらない特別法の問題（増税の方法論）、②環境汚染公害問題から憲法第一三条、第二五条の国民の権利を守るための対策という二点について当該政策・制度を検討する。

四　東日本大震災後の法政策（公共政策）による特別法創設の必要性

まず、現行の法政策が実社会である世の中の世論に対して、果たして国民の利益（公共の利益）として機能しているのかどうか再検討し、現在ある法律では当該方法論を理屈付けられない現状であるので、特別法の創設が必要であるということをこの節で検討する。

1　災害復興に関する税の新税創設と現行法の変更

まず、社会保障費の財源において現行の政策・制度では、給付の対象の増加による財源不足が問題となってくる。この原因の一つとして、少子高齢化問題が持ち上がってくる。先述したように、国立社会保障・人口問題研究所が調査した、日本の人口ピラミッドの構造に伴う世代間の人口比率の割合を参考にして、世代間扶養型の社会保障制度（政策）が成り立っていた。その社会保障制度の財源を確保するという理由で消費税が創設され、現在に至っている。しかし、近年、少子高齢化社会の到来に伴い、現行の世代間扶養型の社会保障制度（政策）では、その財源が将来人口推計を分析[33]すると賄うことができない状況になってきている事がわかる。その為、政府は、今回の「改革成案」などにより、その財源（社会保障費及び災害復興費）を社会保障の世代間扶養方式ではない新たな方式で行う必要があると考える。また、「①社会保障費に充てる財源が現行の消費税率では賄いきれなくなったという理由と②災害復興費の財源に消費税を使うという理由」から、消費税の増税を計画している。そして、災害復興財源を確保するために、消費税だけでは賄いきれないという考えから、当該財源に消費税以外の現行税も財源確保のための増税の対象として徴収し財源に充てようとしている。しかしこれでは、国民によるコンセンサス（consensus）を得られないと筆者は考える。

加えて、現行法の変更に関して増税するのであれば、少子高齢化を前提とし、経済力（担税力）を維持ないし上昇させるような方法で行うべきである。では、具体的に、どのような形で増税するのが適切であろうか。筆者の考えでは、災害復興費の財源の確保に関しては消費税や他の現行税によらない新制度・政策（要件として、①憲法第一三条、第二五条の保障、②消費税、所得税による高税率化に促さない増税、③応能負担原則による経済力〔担税力〕の維持の要請に適うこと）が必要であると考える。例えば、現行税によらないで、新たに災害復興財源専用に予め課税期限付き（期間限定）で、①物品税（高税率化）の復活、②インフラ税（筆者の自説では、東日本大震災復興財源確保税など）等の創設が必要であり、当該復興目的以外では税の利用ができないように使途の可視化がされている政策・制度を創設するべきであると考察する。

2　東日本大震災後の法政策におけるピグー税的課税創設の必要性

ここでは、政府の政策・制度によるピグー税的な景気回復政策課税を税の法と経済学に当てはめることによって、今後の経済社会に与える影響について考察する。幸いなことに政府は、原発被害者の為に「原発損害賠償法[34]」という法律案についての創設を今もなお検討している。しかしながら、ここではピグー税的な課税の必要性について絞って論じていくものとする。

近年、租税法の分野において法と経済学という学問の観点が、租税法を研究する上で重要な位置を占めているという事が理解されねばならない。租税法における解釈論および政策論が、経済学を取り入れることによって、その公共経済学の観点により、「最適な結果（パレート最適など）」となり税制を理解及び機能させるのに、必要不可欠な存在として役立っている。

そもそも、ピグー税（又は、ボーモル・オーツ税）という課税方法の重要性が過去において経済学者により唱えられていたことから判るように、市場の失敗における外部不経済の状態を抑制するには、当該状態を起こしかねない企業（及び事業者）に対しては国民主権を第一として、企業主権が優先される市場の状態にならないように、企業課税をして危機意識（リスク）を持たせるべきである。

日本が先進国であるという事、また国際社会の一員としての関係上、エネルギー政策や日本の経済成長を担う上で、原子力発電所の存在は、確かに不可避的なものかもしれない。しかし、今回の東電の原発事故により、その安全神話が崩れてしまうという事実となってしまったことで、その安全度具合は言うまでもない結果となってしまった。[35]

本来、環境汚染公害問題においては、憲法第一三条、第二五条により国民の権利は保障されねばならない。その一例として、「ＰＰＰ（汚染者負担の原則）」、「環境基本法四条」、「大気汚染防止法」、「水質汚濁防止法」、「公害防止事業費事業者負担法」、「公害健康被害の補償等に関する法律」、「人の健康に係る公害犯罪の処罰に関する法律」等がある。

筆者の考えでは、現行で創設されている「核燃料税」などのようなピグー税的課税（企業課税）を課し、企業利益よりも、原発という重要性のあるものに人的危機管理意識不足を再認識させるため、また企業内において、利益よりも安全が優先という意識を上げさせ、原発を安全に維持・運営させるため、そのピグー税的課税を課したことにより得た税の使途は、経済社会において当該企業を独立の第三者機関により監督・監視する手段（側面）と国民への保障として用いることが望ましい。

五　おわりに

以上に述べてきたように、我が国においては、納税者たる国民に対しては、納税後の税金の使途を誰もが可視化できるような制度（政策）を共通番号制度（今回の場合は、「社会保障・税に関わる番号制度」）に組み込んだ上で、①社会保障の財源については、物品税（高税率化）へ立ち戻るべきであり、②災害復興の財源においては、消費税及び所得税などの増税によらない課税期間（期限）付きの災害復興専用の新税（自説案では、「東日本大震災復興財源確保法」など）

を別途創設し課税することが望ましいと考える。次に、事業者たる企業が、国民に対して環境汚染公害問題を及ぼした場合に、憲法第一三条及び第二五条の国民の権利を保障（保護）すべくピグー税的な課税（今回の場合は、「核燃料税[36]」のさらなる高税率化[37]）をすることが望ましいと考える。既存の消費税や所得税等によらない新しい特別法の創設が求められる。そして更に、あらゆる環境汚染行為を、国民への悪影響を考えず、利益を優先とする企業に対して、当該課税をし罰則を強化するべきである。

なお、本稿では当初「改革成案」を素材として、その内容を検討してきたが、「改革成案」は、その後修正され、平成二四年二月一七日に内容が確定した（「社会保障・税一体改革大綱」）。当該内容を確認してみると、残念ながら消費税に関しては、「改革成案」を充足したものになっている。この点は批判すべき点である。

今後、政府がすべきことは、政府・与党社会保障改革検討本部及び各有識者検討会や集中検討会議において、国民の利益を最優先にした運営方針を立て、これを実現することである。なお一層の努力を期待したい。

（1）消費税については応能負担原則によらない、不公平税制ともいうべき大型間接税であるという見解の立場をとられている研究者や学者もおられる。

（2）今回、平成二三年三月一一日に東日本大震災が発生した後における東京電力が所有する福島原子力発電所の放射能汚染問題を例に挙げたい。当該行為による国民に対する生命、身体等の健康被害、生活妨害という具体的な被害が発生しており、憲法第一三条の「幸福追求権」や憲法第二五条の「生存権」に違反し侵害を及ぼしている。これは、環境権及び人格権の理論から、地域住民の被害救済をする必要がある。

（3）この場合の企業課税とは、外部経済の発生者に外部限界費用に等しい額だけ課税するというピグー的租税政策をいい、環境汚染に伴う被害などを防止するため政府が介入し、市場の機能をパレート最適が実現できる状態に持ち直させるための手段として、ピグーの考えに基づいて環境税を課税しようとするものである。課税は「ピグー税」（外部不経済のもととなる企業の生産に課税）、補助金は「ピグー補助金」（汚染の軽減に補助金を出すことで社会的厚生が最大となるような生産水準を達成する）と呼ばれている。結果、ピグー税的課税により企業に危機意識を与え、ピグー（及びボーモル・オーツ）的課税により外部不経済が起こる状態や環境汚染等の公害を抑制することで緩和させる。

（4）土木学会がまとめた「原子力発電所の津波評価技術」によるものとされている。平成一八年に改定された「耐震設計審査指針」（http://www.jcp.or.jp/akahata/aik11/2011-05-09/2011050916_01_0.html）〔平成二四年三月一八日現在〕。

（5）『日本経済新聞』平成二三年五月二日、朝刊、一五面。

（6）『読売新聞』平成二三年六月一五日、夕刊、一二面。『朝日新聞』平成二三年六月一五日、朝刊、六面。

（7）市場が完全競争市場の場合、財・サービスの需要と供給の均衡が適切に行われ、モノやサービスの最適な資源配分がもたらされる。しかし、さまざまな要因により不完全競争市場になってしまった場合に「市場の失敗」というものが起こってしまい、市場機能がうまく働かなくなることがある。

（8）この理論は、日本でもアメリカ主流（型）の法科大学院制度（システム）が導入されて以来、アメリカ起源の「法と経済（学）」という当該学問研究の重要性が、今後の政府における経済社会における法制度・政策面の創設をする上で無くてはならない存在となっている。

（9）この理論は、経済学の分析モデルを基にして、法に経済的な説明を与えたりすることにより、様々な法領域へ適用できる広がりを持っており、実定法や法解釈に限らず、法制度や広く政策の設計、立法過程にも適用される方法である。

なお、本稿においては、法と経済学という学問領域の視点から当該問題に対する法政策学的展開における補足的な説明を、規範的研究の観点から加えるだけにし、今後別途により、当該問題について法と経済学的な検討をしていくものとしたい。

（10）法と経済学の先行研究としては、金子宏先生を始めとする数多くの諸先生方が研究されているが、本稿においては、特に公法（租税法）の分野において、藤谷武史（二〇一一）「公法における『法と経済学』の可能性？」『法学教室』（三六五巻、二月号）を紹介し、また、公共政策の分野において、常木淳（二〇一一）「公共政策分野における法と経済学」『法学教室』（三六五巻、二月号）を紹介し、本稿の当該視点として代表的に取り上げてたい。法と経済（学）という学問領域が日本において、とくに注目を浴びるようになったのは、法科大学院が日本で始まったのを契機にその学問としての重要性が再認識されたのがきっかけである。日本において、法と経済を先行研究（既往研究）されている研究者（学者・専門家）の方は多数おり、その中でも公法学及び税法分野について代表として取り上げるのならば、「金子宏、中里実、藤谷武史」がおられる。次に、公共政策分野について代表として取り上げるならば、「常木淳」がおられる。

(11)「社会保障・税一体改革成案」政府・与党社会保障改革検討本部決定、平成二三年六月三〇日（http://www.cas.go.jp/jp/seisaku/syakaihosyou/index.html#kettei5）〔平成二四年三月一八日現在〕。

(12) 本稿におけるアプローチとして公法（租税法）の分野においては、藤谷武史「公法における『法と経済学』の可能性？」『法学教室』（三六五巻、二月号）一六頁にて、公法学における見地を述べられている。また公共政策の分野においては常木淳「公共政策分野における法と経済学」『法学教室』（三六五巻、二月号）二五頁において公共政策分野における見地を述べられている。

(13) 法と経済（学）における分野においては、政府が市場に介入したことによる「市場の失敗」の状態が起きたとき、その市場自体がうまく機能しなくなってしまう場合が存在する。詳しくは、速水昇ほか『公共経済と租税』（学文社、二〇一〇）三頁以下に詳細な解説がある。

(14)『朝日新聞』平成二三年四月二八日、朝刊、一面。『朝日新聞』平成二三年五月一一日、朝刊、三面。『朝日新聞』平成二三年六月六日、朝刊、三面。なお、原発については、小出裕章『原発のウソ』（扶桑社、二〇一一）に詳細な解説がある。

(15) 速水昇によれば、外部不経済について「他の経済主体に不利な影響を与えることを外部不経済といい工場の煤煙、騒音、悪臭等の公害がある」と著書で述べられている。速水・前掲注（13）九頁に詳細な解説がある。

(16) 消費税が創設されたのは昭和六三年一二月で、翌平成元年四月一日から実施された。

(17) 北野弘久『税法学原論〔第六版〕』（青林書院、二〇〇七）一四三頁以下に詳細な解説がある。

(18) 国立社会保障・人口問題研究所「人口ピラミッドデータ」（http://www.ipss.go.jp/site-ad/TopPageData/1960.gif）〔平成二四年三月一八日現在〕を参照。

(19) 同右（http://www.ipss.go.jp/site-ad/TopPageData/2010.gif）〔平成二四年三月一八日現在〕を参照。

(20) ＮＨＫの世論調査を始め新聞各社の世論調査の統計では、今回の消費税増税については様々な結果をみることが出来る。

(21) 内閣官房「社会保障改革」（http://www.cas.go.jp/jp/seisaku/syakaihosyou/）〔平成二四年三月一八日現在〕を参照。

(22) 同右「政府・与党社会保障改革本部」（http://www.cas.go.jp/jp/seisaku/syakaihosyou/）〔平成二四年三月一八日現在〕

を参照。

(23) 政府広報オンライン「社会保障と税の一体改革」(http://www.gov-online.go.jp/pr/media/paper/kijishita/536.html)〔平成二四年三月一八日現在〕を参照。

(24) 「社会保障・税一体改革成案」(政府・与党社会保障改革検討本部決定、平成二三年六月三〇日)九頁を参照。

(25) 経済協力開発機構(OECD)が四月、消費税率は「二〇%相当まで引き上げることが求められる」と指摘している(『朝日新聞』平成二三年五月二六日、朝刊、一面)。

(26) 国際通貨基金(IMF)も八日に「何年かかけて」一五%へ引き上げることが重要と提言。日本の現状及び風土を考慮し得ていない、経済協力開発機構(OECD)、国際通貨基金(IMF)などの提言には問題がある(『朝日新聞』平成二三年六月一七日、夕刊、二面)。

(27) 消費税課税についての政府の考え方は「消費税(国・地方)については、本成案に則って所要の改正を行う。いわゆる逆進性の問題については、消費税率(国・地方)が一定の水準に達し、税・社会保障全体の再分配を見てもなお対策が必要となった場合には、制度の簡素化や効率性などの観点から、複数税率よりも給付などによる対応を優先することを基本に総合的に検討する。併せて、消費税制度の信頼性を確保するための一層の課税の適正化を行うほか、消費税と個別間接税の関係等の論点について検討する。エネルギー課税については、地球温暖化対策の観点から、エネルギー起源CO_2排出抑制等を図るための税を導入する。また、地球温暖化対策に係る諸施策を地域において総合的に進めるため、地方公共団体の財源を確保する仕組みについて検討する。車体課税については、地球温暖化対策の観点や国及び地方の財政の状況も踏まえつつ、簡素化、グリーン化、負担の軽減等を行う方向で見直しを検討する。」としている。詳しくは、「社会保障・税一体改革成案」(政府・与党社会保障改革検討本部決定、平成二三年六月三〇日)一二頁を参照。

(28) 物品税(贅沢品に高い税率の税金を課していた税)が廃止され、消費税が高齢化福祉対策(福祉、介護、財政再建)の土台としての財源として創設されたのは昭和六三年一二月の竹下内閣(自民党)の時で、翌平成元年四月一日から実施された。当初の消費税率は三%だったが、平成九年四月一日より税率五%(消費税四%+地方消費税一%)へ引き上げられた。

(29) 前掲注(18)(http://www.ipss.go.jp/site-ad/TopPageData/pyra.html)〔平成二四年三月一八日現在〕を参照。

(30) 消費税を諸外国の平均並みに増税した場合、憲法第一三条、第二五条に関わる衣食住における部分については、ゼロ税率を設けることが望ましい。

(31)　北野弘久先生と湖東京至先生は、当初より不公平税制の問題から消費税の輸出還付金制度（企業の優遇税制）の問題等について研究されてこられている。

(32)　所得税（個人所得課税）についての政府の考え方は「雇用形態や就業構造の変化も踏まえながら、格差の是正や所得再分配機能等の回復のため、各種の所得控除の見直しや税率構造の改革を行う。給付付き税額控除については、所得把握のための番号制度等を前提に、関連する社会保障制度の見直しと併せて検討を進める。金融証券税制について、金融所得課税の一体化に取り組む。」としている。詳しくは、「社会保障・税一体改革成案」（政府・与党社会保障改革検討本部決定、平成二三年六月三〇日）一二頁を参照。

(33)　前掲注（18）「将来推計」（http://www.ipss.go.jp/pr-ad/j/jap/04.html）〔平成二四年三月一八日現在〕を参照。

(34)　原発損害賠償法については、能見善久（学習院大学教授）が中心となり活動をされている。

(35)　原発問題については小出裕章（京都大学原子炉実験所助教）が、各方面で研究及び活動をされている。

(36)　『読売新聞』平成二三年六月一五日、夕刊、一二面。

(37)　筆者の考えでは、核燃料税を一七％（例・福井県）から約五〇％程度にすることによって、原発の安全性が図られる財源となり得るのではないかと考える。

〔追記〕　私が、北野弘久先生と初めてお会いしたのは、私が日本大学法学部付属の税理士科研究室に入室してまもなくの頃でした。以後、公・私ともに親しくさせていただきました。先生に接する中で、先生の人生観や学者としての気質といったものに触れ、それらは、私の研究者人生に多大な影響を与えるものになりました事を深く感謝しております。

筆者も到底学恩に酬いることはできないですが、小論を以て追悼の意を表すことにより、北野弘久先生の御冥福を切にお祈り致します。

租税競争がもたらす税務会計上の問題点

高沢修一

一　はじめに

多国籍企業の登場は、租税競争（Harmful tax competition）を生み出している。一般的に、租税競争とは、自国の経済発展を目的として、「国内産業の国際的な競争力を高めることにより国内資本の強化を図るか、または、外国資本の積極的な誘致により海外からの直接投資の増進を図ることを目的として、当該国内の租税負担を国際的水準よりも緩和させることである(1)」と説明される。

また、租税競争は、海外利益の日本国内への還流を妨げるという問題点を発生させている。そして、租税競争は、法人税ばかりでなく相続税においても発生している。実際、相続税に対する国際的な潮流は、減税の方向性を示唆している。例えば、相続税の税率が〇％の国としては、アルゼンチン、イタリア、インドネシア、インド、オーストラリア、カナダ、シンガポール、スイス、スウェーデン、タイ、ベトナム、ポルトガル、中華人民共和国（香港）、マレーシア、メキシコ、ロシア等が挙げられ、アメリカも平成二二（二〇一〇）年度までに相続税の税率を〇％にすることを公表している。(2)

一方、日本は、国際的な潮流に逆行するかのように、平成二三（二〇一一）年度税制改正大綱において、相続税の基礎控除及び税率を見直し、相続税納税額の増額を図ろうとしている。そのため、相続税の捻出に苦慮している資産家のなかには、相続・事業承継対策の一環として資産の海外移転や、海外移住を検討する者や、パーマネント・トラベラー（Permanent Traveler）も現れている。

つまり、租税競争は、法人税ばかりでなく相続税においても生じるものであり、前者における問題点としては、グローバル化を進展させてタックス・ヘイブン（Tax Haven）に進出した企業が、海外で獲得した利益を日本国内に還流させず、法人税の納税額が減少していることが挙げられ、後者における問題点としては、パーマネント・トラベラーとなることにより相続税の納税額の減少を図る者が出現していることが挙げられる。

よって、本論文においては、行き過ぎる租税競争が生み出す税務会計上の問題点について考察したい。

二　税務会計の二つのアプローチ方法

一般的に、税務会計は、株式会社等の法人が獲得した事業所得に対する法人税等をその対象とし、企業会計に影響を与える税務会計上の所得計算制度を対象とする会計制度のことである。一方、富岡幸雄博士は、税務会計を所得税務会計、財産税務会計及び消費税務会計に区分する。(3)

しかしながら、本論文においては、税務会計を、日常取引を前提として法人税の算定基準となる〝期間損益計算概念〟に対応した会計システム（以下、「法人所得税務会計」とする）と、人生設計を前提として相続税の算定基準となる

図1　租税競争への税務会計からのアプローチ

《アプローチ法》		《研究対象》		《問題点》		《租税競争》
法人所得税務会計からのアプローチ	⇨	法人税を研究対象とする	⇨	内国法人の海外利益が還流しない	⇨	法人税における益金の減少
財産税務会計からのアプローチ	⇨	相続税を研究対象とする	⇨	パーマネント・トラベラーが出現した	⇨	相続税における相続財産の減少

“生涯損益計算概念”に対応した会計システム（以下、「財産税務会計」とする）とに分類する。(4)

つまり、租税競争は、**図1**に掲げるように、法人所得税務会計と財産税務会計の両面からアプローチすべき性質のものである。例えば、法人所得税務会計からアプローチした場合には、「内国法人の海外利益が国内に還流しないことに伴い、益金が減少する」という税務会計上の問題点を発生させ、財産税務会計からアプローチした場合には、「パーマネント・トラベラーの存在が相続財産を減少させる」という税務会計上の問題点を発生させているのである。前者の場合には、海外からの企業誘致を目的として、そして、後者の場合には、海外からの富裕層誘致を目的としているが、行き過ぎた租税競争は税務会計上の問題点を生起させることになる。

三　法人所得税務会計上の問題点の検討

租税競争は、「競争の結果として、公共支出が合理的な水準で維持され、租税負担と公共サービスとのバランスが適切に維持されるという有益面と、税収不足のために公共支出が賄えなくなり、租税政策のあり方が市場の動向によって影響を受け、資源配分にも歪みが生じるという有害面の二面性を有している(5)」と説明される。

　また、ＯＥＣＤ報告書は、有害な租税競争を生起させる要因として、（１）タックス・ヘイブンと、（２）有害な租税優遇措置を採用している諸国の二者を挙げ、前者は、①無税（名目的課税を含む）、②効果的な情報交換の欠如、③不透明な法制度および行政執行、④事業活動の不明確性等を判定基準とし、後者は、①無税（低率の実行税率を含む）、②効果的な情報交換の欠如、③国内市場との乖離性、④優遇措置の不透明性等を判定基準としている(6)。

　すなわち、租税競争は、海外資本を招来するうえで有効な手段であると評価できるが、内国法人が外国子会社に事業及び資本所得を蓄積して、内国法人に戻さず海外利益還流を妨げるという有害面を指摘することができるのである。

1　トリーティ・ショッピングによる租税回避行為

　トリーティ・ショッピング（Treaty shopping）とは、「租税条約の減免措置を受けることができない第三国の居住者が、一方の締約国に法人（導管法人）を設立し、その法人を形式的に取引に介在させることによって、他方の締約国（源泉地国）から課税の減免措置を受ける方法である(7)」と説明できる。

　つまり、トリーティ・ショッピングは、海外諸国の条約を比較検討し租税条約を濫用して本来であればその特典を受けることができない企業がその特典を受けることを可能とすることであり、〝租税条約漁り〟とも称される。

　実際、アメリカ企業は、「戦後の旺盛な資金需要にもとづきユーロダラーを導入する際に、直接導入すれば課される利子に対する源泉課税を回避し調達コストを引き下げる仕組みとして、蘭領アンティールとの条約の下で中間金融会社を活用している(8)」のである。

　しかし、国際間で支払われる源泉徴収税額は、国際金融取引の増大に伴い莫大な金額に成長しており、そのため、トリーティ・ショッピングによりもたらされる国際的な租税回避を防ぐことを目的として、アメリカ等の欧米諸国を中心として租税条約の濫用防止を図る「特典制限条項」の整備が行われたのである。

表1　タックス・ヘイブンを用いた租税回避行為

アジア諸国	法人税率	国名	法人所得課税実効税率
フィリッピン	32.00%	アメリカ（加州）	40.75%
日本・インドネシア・タイ	30.00%	日本（東京）	40.69%
マレーシア	28.00%	フランス	33.33%
ベトナム・中華人民共和国	25.00%	ドイツ	29.41%
大韓民国	24.20%	イギリス	28.00%
シンガポール・台湾	17.00%	中華人民共和国	25.00%
中華人民共和国（香港）	16.50%	大韓民国（ソウル）	24.20%

（出所）財務省ホームページ（http://www.mof.go.jp/jouhou/syuzei/siryou/084.htm）を基にして作成。

なお、先進国間を対象としたOECDモデル租税条約（Model Double Taxation Convention on Income and on Capital）と、先進国と発展途上国間を対象とした国際モデル租税条約（United Nation Model Double Taxation Convention Between Developed and Developing Countries）は、租税条約を作成する際に参考とされるケースが多い。

2　タックス・ヘイブンによる租税回避行為

タックス・ヘイブンとは、**表1**に掲げるように、自国の法人税率と比較して法人税率が著しく低い国及び地域のことであり、この他、治安が安定していて、法人の設立が容易であり、交通及び通信設備等のインフラが整備されていることもタックス・ヘイブンの要件として挙げられる(9)。

日本企業のなかには、タックス・ヘイブンを活用して租税負担回避を図るものが出現している。そのため、日本は、内国法人がタックス・ヘイブンに子会社を設立して、海外資産を日本国内に還流（配分）させないという租税負担回避行為を妨げることを目的として、昭和五三（一九七八）年に「タックス・ヘイブン対策税制（内国法人の特定外国子会社等に係る所得の課税の特例）」を規定したのである。

すなわち、タックス・ヘイブン対策税制では、一定の要件を備える特定外国子会社等（外国関係会社のうちでタックス・ヘイブンに本店または主たる事務所を有し、当該事業年度の所得に対して課される租税の金額が当該所得の金額の二五%以下のもの）の留保所得を、内国法人（その外国関連会社への直接及び間接保有の持株割合が五%以上であるもの）の所得と合算して課税される。

ただし、タックス・ヘイブン対策税制は、（ⅰ）事業基準、（ⅱ）実態基準、（ⅲ）管理支配基準、（ⅳ）所在国基準、及び（ⅴ）非関連者基準等の一定要件を充たした場合には適用されない[10]。実際、日本（東京）の法人所得課税の実効税率（四〇・六九%）は、フランス（三三・三三%）、ドイツ（二九・四一%）、イギリス（二八・〇〇%）、中華人民共和国（二五・〇〇%）、大韓民国（ソウル）（二四・二〇%）と比較すると極めて高い[11]。そのため、日本企業の多くが、タックス・ヘイブンに子会社を設立し、海外の子会社に内部留保した利益金額を日本国内の親会社に還流（配分）させないという税務会計上の問題点を生じさせているのである。

3　法人の海外利益還流に対する非課税制度の導入

経済産業省の調査に拠れば、平成二〇（二〇〇八）年度時点における内国法人の国外関連会社の内部留保（利益金額）残高が一九・六兆円であるのにもかかわらず、平成二一（二〇〇九）年度に国外関連会社から受けとった配当金額は三兆一五五二億円と僅小である。そのため、日本国政府は、国内経済の活性化及び雇用機会の増大を目的として、平成二一（二〇〇九）年四月から海外利益還流への非課税制度の導入を試み、国外関連会社から受け取る配当の九五%を非課税扱いとした。その結果、日本国企業の受取配当金は、一時的に増加傾向を示した。例えば、株式会社東芝の受取配当金の金額は、**表2**に掲げるように、第一六九期には、一〇一六億二一〇〇万円を計上し、このうち関連会社からの受取配当金は九九三億四〇〇〇万円であったが、第一七〇期には、三三八二億一八〇〇万円を計上し、このうち関連会社からの受取配当金は三三四九億六五〇〇万円と前期と比べて大幅に増加したのである。

しかし、第一七一期には、受取配当金が三四四億一〇〇〇万円に減少し、これに附随して関連会社からの受取配当金

表 2　株式会社東芝の損益計算書

（単位：百万円）

	第 169 期 自 2007 年 4 月 1 日 至 2008 年 3 月31日	第 170 期 自 2008 年 4 月 1 日 至 2009 年 3 月31日	第 171 期 自 2009 年 4 月 1 日 至 2010 年 3 月31日
売上高	3,685,612	3,213,768	3,382,846
売上原価	3,063,763	3,015,122	2,949,838
売上総利益	621,849	198,646	433,007
販売費及び一般管理費	585,584	526,335	478,356
営業利益又は営業損失(△)	36,264	△ 327,689	△ 45,348
営業外収益			
受取利息	2,469	2,557	3,595
有価証券利息	173	114	11
受取配当金	101,621	338,218	34,401
受取賃貸料	16,184		13,878
有価証券売却益			1,568
その他	12,348	25,451	13,787
営業外収益合計	132,797	366,341	67,243
営業外費用			
支払利息	9,082	11,932	13,074
社債利息	4,910	2,622	13,303
コマーシャル・ペーパー利息	932	2,721	903
社債費用	113		
固定資産処分損		10,220	23,218
貸倒引当金繰入額	3,013	1,119	2,146
固定資産賃貸費用	10,510	10,798	
為替差損	9,773	15,797	
売上債権売却損	10,740		
その他	42,554	43,377	47,192
営業外費用合計	91,631	98,590	99,839
経常損失(△)	77,429	△ 59,938	△ 77,945

（出所）株式会社東芝ホームページの資料を基に作成。

も前期の約一〇分の一の三二〇億四〇〇万円に減少したが、受取配当金（収益）の減少は、確定決算主義にもとづき法人税額の算定を目的とする税務会計上の計算にも影響を与える。

つまり、日本国内に本社を置く企業が海外子会社から受け取った配当については、九五％分を法人税の非課税とすることを容認したにもかかわらず、海外子会社からの受取配当金が減少傾向を示しており、「税の空洞化」という問題点は解決されていないのである。

四　財産税務会計上の問題点の検討

日本の相続・事業承継においては、親族等の近親者による世襲制を採用するケースが多く、相続税の減額を目的として非上場株式と土地等の評価を下げる節税対策が採られている。

しかし、相続・事業承継における究極の節税手法は、相続税の納税額をゼロとすることであり、そのため、相続税が課税されない外国で納税することを目的として相続税率が〇％の国へ移住したり、パーマネント・トラベラーとなる者も現れている。

1　日本と諸外国の相続税課税の方向性

平成二三（二〇一一）年度税制改正大綱においては、**表3**に掲げるように、相続税の基礎控除額が縮小され、そして相続税の最高税率が引き上げられる。なお、適用は平成二三（二〇一一）年四月一日以後に開始する相続からとなる。すなわち、日本の相続税は、国際的な相続税の廃止及び相続税率の引き下げという減税の潮流に逆行して増税の方向性を示唆しているのである。

また、事業承継とは、「民法上の相続に包括されるものとし、相続人の地位を占める事業承継者が被相続人である先代の事業経営者から事業経営を承継することである」[12]と定義できるが、一般的に、事業承継上の税務戦略としては、非上場株式及び土地等の資産評価減を目的とする手法が用いられており、相続税が課税されない、または課税されたとしても著しく相続税率が低い外国で納税することができれば効果的な事業承継を図ることができる。

ところが、日本の相続税率は、**表3**に掲げるように、平成二三（二〇一一）年度税制改正大綱において増加傾向を示している。そのため、富裕層の資産家のなかには、相続・事業承継を実施するうえで、相続税納税額の減少を図るために相続税率〇%の国へ資産移転を図る者も出現しているのである。実際、諸外国のなかには、富裕層の招来を目指して相続税率を下げたり、相続税率を〇%とする国も出現しており、法人税における租税競争と同じように相続税における租税競争の様相を帯び始めている。例えば、相続税〇%の国としては、アルゼンチン、イタリア、インドネシア、インド、エストニア、オーストラリア、カナダ、キプロス、コロンビア、シンガポール、スイス、スウェーデン、スロバキア、スロベニア、タイ、チェコ共和国、ベトナム、ポルトガル、中華人民共和国（香港）、マルタ、マレーシア、メキシコ、ラトビア、リトアニア、ロシア等が挙げられ、贈与税〇%の国としては、アルゼンチン、オーストラリア、カナダ、コスタリア、

表3　相続税の改正点

	相続税の基礎控除
改正前	5,000万円＋（1,000万円×法定相続人数）
改正後	3,000万円＋（ 600万円×法定相続人数）

基礎控除後の法定相続分相当額	改正前	改正後
1,000万円以下	10%	10%
1,000万円超 ～ 3,000万円以下	15%	15%
3,000万円超 ～ 5,000万円以下	20%	20%
5,000万円超 ～ 1億円以下	30%	30%
1億円超 ～ 2億円以下	40%	40%
2億円超 ～ 3億円以下	40%	45%
3億円超 ～ 6億円以下	50%	50%
6億円超	50%	55%

（出所）千葉銀行編「ちばぎんFPレポルト No.35」を基にして作成。

図2　武富士事件における相続・事業承継の租税回避スキーム

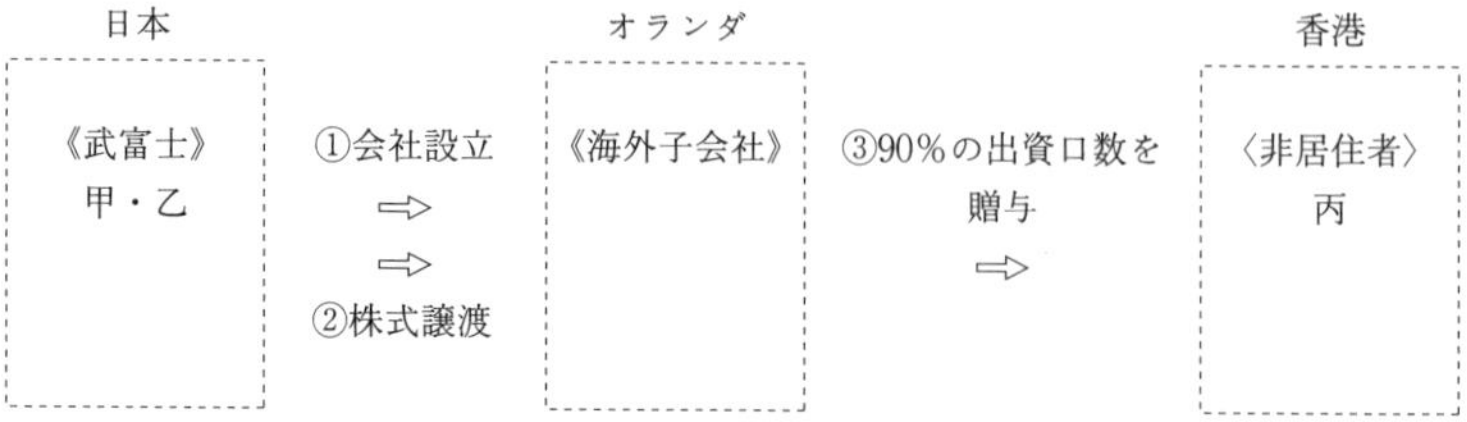

シンガポール、バハマ、フィジー等が挙げられるのである[13]。

2　パーマネント・トラベラーによる相続・事業承継

パーマネント・トラベラーの定義は明確化されていないが、一般的に「永遠の旅行者」を意味しており、「非居住者」として複数の国を旅することによって税金を支払わない者のことを指す。

また、パーマネント・トラベラーによる相続・事業承継のスキームとしては、**図2**に掲げるような「武富士事件」を挙げることができる。武富士の創業者（以下、「甲」とする）は、オランダ国内に甲と甲の妻（以下、「乙」とする）が全株式数を保有する外国子会社を設立し、当該外国子会社に対して、平成一〇（一九九八）年三月に武富士の株式一五六九万八八〇〇株を譲渡し、さらに、平成一一（一九九九）年一二月に、甲の長男（以下、「丙」とする）に対して海外子会社の出資口数の九〇％を贈与したのである。なお、丙は、受贈前から中華人民共和国（香港）に滞在していたため、海外に住所を有する「非居住者」に該当している。当時の税制においては、「非居住者」に対して「海外資産」を贈与した場合に贈与税の課税対象から除かれており、そのため乙は贈与税の納税を行わなかった。ところが、課税庁が追徴課税を行ったため、納税者（武富士の事業承継者）と課税庁の間で訴訟が生じたのである。

武富士事件は、第一審、第二審を経て、最高裁まで争われ、平成二三（二〇一一）年二月一八日に最高裁判所第二小法廷において裁決が下された。その結果、納税者側の勝訴となり、約二〇〇〇億円（納税額約一六〇〇億円・還付加算金約四〇〇億円）が納税者に還付されることになったのである。

本件においては、住所判定の基準となる「生活の本拠」をどのように認定するかが問題となった。最高裁は、一定の場所が住所に当たるか否かは、客観的に生活の本拠たる実体を具備しているか否かによって決定すべき性質のものであり、仮に上告人である乙が主観的に贈与税回避の目的を有していたとしても、客観的な生活の実体が消滅するものではないとし、現に香港での滞在日数が本件期間中の約三分の二に及んでいることをもって、香港居宅に「生活の本拠」たる実体があることを否定する理由とすることはできないと判じているのである。[14]

また、租税法律主義のもとでは、とりわけて税法規の厳格な解釈・適用が要請され、いわゆる法規の類推的、拡張的な解釈・適用は禁止されなければならない。[15]すなわち、租税法律主義は、類推解釈や拡大解釈によって、租税回避の否認を行って課税することを容認しないのである。

現行税制では、受贈者が日本国籍を有している場合に、受贈者及び贈与者のいずれかが贈与前五年以内に国内に住所を有していたならば贈与税が課税されることに改正された。その結果、相続・事業承継において、本件のような贈与税の租税回避スキームを用いることはできなくなっている。

しかしながら、相続人と被相続人の両者が海外に住所を有し、財産取得時に五年を超えて海外に住所を有する者の「海外資産」については、相続税及び贈与税が課税されることがないため、未だに富裕層の相続・事業承継対策として活用される可能性を有しているのである。

五　ＴＰＰが生み出す新たな租税競争

現在、日本は、アジア太平洋経済協力会議（Asia Pacific Economic Cooperation/APEC）で協議されている環太平洋パートナーシップ協定（Trans-Pacific Strategic Economic Partnership/TPP）への参加を検討している。ＴＰＰとは、シンガポール、ニュージーランド、チリ及びブルネイの四カ国が発行させた貿易の完全自由化を目指す経済的枠組みのことであり、平成二七（二〇一五）年をめどにサービス貿易、工業製品、農産品及び知的財産権等の品目について、原則的に加盟国間の関税の一〇〇％撤廃を目指している。(16)なお、ＴＰＰは、平成二二（二〇一〇）年三月に、アメリカ、オーストラリア、ペルー及びベトナムを加えた八カ国で交渉を開始し、平成二二（二〇一〇）年一〇月からはマレーシアが参加し九カ国で交渉が行われている。

また、ＴＰＰ論争において、ＴＰＰ推進論者は、ＴＰＰに参加しないと「世界的潮流に乗り遅れる」と主張するが、実際には、日本がＦＴＡ（Free Trade Agreement）を締結していないアメリカ、オーストラリア及びニュージーランドとの間での影響が大きく、特にアメリカとの関係が最大の問題となる。(17)

例えば、政府試算は、「ＴＰＰに参加することで、内閣府は実質国内総生産（ＧＤＰ）を最大約〇・六五％、三兆二〇〇〇億円押し上げるとし、一方、参加に慎重な農林水産省は、約一・六％、七兆九〇〇〇億円を押し上げると試算し、また、経済産業省はＴＰＰに参加しなかった場合、輸出が停滞し平成三二（二〇二〇）年時点で実質ＧＤＰが約一・五三％、一〇・五兆円減少する」(18)と試算する。また、経済産業省は、「日本がＴＰＰに参加せず、かつＥＵ及び中華人民共和国とのＥＴＡも締結しない状態で、逆に、大韓民国がアメリカ、ＥＵ及び中華人民共和国との間でＦＴＡを締結すると仮定すると、一〇年後の平成三二（二〇二〇）年には、自動車、電気電子及び機械産業の三分野で輸出シェアを大韓民国に奪われることになり、日本の輸出額は八・六兆円減少しＧＤＰは一〇・五兆円減少する」と試算する。(19)

しかしながら、この試算に対しては、批判的な見解も存在する。例えば、日本企業がアメリカにおいて大韓民国の企業に勝てなくなっている理由としては、「単に、超ウォン安の影響であって、日本がＴＰＰに参加し、アメリカ市場における関税（家電製品五％・乗用車二・五％）が撤廃されてもウォンが対円で五％切り下げられればＴＰＰ参加に伴って生じる経済的効果は喪失される」と説明される。[20]

つまり、ＴＰＰは農産物の輸入額を増加させて、わが国の農業事業者に影響を与えるだけではなく、日本の製造業界の経済成長にも影響を及ぼす可能性があり、関税面における新しい租税競争を生み出しているのである。しかし、日本政府は、東日本大震災を受けて、平成二三（二〇一一）年六月末までにＴＰＰ交渉参加の結論をとりまとめるとした方針を先送りしている。[21]

六　おわりに

日本は、外資系企業の誘致を目的として、現行（東京における）の法人所得課税の実効税率（四〇・六九％）を引き下げることを検討している。なぜならば、日本（東京）の法人所得課税の実効税率は、フランス（三三・三三％）、ドイツ（二九・四一％）、イギリス（二八・〇〇％）、中華人民共和国（二五・〇〇％）、大韓民国のソウル（二四・二〇％）と比較すると極めて高い数値を示しているからである。日本（東京）の法人所得課税における高い実効税率は、外資系企業の日本（東京）離れを促進し、経済成長を妨げる要因の一つとなっているからである。

一方、日本と貿易上の関係が深い中華人民共和国は、平成二〇（二〇〇八）年に日本の法人税法に該当する「企業所得税法」を施行し、法人税率を段階的に中華人民共和国の国内企業と同じものにするように整備してきたが、平成二二（二〇一〇）年一二月一日からは外資系企業に対する優遇税制の圧縮政策の一環として、中華人民共和国の国内企業に対してだけ課税していた「都市維持建設税」及び「教育費付加制度」を、外資系企業からも徴収することに改め、その結果、中華人民共和国への進出企業の税額負担は最大で一〇％増加する可能性がある。[22]

中華人民共和国の外資系企業に対する優遇税制の転換は、日本の企業経営に影響を与える可能性が高い。なぜならば、日本の企業（内国法人）は、国内と進出国との法人所得課税の実効税率の格差を活用して、収益（所得）及び費用を付け替える移転価格を採用するケースが多く、実際に、移転価格を活用した多国籍企業は、経済のグローバル化に伴い増加傾向を示している(23)。しかし、移転価格税制の存在意義についても問題点が指摘されている。なぜならば、移転価格税制は、もともと「それが税収の取り合いであるということに起因しており、企業にとっては、不適切な価格の操作が無くても、移転価格課税が発動される可能性があり、国家間の争いに巻き込まれることで、大きなコストがもたらされる可能性がある(24)」からである。経済活動のグローバル化に伴い誕生した多国籍企業のなかには、国際的な租税回避行為を実施している企業も少なからず存在し、経済協力開発機構（ＯＥＣＤ）の税務執行フォーラムは、国際的な経済活動の進展に伴う脱税・租税回避行為の抑制を目的として、諸国間の関係強化の必要性を訴え「ソウル宣言」を発表したのである。

また、企業経営のグローバル化は、租税競争という新たな税務会計上の問題点を発生させている。従来、租税競争は、海外資本を招来するうえで有効な手段であると評価されながらも法人税を巡る海外利益の還流に関する問題点が指摘されてきた。しかしながら、租税競争は、相続・事業承継の領域においてもパーマネント・トラベラー等の問題点を生み出しており、さらに、ＴＰＰ加盟という関税面における新しい租税競争も生起させている。

現在、日本企業は、市場と労働力の確保を求めてアジア諸国に積極的に進出しているが、進出国で課税上のトラブルを生起した場合、進出企業の事業意欲を喪失させるだけでなく、国家間の紛争をも引き起こす危険性がある。そのため、日本は、企業の国際的競争力の強化をはかるとともに、国際的な脱税や過度の租税回避を抑制しなければならず、アジア諸国を中心とする諸外国との間で租税政策における協調を図らなければならないのである。

（1）C.Pinto, "EU and OECD to Fight Harmful Tax Competition: Has the Right Path Been Undertaken?", *Intertax*, Vol. 26, Issue 12, Dec. 1998, p. 386.

（2）Tax Relief 2001, *A Summary of Selected Provisions of the Economic Growth and Tax Relief Reconciliation Act of 2001*, The National Underwriter Company, 2001, p. 66.

（3）富岡幸雄『税務会計学原理』（中央大学出版部、二〇〇三）二三～二四頁。

（4）髙沢修一『法人税法会計論』（森山書店、二〇一〇）六～七頁。

（5）鶴田廣巳「有害な租税競争と国際租税協調」会計検査研究（二〇〇一）八七～八八頁。

（6）OECD, Harmful Tax Competition: An Emerging Global Issue, 1988. 水野忠恒監修・高木由利子訳、『有害な税の競争――起こりつつある国際問題』（日本租税研究協会、一九九八）二三～二七頁。

（7）滝口博志・管野浅雄「判例・裁決からみた海外取引をめぐる税務Ⅱ」（大蔵財務協会、二〇一一）三九九頁。

（8）Joseph Isenbergh "*International Taxation*" 2000, pp. 233-257. 青山慶二「トリーティショッピングの歴史の再検討と最近の課題について」、財務省財務総合政策研究所・フィナンシャル・レビュー（二〇〇六）一一九頁。

（9）髙沢・前掲注（4）、第六章に詳しい。

（10）（ⅰ）事業基準とは、事業目的が、株式及び債券の保有、著作権及び特許権等の無形固定資産の提供、船舶及び航空機等の貸付け以外の事業であることであり、（ⅱ）実態基準とは、主たる事業を展開するために必要となる事務所及び工場等を有していることであり、（ⅲ）管理支配基準とは、株主総会及び取締役会の開催、会計帳簿の作成・保管等の事業上の管理支配及び運営が行われていることであり、（ⅳ）所在国基準とは、事業の本質的な行為が当該国において物理的に行われていること（例えば、メーカーならば所在国で五〇％以上の現地生産が行われ、小売業ならば所在国で五〇％超の売上があること）であり、（ⅴ）非関連者基準とは、卸売業、銀行業、信託業、保険業、証券業、水運業及び航空運送業等の事業において、非関連者との間の取引が売上又は仕入の五〇％超のこと（銀行業では受取利息及び支払利息等が五〇％超でなければならない）である。

（11）財務省ホームページ（http://www.mof.go.jp/jouhou/syuzei/siryou/084.htm）参照。

（12）髙沢修一『事業承継の会計と税務』（森山書店、二〇〇八）一～二頁。

(13)　Price Waterhouse and Coopers（http://www.pwc.com/）参照。
(14)　税理士法人プライスウォーターハウスクーパース編「武富士事件の最高裁判決」（www.pwc.com/jp/tax）参照。
(15)　北野弘久『税法学原論〔第六版〕』（青林書院、二〇〇七）九七頁。
(16)　文藝春秋編「日本の論点ＰＬＵＳ」（bitway.ne.jp/…/101111.html）参照。
(17)　農林中金総合研究所編「ＴＰＰ（環太平洋連携協定）に関するＱ＆Ａ」（二〇一一）五頁。
(18)　Sankei Biz（sankeibiz.jp/…/mca101028050300）参照。
(19)　岡山信夫「ＴＰＰ推進論の不思議」金融市場二〇一一年三月号参照。
(20)　三橋貴明「ＴＰＰより急務は国債増発による内需拡大とデフレ脱却だ」『ＴＰＰと日本の論点』（農文協、二〇一一）三三頁。
(21)　アメリカ、オーストラリア及びニュージーランド等は、「ＴＰＰ参加を経済の枠組みにとどまらない戦略的な連合」と位置づけており、日本のＴＰＰ参加の遅れを懸念している（ジュリア・ギラードオーストラリア首相寄稿文（日本経済新聞二〇一一年四月二〇日））。
(22)　日本経済新聞二〇一〇年一〇月二五日版参照。
(23)　Susan C.Borkowski, “The Transfer Pricing Concerns of Developing and Countries Developed”, *The International Journal of Accounting*, 1997, p. 323 に詳しい。
(24)　柳下正和「日本と中国における租税政策の協調――移転価格税制を中心として」『城西大学経営紀要第四号』三八頁。

コンビニ・フランチャイズの会計問題

――二つの最高裁判決を手がかりとして――

中村昌典

一　はじめに

近時、コンビニ・フランチャイズの会計をめぐる問題で注目すべき二つの最高裁判決が出されている。ロイヤルティの計算方法をめぐる最判平成一九年六月一一日[1]と、コンビニエンスストア本部による支払代行に関する報告義務をめぐる最判平成二〇年七月四日[2]である。本稿は、この二つの最判の事件における争点・論点やその後に実務において指摘されている諸問題につき確認・整理しつつ、コンビニ・フランチャイズの本部―加盟店間の会計をめぐる問題について若干の少考を加えようとするものである。[3]

二　コンビニ会計の仕組みとその問題点について

1　本部による会計代行システムの概要

(1)　売買契約と決済代行

コンビニエンスストア加盟店は、本部から商品を仕入れているのではなく、主として本部の推奨する仕入先業者から商品を仕入れている。継続的売買契約の当事者となるのは、売主としての仕入先業者と買主としての加盟店である。(4)

加盟店は、本部が提供するコンピュータシステムを利用して、仕入先業者に直接発注することができ、商品は仕入先業者から直接加盟店に配送されている。しかし、仕入先業者は、個々の加盟店と個別の契約書を締結する訳ではなく、交渉相手も常に本部であることから、加盟店と直接の契約関係にあること自体をあまり意識していないようである。

他方、加盟店の仕入先業者に対する支払に関しては、加盟店が仕入先業者に直接支払うのではなく、必ず本部を通すという代行方式が採用されている。仕入先業者から加盟店に対して請求書が届くことはなく、加盟店への各請求が取りまとめられて本部に総括して請求され、本部は各加盟店の仕入代金をとりまとめて決済代行している。

(2)　会計帳票類の作成代行

本部は、加盟店の損益計算書や貸借対照表その他の会計帳票類の作成を代行しており、加盟店に提供するサービスの一つと位置づけている。(5)加盟店が経理処理に煩わされることなく、経営に専念することができるのが加盟店にとっての利点であるなどと本部は説明している。

しかし、加盟店が各自で経理処理し、その結果を本部に報告する方式とは異なり、本部が各店舗の経営状況を細大漏らさず監視・管理できる点は、むしろ本部にとっての大きな利点である。また、本部が作成して加盟店に毎月交付される「損益計算書」や「貸借対照表」も、あくまでロイヤルティ（チャージ）計算の便宜として作成されているため、計上される費用はあくまで本部が認める項目だけである。(6) したがって、本部の作成する資料をそのまま税務署に提出すれば加盟店の税務申告が終わる、という訳ではない。

(3)　売上金全額送金制度

本部は、加盟店に対して「売上金全額送金」義務を課している。そのため、加盟店は毎日の売上金を原則として翌日までに本部の指定する口座に全額送金しなければならない。加盟店がこの売上金からたとえ生活に必要であっても諸費用を控除したり、運転資金等に充てたりすることは契約上厳しく制限されており、これに対する違反は契約解除事由に該当するものとされている。

売上金は、独立した自営業者である加盟店に帰属するものであり、本来からいえば、その運用も加盟店の自由であるはずである。掛売り・後払いが商慣習となっている小売業であれば翌月の支払日までに売上金を運用し、あるいはやり繰りするというのはごく普通のあり方である。

しかし、コンビニ・フランチャイズの場合には、本部が加盟店から売上金に関する運用権を全て奪う内容となっており、本部からみれば加盟店のロイヤルティ等の未払いを許さない極めて強力な担保的機能を果たしている。(7) さらに、本部はこうした売上金を加盟店から無利息で預かるため、日々全国から送金される巨額の売上金について仕入れた商品の支払期日に支払代行するまでの間の運用益まで得ている。

このように加盟店が日々送金して本部に預けている売上金を原資として本部が後日、決済代行しているのであり、本部が先に立て替えて仕入先業者に支払ったものを加盟店に請求している訳ではない。(8)

(4)　オープン・アカウント

オープン・アカウントとは、本部と加盟店間とのあらゆる債権・債務を処理する勘定科目として位置づけられている。商法の交互計算の規定を準用するなどとされている。支払代行との関係でいえば、加盟店の仕入先業者に対する買掛金債務が、翌月末日払とか、あるいは翌々月二〇日払といった支払予定であっても、当月末日付けでオープン・アカウント上、加盟店の本部に対する債務へと計上されている。かかる処理について、加盟店の仕入先業者に対する支払債務を、本部が重畳的債務引受をするため、両者間の債権債務関係に移転するから、などと本部は主張している。

(5)　加盟店の利益及び月次引出金

通常の小売商店であれば、毎月の売上高から、仕入代や家賃、給料といった経費を支払い、その残り（利益）の一部を生活費に充てている。コンビニエンスストアの場合には、売上金はまず本部が預かり、そこからチャージ、仕入代などの経費が支払われ、残った利益が本部から加盟店に送金される。送金額は利益そのものではなく、月次引出金などと呼ばれる一定額である。

加盟店は独立した自営業者ではあるが、簡単にいえば財布（あるいはレジ）も帳簿も〝本部が預かっている〟という評価が妥当しよう。コンビニ・フランチャイズにおいて、加盟店オーナーとは文字通り「名ばかりオーナー」である。

2　会計処理が不透明であることから生ずる諸問題

(1)　自店の会計の詳細を確認できないという問題

本部が作成代行して加盟店に交付している帳票類だけでは、本部が支払代行をした詳細、例えばいつ・どこの業者に支払ったのか、あるいは、リベート（仕入値引）を考慮にいれた商品の個別の実質的仕入価格がいくらであるのかについても加盟店は知ることができない。〝本部が預かっている〟帳簿は、加盟店オーナーはその一部しか見ることができないことにされているのである。

実質的にいくらで仕入れられたのかが分からなければ、独立した自営業者として、本部の推奨仕入先から商品を仕入れるのか、あるいは別のルートで商品を仕入れるのが有利かといった経営判断の機会が奪われていることになる。

加盟店が本部に対して、仕入商品の支払代行にかかる詳細の報告を求めた最判平成二〇年七月四日は、商品の仕入は加盟店の経営の根幹をなすものであり、加盟店経営者が独立の事業者として仕入代金の支払いについて具体的内容を知りたいと考えるのは当然であるとした上で、仕入代金の支払いに関する事務の委託は準委任の性質を有するとし、契約条項に定めがないとしても、受任者の報告義務が認められない理由はないと判断し、加盟店敗訴の東京高裁判決を破棄し、報告内容の範囲について審理すべきとして東京高裁に差し戻した。

民法の典型契約の条項を、非典型契約であるフランチャイズ契約にも適用することによって、非典型契約の妥当な法的規律を図ろうとするものであり[9]、また、加盟店の経営権を正しく理解するものであって、是認できる内容となっている。

その差戻控訴審判決である東京高判平成二一年八月二五日[10]は、本部が加盟店に対して、支払代行にかかる受任者として仕入報奨金（リベート）の受領内容を含めた詳細を書面で報告する義務があることを認めた。とりわけ、本部が、仕入先業者と本部との間の秘密などとしてその開示を拒んでいたリベートの詳細につき、加盟店が本部を通じて仕入先から受けとったリベート額を知ることは当然の権利であり、これを全く秘密にしていること自体が問題であると言及したことが注目される。

ただし、本部の加盟店への報告内容にかかる費用を受任者の費用償還請求を根拠に加盟店負担とした点については、既に本部が加盟店から徴収しているロイヤルティで支払代行その他の役務提供の対価と評価され尽くしていると考えるべきではないかといった疑問も残り[11]、また報告の費用負担をめぐって現場での混乱を招き、真の解決が遠のいたとの批判が妥当しよう[12]。

いずれにせよ、加盟店が自店の経営に関するこうした基本的情報の開示（会計代行処理の透明化）を本部に求めることは正当な要求というべきである。

(2)　オープン・アカウント借越残高に賦課される利息に関する問題

オープン・アカウントが加盟店からみて借り越しとなる場合には、本部は年五％の利息を徴求している。逆にオープン・アカウントが加盟店からみて貸し越しであっても、本部は利息を支払うことはない。

加盟店の仕入先業者に対する買掛金債務が、当月末締めでオープン・アカウント上、加盟店の本部に対する債務へと計上されていることは前述した。しかし、我が国の小売業の商慣習では、例えば末日締め、翌月二〇日払といった掛売り・後払いが通常である。掛売りに支払日までの利息を徴求する事例はおよそ見受けられない。

現に本部の仕入先業者への支払代行が終わっているならともかく、支払は翌月であるにもかかわらず、当月末に本部に債権債務が移転したと称して、加盟店の本部に対する債務として計上されているのである。これによって、オープン・アカウントが加盟店からみて借り越しとなれば、利息がその分本部から徴求される。

加盟店は、掛売りのメリットを享受できないどころか、掛売りなのに利息を取られているのと同様の不利益を被ることになる。このような会計処理が本当に適切であるといえるのかどうか極めて疑問である[13]。

三　ロイヤルティと経営指導をめぐる問題

1　契約解釈問題としてのロイヤルティ

(1)　最判平成一九年六月一一日について

セブン―イレブンのロイヤルティ（同社では「セブン―イレブン・チャージ」と呼んでいる。）条項が契約の解釈問題として争われたのが最判平成一九年六月一一日の事案である。問題となった条項は次のようなものであった。

第40条（チャージ）

乙は、甲に対して、セブン―イレブン店経営に関する対価として、各会計期間ごとに、その末日に、売上総利益（売上高から売上商品原価を差し引いたもの。）にたいし、付属明細書（ニ）の第三項に定める率を乗じた額をオープンアカウントを通じ支払う。

付属明細書（ホ）

2　営業費（中略）とされるものは、（中略）、一定量の品べり（棚卸減）の原価相当額、（中略）、不良・不適格品の原価相当額をいう。[14]

最判平成一九年六月一一日は、契約書の当該条項に記載されているチャージ賦課の対象たる「売上総利益」の意義が二義的であることを前提として、「契約書の特定の条項の意味内容を解釈する場合、条項中の文言の文理、他の条項との整合性、当該契約の締結に至る過程等の事情を総合的に考慮して判断すべき」とし、契約締結に際しての説明や付属明細書の営業費の規定などに照らして、本部の主張する方式によって「チャージを算定することを定めたもの」と判断し、加盟店勝訴の東京高判平成一七年二月二四日を破棄した。[15]加盟店の錯誤の可能性について審理させるため差し戻したが、差戻審の東京高判平成一九年一二月二七日は錯誤無効を結局認めず、加盟店の請求を棄却し、確定している。[16]

(2)　争点の理解

前述のチャージ条項では、チャージ賦課の対象とされる「売上総利益」について「売上高から売上商品原価を差し引いたもの」という記載しかなく、「売上商品原価」とは何かとはどこにも明記されていない。付属明細書を見ても、これを直接規定する記載はない。

加盟店は、この条項を税務会計にいう売上総利益（売上高－売上原価）であると理解した。税務会計、すなわち中小企業者が税務申告する際の会計処理でいう売上総利益は、売上高から控除する売上原価を「期首商品在庫＋期中仕入高－期末商品在庫」と計算する。税務署が毎年用意している所得税申告書添付の損益計算書の書式でもこのように計算することとなっている。これを売上総利益Ａとする。

売上総利益Ａ＝売上高－売上原価
＝売上高－（期首在庫＋期中仕入在庫－期末在庫）

しかし、実際には本部がチャージ賦課の対象としていたのは、売上原価から商品廃棄損（「廃棄ロス」などと呼んでいる。）と棚卸減耗損（「品べり」、「棚卸ロス」などと呼んでいる。）を控除したものである。[17] 同社はこれを右の売上原価と対比して「純売上原価」と称している（なお、説明の簡略化のため仕入値引高についての説明は省略する）。

売上高の控除項目からの控除であるから、「マイナスのマイナス」であり、「売上総利益」がその分（廃棄ロス分＋棚卸ロス分）増えることになることは自明であろう。税務会計方式による結果と説明上区別するため、ここでは売上総利益Ｂと記載しておく。[18]

売上総利益Ｂ＝売上高－純売上原価
＝売上高－（（期首在庫＋期中仕入在庫－期末在庫）－廃棄ロス－棚卸ロス）

この売上総利益Ａと売上総利益Ｂを比較すると、商品のロス、とりわけ日々発生する弁当などの廃棄ロスのため、加盟店が本部に支払うチャージ金額が大きく異なってくるのである。単純化していえば、平均的な商品廃棄を出している店舗で、年間五三〇万円[19]×四三％（Aタイプ契約チャージ率）＝二二七万九〇〇〇円も、Aの計算よりもBの計算の方が本部に支払わなければならないチャージ金額が多くなるのである。

2 果たして「契約解釈」問題だけなのか――条項作成の経緯を確認する

(1) 最判平成一九年六月一一日の補足意見について

最判平成一九年六月一一日には次のような補足意見が付されている。

「本件契約書におけるチャージの算定方法についての規定ぶりについては、明確性を欠き、疑義を入れる余地があって、問題がある」「チャージがいかにして算出されるかについては、加盟店の関心の最も強いところであるから、契約書上それが加盟店となる者に明確に認識できるような規定であることが望ましい」「(廃棄ロスや棚卸ロス)の費用についてまでチャージを支払わなければならないということが契約書上一義的に明確ではなく」「本件契約書におけるチャージの算定方法に関する記載には、問題があり、契約書上明確にその意味が読み取れるような規定ぶりに改善することが望まれるところである。」

要は、契約書上一義的で明確とはいえないから修正すべきというものである。同最判は本件を純粋な解釈問題として扱っているのであるが、以下に述べるように、当該条項が作成されてきた経緯を見ると、到底、素直には肯けないところである。

(2) 米国版契約書からの移植過程

セブン―イレブンの日本版加盟店契約書は、米国サウスランド社の契約書を移植して作成されたとされている。[20]

米国セブン―イレブンの契約書[21][22]を参照すると、その付属書類（EXHIBIT E）に「売上原価」の定義がある。

「売上原価」"Cost of Goods Sold"とは、会計期間の期首における在庫品の原価額（ただし、委託商品のガソリンの価額を除く）に、会計期間における仕入原価（配送料、負担均等化を含み、受け取った割引・割戻しに対する調整を行ったもの）を加え、そこから会計期間の期末における在庫品の原価額を減じたものを意味する。棚卸増減（Inventory Variation）及び不良品（bad merchandise）（ただし、フランチャイジー側の原因によるもの）を売上原価の中に含めないようにするため、修正が加えられる[23]。

このように、日本でいう全ての廃棄ロス及び棚卸ロスが売上原価から元々控除されているのではなく、「フランチャイジー側の原因による」という限定が付されていたのである[24]。この条項が、日本版の契約書へと移植されるに際して、「フランチャイジー側の原因によるもの」という限定が外され、廃棄ロス及び棚卸ロスの原価全額を売上原価から控除するものとされたのである。

(3)　改訂前契約書（旧契約書）の条項との異同

セブン―イレブンの第一号店であるセブン―イレブン豊洲店が開店したのが昭和四九年五月一五日であるが、この第一号店開店にあたっては同店用の契約書をとりあえず作成して契約したようであり、他の加盟店にも広く用いるための契約書は、Cタイプ（店舗賃貸型）用が同年九月二〇日、Aタイプ（所有物件型）用が同年一二月三日に完成したとされている。

同社は、昭和五四年一〇月一五日に東京証券取引所第二部に株式上場を果たしているが、それ以前は契約書は一通しか作成せず、加盟店オーナーに交付することがなかった[25]。

同社の東証二部上場に際して、契約書を加盟店に交付していないことが問題となり、同社は各加盟店に契約書を交付することを余儀なくされた。これに際して、同社が内容を改訂したのが現行契約書であり、昭和五四年一〇月一日以降に契約した加盟店には、全てこれが用いられるとともに、それ以前に契約した加盟店とも全て改訂契約書に差し替え契約締結し直している。この際に差し替えた改訂契約書が、最判平成一九年六月一一日で問題となった契約書である。実は、この差し替え前の旧契約書には、極めて興味深い事実がある。それは、旧契約書には定義集が存在し、次に述べるような売上原価の定義も明記されていたことである。

付属明細書（E）（b）その他の用語の定義

(5) 売上商品原価（第三五条E項）とは、会計期間のはじめにおける棚卸商品原価に、その会計期間中のすべての仕入原価（配送費など原価に算入される金額を加え、受け取った値引や仕入報奨金による減額調整分を含むがこれに限定されない。）を加算し、そしてその会計期間の期末における棚卸商品原価を減算したものとする。ただし棚卸増減は売上原価に含まないものとし、そのために必要な調整を行うものとする。(26)

ここでは、廃棄ロスへの言及はないものの、棚卸増減（棚卸ロス）は売上原価から控除すると明記されている。改訂契約書よりも、かなり米国版契約書に近いことが分かる。加盟店に交付されなかった旧契約書には定義集があったのに、加盟店に交付した改訂契約書では、なぜか、極めて重要と思われる記載が消えてなくなってしまっているのである。本部が定義規定を入れておかないと解釈上問題になることを知りつつ、あえて、加盟店に知らしめないために当該規定を外した可能性を指摘するのは、果たして行き過ぎだろうか。(27)

なお最判平成一九年六月一一日で補足意見が契約条項の曖昧さを指摘した後、セブン―イレブンが再改訂した現行

のチャージ条項は次のようになっている。(28)

第40条

乙は、甲に対して、セブン―イレブン店経営に関する対価として、各会計期間ごとに、その末日に、売上総利益〔売上高から、売上商品原価〔売上に対応する商品の純粋原価（純売上原価）であるため、売上にならなかった品減り・不良品の原価は含まれない。また仕入値引高は仕入原価の値引きであるため含まれない。〕を差し引いたもの。〕にたいし、付属明細書（ニ）の第三項に定める率を乗じた額（以下、セブン―イレブン・チャージという。）をオープンアカウントを通じ支払う。

(4)　加盟店に対する説明という問題

この問題は、本部は加盟店に対して適切な説明を行ってこなかったという側面にも言及しておく必要がある。本部は、「廃棄ロスや棚卸ロスにチャージが掛かっているのか」という加盟店の質問があっても、全て「否」と答えてきた。現在もそうである。(29)

売上総利益Aよりも売上総利益Bは（廃棄ロス＋棚卸ロス）分だけ多いのだから、これを「ロスにもチャージが掛かっている」と説明すれば、多くの加盟店オーナーやその希望者にとって理解がしやすいところである。(30)しかし、本部は「売れた商品に相当する原価」を計上するのであり、「売れなかった商品は営業費として加盟店が負担する」が「廃棄ロスや棚卸ロスにチャージを課している訳ではない」という説明を決して譲ろうとしないため、加盟店の多くは、売上総利益Aと売上総利益Bとの相違の確認にも至らず、その正確な経済的効果を未だ理解できていない可能性がある。

この問題は、契約の当否やその解釈というレベルだけでなく、加盟店オーナーの理解度や理解可能性という観点からの考察も重要である。

3　過剰発注指導と見切り販売制限との関係

(1)　公正取引委員会による排除措置命令

平成二一年六月二二日、公正取引委員会はセブン―イレブンに対して、独占禁止法違反（優越的地位の濫用）を理由とする排除措置命令を発出した[31]。

公正取引委員会自身が要約したところによれば「セブン―イレブン・ジャパンの取引上の地位は加盟者に対して優越しているところ、セブン―イレブン・ジャパンは、加盟店で廃棄された商品の原価相当額の全額が加盟者の負担となる仕組みの下で、推奨商品のうちデイリー商品に係る見切り販売（以下「見切り販売」という。）を行おうとし、又は行っている加盟者に対し、見切り販売の取りやめを余儀なくさせ、もって、加盟者が自らの合理的な経営判断に基づいて廃棄に係るデイリー商品の原価相当額の負担を軽減する機会を失わせている」ものである。

(2)　過剰発注指導と見切り販売制限との経済的意味

なぜ、本部は加盟店の見切り販売を制限してきたのかについて理解するためには、前述したチャージ算定方式の廃棄が発生した場合の経済的効果の理解が不可欠である。

比較のため、税務会計にいう売上総利益Aをチャージ賦課対象とした場合をまず考える。この場合、廃棄した商品の原価（廃棄ロス）や店舗から万引き等で無くなってしまった商品の原価（棚卸ロス）も、この売上原価に入っている。加盟店からみれば、売れた商品も売れずに廃棄せざるを得なかった商品も、販売の目的で同じく自らの負担で仕入れた商品という意味では全く同性質のコストであるから、当然の会計処理であるともいえる。ここでは廃棄ロスや棚卸ロスが出れば、売上高が同じであると仮定した場合に、売上総利益Aが減少することになる。この税務会計方式でいう売上総利益Aにチャージを賦課する場合には、廃棄ロスや棚卸ロスが出れば売上総利益が減るので、売上総利益をチャージ率で分配する本部はチャージ金額が減り、加盟店の取り分も減る。したがって双方とも純利益も減ることになる。この方式の下、過剰発注―商品廃棄を本部が指導することは、前述した本部にとっても経済的にマイナスであるから現実的にはあまり考えられない。

他方、本部がチャージ賦課の対象としている前述の売上総利益Bには、廃棄した商品の原価（廃棄ロス）や店から無くなった商品の原価（棚卸ロス）は含まれない。したがって、加盟店にどれだけ廃棄が出ても、本部はその痛みを全く負わない。本部としてはこの売上総利益Bを最大化しようとして売上至上主義、すなわち、過剰発注―廃棄奨励による販売機会ロスを無くすという政策を採る動機がある。「陳列量を増やせ」「欠品を出すな」「機会ロスを撲滅しろ」とのスローガンで[32]、過剰な発注を加盟店に指導することは、本部にとって、売上総利益Bの最大化＝自らの利益の最大化を目指すことになる。他方、加盟店からすると、そのような過剰発注―廃棄奨励政策により売上高が伸びても廃棄する商品の仕入代金などの費用が嵩んでしまえば純利益が伸びるどころか、かえって減少することがあるのは見易い道理である。加盟店が経営者として目指すのは売上高ではなく、利益の最大化である。利益を確保するためには費用の削減、すなわち廃棄商品を減らす方が効果がある。すなわち、売上至上主義（過剰発注―廃棄奨励）による指導は、本部にとってはプラスだが、加盟店にとってはマイナスという利益相反の側面がある。

これを前提として、見切り販売の経済的効果を考えてみる。見切り販売は、売れ残りそうな商品について、大幅に値下げしてでも売って商品仕入のコストの一部でも回収しようという経済的合理性のある手法であり、スーパーなどでも日常的に見られるものである。見切り販売は、加盟店からすれば当然に利益の拡大に繋がるものであるが、本部からみるとそうではない。すなわち、原価割れで見切り販売したような場合だと、売上総利益Bは、「売れた商品」

の原価が算入されることになり、かえって少なくなってしまうことがある。見切り販売をめぐる本部と加盟店の利益相反である。

これが税務会計にいう売上総利益Aをチャージ分配の対象としている場合であれば、本部も過剰発注―廃棄奨励政策を行うと自らのチャージも減少してしまうことから、そのような指導はそもそも発生しないと解される。

このように、売上総利益Bをチャージ賦課対象にしている場合、本部による過剰発注―廃棄奨励―見切り販売禁止・抑制政策は、加盟店の損失リスクを犠牲にして本部に利益をもたらすことになる。見切り販売の抑制や禁止が独占禁止法上も私法上も違法となることはもちろんとして、過剰発注や廃棄を奨励することも利益相反の経営指導として、違法となる可能性が高いと考えられる。

四　結論にかえて

このコンビニ・フランチャイズの会計をめぐる問題は、本部側がその仕組みや内容について積極的に透明化を図ってきたとは到底言いがたいため資料やデータも不足している。また、この問題領域は、契約で使用されている用語や会計上の概念との異同や混同もあり、加盟者側の理解可能性も念頭に置かなければならないという、いわば法と会計の〝境界〟領域にある問題であるという特徴がある。その十全な解明のためには、法学と会計学の両面から一層の研究が必要であるといえる。(33)

（1）　裁判集民二二四号五二一頁、判タ一二五〇号七六頁、判時一九八〇号六九頁。
（2）　裁判集民二二八号四四三頁、判タ一二八五号六九頁、判時二〇二八号三二頁。

(3)　筆者は最判平成一九年六月一一日については同種事件の加盟者側代理人として、最判平成二〇年七月四日については当該事案の加盟者側代理人として事件に直接・間接に関与していることをお断わりしておく。なお、本稿はセブン―イレブンを対象とする記述を主とするが、他の大手チェーンにも基本的には妥当すると考えている。

(4)　コンビニ・フランチャイズ契約の概要及び会計処理の概要につき、近藤充代「コンビニ契約の内容」本間重紀編『コンビニの光と影』(花伝社、一九九九)二二五頁以下。

(5)　セブン―イレブンの契約書では「会計・簿記サービス」の章において「甲は、各セブン―イレブン店の計数管理情報を保持するため、経営記録、会計帳簿、計表(以下、帳票記録という。)を作成し、常に保管し、また帳票記録に反映される範囲で、乙のセブン―イレブン店の経営にかかる税の申告のため、資料の提供をする」とされている。本部の加盟店に対する経営指導義務の一環であり、当然にロイヤルティ支払と対価的関係にある。

(6)　セブン―イレブンが作成する損益計算書の項目立てについては、北野弘久「コンビニエンスストアに掛かるチャージ契約の違法性――その財務面への解析」『税法問題事例研究』(勁草書房、二〇〇五)二八四頁参照。

(7)　単純計算で全国一万二〇〇〇店、平均日販五〇万円とすれば、一日あたり六〇億円、一カ月で一八〇〇億円となる。

(8)　最判平成二〇年七月四日はあたかも仕入代金を本部が前払いしたものを加盟店に後から請求するかのように事実認定しているが、この点は明らかに誤っている。

(9)　後藤巻則「フランチャイズ・チェーン運営者の加盟店に対する報告義務」『ジュリスト別冊平成二〇年度重要判例解説』(有斐閣、二〇〇九)八六頁は、典型契約を積極視する見解が最近は有力であるとし、非典型契約であるフランチャイズ契約についても典型契約に関する民法の規定を手がかりとして、その法的処遇を考えるべきであるとしている。

(10)　消費者法ニュース八一号三五六頁参照。再度の上告はなく確定している。

(11)　高田淳「フランチャイズ契約におけるフランチャイザーの報告義務」法学教室三四二号別冊判例セレクト(二〇〇八)、一一頁も「代金関連の事務処理も含むフランチャイザーの義務」がフランチャイジーの諸義務と対価関係に立つとしている。

(12)　筆者が実際に見聞した事例では、この判決に基づき報告を求めたオーナーに対して事前に数十万円にも及ぶ請求書が本部から届いたという。ほとんどのオーナーにこのような多額の費用負担は不可能である。

(13)　セブン―イレブンの契約条項を見てもこのような処理を正当化する根拠は見いだせない。簿記会計の原則どおり、送金された売上金は加盟店の本部に対する「預かり金」として処理し、現実に支払い先に支払った時点で支払を計上すべきであろう。

(14) 店舗物件を本部が用意するCタイプの契約書では該当条項は「四一条」となるが、内容は同一である。

(15) 金融・商事判例一二五〇号三三頁。

(16) 判例集未登載。

(17) 税務会計の計算では、売れた商品も消費期限が切れて廃棄された商品も万引きされて店から無くなった商品も全く同様に仕入原価として計算している。北野弘久教授が指摘するように「原価に自動的に組み込まれる」のである。

(18) 西口元他編『フランチャイズ契約の法律相談』改訂版（青林書院、二〇〇九）一三六頁（木村久也・奈良輝久執筆）は本文にいう売上総利益Aにロイヤルティを賦課する方法を「純粋粗利益方式」、同じく売上総利益Bにロイヤルティを賦課する方法を「総売上利益方式」などと呼んでいる。違う概念のものには違う命名を行うのは正しい方向としても、当該命名が会計学の観点からも万人に誤解を与えないものといえるかどうかは検討の余地があろう。また所与のものとして「二つの方式」が存在するというものでもないことは、本文三節2項以下を参照されたい。

(19) 公正取引委員会のセブン―イレブンに対する平成二一年六月二二日排除措置命令に記載されている調査結果としての加盟店の年間廃棄額平均約五三〇万円という数字を採用している。

(20) 本間重紀『コンビニの光と影』（花伝社、一九九九）六頁は「セブン―イレブンは一・五億円の資金と一年半の期間をかけて、弁護士等の専門家にアメリカ型の契約書を日本型に改造させ、また発足後しばらくはこの契約書をオーナーの手元に置かずに本部の金庫の中に保管していた」と述べている。

(21) 以下、言及している当該米国版契約書の存在及び内容、翻訳については岡田外司博早稲田大学法科大学院教授の研究及び示唆に依拠している。

(22) 米国カリフォルニア州のサイトで公開されている（http://www.corp.ca.gov/caleasi/caleasi.asp）。現行日本版契約書よりも、その内容からみて恐らくはアメリカ版契約書の「原型」により近いものと思われる。

(23) 原文は次のとおり。"Cost of Goods Sold" means the Cost Value of Inventory at the beginning of the Accounting Period (not including the value of consigned gasoline), plus the cost of Purchases during the Accounting Period (including delivery charges, cost equalization, and adjustment for discounts and allowances received), and minus the Cost Value of the In-

ventory at the end of the Accounting Period. Adjustment will be made so that any Inventory Variation and bad merchandise（due to FRANCHISEE causes）will not be included in Cost of Goods Sold.

(24)　長谷河亜希子「フランチャイズ・システムと優越的地位の濫用」公益財団法人公正取引協会編『優越的地位濫用規制の解説』（公正取引協会、二〇一二）六六頁によると、カリフォルニア州内のセブン―イレブン加盟者の地区別収支平均値では廃棄ロスはゼロとなっており、実際は米国では加盟店の負担が全くないことを指摘している。米国版契約書から日本版契約書への移植の際、廃棄ロスの売上原価の算入につき原則・例外を逆転させたのではないかと推察される。また、このチャージに関する条項の相違だけでなく、様々な点で日本版契約書の方が、より一層加盟店の権利を制約する方向で改訂したことが分かる。

(25)　昭和五四年三月七日付日刊工業新聞。「契約書そのものがノウハウに関与したものであり、ノウハウを守るためというのが同社の言い分」だと報じられている。

(26)　セブン―イレブンと加盟店との同種事件で、セブン―イレブンから証拠提出されていたため、筆者も記録閲覧でその内容を確認したものである。

(27)　セブン―イレブンの社史である『セブン―イレブン・ジャパン　終わりなきイノベーション　一九七三―一九九一』（セブン―イレブン・ジャパン編、一九九一）二八頁に設立直後の同社社員が米国サウスランド社で研修した感想として「サウスランド社の研修は、全体としてはごく基本的な当たり前のことの積み上げという印象だったが、会計システムについては目新しいことや戸惑いが少なくなかった。たとえばオープンアカウント（後述）がそうである。あるいは、棚卸しをして商品の品減り額は店の営業費とし、原価に算入しないやり方」とあるのも参照されるべき事実である。

(28)　加盟店オーナーから提供を受け、筆者が内容を確認したところによる。

(29)　エコノミスト二〇〇五年七月一二日号七〇頁。

(30)　最判平成一九年六月一一日の補足意見も（廃棄ロスや棚卸ロス）の「費用についてまでチャージを支払わなければならない」ことを前提としている。

(31)　公正取引委員会ホームページ（http://www.jftc.go.jp/pressrelease/09.june/09062201.pdf）。

(32)　週刊ダイヤモンド一九九八年六月二〇日号二九頁はセブン―イレブンの鈴木敏文会長の言葉として「廃棄を恐れていては商売にならない」と述べたとし、その理由として「廃棄を出さないように発注を減らすと、機会ロスが発生し、結果的に売上げが落ちる」からだとする。

(33) 比較法的には、各国の法制度を比較検討するだけでなく、国際的に展開するフランチャイズチェーンがそれぞれの国でどのような契約書（約款）を使用しているのかも重要な研究対象であると思われる。

（二〇一一・六・六脱稿）

Ⅱ　憲法、行政法、地方自治法、刑法、社会法

利息制限法違反判決の憲法判例性

甲斐素直

はじめに

本稿は、今井功元最高裁判事の講演(1)に触発されて執筆したものである。その講演中で、今井元判事は、利息制限法違反事件を巡る最高裁判所の判例を多数紹介された。それは、まさに貸金業界と最高裁判所の死闘と形容すべきもので、大変興味深いものであった。

今井元判事ご自身も含め、最高裁判所はその利息制限法に関連するそれら一連の判決を、民事判例として認識している。しかし、それは間違いで、憲法判例として理解すべきものではないか、と考える。なぜならば、それら一連の判例を通じて、最高裁判所は巧みな解釈論を駆使しつつ、実質的に利息制限法、出資法及び貸金業規制法の特定の条項を無効とする判決を下していたからである。

権力分立制を採用するわが国憲法の下で、国会の制定した法律を裁判所が無効としうるのは、唯一憲法八一条によって認められた違憲立法審査権の行使の結果である場合に限られる。仮にそれらの判決が憲法判例でないならば、その判決自体が、実質的に立法権を行使したものとして、憲法違反と評価されなければならないはずである。

そして、それを憲法判例として評価した場合、そこに見られる論理は、憲法訴訟論で激しい争点となっている違憲判決の効力論に一石を投じることになる。その意味で、憲法学者として大変興味をそそられたのである。

以下、利息制限法に関連する一連の判例の概要と、それに対応する立法状況を紹介し、憲法学的に見た場合の問題を述べたい。

一　違憲判決の効力をめぐる学説の対立

憲法学において、成文法規に対して、違憲判決が出た場合に、その効力をどう考えるべきか、特に国会としてどのような対応をなすべきか、あるいはなし得るかについては、説が分かれている。基本的には、個別的効力説と一般的効力説という大きな対立がある。

個別的効力説は、違憲判決は基本的にその事件限りでの効力のみを有し、立法の改廃効力を持たないと考える。これに関しては更に次のような学説が存在する。

㈠　礼譲期待説　これは国家機関相互の礼儀として、違憲判決が尊重されるはずだとする学説である(2)。

㈡　憲法的期待説　これは、礼譲期待説が、礼譲という法的内容を伴っていない概念であることを嫌って、憲法レベルの期待が出来るとする説である(3)。

㈢　実質的一般的効力説　上記両期待説が、いずれも期待というレベルに留まり、法的レベルの議論になっていないところから、個別的効力説として可能な限度まで、一般的効力説側に歩み寄った説であるところから、この名がある。これが今日における日本の通説的見解と考えられる(4)。

どの説を採った場合にも、個別的効力説に立つ限り、最高裁判所の違憲判決に当該法律（規定）を廃止する効果（法令集からの除去効果）（違憲判決の強い効力）が認められないという点では一致している。

これに対し、一般的効力説は、最高裁判所の違憲判決に端的に立法の改廃効力を認める。しかし、その場合に、国会が事後にその違憲判決の効果を否定するような新たな立法を行った場合に、その新しい立法の効果がどうなるかについては、さらに説が分かれる。

㈣　長尾一紘は、そのような立法の効力を原則的に承認して、次のように述べる(5)。

「違憲判決により、当該法令は、客観的に効力を失う。しかし、それにもかかわらず立法府が同一内容の法律を再び制定した場合、その法律は有効である（再度、違憲無効とされる可能性はある）。」

㈤　戸波江二は、そのような立法それ自体を否定して、次のように述べる(6)。

「違憲判決の効力については次のように考えるのが妥当である。（中略）法令の合憲性審査権を有する終審裁判所である最高裁判所が違憲判決を下した以上、他の国家機関は違憲判決に従って当該違憲法令に対処すべき法的義務を負う。したがって、ある法律について違憲判決が下されたのちに、当該法律を国民に適用する国家行為は違憲・違法なものとなり、また、当該法律を改廃しない立法の不作為は違憲となろう。」

このように、日本では違憲判決の効力をめぐっては学説が鋭く対立しているのである。

二　利息制限法等を巡る立法及び判例の変遷

1　旧利息制限法について

わが国では、利息制限については江戸時代以来の長い歴史がある。江戸幕府においては、その旗本・御家人階級が札差しから高金利で金銭を借りる必要に迫られ、そのために様々な深刻な問題が発生したことから、為政者側に高金利に対する弊害が認識され、厳しい金利制限法制が存在していた。

「江戸幕府の法制にあっては、元文元年（一七三六年）までは、年二割以上の利息の訴について五分に引き下げて済方命令が出されていた。元文元年以降は、これを一割半に下げ、御定書もこれを踏襲していた。その後、天保一三年（一八四二年）にいたり、最高利率を一割二分とし、それ以上の高利は一割二分に引き下げて済方命令が出され、この制限に違反する利息の訴は受理されないものとされた。また制限違反の高利については罰金闕所（財産没収）のみならず、江戸払・中追放・遠島等の刑が科せられることもあった。(7)」

明治初期には、江戸期の制限立法はすべて封建的諸制限と見られたことに加え、欧米には利息制限法制を持っている国がほとんどなかったこともあって(8)、そうした制限撤廃の一環として、利息制限もすべていったんは撤廃された。しかし、直ちにその弊害が顕在化して、「古今未曾有各国無比の高利を以て貸借する者多きのみならず、一朝返済期を違うるときは罰金違約金科料金等種々の名目を以て貸主より莫大の金額を借主に向かって要求し甚だしきは僅々数ヶ月にして利息元金に倍する者あり(9)」という状況になったことから、明治八（一八七五）年以降はふたたび金利制限を行う方向に転換した。そうした制限方向への集大成として、明治一〇（一八七七）年に利息制限法が制定された（以下「旧法」という）[10]。旧法は、その後数次の改正が行われはしたが、昭和二九（一九五四）年まで七七年の長きにわたって存続することになる。

旧法の大きな特徴の一つに、利息制限超過利息については「裁判上無効の者」という表現をとっていた点があげられる（旧法二条二文）。そして、大審院は、この文言の解釈として、債務者が超過利息と指定して支払ったものについては、そのまま債権者が取得し得ると判決していた[11]。

2　新法における制限超過金利の元本充当問題

昭和二九（一九五四）年にいたって、第二次世界大戦後の混乱に対応するため、旧法が全面改正され、現在の利息制限法が制定された（以下、「新法」という）。新法は、本稿で取り上げる最高裁判例を受けて数次の改正が行われているが、当初のものはわずか四箇条しかない単純なものであった[12]。

新法で大きな問題となったのは、制限超過利息の取扱いである。新法も、旧法を継承して、一条二項で債務者が利息の最高制限の『超過部分を任意に支払つたときは……その返還を請求することができない』と定めていた（現在は削除されている）。そして、賠償額予定制限を定めた四条二項で、これを準用していた。そこで、最高裁判所は、大審院時代の判例を当初、躊躇なく、踏襲した[13]。

しかし、制限超過利息という指定が（明示であれ、黙示であれ）存在しない場合にはどうなるのか、という問題が生じる。これについて、最高裁判所は、昭和三七（一九六二）年の判決では上記と同様に解釈した（以下昭和三七年判決という）[14]。

その理由は今ひとつはっきりしないが、少なくとも一条二項は経済的弱者保護の規定ではない、という。すなわち、

「原判決は、右のような場合、元本債権にして残存するならば、超過支払部分は当然元本に充当されると解するのが、同法二条の法意に通じ、かつ高利金融に対して経済的弱者である債務者を保護しようとする同法制定の趣旨にも適合する所以であるというが、同法二条は、消費貸借成立時における利息天引の場合を規定したものであつて、債務者が、契約上の利息又は損害金として、法定の制限を超える金額を任意に支払った場合につき規定した同法一条、四条の各二項とは、おのずからその趣旨を異にする」

その上で、さらに次のように、元本充当を認めた場合の不合理について述べる。

「利息制限法が、高利金融に対して経済的弱者である債務者を保護しようとの意図をもつて制定されたものであるとしても、原判示の如く、その充当を、元本債権の残存する場合にのみ認めるにおいては、特定の債務者がそれによる利益を受け得るとしても、充当されるべき元本債権を残存しない債務者は、これを受け得ないことになり、彼此債務者の間に著しい不均衡の生ずることを免れ得ない。」

しかし、最高裁判所内部でも意見が分かれ、この法廷意見に対しては五人もの判事が少数意見を書いている。(15) また、学説も法廷意見を厳しく批判した。(16) 結局、わずか二年後の一九六四（昭和三九）年に、最高裁判所は再び大法廷を開き、そこでは昭和三七年判決の多数意見と少数意見が完全に逆転した（以下、昭和三九年判決という）。(17)

この昭和三九年判決が昭和三七年判決と根本的に異なるのは、利息制限法の立法趣旨に対する認識である。最高裁は言う。

「債務者が任意に支払った制限超過部分は残存元本に充当されるものと解することは、経済的弱者の地位にある債務者の保護を主たる目的とする本法の立法趣旨に合致するものである。右の解釈のもとでは、元本債権の残存する債務者とその残存しない債務者の間に不均衡を生ずることを免れないとしても、それを理由として元本債権の残存する債務者の保護を放擲するような解釈をすることは、本法の立法精神に反するものといわなければならない。」

すなわち、昭和三七年判決が、少なくとも一条二項等については経済的弱者保護の立法ではない、と明言したのに対して、昭和三九年判決は、全体を通して経済的弱者保護立法という判断を採ったのである。その結果、当然に制限超過利息に関しては元本充当の効力を有することになる。

「債務者が利息、損害金の弁済として支払った制限超過部分は、強行法規である本法一条、四条の各一項により無効とされ、その部分の債務は存在しないのであるから、その部分に対する支払は弁済の効力を生じない。従って、債務者が利息、損害金と指定して支払つても、制限超過部分に対する指定は無意味であり、結局その部分に対する指定がないのと同一であるから、元本が残存するときは、民法四九一条の適用によりこれに充当されるものといわなければならない。

本法一条、四条の各二項は、債務者において超過部分を任意に支払つたときは、その返還を請求することができない旨規定しているが、それは、制限超過の利息、損害金を支払った債務者に対し裁判所がその返還につき積極的に助力を与えないとした趣旨と解するを相当とする。」

このような論理をとった場合、昭和三七年判決の指摘した、充当すべき元本を持たない債務者との不均衡という問題が残る。これについては、最高裁判所は昭和四三（一九六八）年に改めて大法廷を開いて判決を下した（以下、「昭和四三年判決」という）[18]。

「利息制限法一条、四条の各二項は、債務者が同法所定の利率をこえて利息・損害金を任意に支払つたときは、その超過部分の返還を請求することができない旨規定するが、この規定は、金銭を目的とする消費貸借について元本債権の存在することを当然の前提とするものである。けだし、元本債権の存在しないところに利息・損害金の発生の余地がなく、したがつて、利息・損害金の超過支払ということもあり得ないからである。この故に、消費貸借上の元本債権が既に弁済によって消滅した場合には、もはや利息・損害金の超過支払ということはありえない。

したがつて、債務者が利息制限法所定の制限をこえて任意に利息・損害金の支払を継続し、その制限超過部分を元本に充当すると、計算上元本が完済となったとき、その後に支払われた金額は、債務が存在しないのにその弁済として支払われたものに外ならないから、この場合には、右利息制限法の法条の適用はなく、民法の規定するところにより、不当利得の返還を請求することができるものと解するのが相当である。」

こうして新法の解釈が変更されていった結果、最後に残った問題は、制限超過利息と元本を同時に支払った場合はどうなるか、という問題であった。その場合についても過払い利息は不当利得として返還を要するという判決が、もはや大法廷を開くこともなく、昭和四四（一九六九）年に第三小法廷によって下された（以下、「昭和四四年判決」という）[19]。その理由として次のように述べている。

「そのように解しなければ、利息制限法所定の制限をこえる利息・損害金を順次弁済した債務者と、かかる利息・損害金を元本とともに弁済した債務者との間にいわれのない不均衡を生じ、利息制限法一条および四条の各二項の規定の解釈について、その統一を欠くにいたるからである。」

こうして、昭和三九年判決、昭和四三年判決、昭和四四年判決という三つの判決を合わせ読めば、利息制限法一条二項及び四条二項は、完全に空文に化したと評価することができる状況が発生することになった。

これらの判決は、あくまでも条文の厳格な解釈という手法をとっており、決して憲法判断という形式をとっているわけではない。そのため、次のように評された。

「形式的には解釈論の範囲内で同条項の廃棄ではないといおうとしているのだろうが、不会たるを免れまい。ここまでくると、まさに実質的立法で、裁判による成文法規の否定に通ずるものがあるといってよかろう[20]」

この指摘は非常に正しいと考える。現行憲法の下で、司法判断により成文法規の否定が可能なのは、冒頭にも述べたとおり、違憲立法審査権の行使により、立法の無効が宣言された場合に限られる（憲法八一条）。そのことを考えると、この一連の判決は、まさに憲法判断だったという以外に、この結果を肯定することは不可能なのである。

そして、これら一連の判例を憲法的に評価する事はきわめて容易である。すなわち、日本国憲法二五条は、国民に健康で文化的な最低限度の生活を営む権利を保障しており、経済的弱者保護は、そこから当然に導かれる憲法的要請である。したがって、利息制限法という、経済的弱者保護を目的とする立法にあって、その目的に反する条項は当然に憲法二五条に違反し無効と考えるのが妥当である。その解釈手法として、違憲と表現せずに「経済的弱者の地位にある債務者の保護を主たる目的とする……本法の立法精神に反する」と表現して、空文化の手法を採ったからといって、それが実質的に違憲判断であったことが否定されたことにはならないのである。したがって、昭和三九年判決及び昭和四三年判決という二つの大法廷判決は、憲法判決として評価できると考える。

三　グレーゾーン金利と貸金業規制法四三条問題

1　貸金業者の反撃

日本では、これらの判決が出るまで、消費者金融とかサラリーマン金融などと呼ばれる貸金業者が新法を大幅に上回る金利を徴収して営業していた。それが可能であったのは、新法とは別に、新法とほぼ時期を同じくして制定された出資法[21]という法律があり、それは日歩〇・三%を超える金利を徴収した場合にのみ、刑罰を科すると定めていたからである。両法は、次のような機能分担があったとされていた。

「利息は三段構えで規制されたことになる。すなわち、①利息制限法の定める限度内の利息は、裁判所に訴えをもって請求し、国家権力による保護を受けることができる。②この限度を超え日歩〇・三%までの利息は、裁判所に訴求することはできないが、刑罰の制裁を受けない。③日歩〇・三%を超える利息には刑罰の制裁がある、ということになる[22]」

この②の部分が、グレーゾーン金利と呼ばれるものである。消費者金融等の貸金業者はこのグレー金利に関しては、新法一条二項等により、任意弁済を受ければ、返済の要のない正規の収入とすることが可能な点に、営業の基礎を置いていたのである。ところが、上述のとおり、昭和三九年判決以降の一連の最高裁判所判決により、その可能性がすべて消えてしまったのである。

貸金業は最高裁判所によりまさに崩壊の危機に直面したと言える。そこで、貸金業者が国会議員に働きかけた結果、昭和五八（一九八三）年に議員立法として制定されたのが、貸金業規制法四三条である。同条を簡単に要約すれば、上述した最高裁判所判決にもかかわらず、貸金業者は従来どおり、制限超過利息を受領できると定めていた。(23)(24) これについて、同法の主管省庁である財務省（当時は大蔵省）では、次のように肯定的な説明をしていた。

「貸金業規制法第四三条は、債務者が利息制限法の制限を超える利息を『任意に』支払った場合には、貸金業者が同法に基づく契約の内容を明らかにする書面および受取証書の交付義務を履行しているときに限り、その支払いを『有効な利息の債務の弁済とみなす』こととしている。

このような規定が新たに設けられたのは、貸金業規制法において、書面の交付等により契約金利の開示を刑罰および行政処分の制裁を背景に強制することとしている以上、その金利は民事上でもいくばくかの合法的要素を付与する必要があるのではないかと考えられたことによるものと解される。（中略）

この規定に対しては、経済的弱者保護の見地に立った利息制限法に関する最高裁判所の判例の趣旨に反するものであり、庶民の高利への対抗手段を失わせるものである、という批判がある。

しかし、貸金業者について、処罰金利の水準を引き下げ、登録制を導入し、各種の業務規制の措置を講じ、その規制を遵守した貸付に限っていわゆるグレーゾーンの確保を認めるということであれば、『これは立法政策として一つの合理的な方法ではなかろうか』（昭和五七年八月一九日参議院大蔵委浜崎参事官の答弁）とも考えることができる。(25)」

こうして、最高裁判所大法廷判決により空文化された条文を、別の法律の制定という形式を通して復活させるという手法を通じて、立法・行政当局による裁判所への挑戦が始まったのである。

この挑戦に対して、最高裁判所の反応が見えるのは、訴訟に要するタイムラグの関係から平成二（一九九〇）年以降となる。その判決の推移を簡単に眺めてみよう。

2　立法の受諾期

債務者が弁済の任意性を争った事件で、最高裁判所は平成二（一九九〇）年段階では次のように述べた。(26)

「法四三条一項にいう『債務者が利息として任意に支払った』及び同条三項にいう『債務者が賠償として任意に支払った』とは、債務者が利息の契約に基づく利息又は賠償額の予定に基づく賠償金の支払に充当されることを認識した上、自己の自由な意思によってこれらを支払ったことをいい、債務者において、その支払った金銭の額が利息制限法一条一項又は四条一項に定める利息又は賠償額の予定の制限額を超えていることあるいは当該超過部分の契約が無効であることまで認識していることを要しないと解するのが相当である。」

この判決では、最高裁判所は忠実に貸金業規制法の解釈論を展開しており、それ以前の利息制限法に関する一連の判例との関係を考えているわけではない。

この判決の意味しているものについては、次のように言われる。

「貸金業規制法は制定された一九八三年後には、政治に対する司法の無力感が強く、これは前述の最高裁平成二年判決をもたらした。学界においても、同様の感覚は強く、同法制定後、利息制限法や貸金業規制法に関する研究は、文言解釈に関するものを除くと激減した。(27)」

平成一一（一九九九）年になっても、最高裁判所は第二小法廷では同様の傾向を見せる判決を下していた。毎月一回ずつの分割払によって元利金を返還する約定の消費貸借契約において、返済予定日が日曜日等に当たる場合の取扱いが明定されなかった場合には、現代社会の一般的な取引の慣習から考えると、特段の事情がない限り、その日が休日であるときはその翌営業日を返済期日とする旨の黙示の合意があったと推認すべきであるというものである。(28)

3　厳格説への転換

最高裁判所第一小法廷では、しかし、同じ平成一一年に、既に厳格説へ転換する兆候を見せ始めていた。貸金業規制法四三条一項によるみなし弁済の効果を生ずるためには、債務者の利息の支払が貸金業者の預金口座に対する払込みによってされた場合でも、特段の事情のない限り、貸金業者はその払込みを受けたことを確認した都度、直ちに同法一八条一項に規定する書面を債務者に交付しなければならない、という実行のきわめて困難な厳格な姿勢を打ち出したのである。(29)

この厳格説の姿勢は、平成一六（二〇〇四）年に至って明確なものとなる。

まず二月の第二小法廷判決では、「貸金業者の業務の適正な運営を確保し、資金需要者等の利益の保護を図ること等を目的として貸金業に対する必要な規制等を定める法の趣旨、目的（法一条）等にかんがみると、法四三条一項の規定の適用要件については、これを厳格に解釈すべきである」として厳格説を採ることを明らかにした。その上で、第一に天引利息については、貸金業規制法四三条一項の適用はなく、第二に四三条が成立するための前提要件とされる同法一七条にいう書面には、同条一項所定の事項がすべて記載されていることを要し、その一部が記載されていないときは、四三条の要件を欠き、有効な利息債務の弁済とはみなされないとした(30)。

ついで七月に同じく第二小法廷が、貸金業規制法一八条の定める書面の交付は、弁済の都度、直ちに交付することが義務づけられているから、弁済から七～一〇日以上経過後に各領収書を交付しても、同条書面を交付したことにはならず、したがって各弁済については四三条の適用がないとした(31)。

翌平成一七（二〇〇五）年七月の第三小法廷判決は、債務者が過去の取引履歴の開示を繰返し要請したのに対し貸金業者が拒否し続けたため、開示拒否により債務整理が遅れ精神的に不安定な立場におかれたとして慰謝料の支払を求めた事案において、貸金業者は特段の事情のない限り金銭消費貸借契約の付随義務としての取引履歴開示義務を負うところ、この義務に反する貸金業者の開示拒絶行為は違法性を有するとして、不法行為の成立を認めたのである(32)。

同年一二月の第一小法廷判決は、リボルビング方式の貸付けの場合においては、貸金業規制法一七条所定の事項中に確定的な記載をすることが不可能な事項が出てくるが、その場合でも、これらの記載に準じた事項として、個々の貸付時点での残元利金について最低返済額及び経過利息を毎月定められた返済期日に返済するとした場合の返済期間等を記載すべきであったとして、その記載を欠いた書面では、一七条書面の交付があったとは認められないとした(33)。

翌平成一八（二〇〇六）年になると、最高裁判所の判決は更に厳格度を増すことになる。

まず一月一三日に第二小法廷は「シティズ貸金訴訟」について判断を示す(34)。この事件は利息制限法の上限を超える約定利息とともに元本を分割返済する約定の金銭消費貸借において、債務者が元本又は約定利息の支払を遅滞したときには当然に期限の利益を喪失する旨の特約の効果を問題としたものである。

最高裁判所は、第一に、「事実上にせよ強制を受けて利息の制限額を超える額の金銭の支払をした場合には、制限者が任意に支払った」ものということはできないとした。

第二に、同法施行規則一五条二項が弁済を受けた債権に係る貸付けの契約を契約番号その他により明示することをもって、貸金業規制法一八条一項一号〜三号に掲げる事項の記載に代えることができる旨定めた部分は、他の事項の記載をもって法定事項の記載の一部の記載に代えることを定めたものであるから、内閣府令に対する法の委任の範囲を逸脱した違法な規定として無効と解すべきであるとした[35]。

そして第三に、支払い遅延の場合には直ちに期限の利益を喪失するという約款は「期限の利益を喪失する等の不利益を避けるため、本来は利息制限法一条一項によって支払義務を負わない制限超過部分の支払を強制することとなるから、同項の趣旨に反し容認することができ」ないとして、利益喪失特約のうち、支払期日に制限超過部分の支払を怠った場合に期限の利益を喪失するとする部分は利息制限法の潜脱として無効とした。

また、同年一月二四日に第三小法廷は、日賦貸金業者[36]の事案に対し、同様の判決を下した。すなわち、日賦貸金業者は、貸し付けた貸金と利息を毎日一定割合で取り立てるのであるが、その後に新たな貸し付けを行った際、前回貸金の残元本に新たに貸し付けた額を加えた合計額を、貸付額として記載することが、貸金業規制法一七条一項に規定する書面の記載事項である「各回の返済期日」の記載として正確性または明確性を欠き借主に交付された上記借用書の写しは上記書面に該当しないとした。したがって、利息制限法違反の期限の利益喪失約款は無効であるとした[37]。

四　立法の対応

こうした最高裁判所の相次ぐ厳格説の立場からの判決により、現実問題として貸金業規制法四三条は完全に空文化した。そうした流れを受ける形で、平成一八年に貸金業規制法の改正が行われた(38)。

同法の要綱は次のように述べる。

「多重債務問題の解決の重要性及び貸金業が我が国の経済社会において果たす役割にかんがみ、貸金業の登録の要件の強化、貸金業協会及び貸金業務取扱主任者に係る制度の拡充並びに指定信用情報機関制度の創設を行うとともに、貸金業者による過剰貸付けに係る規制の強化を行うほか、みなし弁済制度の廃止、業として金銭の貸付けを行う者が貸付けを行う場合の上限金利の引下げ、業として行う著しい高金利の罪の創設、利息とみなされるものの範囲に係る規定の整備等を行うこととする。」

その要点は、次の三点である。

第一に、貸金業者は、利息制限法を超える利息の契約を締結し、利息を受領し、又はその支払を要求してはならないこと等とする（貸金業規制法一二条の八関係）。

第二に、貸金業者の行う金銭消費貸借契約に基づき債務者が利息制限法一条一項に規定する利息の制限額と出資法五条二項に規定する利息の制限額との間の金利を任意に支払い、貸金業者から契約書面等が交付されている場合には、当該支払いは有効な債務の弁済とみなすこととしている規定を廃止することとする（貸金業規制法四三条関係）。

第三に、業として行う高金利違反の罪となる金利を、年二九・二％を超える金利から、年二〇％を超える金利に引き下げる（出資法五条二項関係）。

簡単に言ってしまえば、立法府が、最高裁判所に完全に屈服し、その判例に抵触する条項を全て整理したという事である。改正後の条文は，平成二二年六月一八日から施行された。

五　貸金業規制法四三条関連の憲法学的評価

以上の判決と立法の経緯を、憲法学的視点から簡単に整理するならば、
①最高裁判所は、大法廷判決により、利息制限法の特定条項を違憲無効とした。
②国会は、その違憲判決で無効とされた条項を、別の法律により復活した。
③最高裁判所は、小法廷判決により、その条項を再び違憲無効とした。
④国会は、最高裁判決に従い、違憲条項を法令集から削除した。
ということになる。

問題は、③の項である。これらも、内容的には上記大法廷判決と同様のものであるが、小法廷判決なのである。裁判所法一〇条に従う限り、先行する同一内容の大法廷判決がない限り、小法廷では違憲判決を下す事ができない。したがって、先に一で紹介した学説のうち、（一）から（四）までのいずれの説による場合にも、これらの判決は違憲（少なくとも裁判所法に違反して違法）と考えなければならない事になる。

唯一、（五）に紹介した戸波説に立つ場合にのみ、③の判決は合憲と評価されることになる。なぜなら、戸波説では①で下された違憲判決に抵触する「当該法律を改廃しない立法の不作為は違憲」となるから、②の立法自体が既に違憲と評価されることになる。そして、その違憲という評価を維持すること自体は小法廷判決でも可能であるから、③の一連の判例は合憲と評価されることになる。

このように、利息制限法判例に憲法判例性を承認する場合には、学説が鋭く対立していた点に対して、実務的な解釈が既に示されていた、と評価することが可能になると考えている。

このような最高裁判例に対する評価は、今後の学説の動向に大きな影響を与えるものと考える。

終わりに

私は、日本大学法学部学生時代には、租税法を履修しなかった事もあり、故北野弘久先生とは、友人に引っ張られて一、二度その研究室をお邪魔した事があるくらいで、ほとんど関わりはなかった。しかし、会計検査院を奉職先に選んだ事から、徐々に関わりが生じ、日本大学法学部で教鞭を執るようになった際には、真っ先にお邪魔して、日本財政法学会への加入をお認め下さるようお願いした。当然、日本財政法学会では、一貫してその謦咳に接する事となった。

本稿が取り上げた利息制限法、出資法及び貸金業規制法は、直接的には先生が御専門とされた税法とは関わりがない。しかし、経済的弱者保護のための最高裁判所の数十年にわたる奮闘を紹介した小文は、その経済的弱者保護に生涯を捧げられた故北野弘久先生の追悼論集としては、決して不適当なものではないと信じて、寄稿させていただくこととした。

ご冥福をお祈りする。

（1）　今井功元最高裁判事の講演は「最近の消費者関連訴訟の最高裁判例について」と題して、二〇一〇年七月七日に、日本大学法科大学院で行われた。

（2）　礼譲期待説の代表的な主張を紹介すると、次のものがある。
「最高裁判所の違憲の判断に対して、立法府も行政府も、これを尊重することが期待できるから、実際上の不便や不公平を避けることができる。すなわちそれらの機関は、かかる法令を廃止するであろうし、それまでの間、行政府は、その執行をさし控えると思われるからである」（橋本公亘『憲法』青林書院新社、一九七二、五七〇頁）。

（3）憲法的期待説の代表的な主張を紹介すると、次のものがある。

「他の国家機関は最高裁の違憲判決を十分尊重することが要求される。従って、国会は、違憲とされた法律を速やかに改廃し、政府はその執行を控え、検察はその法律に基づく起訴を行わない等の措置をとることを、憲法は期待しているとみるべきである。」（芦部信喜『憲法〔第五版〕』岩波書店、二〇一一、三七三頁）。

（4）実質的一般的効力説における代表的な主張を紹介すれば、次のとおりである。

「わが国の違憲審査体制が付随的なものであることを前提として、かつ憲法四一条を考慮するならば、法律委任説の示唆するように効力について定めた法律が存在しない限り、最高裁の違憲判決に当該法律（規定）を廃止する効果（法令集からの除去効果）（違憲判決の強い効力）が当然に生ずると考えることは無理というべきであろう。しかし、違憲と判示された法律（規定）は一般に執行されないことになるという効果（違憲判決の弱い効果）は生ずると解される。付随的違憲審査制といっても、今日多かれ少なかれ憲法保障的機能も加味して考えねばならず、また、憲法についての有権解釈権を持つ最高裁判所が違憲無効とした法律を内閣が『誠実に執行し』なければならないというのは背理と思われるからである。そうした意味においては、実質的には一般的効力があるといういい方もできるであろう。」（佐藤幸治『憲法〔第三版〕』青林書院、一九九五、三七五頁）。

（5）長尾一紘『日本国憲法〔第三版〕』世界思想社、一九九七、四八二頁より引用。なお、長尾自身は、一般的効力説と個別的効力説の中間に立つ法律委任説の論者であるが、そのような法律が存在しない現状の解釈として、本文のような一般的効力説的解釈をとる。

（6）戸波江二『憲法〔新版〕』ぎょうせい、一九九八、四六〇頁より引用。なお、戸波自身は、違憲判決の効力として、一般的効力と個別的効力に区分して論じる事自体が不適切であるとしているが、ここでは便宜的に一般的効力説の一環として紹介している。

（7）江戸期の法制の説明については、大河純夫「旧利息制限法成立史序説」立命館法学一二一〜一二四合併号（一九七五）二二一頁より引用。

(8)　明治期の欧米の法制については、大河純夫「明治民法の編纂と利息制限法」立命館法学二九二号（二〇〇三年六号）一〇二頁以下参照。
(9)　明治九（一八七六）年一二月二一日付の旧利息制限法の起案理由書である「利息制限伺」より引用。出典は大河・前掲注（7）二六七頁。
(10)　旧利息制限法（明治一〇年九月一日　太政官布告第六六号）の条文は次のとおりである。
第一条　凡そ金銀貸借上の利息を分て契約上の利息と法律上の利息とす
第二条　契約上の利息とは人民相互の利息を以て定め得べき所の利息にして元金百円以下は一ヶ年に付百分の二十（二割）百円以上千円以下百分の十五（一割五分）千円以上百分の十二（一割二分）以下とす。若し此の制限を超過する者は総て裁判上無効の者とし各其制限にまで引直さしむべし
第三条　法律上の利息とは人民相互の契約を以て利息の高を定めざるとき裁判所より言渡す所の者にして元金の多少に拘らず百分の六（六分）とす
第四条　第二条に依り制限利息の外総て人民相互の契約を以て礼金棒利等の名目を用る者あるも総て裁判上無効の者とす
第五条　返還期限を違うるときは負債主より債主に対し若干の償金罰金違約金科料等を差出すべきことを約定することあるも概して損害補償と看做し裁判官に於いて該債主の事実受けたる損害の補償に不当なりと思量するときは之れに相当の減少を為すことを得
出典は大河・前掲注（7）二六八頁。但し、カタカナをひらがなに直し、濁音を補い、漢文部分を読み下し、旧漢字を新漢字に直している。
(11)　大判明三五・一〇・二五民録八輯九巻一三四頁。
(12)　利息制限法（昭和二九年五月一五日法律第一〇〇号）の当初の条文は次のとおりである。
第一条（利息の制限）金銭を目的とする消費貸借上の利息の契約は、その利息が左の利率により計算した金額をこえるときは、その超過部分につき無効とする。
一　元本の額が十万円未満の場合　年二割
二　元本の額が十万円以上百万円未満の場合　年一割八分

三　元本の額が百万円以上の場合　年一割五分

二　債務者は、前項の超過部分を任意に支払つたときは、同項の規定にかかわらず、その返還を請求することができない。

第二条（利息の天引き）利息の天引きをした場合において、天引額が債務者の受領額を元本として前条に規定する利率により計算した金額を超えるときは、その超過部分は、元本の支払に充てたものとみなす。

第三条（みなし利息）前二条の規定の適用については、金銭を目的とする消費貸借に関し債権者の受ける元本以外の金銭は、礼金、割引金、手数料、調査料その他いかなる名義をもってするかを問わず、利息とみなす。ただし、契約の締結及び債務の弁済の費用は、この限りでない。

第四条（賠償額予定の制限）　金銭を目的とする消費貸借上の債務の不履行による賠償額の予定は、その賠償額の元本に対する割合が第一条第一項に規定する率に二倍をこえるときは、その超過部分につき無効とする。

二　第一条第二項の規定は、債務者が前項の超過部分を任意に支払つた場合に準用する。

三　前二項の規定の適用については、違約金は、賠償額の予定とみなす。

(13)　最判昭三〇・二・二二民集九巻二号二〇九頁。

(14)　最判昭三七・六・一三民集一六巻七号一三四〇頁。

(15)　反対意見は、最高裁長官である横田喜三郎を筆頭に、池田克、奥野健一、山田作之助、五鬼上堅磐の各判事である。それぞれが別個に詳しく意見を書いているが、基本的に、新法の立法趣旨を、弱者保護という点に求めている点で共通している。

(16)　代表的なものとして、我妻栄の判例評釈（ジュリスト二五四号一八頁以下＝一九六二年七月一五日）がある。

(17)　最判昭三九・一一・一八民集一八巻九号一八六八頁。この判決では、反対意見は入江俊郎、石坂修一、横田正俊、城戸芳彦の各判事である。

その理由は「多数意見の強調する借主の保護の必要性もよく理解しうるのであるが、法律の解釈にはおのずから限界があるのであって、それ以上のことは、明確な立法をもつて解決すべきではないかと考える。」（横田正俊が書き、入江俊郎、城戸芳彦が同調した理由）というに尽きる。

(18)　最判昭四三・一一・一三民集二二巻一二号二五二六頁。この判決では、横田正俊、入江俊郎、城戸芳彦の三判事が反対意見を書いた。意見は、基本的に昭和三九年判決における反対意見を引用したものである。

(19) 最判昭四四・一一・二五民集二三巻一一号二一三七頁。この判決は全員一致で下されている。
(20) 石川利夫「利息制限法違反行為の効力」ジュリスト五〇〇号一五七頁（一九七二年三月一日）より引用。
(21) 正式名称は「出資の受入れ、預り金及び金利等の取締りに関する法律」である。昭和二九年六月二三日法律第一九五号。
(22) 中馬義直「出資取締法と利息制限法の関係」ジュリスト六六四号（一九七八年五月一五日）五二頁より引用。
(23) 正式名称は「貸金業の規制等に関する法律」（昭和五八年法律第三二号）である。
(24) 貸金業規制法四三条は非常に複雑な規定であるが、本文だけを紹介すると次のように述べている。
「貸金業者が業として行う金銭を目的とする消費貸借上の利息の契約に基づき、債務者が利息として任意に支払つた金銭の額が、利息制限法第一条第一項に定める利息の制限額を超える場合において、その支払が次の各号に該当するときは、当該超過部分の支払は、同項の規定にかかわらず、有効な利息の債務の弁済とみなす。」
(25) 大蔵省銀行局中小企業金融課長補佐　矢崎勝「貸金業規制二法の概要」ジュリスト七九六号（一九八三年八月一五日）五二頁より引用。
(26) 最判平二・一・二二民集四四巻一号三三二頁。
(27) 小野秀誠「貸金業にまつわる最近の最高裁判例の法理」ジュリスト一三一九号（二〇〇六年九月一五日）二七頁より引用。
(28) 最判平一一・三・一一民集五三巻三号四五一頁。
(29) 最判平一一・一・二一民集五三巻一号九八頁。
(30) 最判平一六・二・二〇民集五八巻二号三八〇頁。
(31) 最判平一六・七・九判時一八七〇号一二頁。
(32) 最判平一七・七・一九民集五九巻六号一七八三頁。
(33) 最判平一七・一二・一五民集五九巻一〇号二八九九頁。なおリボルビング方式の貸付けとは、予め締結する基本契約（包括契約）において、貸付金利、貸付限度額、返済方式等の基本事項を定めておき、それに従って、借入と返済を繰り返す貸付形態をいう。弊害が大きい事から特別の規制がある。
(34) 最判平一八・一・一三民集六〇巻一号一頁。なお、同じく平成一八年一月一九日に、第一小法廷が、同じくシティズ貸金訴訟において、同様の判決を下した（判例時報一九二六号二三頁参照）。更に、平成一八年三月一七日に第二小法廷は、本件判決と同種事案で本件判決内容を再度確認する（判例時報一九三七号八七頁）。

(35)　貸金業規制法施行規則一五条二項は、次のように定めていた。

「貸金業者は、法第一八条第一項の規定により交付すべき書面を作成するときは、当該弁済を受けた債権に係る貸付けの契約を契約番号その他により明示することをもって、同項第一号から第三号まで並びに前項第二号及び第三号に掲げる事項の記載に代えることができる。」

(36)　日賦貸金業とは、日掛け金融とも呼ばれ、出資の受入れ、預り金及び金利等の取締りに関する法律の一部を改正する法律（昭和五八年法律第三三号）附則第九項に於いて次のように定義され、これに該当すると、同法の下では最高年利五四・七五％まで可能である。

「貸金業規制法第二条第二項に規定する貸金業者であつて、次の各号に該当する業務の方法による貸金業のみを行うものをいう。

一　主として物品販売業、物品製造業、サービス業を営む者で内閣府令で定める小規模のものを貸付けの相手方とすること。

二　返済期間が百日以上であること。

三　返済金を返済期間の百分の五十以上の日数にわたり、かつ、貸付けの相手方の営業所又は住所において貸金業者が自ら集金する方法により取り立てること。」

(37)　最判平一八・一・二四民集六〇巻一号三一九頁。

(38)　正式名称は「貸金業の規制等に関する法律等の一部を改正する法律」（平成一八年法律第一一五号）である。

憲法改正手続法の施行と憲法審査会の始動をめぐって

小沢隆一

はじめに

二〇一一年五月一八日、参議院本会議において参議院憲法審査会規程が議決された。衆議院では、すでに二〇〇九年六月一一日に衆議院憲法審査会規程が議決されており、これにより両院で憲法審査会が始動する前提が整い、二〇一一年一〇月二〇日、衆議院と参議院の本会議で憲法審査会の委員の選任が行われ、同審査会が始動した。

「日本国憲法の改正に関する法律」（以下、憲法改正手続法と略称）の制定にともない改正された国会法一〇二条の六によれば、憲法審査会は、次のような権限が付与されている。

①日本国憲法及び日本国憲法に密接に関連する基本法制について広範かつ総合的な調査
②憲法改正原案の審査
③日本国憲法に係る改正の発議又は国民投票に関する法律案等の審査

①は、国会法旧一〇二条の六で「日本国憲法について広範かつ総合的な調査を行う」とされていた「憲法調査会」の権限を実質的に引き継ぐものである。②は、国会による憲法改正発議の前提となる憲法改正原案の審査であり、通常の法律案が院内の「適当の委員会」(国会法五六条二項)に付託されて審査されるのと同様に、「憲法改正原案」の審査については憲法審査会が担うとしたものである。③は、憲法改正の発議や国民投票などの手続に関わる法律案の審査であり、憲法改正手続法を審査した「憲法調査特別委員会」の所掌を引き継いでいる。

このように憲法審査会は、日本国憲法や基本法制についての調査を通じて憲法改正の機運を醸成する役割を果たすとともに、国会議員によって策定された憲法改正原案を審査して憲法改正の発議の前提をつくることも担い、かつ憲法改正の手続に関する法律の整備にも関わるという、憲法改正に関して「三面六臂」の活動が想定されている強力な機関である。一つの委員会にこのように憲法改正の内容と手続の両面にわたる強大な権限を集中させてよいか、それ自体一つの論点となりうるであろう。この論点は最後にもふれるが、ともかくも、このような機関の構成と運営には、その重要性にかんがみて周到な配慮が求められよう。

そのような「注意」をあえて喚起する必要があると思われるのは、二〇〇七年五月一八日に一気呵成の勢いで制定され公布された憲法改正手続法が、さまざまな不備・不分明な点を抱えており、その「欠陥」が指摘されてきたからである。(1)

本稿は、そうした憲法改正手続法の問題点の一つとして、その施行に関する問題を取り上げたい。同法は、「憲法審査会」の設置などを含む国会法の改正部分などを除いて、「公布の日から起算して三年を経過した日から施行する」とされており(同法附則一条)、これにより、二〇一〇年五月一八日に施行日をとりあえず迎えた。ここで「とりあえず」と留保をつけたのは、後述するように、この法律は、果たしてこの日に施行できる前提条件を備えるにいたったのか、大いに疑わしいからである。この点を、同法制定時の国会審議などの検証を通じて論じてみたい。

一　憲法改正手続法の施行によって何が始まったのか

二〇一〇年の五月一八日に憲法改正手続法は、ともかくも施行日を迎えたが、それによってどのような法状況が生まれたのか。通常、法律の施行とは、それが執行可能な状態になることを意味するが、この法律の場合は、五月一八日をもってそのような状態になったものとして取り扱うのは、かなりな無理がある。それというのも、次のような附則三条一項の規定が求めている「必要な法制上の措置」が何ら講じられていないからである。

第三条〔法制上の措置〕
一、国は、この法律が施行されるまでの間に、年齢満一八年以上満二〇年未満の者が国政選挙に参加することができること等となるよう、選挙権を有する者の年齢を定める公職選挙法、成年年齢を定める民法（明治二九年法律第八九号）その他の法令の規定について検討を加え、必要な法制上の措置を講ずるものとする（傍点は筆者、以下同じ）。

もっとも、何らの手だてが講じられてこなかったわけではなく、二〇〇九年七月二九日には、民法で「二〇歳」と定める成人年齢の引き下げを検討していた法制審議会の「民法成年年齢部会」が、「成年年齢を一八歳に引き下げるのが適当」とする最終報告書をまとめている。報告書では、成人年齢を引き下げた場合の意義として、社会への参加時期を早めることで「大人」の自覚を高める、親権者の同意なく契約を締結することのできる年齢も下がり、自ら働いて得た金銭などを自分の判断で使えるなどと指摘しており、「若年者を将来の国づくりの中心としていくという、国としての強い決意を示す」ほか、選挙年齢が引き下げられ、成人年齢も一致させることで政治に参加しているという意識を責任感をもって実感できる、ともしている。また、諮問のきっかけとなった憲法改正手続法の投票年齢（一八歳）に合わせ、ともに引き下げの検討が求められた選挙年齢との関係では「一致していることが望ましい」と判断しており、選挙年齢の一八歳引き下げを踏まえ「民法の成年年齢を一八歳に引き下げるのが適当」とした。

その後、法制審議会は、二〇〇九年一〇月二八日の総会で、「成人年齢を一八歳に引き下げるのが適当であるが、現時点で引き下げの法整備をおこなうには、若年者の自立を促すような施策や消費者被害の拡大のおそれ等の問題点の解決に資する施策が実現されることが必要である。法整備を行う具体的な時期については、関係施策の効果等の若年者を中心とする国民への浸透の程度やそれについての国民の意識を踏まえた、国会の判断に委ねるのが相当である」との意見をとりまとめ、千葉景子法務大臣（当時）に答申した(2)が、民法改正案作りには、今後、成年・未成年など年齢基準がある約三〇〇法令の見直し作業に取り組む必要があり作業が膨大になることから、千葉法務大臣は、二〇〇九年一〇月二七日の記者会見で二〇一〇年の通常国会への改正案の提出見送りを示唆した。その後、この問題は二〇一一年の国会でも取り扱われていない。

この問題は、二〇一二年二月二三日の衆議院憲法審査会で取り上げられ、議論されている。その際、内閣官房は、「年齢条項の見直しに関する検討委員会を開催し、関係省庁の密接な連携の下に、引き続き関係法令についての検討を加速させるとともに、成年年齢の引下げに向けた環境整備のための施策を積極的に推進していく」という方針が示されたが、総務省からは、「民法上の判断能力と参政権の判断能力とは一致すべきであること、諸外国においても成年年齢に合わせて一八歳以上の国民に投票権・選挙権を与える例が多いこと等から、公職選挙法と民法の成年年齢等は一致させることが適当であると考えられる」との見解が示される一方で、法務省からは、選挙権年齢と民法の成年年齢等は「それぞれ立法趣旨が異なり、理論的に見ても、諸外国の立法例を見ても、必ずしも一致させる必要がない」こと、「民法の成年年齢を引き下げずに公職選挙法の選挙年齢を引き下げることは可能」であり、「公職選挙法の選挙年齢の引下げを先行させることによって、民法の成年年齢の引下げに向けた国民の意識を醸成した上で、国民の理解が得られた後に民法の成年年齢を引き下げることが、一つの有力な選択肢と考えている」という総務省とは異なる見解が示されている。(3)

このような基幹的な法律制度に関わる重要な変更を、事前の議論の盛り上がりやそれに対応する調査・研究の蓄積がないところで、いきなり「三年間」という期限を区切って行おうとしたところに、憲法改正手続法のそもその無理があったといえよう。かくして、附則三条一項にいう「必要な法制上の措置」が講ぜられることなく、同法は「施行日」の二〇一〇年五月一八日を迎えることになった。

政府は、憲法改正手続法の施行に先立つ二〇一〇年二月三日、同法による憲法改正のための国民投票の投票権者について、一八歳以上とすることを断念し、当面は二〇歳以上とする方針を固めた。附則三条一項の「必要な法制上の措置」が講ぜられなくても、当面は二〇歳以上を投票権者とすることで法律は施行できる、すなわちいつでも執行可能な状態になるとする考えである。しかし、このような「方針」は、はたして法制定当時の想定に適合しているであろうか。

二　法律の施行は「必要な法制上の措置」が講ぜられていることが前提のはず

憲法改正手続法の施行は、「必要な法制上の措置」が法律制定後の三年の間に講ぜられることが前提とされていたのであり、三年間の間に「法制上の措置」が講ぜられないということをもともと想定していない。以下に掲げる憲法改正手続法の附則三条二項は、そのように解釈すべき条文であることが、後にみるように法案の国会審議からうかがうことができる。

二、前項（前掲の附則三条一項—引用者）の法制上の措置が講ぜられ、年齢満一八年以上満二〇年未満の者が国政選挙に参加すること等ができるまでの間、第三条（投票権）、第二二条第一項（投票人名簿の被登録資格等）、第三五条（在外投票人名簿の被登録資格）及び第三六条第一項（在外投票人名簿の登録の申請）の規定の適用については、これらの規定中「満一八年以上」とあるのは、「満二〇年以上」とする。

この規定は、傍点を付した「法制上の措置が講ぜられ、年齢満一八年以上満二〇年未満の者が国政選挙に参加すること等ができるまでの間」という文言に注意を要する。この文言を一息に読むと、すなわち「法制上の措置が講ぜられ」ることと、一八～一九歳の者が「国政選挙に参加すること等ができる」こととが「原因と結果」の関係で結ばれている一つの事柄と解すると、政府の二月三日の方針のように、「法制上の措置」が講ぜられるよりも前の段階でも、満二〇歳以上を投票権者とする憲法改正国民投票が可能なように読むことができる。ようするに、附則三条二項は、一項を受けた一般的な経過措置規定と解されることになる。

ところが、「法制上の措置が講ぜられ」のところで一度切り、「年齢満一八年以上満二〇年未満の者が国政選挙に参加すること等ができるまでの間」という文言は、すでに「法制上の措置が講ぜられ」たことを前提とした上での独自の要件を示すものと解するならば、政府方針は成り立たない。附則三条一項にいう「法制上の措置」は講じられていないのであるから、同条二項にもとづく満二〇歳以上を投票権者とする憲法改正国民投票が可能な状態が未だに発生していないと読むべきことになる。

実は、国会での審議を子細に見ていくと、後者の解釈が妥当であることが判明する。審議は、後者の解釈を前提に進められているように読むことができる。このことは、二〇一一年一一月一七日の衆議院憲法審査会における衆議院法制局法制企画調整部長の橘幸信氏（憲法改正手続法制定時には、衆議院法制局第二部長として日本国憲法に関する調査特別委員会に陪席）の次のような説明からもうかがうことができる。少々長くなるが、重要な説明なので引用する。

「憲法改正国民投票法の本則では、憲法改正国民投票の投票権者は十八歳以上とされました。しかし、同じ参政権であるのに、国民投票は十八歳以上、国政選挙などの選挙権は二十歳以上というのでは、立法政策としての整合性がとれていないのではないか、さらには、成年年齢一般を定める民法などもこれに合わせる必要があるのではないのかとの観点から、附則三条一項が設けられました。

すなわち、国は、この法律が施行されるまで、この法律の施行というのは、公布後三年を過ぎる日とされましたから、時期的に言えば、平成二十二年五月十八日までということでありますけれども、この法律が施行されるまでの間に、十八歳選挙権が実現すること等となるよう、公選法や民法その他の法令の規定について検討を加え、必要な法制上の措置を講じなさいと法律をもって命ずるものであります。

これらの関連法律の整備法は、附則三条一項の規定によって、国民投票法の本格施行までの三年間の準備期間内……に法整備を行わなければいけない、法律を制定しなければいけないとされていたものでございます。この点については、自公案も民主案も全く同じでございました。

ただ、成立した自公案の附則三条には二項の規定が設けられ、前項の法制上の措置が講ぜられた後、それらの改正法律が実際に施行されるまでの間には、ある程度時間的余裕、周知期間が必要なことが当然に予想される、なぜならば公選法とか民法とかいったような重要な基本法案の年齢要件を改正するものだからだ。したがって、法律が、法制上の措置が講ぜられるのは当然として、施行までの間の経過的な期間において、万が一憲法改正国民投票法を実施することになった場合には、二十歳の投票権で実施する、これが附則三条二項の意味であります。

なお、この法整備には多くの省庁の所管法律が関係すると想定されていたため、法案提出者の先生方におかれましては、この整備法は基本的に閣法で提出されるべきだということが想定されておられました。したがって、憲法改正国民投票法を所管される憲法審査会におかれましては、そのような内閣による法案提出を監視し、督促するもの、そのように理解しておられたことでございます(4)」

なお、同氏が、この審査会に提出した資料「国民投票法附則に規定された検討課題について（いわゆる『三つの宿題』）」にも、次のように明示されている。「（附則三条一項によって―引用者）必要な法制上の措置（法改正）を本法施行までの間に講じた場合であっても、その施行・適用が本法施行後となることはありうる。そこで、改正公職選挙法が施行され、一八歳選挙権等が実現するまでの経過期間においては、同法の投票権年齢も二〇歳以上とする経過措置を置いている（附則三条二項）」。この説明からわかることは、改憲手続法の附則三条一項は、法律の公布から二〇一〇年五月一八日までの三年の間に「必要な法制上の措置を講ずる」ことを国に義務づけ、附則三条二項は、その「法制上の措置」が講ぜられたことを前提にして、ただし、講じた「法制上の措置」が施行されるまでの間に憲法改正国民投票を実施することとなった場合には、二〇歳投票権で実施するとしていることである。附則三条一項は、「必要な法制上の措置を講ずる」ことが、二〇一〇年五月一八日以降に及ぶことを想定していない。それゆえ、二項は、「法制上の措置」が講ぜられないまま、憲法改正国民投票を二〇歳投票権で実施することを予定していないのである。

こうした附則三条一項と二項の意義と性格が論じられた舞台は、二〇〇七年四月一二日の衆議院憲法調査特別委員会での法案審議である(5)。同調査会の委員の質疑から、そのことを見てみよう。この時、自民・公明の与党提出の法案を元にして民主党の要求を部分的に取り入れた併合修正案と民主党提出の法案とが一括審議されている。

1　三年の間の「法制上の措置」は法的義務　「経過措置」は「関連法令が施行されるまで」のもの

○枝野幸男委員（民主）　私どもは、……憲法改正の国民投票については、……一八歳の投票権ということを従来から主張してきております。と同時に、私どもは、……一八歳にするということであるならば、成人年齢を初めとして、それを出発点として一八歳に引き下げることをきちっと検討して結論を出すということは当然あっていいことだろうということで、こういった附則を設けております。

与党修正案にも似たような附則がございますが、法改正がなされるまでは二〇とするという規定が与党案にはくっついております。ところが、国会は、どちらの案によっても、施行までの三年の間に関連法令を見直すという法的義務が課せられている。この法的義務をちゃんと実行するのであれば、それまでの間は二〇とするという与党にだけある附則は必要ないはずなんですね。

にもかかわらず、そういった必要ない附則をつけているというのは、附則には書いたけれども、この義務を履行しない、あるいは履行できない可能性があるということを少なくとも危惧しておられるのは間違いないわけでありまして、ちゃんと三年以内に関連法令を整備するならばそんな規定は必要ないことでありますので、それは先送りの意図があるのではないかと勘ぐられても仕方がない。

三年以内にちゃんと整備をするということで与党のお気持ちがかたいのであれば、民主党案で何の問題もないということであると思います。

○船田元委員（自民）　私ども与党の併合修正案におきましても、本則において一八歳以上ということを決定させていただいております。……

ただ、本法施行までの間に関連法令、私どもが明示をしているものは公選法それから民法その他ということになっておりますが、少なくとも公選法、民法については、二〇から一八になるようにこの期間において法整備をしなければいけないということを附則で載せております。

なお、経過措置ということで、その関連法令が施行されるまでは二〇以上のまま、こういうことにいたしておりますのは、例えば、何らかの理由によりまして公選法の規定が十分整備されないという事態が起こったときに、国民投票法案が一八以上、そして公選法による選挙が二〇以上という事態が万が一生じた場合には大変な混乱を招くことが予想されることから、私どもは、万が一を考えての措置ということで書いたわけであります。

しかし、これを書いたからといって、先延ばしにしようという意図は一切持っておりません。ここまで本則においても一八歳以上ということを明示している以上、我々与党としては一八歳に整備をするということについては政府に対して非常に大きな責任を負ったわけであります。したがって、これを履行することは与党の責任として確実にやらせていただきたいと思っておりますので、そのような心配は無用であると考えております。

枝野委員の質問の下敷きになっているのは、民主党が自民・公明に対抗して提出した「日本国憲法の改正及び国政における重要な問題に係る案件の発議手続及び国民投票に関する法律案」である。その附則三条は次のように規定しており、憲法改正手続法やその元となった自民・公明案の附則三条二項のような規定はなかった。

第三条　国は、若い世代に、国政への参加の機会を保障するとともに、社会の一員としての責任感を醸成し、積極的な社会参加を促進するため、この法律の公布の日後速やかに、選挙権を有する者の年齢を定める公職選挙法、成年年齢を定める民法（明治二十九年法律第八十九号）その他の法令の規定について検討を加え、その結果に基づいて、この法律の施行の日までに、必要な法制上の措置を講ずるものとする。

「三年以内に関係法令を整備するならばそんな規定は必要ない」という、枝野委員の追及に対して、船田委員が、附則三条二項は「経過措置」であり、「関係法令が施行されるまで」と応じていることが重要である。というのも、次の質疑からわかるように、同委員は、「法制上の措置を講ずる」ものとして制定される諸法律の「公布」と「施行」の区別を自覚しているからである。

2　「法制上の措置を講ずる」とは諸法律の「公布」を意味する

○石井啓一委員（公明）　与党修正案の附則の第三条第一項では、この法律が施行するまでの間に公選法あるいは民法その他の法令の規定について検討を加え、必要な法制上の措置を講ずるものとするというふうにされていますけれども、……「法制上の措置を講ずる」というのは、法律を公布することなのか、あるいは施行までを指すのか、この点について確認をしておきたいと思います。

○船田委員　法整備ということはどこまでを指すのかということでありますが、これは公選法あるいは民法の規定にしても、いずれも公布ということを考えております。

　しかし、例えば公選法の場合には、仮に本法施行までの三年間の間のぎりぎりのところで公選法が公布となったとしても、これまでの例からして、おおむね半年間の周知期間があれば、公選法の場合には対応が可能であるということでございます。

　したがって、三年後のぎりぎりのところで公選法が一八歳で公布をされたとしても、それが施行される半年の間に憲法改正の原案が決まりまして、そして、国民投票を行うまでの期間を考えますと、実際に国民投票を行う前に一八歳の公選法の規定が施行される可能性は極めて強いと思っておりますので、実効上の問題はないと思っております。

「法制上の措置を講ずる」とは、関係法律の「公布」までを意味するとすると、次に問題となるのは、「一八歳投票制」をとりあえず「二〇歳投票制」とする「経過措置」は、どのような場合に適用されるのかということである。

①「法制上の措置を講ずる」ための関係法律が、公布されかつ施行されるまでの間か。

②「法制上の措置を講ずる」ための関係法律が公布された後、それが施行されるまでの間か。

次のやりとりを見る限り、②の解釈が妥当である。前掲の衆議院法制局の橘氏の発言もそのことを踏まえてのものである。

3　「経過措置」は関係法令の「改正」（＝公布）後から「施行」までの間

○古川元久委員（民主）　午前中の審議の中でも、一八歳以上を投票権者にするのは世界標準と言いながら、しかも、とにかくこの法律の施行までに法令は整備するんだ、これは義務を負ったんだ、心配は無用だというふうに言いながら、でもあえて経過措置を設ける。私どもは、そういう心配は無用だといいますか、もう与党の皆さんがその気になってやるというふうに言われているんですから、なぜ、それをあえてここに経過措置を入れるのかと。

午前中の議論を聞いていても、この経過措置を入れるということの合理的な理由、納得できるような理由では全くないというふうに思うわけでありますが、……それでもどうしてもこれを置かなきゃいけないという根拠を教えていただきたいと思います。

○船田委員　……私どもとしては本法施行までの三年間に公選法を初めとする関連法令を整備するということを書かせていただきましたが、もちろんそれは、与党としても義務を負う、これは国にやらせる義務を負うという意味でございますが、そういうことであります。

　しかしながら、やはり世の中には一〇〇%絶対ということはございません。したがって、万々が一、関連法令の整備が済まない状況で三年を超えることが仮にあった場合に、国民投票法案が一八で公選法がなお二〇のままということですと、これは今申し上げたような、一八歳と二〇歳との間でのそごが一定期間生じる。

　こういうことでございますので、我々責任ある立場としては、万々が一のことも考えて、そうでないようにするというのが立法者としての責任である、このように私は考えております。そのことをぜひ御理解いただきたいと思います。

○古川委員　……もし万が一与党の提出者が言われるような法の施行、法改正、公選法とか民法とかいろいろ関係法令を改正していく中で、これがおくれそうだということであれば、その法改正のときに、その附則に、国民投票法の実施について、それが施行されるまでは二〇歳以上にするとか、そういう経過規定を置けばいいんじゃないか、そういう話があったはずであります。

　なぜわざわざ与党の提出者の皆さんが、ここまでやるんだ、それは義務だというふうに言っておられるにもかかわらず、あえてこれを残す、そして、我が党の案を受け入れられない、その合理的な理由を説明していただきたいと思います。

○葉梨康弘委員（自民）　お答えします。……

　先ほど船田委員から万々が一というような話がありましたけれども、例えばその施行が、民法の関係法令なんかの場合はもしかしたら一年ということがあるかもわからない、あるいは公選法なんかでは半年ということがあるかいもわからない。そういったような期間がもしもあった場合に、投票権年齢だけ一八で施行してしまっていいんだ、この法律で国民投票をやりましょうといったときに、この法律は一八だけれどもこの法律では二〇がまだ施行されないで残っているといったときに、国民投票の正当性の問題にもやはりかかわってくる。ですから、技術的な話として、その場合に国民投票の正当性が変な形で問われないようにするための技術的な規定として二〇というのを置かせていただいているということは、決して我々が消極的だという意味ではないということを御理解願いたいと思います。

4　以上から読み取れるもの

前掲の二〇一一年一一月一七日の衆議院憲法審査会での橘氏の説明は、こうした衆議院の特別委員会での審議を踏まえたものである。三条一項は、「法律が施行されるまで」の三年間に「必要な法制上の措置」を講ずること、具体的には、関連する法律を改正して、ともかくも二〇一〇年の五月一八日以前に「公布」までこぎつけることを規定している。二項は、それを受けて、一項が規定する「必要な法制上の措置」として五月一八日以前に「公布」された関連法律の「施行」が五月一八日以降になることで、一八歳以上二〇歳未満の者の国政選挙での選挙権がなお生じていない場合には、その間は二〇歳以上を憲法改正国民投票の投票権者とするという、ごく短期間のみを想定した経過規定なのである。この点、**3**の船田委員の答弁はいささか明確性を欠くものの、葉梨委員の答弁は、それをはっきりと示している。

こうしたことを前提にして、「必要な法制上の措置」がとられていない現在の法状態は、どのように理解されるべきか。附則三条一項は、二〇一〇年五月一八日までに「必要な法制上の措置を講ずる」ことを定めた限時的規定である。その後のことについては直接には何も規定していない。その趣旨を厳格に解すれば、二〇一〇年五月一八日以降は規範としての意義を失った規定といえよう。ただし、こうした附則の有無にかかわらず、現行の法律間の齟齬を調整するための「必要な法制上の措置」を講ずることは、国とりわけ立法府たる国会の一般的な責務と考えることができる。それゆえ、二〇一〇年五月一八日以降も引き続き「法制上の措置」を講ずることを追求することは妨げられるものではないし、望ましいともいえる。しかし、それは、あくまでも、二〇一〇年五月一八日までに「必要な法制上の措置」をとることを義務づけた附則三条一項とは別個の事柄といえよう。

附則三条の二項の方については、一項が予定している「法制上の措置」が講ぜられていないのであるから、それが発動される前提条件がないといわざるをえない。それゆえ、「法制上の措置」が講ぜられていない時点においては、同項に基づいて二〇歳投票制による憲法改正国民投票を実施することはできない。すなわち、その部分について憲法改正手続法を執行することはできないと言わざるをえない。それを可能にするためには、これらの附則の改定や別個の立法措置などの手続が必要といえる。

これに対して、二〇一一年一一月二八日の参議院審査会に出席した参議院憲法審査会事務局の情野秀樹氏は、次のように述べているが、そこでは、衆議院法制局の橘氏とは違う見解が示されているように読むことができる。すなわち、附則三条二項の「法制上の措置が講ぜられ、年齢満一八年以上満二〇年未満の者が国政選挙に参加すること等ができるまでの間」という文言が、憲法改正国民投票を二〇歳投票制で行う場合のひとかたまりの要件と解釈されているようである。

「憲法改正手続法の本則において、投票権者は十八歳以上とされています。この法律が完全に施行されるのは平成二十二年五月十八日でございましたが、附則では、法律が完全施行されるまでに、十八歳以上二十歳未満の者が国政選挙に参加等ができるよう公職選挙法、民法等の規定に検討を加え、必要な法制上の措置を講ずることが求められており、その措置が講じられ十八歳以上二十歳未満の者が国政選挙に参加等ができるまでは、投票年齢は二十歳以上とされております。これは、同じ参政権的権利であるのに、国民投票は十八歳以上、選挙権は二十歳以上というのでは立法政策として整合性が取れないのではないか、また成年年齢を始めとする各種制度における年齢規定との整合性も問題となり得るのではないかという観点から規定されたものです[6]」。

ここでは、附則三条二項は「法制上の措置」が間に合わない場合の一般的な経過措置規定であるかのように解釈されている節がある。しかし、憲法改正手続法が審議された二〇〇七年五月九日の参議院の「日本国憲法に関する調査特別委員会」でも、前に示した衆議院の委員会と同様の次のような質疑がなされている[7]。参議院の事務方の解釈は、こうした質疑の様子を踏まえたものになっていない。

○那谷屋正義委員（民主）　次に、投票権者の年齢の部分であります。

これも、先ほど民主党の提案趣旨の理由の中から、（発言する者あり）ありがとうございます、ありましたけれども、十八歳ということで、そして、与党案では向こう三年間の中でというふうなことで、様々な法案もそれを合わせていくようにするんだということですけれども、それが初回の国民投票というもののときに、投票権者が十八歳以上になっていない可能性があるわけですけれども、そのときはどういうふうにするのかなというふうに思うんですけれども。

○葉梨康弘衆議院議員（自民・発議者）　あれは附則で定めさしていただいておりまして、関係法令が施行になる前、これが二十歳という形で読み替えるということになっております。

ただ、最前からずっとこの委員会でも答弁さしていただいていますとおり、この三年間の間で確実に義務として法制の整備はしていくということでございます。

○那谷屋委員　今、整備をしていくということですけれども、その何というんですか、前にというか、その間にそういうふうなことが起こった場合には当然十八歳になり切れない部分があるわけですから、そういうところは十八歳というふうな規定を設ける中でそれが実効あるものになっていかない可能性があるのではないかなというふうに思うんですけれども。

○葉梨衆議院議員　これも、例えば公選法がこの三年の間に整備されたとしたら、その施行期日が半年後になります。あるいは、民法ですとあるいは施行期日というのが先になるかも分かりません。いろいろなことを整備しなければなりませんから。

　ですから、法の整備は三年間に行うんですけれども、それから例えば施行までに二年ぐらい掛かるというような状態も想定されるわけでございます。そのときには、やはり成人年齢と合わせた形での投票権年齢というのを設定したいということで、私どもはその間は二十歳という形で経過規定を置かしていただいているというわけでございます。

一で述べたように政府もまた、参議院の事務方と同様の解釈をしているようである。総務省は、憲法改正手続法の施行日二〇一〇年の五月一八日に関係政令（日本国憲法の改正手続に関する法律施行令、日本国憲法の改正手続に関する法律施行規則）を制定した。鳩山由紀夫内閣（当時）の法令解釈担当大臣を兼任する枝野幸男行政刷新担当大臣（当時）は、「法整備が進まないまま同法を施行できるのか」という質問に対して、「純粋法理論のうえで施行できるかどうかという議論に意味はない」と答えたという(8)。前掲のように、同氏は、改憲手続法の制定時の国会審議では、現在の附則三条二項のような規定は不要であるとの立場から発言し、その削除を求めていた。その同氏が、政府の法律解釈を担当するようになると、自らが問題にし批判していた附則三条二項について、法案審議の際とは異なる法解釈を容認するに至った。枝野大臣が法令解釈担当大臣を兼任することになったのは、それまで政府の憲法・法令解釈を担当していた平野博文官房長官（当時）の解釈力量が心許ないとして交代したものだが、かつての自らの立場や法案審議時の法解釈から離れて、政府による憲法改正手続法の強引な施行を擁護するその姿勢には、憲法・法令の解釈の担当大臣としての適格性を疑わざるをえない。民主党政権は、二〇一〇年一月から、当時画策していた国会法の「改正」（二〇一一年五月一七日に法案撤回）を待たずに内閣法制局長官の国会出席を控えさせているが、枝野大臣の発言は、民主党政権のこうした「内閣法制局長官の国会出席禁止」という方針がいかに危険なものであるかを、すでに如実に表しているといえよう。

以上のように、憲法改正手続法の附則三条は、その解釈をめぐって衆議院の事務方と参議院の事務方および政府とで、解釈が別れている。審議の経過からすれば、衆議院の事務方の解釈が適正であるが、法文の体裁だけを見ると、参議院の事務方や政府の解釈も可能なきわめてあいまいな規定になっている。このあたりにも、この憲法改正手続法の「欠陥」を見ることができる。

三　憲法改正手続法と公職選挙法の齟齬

「必要な法制上の措置」がとられないままの憲法改正手続法は、施行されはしたもののとうてい執行できる状態にはない。それは、投票年齢という重要問題以外でも、憲法改正手続法と公職選挙法との間には齟齬があり、手当てされていないことにも起因している。それは、「投票権を有しない者」の範囲が憲法改正手続法と公職選挙法とで異なっていることである。

憲法改正手続法は、第四条で、投票権を有しない者を「成年被後見人」だけに限っている。一方、公職選挙法は、「成年被後見人」に加えて、次のような場合も選挙権を有しない者としている。

①禁錮以上の刑に処せられその執行を終るまでの者

②禁錮以上の刑に処せられその執行を受けることがなくなるまでの者（刑の執行猶予中の者を除く。）

③公職にある間に犯した刑法（明治四〇年法律第四五号）第一九七条から第一九七条の四までの罪又は公職にある者等のあっせん行為による利得等の処罰に関する法律（平成一二年法律第一三〇号）第一条の罪により刑に処せられ、その執行を終わり若しくはその執行の免除を受けた者でその執行を終わり若しくはその執行の免除を受けた日から五年を経過しないもの又はその刑の執行猶予中の者

④法律で定めるところにより行われる選挙、投票及び国民審査に関する犯罪により禁錮以上の刑に処せられその刑の執行猶予中の者

⑤公職選挙法に定める選挙犯罪により選挙権、被選挙権が停止されている者

⑥政治資金規正法に定める犯罪により選挙権、被選挙権が停止されている者

このような違いをそのままにした場合、憲法改正国民投票の投票人名簿と公職選挙法に基づく選挙人名簿とでは登録者の範囲が異なることになる。もし仮に憲法改正国民投票が国政選挙と同時に実施された場合には、①選挙権も国民投票の投票権も有する者、②いずれも有しない者、③国民投票の投票権のみ有する者が生ずることになり、制度として合理性に乏しい上に煩雑である。しかし、現状のままでは、「特別法優先の原則」（憲法改正手続法は公選法の特別法と位置づけられよう）に従う限り、そのような事態が生じることは避けられない。附則三条一項の「必要な法制上の措置」には、投票年齢をそろえることの他にも、こうした齟齬の解消も本来含められていたはずである。(9)

四　憲法審査会をめぐって

国会法は、議員が憲法改正原案を発議する際に、衆議院では一〇〇名以上、参議院では五〇名以上の賛成を要するとしている（同法六八条の二）。他方で、憲法審査会にも、憲法改正原案の提出権を認めており、その場合の提出者は憲法審査会の会長とされている（同法一〇二条の七）。なお、衆議院と参議院の憲法審査会規程は、委員の定員をそれぞれ五〇名と四五名としている。

憲法改正原案の発議に国会法六八条の二のような「高いハードル」を設定することは、議会内の少数派による原案の提出を阻止して、多面的・総合的な議論がたたかわされることを妨げるおそれがある一方、最終的に各院で三分の二以上の議員の賛成を必要とする憲法改正案の「発議」の重要性にかんがみて議員や会派相互間での熟議を要求したものと解することもできる(10)。しかし、議員による憲法改正原案の発議については、衆院一〇〇名、参院五〇名の賛成という厳しい条件を付けておいて、他方で、衆議院五〇名、参議院四五名という相対的に少人数で構成される憲法審査会からも憲法改正原案を提出できるというのでは、それが「バイパス」として機能してしまう。仮に、国会法六八条の二が規定する議員によって発議された憲法改正原案を、慎重を期して（そのような手続を想定した国会法の規定はないのだが……）憲法審査会の審議にかけるとしても、それはそれで、多人数による提案を少人数による審議で済ますという「竜頭蛇尾」の誹りを免れないのではないか。衆参の憲法審査会規程では、他の常任委員会や特別委員会と同様に、委員を「各会派の所属議員の比率により、これを各会派に割り当て選任する」（衆議院規程・参議院規程ともに三条二項）とされており、少数会派に対する特段の配慮はなされていない。このように議員による憲法改正原案の発議の段階での制限と、憲法改正という重要問題に比して少ない人数で構成されかつ少数会派に対する配慮のない憲法審査会による審査とが併用されることで、「憲法改正に積極的な多数派」にとっては都合のよい国会内での憲法改正手続となっていると言わざるをえない。これらに加えて、「憲法改正原案に関する両院協議会」（国会法八六条の二）や、衆参の憲法審査会の「合同審査会」（同法一〇二条の八）も、そうした「多数派有利のシステム」の一環として機能することになろう。

むすびにかえて

憲法改正手続法に関わる問題点は、本稿で指摘してきたもの以外にも、参議院憲法調査特別委員会での「附帯決議」(11)が示すように山積している。それらの問題点の解決や「必要な法制上の措置」の審査は、「憲法審査会」を中心にして行われるほかはないのだが、しかし、審査会の活動が、そのことに集中し、専念したものとなる保証はない。審査会は、先に述べたように、同時に「憲法改正原案の審査」も所掌しており、憲法改正原案の提出も可能な機関である。また、「日本国憲法及び日本国憲法に密接に関連する基本法制について広範かつ総合的な調査」と称して、改憲機運を盛り上げる場となってきたことは、二〇〇〇年からの憲法調査会の活動で実証済みであり、現に、二〇一一年三月一一日の東日本大震災と原発事故を理由にした、およそ「筋違い」の憲法への「非常事態条項」の挿入をめぐる議論が、憲法審査会で始められようとしている(12)。憲法審査会は、こうした現在の改憲動向に反対する政党・会派にとっては、その開催と活動に警戒し反対せざるをえない特性を、その構造と権限によって必然的に内包している機関なのであって、そのような機関を設置したこと自体に問題がはらまれている。

このことも含めて、このような欠陥法律は一度廃止して、国民主権と基本的人権の保障の原理に即した憲法改正手続に関する法律を最初から検討し直す方が、あるべき解決法と思われる。

(1) 私自身の見解は、次の衆議院での公述人意見、参議院での参考人意見で示している。「衆議院　日本国憲法に関する調査特別委員会公聴会　公述人意見陳述」第一六六国会衆議院　日本国憲法に関する調査特別委員会公聴会会議録第一号（二〇〇七年三月二二日）、「参議院　日本国憲法に関する調査特別委員会　参考人意見陳述」第一六六国会参議院日本国憲法に関する調査特別委員会会議録第一一号（二〇〇七年五月一〇日）。この問題については、山内敏弘「憲法改正手続法の問題点」戒能通厚他編『渡辺洋三先生追悼論集　日本社会と法律学——歴史、現状、展望』（日本評論社、二〇〇九）一六七頁以下、隅野隆徳『欠陥「国民投票法」はなぜ危ないのか』（アスキー新書、二〇一〇）も参照。

(2) http://www.moj.go.jp/content/00069850.pdf

(3) 第一八〇国会衆議院憲法審査会会議録第一号（二〇一二年二月二三日）

(4) 第一七九国会衆議院憲法審査会会議録第二号（二〇一一年一一月一七日）

(5) 第一六六国会衆議院日本国憲法に関する調査特別委員会会議録第五号（二〇〇七年四月一二日）。

(6) 第一七九国会参議院憲法審査会会議録第二号（二〇一一年一一月二八日）

(7) 第一六六国会参議院日本国憲法に関する調査特別委員会会議録第一〇号（二〇〇七年五月九日）

(8) 赤旗二〇一〇年四月一九日付

(9) 前掲山内論文一六九頁参照。

(10) 同前一七一頁参照。

(11) 日本国憲法の改正手続に関する法律案に対する附帯決議

二〇〇七（平成一九）年五月一一日　参議院　日本国憲法に関する調査特別委員会

一、国民投票の対象・範囲については、憲法審査会において、その意義及び必要性の有無等について十分な検討を加え、適切な措置を講じるように努めること。

一、成年年齢に関する公職選挙法、民法等の関連法令については、十分に国民の意見を反映させて検討を加えるとともに、本法施行までに必要な法制上の措置を完了するように努めること。

一、憲法改正原案の発議に当たり、内容に関する関連性の判断は、その判断基準を明らかにするとともに、外部有識者の意見も踏まえ、適切かつ慎重に行うこと。

一、国民投票の期日に関する議決について両院の議決の不一致が生じた場合の調整について必要な措置を講じること。

一、国会による発議の公示と中央選挙管理会による投票期日の告示は、同日の官報により実施できるよう努めること。

一、低投票率により憲法改正の正当性に疑義が生じないよう、憲法審査会において本法施行までに最低投票率制度の意義・是非について検討を加えること。

一、在外投票については、投票の機会が十分に保障されるよう、万全の措置を講じること。

一、国民投票広報協議会の運営に際しては、要旨の作成、賛成意見、反対意見の集約に当たり、外部有識者の知見等を活用し、客観性、正確性、中立性、公正性が確保されるように十分に留意すること。

一、国民投票公報は、発議後可能な限り早期に投票権者の元に確実に届くように配慮するとともに、国民の情報入手手段が多様化されている実態にかんがみ、公式サイトを設置するなど周知手段を工夫すること。

一、国民投票の結果告示においては、棄権の意思が明確に表示されるよう、白票の数も明示するものとすること。

一、公務員等及び教育者の地位利用による国民投票運動の規制については、意見表明の自由、学問の自由、教育の自由等を侵害することとならないよう特に慎重な運用を図るとともに、禁止される行為と許容される行為を明確化するなど、その基準と表現を検討すること。

一、罰則について、構成要件の明確化を図るなどの観点から検討を加え、必要な法制上の措置も含めて検討すること。

一、テレビ・ラジオの有料広告規制については、公平性を確保するためのメディア関係者の自主的な努力を尊重するとともに、本法施行までに必要な検討を加えること。

一、罰則の適用に当たっては、公職選挙運動の規制との峻別に留意するとともに、国民の憲法改正に関する意見表明・運動等が萎縮し制約されることのないよう慎重に運用すること。

一、憲法審査会においては、いわゆる凍結期間である三年間は、憲法調査会報告書で指摘された課題等について十分な調査を行うこと。

一、憲法審査会における審査手続及び運営については、憲法改正原案の重要性にかんがみ、定足数や議決要件等を明定するとともに、その審議に当たっては、少数会派にも十分配慮すること。

一、憲法改正の重要性にかんがみ、憲法審査会においては、国民への情報提供に努め、また、国民の意見を反映するよう、公聴会の実施、請願審査の充実等に努めること。

一、合同審査会の開催に当たっては、衆参各院の独立性、自主性にかんがみ、各院の意思を十分尊重すること。

右決議する。

(12) 小澤隆一「なぜ国会は対応できていないのか」森英樹他編著『三・一一と憲法』(日本評論社、二〇一二) 六九頁以下参照。

追記

本稿は、二〇一一年の夏に提出したが、その後、同年秋の憲法審査会の始動を受けて、校正段階で大幅に改稿する必要が生じた。その間に、憲法審査会をめぐる動向を検討する必要にせまられ、本稿と内容的に重複する論稿、「始動した憲法審査会から明らかになったこと」を雑誌、月刊憲法運動四〇八号(二〇一二年二月)に寄せたことをお断りしておく。大切な憲法問題について時宜に応じた発言をなすことを生前強く督励していただいた北野弘久先生にもお許しいただけるものと念じつつ。

司法参加権の展望

船山泰範

一　裁判員裁判と納税者基本権

1　裁判員制度の双方向の理由

裁判員制度は、多くの法制度の改革がそうであるように、その背景に双方向の理由を有している。第一は、これまでの刑事裁判に何らかの弊害があることである。第二は、新しい制度に利点があることである。この双方向の理由について、若干の検討をしよう。

第一に関して、検察官と裁判官の癒着を指摘できる。裁判員裁判において無罪判決が出されたとき、ある検察官は、有罪判決のハードルが高くなったと述べたそうである。(1) それは、この程度の証拠を用意しておけば有罪を認めてくれるだろう、という裁判官への「甘え」(2) が検察官にあったことの証左といえる。これは、一種の癒着である。また、裁判官の権威主義的な判断姿勢が冤罪の要因をなしていることも否定できない。弘前事件(3) では、裁判官が、鑑定の内容ではなく、鑑定者の肩書に頼る姿勢であったため、捜査官による証拠捏造を見破れなかった。[4] 裁判官は、捜査官の心証を引き継ぐものではなく、証拠の由来・来歴などを含めて検証しなければならないのに、その根本的な点が確立されていないのである。

第二に関しては、上述のちょうど裏返しになるが、裁判員が事実認定にあたって、検察官の用意した証拠では立証できないと思われるとき、「疑わしきは被告人の利益に」の原則に従って判断していることである。[5] また、量刑にあたって、裁判員は、いわば従来の相場にとらわれず、具体的事実に即して妥当性を求めている。さらに、裁判員の関心が被告人の更生に向けられていることは、執行猶予判決を言い渡すにあたって、裁判官裁判の時代より相当多く保護観察が付けられている[6]ことからも明らかである。

2　刑事司法に参加民主主義を導入

裁判員制度は、刑事裁判に参加民主主義の方法を導入したものである。民主主義というと、代表制の間接民主主義が典型例であるが、そればかりが民主主義の方法ではない。[7]

現代の民主主義は、多様な意見表明の方法を包含するものである。端的な例でいうと、一人の国民が立法や行政に対して請願権の行使（憲一六条）ができるのである。また、選挙権を有する住民の三分の一の請求があれば首長の解職を求めることもできる（自治八一条）。さらに、ある意味で裁判員制度の魁をなした[8]のであるが、従前の検察審査会制度においても、国民による起訴相当という判断は、検察官の訴追裁量権に対して掣肘を加えるものであった[9]のである。なお、大統領制をとる国においては、国民は、大統領選挙の際のマニフェストに応ずる形で意見を反映させることも可能である。その場合、議会の多数派の意見や、通常時の国民の多数意見と異なる内容の立法がなされることもある。[10]

このように、民主主義は、多様なチャンネルを有してこそ、国民の意見を政治等に反映させることができるのであり、かつ、それが具体的問題の解決に役立つのである。したがって、参加民主主義の方法を現代社会の中で用いることに何の不都合もない。ただ、問題はそれを司法に持ち込むことが適切か、という点である。しかし、実はこの問題は、歴史的に既に決着済みのことなのである。刑事裁判における陪審制は、イギリスでは七〇〇年を数え、アメリカ合衆国では建国以来、その方法を用いている。また、近年、ヨーロッパでは参審制が広く導入されている。市民が刑事司法に関わることは何ら奇異なことではないのである。

他方、わが国の刑事裁判に新しい風を吹き込む必要があったことは、既述の通りである。法律専門家である裁判官の判断が、一般国民の意識から乖離していることは、裁判所自身も既に認識していたことであるし、国民は直接・間接にその点を表明していた。これも裁判員裁判施行後のことであるが、裁判員裁判を体験したある裁判官が、「裁判官裁判でついた垢《あか》が落ちる感じだ」と語っている(12)のは、その証しである。つまり、裁判員裁判は、刑事司法における専門家主義が破綻していることを踏まえて、参加民主主義によって刑事司法を切り開こうとするものにほかならない。

さて、裁判員裁判ならびに同日（平成二一年五月二一日）に施行された新検察審査会法とを合わせてみたとき、刑事司法に国民が参加する権利を、私は「司法参加権」と名づけようと思う。

3　納税者基本権が根拠

裁判員制度の立法上の根拠の一つとして、納税者基本権があることを確認しておきたい。

納税者基本権は、「憲法理論的には納税者主権論の展開として説明」される(13)のであり、納税者の福祉に役立たない国家権力の行使は許されないとしている。刑事司法がその一環に属することはいうまでもないことである。ここに、北野弘久先生が熱く主張された「納税者基本権」が、裁判員制度の大きな根拠になることを指摘した上で、本稿のテーマを絞りこむことにしよう。

4　本稿の課題

本稿の課題の第一は、司法参加権と名づけてみたものが、刑事司法のいくつかのプロセスでどのような機能を果たしているか、をみることである。第二は、司法参加権の個々の具体的権利の相互関係を考察することである。たとえば、検察審査会が「強制起訴(14)」(15)した事案について、裁判員裁判では無罪が言い渡されるような場合である。第三は、司法参加権は、司法改革の三回目にして実定法上も実現したといえるが、権利は常に停滞しやすいものであることを忘れてはならない。その点で、司法参加権を今後も保障し、さらに充実させるためにはどうしたらよいかを、今の時点から考えておく必要がある。

二　司法参加権の展開

1　司法参加権の公共性

司法参加権の代表例は、強制起訴を導くことになる新制度の検察審査会と裁判員裁判である。これらの「権利」は、単なる個人の利益を実現するというより、公共的色合いの濃いものである。ここでは、司法参加権の中にどのようなものが含まれるかを確認することにつながるので、その性質を吟味することとする。

検察審査会については、個人の被害に関して刑事裁判によって理非曲直を明らかにして欲しいという希望に応える面もあるが(16)、それでも公平・公正な裁判を実現するという公共性に寄与することになる。裁判員裁判については、国民が事実認定と量刑に直接関わることによって、公平・公正な裁判を追求するとともに、開かれた裁判を実現すると

表1　司法参加権の展開

プロセス		捜　査	裁　判	更生保護
法制度	権利性が強い	強制起訴	裁判員裁判	保護観察
法制度	権利性が弱い	付審判制度（準起訴手続） 従来の検察審査会	傍聴におけるメモ権 被害者の意見陳述権 被害者参加制度	宗教教誨 篤志面接委員 協力雇用主 地域生活定着支援センター
法制度より前			被害者の意見陳述 被害者の心の叫び	国民のボランティア活動

←権利性が強くなったことを意味する

いう積極的意味がある。

　ところで、今日、私達が「権利」として捉えているものの中には、社会的に意味があること、すなわち公共性が含まれているものがいくつもある。たとえば、表現の自由は、自分の言いたいことを言うという精神の自由に関わるとともに、社会事象に関わる問題を公けにすることによって、問題点の改善の契機にするという公共的意味が含まれている。とくに、今日では、マス・メディアが国民の「知る権利」のために、表現の自由を駆使している。刑法二三〇条の二は、名誉毀損的表現行為と公共の利害の調整原理(17)である。

　もう一つ例をあげると、教育権(18)がそうである。教育権は、一人ひとりの国民にとって、自分の可能性を開くための基本的人権（憲二六条）であるが、民主主義社会にとっては、自分でものごとを考え、行動する国民を育成するという公共目的に結びつくものである。学校教育はそのために存在するのである。教育における個人性と公共性の相克は、社会の将来を占う重要課題である。ここでは、次のことを述べるにとどめておく。個人の尊重を抜きにして公共性を進めると、全体主義的国家に陥ってしまうことは、わが国が実体験してきたことであり、二度と歩んではならない道[19]である。

以上のような意味を踏まえて、私は、司法に関わる国民の行動のうち、社会的に意味のあるものを、広い意味での司法参加権として認識していきたいと思う。ちなみに、それには、法律に基づかないものも含まれる。広い意味での司法参加権をピックアップすると、**表1**のように整理することができる。次に、いくつかのものについて、その働きを捉えてみよう。

2　司法参加権の具体的な働き

(1)　付審判制度（準起訴手続、刑訴二六二条以下）は、特別公務員職権濫用罪[20]（刑一九五条）に代表される職権濫用罪について告訴[21]をした者が、不起訴処分に不服があるとき、検察官とは別の国家機関である裁判所に「起訴」を求める手続である。検察官の訴追裁量に対する控制方法の一つであるが[22]、制度として十分に機能しているかは疑問である。たとえば、平成二二年における付審判請求の処理人員四七九人に対し、付審判決定件数がたった一件であるということは[23]、請求が認められない種々の要因があるとしても、裁判所の姿勢として消極的であるといわざるをえない。捜査段階において、捜査官が被疑者・被告人に無理やり自白を迫る事例が跡を絶たない実態からみると、裁判官の判断のしかたに問題があるといわざるをえない。付審判制度においては、司法参加権は十分に活用されているとはいえない。

(2)　裁判傍聴者がメモをとることができることも、司法参加権の一つといえる。しかし、これしきのことが当たり前のように認められてきたわけではない。やはり、「権利のための闘争[24]」が必要であることを思い知らされる。国民にとって刑事裁判を傍聴する権利は、刑事裁判の公開が憲法上の制度（憲三七条一項・八二条）である以上、当然のことがらである。それにもかかわらず、傍聴者がメモをとることは長い間許されず、司法記者にのみ認められていたのである。この問題の解決に外国人の手を借りなければならなかった[25]のは、わが国民が、司法における民主主義に疎かったのと、裁判所の閉鎖的体質の然らしむるところである。ちなみに、裁判所の閉鎖的体質は依然として変わらない。たとえば、近年、一般の事件の裁判に傍聴者が増えた[26]にもかかわらず、法廷の傍聴席を増やそうともせず、実際に人数を超えると締め出す。また、国民が傍聴に行こうと思っても、開廷予定は簡単にはわからず、裁判所広報部に問い合わせねばならない。

(3)　保護司による保護観察は、更生保護の分野における司法参加権として位置づけることができる。保護観察は、おおむね月二回の面接等により、対象者に遵守事項を守らせるなどの指導監督を行うとともに、自立した生活ができるよう住居の確保や就職の援助などの補導援護を行うものである[27]。保護司は、法務大臣から委嘱を受けた民間篤志家であり、法務省の役人である保護観察官から指導を受けるが、保護観察の実務はもっぱら保護司が受け持っているのであり、社会内処遇[28]の担い手としての役割は重大である。保護司になるのは、地域の保護司会からの推薦と本人の気持によるが、率先的に関わろうとする点で、検察審査員や裁判員のように、くじで選ばれて参加するのとは異なる側面を有している。

3　権利性のグレード・アップ

司法参加権の今日的意味合いとしては、以下のように、いくつかの場面で権利性のグレード・アップが見られる、ということがあげられる。

(1)　検察審査会については、従来は、審査会が起訴相当の議決をしても、検察官がそれに従わなければ、それまでであった[29]。しかし、今回の改正（平成二一年五月二一日施行）によって、再度の不起訴処分に対して、一一人中の八人以上の多数によって起訴議決がなされれば（検審四一条の六第一項）、指定弁護士によって必ず公訴が提起されることになった（検審四一条の一〇）。この強制起訴はすでにいくつかの実例が報告されている。これは、検察官のみに公訴権が認められていた国家訴追主義（刑訴二四七条）の一角が崩れたともいうべきことである。

右の点を司法参加権の視点からみれば、①一度目の起訴相当議決によって、検察官の訴追裁量に対して国民の目線からの批判が加えられ、②二度目の起訴議決は、検察官の権限を超える力が国民の判断に与えられたということを意味する。(30)

(2)　刑事裁判において、被害者等が、被害に関する心情、その他事件に関する意見の陳述の申し出をしたとき、裁判所は平成一二年以降、事実上それを許してきた。それが、刑訴法改正によって、平成一九年七月一七日からは、意見陳述権として認められている（刑訴二九二条の二第一項）。犯罪の被害者等は国民の一部ではあるが、司法参加権として重要な意味を有しているといえる。これまで、犯罪の被害者とその家族は泣き寝入りをしなければならないことが多かったのであるから、一歩前進といえる。

(3)　犯罪の被害者等は、従来、刑事裁判において被告人に対して質問を行うことはできなかった。被害者の多くは、「なぜ、自分が被害に遭わなければならなかったのか」という詰問を、直接被告人にぶつけたいと思っているという。この点に関し、被害者参加制度が平成二〇年一二月一日から施行され、裁判所の決定により、被害者参加人が被告人に対する質問を直接行うことができることになった（刑訴三一六条の三七）。この制度は、これまで犯罪被害者が心の中で叫んでいたことを法制度として認めたものとして評価できる。

4　更生保護に関わる活動

更生保護に関わる国民のさまざまな活動は、いずれも司法参加権に含めることができる。

その中には、ＢＢＳ、更生保護女性会のような組織的活動のほか、宗教教誨、篤志面接委員、協力雇用主のように、個人の活動が主要なものも含まれる。そのほか、社会を明るくする運動や自主防犯活動など、多くの国民は、さまざまな意味で司法に関わっているといえる。また、近年の着目すべき動向として、地域生活定着支援センター(31)の活動が展開されていることを指摘できる。

なお、市民活動としてなされている冤罪者を救援する目的のグループ活動については、その一部に対し反体制活動のように見る向きもあるが、本来の司法のあり方を希求し、かつ、正義の実現を図るという点では、司法参加権の一つの形といえる。

三　個々の司法参加権の相互関係

1　今後浮上する課題

これまでの検討からわかるように、司法参加権は限定されたものではない。刑事司法のそれぞれの分野においてさまざまな形で展開されているのである。ただし、一つひとつの権利が他の権利とどう関わるかという相互関係は必ずしも明らかにされていない。

そこで、次に、個々の司法参加権の相互関係に関して考察することとする。いずれの権利も活用されて間もないものがあるところから、問題点はこれから浮上してくることであろう。

2　付審判制度と検察審査会の関係

付審判制度と検察審査会の関係をどのように捉えるべきか。

図1　付審判制度と強制起訴の関係

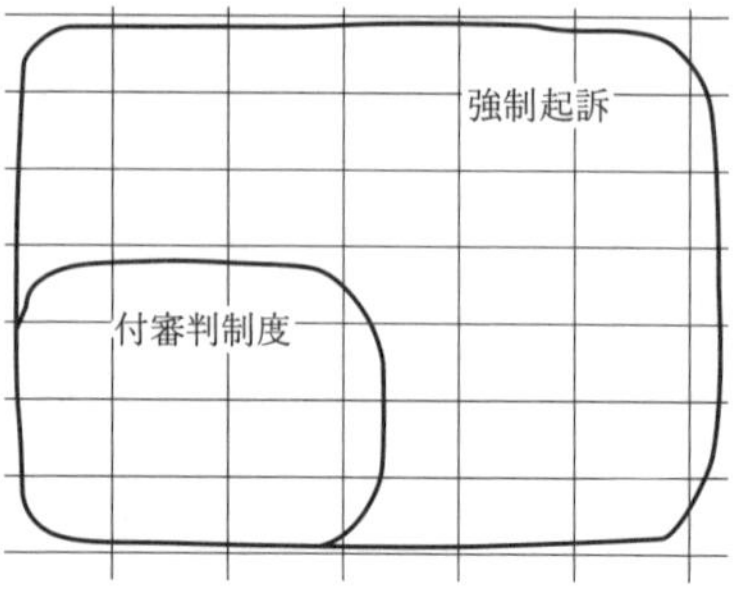

付審判請求は、職権濫用罪等について、被害者が告訴をしたのに検察官が不起訴処分をした場合、被害者が、その検察官所属の検察庁に対応する地方裁判所に「起訴」を求めるものである。刑訴法は、付審判決定がなされた場合、同一事件について検察審査会が起訴議決をしているときは、検察審査会または指定弁護士に、当該決定をした旨を通知しなければならないと規定している（刑訴二六七条の二）。これは、付審判決定によって、裁判所による「起訴」がなされている以上、検察審査会制度による強制起訴は不要になるためである。

右の規定の存在で明らかなように、刑訴法そのものが、付審判制度と検察審査会の職務が重なり合うことを既に承知しているといえる。ところで、両制度の関係を考えてみると、付審判制度で扱う対象事件は職権濫用罪等に限定されているが、検察審査会はすべての事件について取り扱うことができる[32]のであり、対象事件は、**図1**のように、検察審査会の領域が付審判制度のそれを包含するという関係である。

問題となるのは、付審判請求が棄却されたとき（刑訴二六二条一項）、検察審査会が起訴議決をすることが可能か、という効力の点である。具体例で示すと、次のような場合である。ある被疑者は、捜査段階で拷問を受けたため、加害者の警察官を特別公務員暴行陵虐罪で検察庁に告訴したが、検察庁は証拠不十分で不起訴にした。そこで、被疑者は、その検察庁に対応する地方裁判所に付審判請求をした。ところが、地方裁判所は付審判請求を棄却した。被疑者は、今度は、同一事件について、検察審査会に申し立てをしたというのである。

まず、刑訴法をみてみると、この問題についての規定は置かれていない。そこで、考察をしてみよう。

付審判制度は裁判官の合議体（刑訴二六五条一項）による判断であり、検察審査会は審査員という一一人の国民による判断である。判断主体が異なる以上、同じ証拠を基にするとしても、両者の判断に違いが現われるのは不思議なことではない。ましてや、「強制起訴」になるためには、一回目の起訴相当議決で一一人中八人（検審三九条の五第二項）、二回目の起訴議決では、別の組織体の審査会によって一一人中八人の賛同を要する（検審四一条の六第一項）としているのであるから、その結論は尊重されるべきである。とくに、検察審査会の判断は、国民が、提出された証拠を見た上で、その事件を公開の刑事裁判で検証する必要があると考えたゆえのものであるだけに、その趣旨を没却するようなことがあってはならない。

したがって、私は、以前に付審判請求に対する棄却決定があっても、検察審査会による起訴議決は独立になしうると解する。ここに、検察審査会制度を国民による司法参加権として捉える意義がある。

3　強制起訴され裁判員裁判で無罪

検察審査会によって強制起訴された事件が、その重さから裁判員裁判の対象事件(33)となる場合を考えてみよう。

裁判員裁判では無罪となり、いわば、起訴と裁判で国民の意見が相反する結果となる場合もあろう。しかし、これを矛盾と捉えるべきではない。第一に、判断主体が異なる以上、このような違いが生じることは予想されることであり、また、裁判には、裁判独特の法理が働くことも考慮する必要がある。たとえば、事実認定に関しては、「疑わしきは被告人の利益に」の法理が適用される。起訴するべきという基準より、有罪の判断の方が厳しくなることはありうることである。第二に、裁判員裁判では、量刑において、意外と軽くなる場合もある。というのは、裁判員裁判では、量刑にあたって判断が分かれるとき、重い方から順次足していって、裁判官を含めて過半数になったとき、最も軽い刑で処罰するという特別多数の方式をとっていることから（裁員六七条二項）、宣告刑が相当に軽くなることもあるのである。

右の点は、検察審査会による強制起訴があっても、だからといって有罪になるわけではない、ことを物語る。国民が、この事件は公開の刑事裁判で裁いてほしいという気持の中には、公開の裁判で決着をつけるべきという意識が強く働く場合があると想像される。この点は、検察官と違うところである。検察官も正義の実現を心がけることはまちがいないであろうが、他の事件とのバランスに配慮するなど、客観性に重きが置かれるであろう。それに対すると、国民の場合は、専門家でないだけに、客観性よりは、被害者への配慮や行為者への一定の想いが強く働く可能性がある。その結果、検察審査会なるがゆえに強制起訴する場合もでてくるに違いない。このような差が現われる可能性があるからこそ、検察審査会を司法参加権の一環として位置づける意味があるのである。

四　司法参加権の保障のために

1　権利は停滞しやすい

多くの権利は、闘い取られてきたものであるが[34]、いったん獲得されると停滞しやすい、という性質も共通するところである。この点については例をあげるまでもないと思うが、たとえば、普通選挙権の獲得のためには、歴史上幾多の血が流されてきたにもかかわらず、現今の選挙における投票率の低さは著しい[35]。主権者としての自覚はどこにいったのか、と嘆くほかない。

したがって、司法参加権についても、不断にその意義を確認し、拡充していく必要がある。問題は、そのためには何が必要であり、何ができるか、ということである。

2　陪審裁判を支えるティーンコート

「地方自治は民主政治の最良の学校、その成功の最良の保証人」というジェームス・ブライスの表現[36]があるが、アメリカ合衆国では、陪審裁判を支えるための準備が子どもの時期からなされていることに着目したい。それは、アメリカ合衆国の多くの自治体で実施されている「ティーンコート」[37]（十代裁判）である。

ティーンコートは、非行を犯した少年に対し一定の制裁を課する、裁判長以外はすべて子ども達で構成される裁判所である。検察官役と弁護士役を行う子どもは、本物の検察官や弁護士に就いて学び、法廷に立つことになっている。陪審員もすべて子ども達であり、事実認定ばかりでなく、非行を犯した少年に対する社会奉仕活動の内容についても判断するのである。非行を犯した少年自身には、二つの義務が課される。一つは社会奉仕活動であり、もう一つは、他のティーンコートで陪審員を務めることである。後者は、他の少年の裁判に関わることを通して、自分の犯した非行を見つめ直させることを意図したものと思われる。非行を犯した少年が、このティーンコートの裁判を受けるか、それとも通常の「少年審判」を受けるかは、少年が選択できるとされている。ちなみに、ティーンコートの裁判を受けた少年の方が少年審判を受けた少年より再非行率・再犯率が低いとの報告がある。すなわち、少年が、「自らの問題性を悟り、再び同じ過ちを繰り返さないということを自覚させることに成功している[38]」というのである。

いずれにしても、ティーンコートは、大人になったら義務となる陪審員の学校の役割を果たしているのである。なお、ティーンコートは、以上のような学習の意味ばかりでなく、非行を犯した子どもと同じ年代の子どもだからこそ「非行を犯す」気持が了解できる、という独自の利点[39]がある。

3　検察審査会の充実を

検察審査会の審査員を体験した人の話によると、審査会で個々の審査員に用意される事件の証拠は十分ではなく、また、審査会のアドバイザーも常に出席するわけではないなど、審査員にとっては必ずしもわかりやすいものではないという。審査会は、裁判のように、「訴訟の三面構造(40)」をとるわけではないので、問題点が明確に認識できない可能性がある。

右のような一部の伝聞のみをもとに何かを論ずるのは慎重でなければならないが、一般国民が参加する方式としてはやや不親切ではないのか、という印象を抱く。事件そのものが社会的関心を呼ぶものの場合には、マスメディアから入ってくる別の情報が判断に影響することもあるにちがいない。検察審査会事務局（検審一九条）の負担も考えねばならないことであるが、検察審査会の活動の進展のためには、用意する証拠のほか、事務局スタッフの充実、アドバイザーの人選など、工夫すべき点が多々あるように思われる。検察審査会のあり方に対する議論を始める必要がある。

4　「法育」の推進

司法参加権の保障のために必要なことの一つは、「法育」の推進であると思う。

「法育」とはどのようなものか。現状を踏まえて、私の考え方を述べることとする。

わが国では、年齢に合わせた法律に対する知識の普及がきわめて脆弱である。この現象は、法治国家でありながら、意図的に国民を法について無知にさせる施策がなされているとしか思えない、不可思議な状況である。「依らしむべし、知らしむべからず」の前近代的な政策が執られているかのごとくである。

端的な例として、子どもは一四歳になれば、刑事責任年齢に達して、刑事裁判にかかり、刑罰を受ける可能性がある（刑四一条、少二〇条）。ところが、中学校や小学校の高学年という学校教育において、何歳になると刑事制裁を受ける可能性があるのかということが、意識的に教えられることはない。むろん、子ども達は、家庭や友達との会話などから同趣旨のことを知らされるが、内容的にまちがっていたり、誇張されたりで、とても正確とはいえない。

図2　法は人間の成長に合わせて作られている

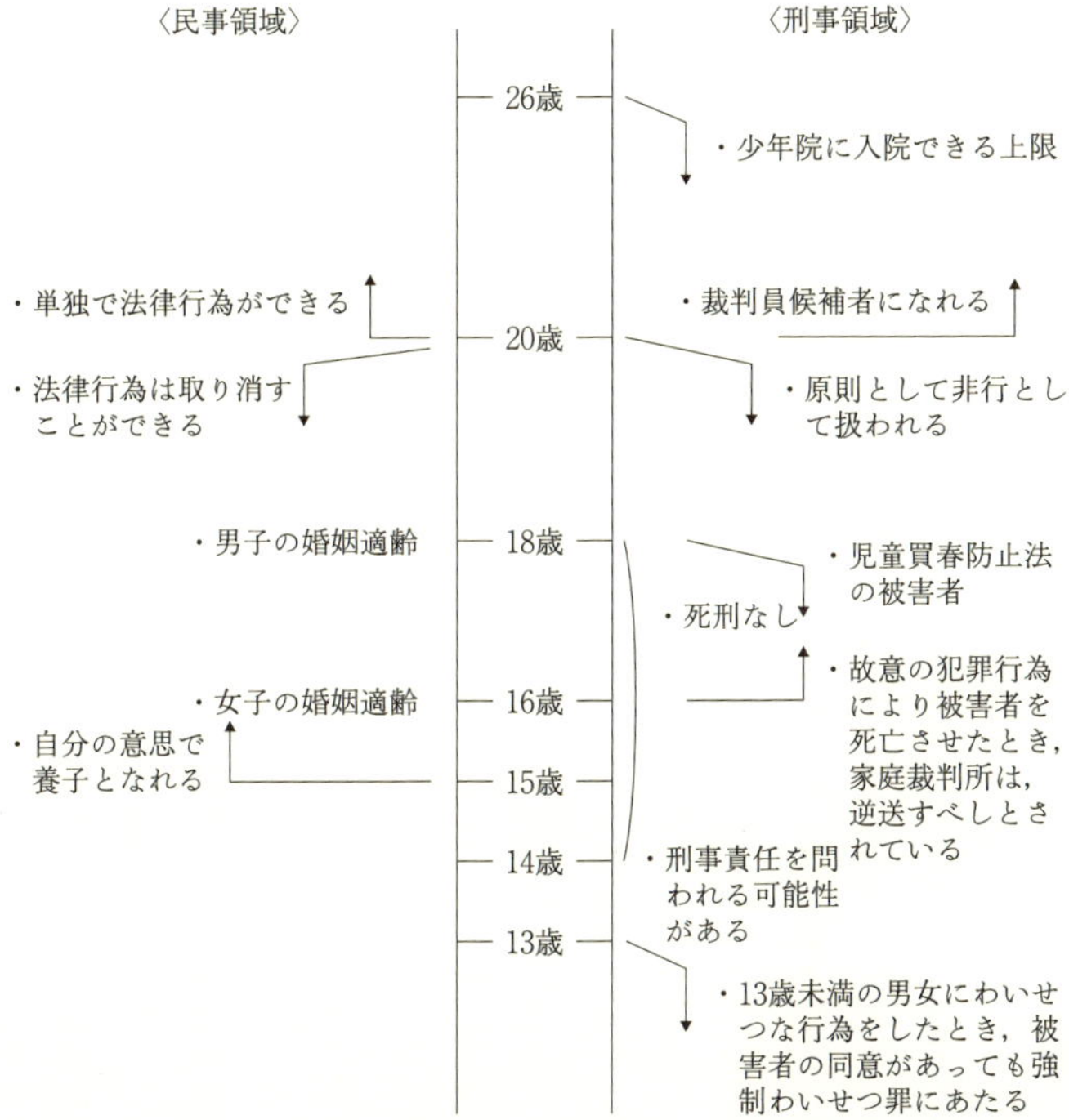
〈民事領域〉
〈刑事領域〉
26歳
・少年院に入院できる上限
・単独で法律行為ができる
・裁判員候補者になれる
20歳
・法律行為は取り消すことができる
・原則として非行として扱われる
・男子の婚姻適齢
18歳
・児童買春防止法の被害者
・死刑なし
・女子の婚姻適齢
16歳
・故意の犯罪行為により被害者を死亡させたとき，家庭裁判所は，逆送すべしとされている
・自分の意思で養子となれる
15歳
14歳
・刑事責任を問われる可能性がある
13歳
・13歳未満の男女にわいせつな行為をしたとき，被害者の同意があっても強制わいせつ罪にあたる

船山泰範・平野節子『裁判員のための刑法入門』ミネルヴァ書房，2008，165頁より一部改訂。

法は人間の成長に合わせて作られている（**図2**参照）。そして、わが国は学校教育が整備されているのであるから、年齢に合わせて法律知識を伝えるのは当然といわなければならない。法律そのものが、段階的に、社会人に近づくように構成されているのであるから、当人の年齢より少し上の年齢までのところ（たとえば、小学校高学年で刑事責任年齢のこと）を、少しずつ教えていけばよいのである。また、法律知識とともに、年齢に応じて、約束を守ることの大切さ、正義とは何か、民主主義とは何か、司法参加権の行使のしかたなどの、法の理念に当たることも伝える必要がある[41]。

法は、さまざまの障害を前提としながら、われわれの社会を明るいものにするために人間が工夫して作ってきたのだ、ということを基本に、子ども達を育むこ

表2　法育の内容

1　カリキュラム
　イ，授業
　　　法の理念，法律知識
　ロ，見学
　　　裁判傍聴，施設参観
　ハ，模擬裁判

2　実施方法
　イ，高校・中学・小学校のカリキュラムに入れる
　ロ，大学との連携
　ハ，法曹との協力
　ニ，率先協力者による支援
　ホ，教材開発

とを「法育」と名づけ、それを推進していく必要がある。

私が「法育」の内容として考えているのは**表2**のようである。その一部について解説を加えておく。

裁判傍聴については、大学教員による解説が必要である。裁判の仕組み・法律用語の説明ばかりでなく、当該裁判で何が争点となっているかなどの解説がなされると、法に対する国民の関心は一段と高まるものである。その点では、法曹の協力も不可欠である。私の体験では、小学校六年生を裁判傍聴に連れていったとき、急なお願いにもかかわらず、裁判長が当該事件を中心に解説をして下さり、小学生の質問にも気楽に応じて頂いたことがある。

模擬裁判については別稿を考えているので、ここでは、大学生が自ら模擬裁判を創造し、演技することを指導してきた者として気づいたことを述べておこう。模擬裁判は、単に裁判がどのようなものであるかを一般国民に知らせるにとどまるものではない。模擬裁判は、それを行うことを通して、演じる者と傍聴者が、共に考え、議論をする場である。模擬裁判において傍聴者の意見を聞くと、模擬裁判を作ってきた者が気がつかないことに鋭い指摘を受けることがたびたびである。その点では、演じる側こそ大いに学ぶ機会を与えられるといってよい。いわば、模擬裁判は双方向的な学習の場である。

最後に、「法育」の推進役は誰かといえば、それはわれわれ国民自身である。とくに、司法参加権を活用できる若(42)者こそ中心的担い手である。法の理念に基づいて育まれた人間が、司法参加権を手にして、専門家支配の法の世界を

変革していくとき、国民のものである法に一歩近づくのである。

（1）平成二二年七月三日朝日新聞朝刊。
（2）日本人の心理に特異的な「甘え」を分析したものとして、土居健郎『「甘え」の構造』（弘文堂、一九七一）がある。
（3）「弘前大学教授夫人殺し事件」とも呼ばれる。昭和二四年八月六日、弘前大学医学部教授夫人が就寝中刺殺され、八月二二日、那須隆が殺人事件の容疑者として逮捕され、その後、殺人罪で起訴された。青森地裁弘前支部は殺人の点は無罪としたが、仙台高裁は有罪とし、懲役一五年の判決を言渡し、被告人は服役した。
（4）弘前事件が、真犯人の名乗り出から再審請求の認容、無罪判決となった経緯については、井上安正『真犯人はつくられた』（自由国民社、一九七七）がある。
（5）裁判員裁判の後の記者会見で、裁判員が、この法理に基づいて判断した旨の発言がなされている。
（6）最高裁判所の実施状況に関する公表によると、保護観察付きが約六〇パーセントで、裁判官裁判に比べて、二三パーセント増えたとされている（平成二二年四月一七日東京新聞朝刊）。
（7）中西正司・上野千鶴子『当事者主権』（岩波新書、二〇〇三）一八頁。
（8）たとえば、裁判員の就職禁止事由（裁員一五条）は、検察審査員の就職禁止者（検審六条）を参考にして立法されている。
（9）田宮裕『刑事訴訟法〔新版〕』（有斐閣、一九九六）一六七頁。
（10）ミッテラン大統領が、死刑廃止の公約を掲げて当選し、バダンテールを法務大臣に起用して、一九八一年に死刑を廃止したとき、フランスの世論は六二パーセントが死刑廃止に反対であったという（団藤重光『死刑廃止論〔第六版〕』有斐閣、二〇〇〇、四一頁）。
（11）最高裁判所自身が、裁判員法の憲法適合性を明確に判示した判決文（最大判平二三・一一・一六判時二一三六・三）の中で、「法曹のみによって実現される高度の専門性は、時に国民の理解を困難にし、その感覚から乖離したものにもなりかねない側面を持つ。」と認めている。その上で、裁判員制度は、「国民の視点や感覚と法曹の専門性とが常に交流することによって、相互の理解を深め、それぞれの長所が生かされるような刑事裁判の実現を目指すものということができる。」としている。

(12) 平成二二年五月二一日読売新聞朝刊。
(13) 北野弘久編『現代税法講義〔五訂版〕』(法律文化社、二〇一〇) 一三頁(北野執筆)。
(14)「起訴議決に基づく公訴の提起」(検審第七章のタイトルの一部) について、マスコミ用語として使われている。
(15) 近代化の歩みの中で、司法改革は、一回目(明治二三年、立憲化)、二回目(昭和二二年、民主化)を経て、三回目(平成二一年、国民参加)を迎えた。
(16) いわゆる近隣訴訟に関わる申立てもあるようである。
(17) 刑法二三〇条の二は、「公益に合致する名誉毀損が容認される条件を規定した」とされる(藤木英雄『刑法講義各論』(弘文堂、一九七六、二四一頁)。
(18) 子どもの権利宣言七条は、「子どもは、教育を受ける権利を有する。」と規定する。
(19) 今日では、第二次大戦における人道的犯罪は、「過ぎ去る」ことのない出来事の集まりだ、という捉え方がなされている(佐藤健生・ノルベルト・フライ編『過ぎ去らぬ過去との取り組み　日本とドイツ』岩波書店、二〇一一)。
(20) 捜査段階における警察官・検察官による拷問はその典型例である。警察官の発砲行為について、平成二二年、奈良地裁は特別公務員暴行陵虐致死罪と殺人罪で付審判決定をしている。この件については、裁判員裁判において無罪判決が出されている(奈良地判平成二四・二・二八判例集未登載)。
(21) 当然のことであるが、告訴をしておかなければ付審判請求はできず、被害届では足らない。
(22) 起訴便宜主義のメリットを生かすとすれば、訴追の当事者主義的点検の活性化を心がける必要があるとされる(田宮・前掲注(9)一七五頁)。
(23)『平成二三年版犯罪白書』一八一頁によると、付審判請求の受理人員は四六八人である。
(24) イェーリンク(日沖憲郎訳)『権利のための闘争』(岩波文庫、一九三一)。
(25) レペタ法廷メモ訴訟事件では、憲法八二条は、傍聴人に対し法廷でメモを取ることを権利として保障しているものではないとされた(最判平元・三・八民集四三巻二号八九頁)。ただし、最高裁は、これを機に法廷でのメモを認めることになった。
(26) 裁判員裁判が始まる数年前から国民の関心が高まり、東京地裁における傍聴者が増え、ときには人々が溢れ返るときもあるようになった。

(27) すくなくとも、刑期満了前の三か月前に仮釈放を受け、保護司の指導の下、ハローワーク等の協力を得て就職の機会を手にすることが期待される。私は「必要的三か月仮釈放制度」と名付けている。
(28) 犯罪を行った者は、社会生活の中でこそ自分の生活を立て直す必要があるのであり、社会内処遇は不可欠なサポートである。なお、「処遇」という言葉には、いわゆる上から目線の感じを拭えない。施設内処遇に対して「社会内支援」と呼ぶのはどうか。
(29) 検事正が事件の処理を再考することになっていたが、起訴した例はきわめて少なかった。
(30) たとえば、尖閣諸島沖の中国漁船衝突事件に関して、那覇地検が公務執行妨害容疑の中国人船長について起訴猶予にした点について、那覇検察審査会は、「人命を危険にさらす行為」との視点から、「起訴相当」との議決をしている（平成二三年四月一九日読売新聞朝刊）。
(31) 地域生活定着支援センターは、刑務所・少年院等の矯正施設および保護観察所と連携し、出所後ただちに福祉サービス等が利用できるよう調整を行い、地域の中で生活することができるよう支援することを狙いとしている。センターの職員が刑事裁判の法廷に証人として出廷し、出所後、福祉サービスにつなぐことができる旨を発言する例も出ている。
(32) 平成二二年における検察審査会の受理人員二三〇四人のうち、刑法犯は二〇九〇人であるが、罪名別では、職権濫用罪が二六七人で三番目に多い（『平成二三年版犯罪白書』一八〇頁）。
(33) 裁判員法二条一項により、①死刑または無期懲役・禁錮に当たる罪、②故意の犯罪行為により被害者を死亡させた罪に限定されている。
(34) イェーリンク・前掲注（24）二七頁。
(35) 近年の国政選挙の投票率（選挙区）については、七回のうち四回までは六〇パーセントを割っている（『日本国勢図会〔第六八版〕』㈶矢野恒太記念会、二〇一〇、二四頁）。
(36) ジェームス・ブライス（松山武訳）『近代民主政治』（岩波文庫、一九二九）第一巻一六〇頁。
(37) teen court のほか、peer court（仲間法廷）、youth court（青少年法廷）と呼ばれることもある。
(38) 山口直也「ティーンコートから学ぶわが国の少年非行対応策」山口直也編『ティーンコート　少年が少年を立ち直らせる裁判』（現代人文社、一九九九）七八頁。

（39）裁判を受ける子どもにとって、行為のよしあしとは別に、自分の気持をわかってもらえたという納得感は、更生に役立つと思われる。

（40）田宮・前掲注（9）二三八頁。

（41）大田堯は、「知識や技術を教えることで人の教育はつきるのではなくて、それによってますます興味を深め、課題を自ら発見し、分別して生きぬく力を育てることこそ、人としての教育のめざすところ」だとする（大田堯『教育とは何かを問いつづけて』岩波新書、一九八三、一六八～九頁）。

（42）「法の世界」をどう捉えるかについては、船山泰範「法の世界は単色か」桜文論叢六六巻（日本大学法学部、二〇〇六）二四八頁参照。

「納税者の権利」の憲法論的位置付け

鳥飼貴司

一　はじめに

本稿の目的は、「納税者の権利」の憲法論的位置付け、言い換えると「納税者の権利」とは何かを分析・検討し、併せてこれに対する筆者の若干の見解を論述することにある。

「納税者の権利」は、北野弘久博士が「一貫して研究されてきたテーマであり[(1)]」、また著作物の題名にもなっている[(2)]。一九五三年立命館法学別冊二号に「租税法律主義の具体的内容についての試論」を公表されて以来、北野博士は直接間接的に「納税者の権利」を論じられている。ただ、筆者の知る限り真正面から「納税者の権利」という論文名で検討されたものが公表されたのは、早稲田大学大学院時代の指導教授である有倉遼吉博士還暦記念論文集[(3)]が最初であると思われる。その冒頭で北野博士は、『『納税者の権利』の標題のもとに何を論ずべきであるかが、必ずしも明らかであるとはいえない。これまで、法学界（憲法学・税法学の双方を含む）においては『納税者の権利』そのものが論議の対象にされたことはなかったからである。このテーマは、まさに今後多くの人々によって解明せられるべき課題であるといわねばならない」と述べられている。(4) しかしながら、税法学はともかく憲法学においては今日に至るまで、「納税者の権利」を正面から取り上げ、自己の見解を展開した論文は、筆者の知る限り、殆ど現れていないようである。(5) 少なくとも社会科学においていうならば、誰かが一生懸命に考えたことを再考してみるという〝対話〟を通じることによって、その考えが人々の間に生き続けるものと思われる。

自己の浅学菲才をも省みず、さらには〝北野Schule〟の末弟であるにもかかわらず、敢えて「納税者の権利」の憲法論的分析・検討を課題とした理由はここに存する。なお、論文内容が、実務的ではない原理論の探究となっていることを読者の方々にお断りしておく。(6)

二　裁判上における「納税者の権利」の現れ

おそらく「納税者の権利」を「納税者にかかる税法上の権利(7)」と便宜上定義しても異論はないと思われる。本稿の目的は「納税者の権利」の憲法論的位置付けに関する考察であるが、さしあたり裁判上における「納税者の権利」の現れを概観した後に、それらが憲法論上どのような意味を有するのか考察を進めることにする。すなわち、一般的原理から論理的推論により結論として個々の事象を導く演繹法的アプローチではなく、個々の事象から、事象間の因果関係を推論し結論として一般的原理を導く帰納法的アプローチで考察を進めることにする。なお、引用裁判例の選択は、当事者特に原告納税者の主張によるものではなく、裁判所が判決理由で「納税者の権利」に言及したものに限っている。原告の権利主張を認容する側が、「納税者の権利」という観念をどのように考えているのかが、重要だと考えるからである。

筆者が調べた限り、裁判上において最初に「納税者の権利」という言葉が現れたのは、横浜地判昭三〇・一二・二八行裁例集六巻一二号二八九三頁であり、次のように判示する。「所得税法第四十六条の二第二項の規定は納税者があらかじめ政府（税務署長）の承認を得て、一定の帳簿書類を備付け、その正確な記帳に基いて提出されるべき青色申告書について政府（税務署長）がさらに更正を行う場合には必ず事前にその帳簿書類を調査し、その調査したところに従い更正と同時にその理由を明かにすべきものとし以て、濫りに更正すべきことを防止し、納税者の権利、利益をも尊重して所謂青色申告制度の適正な連行を期せんとするものであるから青色申告書について更正決定がなされる場合は必ず同時にその理由を通知書に附記しなければならないのであつて、その理由を全然附記しないでなされた更正処分は右規定に反し違法であって取消しを免れないものと解すべきである」（なお引用文章中の所得税法四六条の二第二項は、現行所得税法（昭和四〇年法律三三号）ではなく、旧所得税法（昭和二二年法律二七号）である）。これは、理由を付記しないでなされた青色申告の更正処分取消請求訴訟であり、控訴審である東京高判昭三三・一一・二九高裁民集一一巻一〇号七一六頁も、旧所得税法四六条の二第二項は訓示的規定ではなく、理由の付記を欠く更正は違法であると(8)して、課税庁側の控訴を棄却し確定した。

他に、「納税者の権利」に言及したものは、主に以下のようである。

大阪地判昭三二・三・二八行裁例集八巻三号四〇〇頁で、被告指定代理人の答弁ではあるが、物納が「納税者の権利」であることには異論はないという主張がある。(9)

東京地裁中間判決昭三二・七・九行裁例集八巻七号一三一二頁は、次のように判示する。「普通地方公共団体の住民が、その団体の長またはその職員の職務上の地位の乱用による公金または財産、営造物の違法もしくは不当な処理について、住民に対し納税者の権利としての一の矯正権を認め、これによって住民の信託に基く地方公共団体の公共の利益を擁護して公金または財産、営造物を住民の期待するように運営するよう担保しようとの目的に出たものと思われる」。これに対して千葉地判昭三四・一一・九行裁例集一〇巻一一号二二一四頁の被告補足答弁書には、次のような記述がある。「英米法の納税者訴訟制度は、信託受益者たる納税者の権利を擁護するものであるから、提訴権者は納税義務を有するもの（州によっては一定納税額を要件とするものも多い。）に限られているが、我が国の現行制度は、普通地方公共団体の住民であればよく、納税義務者であること又は一定額以上の納税者であることを要件にしていないから、法第二百四十三条の二の規定をもつて、納税者訴訟制度と呼ぶことは適当でない」。すなわち、地方自治法（昭和三八年法律九九号による改正前のもの）二四三条の二第二項に定める訴訟によって、普通地方公共団体の長を被告として、特定の租税の賦課処分をすることを命ずる判決を求めることは許されないとして、不適法却下という結論を下している。

広島地判昭三五・五・一七行裁例集一一巻五号一四七二頁は、一旦なされた国税局長の審査決定には確定力ないし不可変更力が生ずるから、国税局長が任意に取消・変更することは許されないが、その後に新たな判断の資料が生じ、原決定を維持することによって著しく納税者の権利利益を害すると認められる場合には、例外的に、国税局長において取消・変更をすることができると解するのが相当であると判示した。

広島高判昭三八・三・二〇訟月九巻六号七七九頁は、一般に、公売物件に対する見積価格が時価に比べて著しく低廉であり、その結果公売価格が著しく低廉となった場合には、「納税者の権利」を違法に侵害するものとして公売処分は取消を免れないと解するのが相当であると判示した。

岐阜地判昭三九・一〇・一二行裁例集一五巻一〇号二〇二六頁は、国が所得税源泉徴収制度を実施して源泉徴収義務者の納付した納税額を正当と認めてこれを受理し収納する税務署長の行為は国のする公権力の行使である一つの行政処分であって、しかも具体的な納税者の権利義務に影響を及ぼすことは明かであるから、改正前の行政事件訴訟特例法の適用を受ける本件においては、かかる処分に重大且つ明白な瑕疵があることを主張して、行政訴訟によってその無効確認を訴求することができるものと判示した。

東京地判昭四四・三・五判時五五八号四五頁は、書類を送達すべき場所が不明のため、書類を送達することができないときは、徴収金の賦課徴収又は還付についての手続の進行が不能になり、地方団体の徴収金の確保および「納税者の権利」の保護を全うしえないから公示送達という特別の送達手段を認めたものであると判示した。

大阪地判昭四五・九・二二行裁例集二一巻九号一一四八頁は、不服申立前置がかえって不当に納税者の権利救済を遅延させる等「一定の事情」がある場合は、不服申立手続を経由しないで直ちに取消訴訟を提起できるものと判示した。この一定の事情とは、国税通則法一一五条一項各号の、①異議申立て又は審査請求がされた日の翌日から起算して三月を経過しても決定又は裁決がないとき、②更正決定等の取消しを求める訴えを提起した者が、その訴訟の係属している間に当該更正決定等に係る国税の課税標準等又は税額等についてされた他の更正決定等の取消しを求めようとするとき、③異議申立てについての決定又は審査請求についての裁決を経ることにより生ずる著しい損害を避けるため緊急の必要があるとき、その他その決定又は裁決を経ないことにつき正当な理由があるときである。

最判昭四九・七・一九民集二八巻五号七五九頁は、二段階の不服申立制度の趣旨は、まず原処分庁に対する不服申立手続によって、これに再審理の機会を与え、処分を受ける者に簡易・迅速な救済を受ける道を開き、更に不服な者に審査請求ができることとし、一面において裁決庁の負担の軽減を図ると共に、他面において納税者の権利救済に特別の考慮を払うことにあると判示した。

東京地判昭五二・七・二七訟月二三巻九号一六四四頁は、弁護士が依頼者から受領する日当は必要経費に該当しないという点は優れて法律解釈上の問題であって、その説明的記載まで要求されているものとは解しがたいし、かかる理由の記載がなされないかぎり青色申告納税者の権利の保障に欠けるものとも考えられないと判示した。

長崎地判昭五四・一一・一二税資一〇九号三一三頁は、督促は、納税者に対してなされる納付の催告であって、直接納税者の権利義務に影響を及ぼす処分ではないから、取消訴訟の対象となる行政処分には当らないと判示した。

名古屋地判昭五五・一二・一九税資一一五号七四三頁は、原処分と異なる理由によって、または審査請求人の主張する理由と異なる理由によって原処分を維持し、審査請求を棄却したとしても、それが数額の増加をもたらすものでない以上、不利益変更処分に当らず、何ら違法はなく、納税者の権利利益の救済を図る制度の趣旨にもとるものでないことはいうまでもないと判示した。

最判平二・一・一八民集四四巻一号二五三頁は、地方税法が固定資産の登録価格についての不服の審査を評価、課税の主体である市町村長から独立した第三者的機関である委員会に行わせることとしているのは、中立の立場にある委員会に固定資産の評価額の適否に関する審査を行わせ、これによって固定資産の評価の客観的合理性を担保し、「納税者の権利」を保護するとともに、固定資産税の適正な賦課を期そうとするものであり、さらに、口頭審理の制度は、固定資産の評価額の適否につき審査申出人に主張、証拠の提出の機会を与え、委員会の判断の基礎及びその過程の客観性と公正を図ろうとする趣旨に出るものであるから、口頭審理の手続は、あくまでも簡易、迅速に納税者の権利救済を図ることを目的とする行政救済手続の一環をなすものであって、民事訴訟におけるような厳格な意味での口頭審理の方式が要請されていないことはいうまでもないと判示した。奈良地判平一七・三・三〇判例地方自治二七三号一六頁でも、固定資産評価委員会による口頭審理の制度（地方税法四三三条二項）は、あくまでも簡易、迅速に納税者の権利救済を図ることを目的とする行政救済手続の一環をなすものであって、民事訴訟におけるような厳格な意味での口頭審理の方式が要請されていないことはいうまでもないと判示した。

東京地判平四・二・二七税資一九二号九頁は、国税通則法七五条一項にいう「国税に関する法律に基づく処分」とは、同法が行政不服審査法の特別法としての性格を有する（国税通則法八〇条一項）こと等にかんがみると、国と納税者との間の権利義務につき一般的な規定をする法律に基づき、行政庁が公権力の行使としてする行為のうち、法律上納税者の権利義務に直接影響を及ぼすものをいうものと判示した。

大阪地判平一三・一二・一四税資二五一号九〇三五順号は、外国税額控除制度は、外国の法令により前払した法人税額の清算の規定であり、言うならば「納税者の権利」ともいうべきものであると判示した。(10)

大阪高判平一七・三・二九税資二五五号九九七八順号は、①税務職員と調査対象者との間のトラブルを回避し、「納税者の権利」が不当に侵害されることを防止するためには、税務行政における適正かつ具体的な手続規定を定めること等とともに、税務の専門家であり、税務代理・代行権を有する税理士が調査に立ち会ったり、調査対象者に適切な助言・指導・援助を与えることは重要である。②国税庁「税務運営方針」、国税庁長官「事務運営指針」、東京国税局長「現況調査における留意事項等について（指示）」、大阪国税局「現況調査の手引」これら諸規定が定める事項は、税務調査について、法が求める一般的要件ではなく、これらに違反したからといって、直ちにその調査が違法となるというものではないが、適正・妥当な課税のための調査の実施と、税務調査における納税者の権利保護との調整の観点から定められたものであるから、十分に尊重されて然るべきであって、著しく逸脱する場合は、違法性を帯びる場合もあるというべきである。③確かに、調査の必要性がある場合であっても、事務運営指針等が示すように、原則として、事前に調査対象者に対し通知することが税務行政上望ましいとされており、これらの定めは、納税者の権利保護の観点から重要であるから、みだりに無予告調査を行うべきではないと判示した。

東京地判平一七・五・一三税資二五五号一〇〇二六順号は、国税通則法一一五条一項柱書本文による不服申立制度の趣旨からすると、納税者の主張する違法事由の異同にかかわらず、課税に関する処分が複数ある以上、そのそれぞれについて不服申立てを要求することには意義があるし、それが納税者に対して不当な負担を課するものであるということはできないから、再更正について出訴するために不服申立ての前置を要求することが、納税者の権利救済を遅延させるとか、これを不当に妨げるものであるということはできないと判示した。

大阪地判平二〇・七・一一訟月五五巻一〇号三〇九三頁は、国税通則法は、納税者の権利救済の実効性を確保しつつ、租税債務をめぐる法律関係を可及的早期に安定させ、かつ、更正処分の取消し等を求める行政訴訟において裁判所が国税不服審判所の専門技術的判断を参照して早期に事案の解明を図ることができるようにとの観点から、納税者が訴訟を提起するに先立って原則として二段階の行政上の不服申立て手続を経由しなければならないものとした上、それらの不服申立ては二月（通則法七七条一項）又は一月（同条二項）という比較的短い期間内に行わなければならないものとした趣旨であると判示した。

東京地判平二〇・一〇・三訟月五五巻七号二五七四頁は、国税通則法二三条二項に規定する更正の請求は、申告時には予知し得なかった事態その他やむを得ない事由が後発的に生じたことにより、さかのぼって税額の減額等をすべきこととなった場合に、これを税務官庁の一方的な更正にゆだねることなく、納税者の側からもその更正を請求し得ることとして、納税者の権利救済の手段を拡充するための規定であると判示した。

以上、裁判例の流れを概観すると、「納税者の権利」は租税手続の問題・論点として裁判所は理解しているように思われる。この点、従来から「納税者の権利」の具体的内容について議論がある。[11]すなわち、税理士会が提唱した「納税者の権利＝納税者の手続上の権利」という考え方と北野博士が提唱した「納税者の権利（納税者基本権）＝手続的適正＋税の徴収・使徒をコントロールする実体的適正を求める権利」という考え方である。[12][13]この点、「今日一般的に『納税者の権利』という言葉は、狭義の『手続的適正』に限定した概念である『税務行政手続の適正化』を前提として使われているのが実態である」という見解がある。[14]

また、金子宏『租税法』では、第一六版において、第二編「租税実体法」には一三五〜六八七頁と全五五二頁を費やしているが、租税債権者（国および地方自治体）の〝権利〟を確定権と徴収権に大別し、[15]これに対して納税者の〝債権〟（還付請求権）を記述している。[16]「納税者の債権」とは、すなわち、納税者の国や地方自治体に対する租税実体法上の不当利得返還請求権という法的構成である。

このように「納税者の権利」を税法学において「納税者の手続法上の権利＝手続的適正」と法的構成しても、その前提には何らかの抽象的な観念は存在すると思われる。金子教授の「納税者の債権」という表現にも、そもそも「民事法上の債権」の背後には私的自治や財産権という憲法レベルの実体を観念できるのと同様に、何かしらの憲法論的観念が実在するだろうと解する。筆者は、それこそが憲法論における「納税者の権利」であると考える。

三　「複合的人権」説への疑問

そこで「納税者の権利」の憲法上の根拠条文は何であるのか、が問題となる。この点、「納税者の権利は、幸福追求権（憲一三条）、生存権（憲二五条）、教育権（憲二六条）、経済的自由権（憲二九条）的性格を併せもった複合的な人権である」[17]という考えがある。北野博士の提唱される「納税者基本権」[18]論も、この複合的人権という法的構成に分類できる。しかし、残念ながら筆者は、この見解に賛成できない。新しい人権自体を「複合的な人権」で法的構成する考え方に賛成できないのである。なぜ、筆者がそのように考えるのかについて、同じく新しい人権である「プライバシーの権利」あるいは「肖像権」や「環境権」の裁判上の流れを概観する。

今回、調べた範囲内で「プライバシーの権利」あるいは「肖像権」に関する一番古い大阪地判昭三六・一二・二三判時二八七号五頁は、集団示威運動に参加した者の顔写真を、本人の承諾なしに撮影する行為は、憲法上保障された個人の尊厳を害する虞があるものとして違法であると判示した。その控訴審と思われる大阪高判昭三九・五・三〇高裁刑集一七巻四号三八四頁は、憲法一三条は国家権力に対する関係においてプライバシーの権利を認める趣旨であると判示した。なお、プライバシーの侵害を理由に不法行為による損害賠償請求を認容したいわゆる「宴のあと」事件判決は、四ケ月後の昭和三九年九月二八日である（東京地判昭三九・九・二八下民集一五巻九号二三一七頁）。

東京地判昭四〇・三・八判時四〇五号一二頁は、鉄道公安官による犯罪捜査上の写真撮影がプライバシーを侵害するもので、憲法一三条に照して違法であると判示した。その控訴審である東京高判昭四三・一・二六判時五一三号一一頁は、日本においては、実定法上肖像権が確立されているとはいえないとしても、憲法一三条が保障する自由および幸福追求に関する国民の権利の一内容として公共の福祉に反しない限り、国民は、その承諾なくして写真を撮影されたりこれをみだりに公表されたりすることのない利益を有すると判示した。

東京地判昭四三・三・二三判時五一四号三〇頁は、会社側に顔写真を撮影された組合員らが、カメラを取上げようとして軽微な傷害を負わせた事案につき、憲法一三条・二八条の精神に照し処罰するのが相当でないと判示した。しかし、その控訴審である東京高決昭四五・一〇・二判時六一九号二八頁は、憲法一三条の保障する他人の私生活の自由の一つとして、何人もみだりにその容貌・姿態を撮影されない自由を有するけれども、社会通念上犯罪の疑いのある行為が既に行われ、撮影者においてもそのように認めた場合には、相当な方法で証拠保全のために行為者の容貌等を含む写真の撮影ができるものと解すべきであると判示した。おそらく、これは、次の最高裁判例の影響があるだろう。

最大判昭四四・一二・二四刑集二三巻一二号一六二五頁は、何人も、その承諾なしにみだりにその容貌・姿態を撮影されない自由を有し、警察官が正当な理由もないのに個人の容貌等を撮影することは、憲法一三条の趣旨に反し許されないと判示した。しかし、警察官による個人の容貌等の写真撮影は、現に犯罪が行われもしくは行われた後間がないと認められる場合であって、証拠保全の必要性および緊急性があり、その撮影が一般的に許容される限度を超えない相当な方法をもって行われるときは、撮影される本人の同意がなく、また裁判官の令状がなくても、憲法一三条・三五条に違反しないとも判示した。宮沢俊義教授は、憲法一三条を根拠として個人のみだりに撮影されない自由

（肖像権ともいうべき）を認めたこの判決が注意されるとしながらも、犯罪捜査の必要から写真撮影が許容される場合があるとした。[19]以下、「プライバシーの権利」あるいは「肖像権」は、憲法一三条によって保障されるとされても、一定の場合には制約を受けるという考えが固まった。

一方、調べた範囲で環境権訴訟がなされた一番古いものは、鹿児島地判昭四七・五・一九判時六七五号二六頁である。原告の主張は、概ね次のようである。憲法二五条一項「すべて国民は、健康で文化的な最低限度の生活を営む権利を有する」、一三条「すべて国民は、個人として尊重される。生命、自由及び幸福追及に対する国民の権利については、公共の福祉に反しない限り、立法その他の国政の上で、最大の尊重を必要とする」との規定によって、国民は健康で快適な生活を営むに必要なあらゆる条件を充足した良い環境を求める権利である環境権を有するものである。環境権はその客体である環境を生活上必要とする総ての人が、その環境全体について平等に共有するものであり、その侵害に対してはこれを排除しうる権能をもつ権利である。しかし、増設施設が設置されてし尿処理が行われるならば、それによって発生するガス、廃液によって、施設敷地周辺の土地、河川、空気、風光等を含む環境全体について住民が有する環境権が侵害されることが明らかである。したがって、住民である申請人らは、その環境権に基づく妨害予防請求として、増設工事の差止めを求めることができるというべきである。これに対して裁判所は、憲法二五条・一三条から個人の環境権なる権利を認めることはできないと判示した。すなわち、各個人の権利の対象となる環境の範囲（環境を構成する内容の範囲、およびその地域的範囲）、共有者となる者の範囲のいずれもが明確でないという点を考えるとたやすく同調し難いとのことである。

環境権訴訟で最も有名なものは、大阪国際空港夜間飛行禁止等請求事件と思われる。第一審（大阪地判昭四九・二・二七判時七二九号三頁）は、憲法一三条・二五条の規定は、国の国民一般に対する責務を定めた綱領規定であるから、政府・公共団体が環境保全・公害防止の責務を有するとしても、住民に公害の私法的救済の手段としての環境権が認められるとはいえないと判示した。控訴審（大阪高判昭五〇・一一・二七判時七九七号三六頁）は、憲法一三条から導かれる人格権に基づき、民事上の請求として一定の時間帯につき航空機の離着陸のためにする国営空港の供用の差止を求める訴は、適法なものと容認することができ、人格権侵害を根拠とする限り環境権理論の当否について判断する必要がないと判示した。上告審（最大判昭五六・一二・一六民集三五巻一〇号一八八一頁）は、人格権または環境権に基づく民事上の請求として一定の時間帯につき航空機の離着陸のためにする国営空港の供用の差止を求める訴は、不適法であると判示した。

環境権については、憲法二五条の生存権と憲法一三条の「幸福追求の権利」から〝二重の意味〟で日本国憲法によって基礎づけられ、明文の規定は無くとも憲法に根拠をもつことが明らかな「新しい基本権」とする考え[20]や良い環境の享受を妨げられないという側面（自由権＝憲法一三条）と具体化し実現するには公権力の環境保全等が必要であるという側面（社会権＝憲法二五条）をもつ権利とする考え[21]が有力説として存在する。ただし、良好な自然環境という一種の「財」ないし状態は、個人に独占的に帰属させることができないので、環境権という権利の保護対象の特殊性には注意が必要とする考え[22]、あるいはもっと端的に他の大勢の人びとの諸権利に影響するようないわゆる「環境権」を憲法の他の規定と合わせて「幸福追求の権利」から〝ひねり出そうとする〟のは無理とする考え[23]がある。いずれにしても、憲法一三条のみを根拠条文とし、他人と接点のない領域であれば、裁判所は権利主張を認容する傾向にあると言えるだろう。

なお、北野博士が提唱された「納税者基本権」に関しては、以下のような裁判例がある。

東京地判昭六三・六・一三判時一二九四号一三頁は、次のような理由で「納税者基本権」を否定した。

憲法三〇条は、国民の権利的な側面からとらえることができるとしても、国民は、国民の代表による国会で議決された法律の根拠に基づくことなしには、租税を賦課、徴収されないということを意味する。憲法九九条は、原理的、道徳的な義務であって、これらの条文を根拠にして原告らが主張するような「納税者基本権」といった権利を導き出すことはできない。国費の支出については、国民の代表により議会の審議等を通して監督する間接民主主義の制度に加えて、国民個人の直接の権限行使により監督する直接民主主義の制度を採用するか否かは、その国その国の国情に応じて、これを選択することが許されるものである。日本国憲法においては、国費の支出の内容についての当否の論議を国民の代表機関である国会の審議の場で行うべきことを規定しているにとどまり、直接民主主義の制度については何ら規定を置いていない。

大阪地判平八・三・二七判時一五七七号一〇四頁も、次のような理由で「納税者基本権」を否定した。

憲法は、八三条において国会中心財政の基本原則を定め、八四条で租税法律主義を規定して国会中心財政の基本原則を収入面に具体化し、八五条で国費の支出に関する国会の統制権を認めることにより国会中心財政の基本原則を支出面に具体化している。憲法三〇条は、国民は法律の定めるところにより納税の義務を負うと規定するのは、法律の根拠に基づくことなしには租税を賦課、徴収されないということを意味する。これら憲法の諸規定を前提とすると、国の財政＝国民に対する課税及び国費の支出はともに憲法に適合していなければならない。しかし、そこから、何故に、個々の納税者に「納税者基本権」、すなわち、「憲法に適合するところに従って租税を徴収し、使用することを国に要求する権利」が認められることになるのかは明らかでない。憲法では、具体的な国費の支出について、全国民の代表機関である国会の審議等を通じて決せられるべきであるとの立場が取られている。したがって、個々の国民は、選挙権の行使ないしはその他の政治活動を通じて個々の国費支出のあり方について関与していくべきである。国民による間接民主主義的な統制を超えて、個々の国民が一般的に裁判所を通じて国費支出のあり方の是正を要求する権利が認められるかどうかは、わが国の国情に応じた立法政策の問題である。

なお、証人として出廷された棟居快行教授は、「納税者基本権」を広義の「納税者基本権」＝合憲適法な財政運営がなされることに対して国民一般及び納税者が有する権利と、狭義の「納税者基本権」＝自己の思想良心の自由に反して税金を使われない権利とに区別され、狭義の「納税者基本権」は「思想良心の自由」と同じく裁判上の保護を受けなければならない旨証言された。しかし、裁判所は、「納税者基本権」をこのように二つの側面に区別しなければならない根拠は明らかでなく、狭義の「納税者基本権」とは具体的に何を意味するのかについても必ずしも明らかではなく、むしろ「思想良心の自由」そのものと解する余地があるとした。

四　国務請求権としての「納税者の権利」

筆者は、「納税者の権利」が成立する条件として、①憲法一三条のみを根拠条文とすること、②憲法一三条が根拠条文だとしても、「幸福追求権」ではなく、「個人の尊重」から導かれる権利であること、③「自由権」ではなく「国務請求権」であること、具体的には、「納税者各人にとって税法に基づく適正な課税を要求する権利」であると考えたい。

アメリカでは、一九六五年の Griswold v. Connecticut, 381 U.S. 479 において Amendment IX "The enumeration in the Constitution of certain rights shall not be construed to deny or disparage others retained by the people." 修正九条「本憲法に特定の権利を列挙したことをもって、人民の保有する他の諸権利を否認しまたは軽視したものと解釈することはできない(24)」を用いて、夫婦間のプライバシーを州権力に対して保障したのが、「新しい人権」論の始まりであり、このアメリカ合衆国憲法修正九条と日本国憲法一三条は同じ機能だと解する立場がある(25)。憲法一三条は、「すべて国民は、個人として尊重される。生命、自由及び幸福追求に対する国民の権利については、公共の福祉に反しない限り、立法その他の国政の上で、最大の尊重を必要とする」と定める。国民一人ひとりが個人として尊重されるために、「生命、自由及び幸福追求に対する国民の権利」＝「幸福追求権」として包括的に保障しようとするものと解するべきである。[26] この点、「幸福追求権」という観念は曖昧であってその範囲は明確ではないので、一般的にはそれのみでは具体的な人権を生み出さず、民法七〇九条など他の法令の規定による補充をうけて初めて裁判によって実現される人権となるとする考え[27]は、傾聴に値する。加えて、大島訴訟判決＝最大判昭六〇・三・二七民集三九巻二号二四七頁のいう「およそ民主主義国家にあっては、国家の維持及び活動に必要な経費は、主権者たる国民が共同の費用として代表者を通じて定めるところにより自ら負担すべきもの」とするいわゆる民主主義的租税観[28]を前提とすれば、課税は「公共の福祉」の最たるものとなり、およそ憲法上「納税者の権利」という観念は成り立たなくなると思われる。したがって、「納税者の権利」を承認するならば、「納税者個人を尊重する」と内容的に構成するべきである。

いわゆる民主主義的租税観を前提とすれば、課税は国や地方自治体が存在しなくてはならない。公権力からの課税に対する納税者の権利を「自由権」と法的構成することは、論理矛盾になると思われる。そもそも人権論は、「自然状態において人間は自由かつ平等である[29]」から、国家など公権力の過度な干渉を排除するための法的道具概念であると思われる。すなわち、人権論は自由権を中心として論じられねばならないし、新しい人権は「自由権」のみ新たに保障することができるとする考え方[30]もある。しかし、基本的人権は、公権力の存在を前提とした選挙権（憲法一五条）・請願権（憲法一六条）・裁判を受ける権利（憲法三二条）・国家賠償請求権（憲法一七条）・刑事補償請求権（憲法四〇条）のような国務請求権も存在する。そこで、納税者の権利を「納税者各人にとって税法に基づく適正な課税を要求する権利」（憲法一三条）と法的構成する考えを提供してみたい。このような「納税者の権利」を〝理念〟として、その〝理念〟を税法によって実現するのである。ただ、自由権や社会権といった人権の類型化を硬直した固定的なものと考えることなく、社会の発展によって人権も生成し変化すると説く立場[31]もあることを最後に付言しておく。

五　むすび

本稿では、「納税者の権利」とは、納税者が個人として尊重される（憲法一三条）ことから導かれる「納税者各人にとって税法に基づく適正な課税を要求する権利」と定義する。基本的人権の内容的分類では、自由権や社会権ではなく、請願権（憲法一六条）や裁判を受ける権利（憲法三二条）等と同じ国務請求権であると考える。もちろん、別見解もありえよう。別見解との議論を通じて、「納税者の権利」論における通説的見解の形成に幾ばくかの貢献ができるとすれば、法学研究者として光栄なことである。

ただ、本稿では、「納税者の権利」を認めるべきであるという積極的な主張ではなく、仮に「納税者の権利」が認められるとすれば、以上のように説明されるのではないかという条件面を主張したに過ぎない。それは、筆者がメタユリスト（Metajurist）[32]的な態度で本稿を執筆した所為であると、お許し頂きたい。

結局、本稿は、北野弘久先生の納税者基本権論に関して筆者がかねがね抱いていた疑問を提示するに止まったようである。北野先生の論旨を誤解しているところがなければ幸いである。仮に誤解していたにしても、北野先生のご批判を得られないのは残念である。

（1）　板倉宏『北野弘久教授還暦記念論文集　納税者の権利』（勁草書房、一九九一）序文ⅰ頁。

（2）　北野弘久『納税者の権利（岩波新書一七四）』（岩波書店、一九八一）。

（3）　北野弘久「納税者の権利――その総合判例研究」和田英夫ほか編著『有倉遼吉教授還暦記念　体系・憲法判例研究〈3〉基本的人権』（日本評論社、一九七五）。なお、同論文はその後、北野弘久『新財政法学・自治体財政権』（勁草書房、一九七七）所収となった。以下、同論文を引用する際には、『新財政法学・自治体財政権』を用いることにする。

（4）同右一七三頁。

（5）筆者の知る限り、憲法教科書・憲法体系書で「納税者の権利」に関する叙述をしているのは吉田善明『日本国憲法論〔第三版〕』（三省堂、二〇〇三）二一〇〜二一五頁のみである。

（6）北野弘久『専門教育科目　税法』（日本大学通信教育部、一九八四）序文に、以下のような記述がある。「すべての学問に共通することであるが、学習において一番、大切なことがらは、各学問の原理論ないしは『哲学』を正鵠に身につけることである。本講義でいえば、税法学の原理論ないしは『哲学』を各人なりに会得することである。言葉をかえていえば、税法学の方法論を身につけることが重要である。本講義で述べられたところは私なりの考えである。学生諸君は、批判的に本講義を検討していただきたい。」個人的なことではあるが、この記述が筆者の原点となっている。

（7）北野・前掲注（3）一七三頁。

（8）このような理由付記を欠く更正処分が違法とされた事例として、広島地判昭三三・五・二九行裁例集九巻五号九八六頁、東京地判昭三四・一一・一九行裁例集一〇巻一一号二一六三頁、最判昭三八・五・三一民集一七巻四号六一七頁、東京地判昭三九・二・一三行裁例集一五巻二号二三六頁、東京地判平五・三・二六行裁例集四四巻三号二七四頁などがある。なお、東京地判昭三七・八・三〇行裁例集一三巻八号一三九六頁には、「更正処分によって納税者の権利侵害の可能性のあるものは、課税標準、税額という金銭関係に限られる」という被告税務署長の主張がある。

（9）しかし、四十数年後の大阪地判平一二・八・三・平成一〇年（行ウ）第三三号（判例集未掲載）における被告の主張では、「物納財産の変更は税務署長の権限として規定されており、物納制度を納税者の権利として規定する形式とはなっていない」と主張している。

（10）ただ上告審である最判平一七・一二・一九民集五九巻一〇号二九六四頁は、主文において「第一審判決を取り消す」とする。

（11）石村耕治『先進諸国の納税者権利憲章〔第二版〕』（中央経済社、一九九六）五頁。

（12）同右二八八頁以下。

（13）北野・前掲注（3）一九七頁。北野弘久『税法学原論〔第六版〕』（青林書院、二〇〇七）七六頁。特に『原論』八四頁で

は、北野博士による「納税者基本権」の最終的な定義は、「憲法に適合するところにしたがって、租税を徴収しかつ使用することを要求する納税者の権利」となっている。果たして、この定義によると、「納税者基本権」は「納税者の権利」の一態様なのか否か明らかでないが、おそらく北野博士は、「納税者基本権＝納税者の権利」と把握されているのであろう。つまり、租税の使徒までを概念的射程に含んだ「納税者の権利」が「納税者基本権」であると思われる。なお、注意すべきは、北野博士が「要求する…権利」と定義されている点である。これは、本稿の結論である「納税者の権利＝国務請求権」と同じ考えなのか否かであるが、後述するように北野博士は「さまざまな自由権・社会権の集合的権利」とされているので、筆者のように「国務請求権」に絞ったものではないと思われる。

(14)　阿部徳幸「納税者の権利についての一考察」税制研究五二号（二〇〇七）三〇頁。なお、阿部教授は、同論文三二頁で「納税者の権利」とは「法律の留保」に基づく「課税の限界」を要求するものと定義される。

(15)　金子宏『租税法〔第一六版〕』（弘文堂、二〇一一）一三六頁。

(16)　同右六八一頁以下。ここで金子教授が〝納税者の権利〟ではなく〝納税者の債権〟とすることに注目すべきである。

(17)　吉田・前掲注（5）二一一頁。

(18)　北野・前掲注（2）四二〜四三頁は、「日本国憲法のもとでは歳入歳出を統合した新たな租税概念の構築が可能である。結論的にいえば、この新たな租税概念を前提にして歳入面・歳出面の双方における「納税者」（タックスペイヤー）に固有の権利、つまり納税者基本権（taxpayer's fundamental human rights）の構築が可能であると考えられる。ここにいう納税者基本権とは、歳入面・歳出面の双方にわたって納税者に関する憲法論のレベルにおける、さまざまな自由権・社会権の集合的権利を意味する。これは学問的に「新しい人権」の一つであるといってよい」と述べる。

(19)　宮沢俊義『憲法Ⅱ〔新版〕』（有斐閣、一九七一）二一六頁。

(20)　小林直樹『新版・憲法講義（上）』（東京大学出版会、一九八〇）五六一頁。

(21)　芦部信喜（高橋和之補訂）『憲法〔第五版〕』（岩波書店、二〇一一）二六三頁。

(22)　赤坂正浩『憲法講義（人権）』（信山社、二〇一一）二八八頁。

(23)　尾吹善人『憲法教科書』（木鐸社、一九九三）八四頁。

(24)　伊藤正己『憲法〔第三版〕』（弘文堂、一九九五）二二八頁。

(25)　尾吹善人「出国の自由と旅券法」『憲法の基礎理論と解釈』(信山社、二〇〇七)三六四頁。なお、原論文は、ジュリスト三五八号(一九六六)に発表された。
(26)　佐藤幸治『日本国憲法論』(成文堂、二〇一一)一二一頁参照。
(27)　伊藤・前掲注(24)二三一頁。
(28)　金子・前掲注(15)二一頁。
(29)　この命題については、菅野喜八郎「『自然状態において人間は自由かつ平等である』という命題について」『抵抗権論とロック、ホッブズ』(信山社、二〇〇一)六三頁参照。
(30)　尾吹善人『解説　憲法基本判例』(有斐閣、一九八六)九〇頁は、「新たな『自由権』を創設することは、一八・一九世紀に型のきまってしまった人権宣言が予想もできなかったために規定しなかったが、その後国家権力が用いうるようになった新たな技術的手段(各種の撮影手段・盗聴設備・薬品・コンピュータなど)のために侵害されかねない個人の自由で、すでに個別的に保障されているものと、個人の立場からも、全体としての社会の立場からも等価値であると考えられるものだけに絞られねばならない」とする。
(31)　伊藤・前掲注(24)二一六頁。
(32)　メタユリストとは、法律家・ユリストと違って、法そのものではなく法律学の学説を研究対象とする人という意味である。菅野喜八郎・小針司『憲法思想研究回想――メタユリストに見えたもの』(信山社、二〇〇三)二八九頁参照。つまり、「納税者の権利」自体が問題ではなく、「納税者の権利」論が成立するためにはどういうことが認められなくてはいけないか、という意味〝傍観者〟的態度である。

「地域主権」改革と憲法

小林　武

はじめに――政治文脈上の概念としての「地域主権」

「地域主権」なる概念を正面に置いた政策が、政治の〝一丁目一番地〟を占めるものとして打ち出されたのは、二〇〇九年八月三〇日施行の総選挙によって誕生した民主党政権下の、同年終りの二か月あたりのことである。

この民主党政権は、それまでの自民党＝公明党の政権に対抗して、生活第一のマニフェストを掲げて支持を得、国民はそれに大きな期待を寄せた。そうした民主党政治の支柱の一つとされた「地域主権」改革は、その提唱にあたっても、華々しい言葉を散りばめて説明されていた。中心的な提唱者であった、当時の総務・地域主権推進担当大臣原口一博氏は、関連法案の審議入りの際の国会答弁において次の言葉を残している。――今や、前政権の「依存と分配」の政治から「自立と創造」の政治に変えなければならない。「地域主権改革」は、これまでの、中央にある様々な権限を地方に分け与える「地方分権改革」とは違い、「主権を有する国民自らが自らの地域を自らの責任でつくる」

取り組みである、と（二〇一〇年五月二五日衆院本会議）。

この提唱は、こうして、自公政権の地方分権政策との決別を謳いつつ、「主権」という、法の世界において明瞭な意味をもつ概念をつかって理論的装いを施したものであった。それは、当時の新政権への期待を背景にして、多くの人々に、真の地方自治実現に向かう意欲的政策であるとの印象を与えた。しかしながら、後述するとおり、「地域主権」は、法的概念として成り立ちうるものではない。提唱者も実のところ認識していたと思われるが、これは、法的・理論的世界のものではなく、政治文脈上の概念でしかない。そして、民主党の構想する「地域主権」改革の具体的内容は、本質的に、先の「地方分権」改革を継承するものでしかない。しかも、今では、当の提唱者政権は二年に満たずして、菅直人内閣の退陣が間近に迫って当事者能力を喪失する事態となっていることから（本稿執筆の二〇一一年七月下旬現在）、「地域主権」改革など耳にすることさえしなくなっている。一丁目一番地から、何処か遠く、零番地へでも引越したのであろうか。要するに、これは政治文脈上用いられた概念でしかないのである。

本稿は、このような「地域主権」改革について、憲法の観点から批判を試みようとするものである。北野弘久先生であれば、もとより見事な鋭い批評をされるに違いないと思いつつ筆を進めたい。なお、学界でも、この改革を、真の地方自治の前進・実現に資しうるものとして好意的に迎え入れようとする善意の立場も見られた。それは、「地域主権」の概念に疑問符を付しながら、なお理論上の成立可能性を追求しようとするものであった。しかし、この努力は、提唱者政権によって見事に裏切られた。二階に上げておいて梯子をはずす類いである。もっとも、政府側は、あなた方が勝手に二階に登っただけだと言うに違いない。学問は、政治に対して常に批判的な自立の態度をもたなければならないという、平凡だが不可欠の鉄則を改めて自戒を込めて確認しておきたいと思う。

以下、「地域主権」改革の展開の経過、この概念のもつ意味、その内容と問題点、の順に論じ、それをとおして真の地方自治実現に向かうための課題について考えるところを述べることにしよう(1)。

一　地方分権改革から「地域主権」改革への展開の意味するもの

「地域主権」改革に先行した——そして形の上ではこの提唱者たちが否定の対象としたものが、「地方分権」改革である。(2)

地方分権改革と称されるものはかなり長い経過をもつが、まず、二〇世紀の終盤に、いわゆる第一次分権改革が遂行された。周知のとおり、「地方分権推進委員会」が主なものとして四次にわたる勧告を出し、それをふまえて地方分権一括法が一九九九年に成立、翌二〇〇〇年から施行された(「一九九九年／二〇〇〇年改革」)。それは、「分権型社会」の理念の下、機関委任事務制度の廃止と自治体に対する国の関与の縮減をいうものであった。同時に、国の基本政策としての規制緩和・公企業民営化、政府機構改革等を内容とした「小さな政府」論と結びついたものであり、橋本龍太郎内閣の行政改革と一体になって進行したことが確認される。そのためもあって、第一次分権改革は、自治体に対する国の行政的関与の縮減を掲げながら立法による規制は存続したこと、また、関与の縮減に重点が置かれて事務の移譲はわずかしかなされなかったこと、そして、都道府県と知事の権限が強化された反面、地方自治の本来的基盤であるはずの基礎自治体については実現されないままであること、さらに、税財政システムの改革に手が付けられなかったことなど、大きな限界があり、それらが第一次分権改革の残された課題とされた。

この第一次分権改革後、市町村合併が強行され、また、都道府県と市町村との間で事務処理特例条例によって事務権限の移譲がおこなわれ、併せて、三位一体改革が、二〇〇六年あたりにかけて遂行された。

そして、二〇〇六年一二月に新しい地方分権改革推進法が制定され、翌〇七年四月に「地方分権改革推進委員会」が設置され、そこからいわゆる第二次(第二期)地方分権改革の局面に入る。この委員会は、二〇〇八年五月に第一次勧告を出して、重点行政の見直し、基礎自治体への権限移譲を提唱する。ついで、同年一二月の第二次勧告では、義務付け・枠付けの見直し、国の出先機関の見直しが提起されている。

自公政権が崩壊して民主党政権が誕生したのは、まさにその翌年二〇〇九年八月三〇日の総選挙である。しかし、やや奇妙なことに——注目すべきことなのだが——民主党新政権は、従来の自公政権の地方分権改革からの方向転換を宣言することはせず、かえって、それに「スピード感をもって取り組む」という態度表明をしている。そうしたこともあって、この地方分権改革推進委員会は再編・廃止などされることはなく、同年一〇月には第三次勧告を出して、義務枠の見直し、国と地方の協議の場の設定を含む提唱をおこない、さらに翌一一月の第四次勧告は、地方税財政における当面の課題および中長期的課題を設定しているのである。

民主党政権の「地域主権戦略会議」が内閣府に設置されたのは、二〇〇九年一一月一一日のことであり、翌一二月一四日には、当時の総務・地域主権推進大臣による「原口プラン」が出され（二〇一〇年三月三日に修正）、そして、翌一五日に地方分権改革推進計画が閣議決定されている。「地域主権」戦略会議が置かれてもなお、出されるものは「地方分権」改革推進計画なのであり、この両者は、この時点でも用語上混在している。結局、これは、当事者にとって内容上さしたる相違がないことを物語っているものといえよう。実際、後に見るように、「地域主権」改革は、実質的に、地方分権改革を継承したものなのである。

ついで、地域主権改革関連法案が国会に上程され、二〇一〇年五月二五日に審議入りする。「地域主権改革の推進を図るための関連法律の整備に関する法律案（地域主権改革推進一括法案）」、「国と地方の協議の場に関する法律案」および「地方自治法の一部を改正する法律案」の三法案である（最後者を切り離して「二法案」として扱われることもある）。そして、翌六月二二日に、「地域主権戦略大綱」が閣議決定され、併せ、「地方自治法抜本改正に向けての基本的な考え方」が総務省発表の形で出されている。

そして、本稿の関心との関連で特筆すべきは、地域主権改革関連三法が翌年（二〇一一年）四月二八日に成立を見るに際して、法案の内容には実質的な修正が加えられていないにもかかわらず、何と、「地域主権」の語が取り除かれたことである。それは、「地方分権」という表現を使ってきた自民党の要求に応じての削除であるとされる(3)。法律の基軸に据えられていたはずの文言を、政治的、否むしろ政局的配慮から、いともたやすく除いたわけである。それが政治文脈上の概念にすぎなかったことが、ここに如実に示されているといえる。

二　「地域主権」改革にこめられたもの

1　地方分権改革の継承と強調

先に一瞥した、地方分権改革・地域主権改革の展開過程がすでに物語っているように、「地域主権」改革は、前者を実質的に継承し、むしろその徹底を図ることを本質とするものであるといえる。

二〇〇九年政権交代前の自公の地方分権改革は、新自由主義的構造改革を基調とするもので、公共事業中心の政策を追求した結果、格差と貧困を著しく拡大させた。この政策を集大成したものといえる二〇〇五年の自民党改憲案（『新憲法草案』、一一月二二日発表）は、市場経済の一層のグローバル化に対応するためとして、自立・自助・自己責任を個人と自治体に求める「小さな国」づくりを謳い、地方政治については、市町村合併と道州制、三位一体改革を展望するものであった。

民主党への政権交代は、「生活が第一」の国民要求を受けて実現したものであったが、前政権の地方分権改革の転換は実質上なされなかった。先にとりあげた二〇〇九年一二月の計画は、その名も「地方分権」改革推進計画であり、地方分離改革推進委員会の勧告がベースとされていた。その内容は後の三でやや各論的に検討するが、結局のところ、前政権の改革の看板を塗り替えて、国民に向けてその違いを印象づけようと工夫したものにすぎないのである。

2　政治的概念としての「地域主権」

民主党政権発足当初の「地域主権」改革担当者たちは、精力的にこの用語の説明と普及につとめていた。先に挙げた原口総務相がそうであるが、また、当時の地域主権改革担当首相補佐官逢坂誠二氏も、従来の「地方分権」では国から自治体への権限移譲は国の側で決められ、自治体は常に受動的な立場に置かれるとし、民主党の「地域主権」という表現こそが、自治体と主権者住民が国家の意思から独立して改革のイニシアティブをとって地域の未来を決める、というイメージを可能にする旨述べている。(4) つまり、前政権の改革との差別化を印象づけるためのネーミングであるところにその本質があるというほかない。

もともと、「地域主権」は、法的概念としては成立しがたいものである。言うまでもない事柄であるが、少なくとも法の世界では、「主権」は歴史を背負って変容してきた言葉であって、今日では、ひとつには国家の最高性・独立性を示す概念であり（そこから主権の単一不可分という属性が生じる）、またひとつには国家のありようを最終的に決定する力の所在を示すものであり（君主主権から国民主権へという場合の主権）、そして、統治権力の言い換えとして用いられる（国会は国権の最高機関というときの「国権」はこの意味の主権を指す）。

民主党の「地域主権」で使われているものは、右の最前者の意味の「主権」であろうが、それが「地域」と結びつけて成り立ちうるのは、連邦制の主張の場合に限られるのではないかと思われる。たしかに、同党は、「連邦国家」方針への傾斜を見せたことがある。すなわち、二〇〇四年の党憲法調査会中間報告において、「地球市民」という用語をつかって国家主権を相対化し、分権国家を目指すとした。そこでは、立法権の憲法上の分有が強調され、連邦国家に接近した体制がイメージされていた。しかし、翌二〇〇五年の『憲法提言』では、同じ「分権国家」の語を用いながら、それは、「民の自立力を基礎にした活力ある国の創出」という、新自由主義的な地方分権の主張を内容とするにすぎないものであって、連邦制方針は後景に退いている。

そして、二〇一〇年六月の閣議決定書「地域主権戦略大綱」は、「地域主権改革の定義」として次のようにいう。――「『地域主権改革』とは、『日本国憲法の理念の下に、住民に身近な行政は、地方公共団体が自主的かつ総合的に広く担うようにするとともに、地域住民が自らの判断と責任において地域の諸課題に取り組むことができるようにするための改革』である。／『地域主権』は、この改革の根底をなす理念として掲げているものであり、日本国憲法が定める『地方自治の本旨』や、国と地方の役割分担に係る『補完性の原則』の考え方と相まって、『国民主権』の内容を豊かにする方向性を示すものである。」(5)（／は原文で改行していることを示す）と。しかし、これは、結局、国民主権の地域における表出としての住民主権をいうものにほかならず、「地域主権」の法（学）的説明には何らなっていないのである。

もっとも、この民主党政策に積極面を見出すべく、「地域主権」概念の成立に弁証を試みる、次のような立論もある。(6)――「地域主権」は、立法権が始源的に（＝憲法上）国家・自治体間に分有される場合に成立可能性が生じる。民主党の改革案は、徹底した市町村合併と最も強力な道州制の導入を指向するものである。それにより、条例の、法律との競合、さらに逸脱も認められるような立法分有がなされる可能性がある。義務付け・枠付けの緩和・撤廃も、これに資するものとなりうる。併せ、近時の「討議（協議）民主主義」論が、多数者意見（国＝法律）と少数者ないし地域的意見（自治体＝条例）との間の実質的対話の尊重を要請している、とするものである。

この立論は、わが国における真の地方自治の実現を目指す意欲をもってなされた学問的作業である。そのことを十分評価しつつ、しかしながら、これも、「地域主権」なる概念の説得的な説明には成功しえていない。連邦制論あるいは民主党「地域主権」論への評価は別にして、この概念は、畢竟、政権交代の政治的文脈において、政策上の道具として用いられたものにすぎないことをつかんでおきたい。内容の当否の検討こそ有意味であると思われるのである。

三　「地域主権」改革のもたらすもの

「地域主権」改革の主要内容は、二〇一〇年六月の「地域主権戦略大綱」（以下『大綱』）に集約的に掲げられている。次の九項目である。——①義務付け・枠付けの見直しと条例制定権の拡大、②基礎自治体への権限移譲、③国の出先機関の原則廃止（抜本的な改革）、④ひも付き補助金の一括交付金化、⑤地方税財源の充実確保、⑥直轄事業負担金の廃止、⑦地方政府基本法の制定（地方自治法の抜本見直し）、⑧自治体間連携・道州制、⑨緑の分権改革の推進。

右のうち、⑤、⑥および⑨を除いた主要なものについて、以下でひととおり検討しておこう。なお、⑨の「緑の分権改革」とは、『大綱』によれば、「地域の自給力と創富力（富を生み出す力）を高める地域主権型社会」の構築を目指す改革を指す。

1　法律による「義務付け」「枠付け」の見直し

『大綱』は、「自治事務について国が法令で事務の実施やその方法を縛っている義務付け・枠付けが多数存在する現状にある。地域主権改革を進めるためには、義務付け・枠付けの見直しと条例制定権の拡大を進めることにより、地域の住民を代表する議会の審議を通じ、地方公共団体自らの判断と責任において行政を実施する仕組みに改めていく必要がある」と施策の意義を述べた上で、地方分権推進委員会の第二次勧告（二〇〇八年一二月）が取り上げたものなどについて取り組んでいくとしている。

そして、この勧告は、義務付け、枠付けの存置を許容するメルクマールとして、①自治体が私法秩序の根幹となる制度に関わる事務を処理する場合、②補助対象資産又は国有財産の処分に関する事務を処理する場合、③地方自治に関する基本的な準則（民主政治の基本に関わる事項その他の地方自治体の統治構造の根幹）に関する事務を処理する場合等、④地方自治体相互間又は地方自治体と国その他の機関との協力に係る事務であって、全国的に統一して定めることが必要とされる場合、を挙げる。そして、これらに該当しない義務付け・枠付けについては、①廃止する、または、②全部または一部を条例に委任するか、条例による「上書き」を許容するかのいずれかの態様の見直しをおこなう、とするものである。

これらの措置については、自治体は、「ナショナル・ミニマム（全国最低限）」というより「ナショナル・スタンダード（全国標準）」をふまえて「ローカル・オプティマム（地方における最適）」を追求する自由を得ることになる、との評価がありうる。同時に、地方が国民の人権確保の場としてどこまで適切であるかも問うてみる必要がある、との指摘もなされているところである。(7)

思うに、義務付け・枠付けの見直しは、自治体固有の事務に対する国の関与・規制を減らして自治体の権限行使の自主性を高める可能性をもつ。とくに、条例制定権について、「上書き権」「上書き条例」へと拡大しうることの意味は大きく、自治体側の活用いかんでは住民要求の実現につながる。しかし、重要なのは、この義務付け・枠付けの見直しを、実際の地方分権ないし「地域主権」改革の具体的な政治状況の中に置いて評価することである。そうするとき、それが、憲法にもとづく福祉の最低基準（ナショナル・ミニマム）としての国の施策について、その基準を切り下げ、また取りはずしてしまう役割を果たすことにならないか、その危険性は小さくない。国は、憲法二五条二項により課せられた自らの義務に、常に自覚的でなければならない。

2　都道府県から基礎自治体への権限移譲

『大綱』は、「平成の大合併」によって全国的に市町村の行政規模が拡充したことを背景に、都道府県と市町村の間の事務配分を「補完性の原理」にもとづいて見直し、可能な限り多くの行政事務を基礎自治体が担うようにする、としている。

これに対しては、市町村への事務・権限の移譲は、「移譲ありき」で上から一律に推進するのではなく、個別具体的に検証したうえで必要なものから移譲していくこと、都道府県も、スリム化だけを追求するのではなく、必要な事務は自ら担い、かつ市町村への支援態勢も充実させるべきことが重要である、というべきであろう(8)。こうした権限移譲は、何よりも住民自治の観点から評価されなければならず、また併せて、『大綱』が前提としている市町村合併についても、その功罪の検証が必要とされるのである。

3　国の出先機関の原則廃止

これについても、『大綱』は、住民に身近な行政はできる限り地方自治体にゆだねるという「補完性の原則」を掲げ、そこから、国の出先機関原則廃止の方針を打ち出している。

たしかに、全国知事会のように、内政にかんする事務は基本的に地方が一貫して担うのが本来であり、国の県単位の地方機関は原則廃止されるべきである、との見解も成り立つ。しかし、内政も国の重要な役割であり、これまで、実際にも、国の出先機関で、国民のいのちと暮らし、安全・安心、雇用などの施策の責任を担ってきたものは少なくない。出先機関の廃止は、福祉施策の体制を維持し、その水準を低下させないことを前提とするのでなければならない。

4　ひも付き補助金の一括交付金化

「地域のことは地域で決める『地域主権』を確立するため、国から地方への『ひも付き補助金』を廃止し、基本的に地方が自由に使える一括交付金にする」というのが、『大綱』の方針である。

しかし、これについても、この方針が実際にもたらすであろう結果を考えたうえで評価すべきである。補助金の一括交付金化は、現実には教育や福祉の施策が財源不足のために、あるいはそれを口実にして切り下げられる、という結果につながる可能性は小さくない。また、この一括交付金化は、義務付け・枠付けの見直しと連動しているので、ナショナル・ミニマムを確保するための財源責任を縮減する意図をもつものであることも指摘できる。

5　地方政府基本法の制定（地方自治法の抜本見直し）

『大綱』は、「地方政府基本法」の制定を視野に入れつつ、「現時点における地方自治法の抜本見直しに関する基本的な考え方」として、次の事項を提起している。――①日本国憲法の「伝統的な解釈に沿った二元代表制を前提としつつ、地方自治法が一律に定める現行制度とは異なるどのような組織形態があり得るか」の検討、②「議会と長が対立した場合の解決方策を含めた、長と議会の関係」、「地方選挙を政策本位の選挙制度に変更すべきかどうか」などの論点の検討、③監査制度、④財務会計制度のあり方の検討、などである。

これは、自治体統治構造を大きく変容させる方針であるといえる。すなわち、現行二元代表制を、基本構造を自治体が選択的に採用する仕組みを導入するという形で見直す。その場合、首長の権限強化が志向されており、右で議会との対立の解決方策というのは、実質的には議会が首長の施策遂行を妨げないようにする方策を意味するものである。また、「政策本位の選挙制度」に含意されているのは、小選挙区制にほかならない。

これらと並んで、地方自治法改正の課題として、自治体議会の議員定数の法定上限の撤廃や行政機関等の共同設置が取り上げられている。この前者についていうなら、議員定数の上限を国の法律で定める現行制度は自治体の自律的組織権限を侵害する問題を孕んでいるから、その撤廃は法理上妥当だといえる。しかし、ここでも、その現実の効果を考えるなら、撤廃は、議員定数の削減にはたらき、またそれが期待されているものといわざるをえない。

なお、「地方政府基本法」については、それが国法体系上いかなる位置を占めるかも論点となる。つまり、憲法と諸法律の間に置かれる、諸法律の上位に立つ基本法であるのかどうかの問題である。これは、「自治体憲章」や自治基本条例は諸条例に優位するか、とパラレルな論点であるが、検討は他日の課題としたい。

6　広域連合と道州制の検討

『大綱』では、「市町村や都道府県相互の自発的な連携や広域連合等の具体的な取組を前提として、」「『道州制』についての検討も射程に入れていく」方針が示された。

道州制の検討がこの種の政府文書に明記されたのは、これが初めてだとされる。民主党は、従来は、現行都道府県の枠組みを維持しつつ広域行政をおこない、道州制には当分の間進まないことを政策としていたが、政権獲得後、急速にこれに接近するところとなった。国の出先機関の廃止、義務付け・枠付けの見直し等が道州制の推進に拍車をかけていることも見落せない。道州制については、憲法上の論点としても、連邦制との異同、道・州の自治体性の有無、二層制との関係等、重要なものが山積している。そして何より、その是否は、住民自治の観点から決せられるべきものである。

――以上のように俯瞰すると、「地域主権」改革は、その掲げているところとは異なり、上からの地方制度改革論であることが知られる。真の地方自治の実現に適った制度改革は、住民と地方自治体から出た、下からの自主的編成の論理に沿ってなされるものでなければなるまい。

むすびにかえて――「地域主権」改革と自治体

「地域主権」改革は、これまでに見てきたように、その主権概念は憲法学上のものとは大きく異なったものであって、考え抜かれた定義だとはとても言うことができず、また提唱者の政権も今や舞台から降りようとしている状況で、その政治的無責任が露呈されている。幻のような政策であったと、すでに過去形で語るべきところであるかも知れない。それにもかかわらず、それはすでに、わが国の地方政治に現実の影響を及ぼしている。二例――それぞれまったく異なるが――のみ取り上げておきたい。

ひとつの事例として、『大綱』で提起された自治体統治構造を首長の権限強化の方向で変容させる方策が、たとえば、典型的には、二〇一〇年から一一年にかけての名古屋市において見られた。市長（河村たかし氏）は、市長の専権体制をもたらすために市議会解散の直接請求制度を利用すべく、請求運動のイニシアティブをとって市議会解散を実現し、再選挙で市長党（「減税日本」）の大量当選により市長翼賛議会を出現させた。こうした動向は全国各地でみられるが、名古屋における経緯は、わが国の民主主義に重大な打撃を与えた先行事例であるといえる。

もうひとつは、沖縄県の場合、わが国政治史において、地上戦、米軍統治、今なお続く基地重圧と、苦悩を一身に背負わされる歩みを強いられてきた。その中から、沖縄の自治と自立が強い要求となっている。それゆえ、「地域主権」改革は、これに展望を与えるものとして積極的に受けとめられる土台がある。これに期待をかけて、沖縄における義務付け・枠付けの見直し、国の出先機関の原則廃止、国と沖縄県（県と市町村）の協議の場の設置、沖縄振興計画の策定、沖縄振興特別交付税交付金の創設などを具体化する提案もみられるところである。筆者自身は、本稿で縷述べたように、「地域主権」改革なるものを突き放して観察している者であるが、それは措いて、いずれにしても、政府は国民から寄せられた真摯な期待を裏切ってはならない。政権を担う者は、いったん提示した政策のもたらすものについて、すべての国民に対して、最後まで責任を負っているのである。

検討すべき多くの課題を残したままであるが、それらの考察は他日に期して、ひとまず筆を擱きたい。

(1)　叙述にあたって参照した、本稿のテーマを直接に扱った文献に、公刊順に、次のものがある。――白藤博行『「地域主権改革」の基本問題』法と民主主義四四五号（二〇一〇年一月）二二頁以下、『法と民主主義』四四九号（特集＝「地域主権」の改革と法理――その批判的検討）（二〇一〇年六月）、『都市問題』一〇一号（特集＝義務付け・枠付けの見直しと自治体）（二〇一〇年六月）、渡名喜庸安・行方久生・晴山一穂編著『「地域主権」と国家・自治体の再編――現代道州論批判』（日本評論社、二〇一〇年一〇月）、自由法曹団『「地域主権改革」の正体』パンフレット（二〇一〇年一二月一三日）、ジュリスト一四一三号（特集＝地方分権の現状と課題）（二〇一〇年一二月一五日）、角田英昭「民主党の地域主権改革と住民の暮らし、自治体のあり方」月刊憲法運動三九七号（二〇一一年一月）一三頁以下、小林武「いま問われる地方自治と民主主義――名古屋における住民の試練」前衛二〇一一年一月号一〇五頁以下、斎藤誠「地方分権・地方自治の一〇年――法適合性と自主組織権」ジュリスト一四一四号（二〇一一年一月一日―一五日）二七頁以下、村上博『「地域主権」によって地域の未来は開けるか』『ひろしまの地域とくらし』三三四号（広島自治体問題研究所刊、二〇一一年一月二〇日）三頁以下、自由法曹団『「地域主権改革」でくらしはどうなるか』パンフレット（二〇一一年二月一九日）、白藤博行『「主権」なき『地域主権改革』と国民・住民の暮らし』月刊憲法運動三九九号（二〇一一年三月）一九頁以下、小林武「住民投票制度のプレビシット的運用――名古屋市の事例から考える(一)」愛知大学法学部法経論集一八八号（二〇一一年三月）五五頁以下、大津浩編『日本とフランス（及びヨーロッパ）における分権国家と法――二〇〇九年一二月一二日成城大学日仏比較法シンポジウムの記録』（成城大学法学部憲法学教室、二〇一一年三月三一日）、『季刊自治労連』一二六号（特集＝地域主権改革を阻止し、地域経済活性化で住民のくらしを守る）（二〇一一年四月一日）、学校法人沖縄大学『二一世紀沖縄の自治と自立の構想』㈳沖縄県対米請求権事業協会・助成シリーズNo.四三。二〇一一年五月一四日）、林紀行「国家主権と『地域主権』」第一〇五回憲法学会研究集会報告レジュメ（二〇一一年六月一一日）。

（2）有益なデッサンとして、小早川光郎「地方分権の現状と課題」ジュリスト一四一三号（二〇一〇年一二月一五日）八頁以下参照。

（3）『朝日新聞』二〇一一年四月二九日付。自民党の主張は、①「地域主権」は国家主権との関係が明確でなく、②「地域主権」や「地域主権改革」は一般的に認知されている考え方ではないので、法律で使う文言としては不適切である、というにあった。政府・民主党側でも、先の原口氏から交替した片山善博総務大臣は、「地域主権、当時私も参画しておりませんでしたので、これはあくまで私個人の推測でありますけれども、地域主権という用語、この四文字も、世間的にはこなれていない、人口に膾炙していない、そういう事実認識というものがやはり根底にあったんだと思います。それが内閣法制局の審査などを通じて、そのことについて認識を政府内で共有したがゆえに地域主権改革という、その改革という内容をあえて六文字にして定義づけをしたのではないかと私は推測しております。」と述べている（衆院総務委員会、二〇一一年四月二一日）。そして、この削除にともなって、法案の名称は、「地域の自主性及び自立性を高めるための改革の推進を図るための関係法律の整備に関する法律案」と変更された。（以上、林・前掲注（1）五頁にもとづく。）

（4）『朝日新聞』二〇一〇年二月一九日付。逢坂氏はまた、「地域主権」改革は地域を国家から独立させるものではないかとの批判が向けられるが、と自問して、次のように答えている。――「でも、民主党政権はそういう意味で使っているのではありません。この国民主権、民主主義の主権者である国民が、地域の問題について自分たちの力によってちゃんと考えて決定できる、いわゆる主権者である国民の地域の問題に対する権限をより強くするという意味合いで使っているということであります。だから何も、主権国家である日本の国家主権を飛び越えて、地域のほうが優位であるということを言いたいために言っているのではないということです。」と（沖縄大学・前掲注（1）一六五頁）。しかし、これも、地方自治・住民自治の原則を強調して言い換えたものにすぎず、「地域主権」の説明にはなりえていない。

（5）地域主権戦略大綱（二〇一〇年六月二二日閣議決定）一頁。

（6）大津浩「現代日本における『分権国家』と『地域主権国家』の憲法概念」同・前掲注（1）一六頁以下、とくに二頁、二二頁。

（7）只野雅人「条例と自治立法権」大津・前掲注（1）四二頁。

（8）角田・前掲注（1）一八頁参照。

フリッツ・フライナーとフランス公法学

諸坂佐利

はじめに

ヴァイマル憲法体制下のドイツ・スイス公法学を主導《リード》したフリッツ・フライナー（Fritz Fleiner, 1867–1937）は、自身の学問体系を構築・展開するに際して、《行政法学の母国》と周知されるフランスから、何を吸収、承継したか。あるいはそれをドイツ流にどうアレンジしたか。ひとりの学者として、その精神的基盤《アイデンティティー》を形成するにあたって、フランスのどこに共鳴し、いかなる刺激を受けたか。本稿の目的は、これらの事柄を考究することにある。

フリッツ・フライナーは、「ドイツ近代行政法学の父」と称されるオットー・マイヤー（Otto Mayer）の「最初の後継者」[1]である。マイヤーは、自身の行政法体系を『ドイツ行政法』（*Deutsches Verwaltungsrecht*）を以って著わしたが、その前身的・準備的作業として、『フランス行政法の理論』（*Theorie des französischen Verwaltungsrechts*, 1886.）を世に問うている。これはマイヤーの処女作である。マイヤーが自らの学問体系を構築するにあたって、フランス公法学に少なからず啓発されたであろうことは、紛れもない史実である。従って本稿では、「弟子《シューラー》」たるフライナーを考究する上では、「オットー・マイヤーとフランス公法学」についても必然的に触れざるを得ないと考える。

筆者の関心は、フライナー行政法学の構造・特質の解明にある。本稿は、その断片的考察にすぎない。従って本稿は、独仏両国における公法実務・学説に関する比較研究あるいは学術交流史研究を展開するものではない。またフライナー以外にもフランス公法学から示唆を受けた学究の徒は、数多いる[2]。が、彼らを並列的に考察することも本稿の目的から逸脱する。

他方、フライナー学説に対する《フランス》からの評価という学問的作業も、本稿の趣旨を考えると、避けがたい、有意義な視点を提供する。しかるにこの点については、紙面の制約ゆえに今回は十分に果たせなかった。別稿において改めて検討したいと思う。

なお、フランスにおける「公産（domaine public）」や「公役務（service public）」に関する論議は、一八〜一九世紀のフランス行政法学及び黎明期におけるドイツ近代行政法学においては、特にマイヤー行政法学の特質と構造解明にあたっては、不可避かつ有意義の問題提起となる[3]。ただフライナー行政法学との関連でいうとマイヤーほどの接点を見出すことはできない[4]。それはフライナーが後述のとおり、「混合法律関係理論」（die Theorie von den „gemischten Rechtsverhältnissen“）に立脚し[5]、行政法を「私法の特別法」と解し[6]、その延長上の問題として「私所有権説」を主唱するからである[7]。フライナーのかの名言――「国及び公共団体の私法への逃避[8]」（Flucht von Staat und Gemeinde in das Privatrecht）――は、彼の学説、否、学問体系を象徴する。従って当該テーマに関しては、本稿では扱わず、フライナーの「公（法）と私（法）」（Öffentlich-rechtlichkeit u. Privat-rechtlichkeit）という観点から、稿を改めて考究したいと考える。

一　フリッツ・フライナーと《フランス》との接点

まず、フライナー行政法学の検討に入るまえに、フライナーの生涯において《フランス》がどう関わっていたかを概観してみたい。

1　その生涯と業績(9)

(1)　パリ大学留学

フライナーは、一八八七年にチューリヒ大学に入学するが、在学中、教会法研究のため、パリ大学に留学を果たしている。一八九一年のことである。この留学では特にトリエントの婚姻法に関する研究を進めている。後の教授資格論文《ハビリタツイオンシュリフト》――『トリエント婚姻法』(*Die tridentinische Ehevorschrift*, 1892.) はこの留学時代の成果である。同年、チューリヒ大学私講師 (Privatdozent) に就任。私講師就任演説の題目は、『ナポレオンⅠ世の離婚』(*Die Ehescheidung Napoléons I.* 1893.) である。同大学では教会法を担当。九五年には同大学の員外教授 (Extraordinarius) に昇格、教会法とともに、フランス私法(10)、スイス連邦国法学及びスイス史の講座をそれぞれ担任している。

(2)　チューリヒ大学時代――オーリウ、ジェズ、そしてアイゼンマンとの親交

その後フライナーは、バーゼル大学(11)(一八九七～一九〇五年)、チュービンゲン大学(一九〇六～一九〇七年)、ハイデルベルク大学(一九〇八～一九一四年)を経て、一九一五年からはチューリヒ大学に迎えられる。**二**で紹介するフライナーのドレスデンにおける講演――「フランス人の国家観」(Die Staatsauffassung der Franzosen) はこの年に行われたものである。

このチューリヒ時代は、フライナー行政法学が完成、円熟期を迎える時期で、数々の重要な論稿が公にされている。特に《フランス》との接点を有する作品を取り上げると、一九一六年に発表された「スイスにおける近代国家理論の成立と変遷」(Entstehung und Wandlung moderner Staatstheorien in der Schweiz) は、チューリヒ大学への就任演説であるが、ボワシィエール (Léopold Boissier) によってフランス語に翻訳されている。またその翌々年に発表された、Neue Helvetische Gesellschaft の年次大会報告――「スイスにおける中央集権主義と連邦主義」(Zentralismus und Föderalismus in der Schweiz) も、ゲオルグ・ヴェルナー (Georges Werner) によってフランス語に翻訳されている。[12] さらに、同年、フライナーは「我々の民主主義の罪過」(Sünden unsrer Demokratie) と題する新聞論説を発表しているが、フランス語版も同時に出されている。[13]

しかるにこの時期、やはり最も特筆すべきは、スイス連邦国法学の最初の体系書である『スイス連邦国法学』(*Schweizerisches Bundesstaatsrecht*, 1923.) の刊行であろう。本書が刊行されるに際しては、スイス国内においては言うに及ばず、ドイツ及びフランスにおいても数多くの讃評を確認することができる。[14]

パリに本拠を置く「国際公法学協会」(International Institut für öffentliches Recht) の理事長 (Präsident) を務めたのは、一九三〇年からの三年間であった。ガストン・ジェズ (Gaston Jèze) の後任である。[15] フライナーは、当協会の創設メンバーであった。[16] 理事長就任の前年には、当協会のセッションで「スイスにおける人民によるレファレンダムとイニシアティブ」(Le référendum et l'initiative populaire en Suisse) と題する報告を行っている。なおジェズは、フライナーの還暦記念論文集 (一九二七年) に「国民意思と政治技術の教義」(Le dogme de la volonté nationale et la technique politique) と題する論攷を寄せている。

フライナーは、M・オーリウ (Maurice Hauriou) とも親交があったようである。詳細は不明であるが、オーリウの追悼論文集《メランジェ》には、「スイスにおける少数派の法理」(Le Droit des Minorités en Suisse) (一九二九年) という論文を掲載している。

三〇年代に入ると、フライナーは、当時ヨーロッパ全土に拡がりつつあったナチズムの危機的情勢を憂慮し、ファシズムに対する学問的分析、そしてそれへの明白なる批判と敬遠、デモクラシーの再確認と決意表明を積極進取に展開している。[17] 一九三四年、かの地、シュトラスブルクにおいて行われた講演――「民主主義観念の変異」（Wandlungen der demokratischen Ideen）――はその一端を担うものである。この講演は、フライナーがシュトラスブルク大学から法律学の名誉博士号を授与された、そのセレモニーで行われた記念講演であるが、[18] この講演を企画した立役者は、当時シュトラスブルク大学教授であったC・アイゼンマン（Charles Eisenmann）であった。アイゼンマンは、フライナーの行政法学の体系書である『ドイツ行政法提要』[19]（*Insitutionen des Deutschen Verwaltungsrechts*, 1928.）第八版（最終版）のフランス語訳（*Les Principes Généraux du Droit Administratif Allemand*, 1933.）も手掛けている。フライナーとアイゼンマンとは少なからぬ親交があったようである。

一九三六年四月一五日、フライナーは引退を表明、二〇年間勤め上げた大学での活動に終止符をうつ。同年、パリに本拠を置く「外国の立法及び国際法に関する委員会」（Comité für fremde Gesetzgebung und internationales Recht）は、フライナーを特任メンバー（korrespondierendes Mitglied）として迎え、[20] トルコのイスタンブール大学及びアンカラ大学での学術的連続講演[21]を依頼している。またこの時期フライナーは、やはりパリに本拠を置く「国際憲法史協会」（International Institut für Verfassungsgeschichte）の副理事長も務めている。[22]

フライナーは、この約一年後、天に召されている。フライナーは、一世一期、自由と平等、そして博愛（愛国心）[23]を探求し続けた碩儒であった。

2　その他の特筆すべき点

フライナーは、その生涯において四三本の書評を発表しているが、うちフランスの文献に関するものが三本ある。

① J. Vallotton, De la juridiction administrative fédérale des Etats-Unis et de 1a Suisse en matière de douanes et de l'expertise légale des douanes en France, Lausanne 1905, in: Zeitschrift für Schweizerisches Recht, N. F. 25 Band, 1906, S. 410 ff.

② J. Friedrich, Die Trennung von Staat und Kirche in Frankreich, Giessen 1907, in : Zeitschrift für Politik, Bd. 1, 1908, S. 632.

③ A. Esmein, Eléments de Droit constitutionnel français et comparé, 7. Edition, Paris 1921, in: Zeitschrift für Schweizerisches Recht, N. F. 41 Band, 1922, S. 297 ff.

フライナーの《フランス》を題材とする未刊行講演としては、前節に紹介したものを除いて次のようなものがある。

Politische Voraussetzungen und Wirkungen der republikanischen Bundesstaaten in Europa und Amerika, gehalten am 23. 11. 1929 bei der II. Schweizerischen Akademikertagung in Zürich, in: Nachlässe Handschriften von Fritz Fleiner (Mappe Nr. 13) in Zentralbibliothek Zürich; *Neue Zürcher Zeitung*, v. 25. 11. 1929, Nr. 2292.

鑑定書は、全二四本を確認することができるが、そのうちタイトルから判断して《フランス》に関連があるものが一点ある。

Vaterschaftsklagen gegen Schweizer in Frankreich, Rechtsgutachten, in: Schweizerische Juristen-Zeitung, 13. Jg., 1917, SS. 337-339.

最後に、フライナーが Doktorvater を務めた博士論文は、全一七七本。うちフランス公法学を扱ったものは、七本である。

1912

①Ernst Richard Lepsius, Nationalitätswechsel und Optionsrecht der Elsass -Lothringer nach den deutsch-französischen Friedensverträgen des Jahres 1871.

1913

②Alfred Krüger, Die geschichtliche Entwicklung der Verfassung der Kirche Augsburgischer Konfession von Elsaß-Lothringen von 1789–1852, Mit zahlreichen bisher unveröffentlichten Dokumenten und Briefen.

1923

③Karl Brunner, Die Lehre vom Verwaltungszwang, Eine rechtsvergleichende Darstellung aus dem schweizerischen, deutschen und französischen Verwaltungsrecht.

1925

④Marguerite-Marie Pietzcker, Des monopoles communaux issus de concessions sur le domaine public (étude de législation française).

1926

⑤Reto Caratsch, Die Initiative zur Verfassungsrevision, Rechtsvergleichend dargestellt, mit besonderer Berücksichtigung der französischen Verfassungsgeschichte seit 1789.

1928

⑥Carl Baumann, Die Valorisation in Elsass-Lothringen und die Versicherungsverträge der schweizerischen Lebensversicherungsgesellschaften.

1933

⑦ Walter Adolf Jöhr, Die öffentlich rechtlichen Formen der Arbeitslosenfürsorge auf Grund der Gesetzgebungen Deutschlands, der Schweiz und Frankreichs.

二 「フランス人の国家観」(Die Staatsauffassung der Franzosen)

まず、フライナー行政法学の特色を考察するに先立って、彼が理解と共鳴を示した《フランス》とは、どのようなものであったか概観してみたい。フライナーは一でも取り上げたように、一九一五年、ドレスデンにおいて「フランス人の国家観」と題する講演を行っている。以下にその抄訳を、少々長くなるが、紹介したい。なお、訳中の傍点箇所は、原文における強調体の部分である。

「フランスの政治教義は、ドイツの法律家にとっては決して新しいものではない。というのは、フランスの革命思想とともに、その政治教義は、ヨーロッパ中を席巻したからである。フランス革命は、国家に対する個人の関係について、抽象的に、かつ時代を超えて普遍的に理解され、かつ評価されている[24]」。

旧体制《アンシャン・レジーム》下の絶対王政の圧政に対する対抗措置として「モンテスキュー判事は……権力分立の定理の中に解決を見出した。ジュネーブ市民たるジャン・ジャック・ルソーは、君主主義的絶対王政の不当性をすべての人民への権利の平等の教義と、すべての公権力が民主主義的な社会契約に基づいているとの推論から証明した。……人は、生まれながらにして権利を有し、それは、国家といえども侵害されない、奪われ得ない。これは自然法に基づく、新たな憲法(Staatsrecht)から要請されると演繹する。……一七八九年八月二六日の『人及び市民の人権宣言』の中に、平等と自由は相互に均衡を保つとされる。……あらゆる旧制度を壊滅させる嵐は吹き荒れ、そしてその廃墟の上に民主主義的専制政治（demokratische Despotie）は建設された。個人の自由は、専制権力に対して、重厚に抵抗できるのである。……革命によって表明された平等権思想、国民主権、権力分立、そして個人の自由は、フランスの国家観にとって確固たる支柱[25]」であって、これに比類する「新しい観念は、今日までフランスでは、その憲法生活において未だ産み出されていない[26]」。「『一七八九年の原理』は、今日に至るまで……フランス公法学の本質的な構成要素である[27]。」

「フランスにおけるすべての公権力は、今日においてもなお、フランス革命立法に根ざしている。フランス革命は、かつての旧体制《アンシャン・レジーム》下の国家及び社会で運用されてきたすべての法秩序を一掃し、そしてその根本から新しい公法制度を構築した。近代フランスの制度において、旧体制《アンシャン・レジーム》の法原理に依拠して、そこから支持を得ているものは全く存在しない。すなわち、今日のフランスにおけるすべての制度に関して、最も古い権原とは、革命立法なのである[28]。」唯一の例外が一八一四年の王政復古である。

「フランス革命の教えによれば、国民の意思は、すべて法の究極の源泉である。法律とは、一七八九年の原理によれば、国民の多数意思の何物でもない。『法とは、一般意思の表現である』(„La loi est l'expression de la volonté générale.“)。……憲法において具体化された最上の国民意思に抵抗する意思は、民主主義においては存在しない[29]。」

ドイツ君主の法的地位は、「伝統的に憲法から演繹されるのではなく、君主の権力は、すべての憲法に先立って存在し、かつ君主自らの力によってのみ制限され[30]」る。これはフランス公法学の解釈と明らかな相違点を露呈するが、このフランス的解釈に対するドイツの「拒絶は、何らの法律上の権原に基づくものではなく、単なる歴史的沿革であって……我々に嫌悪（Abneigung）すら抱かせる。……フランス最高行政裁判所であるコンセイユ・デタは、法律がすべての行政活動に対する単なる制限（Schranke）ではなく、唯一の動機（einzige Motiv）でもあるということを幾度にも亘って解明してきた[31]」。これはフランスが「判決を通じて行政法規の完全なる体制を演繹することに成功したということなのである。フランス精神の唯一無比の特徴とは、この行政判例（le contentieux administratif）に見られる。……これこそがフランス行政裁判官の、多方面から称賛された『良識（bon sens）』[32]」に他ならない。

「革命から受け継がれた行政中央集権主義への強靱なまでの固持……は、革命時の国家観への崇拝と結びつく。……ナポレオン的行政機構は、今日まで完全な形で存続する[33]」。それ故、「自治的な地方権（pouvoir municipal）の構築の兆しは、すでに革命立法で創始されていたが、それは十分には発展しなかった。……フランスの市町村の自治行政の範囲は、ドイツの広範な自治行政よりも劣っている[34]」。「フランスの法律用語では、自治行政の特徴を示す表現はない。……地域行政における活動は、フランスにおいては、極めて副次的な市民の政治教育のみである[35]。……パリの中央政府を掌握する者は、フランス全土を支配するのである。革命がパリにおいて勝利を治めるということは、すなわちフランス全土をも征服したということなのである[36]」。フランスの「中央集権的行政は、一方で君主制を敬遠し、他方で民主主義的表現を称揚する。……フランスの国家観に関する実際的現象は、中央集権的行政の国民主権との有機的結合の中に立脚している。これは換言すれば、中央政府の各州に対する下からの統治と、上からの統治の融合である[37]」。

「行政の全権は、普通裁判所を通じても抑制されない。というのは、フランスにおける権力分立の導入は、行政活動に対する普通裁判所のあらゆる干渉を阻止するという目的の下で導入されたからである。公行政は、行政活動のために特段に調整された公法及び行政活動のために特別に創設された裁判制度――行政裁判制度の下に立脚する。確かにこの行政裁判所は、行政とは別個に（neben）設置されたものではなく、行政の中に（in）設けられ、その意味で、この行政裁判所には、裁判官のような独立性は保障されていない。しかるにこの点については、行政裁判所への多数の方途、とりわけ伝家の宝刀たる越権訴訟（recours pour excès de pouvoir）や公行政に対する市民への権利保護を保障する裁判官の職責は、フランス行政裁判の中で忠実に展開されている[38]」。

フランスにおいて法の下の平等とは、「単に紙の上での事柄ではなく、慣習の中にも浸透する。フランス社会は民主的な社会なのである。フランス大革命は、階級差別を徹底的に排除した」。フランス的平等権は、すべてのフランス人に「国家運営に参加するための門戸を可能な限り広く開放することで」実現する。換言すれば「平等権の観念は、すべての者が、方法を等しくして、国家権力の共同の担い手となるという公式の中に、最も力強く表現されているのである。『すべての権力は、国民に由来する（„Tous les pouvoirs émanent de la nation."）』のである。これは純粋民主主義への首尾一貫した自己形成の中に導出される[39]」。

「革命時の国家理論やそれに伴う近代フランス国法学は、とりわけ、天賦人権説から生起している。例えば一八四八年一一月四日のフランス共和制憲法が明規するように、『国家は、人民の権利及び義務が現行の実定法に先行され、かつ実定法より優位されることを是認する（„la République reconnaît des droits et des devoirs antérieurs et supérieurs aux lois positives."）』。時効の適用を受けない個人の権利は、国家権限と対立する。……ベンジャミン・コンスタンは、古典的自由の概念と近代的自由の概念との間における相違点について的確に述べる。すなわち、古典的自由は、市民に対して、国家権力への参加としての権利を意味し、他方、近代的自由は、国家権力からの自由である。「一般的にフランスの文献における自由権の観念は、しばしばドイツの自治行政の概念との関連で指摘され、そして双方の概念とも、国家の全権に対する制限を目指している点に力点が置かれる。個人は、自由権の行使を通じて、個々の問題から擁護され、他方、自治行政団体は、自らの地域の行政課題を処理しながら、公法上の課題を乗り越えていく。双方に明確な相違があることは、一般に認識されているけれども、この観察は正しい[40]」。

「統一国家、民主主義、個人の自由、これらはフランス人の国家観に関する中心的教義である[41]」。

三　フライナー行政法学のフランス法学的特質

1　序――独仏両国における行政法学の歴史的沿革

フライナーは、ドイツが未だ《近代》という光明を知らない警察国家時代において、すでにフランスから継受された警察権理論（Theorie von jus politiae（la police））が当時拡大の一途を辿っていた領主権力の正統性を担保し(42)、しかるに同時に、臣民が公権力に対して有していた「既得権」（wohlerworbene Recht, ius quaesitum）は、フランスの「二つの偉大なる反絶対主義的理論」――権力分立論と天賦人権論――によって、不可侵の「生来の権利」（das angeborene Menschenrecht）として、すなわち二でも触れたように、「前憲法的な、そして憲法に優位するところの権利」（les droits antérieurs et supérieurs à la constitution）として、その思想的・政治的正当性を獲得するに至ったと解し(43)、ドイツ法学がフランス革命以前から少なからず影響を受けていたことを述べている(44)。

他方、ドイツ行政法学の歴史的沿革については、フライナーは、フランスのそれとの対比において、次のように述べている。

「フランスにおいては、かの大革命が旧国家体制《アンシャン・レジーム》を崩壊させた。革命は、公行政に対する統一的な公法を形成して、行政実務及び立法の自由な運用を創造した。そしてその中核には、公権力と被治者たる市民との公権力関係が確立される。ドイツにおいては、これとは全く異なった道程を辿った。今日のドイツ行政法は、国家と社会の激烈なる危機から惹起したものではない。個々の領邦《ラント》において徐々に進展していった改変というプロセスの中で発展していったものである。ドイツ各州《ラント》におけるこれら改変のプロセスは、一定の均一化された進捗《テンポ》で遂行されたものではなく、またその時々の新しい法が旧法を完全に排斥しながら進められたものでもない。すなわちドイツでは、いつの時代でも、先人の築いた法的遺産（残骸・rechtliche Ueberreste）が、新たなる解釈の前に立ち塞がるのである(45)」。

ドイツは第二帝政以降、公行政に関する法実務は、その「歴史的優位性」（die historische Priorität）を措定しつつ、「混合法律関係理論」（die Theorie von den „gemischten Rechtsverhältnissen“）を形成する。すなわち「行政を遂行する国家は、二種類の法——公法と私法——によって運用されるのである(46)」。ドイツにおいて「公法とは、私法を『適正なる法』（das „richtiges Recht“）としては適用しがたい、そのような公行政との権利（法）関係において、私法の特別法として発生するものなのである(47)」。すなわち「公法と私法との間には、双方を隔てる深い溝が存在するものではない。法的生活において、公法と私法は相互に浸透し、かつ補完し合うものである。……同一制度において公法及び私法の両要素が混在していることも稀ではない。……このように公法と私法とが相互に浸透しているという点にドイツ行政法の兆表があり、これは統一的体系によって構築されたフランス行政法制度とは対照的な点である(48)」（括弧内及び傍点筆者）。

フライナーは、このように独仏両国における行政法（学）の歴史的沿革には決定的な差異が存することを強調する。にもかかわらず、彼の『提要』には、当時フランスにおいて展開されていた最新の学説・判例が随所に、かつ丹念に紹介され、かつ次項以降に考察するように、彼の学問体系は、フランス革命思想（啓蒙思想）の多大なる影響の下に展開されていることを明白に確認することができる。それはフライナー自身、二でも触れたとおりフランス行政法理論にある種の《普遍性》を読み取っていたからに他ならない。

他方マイヤーは、『フランス行政法の理論』において、フランス行政法から「何か模倣すべきものがあるとするならば、それは、むしろ全体の精神、すなわち、法の力強い形成の中に確認される国家活動の高権的性格に対する強い尊敬の念である」（傍点筆者）と述べる。[49] しかるにその一方でマイヤーは、ドイツ行政法理論を纏めるにあたって、フランスのそれとは全く異なった「困難性」[50]に直面するとも告白する。そしてその「困難性」の根本原因とは、独仏両国の近代国家へのプロセスの違いと指摘する。[51] すなわちフランスは、革命によって旧体制《アンシャン・レジーム》を怒濤の如く一掃し、中央集権的統一国家を建立したのに対して、ドイツは、伝統的に連邦制を基本として各州《ラント》法制の多様性が見受けられ、かつ変革に対しても漸進的に展開していったのであって、双方の国家には共通の地盤がなく、従って行政法理論の体系もおのずと異ならざるを得ない[52]と解する。「ドイツ行政法学の前提は、立憲国家である。……（今日）ドイツは、行政法学の形成にあたって、紛れもなく、いわゆるフランスの模倣者、踏襲者の役を多分に演じている。我々は、兎にも角にもフランスとは別のものを構築するのであるから、我々がフランス的根本観念まで借用するのは無意味であり、これには抵抗しなければならない」[53]（括弧内筆者）。すなわちマイヤーは、ドイツ行政法学の構築に向けられた特有の要請とは、フランスを《移入》することでは決してなく、ドイツにおいて興隆を極めた国法学（Staatswissenschaft）、そして旧来の警察学（Polizeiwissenschaft）及び官房学（Kameralwissenschaft）に準拠しつつ果たされなければならないと主張する。[54] マイヤーのこの思考の誘導索（Schlepptau）は、ヘーゲルによって完成をみた《ドイツ観念論》である。[55] 後進国ドイツが〝上からの近代化〟を進める中で誕生した――「理想が現実を支配する」精神的実在の追究である。一八世紀の自然主義的あるいは功利主義的な啓蒙思想とは対極に位置する。マイヤー行政法学には、フライナーのそれとも、またフランス公法学とも異なったイデオロギーが潜在する。

それでは以下に、フライナー行政法学体系の中でとくに《フランス》との関連で特筆すべき、①法律による行政の原理、②行政裁判理論、③自治行政理論についてそれぞれ考察を進めることとする。

2　法律による行政の原理

ドイツにおける「法律による行政の原理」（法治主義）は、オットー・マイヤーによって《公式化・体系化》[56]された。フライナーの法治国家思想も基本的には、マイヤーが主導した「形式的法治国家」概念——当時の学界の支配的見解——を踏襲する。[57]しかしながらフライナーは、フランス革命を主導した啓蒙思想にある種の《普遍性》を見出し、それを着想としてマイヤー学説の「修正的展開（modifizierende Öffnung）」[58]を果たす。フライナーはこう述べている。「フランス革命以降の立憲国家及び権力分立原則の導入は、すべての国家において、司法のみならず、行政をも法律で拘束せしめるという可能性を生ぜしめた。すなわち法律による行政は、近代法治国家の支柱（Eckpfeiler）となった」[59]（傍点筆者）。そしてこれを基軸として「実質的（司法的）法治国家」像の模索へと進展する。[60]すなわちフライナーは、人民の自由権＝「公権」について、公権力に対する「請求権」としての確固たる「権利」性を認容し、[61]かつそれを前提として「法律による行政」の原理を、執行機関の恣意性の排斥を目的として構築されたものと定める。[62]そして人民の権利・利益を保障する担保手段として、行政裁判制度を構想する。すなわちフライナーは、行政裁判を通じて立法者意思を解釈・確認し、あらゆる行政運用を法的に統制し、以って国民の権利・利益の保障、及び行政の終局的目標である「公益の実現」を図ろうとしたのである。[63]

フライナーは、「法律による行政の原理」と民主主義原理との融合に成功する。フライナーの「法律の留保」論は、戦後の通説と考えられる、いわゆる「権力（行使）留保説」を先取りする。[64]また彼の法治主義観念は、「憲法による行政」（フライナーは殊に「立法者拘束説」に基づく「平等原則」の強調、ヴァイマル憲法の最高法規性の確認とその硬性化への主張、そしてその制度的保障として憲法裁判所創設への提言にも及ぶ[65]）、さらに「法による行政」（行政法の法源としての「自然法」の容認）へと展開される。[66]

マイヤーの法治国家観あるいは「法律による行政の原理」に関する所説については、ここでは深入りしないが、[67]当該原理の前提概念たる権力分立論について、マイヤーは「フランスの司法と行政の区分は、厳然たる敵対の中から惹起したもので、司法裁判官は明白なる貴族階級——法服貴族（noblesse de robe）であり、他方、行政の主役たる国王の官吏は、有能な平民（Plebejertum）からの公募である。しかるにドイツの裁判官及び行政官は、大学で教育を受けた学識のある職能階級（Berufsstand）で、なによりもドイツにはフランスのような双方機関に極めて険悪な敵対（so schroffer Gegensätzlichkeit）は存在しない」（傍点筆者）と述べる。[68] しかしながらマイヤーは、フランス的な厳格な権力分立論に依拠し、[69] さらにはフランスの「大臣裁判官制の理論」（Théorie du ministre juge）に示唆を得て、[70] 行政と司法との同格性、換言すれば「行政の司法化」（Justizförmigkeit der Verwaltung）を導出する。[71] この「行政の司法化」という意想《コンセプト》に基づいて、マイヤー行政法学体系が成立している点については、これまでのマイヤー研究によって明らかにされているところである。[72]

他方、マイヤー学説によれば、ドイツ立憲主義的意義における「法律」概念とは、ラバントが指摘するようなフランス的概念の継受あるいは借用では決してなく、ドイツの歴史的沿革の中で生成・発展してきた概念を主軸に、フランス的教義が融合したものと解する。[73]

このようにマイヤー学説を概観するに、自身は、明白なフランスとの脱交渉性を独白するのであるが、これまでの研究成果を精査するに、フライナー同様、マイヤーは、《フランス》から多くを継受していることが分かる。しかしながら、マイヤーの「継受」は、フライナーとは明らかに異なった側面に魅了されており、フライナー学説との懸隔性を改めて確認することができる。

3　行政裁判理論

かつて南博方博士は、ドイツの行政裁判制度に関して、ドイツ各州《ラント》の歴史的沿革まで丹念に掘り下げた研究を公にされている[74]。南博士の説くところ、「従来、伝統的に行政裁判と呼んできたものは……もっぱら形式的意義において理解するのを通例とし……すなわち行政裁判の通例の用語は……行政事件に関する訴訟について、司法機関の外にあり、むしろ行政系統に属する特殊の機関を設けてなさしめる裁判を指」すと解される[75]（傍点筆者）。そして続けてドイツにおいては、行政裁判の本質に関してふたつの異なる理論的傾向が存在するとし、ひとつがグナイストを《始祖》とし、マイヤーが後継する「プロイセン学派[76]」、もうひとつがザルヴァイ（Otto von Sarwey）、ギーゼ（Friedrich Giese）等が主導し、いわゆるマイヤー学派《シューレー》——フライナーやW・イェリネク（Walter Jellinek）等が組する「南ドイツ学派[77]」であると解する。

ここで簡単に双方の学派の主張を要約しておく。

「プロイセン学派」とは、文字どおり、主にプロイセンの実定法制に準拠しつつ構想され、そもそも行政裁判作用とは、執行権に属する特殊の行政官庁が裁判の形式において展開する行政行為（積極行政）と解する。訴訟事項に関しては列記主義（Enumerationsprinzip）を採用し、法律問題（Rechtsfrage）の他、行政庁の自由裁量処分（freie Ermessen）に対する審理権も容認する。故に職権主義が強調される。この学説の最大の特色は、人民の「権利保護的側面は後退し、その行政監督的色彩ないし自己抑制的性格が強調される」点にある[78]。

「南ドイツ学派」は、行政裁判の本質・目的は、人民の公権保護ないし客観的行政法規の維持にあると解する。従ってこれに応えるべく行政裁判所は、執行機関から完全に独立・分離した行政組織であると帰結する[79]。

さて、フライナーの所見を概観する。フライナーの行政裁判に関する根本理念とは、こうである。

「ドイツにおいて法治国家とは、司法的介入が行政領域にも及び得ることを以って完成する。それにより行政は、法（Recht）に拘束される作用となり、行政法の実現が行政庁の義務となった。……行政官吏は、あらゆる状況において、市民（Bürger）に対しては、公益（das öffentliche Interesse）を代表[80]」する。「行政法分野における独立の権利保護機関創設への要請は、立憲国家創建によってすでに直接的に提起されているのである[81]」。「行政に対する司法統制の必要性については日々の生活を鑑みれば、さほど困難な証明は必要なかろう。また十全なる権利保護は、独立性を有する裁判所を通じてのみ保障され得るということも自明の理である[82]。」「ドイツにおける歴史上の沿革及びその全体的な構想からして（行政裁判制度は、司法機関であって）上級行政官庁ではなく、権利保護機関である[83]。」「権利侵害に対して判断を下すのは、それが私法（分野）であろうが、公法（分野）であろうが司法裁判所判事（Zivilrichter）の職責として発せられる[84]。」「市民は、行政官庁の処分によって、自らの私権が侵害された場合には、通常裁判所に保護を請求することができる。……（これは）行政（活動）の法的限界に関する再審査を司法に広範囲に委ねているのだ[85]」（括弧内及び傍点筆者）。このフライナー学説は換言すれば、行政法分野において、司法に託された「客観的法秩序の保護[86]（der Schutz der objektiven Rechtsordnung）」ということになる。

さて、まずここで気づく点は、フライナーの上記見解は、本項冒頭に示した南博士の分類――フライナー＝「南ドイツ学派」――に必ずしも該当しないということである。なるほどフライナーの『提要』を概観するに、南ドイツ各州《ラント》――バーデン州やヴュルテンブルク州等――の実定制度を高く評価し、その引用も目立つ。しかるに決定的なことは、フライナーによれば、近代憲法は、行政に、市民の権利擁護者であると同時に公益代表者であることを直接的に要請し、そして当該要請に応えるべく、行政から組織的・人事的に独立性が担保された司法機関に、行政争訟に関する審査権は与えられるべき[87]であると主張している点である。さらにフライナーは、ヴァイマル時代の支配的見解であった訴訟事項に関する《列記主義》を痛烈に批判し[88]、一般概括主義を主張するなど、これらフライナーの所見を総括すると、南博士の分類学に言うところの「第三の傾向[89]」――これは「南ドイツ学派」を進化・洗練させたもので、第二次世界大戦後の西ドイツ行政裁判制度の抜本的改革に多大なる貢献を果たした――を先制していたものと考えられるのである。

さて、話が《フランス》から少々外れたので、もとに戻すとしよう。

フライナーは、『提要』の随所に南ドイツ各州《ラント》の行政裁判制度に関わる法律・判例を参照する。それはこれら各州《ラント》の制度設計が、フライナーの主張する「ドイツにおける歴史上の沿革及びその全体的な構想」に最も忠実であり、行政裁判制度の本質を「市民の公権保護ないし客観的行政法規の維持」に照準を定めていたからに他ならない。そしてここで興味を引くのは、南ドイツ各州《ラント》で創設された行政裁判制度は、元来、民事訴訟を範とする[90]、いわゆる「行政司法」(Administrativjustitz)にその基礎を置き[91]、そしてそのさらなる源流を探るとフランス行政裁判理論へと辿り着くということである[92]。レーニングは、フランス行政裁判制度について、その第一義的任務とは、行政によって否認又は侵害された個人の公法上の主観的既得権を、現行法に依拠しつつ救済することであるとし、その実現に付随する問題として、第二義的任務、行政の法律適合性の確保があるとの解釈を展開するが[93]、これはまさにフライナー学説と符合する。フライナー自身、フランスを「行政裁判制度の発祥の地」[94]であると称し、ドイツの行政裁判所創設の構想過程においては、そこから多くの影響を受けていると述べている[95]。

「フランス共和制の伝統的な考え方は、共和的価値の実現と確保を第一次的に議会の活動に期待し、また裁判官の役割を合法性の保障として位置づける。すなわち、執行権が議会と裁判所の統制に服することが共和的合法性(légalité républicaine)の原則にとって不可欠の要件とされ、しかも合法性のみが国家権力行使の正当性(légitimité)を根拠づける唯一の方法であった[96]」。このフランス行政法学における根本思想もまた、フライナーと符合する。すなわちフライナーによれば、「行政裁判制度は、法治国家の『法律による行政』への要求を現実のものとするという目的を追求する[97]」。行政法分野における国民の権利・自由の保護が行政裁判所を通じて確立されることで『法治国家の成熟』(die Krönung des Rechtsstaates)[98]を迎えるのである。ただここで注意を払わなければならない点は、フライナーが共鳴する《フランス》とは、概して、その〝精髄《エスプリ》〟であって、現実具体的に運用されている〝制度〟ではないということである。なによりもフランスでは、一七八九年以降、ふたつの世界大戦を経た今日においても一貫して行政裁判制度を《行政機関》(99)に託す。他方、フランス行政法学の生命線であり、フライナー自身「時代を越えた不朽の功績」(das unvergängliche Verdienst)(100)と称える《判例法主義》(101)を、ドイツに導入しようとした痕跡は見当たらず(102)、またフランス産の《国家債務 l'Etat débiteur》(103)の原則や《行政契約 contrat administratif》(104)理論も採用せず、フライナーと《フランス》の法実務との間には明確な乖離を確認することができるからである(105)。

他方、オットー・マイヤーの行政裁判に関する観念は、フライナーのそれとは全く異なる。曰く、「民事訴訟理論にとっては、権利保護制度という観念が中心に置かれる。行政においては、国家はその『権利保護義務』を基本的には通常の行政官庁（いわゆる積極行政＝行政行為）によって実現する(106)」。「行政裁判とは、当事者手続によって行政行為を発するための行政官庁の行為であり、行政裁判所とは、当事者手続によって行政行為を発すべき権能を有する行政という組織に属する官庁であり、……行政裁判所の判決とは、当事者手続から生じる行政行為である(107)」。「あらゆる行政裁判は、再審査（Nachprüfung, contentieux a posteriori）である(108)」（括弧内及び傍点筆者）。マイヤーは、なるほど「プロイセン学派」である。

マイヤー学説がフランス法に依拠するものでないことは、先のレーニングの叙述からも明らかなので繰り返さないが、「権限踰越に対する抗告（Rekur wegen Machtüberschreitung）」については、元来フランス法から形成された観念で(109)、これが唯一ドイツが「フランス法の観念に自覚的に準拠して（in bewußter Anlehnung）創設した」ものであって、これ以外には「目下のところ、フランス法制度に類するものは、ドイツにはもはや存在しない。」「輝かしき例外（eine glänzende Ausnahme）」であると、マイヤーは論述している(110)。

なおレーニングは、『フランス行政法の理論』の書評において、マイヤーがフランスの行政裁判所の権限に関して、歪曲して叙述していると批判する。すなわち当該問題について根源的に探求するのであれば、当然の如く立法者意思やコンセイユ・デタにおける実務（判例）を適正に精査しなければならないが、マイヤーはこれを怠っていると。[111] マイヤー学説は、その意味でこの問題に関しては、フランスからの継受ではなく、やはりグナイストからの継受と考えるほうが当を得ているように思われる。

4　自治行政理論

自治行政に関するフライナー学説を纏めると以下のとおりである。

フライナーによれば、自治行政の発展とは、直接民主主義の育成に必要不可欠である。[112] それ故に、住民自治・団体自治の観念を積極的に容認する。[113] そしてフライナーは、いわゆる「固有権説」に立脚する。[114] さらに自治行政の発展は、国家権力の暴走を防禦し、民主主義的連邦制を構築する上でも重要かつ必須であると解する。[115] 他方、特定の行政事務が国又は地方のいずれの管轄に属するかについての区別はさほど重要ではなく、またそれを受けて、自治体が行使し得る団体事務・委任事務にも明確な区別は存在せず、実務上は双方の流動性・相対性が現存し、結果、双方事務とも自治体の歴史や風土、さらには政治的・法的基盤を考慮しながら自治体固有の権限として発展してきたものであると解する。[116] 自治立法たる条例は、行政法の重要な法源たる地位を占めると解し、[117] すなわち自治体とは、国家と並ぶ自主独立の存在であって、双方は、対等・協働関係を築くものであって、[118] 自治体行政に対する国家監督権の行使は、法治主義の範疇で捉えられなければならないと解する。[119]

さて、本稿のテーマとの関連でさらに詳述するならば、フライナーの「地方自治権の本質」――「固有権説」の展開――に関する議論が特に考究されなければならない。

フライナーは、「自治行政団体の生存目的とは、ドイツにおける歴史的沿革により、国の行政と対照的な地方行政に属するもののすべてを処理することである」[120]（傍点筆者）。「議会主義及び自治行政は、人民の自己『統治』の発露

(Ausflüsse der Selbstregierung des Volkes) として現われ(121)」ると述べ、前述のとおり、いわゆる「固有権説(122)」に立脚する。フライナーのこの解釈は、フランス革命期当初に積極的に主張された「地方権」(pouvoir municipal) 思想に依拠する。(123) フライナーはまた、一で紹介した「民主主義の変異」と題する講演のなかで、ルソーを「唯一の純粋民主主義の偉大な理論家」であると評し、「我々の民主主義的信念の中心点には、我々の偉大なる同胞でありジュネーブ市民たるジャン・ジャック・ルソーの教義がある(124)」とし、ルソーが「従来の《上層階級の人民》(le peuple d'en haut) の手中に収められていた町の統治を、《下層階級の人民》(le peuple d'en bas) に関与させることを要求(125)」したことを積極的に評価している。(126)

他方、マイヤーは、ルソーについて、民主主義の「最も適格性を有する唱導者 (der „berufenste Apostel")(127)」にして、共和制及び国民主権主義の擁護者、そして一革命家であると評する。(128) しかしながら、フィヒテやヘーゲルがルソーの社会契約論を「道義的に」否定しているところから、ルソー学説は「全ドイツには当てはまらないもの」と結論づけている。(129) ここでもマイヤーに貫かれているものは《ドイツ観念論》であり、フライナー学説との乖離が確認される。

フランスが《革命》を通じて獲得しようとしたものとは、前二でも紹介したように、強力な中央集権体制である。革命直後に急速に整備された県 (préfecture) 及び市町村 (ville, bourg, village) は、「相互に積み重なって統制された官僚国家体制の下位組織《セクター》として編入(130)」され、権利能力ある私的団体結社もナポレオン体制に対する反逆分子《レジスタン》になることを警戒し、一七九一年七月一四日の一連の法律はあらゆる階級身分性団体、職能団体を解体した。(131) そしてそれと並行して徹底的に排斥されたものが、各地方団体の憲法(132)と「地方権」思想であった。フランスにおける地方団体は、以降一〇〇年近く「中央政府の末端の行政機構」と位置づけられ(133)、ドイツの自治行政と比してはるかに劣るものとなった。(134)

フライナーも、このようなフランス革命前後の政治的情勢は、前二でも紹介したとおり、十分に認識している。にもかかわらず、なおドイツの近代国家化、近代的行政法学の構築を目指して、各州《ラント》の歴史的沿革を踏まえつつも、フライナーは《フランス》の革命思想に固執する。

他方、マイヤーの解する自治体とは、「厳格な階級組織たる官庁と相応するように、均様なる国家的支配の基盤(Unterbau für die staatliche Herrschaft)を形成する」[135]、あるいは「国家領土の下位範疇(eine Unterabteilung des Staatsgebietes)である」[136]と位置づけた上で、「市町村創設は、国家の認可行為(staatliche Genehmigung)という創造的行為(schöpferische Akt)が必要である」[137]。「市町村のあらゆる存続に関する変更行為は、関係市町村に対する簡易形式の聴聞を経て、監督官庁の処分(行政行為)を通じて、一方的に展開される」[138](括弧内及び傍点筆者)と述べる。また『フランス行政法の理論』では、自治行政とは、「国家構成員(＝臣民 Staatsangehörige)の協力を法が容認するところの国家業務の一形態である」[139](傍点筆者)との叙述を確認することができる。マイヤーの理解では、国家とは、自治行政団体の唯一無比の創造主であって[140]、かつ自治体とは、国家と臣民を媒介する一公法人[141]にすぎなかった。マイヤーがいわゆる「伝来説」に立脚していた点については、もはや疑う余地はない[142]。マイヤーにとって自治行政とは、国家行政の〝下請け〟以上の意義を見出さず、従って自治行政「権」とは、国家によって「演繹された権利」(abgeleitetes Recht)であった[143]。またマイヤーは、自治行政は、私法的側面が強調されるが故に、公営造物行政と同様、「不真正な」(unecht)国家作用形式と解する[144]。しかるにこのマイヤー学説については、「全く以ってドイツの自治行政概念と重なるところがない」との批判に曝される[145]のであった。

この„napoleonisch"なマイヤー学説は、彼の構想するところの強大なドイツ帝国主義的国家観の〝反射〟に他ならない。そしてその根底には、当時のヨーロッパの覇者たるフランスの中央集権体制への憧憬がある。グロミッツァリスは、この点に関連して、マイヤー行政法学の「国家的側面の過度の強調」(die Überbetonung des staatlichen Aspekts)[146]と評したが、レーニングは、マイヤーが、国家の君主主義的・高権的特性に敬意を表するあまり、ドイツ法をフランス法と取り替えようとしたとして[147]、これを以ってマイヤー体系の「不十分性」(Unzulänglichkeit)が立証されたと批判している。[148]

おわりに——現代に鼓動する古典

ドイツ行政法学の基礎理論が確立される、その黎明期において、マイヤーとフライナーがともに《フランス》に熱き視線を送っていたことは確かである。フランスがなるほど「行政法の母国」と称される所以である。

フライナー行政法学がフランスから享受したものは、フランスの革命精神である。パリ市民を開眼させ《革命》を大成へと導いた理念——自然法に依拠する天賦人権思想、国民主権主義、権力分立主義、そして社会契約論への希求。とくにフライナーの場合、マイヤーによって完全否定された「ジュネーブ市民」たるルソーの社会契約論に力点が置かれる。すなわちフライナーが心惹かれたのは、民主主義を導出する革命思想である。フライナー行政法学の構造を要約すると、国民主権主義に依拠した法治国家体制構築のために、一方で人民の権利保障装置としての《行政裁判制度の司法化》を、他方で人民による自己統治と人民の政治教育を兼ねた制度的保障として《自治行政》の積極的容認を標榜するというものであった。そしてこれら構想の根底には、つねにフランス革命思想が通奏低音《コンティヌオ》として奏でられているのである。

他方マイヤーが熱望した《フランス》とは、フライナーのように「革命」を齎した思想ではなく、「革命」によって齎された思想——ナポレオン的中央集権主義——であった。これが彼をして私法学と厳然と区別されるところの、しかるに私法学からの借用あるいは模倣であるところの〝法学的方法〟に基づく行政法学確立への導因となる。そしてこのような着想の背景には強大でかつ統一的なドイツ帝国の建設とその維持・発展があったように考えられる。

近代ドイツ行政法学は、ナチス第三帝政という《惨憺たる断絶》を経験し、戦後その反省に立って見事再生を果たした。わが国の行政法学も、そこから多くを学び今日に至っている。これら行政法学の系譜を現代的視点に立って概観し、そして気づかされることは、フライナー行政法学が学説史的価値以上の有益性を今日でも放出し続けているということである。昨年の二〇一一年は、『提要』初版刊行から数えて、ちょうど一〇〇年目に相当する。まさに《古典》である。にもかかわらず、そこで叙述される理念、内容、そして我々に問いかける問題提起は、今日でも何ら色褪せていない。その点はいみじくもE・シュミット＝アスマン（Eberhard Schmidt-Aßmann）やD・シンドラー（Dietrich Schindler）も述べているが、[149] フライナー行政法学にはある種の《普遍性》——時代を越えた価値——があるように思われる。フライナー理論の《普遍性》は、フライナーが自然法を積極的に容認し、それを基軸に理論体系を構築したことと無関係ではない。そしてさらに、その根底には、フランス的エスプリが存在していたことは、今回の考究でも明らかである。フランスを《行政法学の母国》と言わしめた立役者のひとりとして、確実にフライナーの名前は記憶されなければならないであろう。

（1）　*Zaccaria Giacometti, Fritz Fleiner, 24. Januar 1867–26. Oktober 1937*, in *Schweizerische Juristen-Zeitung*, v. 15. Nov. 1937, 34. Jg. Heft 10, S. 145.

（2）　この点に関連して、A・フューバー（Alfons Hueber）は、要を得て次のように述べている。「F・F・マイヤー（Friedrich Franz von Mayer）と並んで、すでに一八六〇年代にモール（Robert von Mohl）もまた、フランス行政法学に関して非常に好意を示している。……ブルンチュリ（Johann Caspar Bluntschli）は、フランス行政に関する考え方や制度に依拠し、『内容豊富で、細部に至るまで完全に仕上げられた』行政法の文献を所有するフランス人が行政法の学問的専門教育において先駆していることを立証した。」「シュタイン（Lorenz von Stein）は、自身の『行政学便覧』（*Handbuch der Verwaltungslehre*, 1870.）の中で、（ドイツ行政法が）フランスから分離あるいは隔絶することが完全には不可能であると公言する。」「グナイスト（Rudolf von Gneist）は、全力を以ってフランスから学び取ることに努めると報告し、レスラー（Hermann Roesler）は、フランス行政法が独自の法分野として本国フランスにおいて最も長く賞賛に値すると認識されると指摘し、さらにはロイトホルト（Carl Edwin Leuthold）は、フランス法の体系的類別を構築し、そしてフランス的概念を包含した研究を行った。」「少なくとも二人の行政法研究者――ステンゲル（Carl von Stengel）とレーニング（Edgar Loening）は、一八七一年以降、エルザス・ロートリンゲンにおいて行政がドイツ流に整備されようとした際に、フランス行政法が駆逐されないよう実務に携わった。最後にスメント（Rudolf Smend）は、フランス行政法がドイツ理論にとってのひとつの模範となっていること、そしてそれとの関連で、『実務における証明と統一性』を以って発現されるフランス法の維持というものが、『法史学的に……重要な意義を物語っていること』の、それぞれの要因について考究している」（括弧内筆者）（Alfons Hueber, *Otto Mayer, Die „juristische Methode“ im Verwaltungsrecht*, 1982, S. 149 f.）。

（3）„domaine public“や„service public“に関連するマイヤーの代表的な論稿のひとつに「公法契約論」（Zum Lehre vom öffentlichrechtlichen Vertrage, 1888.）があるが、当該論文についてカウフマン（Erich Kaufmann）は、マイヤー作品の中で、フランス行政法の傾向が非常に濃厚に出ているものであると評している（Erich Kaufmann, Otto Mayer, Ein Beitrag zum dogmatischen und historischen Aufbau des deutschen Verwaltungsrechts, in: *Verwaltungsarchiv*, Bd. 30, 1925, S. 384.）。

（4）Fritz Fleiner, *Institutionen des Deutschen Verwaltungsrechts*, 8. Aufl., 1928, S. 356 ff. u. ders, *Ueber die Umbildung zivilrechtlicher Institute durch das öffentliche Recht*, 1906, S. 15 ff. なおこの *„Umbildung“* については、拙訳「公法学からの民事法制度の再編について（1906）」『神奈川法学』第四四巻第一号（神奈川大学法学会、二〇一一）一頁以下も併せて参照されたい。

（5）Fleiner, *a. a. O., Institutionen*, S. 39 u. auch S. 46.

（6）*Ebenda*, S. 41.

（7）*Ebenda*, S. 356.

（8）*Ebenda*, S. 326, auch vgl., S. 214, Anm. Nr. 101.

（9）フライナーの生涯及び業績に関する全容については、拙著「フリッツ・フライナー」『神奈川法学』第四三巻第二号（神奈川大学法学会、二〇一〇）を参照のこと。

（10）Roger Müller, *Verwaltungsrecht als Wissenschaft, Fritz Fleiner 1867–1937*, 2006. S. 364.

（11）バーゼル大学には正教授（Ordinarius）として招聘されるのであるが、当大学においてもフライナーは、フランス私法を講じている（*Ebenda.*）。

（12）Sünden unsrer Demokratie, in: *Neue Zürcher Zeitung*, v. 20. 10. 1918, Nr. 1393.

（13）Übersetzung ins Französisch über a. a. O., „Sünden"; Voix suisses, Les péchés de notre démocratie, in: *La Semaine Littéraire*, en 26. 10. 1918, No. 1295, pp. 511-512.

（14）諸坂・前掲注（9）一九頁及び九九頁以下には、本書に対する書評リストを掲載してある。参照されたい。

（15）Müller, *a. a. O.*, S. 23.

（16）*Ebenda*, Anm. Nr. 88.

（17）この一連の活動に関しては、諸坂・前掲注（9）二一頁以下を参照のこと。

（18）*Ebenda*, S. 24 f. 講演内容は、Fanny Fleiner［Hg.］, *FRITZ FLEINER, Ausgewählte Schriften und Reden*, 1941, S. 426 ff. に収められている。

（19）以下本稿において、本書を邦語タイトルとして表記する場合には、『提要』と略記する。

（20）*Neue Zürcher Zeitung*, v. 04. 03. 1936, auch vgl., Müller, *a. a. O.*, S. 26.

（21）諸坂・前掲注（9）四三頁、六〇頁を参照のこと。

（22）*Neue Zürcher Zeitung*, v. 03. 07. 1936, Nr. 1154, auch vgl., Müller, *a. a. O.*, S. 26.

（23）拙著「フリッツ・フライナーの『法律による行政の原理』」『神奈川法学』第四三巻第一号（神奈川大学法学会、二〇一〇）六二頁、註一九五。

（24）Fritz Fleiner, Die Staatsauffassung der Franzosen, in: Fanny Fleiner［Hg.］, *FRITZ FLEINER, Ausgewählte Schriften und Reden*, Zürich 1941, S. 120.

（25）Ebenda, S. 121.

（26）Ebenda.

（27）Ebenda, S. 122.

（28）Ebenda.

（29）Ebenda, S. 122 f.

（30） Ebenda, S. 123.

（31） Ebenda.

（32） Ebenda, S. 124.

（33） Ebenda, S. 124 f.

（34） Ebenda, S. 126.

（35） フライナーによれば、フランスにおける自治行政とは、議会や参事会等の合議制機関の選挙事務運営に市民が協力者として参加する程度であったと解している（Fleiner, *a. a. O., Institutionen*, S. 101, Anm. Nr. 6.）。

（36） Fleiner, a. a. O., Staatsauffassung, S. 127.

（37） Ebenda, S. 128 f.

（38） Ebenda, S. 128.

（39） Ebenda, S. 129.

（40） Ebenda, S. 131 f. なおフライナーは同趣旨の指摘を以下の文献でも展開している。Fritz Fleiner, Tradition, Dogma, Entwicklung als aufbauende Kräfte der schweizerischen Demokratie, in: Fanny Fleiner ［Hg.］, *FRITZ FLEINER, Ausgewählte Schriften und Reden*, 1941, S. 293, auch vgl., Gromitsaris, a. a. O., S. LXVIII.

（41） Fleiner, a. a. O., Staatsauffassung, S. 136.

（42） Fleiner, *a. a. O., Institutionen*, S. 30. 同趣旨の指摘として、Fritz Fleiner, Politik als Wissenschaft, in: Fanny Fleiner ［Hg.］, *FRITZ FLEINER, Ausgewählte Schriften und Reden*, Zürich 1941, S. 188.

（43） Fleiner, *a. a. O., Institutionen*, S. 34.

（44） フライナーは、フランス啓蒙思想の「権力分立主義」に関して、『提要』においては、一章割いて論じているが、その主たる内容はモンテスキューやルソーの教義を中心として、当該イデオロギーが行政権力の暴走の抑止及び人民の権利保障にいかに寄与するかを論じ、彼の行政法学体系の根幹部分を構成する（*Ebenda*, S. 9 ff. ［§2 Trennung der Gewalten］）。他方、マイヤーは、フランスを起源とする「権力分立」論は、国家体制の形成に必要なあらゆる理論を流布させる（Otto Mayer, *Deutsches Verwaltungsrecht*, Bd. 1, 3. Aufl., 1924, S. 3, Anm., 3.）と解しつつも、その一方で、後述のとおり、我々ドイツ人は、フランスから国家形成に関する根本思想まで継受することに反抗しなければならないとし（Mayer, *a. a. O., Verwaltungsrecht,* S. 55.）、行政と司法の同格性（行政の司法化（Justizförmigkeit der Verwaltung））を導出する概念として当該原理を叙述するのみで、フライナーの理解と対抗する（Mayer, *a. a. O., Verwaltungsrecht,* S. 62.）。塩野宏教授の言を借りれば、マイヤーは、「フランス行政法の基盤を……権力分立の観念の自由主義的性格に求め、憲法秩序における民主主義的色彩の濃淡については、少くともフランス行政法に関する限り行政法上の意義を認めなかった」のである（塩野宏『オットー・マイヤー行政法学の構造』（有斐閣、一九六二）七一頁）。

（45）Fleiner, *a. a. O., Institutionen,* S. 28.

（46）*Ebenda,* S. 39 u. auch S. 46.

（47）*Ebenda,* S. 41.

（48）*Ebenda,* S. 59 f. u. auch vgl. ders., *a. a. O., Umbildung,* S. 5. 諸坂・前掲注（4）五頁以下、八頁以下。フライナーは、この点に関連する例示として、フランスの „domaine public" ——公所有権（öffentliches Eigentum）を取り上げ、ドイツにはかような特別の法秩序は存在せず、ドイツの法実務及び支配的学説は私所有権説を採用するとし、フランスとの明白なる乖離性を表明している（Fleiner, *a. a. O., Umbildung,* S. 12. 諸坂・前掲注（4）一一頁。）。

（49）Otto Mayer, *Theorie des französischen Verwaltungsrechts,* 1886, Vorwort, S. VIII f. マイヤーのこの『フランス行政法の理論』については、かなり批判的な書評が向けられている。その一例を紹介するに、A・グロミッツァリスによれば、マイヤーは、フランスの立法や判例といった法実務の「事例に則した教義上の具象性・現実性を凌駕した体系化を切願した」（Athanasios Gromitsaris, Einleitung von Otto Mayer, *Theorie des französischen Verwaltungsrechts,* 1886, unter dem Titel: "Das deutsche System des französischen Verwaltungsrechts," in: Otto Mayer, *Theorie des französischenVerwaltungsrechts,* 1886, 1998, S. LXXIV.）。マイヤーによる「フランス法概念の借用は、確かに修正され、かつ独自に創り上げられたものの継受であ」ると評解する（Ebenda, S. LXXVI.）。ラバントも「我々の眼前に広がっているものは、むしろ、著者の全く主観的な理論である」とする（Paul Laband, Rezension von Otto Mayer, *Theorie des französischen Verwaltungsrechts,* 1886, in: *Archiv für öffentliches Recht,* Bd. 2, 1887, S. 154.）。
ただラバントは、同時に、マイヤーのこの処女作について称賛の辞も贈っている。曰く、「国家活動の集積された表象

（Gesammtbild）から法的要素を剝ぎ取ること（Ablösung）及び隔絶すること（Isolirung）、行政が提供する膨大な関係性から一定の法制度及び法概念を浮き彫りにすること（Abhebung）、計り知れない多様な形態に富む生活様式から、そこに潜在する法的本質・意義（rechtlicher Gehalt）を明白に発現し、典型的な法形式に還元すること（Züruckführung）、これらのことこそが、まさに行政法の学問としての使命なのである。国家が何を、どのように実施するかを叙述することは、とりわけ引き続き行政学に任せておけばよいが、行政法は、国家の行政によって露呈された法（権利）関係や形成された法制度の標準化（Normirung）の分析と統合を以って満足しなければならないのである」（Ebenda, S. 151, auch vgl., S. 150 u. S. 152.）と。ラーバントは、このように、このマイヤーの作品がいわゆる「法学的手法」に基づく行政法学の構築に向けた称賛に値する功績であると好意を以って表明する。

（50）　Mayer, *a. a. O.*, *Verwaltungsrecht*, Vorwort zur ersten Auflage. ここまでは、マイヤーとフライナーとは共通認識に立っている。

（51）　*Ebenda.*

（52）　*Ebenda*, Vorwort zur ersten Auflage, auch *ebenda*, Bd. 1, 3. Aufl., S. 17.

（53）　*Ebenda*, 3. Aufl., S. 55.

（54）　*Ebenda*, S. 18.

（55）　*Ebenda.* マイヤーとヘーゲルとの関係については、フューバーが詳細な研究を展開している。Hueber, *a. a. O.*, S. 160 ff.

（56）　諸坂・前掲注（23）二頁。

（57）　諸坂・前掲注（23）七頁以下。

（58）　Wolfgang Mayer-Hesemann, *Methodenwandel in der Verwaltungsrechtswissenschaft*, 1981, S. 53, u. Giacometti, a. a. O., S. 145.

（59）　Fritz Fleiner, Zur Technik des Verwaltungsrechts, in: *Festgabe zum schweizerischen Juristentag 1928*, 1928, S. 3. 諸坂・前掲注（23）七頁。

（60）　諸坂・前掲注（23）八頁以下。

（61）　Fleiner, *a. a. O.*, *Institutionen*, S. 164, u. vgl., auch S. 174, u. S. 176. 諸坂・前掲注（23）九頁。

（62）*Ebenda*, S. 130. なお諸坂・前掲注（23）二八頁も参照されたい。

（63）Fleiner, a. a. O., Technik, S. 12. 諸坂・前掲注（23）九頁。なおフライナーの行政裁判に関する理論については、次項で詳述する。

（64）諸坂・前掲注（23）三四頁以下。

（65）諸坂・前掲注（23）第三章第一・二節（三八〜五九頁）を参照されたい。

（66）諸坂・前掲注（23）第三章第三節（五九〜六三頁）を参照されたい。

（67）諸坂・前掲注（23）三頁以下、一一頁以下、一七頁以下、二三頁以下、及び六四頁。

（68）Mayer, *a. a. O., Verwaltungsrecht*, Bd. 1, 3. Aufl., S. 199.

（69）Mayer, *a. a. O., Theorie*, S. 91. 塩野・前掲注（44）七一頁以下。

（70）Gromitsaris, a. a. O., S. XVII, auch vgl. Erk Volkmar Heyen, *Otto Mayer. Studien zu den geistigen Grundlagen seiner Verwaltungsrechtswissenschaft*, 1981, S. 125 f.

（71）Mayer, *a. a. O., Theorie*, S. 131 ff. u. ders. *a. a. O., Verwaltungsrecht*, Bd. 1, 3. Aufl., Bd. 1, S. 62, sowie auch vgl., *ebenda*, Bd. 1, 1. Aufl., S. 64 f. この「行政の司法化」が作用法的に凝縮された概念が、マイヤーの、いわゆる「自己確認説」に立脚する行政行為論である。これについてマイヤー自身は、次のように述べている。曰く、「判決と同様の側面を持つ行政行為という用語は、フランスの acte administratif の翻訳であるが、それ以上でも以下でもない。ここ数十年に亘るドイツ行政法学における行政行為論は、我々に適合した法現象であ」って（Mayer, *a. a. O., Verwaltungsrecht*, Bd. 1, 3. Aufl., S. 62.）、「独自に発展してきた」概念であると（*Ebenda*, S. 62, Anm. Nr. 15.）。なおグロミッツァリスは、マイヤーのこの観念の根底にはグナイスト学説があると分析しつつ（Gromitsaris, a. a. O., S. XXXVII.）、さらにフランス法との接点として、マイヤーの行政行為概念には、フランスの „acte d'autorité“ と „acte gestion“ の二分論の踏襲が窺えると解釈している（Ebenda, S. XXXVIII.）。

（72）例えば、塩野・前掲注（44）一一〇頁以下。なお諸坂・前掲注（23）四頁以下も併せて参照されたい。

（73）Mayer, *a. a. O., Verwaltungsrecht*, Bd. 1, 3. Aufl., S.64 f., Anm. Nr. 2.

（74）南博方『行政裁判制度——ドイツにおける成立と発展』（有斐閣、一九六〇）。

（75）南・前掲注（74）六頁。

（76）　南・前掲注（74）八頁以下。

（77）　南・前掲注（74）一七頁以下。

（78）　南・前掲注（74）一二頁。

（79）　南・前掲注（74）一七頁以下。なお、南博士は双方学派の特質を総括して次のように述べておられる。「少なくとも純理的にみるかぎりは……互いに相排斥する性質のものではない……（プロイセン学派は）行政裁判の本質を作用の面において観察……（し、南ドイツ学派は）……これをその目的において把握する（。）……両者は、行政裁判の本質をとらえる平面を異にする。……プロイセン学派が行政裁判の行政的色彩を強調し、南ドイツ学派が行政裁判の裁判的性格を強調するに傾いた」（括弧内筆者、傍点原文ママ）と（南・前掲注（74）一九頁）。

（80）　Fleiner, *a. a. O.*, *Institutionen*, S. 236 f.

（81）　*Ebenda*, S. 237.

（82）　*Ebenda*, S. 238 f.

（83）　*Ebenda*, S. 258, auch vgl. S. 248 u. S. 249.

（84）　*Ebenda*, S. 239, u. auch vgl., S. 256.

（85）　*Ebenda*, S. 257.　この観念に関する制度的保障として、フライナーは、①行政裁判手続における公益代表者（Vertreter des öffentlichen Interesses）の出廷許可、②民衆訴訟（Popularklage）の承認、及び③法律の明文（列記主義）に基づく、市民の主観的権利とは無関係の法規保護への裁判管轄（いわゆる客観訴訟）の拡張を挙げる。auch vgl., *Ebenda*, S. 228 u. S. 275 f.

（86）　*Ebenda*, S. 240, u. auch dieselbe Seite Anm., Nr. 12.　フライナーは、この行政裁判を司法作用と捉える主唱者は、オットー・ベール（Otto Bähr）であり、当該議論と自由主義的政治体制とを結合した人物は、トーマ（Richard Thoma）であると述べている（*Ebenda*, S. 240, Anm., Nr. 11.）。auch vgl., Otto Bähr, *Der Rechtsstaat, Eine publicitische Skizze*, 1864, S. 52 f., S. 61 f., u. Richard Thoma, Rezension von Paul Oertmann, *Die staatsbürgerliche Freiheit und das freie Ermessen der Behörden*, 1912, in: *Zeitschrift für Politik*, Bd. 6, S. 240.

（87）　なお付言するに、フライナーによれば、「訴願制度」の主たる目的も市民の主観的公権の保障であると解する。しかしながら当該制度は、上級行政機関が下級行政機関をその指揮監督権に基づいて審査するため、市民の公権を保障する上での組織的な独立性が十分ではなく、上記「憲法的要請」には十分に応えられない、当該制度は行政裁判制度に劣ると解している（Fleiner, *a. a. O., Institutionen*, S. 237.）。

（88）*Ebenda*, S. 254.

（89）南・前掲注（74）二一頁。

（90）Johannes Poppitz, Die Anfänge der Verwaltungsgerichtsbarkeit, in: *Archiv des öffentlichen Rechts*, N. F. Bd. 34, 1944, S. 159. 南・前掲注（74）七二〜七四頁、一〇〇頁以下、一三五頁以下。

（91）Ottmar Bühler, *Die subjektiven öffentlichen Rechte und ihr Schutz in der deutschen Verwaltungsrechtsprechung*, 1914, S. 262 ff. 南・前掲注（74）四四頁。

（92）南・前掲注（74）七二頁。

（93）Edgar Loening, Die französische Verwaltungsgerichtsbarkeit, in: *Hartmanns Zeitschrift für öffentliches Recht*, Bd. VI, 1880, S. 185, S. 187 u. S. 189.

（94）Fleiner, *a. a. O., Institutionen*, S. 241, Anm., Nr. 12.

（95）*Ebenda*, S. 238.

（96）近藤昭三『フランス行政法研究』（信山社、一九九三）一一頁。なお、P・ウェール・D・プイヨー著、兼子仁・滝沢正共訳『フランス行政法 —— 判例行政法のモデル』（三省堂、二〇〇七）一一頁にも、これと同趣旨の興味深い叙述が提示されている。すなわち、フランス行政法の公理（dogmes）とは、「国家に対する個人の優位、及び『人の自然的で無窮の権利』の肯認である。コンセイユ・デタが一八七二年の直後にその政治的思想を選択したのは、実に一七八九年の大革命、より正しくは『人及び市民の権利の宣言』に則ってなのであった。コンセイユ・デタは、自由と権力の間では、躊躇なく前者を本源的なものだとし、自由は法律の認める場合にのみ制限されうるとしている。『法律によって禁じられないすべてのことは、妨げられない』という人権宣言の公式に、判決提案官の有名な提案が呼応している」と。

（97）Fleiner, *a. a. O., Institutionen*, S. 247.

（98）*Ebenda*, S. 40, u. vgl. auch S. 174 f. フライナーは『提要』の随所でこの点を強調する。

(99)　Fleiner, *a. a. O., Umbildung*, S. 4 f. 神谷昭『フランス行政法の研究』(有斐閣、一九六五) 二二頁以下。

(100)　Fleiner, a. a. O., Technik, S. 9.

(101)　フライナーは、「フランスにおける新たな行政法は、立法者を通じてではなく、行政裁判所を通じて創造される。フランスの行政裁判所制度は、フランスの国家行政の最も重要な部分が留保されている」(傍点筆者) と述べる (Fritz Fleiner, Beamtenstaat und Volksstaat, in: Fanny Fleiner [Hg.], *FRITZ FLEINER, Ausgewählte Schriften und Reden*, 1941 S. 158.)。また別の論稿においては、「コンセイユ・デタは、近代フランス行政法の真の創始者 (der eigentliche Schöpfer) である」とも述べている (Fleiner, a. a. O., Technik, S. 9.)。他方、広岡隆教授は、フランス「行政裁判制度の廃止はフランス行政法の崩壊」と象徴する (広岡隆「講話　フランスの行政裁判制度 (1)」『法と政治』第四三巻第四号 (関西学院大学法政学会、一九九二) 六四頁)。

(102)　この点については、本節1でもフライナーの叙述を以って紹介したとおり、ドイツにおける行政法の発展は、フランスのように《革命》という旧法体制の完全なる排斥から始動したものではなく、それぞれの州《ラント》がそれぞれの歴史的沿革を踏まえつつ漸次改変していったものである。なおフライナーはこうも述べている。曰く、「ドイツにおける発達の足跡は、このフランスの場合とは異なる。ドイツ憲法は、あらゆる国家権力に関する権能を君主に委ねた。……(他方、) 司法は、君主から独立して存立したのである。しかして、国家の最高権力としての立法は、司法権および行政権に優位して君臨したのである。行政は、君主によって、議会の協賛の下でのみ行使され得るのである。法律は、君主の一方的処分を自由に発することをできなくし、それ故に、立法は、行政に対しても確固不動な地位を獲得した」と (Fleiner, *a. a. O., Institutionen*, S. 37.) (傍点筆者)。フライナーのこの叙述からも明らかなように、まさにドイツは、立憲君主主義を基調とする国家なのである。フランスの《判例法主義》を範として展開されたものではないことは、多言を要しない。なおこの点に関してはマイヤーも同様の見解――「我々の行政法は、立憲国家を前提とする」――を表明している (Mayer, *a. a. O., Verwaltungsrecht*, Bd. 1, 3. Aufl., S. 55.)。

(103)　神谷・前掲注 (99) 一四頁以下。

(104)　ドイツでは伝統的に「国庫に関する係争物」(die fiskalische Sache) については、原則的に司法事件として普通裁判所の管轄である (Fleiner, *a. a. O., Institutionen*, S. 33 f., S. 39, S. 323, S. 352 u.s.w.)。他方、「行政契約」(Der verwaltungsrechtlich Vertrag) についてフライナーは、「万能の救済策 (Allerweltsheilmittel)」として「行政法において一定の地位を得ている」

（拙訳「フリッツ・フライナーの『行政法における契約』（Der Vertrag im Verwaltungsrecht, 1910.）」『神奈川法学』第四二巻第二号（神奈川大学法学会、二〇〇九）五頁）と積極的に評価した上で、「契約は、私法と公法との双方に共通の法的形式である」（Fritz Fleiner, Einzelrecht und öffentliches Interesse, in: *Staatsrechtliche Abhandlungen, Festgabe für Paul Laband zum fünfzigsten Jahrestage der Doktor-Promotion*, Bd. 2, 1908, S. 30.）。「立法者は、例えば、契約の締結を通じて、特段の技術的困難性又は手続の特別の煩雑性を回避され得る場合に、契約を利用する」（Fleiner, *a. a. O., Institutionen*, S. 213.）との解釈を展開する。この議論がフランスのそれと明確な相違点を有することについては、これ以上の議論は必要なかろう。なお、フランスにおける「行政契約」及びそれに基づく「公法上の利益調整」や「損害賠償請求訴訟」に関するフライナーの検討については、Fritz Fleiner, Oeffentlich-rechtliche Vorteilsausgleichung, in: *Festgabe der Juristischen Fakultät der Universität Basel zum siebzigsten Geburtstag von Andreas Heusler 30. September 1904*, 1904, S. 96 f., S. 98 f., S. 103 f. u. S. 118 ff. を参照のこと。

(105) 行政裁判のあり方に関する仏独両国の相違については、Fleiner, *a. a. O., Institutionen*, S. 35 f., u. auch vgl. ders., *a. a. O., Umbildung*, S. 4 f. 併せて諸坂・前掲注（4）五頁以下も参照のこと。

(106) Otto Mayer, *Zur* Lehre von der materiellen Rechtskraft in Verwaltungssachen, in: *Archiv für öffentliches Recht*, Bd. 21, 1907, S. 2.

(107) Mayer, *a. a. O., Verwaltungsrecht*, Bd. 1, 3. Aufl., S. 138.

(108) Mayer, *a. a. O., Thorie*, S. 114.

(109) Mayer, *a. a. O., Verwaltungsrecht*, Bd. 1, 3. Aufl., S. 156.

(110) *Ebenda*, S. 157.

(111) Edger Loening, Rezension von Otto Mayer, *Theorie des französischen Verwaltungsrechts*, 1886, unter dem Titel: Die konstruktive Methode auf dem Gebiete des Verwaltungsrechtes, in: *Jahrbuch für Gestezgebung, Verwaltung und Volkswirtschaft im Deutschen Reich*, 1. Jg., Heft 2, 1887, S. 127 f.

(112) Fleiner, *a. a. O., Institutionen*, S. 100. 拙著「フリッツ・フライナーの自治行政論」兼子仁先生古稀記念論文集刊行会編『分権時代と自治体法学』（勁草書房、二〇〇七）所収二四四頁。

(113)　*Ebenda.* 諸坂・前掲注（112）二四四頁。

(114)　*Ebenda,* S. 109, u. auch ders., a. a. O., Staatsauffassung, S. 131 f. 諸坂・前掲注（112）二四〇頁以下。

(115)　Fleiner, *a. a. O., Institutionen,* S. 100. 諸坂・前掲注（112）二四四頁。

(116)　*Ebenda,* S. 114, u. vgl., S. 101 f. 諸坂・前掲注（112）二四七頁以下。

(117)　*Ebenda,* S. 79, u. S. 81. sowie S. 80, Anm. Nr. 48. 諸坂・前掲注（112）二四九頁以下。

(118)　*Ebenda,* S. 101 f. S., 103 f. u. S. 107 f. 諸坂・前掲注（112）二五二頁以下。

(119)　*Ebenda,* S. 116 f., 諸坂・前掲注（112）二五四頁以下。

(120)　*Ebenda,* S. 109. このフライナーの見解は、『提要』初版から一貫して展開される（*Ebenda,* 1. Aufl., S. 96.)。

(121)　*Ebenda,* 8 Aufl., S. 103.

(122)　なおフライナーは、ヴァイマル憲法第一二七条が明文を以って自治行政を保障しているにも拘らず、なおもこの共和制下で中央集権化が進行している実情を危疑している（*Ebenda,* S. 102.)。その一例として、フライナーは、ヴァイマル憲法第一〇条第三項及び第一二九条乃至第一三一条に規定される公務員の権利に関して、帝国法による「法律留保」(Gesetzesvorbehalt）に基づく権利制限可能性を指摘する。その他、同じく帝国法に基づく市町村の課税権に対する帝国《ライヒ》の積極的介入について一九二六年四月二七日財政調整法（Finanzausgleichsgesetz）第三条、さらには市町村官吏の給与額規制に関する一九二〇年一二月二一日帝国給与支給差止め法（Besoldungssperrgesetz）を挙げている（*Ebenda,* S. 102 , Anm., Nr. 14.)。フライナーの「法律留保」(Gesetzesvorbehalt）概念に関しては、諸坂・前掲注（23）二八頁以下及び三六頁を参照のこと。

(123)　「地方権」思想とは、前節でも若干触れたが、革命期のフランス制憲議会において、個人が近代統一国家の形成以前に（＝自然権として)、固有かつ不可侵の人権を享受しているのと同様に、地方団体としての commune もまた、国家から独立した自然的創造物であって、固有の権利＝「地方権」を有するとする思想である。しかるにこの思想は、革命完遂後、ジャコバン派による民主主義的独裁、さらにはナポレオン支配が確立していく過程においてほぼ壊滅した。

(124)　Fritz Fleiner, Wandlungen der demokratischen Ideen, Vortrag in Straßburg, November 1934, in: Fanny Fleiner [Hg], *FRITZ FLEINER, Ausgewählte Schriften und Reden,* 1941, S. 426.

(125)　Fleiner, a. a. O., Wandlungen, S. 427.

(126)　なおフライナーは、スイスの市町村共和制（Stadtrepublik）及び市民（Aktivbürger）の政治参加、そしてスイスの純粋民主制（rein Demokratie, démocratie pure）について、ルソーに依拠しつつ考察を展開している（Ebenda, S. 439.）

(127)　Otto Mayer, Republikanischer und monarchischer Bundesstaat, in: *Archiv für öffentliches Recht*, Bd. 18, 1903, S. 349, Anm. Nr. 14.

(128)　Erk Volkmar Heyen, Otto Mayer: Frankreich und das Deutsche Reich, in: *Der Staat, Zeitschrift für Staatslehre öffentliches Recht und Verfassungsgeschichte*, Bd. 19, Heft 3, 1980, S. 453.

(129)　Otto Mayer, *Fichte über das Volk, Rede des antretenden Rektors, Rektorwechsel an der Universität Leipzig am 20. November 1913*, 1913, S. 24. マイヤーは別の論稿において、ルソーのいわゆる「一般意思」（volonté générale）の表明について、甚だ批判の余地のある「雑駁な観念」（wirre Gedanke）であると解している（Otto Mayer, Rezension von Anatol v. Peretiatkowicz, *Die Rechtsphilosophie des J. J. Rousseau*, 1916, in: *Archiv für öffentliches Recht*, Bd. 36, 1917, S. 369.）。

(130)　Gromitsaris, a. a. O., S. LXVI.

(131)　Ebenda, S. LXVII.

(132)　Ebenda, S. LXVI.

(133)　室井力・原野翹編『現代法双書　新現代地方自治法入門〔第二版〕』（法律文化社、二〇〇三）五頁。

(134)　François Burdeau, *Histoire de l'administration française. Du 18e au 20e siècle*, 2. éd., 1994, p. 81. なおフライナーは、フランスの中央集権体制と地方分権体制の長所と短所について、オーリウ解釈を引用している。すなわちオーリウは、中央集権体制の主たる短所とは、「公共事業に地域住民が全く従事する必要がないので、住民の公生活及び公共心は死に絶えてしまう」とし、他方、地方分権体制の主な短所とは、「国家財政を圧迫する」とのことである（Fleiner, *a. a. O.*, *Institutionen*, S. 101, Anm. Nr. 7.）。

(135)　Mayer, *a. a. O.*, *Verwaltungsrecht*, Bd. 2, 3. Aufl., 1924, S. 357.

(136)　*Ebenda*, S. 353.

(137)　*Ebenda*, S. 358.

(138)　*Ebenda*, S. 359.

(139)　Mayer, *a. a. O., Theorie*, S. 426.

(140)　諸坂・前掲注（112）二四二頁。

(141)　Mayer, *a. a. O., Verwaltungsrecht*, Bd. 1, 1. Aufl., 1895, S. 127 f., auch vgl., ders, *a. a. O., Theorie*, Titel von Paragraph 1〔Oeffentliche Körperschaften〕in dritter Abschnitt〔Die Selbstverwaltung〕.

(142)　Mayer, *a. a. O., Verwaltungsrecht*, Bd. 2, 3. Aufl., S. 353 u. S. 357 u.s.w. sowie auch vgl., Gromitsaris, a. a. O., S. LXXIII. 諸坂・前掲注（112）二四二頁。

(143)　Gromitsaris, a. a. O., S. LXXIII.

(144)　Mayer, *a. a. O., Theorie*, S. 517 ff. u. S. 361 ff.

(145)　Gromitsaris, a. a. O., S. LXXIII.

(146)　Ebenda.

(147)　Loening, a. a. O., Rezension, S. 560.

(148)　Ebenda. S. 556. マイヤーのフランス行政法学に対する理解について、ドイツ・フランス双方の行政法学者から手厳しい批判を受けるに至っている。まずドイツ行政法学からは、例えばG・イェリネクは、「マイヤーの根本観念は、むしろフランス法の影響の下に形成されている。それは、しばしば成功裡にドイツ法にも適用されてはいるが、しかし、多くの場合には、ドイツの法的発展に異質的な諸観念を我々の法の中にとりいれようとするものであった。特に、国家の高権的性格の誇張――それは、多くの点について私法の領域を全く狭め、従来の観念に従えば、自由な社会的活動の存在するところでも、なおかつ国家的な支配権の行使を見出すのだ――は、通説的見解によって多くの点に関して排斥されなければならない。また、マイヤーは、ドイツの理論に対する基準としてのフランス行政法の意味を過大評価さえしているのである」と評解している（Georg Jellinek, Rezension von Otto Mayer, *Deutsches Verwaltungsrecht*, 1 Aufl., 1895/96, in: *Verwaltungsarchiv*, Bd. 5, 1897, S. 306.)。E・カウフマンもマイヤーを警戒し「この方法は、我々の行政法を一方において狭めるものであると同時に、他方において、ドイツ法にとって奇異なる拡張（fremde Erweiterung）によって変貌させられてしまう」(Erich Kaufmann, Verwaltung, Verwaltungsrecht, in: *Erich Kaufmann, Gesammelte Schriften zum achtzigsten Geburtstag des Verfassers am 21. September 1960, Bd. 1*〔*Autorität und Freiheit*〕, 1960, S. 139 f.）と断じる。A・フューバーは、マイヤーによるフランス行政法の理解と、そのドイツへの移植作業に関しては、「常に二重の翻訳」(immer eine doppelte Übersetzung)があったと回顧する。すなわちフランス語からドイツ語への翻訳のほか、フランス教義のドイツ的思考方法による加工と修正という翻った訳出だと解する(Hueber, *a. a. O.*, S. 79 u. auch dieselbe Seite Anm., Nr. 228-231.)。また塩野宏教授もマイヤー行政法学の批判的要素とは、結論的に述べれば、「それは、マイヤー行政法学における方法論であり、フランス行政法的色彩であり、そして特殊マイヤー的主観性である」と述べている(塩野・前掲注(44)五一頁)。他方、フランス行政法学の立場からは、J・リヴェロ(Jean Rivero)が、当時の最新のフランス法の教義とは全く別物の脈絡で演出されたものであると批判し(Jean Rivero, Droit administrative français et droits administraifs étrangers, in: André de Laubadère ... [*et al.*], *Pages de doctrine*, Bd. 2, 1980, p. 475.)、また兼子仁博士は、マイヤー行政法学には、「一九世紀フランス行政法学がトータルに十分にふまえられておらず、とりわけパリ学派とプワティエ学派との拮抗が度外視されてしまっている、と評さざるをえない。マイヤーの右理解は、あたかもプワティエ学派的な権力的行政法論をパリ学派的に公役務行政にまで拡張したことになると見られるが、……フランス行政法上で両学派はきびしい拮抗関係に立っていたわけであって、右の理解は客観的にはあくまで、自国プロイセン帝国に向けたマイヤー的総合にほかならなかったと言わなければならない」(兼子仁・磯部力・村上順『フランス行政法学史』(岩波書店、一九九〇)二四頁)とする。

(149)　シュミット=アスマンは、ドイツにおいて現在展開される行政改革論議に関連して、「古い行政法教科書の中にも……現実に近く、その限りで現代的なものもある。たとえばフリッツ・フライナーの教科書などを挙げることができる」と述べる(E・シュミット=アスマン(海老原明夫訳)「ドイツ行政法の最近の発展(下)」『自治研究』第七二巻第一〇号二一頁)。またシンドラー(Dietrich Schindler)は、マイヤーが構築した「法学的方法」を現代公法学に適合する形に標準化した、法学的方法の《真の形成者》(der massgebend Begründer)は、フリッツ・フライナーであると評し(Dietrich Schindler, Begründer der wissenschaftlichen Methode des öffentlichen Rechts, Zum 50. Todestag von Fritz Fleiner, in: *Neue Zürcher Zeitung*, v. 24./25. 10. 1987, Nr. 247.)、また別の論稿においては、いまや現代公法学において無自覚に、かつ自明の理(Allgemeingut)として展開される法学的方法の《真の創始者》(Urheberschaft)とは、実はフリッツ・フライナーであると述べている(Dietrich Schindler, Fritz Fleiner 1867-1937, in: *Jahrbuch des öffentlichen Rechts der Gegenwart*, N. F. Bd. 40, 1991/1992, S. 177.)。

地域主権改革と道州制

青山浩之

一　はじめに

平成二二年六月二二日、国から地方への「ひも付き補助金」を廃止し、地方が自由に使える「一括交付金化」や、国の出先機関原則禁止など基本的な考え方を盛り込んだ地域主権戦略大綱を閣議決定した。地域主権改革は、「明治以来の中央集権体質からの脱却」をめざし、「地域住民が自らの判断と責任において地域の諸課題に取り組むことができるようにするための改革」と定義し、今後の方向性を示すものである。

地域主権戦略大綱において、「自治体間連携・道州制」を一つの柱と位置付け、国のかたちについては、国と地方が対等なパートナーシップの関係にあることを踏まえ、国と地方の役割分担に係る「補完性の原則」の考え方に基づいて、基礎自治体を中心として、地域のことは地域に住む住民自らが責任を持って決めるという姿を実現していくと考えを示した。さらに、地方や関係各界との幅広い意見交換も行いつつ、地域の自主的判断を尊重しながら、いわゆる「道州制」導入について視野に入れた検討が明記された。

民主党の描く道州制は、マニュフェストや地域主権戦略大綱でも具体的に描かれていない。そこで自民党政権下の議論を参考に定義すると、道州制とは「広域自治体改革を通じて国と地方の双方の政府のあり方を再構築し、国の役割を本来果たすべきものに重点化して、内政に関しては広く地方公共団体が担うことを基本とする新しい政府像を確立すること」（第二八次地方制度調査会「道州制のあり方に関する答申」）と地方制度調査会はおおよその全体像を描いた。

本稿では、今後の方向性を示す「地域主権戦略大綱」の内容を概観し[1]、民主党の道州制の導入について、「道州制のあり方に関する答申」（第二八次地方制度調査会）を手がかりに、道州制特区制度の課題とあり方について、道州制導入に向けた今後の動きについて考察をしてみたい。

二　地域主権戦略大綱の概要

1　地域主権戦略大綱の背景

地方分権改革推進委員会は、地方税財源の充実確保に関する第四次勧告を提出し、地方分権改革推進法の失効（平成二二年三月三一日）により活動を終えた。地方分権改革推進法に基づき地方分権改革推進委員会が設置され（九条）、地方分権改革の推進に関する施策の総合的な策定及び実施を進めるため、内閣総理大臣を本部長とし、内閣に地方分権改革推進本部を設置した。同法は、国民がゆとりと豊かさを実感し、安心して暮らすことのできる社会を実現するために、地方分権改革を総合的かつ計画的に推進することを目的（一条）とし、平成一九年四月に施行されたものである。国と地方の役割分担を明確にし、国は「国際社会における国家としての存立にかかわる事務、全国的に統一して定めることが望ましい国民の諸活動若しくは地方自治に関する基本的な準則に関する事務又は全国的な規模で若しくは全国的な視点に立って行わなければならない施策及び事業の実施その他の国が本来果たすべき役割」（五条）を担い、「住民に身近な行政はできる限り地方公共団体にゆだねる」とし、地方公共団体の自主性及び自立性を高め、「地方公共団体が自らの判断と責任において行政を運営することを促進し、もって個性豊かで活力に満ちた地域社会の実現を図ること」（二条）という基本的な考え方をもとに、必要な体制を整備するとともに、地方分権改革の推進に関する施策を策定し実施するものである（三条）。同委員会は、政権交代により民主党の地域主権戦略会議に引き継がれた。

地域主権戦略会議は、地域主権改革に関する施策を検討・実施すると同時に、地方分権改革推進委員会の勧告を実施するために内閣府に設置された。

地域主権戦略大綱については、地域主権戦略会議（平成二一年一二月一四日開催）で原口副議長から提出された「地域主権戦略の工程（案）」（原口プラン）において、平成二二年夏を目途に策定することが明らかにされた。具体的には「義務付け・枠付けの見直し」「基礎自治体への権限移譲」「ひも付き補助金の一括交付金化」「国の出先機関改革」を中心に、政治指導で進められた。本大綱は全一〇項目で構成され、「第一」の地域主権改革の全体像では、政府が推進する地域主権改革の理念と定義が示され、目指す国のかたちや改革の工程を掲示し、地域主権改革の主な課題は、「第二」に各論として掲示された。

2　地域主権戦略大綱の概要

地域主権戦略大綱は全一〇項目で構成され、まず第一の「地域主権改革の全体像」では、政府が推進する地域主権改革の理念と定義が示され、目指す国のかたちや改革の工程を提示した。ここでいう「地域主権改革」とは、「日本国憲法の理念の下に、住民に身近な行政は、地方公共団体が自主的かつ総合的に広く担うようにするとともに、地域住民が自らの判断と責任において地域の諸課題に取り組むことができるようにするための改革」であるとし、さらに「地域主権」については、「この改革の根底をなす理念として掲げているものであり、日本国憲法が定める『地方自治の本旨』や、国と地方の役割分担に係る『補完性の原則』の考え方と相まって、『国民主権』の内容を豊かにする方向性を示すもの」と定義している。地域主権改革が目指す国のかたちについては、対等なパートナーシップ関係を築き、「地域の自主的判断を尊重しながら、国と地方が協働してつくっていく」とし、役割分担については、「『補完性の原則』に基づき、住民に身近な行政はできる限り地方公共団体にゆだねることを基本」とし、基礎自治体を「地域における行政の中心的な役割を担うもの」とした。さらに、「住民による選択と責任」まで踏み込んでいる。今後の地域改革の工程として、「地域主権改革の意義や理念等を踏まえ、憲法や国際条約との整合性にも配意しつつ、地域主権改革の推進に関する施策の総合的かつ計画的な推進を図るため、当面講ずべき必要な法制上の措置その他の措置を定めるほか、今後おおむね二～三年を見据えた改革の諸課題に関する取組方針を明らかにするもの」であるとし、地域主権戦略会議を中心に「適時に国と地方の協議の場を開催し、国と地方の実効ある協議を行い、地域主権改革の推進及び国と地方の政策の効果的・効率的な推進を図る(3)」と取組が示された。

第二の「義務付け・枠付けの見直しと条例制定権の拡大」では、地方分権改革推進委員会（平成一九年四月に設置）の第二次勧告（平成二〇年一二月）および第三次勧告（平成二一年一〇月）の実現に向けて、「地方公共団体自らの判断と責任において行政を実施する仕組み」に改め、「地域の実情に合った最適な行政サービスの提供を実現すること」を目指すものである。

第三の「基礎自治体への権限移譲」では、権限移譲について「住民に最も身近な行政主体である基礎自治体に事務事業を優先的に配分し、基礎自治体が地域における行政の自主的かつ総合的な実施の役割を担えるようにすることが必要不可欠」であるとし、「都道府県と市町村の間の事務配分を『補完性の原則』に基づいて見直しを行い、可能な限り多くの行政事務を住民に最も身近な基礎自治体が広く担うこと」と基本的な考え方を示した。具体的には、義務付け・枠付けの見直しと条例制定権の拡大は、地域主権改革を進める上で大きな意義を有することにかんがみ、地方分権改革推進委員会の第三次勧告（平成二一年一〇月）が最大限実現されるよう内閣を挙げて取り組み、第二次勧告（平成二〇年一二月）において見直しを進め、地方公共団体の意見も十分聞いた上で計画的に着実に取り組んでいくこととした。

第四の「出先機関の原則廃止（抜本的な改革）」では、「補完性の原則」の下、「国と地方の役割分担の見直しを行い、国と地方を通じた事務の集約化等によるスリム化・効率化を図りつつ、事務・権限を地方自治体に移譲することなどにより抜本的な改革を進め、地域における行政を地方自治体が自主的かつより総合的に実施できるようにする」と理念を掲げ、「『原則廃止』の姿勢の下、ゼロベースで見直すこと」とし、「事務・権限の地方自治体への移譲等を進めた上で、それに伴う組織の廃止・整理・合理化等の結論を得る」としている。

第五の「ひも付き補助金の一括交付金化」では、地域のことは地域が決めることを確立するため、「ひも付き補助金」を廃止し、地方が自由に使える一括交付金にするという、補助金・交付金等の改革を行うことを目的とする。一括交付金は、「各府省の枠にとらわれず、ブロックの政策目的の範囲で、いかなる政策にどれだけの予算を投入し、どのような地域を目指すのかを、住民自身が考え、決めることができるよう、デザインされなければならない」と原則が示された。一括交付金の対象範囲は、「最大限広く」、「地方の自由裁量拡大に寄与するものを対象」とする基本的な考えのもと、社会保障・義務教育については、「全国画一的な保険・現金給付に対するものや地方の自由裁量拡大に寄与しない義務的な負担金・補助金等は、一括交付金化の対象外」とし、「一括交付金化の対象としないものは、最小限のものに限定」するとした。

第六の「地方税財源の充実確保」では、今後の課題の考え方として、「地域主権改革の工程及び平成二二年度税制改正大綱の方向性に沿って、地方税財源の充実確保を推進」するとし、「国と地方の役割分担の大幅な見直しと併せて、それぞれの担う役割に見合った形へと国・地方間の税財源の配分の在り方を見直す」とした。具体的な課題としては、「国と地方の役割分担を踏まえるとともに、地方が自由に使える財源を拡充するという観点から国・地方間の税財源の配分の在り方を見直」し、また「社会保障など地方行政を安定的に運営するための地方消費税の充実など、税源の偏在性が少なく、税収が安定的な地方税体系を構築する」とし、そして「地方公共団体が事務事業のみならず税の面でも創意工夫を活かすことができるよう、課税自主権の拡大を図る」と今後の検討にゆだねられた。地方交付税については、「財源調整機能と財源保障機能が適切に発揮されるよう、地方税等と併せ地方の安定的な財政運営に必要となる一般財源の総額の適切な確保を図る」と地方公共団体の厳しい財政状況がうかがわれるもので、ひも付き補助金の一括交付金化の一方、地方交付税制度の維持となっている。

第七の「直轄事業負担金の廃止」では、平成二二年から平成二三年に維持管理に係る負担金制度を廃止し、「現行の直轄事業負担金制度の廃止とその後の在り方について結論を得る。このため、（関係大臣の発意に基づき設置された総務省、財務省、農林水産省及び国土交通省の四省の大臣政務官による）直轄事業負担金制度等に関するワーキングチームで必要に応じ地方の意見を聞きながら検討を進めるとしている。

第八の「地方政府基本法の制定（地方自治法の抜本見直し）」では、「地域主権改革が目に見える形で具体的に進められるためには、住民に身近な市町村の行財政基盤を整備することが必要」であるとし、地域主権改革を更に進めるためには、「地方政府基本法の制定（地方自治法の抜本見直し）について総務省の地方行財政検討会議において検討を進め、成案が得られた事項から順次国会に提出する」としている。「現時点における地方自治法の抜本見直しに関する基本的な考え方」については、地方公共団体の基本構造、議会制度、監査制度、財務会計制度が示されている。

第九の「自治体間連携・道州制」では、地域主権改革が目指す国のかたちについて、対等なパートナーシップ関係を築き、「地域の自主的判断を尊重しながら、国と地方が協働してつくっていく」とし、役割分担については、「『補完性の原則』に基づき、住民に身近な行政はできる限り地方公共団体にゆだねることを基本」とし、広域自治体の在り方については、「地域の自主的判断を尊重しつつ、自治体間連携等が自発的に形成されていくことが重要」である基本的な考えを示した。今後の取組として「市町村や都道府県相互の自発的な連携」や「広域連合等の具体的な取組」を前提として、地域主権改革を進めるためには、「地方や関係各界との幅広い意見交換も行い」、「地域の自主的判断を尊重」し、「道州制」についての検討も視野に入れていくとした。また、「道州制特別区域における広域行政の推進に関する法律」については、広域における行政の重要性が増大していることにかんがみ、地方分権の推進や行政の効率化に資するとともに、地方の自立的発展に寄与しようとするものである。この法律は、北海道を対象としたものので、道州制の導入に向けた先行的な取り組みであるが、「広域連合などにより広域自治体が自主的に連携した場合には積極的に国の事務・事業の移譲等を進めるという観点から所要の検討を行う」と地域主権改革を目指す国のかたちとして現された。

第一〇の「緑の分権改革の推進」では、「地域資源を最大限活用し、地域の活性化、絆の再生を図り、中央集権型の社会構造を分散自立・地産地消・低炭素型としていくことにより、『地域の自給力と創富力（富を生み出す力）を高める地域主権型社会』の構築」を目指すという基本的な考え方を打ち出した。

以上のように、地域主権戦略大綱の概要を見てきたが、本稿では第九の「自治体間連携・道州制」で指摘された道州制について検討をする。

三　道州制の導入の背景と概要

1　地方制度調査会の描く道州制

平成一八年二月二八日、地方制度調査会が「道州制のあり方」を答申した。答申は、前文に始まり、第一「都道府県制度についての考え方」においては、道州制導入に向けた背景が検討され、第二「広域自治体改革と道州制」においては、広域自治体改革のあり方が記され、道州制の導入が適当とする考え方が示された。第三「道州制の基本的な制度設計」においては、道州制の基本的な制度設計について記述している。最後の第四「道州制の導入に関する課題」においては、道州制の基本的な考え方を受けて、今後の課題を挙げ、道州制の導入に関しては慎重な判断を示した。

前文では、「国と地方が適切に役割を分担し、地域における行政は地方が自主的かつ総合的に担う」という地方分権の視点を前提に、道州制は「国と基礎自治体の間に位置する広域自治体のあり方を見直すことによって、国と地方の双方の政府を再構築しようとするもの」とし、「地方分権を加速させ、国家としての機能を強化し、国と地方を通じた力強く効率的な政府を実現するための有効な方策となる可能性を有する」と意義を示している。

「広域自治体改革と道州制」においては、「広域自治体改革を通じて国と地方の双方の政府のあり方を再構築し、国の役割を本来果たすべきものに重点化して、内政に関しては広く地方公共団体が担うことを基本とする新しい政府像を確立すること」とし、「国家として対応すべき課題への問題解決能力を有する政府を実現する方途でもある」。このような見地に立って、その具体策として道州制の導入が適当と考えられるとの見解を示した。

そして、広域自治体改革を実現するためには、①地方分権の推進及び地方自治の充実強化、②自立的で活力ある圏域の実現、③国と地方を通じた効率的な行政システムの構築という道州制の制度設計に関する方針を指摘した。

「道州制の導入に関する課題」においては、「道州制の導入は都道府県制度の見直しにとどまらず、国と地方の双方の政府のあり方を再構築するものと位置づけ」られており、「これにかかわる検討課題は、国の政治行政制度のあり方や国と地方の行政組織のあり方、また国と地方を通じた行政改革の推進との関連など広範にわたるものである」。さらに、道州制の導入は、長きにわたって存続した都道府県の廃止を伴うものであり、「将来の我が国の圏域構造のあり方を相当長期にわたり方向づけるとともに、国民生活に大きな影響を及ぼすもの」であり、道州制の導入に関する判断は、「広範な問題に関する国民的な議論の動向を踏まえて行われるべき」であり、「今後、国民的な議論が幅広く行われることを期待する」にとどめ、導入の具体的な時期は示さなかった。政府においては、引き続き幅広い見地から議論を進め、国民的な議論の深まりに資するような役割を果す必要がある。そして「地方分権の推進に向けた道州制の導入への気運が高まる場合」に、推進法制を整備することも考えられる。

2　道州制特別区域の概要

平成一八年五月、政府は「道州制特別区域における広域行政の推進に関する法律案」を閣議決定し国会に提出し、衆参の審議を経て、平成一八年一二月一三日に成立した。そして、平成一八年一二月二〇日、「道州制特別区域における広域行政の推進に関する法律」（平成一八年法律一一六号）が公布された。法律の目的は、市町村の合併の進展による市町村の区域の広域化、経済社会生活圏の広域化、少子高齢化等の経済社会情勢の変化に伴い、広域における行政の重要性が増大していることにかんがみ、地方分権の推進や行政の効率化に資するとともに、地方の自立的発展に寄与しようとするものである（**図1**）。道州制の導入に向けた全国に先駆けた試みである（**図2**）。

この法律は、「道州制特別区域」、「特定広域団体」を定義し、道州制特別区域基本方針の策定、道州制特別区域計

図1　道州制特区推進法の意義

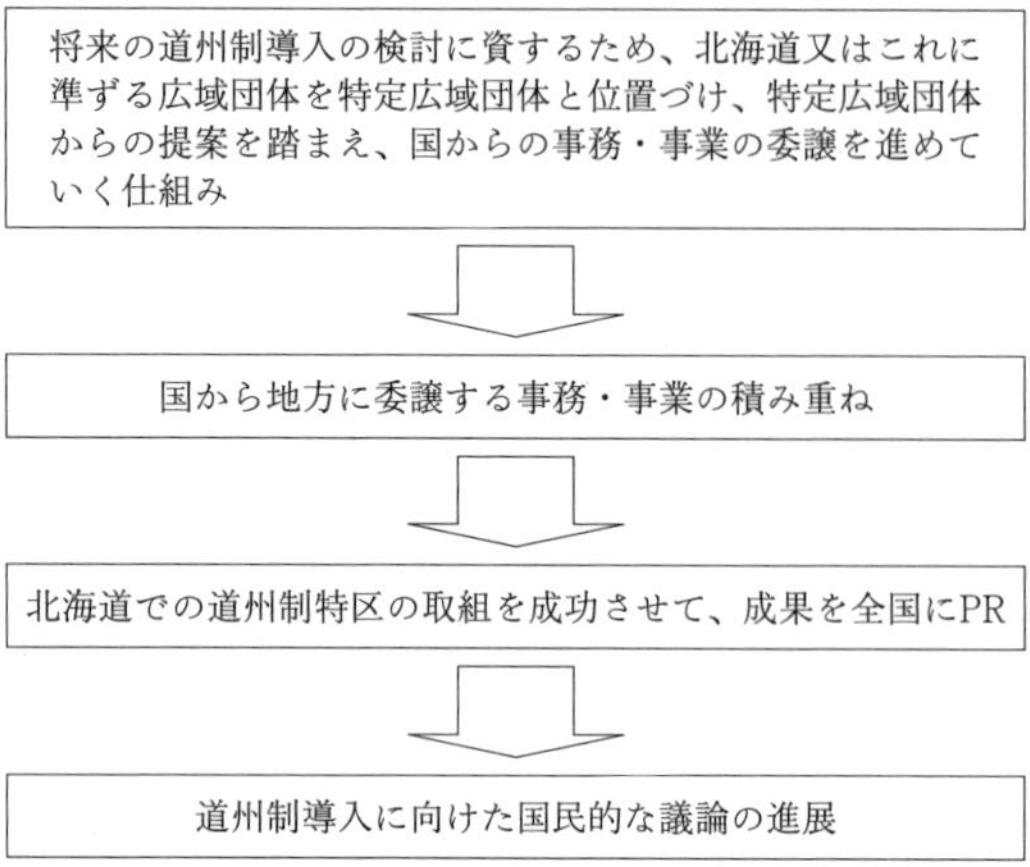

（出所）首相官邸「道州制特別区域における広域行政の推進に関する法律について」。

図2　道州制特区推進法のイメージ

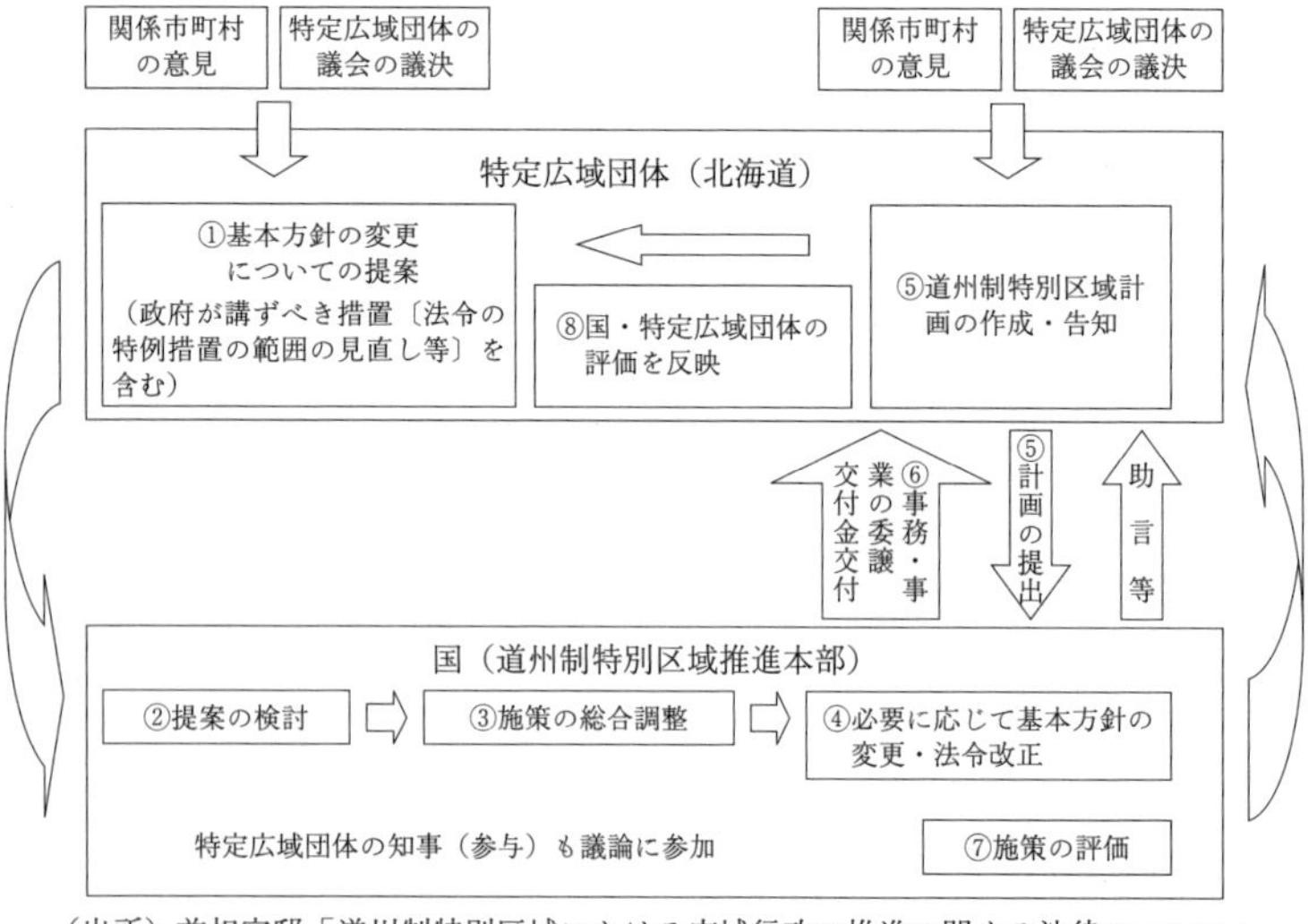

（出所）首相官邸「道州制特別区域における広域行政の推進に関する法律について」。

画の作成及びこれに基づく特別の措置、道州制特別区域推進本部の設置等について定めている（一条）。

「道州制特別区域」とは、北海道地方又は自然、経済、社会、文化等において密接な関係が相当程度認められる地域を一体とした地方（三以上の都府県の区域の全部をその区域に含むものに限る）のいずれかの地方の区域の全部をその区域に含む都道府県であって政令で定めるもの（以下「特定広域団体」）をいう（二条一項）。「広域行政」とは、特定広域団体により実施されることが適当と認められる広域にわたる施策に関する行政をいう（二条二項）。

道州制特別区域で「北海道」を明示した理由は、「北海道が国土の約五分の一を占める広域を有していること、自然、経済、社会、文化等で独自の地方を形成していること[4]」などから、「将来の道州制導入の検討に資するため

表1　これまでの道州制特区提案

緊急提案	札幌医科大学の定員自由化に関する学則変更届出先の知事の変更 労働者派遣法に基づく医師派遣先の拡大 地方公務員派遣法に基づく医師派遣の拡大 JAS 法に基づく監督権限の移譲 水道法に基づく監督権限の移譲
2次提案	国土利用の規制権限等の移譲 人工林資源の一体的な管理体制の構築 森林関係審議会の統合 廃棄物処理法に基づく権限の移譲 特定免税店制度の創設 国際観光振興業務特別地区の設定 企業立地促進法に基づく権限の移譲 外国人人材受入れの促進 地域限定通訳案内士試験における裁量の拡大 町内会事業法人制度の創設
3次提案	維持管理費に係る国直轄事業負担金制度の廃止 道道管理権限の町村への移譲 福祉運送サービスに係る規制緩和 コミュニティハウスの制度創設 指定都市等の要件設定権限の移譲
4次提案	「条例による法令の上書き権」の創設 国の出先機関等に係る予算・人員等の情報公開 郵便局の活用が可能な地方公共団体事務の拡大 過疎地域等における病院と診療所の連携に係る特例措置 健康食品に関する北海道独自の表示基準の創設

の取組を進めるにふさわしい都道府県として当初から念頭にあったため(5)」である。自然、経済、社会、文化等において密接な関係が相当程度認められる地域を一体とした地方とは、「広域行政を推進するためには、北海道と比較して現行の一又は二の都府県の区域程度の広さでは適当でないこと、広域の見地から既に一定の施策を行っている国の主な地方支部部局の最小単位が三県であること等によるもの(6)」であるとし、「三以上の都府県」と規定している。「特定広域団体」を政令で定めるものとしたことは、「所定の要件に該当するかどうかを国が判断する必要があり、都道府県の意思のみで本法の対象となり得ることは適当でないためである(7)」。

北海道からは、これまで緊急提案（平成一九年一二月）にはじまり、第二次提案（平成二〇年四月）、第三次提案（平成二〇年一〇月）及び第四次提案（平成二一年七月）に及ぶ二五項目の提案がなされた（表1）。

道州制特区における広域行政の推進に関する法律に基づき北海道から第四次提案が行われた後、平成二一年八月三〇日、第四五回衆議院議員総選挙により、民主党が過半数の議席を獲得し政権交代が実現した。道州制及び道州制特区については、自民党政権公約二〇〇九（平成二一年七月三一日）では、『道州制基本法案』を早期に制定し、平成二九年までに「道州制」を導入」と積極的に導入に向けた工程が示されたのに対し、民主党政策集ＩＮＤＥＸ二〇〇九（平成二一年七月二三日）では、「住民に一番身近な基礎的自治体を重視した分権改革を推進し、中央集権制度を抜本的に改め、地域主権国家を樹立」することをめざし、「広域自治体については当分の間、現行の都道府県の枠組みを基本」とし、「現行制度を前提とする広域連合や合併の実施、将来的な道州の導入も検討」とする道州制導入に消極的な姿勢が示された。

四　道州制の導入に向けた課題——道州制導入をめぐる動き

1　政府の道州制導入をめぐる動き

平成一九年一月、政府は、道州制ビジョン懇談会を設置し、道州制導入によって実現される地域社会・経済社会の姿や新しい国・地方の政府像など道州制の導入に関する基本的事項を議論し、道州制ビジョンを三年以内に策定することで検討を行い、平成二〇年三月、道州制ビジョン懇談会は「中間報告」を取りまとめた。

道州制を「新しい国のかたち」として、国のかたちの問題や国全体の体制の問題と位置づけ、単なる都道府県の再編にとどめず、「中央政府の権限を国でなければできない機能に限定し、日本の各地域が、地域の生活や振興に関しては独自の決定をなしうる権限を行使できる『主権』をもつ統治体制」とし、「地域主権型道州制」を提案した。地域主権型道州制の目的は、①「繁栄の拠点の多極化と日本全体の活性化」、②「国際競争力の強化と経済・財政基盤の確立」、③「住民本位の地域づくり」、④「効率的・効果的行政と責任ある財政運営」、⑤「安全性の強化」とし、国と地方との関係を「国の権限は国家に固有の役割に限定し、国民生活に関する行政の責任は一義的には道州と基礎自治体が担い、広域的な補充は道州が行なう」と基本的な考えを示した。さらに、導入に向けて、国と道州、そして基礎自治体の担うべき役割を具体的に列挙し、おおむね一〇年後の二〇一八年までに道州制に移行する導入の工程が示された。第一一回道州制ビジョン懇談会では、道州制の現状についての問題意識や道州制の理念・目的について議論された。高橋はるみ知事（道州制ビジョン懇談会メンバー）が報告した北海道の道州制の理念・目的をみると、急速な人口減少・少子高齢化や危機的な財政状況に直面して、「活力があり、安心・安全な暮らしを保障」するには、「地域の課題解決や地域活性化を国任せにするのではなく、一人ひとりの個人が、そして、共に力を合わせた住民が、さらには地方自治体が、自ら主体的に考え、決断し、行動する地域主権型社会を構築」する必要を述べ、このような地域主権型社会を実現する仕組みが道州制であることが語られ、「できる限り住民に近いところで物事が決まり、取組が行われる」という道州制の基本的な考え方が示された。

2　全国知事会の道州制導入をめぐる動き

平成一九年一月一八日、全国知事会は道州制に関する見解として、「道州制に関する基本的な考え方」を示した。道州制は「国のかたちの根本に関わるものであり、国と地方双方の政府を再構築し、真の分権型社会を実現するためのものであって、国の都合による行財政改革や財政再建の手段」ではない。道州制の検討にあたって、以下の基本的な考え方をまとめた。①地方分権の推進、②広域自治体としての道州と市町村の二層制、③国と地方の役割分担の抜本的な見直し、④中央省庁の再編解体を含む中央政府の見直し、⑤広範な条例制定権の確立、⑥自主性・自立性の高い地方税財政制度の構築、⑦道州の区域は国と地方双方のあり方の検討を踏まえて議論し、地理的・歴史的・文化的背景や地方の意見を反映することを求めているなど七つの原則を掲示した。道州制検討の進め方については、国のかたちの根本に関わるものであることから、国と地方が一体となった機関の設置の必要性と、国民に十分に理解されていない状況を踏まえ、国民意識の醸成が不可欠として、国民の論議を深めるには、積極的な情報提供の必要性を指摘した。そして、今後の検討課題（①国のあり方及び国・道州・市町村の役割分担、②税財政制度のあり方、③大都市圏との関係、④市町村との関係、⑤住民自治のあり方、⑥首長・議会議員の選出方法、⑦条例制定権（自治立法権）の拡充・強化、⑧道州の組織・機構のあり方）を示した。平成二二年七月八日、全国知事会道州制特別委員会では、「平成二一年度道州制特別委員会検討状況報告（案）」及び「平成二二年度取組方針（案）」について協議を行い、上記の「道州制に関する基本的考え方」の検討課題のうち、①住民自治のあり方、②道州の組織・機構のあり方、③税財政制度の検討状況を取りまとめた。地域主権戦略大綱では、「地方や関係各界との幅広い意見交換も行いつつ、地域の自主的判断を尊重しながら、いわゆる『道州制』についての検討も射程に入れていく」としており、国と地方の協議の場等を通じて、国の道州制に関する議論に地方意見を反映させるとともに、全国的な議論を進めていかなければならない。

3　日本経済団体連合会の道州制導入をめぐる動き

平成一九年一月、日本経済団体連合会（以下、経団連）は「希望の国、日本」の中で、国と地方の役割分担を明確にし、道州制のあり方について検討を進め、二〇一五年度をめどに道州制の導入をめざす考えを示した。「希望の国」を実現するために、道州制導入に向けて二〇一一年までに取り組む課題として、①国と地方の権限と責任を再整理、国の支部部局を整理・廃止、地方への権限移譲を推進、②地方の歳出削減を前提に税源を移譲、③新型交付税を導入、国の関与・義務付けを縮小し補助金を廃止・削減、④従来型交付税の交付基準の見直し、⑤地方債の発行の自由度を段階的に拡大、⑥国・地方が一体となって市町村合併を全国的に加速、⑦内閣総理大臣のリーダーシップの下に有権者が参加する道州制の検討組織を法定設置、関連法律の早期成立という具体的な課題を挙げた。そして、三月には「道州制導入に向けた第一次提言――究極の構造改革を目指して」（以下、第一次提言）を発表した。第一次提言では道州制導入の意義と目的について、①統治機構の見直しを通じた政策立案・遂行能力の向上、②地域経営の実践による選択と集中、③地域における行政サービスの質的向上に努めることが必要であるとし、道州制の導入によって形づくられる新しい国の姿を掲示した。道州制の導入によって、国は「外交・防衛など国家安全保障や司法を担当するとともに国家としての競争力を重視した政策を重点的に推進」し、国と地方の役割分担を明確に、国の役割を必要最小限に限定し、これまで国が担ってきた役割の多くを地方に委ね、地域においては「それぞれの特徴に応じた自律的な地域経営・行政を推進」するというかたちで道州制を導入することを提言した。経団連は、道州制の導入実現までの工程表をかかげ、道州制導入に向けての道筋を示し、国民の理解を深めるために、道州制憲章七ヵ条を掲示し、積極的な役割を果たすことを訴えた。また、平成二〇年一一月には「道州制の導入に向けた第二次提言」（以下、第二次提言）を発表した。第二次提言では、道州制導入の意義や目的、道州制の導入による期待される効果、さらには国、道州、基礎自治体が果たすべき役割、道州制を支える諸制度や「道州制推進基本法」（仮称）の制定をはじめ、道州制の導入へ向けたロードマップを示した。さらに、平成二一年一〇月、「改めて道州制の早期実現を求める」では、経団連の考える道州制とは、「基礎自治体を包括する広域の地方公共団体として全国を一〇程度に区分する道州を新たに設置し、基礎自治体、道州、国の三層制とするもの」と定義した。国と地方の役割分担については、基礎自治体と道州に国の権限、財源、人員のほとんどを移管し、基礎自治体は住民に最も身近な行政サービスを提供し、道州は「基礎自治体を補完しつつ広域的な観点から地域社会の安定、安心・安全の確保、経済の発展に資する政策」を担い、国は「外交や安全保障などの国益に関わる対外政策、市場機能の円滑化のためのルール整備、最低限のセーフティネットの整備といった限られた範囲」に限定するというものである。そして、「道州制による地域の自立とグローバル競争力の強化」「道州制を支える税財政制度の構築」「道州制導入に向けて早急に取り組むべき課題」を提言している。

五　道州制の導入に向けた課題

民主党は「地域主権国家への転換」を掲げ、中央集権体質からの脱却をめざし、地域住民が自ら考え行動し、行動と責任を負う地域主権へと転換することを表明した。地域主権戦略大綱における「自治体間連携・道州制」では、地域主権改革が目指す国のかたちについて、対等なパートナーシップ関係を築き、「地域の自主的判断を尊重しながら、国と地方が協働してつくっていく」とし、役割分担については、『補完性の原則』に基づき、住民に身近な行政はできる限り地方公共団体にゆだねることを基本」とし、基礎自治体の役割の重要性が強調された。また、広域自治体の在り方や自治体間連携については、「地域の自主的判断を尊重しつつ、自治体間連携等が自発的に形成されていくこと」が重要である基本的な考えを示し、「道州制」についての検討も視野に入れていくとした。ここでは、国と地方の役割やそれに伴う広域行政のあり方が明らかにされておらず、地域主権をどう実現するのか全体像がはっきりとしない。しかし、一貫して自立と責任が強調されているので、国の責任の縮小とそれに伴う地方の自立と責任が地域主権改革の考えの根底にある。また、「道州制特別区域における広域行政の推進に関する法律」では、「広域連合などにより広域自治体が自主的に連携した場合には積極的に国の事務・事業の移譲等を進めるという観点から所要の検討を行う」と地域主権改革を目指す国のかたちとして現された。これは、広域行政の重要性が増大し、地方分権の推進や行政の効率化とともに、地方の自立的発展に寄与するものと考えられ、道州制の導入に向けた先行的な取り組みである。しかし道州制の導入に向けた先行的な取り組みを行う北海道では、移譲される権限はわずかにすぎず、国民的な議論の発展に至っていない。一方現在の新しい動きとして、平成二二年一二月、関西の二府五県が結集し、関西広域連合を設立した。地方自らが主役の地方分権改革で、国からの権限・事務の移譲へ向けた取り組みであり、法律に加えてはとの意見が上がっている。

日本世論調査会（調査期間――平成一八年一二月二～三日。調査対象――全国有権者三〇〇〇人。回答率六〇・二％）によると、道州制に「反対」は二六％で「どちらかといえば反対」三六％を含めて六二％に対し、「賛成」は「どちらかといえば賛成」を含めても二九％にとどまり（中日新聞社、平成一九年一月一日、一二版三項）、道州制について、国民の理解が進んでいないことが明らかになった。平成一九年九月、北海道は「新しい総合計画（案）」をまとめた。総合計画とは、平成二〇年四月から一〇年間にわたる道政運営の基本的な方向を総合的に示すものである。地域主権とは「一人一人の住民が、そして地方自治体が、自ら主体的に考え、決断し、行動することが重要であるとする考え方であり、国からの視点ではなく住民や地域を主体とするもの」と定義され、北海道の「めざす姿」として、地域主権型社会にふさわしい自治のかたちとして、道州制をあげている。北海道は「ともに考え、ともに行動するための指針」と総合計画にあるように道民と向き合う必要があり、国は今後、権限や税源の移譲を認めるかが焦点となる。

本稿では、今後の方向性を示す「地域主権戦略大綱」の内容を概観し、民主党の道州制の導入について、「道州制のあり方に関する答申」（第二八次地方制度調査会）を手がかりに、北海道で先行する「道州制特別区域における広域行政の推進に関する法律」を概観し、政府・知事会・経済界の道州制導入をめぐる動きをみてきた。地域主権改革は、「明治以来の中央集権体質からの脱却」をめざし、「地域住民が自らの判断と責任において地域の諸課題に取り組むことができるようにするための改革」と定義し、今後の方向性を示すものである。今後、地域主権戦略大綱は具体化が最大の課題となり、地域主権を実現するために道州制を含めた国民の論議と国民意識の醸成が不可欠である。

（1）「道州制特別区域における広域行政の推進に関する法律」（平成一八年法律一一六号）が公布された。この法律の目的は、市町村の合併の進展による市町村の区域の広域化、経済社会生活圏の広域化、少子高齢化等の経済社会情勢の変化に伴い、広域における行政の重要性が増大していることにかんがみ、地方分権の推進や行政の効率化に資するとともに、地方の自立的発展に寄与しようとするものである。この法律は、北海道を対象としたもので、道州制の導入に向けた先行的な取り組みである。

（2）地域主権改革は、地域のことは地域に住む住民が責任を持って決めることのできる活気に満ちた地域社会をつくっていくことを目指し、国が地方に優越する上下の関係から対等なパートナーシップの関係へと転換するとともに、明治以来の中央集権体質から脱却し、この国の在り方を大きく転換する。地域主権戦略会議は、地域主権改革に関する施策を検討し推進していくため、平成二一年一一月一七日に閣議決定に基づき内閣府に設置された。

（3）地方自治に影響を及ぼす国の政策の企画及び立案並びに実施について、国と地方が協議を行う「国と地方の協議の場」について定める「国と地方の協議の場に関する法律」が、平成二三年四月二八日に成立。

（4）「法令解説 道州制導入に向けた先行的取組としての道州制特区について」時の法令一七八五号三四～三五頁。

（5）同右。

（6）同右。

（7）同右。

参考文献

北野弘久『新財政法学――自治体財政権』（勁草書房、一九七七）。
北野弘久『憲法と地方財政権』（勁草書房、一九八〇）。
北野弘久『納税者基本権論の展開』（三省堂、一九九二）。
北野弘久『税法問題事例研究』（勁草書房、二〇〇五）。
江口克彦『地域主権型道州制――国民への報告書』（ＰＨＰ総合研究所、二〇一〇）。
佐々木信夫『道州制』（ちくま新書、二〇一〇）。
岡田知弘『増補版 道州制で日本の未来はひらけるか』（自治体研究社、二〇一〇）。
加茂利男編者『日本型地方自治改革と道州制』（自治体研究社、二〇〇七）。
松本英昭監修『道州制ハンドブック』（ぎょうせい、二〇〇五）。

自治体の補助金支出と憲法八九条後段

鴨野幸雄

一　はじめに

自治体の補助金等（補助金等の定義は補助金適正化法二条による。以下、補助金という）の支出は、自治体の自律的財政運営の上に重くのしかかり行財政改革の重点項目としてその整理合理化が叫ばれている。商業振興事業、スポーツ振興事業、市民参画事業、障害者支援事業、まちなみ保存事業、国際交流事業等、数多い事業数と多額の金額になる(1)。自治体補助金交付は自治法二三二条の二の「公益上必要がある場合」になされ、補助の根拠は各自治体の補助金等交付規則によることが多い。自治体の補助金の支出も憲法八九条の「公金その他の公の財産は、宗教上の組織若しくは団体の使用、便益若しくは維持のため、又は公の支配に属しない慈善、教育若しくは博愛の事業に対し、これを支出し、又はその利用に供してはならない」という統制の下にあることは当然である。とすれば、右に挙げた例のように自治体が市民団体等による慈善・博愛、教育の事業に積極的に公的助成を行っている（今日では、ＮＰＯやボランティア団体等にその特徴が見られる）が、これらは八九条後段の「公の支配」に属するのか否かをめぐって解釈の対立があり、また、現実の必要性からの要請もあって従来から議論のあるところである。

そこで、この小論では憲法八九条後段に関する従来からの議論に加わりながら、自治体の補助金支出と八九条後段に焦点を当てて、これを財政民主主義および地方自治の観点から検討し一定の提言を試み、その結論から国政における八九条後段の意義づけも見つけ出すことができればと願っている。

二　八九条後段をめぐる従来からの議論

1　八九条後段の趣旨・目的

(1)　憲法八九条後段はどのような趣旨・目的から規定されたのか、これをめぐって学説は、八九条の前段と後段の関係を切断して考えるのか、連続性をもって捉えるのか、また、八九条が第七章の「財政」の章におかれている意味をどう評価するのか等の問題が絡んで多岐にわたっている。(2) ここでは本稿のテーマと関わる範囲で略述しよう。

第一説は、公費濫用防止説で、制憲議会における金森国務大臣の答弁では、憲法八九条前段と後段とはその趣旨・目的を異にするとした上で、後段の趣旨・目的を国家の公費濫用防止と捉えている。慈善・博愛、教育事業については、その美名の下に公費が濫費されるおそれが多いと解されるので、財政民主主義の見地から公財産の濫費・濫用にならないよう公のコントロールを要求した規定と把握するのである。(3) 学説では、「公の財産が、教育等の私的事業に支出され利用に供された場合、完全に私的事業の自由にゆだねられるものとすると、公共の利益に反する運営が行われる可能性がある。そこで、国は、財政的な援助をなす限度において、その援助が不当に利用されることのないように監督する」ことが目的であると財政統制の必要性を説いている。(4)

第二説は、干渉排除・自主性確保説である。有力な説は「本条後段は、主として、私的な慈善または教育の事業の自主性に対し、公権力による干渉の危険を除こうとするにある[5]」という。公金をある事業に支出する場合、納税者たる住民に国・自治体は重大な責任を負うのであるから、その責任上、十分実質的監督権を有しなくてはならないとし、一方において公金の使い道や、公の財産の利用方法を厳重にコントロールすることが、国・自治体の国民に対する責任であり、他方において、国・自治体がそういう支配権をもつことは、慈善または教育の私的自治性を失わせるものであることにかんがみ、本条は「公の支配」に属しない慈善、または教育の事業に対し、公金その他の公の財産の支出または利用を禁ずることにしたのであると説くものである[6]。

第三説は中立性確保説である。この説は憲法八九条前段と後段を連続して捉える立場である。すなわち、八九条後段の趣旨は、前段の政教分離の財政面からの補完にあり、私人が行う教育等の事業は特定の宗教的信念に基づくことが多いので、宗教や特定の思想信条が、国の財政的援助によって教育等の事業に浸透するのを防止することにあると解するのである[7]。

この他に、公費濫用防止と国家の中立性確保を趣旨とする説[8]、公費濫用防止と私的事業の自主性を確保する説[9]など、それぞれを組み合わせた説もある。

このように、憲法八九条後段の趣旨・目的は、①公費濫用防止説、②私的事業の自主性確保説、③国家の中立性確保説、また、それらの組み合わせた説が主張されているが、これらがどのように論じられてきているか若干の評価も加えて紹介しておこう。

(2)　第一説の公費濫用防止説の立場は憲法八九条後段が第七章「財政」の章に位置し、財政民主主義の観点からの要請として同条により財政的監督をうける。この財政的監督は事業主体への包括的監督というよりは、当該事業に支出または利用された公金への濫費の防止という使途統制を内容とする。しかも、同条後段は、同条前段との連続性を考えると単に手続的使途統制の面にとどまらない、濫費防止の実体的基準も定めていると解する。それが「公の支配」の内容の解釈にもつながってくるものといえよう。公費濫用防止説は、財政支出への統制という面から大方の支持をえているといえよう。

第二説の私的事業自主性確保説については、第七章の「財政」の章の中で八九条をそのように理解するのは困難であるとする見解が多い。たとえば、私的教育事業をとってみるに、それは個人の主義・思想や宗教的信念に基づき行われるのであるから、これらの事業の自主性・独立性はすでに憲法上の自由権である憲法一九条、二〇条、二一条、二三条等により保障されており、改めて八九条後段の公金支出の制限により保障すべき問題ではないとするのである[10]。事業への公金支出と事業の自主性確保の問題は、事業主体または事業が憲法の自由権条項によって保障されていることを前提に公金支出に伴う公的コントロール、すなわち、「公の支配」との調和をいかにはかるかの問題となろう[11]。

第三説の国家の中立性確保説は、八九条前段が「宗教上の組織若しくは団体」に公金支出禁止の対象を限定しているのに対し、八九条後段は、宗教との関連がしばしば見られる教育等の事業における政教分離の原則の実現もはかったものと考えられるとし、さらに「ここでいう政教分離の原則は、宗教に限定されず、特定の思想信条から国家の中立性の原則を含み、特定の思想信条や主義が教育等の事業に滲透するのを防止するに必要な「公の支配」を成立させることも含んでいる[12]」という見解も有力に主張され妥当なものと考える。

憲法八九条後段の趣旨は、財政民主主義を基本原則とする第七章「財政」の中に位置し、しかも、政教分離原則の財政面での具体化規定がある八九条前段と同一条文の中に入れられていることを考えると、公費濫用の防止と国家の中立性の確保の二つをその目的としていると理解するのが多数説[13]といえよう。

2　「公の支配」の意義

(1)「公の支配」という文言は、国・自治体の「統制」ないし「監督」を意味する表現であると解される。この「公の支配」、すなわち、国・自治体の「監督」の内容に関して、私学助成の合憲性をめぐって大きな議論のあったところなので、「公の支配」の意義を私学助成制度とからめて述べることでこの問題の理解の一助としたい。

私立学校法五九条は、「別に法律の定めるところにより、学校法人に対し、私立学校教育に関し必要な助成をすることができる」と定め、私立学校振興助成法は、助成を受ける学校法人に対し国・自治体の監督の内容を次のように定める。すなわち、同法一二条において、①助成に関し必要があると認める場合に、業務もしくは会計の報告を徴し、または職員に質問させ、もしくは帳簿、書類その他物件を検査させること、②学則に定めた収容定員を著しく超えて入学・入園させた場合、その是正を命ずること、③予算が助成の目的に照し不適当であると認める場合、その予算について必要な変更をすべき旨の勧告をすること、④役員が法令の規定、法令の規定に基づく所轄庁の処分または寄附行為に違反した場合、当該役員の解職をすべき旨を勧告すること、以上のように定める。

右のような私学助成に対する国・自治体の監督権限のあり方につき「公の支配」の解釈をめぐって論争があり今日まで続いている。

(2)「公の支配」の解釈について、第一説は厳格説といわれるもので、私学助成は合憲性が疑わしいとする。すなわち、「公の支配」とは国・自治体の支配を意味し、さらに「支配」とは「その事業の予算を定め、その執行を監督し、さらにその人事に関与するなど、その事業の根本的な方向に重大な影響をおよぼすことのできる権力を有することをいう。」と厳格に解し、その結果、私立学校法五九条、私立学校振興助成法一二条で定められた程度の微温的・名目的監督——報告を徴し、勧告を行うこと——が、はたして本条にいう「公の支配」に属するかどうかは、すこぶる疑問であるとする。そして、この程度のことで学校法人が「公の支配」に属するということができるならば、すべての公益法人が「公の支配」に属することになると主張する。(14)

第二説は、緩和説ともいわれ「公の支配」をゆるやかに解し、「公の支配」に属する事業とは「国家の支配の下に、特に法的その他の規律をうけている事業」をいい、教育基本法や学校教育法等によって国家の法的規律をうけている私立学校は「公の支配」に属しているとするものである。[15]

第三説は、中間説または、体系的・総合的解釈説ともいわれ、「公の支配」の解釈に際し、憲法一四条の平等原則、二三条の学問の自由、二五条の生存権、二六条の教育をうける権利など他の憲法条項、とくに二六条との体系的・総合的解釈を行い、私立学校法および私立学校助成法による監督の程度をもって、「公の支配」の要件を充たし、私学助成を合憲と解するものである。[16] また、この場合にも助成をうけている私立学校に対する私立学校助成法による監督だけではなく、私立学校一般が、学校教育法や私立学校法の規則の下にあることが、私学助成の合憲性の前提となっているものと考えられる。

(3)　第一説は、憲法八九条後段の趣旨・目的に関しては自主性確保説の立場に立ち、国が財政援助をする以上は事業の自主性を認めず、事業の自主性を認める以上は財政的援助は許されないと明確に区別している。[17] したがって、私立学校振興助成法による監督の程度は八九条の「公の支配」の程度を充たしておらず違憲としている。しかし、第一説については、私立学校は公教育の重要な部分を担っており、憲法二六条の国民の教育をうける権利の実現に不可欠の存在であることを無視したものといえる。これを解決するため、第二説を踏まえた第三説の主張のように、憲法八九条後段を二六条、二三条、一四条のような他の憲法規定と体系的・総合的に解釈することが妥当であると考える。

憲法八九条後段は、私学助成を行う場合の条件を定めたものであり、私学助成に対する国家の義務は憲法二六条の教育をうける権利の保障から生ずるものである。[18] 私学助成は、授業料等の経済的負担を軽減し、私立学校の教育条件の維持向上をはかることを目的とし（私立学校振興助成法一条）、もって、学生・生徒の教育をうける権利の保障のためにある。授業料等経済的負担の軽減は同時に、教育の自由の一環として認められる私立学校選択の自由に対する物質的基盤を与えるものである。

第三説の総合的解釈の方法をとった場合、憲法二三条の学問の自由、憲法二六条の教育をうける権利の保障は、憲法八九条後段の「公の支配」を限界づけるものである。教員の人事や具体的教育内容は、私立学校の自治や教育の自由の核心的部分を構成するものといえる。この見地から考えると第一説は、憲法八九条後段の解釈にあたって、憲法二三条および二六条からの要請を無視するとともに、「公の支配」について、事業の予算、その執行、人事への関与など事業の根本的方向に重大な影響をおよぼすなど教員人事や教育内容に対する国の監督を肯定しているような解釈は妥当とはいえないと考える。(19)

このような意味から、「公の支配」の解釈には、体系的・総合的解釈を行うことが適切であり、また、この説が今日の通説と考えるが、この説も憲法二五条、二六条からの私学助成を強調するあまり私学助成の条件となるべき「公の支配」の具体的内容をつめて議論しているわけではないといえる。もとより「公の支配」の具体的内容は、憲法上一義的に明確に解釈されるものではなく、立法政策や行政の裁量に委ねられる部分も少なくないと考えられるが、具体的内容の探究を怠ってはならないと考える。

この点につき、中村教授は、私学助成において「公の支配」の具体的内容の一例を次のように説明される。「憲法八九条後段の立法趣旨が、国家の中立性の原則および財政民主主義の原則であることから、次のような監督が憲法上要請され」るとして、第一に、国家の中立性の原則は、最低限、学生・生徒の信教の自由および思想信条の自由を侵害してはならないこと、特定の信仰の強制や思想信条による入学差別の禁止、教職員の信教の自由および思想信条の自由も尊重されるべきこと、第二に、財政民主主義による国の財政的監督において、現行の私立学校振興助成法による国の監督で欠けていて問題があるのは、授業料および経常費の相当部分をしめる教職員の給与費に対する国の監督であるとする。なかでも、授業料については、私学助成そのものが憲法二六条の教育をうける権利によって根拠づけられるのであるから、助成が授業料の軽減に結びつくように監督することは、憲法八九条後段の「公の支配」の重要な内容をなすと指摘される[20]。

一方で、国家の中立性の原則面から学生・生徒の信教の自由および思想信条の自由に対する「公の支配」に厳しく対処することは憲法上妥当であり、他方で国の財政的監督面から、学生・生徒の授業料軽減に結びつくよう教職員の給与費に対する国の監督を、現行法上は不十分であるから強化するように主張される点は、憲法二六条、私学助成法一条から考えて賛成できるものである。

このようにみてくると、「公の支配」の内容、すなわち国の監督の内容のあり方は、憲法八九条後段と、一四条、二三条、二五条、二六条などとの体系的・総合的解釈をとりながら、個別的、具体的に妥当する解釈を加えて行く必要があろう。これについては後述するように別の節をおこして論じることにしよう。

3　「公の支配」に関する判例の態度

憲法八九条後段の「公の支配」をめぐる裁判には、私学助成に関する下級審判例が主であり、いずれも合憲とされるが注目される判例を三つ挙げておこう。

(1)　大学付属病院設置をめぐる公金支出事件

これは、八九条後段に関する最初の判決[21]である。千葉県I市は総合病院の誘致を検討してきたが、医学部付属病院の設置を計画するT大学との合意が成立し基本協定書を締結した。市はそれに基づき病院用地として取得造成した土地をT大学に無償譲渡しようとした事案である。判決は、「公の支配」の意味内容は、憲法一九条、二〇条、二三条のほか教育の権利義務を定めた憲法二六条との関連、私立学校の地位・役割、公的助成の目的・効果等を総合勘案して決すべきであるとした上で、このような「総合的観点からする、憲法八九条後段の規定する『公の支配』に属する事業とは、国または公共団体が人事、組織、予算について根本的に支配していることまでをも必要とする趣旨ではなく、それよりも軽度の法的規制を受けていることをもって足り、私立学校について言えば、教育基本法、学校教育法、私学法等の教育関係法規による前認定の程度の法的規制を受けている場合には公の支配に属しているものと解し得る」と判示している。この判決は「公の支配」に関する今日の通説的位置を占める第三説の体系的・総合的解釈に基づく見解に立っているといえよう。

(2)　幼児教室補助金交付事件

本件は、埼玉県Y町が土地を貸借して教室用の建物を建てたうえで、幼児の保護者および教員をもって構成される権利能力なき社団たる幼児教室に対し無償で使用させ、補助金を交付するなどしたことに対する住民訴訟である。

第一審判決(22)は、憲法八九条は「公の支配」について、法律に根拠を置く規律であることを要求しているわけではなく、自治体の行政機関が議会のコントロールの下に規律することで足りるとし、現に学校法人に対して相対的にいる規律と同程度でなければならない理由はないとした。その上で「公の支配」の態様は、当該事業に則して行なわれて考えるべきであるとの観点から、幼児教室について判断する基準を三つ挙げている。すなわち、①本件幼児教室が、父母、教員が教育の自由を確保しつつ、幼児が教育を受けうる事業内容を備えるように、公の機関により配置されているか、②その自立作用によって弊害の発生を効果的に抑制する組織及び内容が、その開設および存続に際し公の機関から要求されていたか、③教育の事業が健全に行なわれることによって、助成がその本来の目的を果たすよう公の機関が、監督、是正することが制度上予定されていたか、の三点である。この考え方は「公の支配」の内容・程度について総合的解釈説に立ちながらも憲法八九条後段の趣旨・目的で主張された国家の中立性原則、当該事業の自主性の確保、公費濫用の防止の三つの説を取り入れてその基準を判断しているといえる。

さらに、本件の控訴審判決(23)では、「公の支配」の要件を第一審判決の第三の要件のみを取りあげ、より緩和した判断を示した。すなわち、憲法八九条前段と後段の趣旨・目的は異なるとして区別し、後段のそれは公費濫用の防止であるとし、教育事業が「公の支配」に服することを要するが、「その程度は、国又は地方公共団体等の公の権力が当該教育事業の運営、存立に影響を及ぼすことにより、右事業が公の利益に沿わない場合にはこれを是正しうる途が確保され、公の財産が濫費されることを防止しうることをもって足りるものというべきである。右の支配の具体的方法は、当該事業の目的、事業内容、運営形態等諸般の事情によって異なり、必ずしも、当該事業の人事、予算等に公権力が直接的に関与することを要するものではない。」とした。

また、教育事業に対する助成は、私立学校法五九条、私立学校振興助成法一〇条等以外に許されないわけではなく、「公の支配」に服する規制を法律によることまでを求めていなく、補助金についての一般規制、監査委員監査、運営についての指導によっても「公の支配」に服するものということができるとした。本判決は「公の支配」の要件を一層緩和したものということができ、しかも、その後の同様な事例の裁判に影響を与えているといえる。

三　新しい局面と憲法八九条後段

1　「協働」社会の到来

現代社会は、その統治の基本を変化させつつある。また、変化させなければならない。従来の政府（国・自治体）中心の統治から、多様な民間部門の活動を前提とした統治形態への移行が出現しつつある。そうした変化の中心にあるのが市民やＮＰＯ（非営利非政府市民組織）そして企業等である。市民・ＮＰＯ・企業・行政とのパートナーシップ（協働）による諸活動が活性化しつつあり、多くの自治体もＮＰＯ等支援条例を制定し推進している。

現代行政は広範で多様な公的任務を行政主体（国・自治体等）のみで直接遂行することは困難であり、一方、ＮＰ

O等は多元的価値の実現、先駆性など、行政の活動にはないメリットを有している。それゆえ、行政側はNPO等との「協働」が重要な政策課題となってくる。

「協働」の意味は「NPO、行政、事業者、市民等、立場の異なるさまざまな主体が、それぞれの価値や能力を理解・尊重すると同時に、相互に批判を受け入れ、共通の認識をつくり、対等なパートナーとして連携・協力して、さまざまな社会問題に取り組むこと」を意味し、「パートナーシップ」や「コラボレーション」とほぼ同義に用いられることが多い[24]。最近では、各地のNPO等支援条例においても用いられるほど、「協働」という言葉は社会的に認知されはじめている[25]。

わが国では、「協働」社会の法的認知は、一九九五年一月一七日に起った阪神淡路大震災で多くのボランティアや市民団体が即効性のある柔軟な活動を行ったことを契機にNPO法が成立（一九九八年三月二五日）したことにその源を探ることができる。さらに、二〇一一年三月一一日の東日本大震災では、未曾有の大災害に対しNPOやボランティアが日頃の活動の延長として行政にはできないサービス提供を行い大活躍している様子が連日報ぜられている。ここにきて公益の担い手は行政のみが唯一ではなく、市民・NPO・企業と行政（国・自治体）との「協働」の構図が登場する。従来の一方的で公権力に基づく命令的行政作用だけでは、現在および将来において生起する諸問題には適さない状況が生じている。二一世紀においては、様々な領域で「協働」原理に基礎づけられた市民と政府が対等な協力関係を構築するなかで問題解決を図ることが必要となってきている[26]。

2　市民・NPOへの公的助成と憲法八九条後段の適用

NPOは現在全国に四万二七四一団体が認証されている（二〇一一年五月三一日現在）。NPO法に定める活動分野は一七ほどあるが、多い分野から並べると、保健・医療・福祉の増進（五七％）、社会教育の推進（四六％）、子どもの健全育成（四一％）、まちづくりの推進（四一％）、学術・文化・芸術・スポーツの振興（三三％）、環境保全（二八％）、……国際協力（一九％）、人権擁護・平和の推進（一六％）等となっている。[27] ここでは一つの法人が複数の分野で活動しているものが七割を超えている。

そこで、憲法八九条後段で公金支出等を禁止されているのは「公の支配に属さない慈善・博愛、教育事業」であるが、ＮＰＯの活動は、慈善・博愛、教育事業に当たるかが問題となる。実務に詳しい松下啓一氏は次のように分析する。福祉や災害救援活動は、慈善・博愛を動機とする場合が多く、また、文化・教育活動は教育事業に該当することが多いから、これらＮＰＯ活動は、八九条後段の適用をうけ、他方、まちづくりや環境保全活動は慈善・博愛が動機でない場合もあるので八九条後段の適用をうけないという区別は、理論上、一応、可能である。しかし、ＮＰＯ活動は、まさにその自発性、非政府性ゆえに千差万別で、まちづくりや環境保全活動でも慈善・博愛の精神を背景にもち、また活動内容が教育事業といえるものがある。それゆえ、慈善・博愛、教育事業に当るＮＰＯとそれ以外を区別するのは、実際上、ほとんど無理である。しかも、前述したように現実のＮＰＯ活動は、その七割以上が複数の分野にまたがっており多様かつ柔軟である。これは福祉も環境保全もまちづくりも、その本質は共通で、その活動の外延では重なり合っている。

このことから、慈善・博愛、教育活動を行っているＮＰＯとそれ以外を分け、八九条後段の適用の有無を区別することは適当でない。ＮＰＯ活動は、八九条後段の「公の支配に属する」慈善・博愛、教育事業に当るという前提で考えるべきであると主張する松下氏の見解[28]には、実務に裏打ちされた理論づけだけに賛成できるものである。それゆえ、八九条後段の慈善・博愛、教育は限定列挙ではなく例示と考えるのが妥当であろう。

八九条の適用をうけるＮＰＯの慈善・博愛、教育事業活動への自治体の支援策には、①財政的支援、②活動拠点（ＮＰＯサポートセンターなど）の設置、③ＮＰＯ活動の啓発、④人材育成（研修の実施）等があり、ＮＰＯへのアウトソーシングの促進や地方税の減免措置等がある。各自治体は、NPO施行条例とは別個にNPO支援条例を制定し、財政支援をはじめ各施策を採用している。このような市民・NPOと自治体との「協働」という新しい状況の分析を通じて、慈善・博愛、教育事業への公金の支出が認められる「公の支配」の要件はどのような内容なのかに関し、八九条後段の従来からの解釈にささやかでも付け加えられる解釈の鍵の一端がみられるのではないかと思われる。これについて節を改めて述べてみよう。

四　憲法八九条後段の再検討

1　八九条後段の趣旨の再検討

ここで「公の支配」の意味の再検討に入る前提として、八九条後段の趣旨についても再検討しておきたい。八九条後段の解釈においては、条文の意味が不明確であるとか、立法論的に問題があると指摘されていることは前述したとおりである。ここに不明確と考えられる条文の意味を確定する方法に文理解釈と目的論的解釈があるが、結論からいえば、これまで論じてきたことからうかがえるように目的論的解釈の一つと考えられる体系的・総合解釈を基本にしつつ必要に応じて文理的解釈の要素もとり入れるべきと思う。目的論的解釈といっても、それはあくまで憲法原理の枠内に止まることは当然である。

八九条後段の趣旨は、前述のように通説的理解によれば、公費濫用防止と国家の中立性確保にあるとされる。従来の通説的解釈によれば「公の支配」の意味を「国の監督または統制」[29]と解し、公権力による一方的命令等を内容とする「監督」を主として予定している。しかし、二一世紀の社会は、憲法九二条の住民自治の理念を受け、市民の自立、自己責任を基礎に、市民の自由な発想、多様な価値観を認める社会いわゆる市民社会の実現であり、そのためには、市民・NPO・企業等と公権力とが公益の実現をめざし「協働」していく社会であるといえる。この「協働」が成立するためには、両者が目的意識を共有し、相互に自立し、対等および協力し合う関係を維持していくことが必要である。また、NPO等に対する支援は、自主性・自立性、公平性・公正性、公開性・透明性の原則により行なわなければならない(30)（これらについては後に述べる）。

そこで、NPO等に対する自治体の支援においては、公の「監督」は、NPO等の自主性を尊重し、行政による過度の干渉がなく、しかも団体等の自主性・自立性が促進されるような内容・手続で行う必要がある(31)。ここにおいて、公の「監督」の意味は、NPO等の自主性・自立性が促進されるよう図ることが主たる内容で、公権力による統制は従たる内容になろう。このような観点から八九条後段の趣旨・目的として通説とされる公費濫用防止と国家の中立性確保に加えて自主性確保を加えた三つの要素を考えることができると思うものである。これについて、今日多くの自治体がNPO等支援条例の中に支援の重要な目的として、NPO等の自立を掲げていることも、これを裏づけるものといえよう。

2　「公の支配」の内容の再検討

八九条後段の一番大きな議論は、「公の支配」の内容に関してである。これについては、厳格説と緩和説そして中間説があるが、自治体における市民・NPO等と行政との「協働」関係からこの問題に体系的・総合的解釈を加えて再検討してみたい。ここでは「公の支配」すなわち、公の「監督」の主体、内容（程度）、手続が問題とされるべきである。

(1)　まず、「監督」する主体についてであるが、制憲議会の議論、その後の学説の主張では、「公の支配」の「公」が公権力すなわち、国・自治体の機関とされてきた。これは、財政監督は公権力による監視と統制によって十分その機能をはたすものであるとの思考様式から出ているといえる。しかし、「協働」関係においては、とくに、自治体においては、憲法九二条の「地方自治の本旨」の一内容である「住民自治」の原則、さらに、憲法第七章「財政」の根底にある財政民主主義、それの地方への適用である地方財政民主主義、すなわち「住民の、住民による、住民のための財政」に則した運営がなされるべきである。(32)具体的には、財政統制を議会や行政に委ねるだけでは不十分で、主権者たる市民が直接に財政運営の監視や個々の政策形成に関与すべきことになる。(33)

住民が究極的に財政の監督者となるべきであるということは、国民主権原理、財政民主主義から導かれるが、それを法制度として確認したものとして住民監査請求、住民訴訟制度にみることができる。この制度について最高裁判所は、住民訴訟を「地方公共団体の構成員たる住民全体の利益を保障するため法律で特に認められた参政権の一種」であるとし、「その原告は、……専ら住民全体の利益のために、いわば公益の代表者として地方財務行政の適正化を主張する」ものであると判示している。(34)右のように、住民訴訟を国民主権原理に基づく参政権の一種として確認し、住民が地方財政の「監視・監督者」であると位置づけたことは重要な指摘といえる。

住民が地方財政の究極の「監視・監督者」であるべきことは、一七八九年のフランス人権宣言一四条の「すべての市民は、自身でまたはその代表者により公の租税の必要性を確認し、自由な同意によりこれを承諾し、その使途を監視し、かつその課税標準・割当・徴収および存続期間を規定する権利を有する」という条項にまでさかのぼることができ、市民は課税面の同意ばかりでなく財政の使途面を監視する主体の一員として位置づけられていることからも理解できる。

このように、国民主権、財政民主主義さらに「地方自治の本旨」の住民自治の原理から、自治体の公金支出に対する「公の監督」の主体には、地方議会、首長、監査委員等の機関のみならず、市民、ＮＰＯ等も「監視・監督」の主体の一員であり、むしろ後者こそが最終かつ究極の主体となるべきであり、それに基づく議論も加えられなければならないと考えられる。

このことは、財政議会主義（憲法八三条）の名の下に財政が政治かけひきの手段化され国民生活から隔離し、財政議会主義が機能低下を起している現状から、これを補完するため本来の財政民主主義の原則である「住民による」財政統制の必要性が生じていることを示すものといえる。(35)

(2)「公の支配」の内容については、前述したように厳格説、緩和説、中間説（総合的解釈説）があり、総合的解釈説が有力で、判例もそれに近いものもある。しかし、これも公金支出（私学助成等）の条件となるべき「公の支配」の具体的内容をつめて議論しているわけではない。(36) もとより、具体的内容は、憲法上一義的に明確に打ち出されるわけではなく、立法政策や行政裁量に委ねられる部分も少なくないとはいえようが、八九条の立法趣旨・目的の範囲内に限定された財政的監督であるべきであるといえる。立法目的として公費濫用防止、中立性原則、自主性確保があるが、財政的監督の中心的・日常的対象である公費濫用防止の面において「監督」の内容を考察してみよう。

一九九七年に会計検査院法が改正され、二〇条三項に「会計検査院は、正確性、合規性、経済性、効率性及び有効性の観点から……検査を行うものとする」と規定された。憲法八九条後段の財政上の「監督」で、「正確性」、「合規性」の要請は、公金の支出を法規に従って厳密に検査するために当然のことといえよう。そして、財政民主主義の実現である「国民のため」に役立って支出・使用されているかを検査する観点は「経済性」、「効率性」、「有効性」にあり、当該事業への公金支出の是非がその事業評価を伴って問われることになろう。

これを自治体財政運営に目を向けると、自治法二条一四項は、（自治体は）「その事務を処理するに当っては、住民の福祉の増進に努めるとともに、最小の経費で最大の効果を挙げるようにしなければならない」とし、また、同法一九九条三項で、監査委員による財務の監査においては、二条一四項の趣旨にのっとって財務事務執行がなされているか特に注意して監査することを命じており、「経済性」、「効率性」、「有効性」を公金支出の「監督」の観点としている。

さらに、同法二三二条の二で、（自治体は）「その公益上必要がある場合においては、寄附又は補助をすることができる。」とし、限られた財源から補助する基準を、①公益性が高いこと、②必要性が高いことに設定している。

ここで、「公益性」とは何かを問われれば正確な定義は出しにくいが、ＮＰＯ法二条にある「特定非営利活動」の定義として「不特定かつ多数のものの利益の増進に寄与する」ことを目的とするものという定義を一応用いたい。そして具体的事例として同法別表に掲げる一七項目が原則としてこれに該当すると考える。「公益上の必要性」は、自由裁量ではなく少なくとも濫用、逸脱があれば違法となる基準であり判例も多い(37)。

この補助金等を支出する際、「公益上必要」であるかどうかの判断基準を安本教授は次のように更に細かく分析する。すなわち、①補助金支出の目的、趣旨、②他の行政支出目的との関連での当該補助金の目的の重要性・緊急性、③補助が公益目的に適切かつ有効な効果を期待できるか、④補助を受ける個人または団体の性格、活動状況、⑤他の用途に流用される危険はないか、⑥支出手続、事後の検査体制等がきちんとしているか、⑦目的違反、動機の不正、平等原則違反、比例原則（当該目的と補助の程度、補助を受けた者に期待する行動と補助の程度）違反など裁量権の濫用・逸脱にならないか、という点を提示する(38)。基本的に「経済性」、「効率性」、「有効性」の視点がみられ賛成しうるものである。私は、これに当該自治体の財政規模・状況、議会の対応も加味すべきと考えている(39)。

右のような観点から現在わが国が緊急に対処しなければならない福祉・介護への補助問題を検討してみよう。

少子・高齢社会の進展により国民の福祉サービスに対する需要は増大・多様化し、利用者本位の質の高い福祉サービスの提供が求められる（憲法二五条をうけた社会福祉法一条の目的）ことから、サービスの根幹である福祉人材の養成・確保が極めて重要である。しかしながら、現実には福祉・介護従事者は、他の分野の給与平均と比較しても低く、仕事内容が厳しく、そのため離職率も高い。これでは法目的を実現すべき人材確保も難しく、国民は質の高いサービスを安心して受けられない状態にある。厚生労働省は、このような状況に対応するため、社会福祉法八九条一項に基づき「社会福祉事業に従事する者の確保を図るための措置に関する基本的指針」（二〇〇七年作成、新人材確保指針という。旧指針は一九九三年作成）を告示した。(40)この中の重点施策は、労働環境の改善であり、職員の給与水準の高上、経営者の従業者に対する事業収入の適切な配分、労働時間の適正化、健康管理、そして介護技術の研修の強化等を、とくに国、自治体そして経営者に求めている。

社会福祉法は憲法二五条をうけて福祉サービスの利用者の保護を第一の目的としており、この実現のためには質の高い福祉・介護専門家の人材を確保する必要がある。自治体の福祉・介護事業への運営費補助が、社会福祉法八九条二項二号および新人材確保指針に掲げられているような従業者の処遇改善、資質の向上等のために、事業経営者によってきちんと使われているのか、その効果はあったのか、その「合規性」と「効果性」について厳密に監督する必要がある。事は福祉サービス利用者の健康と生命がかかっているといっても過言ではない問題だからである。

このように自治体の公金支出に関する公の「監督」の内容は、事業の「合規性」、「経済性」、「効率性」そして「効果性」に関して、財政面、会計面の上から、木目細かく、かつ、厳格に問われて然るべきものと考えられる。それが納税者に対する説明責任をはたす一助となりえよう。

なお、八九条後段の他の立法目的に中立性の原則と自主性の確保があるが、そこで問題とされるのは、「公の支配」と国民の自由との対抗における調整の問題に帰結されるだろうし、一般的に公の「監督」には慎重さが求められよう。その意味から厳格説が、教育事業の人事や教育内容に対する国の監督をも肯定しているようにみえるのは、学問の自由、教育の自由の観点から妥当とはいえないことを付言しておきたい。

(3)　最後に手続について論じてみよう。自治体が、ＮＰＯ等の市民公益活動団体に対して資金等の助成を行うに際しては、自主性・自立性や公平性・公正性および公開性・透明性の支援三原則を尊重しつつ、市民公益活動を促進する観点に立って行うものである。これがＮＰＯ等に対する助成が憲法適合性を持つための条件でもある。[41] ここでは手続に関する公の「監督」の上で、望ましいと思われる政策論も含めていくつか論じてみよう。

(a)　補助金等交付の根拠規範の必要性

憲法八三条を受けた自治体財政議会主義の原則から、自治体補助金の交付は原則として条例または規則あるいは議会の議決による根拠を要すると考えるべきである。[42] 自治体の中には、補助金交付の権能を確認したものであって根拠を定めたものではない自治法二三二条の二を用いるとか、あるいは、要綱をもって補助金を交付している例もみられるが、憲法原則に戻って改善すべきであろう。

(b)　公平性・公開性の確保について

補助金交付の公平性・透明性を「監督」するには、補助要件および手続を明確にしておく必要がある。

たとえば、自治体は「協働」を実現するため、条例作成し、専門家を含む市民、ＮＰＯ、企業等と行政とで審査委員会を構成し、補助金交付に関する事務は原則すべて公開するとした上で審査委員会に補助金交付事務を付託することが考えられる。審査委員会は助成に当って、①公募方式を原則とする、②申請者に事業計画等について公開の場でプレゼンテーションを行なわせ競争させた上で交付決定を行うなど公金支出の事前「監督」の意義を持たせることをする。さらに、③助成事業活動の公開中間報告を求め「監督」する。④助成事業活動一年経過（又は終了）後、一定期間内に活動実績、収支決算等を提出させ、これを受けて審査委員会、グループメンバー、一般参加者を交えて助成事業の公開での評価を行う。活動実績報告書には、事業者に自己点検自己評価書を添付させる。⑤自治体は、助成を受けた各団体等の活動実績報告書等を備えておき、何人に対しても閲覧、コピーさせるとともに、電子情報ネットワークを積極的に活用して、市民、企業、各団体等が自由に検索、閲覧、活用できるようにする。[43]

このように補助金交付において市民と行政とが「協働」の下で、公平性（公募、コンペ）、公開性（公開討論）、有効性（事業評価）を検証しつつ事業展開していくことは、これからの自治体の公金支出と公の「監督」の関係に必須のものとなるだろう。補助金交付の予算・決算の承認は地方議会が有するものの、市民は補助金交付の各段階において公開によって参加でき、当該補助事業を「監視・監督」できるし、それでも不服があれば住民監査請求および住民訴訟によってその公金支出を「監視・監督」できる最終的地位にある。このことは、「住民による財政」運営という財政民主主義の理念に「協働」を媒介として一歩近づくことを意味すると考える。ただ、自治体の補助件数は膨大であり、すべての事業について市民参加の下で公開討論、事業評価を行うことは不可能であるので、ここでは可能な限り多くの抽出された事業について討論、評価が加えられることになるのは止むをえないといえよう。しかし、事業者の活動実績報告書は公開討論等の手続を得られない場合でも、少なくとも自己点検自己評価書や行政担当者側からの評価書を添えて、すべて公開され、一般市民の評価・批判の対象とされ、問題があれば住民監査請求への道が開かれていることが求められよう。地方の動きに連動して国においても国民主体の「公の支配」、「公の監督」への工夫が模索されるべきである。

なお、本小論中にも論じられたことであるが、住民監査請求と住民訴訟は住民にとって参政権の一種であると最高裁は判示していることから、この理は国の場合も当てはまるのではないかと考える。この制度が参政権の一種といえるのであるから、国は国民の財政上の参政権・監督権（仮称として、国民監査請求および国民訴訟）を立法化すべき憲法上の義務を負っていると考えるべきであろう。(44) 長期にわたり立法不作為を継続させ、国の公金支出に関して「公の支配」すなわち「公の監督」の主体から国民を遠ざけているのは、財政民主主義に基礎を置く憲法の上からいっても問題があろう。

（1）　金沢市の二〇〇五年度決算に基づく補助金（負担金、交付金を除く）としての支出件数は五〇一件で九四億八五〇〇万円余である。その後の行財政改革により、補助金等の整理合理化がはかられたが、二〇一一年度当初予算では補助事業四六八件、金額九〇億八二〇〇万円余である。

(2) 八九条後段の趣旨・分類については粕谷友介『憲法の解釈と憲法変動』(一九八八)四八頁、また、前田徹正「憲法八九条と私学助成」日本財政法学会編『財政法の基本課題』(二〇〇五)三一二頁。

(3) 清水伸編著『逐条日本国憲法審議録(第三巻)』(一九七六)六六九頁。

(4) 橋本公亘『憲法〔改訂版〕』(一九七六)五〇六頁。

(5) 宮澤俊義・芦部信喜補訂『全訂 日本国憲法』(一九七八)七四六頁。

(6) 宮澤・芦部同右七四七頁。

(7) 山内一夫「私立学校に対する助成をめぐる問題」成田頼明編『行政法の争点』(一九八〇)三一〇頁。

(8) 中村睦男『論点憲法教室』(一九九〇)三一五頁。

(9) 佐藤功『憲法(下)〔新版〕』(一九八四)一一六一頁。

(10) 高橋和之「公金支出制限と「公の支配」の意味」杉原泰雄教授古稀記念『21世紀の立憲主義』(二〇〇〇)四七六頁。

(11) 前田・前掲注(2)三二七頁。

(12) 中村睦男「私学助成の合憲性」芦部信喜先生還暦記念論文集刊行会編『憲法訴訟と人権の理論』(一九八五)四四七頁。

(13) 野中俊彦ほか『憲法Ⅱ〔第四版〕』(二〇〇七)三三一頁。

(14) 宮澤・芦部・前掲注(5)七四二頁、七四九頁。同旨法学協会編『註解日本国憲法(下)』(一九七九)一三三五頁。

(15) 清水睦「私学助成」ジュリスト八一二号六五頁。

(16) 小林直樹『憲法講義(下)〔新版〕』(一九八一)四〇一頁、和田英夫「公金支出の制限」ジュリスト増刊『憲法の争点〔増補〕』(一九八〇)二〇三頁。

(17) 宮澤・芦部・前掲注(5)七四七頁。

(18) 中村・前掲注(12)四四九頁。

(19) 中村・同右四五〇頁。

(20) 中村・同右四五一頁。

(21) 千葉地判昭六一・五・二八行裁例集三七巻四・五号六九〇頁。

(22) 浦和地判昭六一・六・九判時一二二一号一九頁。

(23) 東京高判平二・一・二九判時一三五一号四七頁。

(24) 大久保規子「ＮＰＯと行政の法関係」山本啓ほか編『ＮＰＯと法・行政』（二〇〇四）八〇頁。

(25) 市民と自治体が「協働」してまちづくりを推進する目的で制定された箕面市非営利公益市民活動促進条例（二〇〇〇）、横浜市市民活動推進条例（二〇〇一）等が評価されている。

(26) 青柳幸一「憲法八九条後段と『協働』社会」ホセ・ヨンパルトほか編『法の理論18』（一九九九）一三〇頁。

(27) 内閣府ホームページ「特定非営利活動促進法に基づく申請受理数および認証数、不認証数等」（一九九八・一二・一～二〇一一・五・三一現在）参照。

(28) 松下啓一「ＮＰＯに対する公的助成と憲法八九条」都市問題八九巻六号九七頁。

(29) 野中ほか前掲注（13）三三三頁。

(30) 大久保・前掲注（24）八四頁。松下啓一『自治体ＮＰＯ政策』（一九九八）一八二頁。

(31) 松下・前掲注（28）一八三頁。

(32) 碓井教授は、自治体財政の基本原則に自治体財政地方議会主義等を掲げつつ、その究極に住民財政主義を挙げられ、「（究極的には）『自治体財政は、住民のために存在し、住民によって運営される』ことを理想とするものであって、住民財政主義の理念が支配するというべきである。住民訴訟や住民監査請求の制度も、その理念に基づくものである。」と論じられる（碓井光明『要説 自治体財政・財務法〔改訂版〕』（一九九九）一四頁。財政民主主義の意義を的確にとらえた傾聴すべき見解である。

(33) 畠山武道「国の財政に関する国会の権限」雄川一郎ほか編『現代行政法大系⑽財政』一八頁。

(34) 最判昭五三・三・三〇民集三二巻二号四八五頁。また同主旨の判例として最判昭三八・三・一二民集一七巻二号三一八頁参照。

(35) 石森久広「財政民主主義」日本財政法学会編『財政法の基本課題』（二〇〇五）二三頁では、財政議会主義の背後に国民による財政運営があるべきであるとして「国民財政主義」を主張する。

(36)　中村・前掲注（12）四五〇頁。

(37)　日韓高速船補助金住民訴訟控訴審判決・広島高判平一三・五・二九判時一七五六号六六頁は、司法判断を公益該当性については控え、必要性、有効性については加えていると解せる。

(38)　安本典夫「判例評釈」判例時報一四三三号一五四頁（判例評論四〇六号八頁）。

(39)　前掲注（37）広島高裁判決も同じ視点を加えている。また、本件上告審の最高裁判決（平一七・一一・一〇判時一九二一号三六頁）も、結論は高裁判決と異なるが、加味する視点に市の財政状況、市議会の対応を挙げている。

(40)　「社会福祉事業に従事する者の確保を図るための措置に関する基本的な指針」（二〇〇七年厚生労働省告示二八九号）作成に当っての参考資料によれば、福祉施設介護員の年収は、全労働者と比較して、男女とも極めて低く、また、離職率も全労働者より高い。さすがに、政府は、二〇一〇年介護職員処遇改善交付金制度を作り、介護職員（常勤換算）一人当り月額平均一万五〇〇〇円を事業者に交付することになった。しかし、政府は継続的にこれを実施するかの点、また、交付金が給与の上のせになるか事業者の判断に任せられているため目的の実現に問題を残しているので経過を注目したい。

(41)　松下・前掲注（28）一九九頁。

(42)　碓井・前掲注（32）二四九頁。同「地方公共団体の補助金交付をめぐる法律問題（上）」自治研究五六巻六号二九頁。

(43)　世田谷まちづくりファンドの活動がほぼここに示した内容のことを行っている（世田谷まちづくりファンドホームページ参照）。横浜市市民活動推進条例一二条も提出された事業報告書の一般閲覧を行なっている。

(44)　北野教授は、租税の徴収面と使途面を統合した納税者に個有の人権としての「納税者基本権」の構築を試み、国の機関又は職員の違法又は不当な公金の支出等を納税者が争そうことができるように「納税者訴訟等についての特例法基本要綱」（北野弘久「納税者訴訟のための特別立法」北野弘久・兼子仁編『市民のための行政争訟』（一九八一）一四九頁）を発表された。注目すべきである。

ドイツ基本法新一〇九条・一一五条「債務ブレーキ」の意義と課題
――財政規律の法的性格と公債――

石森久広

はじめに――起債制限改革の経緯

二〇〇九年八月一日、基本法の改正のための法律（九一c条、九一d条、一〇四b条、一〇九条、一〇九a条、一一五条、一四三d条）が発効した。(1) この法律は、従来の基本法の起債制限規律の不備を是正しようとするものであり、二〇一一年度予算から適用された。内容は、連邦議会及び連邦参議院設置にかかる「連邦と州の財政関係の現代化のための委員会」（いわゆる第二次連邦制度調査委員会）により提示された、連邦及び州の憲法上の起債制限規律の根本的な改革（第二次連邦制度改革）についての決定が基礎になり、(2) それに基づき連邦財務省が二〇〇八年二月に連邦総理大臣府との調整において提示したモデルに相応するものになっている。(3) 改革の中心は、いわゆる「債務ブレーキ（Schuldenbremse）」と呼ばれる、連邦及び州の公債規律を基本法のなかに新しく規定することであり、具体的には、基本法一〇九条及び一一五条の新規定を中心に、均衡予算原則を宣言するとともに、起債による財源調達の原則的な禁止を打ち出すことによって、起債の実効的な制限を目指そうとするものである。

従前の「ゴールデン・ルール」と呼ばれた基本法旧一一五条一項二文において、中心的に問題とされていたのは、以下の諸点であった(4)。①起債上限となる「投資」概念が広汎であったこと、つまり、「投資」が純投資に限られず、補塡投資等を含んだり、負の資産も起債上限に影響しないなど、起債に有利となる方向で広く取り扱われたこと、②起債が例外的に認められる場合の「経済全体の均衡のかく乱」概念が不明確であり、頻繁に、かつ説得的な根拠づけなく例外が使用されたこと、③制限が「起債からの収入」ゆえ、保証債務など将来債務を負うものが考慮されず、また、返済についての義務付けが憲法上規定されておらず、さらに、いわゆる借換債による利払いの増大に有効な規律が及ばない、など、国が負う債務全体への視点が欠けていたこと、④起債上限の超過が、予算執行における起債授権の残の利用によって容易になされていたこと、⑤たとえ憲法違反の状態が生じたとしても、これに対するサンクションは伴わず、その返還すら行われるわけではなかったこと、である。

本稿は、基本法の新規定の意図と課題を明らかにすることにより、旧規定の問題点をさらに浮き上がらせ、もってわが国の起債制限規律の在り方を改めて考える契機にすることを目指す。

一　公債と連邦憲法裁判所

1　起債制限規律の不明確さに対する連邦憲法裁判所の疑念

ドイツでは、抽象的規範統制（基本法九三条一項二号）の形で、一九八一年度の予算法律、そして二〇〇四年度の予算法律に対して、CDU及びFDPの議員から訴えが提起され、基本法旧一一五条一項二文にいう「投資」や「全経済的均衡のかく乱」の解釈をめぐって、それぞれ一九八九年と二〇〇七年に、連邦憲法裁判所により一定の判断が示されていた。(5)

一九八一年度予算についての判決は、一九六七／一九六九年の改正にかかる基本法の旧規定に初めて関わるものであり、憲法による起債制限規律の不明確さに対する裁判所の疑念は、すでにこの最初の判決においても見出される。判決は、実務においてとられていた「投資」概念の解釈を一応承認したものの、(6)法律によるさらなる具体化を緊急のものとみなした。(7)もっとも、その基準については、例えば教育投資あるいは投資的防衛支出への例外の拡大は考慮されるべきではないとされていたが、(8)「投資」概念のより厳格な把握（例えば減価償却の控除の方向など）に資するものが示されたわけではなかった。(9)

また、「かく乱」が存するかどうかの判断について、判決は、立法者に評価・判断の余地を認める代わりに、説明の責任を課している。これにより、立法手続において、深刻な、持続するかく乱状況が切迫し、またはすでに存するということが、「代替可能（vertretbar）」及び「跡づけ可能（nachvollziehbar）」に根拠づけられるのみならず、より高次に、かく乱の除去に最終的に起債が必要であることが根拠づけられなければならないとされ、起債の制限及び例外の厳格化が標榜されたのであった。(10)もっとも、結論において違法とはされていない。

2　連邦憲法裁判所による憲法改正要求

二〇〇四年度連邦予算に対する第二の判決においても、補正予算によって修正されなければならない当初の予算の見積りの予測と評価は、事前の視点からいえば、「代替可能」という結論に至っている。また、補正予算の提出時期が遅いことにつき、裁判所は、一九八〇年度及び二〇〇三年度の合計一四の補正予算の提出時期を確認したうえで、提出の遅い補正も、遅いことだけで義務違反になるというのではなく、遅い提出が議会の予算権を具体的に侵害し、かつ、連邦政府が時期の遅れに十分な実質的理由を述べることができない場合にのみ義務違反になる、という考え方を示し、問題の二〇〇四年度について、双方の観点とも消極に解していた[11]。

ところが、この判決は、「投資」概念及び「かく乱」の前提の解釈及び適用に関して、一九八九年の判決の考え方を維持し、予算立法者の判断の余地を尊重する裁判所の自制の姿勢を一方で守りながら、他方で、起債規律の根本的改正による債務の整理努力を将来的に強化すべきであるとの緊急アピールを立法者に向けて行った[12]。この点に、本判決の最大の特徴がみてとれる[13]。ただし、改正については、連邦憲法裁判所に権限はなく、立法者こそが権限を有することが強調されている[14]。

なお、この判決には、意見が付され、例外条項及び投資概念における予算立法者の評価の余地を、憲法の旧規定のもとで狭めようとするものとなっている[15]。裁判官 di Fabio 及び Mellinghoff の反対意見では、景気悪化の際の債務増大の理由づけについて、景気好転の際にその都度再び制限することをしない、立法者の過去の不作為（「繰り返される期間権侵害」〔wiederkehrende Dauerrechtsverletzung〕）が強調されている[16]。一方、裁判官 Landau の意見においては、ゴールデン・ルールを修正し、投資概念を純投資に変えることが必要である旨の見解が展開されている[17]。

以上、二つの判決は、絶え間なく増大する国家債務へのカールスルーエの不快感を明確に示したものであった[18]。

二　「債務ブレーキ」の原則

1　新規定の基本構造

新しい国家債務法の枠組みを構築するのは、まず、基本法一〇九条三項の新規定である。同項第一文において、新規の起債なく、均衡が図られた予算の原則が立てられ、これが、続く第二文以下で具体化され、また例外が規定される。その第二文によれば、連邦及び州は、「通常の状態から逸脱した景気の推移の影響を、好況及び不況いずれの場合においても等しく考慮に入れるための規定並びに自然災害又は国の統御を離れ国の財政状態を著しく毀損する異常な緊急状態の場合のための例外規定を設けることができる」とされる。これは、不況期の予算不足が好況期の予算剰余によって補われることを通じて、均衡予算の原則と不況期における予算不足が両立しうるとの理解に基づく(19)。同規定により、連邦及び州の法が、自然災害及び異常な緊急事態の対処のための新規起債の可能性を意図する場合は、第三文によって、その償還規定が必要となる。これによって、起債が、国の債務を継続的に増大させず、危機が終われば元に戻るという仕組みである(20)。連邦については、第四文が、第一文の原則から外れ、GDPの〇・三五％の額で、構造上の新規起債を許容する(21)。連邦についての起債に関する規律は、第四文により、基本法一一五条の新しい規定を通じて具体化され、一一五条は、さらに、施行法によって細則化される(22)。

このように、基本法の新しい規定は、原則として予算は起債からの収入なしに均衡されなければならないと宣言する。しかし、「起債からの収入なしに」の原則にもかかわらず、連邦については「起債からの収入が名目GDPの〇・三五％を超えない」ときには「対応されている」と評価されることになり、また、依然、広範に例外起債が許されているなど、一定の留保付きの原則であることがわかる(23)。また、この点で、新しい「債務ブレーキ」も、「起債からの収入」概念を受け継いでおり、その結果、引き続き、カメラル式予算システムにおけるキャッシュフロー（Zahlungsströme）に注目することとなり、隠れた（implizit）債務や「その他の財源調達手段」に目が届きにくいとの指摘がなされている(24)。

なお、この「均衡」については、「収入と支出は、財政上の処理（Transaktionen）によって「調整」されなければならないこととされ（施行法二条一項後段）、同法三条によれば、「二条一項前段による支出からは、持株等の取得、公的領域への返済、貸付供与のための支出は差し引かれ、二条一項前段による収入からは、持株等の売却、公的部門における起債、貸付返済からの収入は差し引かれる。」とされている。

2　ＧＤＰ比〇・三五％の構造的起債枠

基本法一一五条二項二文の新規定（施行法二条一項二文も同内容）は、基本法一〇九条三項四文を受け、連邦予算は当該予算の作成に先立つ年度の名目ＧＤＰ（施行法四条二文）の〇・三五％の構造的不足を示しても良いことを規定する。連邦統計局によって確定されるこの額の〇・三五％が、許容される構造的起債の上限である。この「構造的要素」は、総投資の額まで新規起債が許された従来の規定に代わるものである。

この点については、調査委員会の提案は異なっており、長期の新規起債を純投資支出額（つまり投資収入〔特に民営化に伴う売却〕を差し引いた投資支出）まで許容する、というものであったが、[25] 新規定は、新規起債と投資との結合を完全に放棄している。仮に調査委員会の判断の方が経済的観点からは合理的だとしても、[26] 何より簡明であること、構造的な財源調達不足の許容幅が明確であること（したがってEUの安定成長政策との整合を図りうること）は、基本法一一五条二項二文の新規定がもつ強みである。[27] もっとも、提案理由においては、ＧＤＰの〇・三五％の構造上の新規起債は、物的資本及びインフラへの古典的な投資のみならず、人的資本（教育、研究、開発）への投資も寄与するところの、将来の世代の便益でもって根拠づけられている。[28] さらに、このように上限が比較的低く設定されたことで（例えばＧＤＰが二兆四〇〇〇億ユーロの場合、許される構造上の新規債務は八四億ユーロになる）、消費目的には使用されにくいものと考えられており、[29] 連邦予算のなかに、少なくともＧＤＰの〇・三五％の額の「将来有効な」支出が想定されるというのである。[30]

これに対して、問題点として、複数年度予算（Doppelhaushalt. Zweijahreshaushalt）（基本法一一〇条二項、ＨＧｒＧ九条、ＢＨＯ一二条）が選択されれば、最初の予算年度のＧＤＰ制限ラインは、二年目のそれにとっても基準となるため、景気後退が予測される場合には、（より高い）ＧＤＰの上限を次の年度に転用するために複数年度予算が選択される可能性が指摘される(31)。また、施行法八条によれば、「予算法律及び予算の補正」について許容される起債は、見込まれた租税収入の三％の額まで超過されうる（上記の例では約九〇億ユーロになる）。この上昇分は、施行法七条による管理勘定において把握されるが、しかしそれでも、予算の悪化は、典型的に、予算年度の過程で確かなものとなり、したがって補正予算というと、起債の引上げに至るのが通例であるため、同法八条は、起債のかなりの拡張に至りうるのではないかとの懸念が示されている(32)。さらに、施行法八条が、基準をも（ＧＤＰではなく租税収入に）変えたことについても、同様に疑問が寄せられる(33)。

三　「起債ブレーキ」の例外

1　景気要素の考慮

基本法一一五条二項三文の新規定によれば、構造上の不足について、「通常の状態から逸脱した景気の推移がある場合、好況期及び不況期における予算への影響を対称的に考慮しなければならない」こととされている。これは、連邦に、景気の悪い時期には不足額が多くなることも可能にするとともに、好況の時期には対称的に不足額は減らされなければならない、ということを意味する(34)。この、景気変動に応じた新規起債額の計算についての詳細は、同項五文の新規定における授権に基づいて、施行法五条が規律する。もっとも、この規定も、基本的事項に限られており、景気要素の決定に関する手続の詳細は、同条四項により、連邦財務省が、連邦経済省と協議して、ヨーロッパ安定及び成長協定の景気調整手続（Konjunkturbereinigungsverfahren）と整合的に(35)、命令を通して定めることとなっている（これに連邦参議院の同意は要しない(36)）。

このように、景気調整手続については、施行法五条において完結的には規定されていないが、しかし、手続自体への拘束を通して、景気要素が濫用され、債務の大幅な累積に至るおそれにはつながらないものと解されている[37]。むしろ、不況期に〇・三五％の上限を超える不足額を認めるのは、そうすることにより、自動的な安定装置としての機能を期待することができ、その分は好況期には取り崩されなければならないのであるから、経済的には必要かつ合理的であると評されている[38]。

なお、憲法上許容される起債の例外要件について、基本法一〇九条三項二文並びに一一五条二項三文及び六文は厳格化しているが、それによって、景気対策的財政政策のケインズ的考え方が放棄されているわけではなく、景気の推移を景気上昇期にも「対称的に」考慮する義務を通して、むしろ補完されているとみることができる[39]。

2　例外起債

基本法新一一五条二項六文（施行法六条も同内容）により、起債の上限は、①自然災害、又は②国家のコントロールを離れ、③国家の財政状況を著しく侵害するような、異常な緊急事態の場合において、連邦議会の議員の過半数の議決を通して、制限を超える起債がなされうる[40]。提案理由においては、自然災害の具体例として、地震、洪水、荒天、干ばつ、又は病気の蔓延が挙げられている。同じく提案理由によれば、異常な緊急事態は、例えば、基本法三五条二項二文及び三項の意味での特に重大な災厄（Unglücksfall）、経済の流れの大規模かつ突然の毀損、あるいは、ドイツ再統一のような積極的な予想外の対処もそのひとつであった[41]。これに対して、単なる景気変動は、異常な緊急事態ではなく、景気要素の問題として取り扱われる[42]。

このような新規定の文言の抽象度が問題となりうるが、事柄の性質上、例外条項の規範化に当たっては、予め生じうる場合をすべて想定するのは不可能であるし、ともかくも連邦憲法裁判所が予算立法者に旧法のもと認めた広い評価及び判断の余地は制限されているとみることはできる(43)。

この、例外規定の利用については、連邦議会の議員の特定多数、つまり、いわゆる首相過半数(Kanzlermehrheit)(総議員の過半数)が必要である。また、基本法一一五条二項七文によれば、この新規起債額増額分についての議決には、債務の返済を「相当な期間内に」可能にすべき「償還計画」が付されなければならない。つまり、負担する追加的債務には償還義務が課されるのである。しかし、償還にどの程度の期間が適切であるかについては、一般的な言明はなく、提案理由によれば、起債額及び景気状況によるということになる(44)。とはいえ、この返済計画の義務化自体は、「純粋に進歩」したものと評される(45)。

3　管理勘定

GDPの〇・三五%、あるいは景気要素により算出された起債上限を実際に上回る起債がなされた場合には、その差額は管理勘定に記録されなければならない(基本法一一五条二項四文、施行法七条)。基本法旧一一五条一項二文が、もっぱら予算自体に向けられ、予算執行における逸脱は問題としなかったのに対し(46)、基本法新一一五条二項四文は、予算執行における起債額の、当初起債額からの逸脱を重要視している。このため、基本法新一一五条二項三文により許容される景気上の起債の余地が、終了した予算年度のGDPの実際の推移に基づき新しく計算され、起債総額から引き算されることが予定される(47)。そして、その結果が、基本法新一一五条二項二文により許容される起債と比較され、差額が管理勘定に記載されることになるのである。それは、GDP一・五%の額を超える「べき」ではない(施行法七条二項二文)と規定され、基本法新一一五条二項四文後段は、勘定がGDPの一・五%に達した場合には、負担は、「景気に応じて」返済されなければならないと規定する。また、施行法七条三項は、赤字額がGDP一%を超える場合には、その超えた分を、GDP〇・三五%を上限とする起債授権額から減らされるとし、GDP一・五%に達しないための装置を施している。もっとも、これは、生産ギャップがプラスに変動する年においてのみ妥当し、減額はGDP〇・三五％以内に限定されるにとどまっている。

管理勘定は補正予算にもかかわる。すなわち、施行法八条によれば、補正予算においては、GDP〇・三五％の上限は、見込まれる税収の三％相当額まで増額しうる。(48) この規定は、例えば、当該予算年度において景気が悪化し、これが予期せず追加的な起債を必要とするような場合にそれを許す規定である。その際、基本法新一一五条二項一乃至三文を潜脱しないために、授権は、見込まれる税収の三％に制限され（施行法八条）、追加的「支出」の財源調達のために起債が利用されてはならないこととされている（施行法八条二文参照）。そして、施行法八条四文によれば、補正予算に基づきなされた追加起債は、基本法新一一五条二項四文、施行法七条により、事後的コントロールに入る。つまり、その起債は、それによって基準が超過されるときには、管理勘定の負担となるのである。

管理勘定の創設自体については、実際になされた起債が問題とされる点と併せ、従来の公債法の中心的な問題に対処するものとして、積極的な評価がなされている。(49)

四　「債務ブレーキ」の課題

1　予算均衡のための「調整」と起債制限

起債ブレーキの目標は、新規起債なしに均衡する予算であるが、(50) しかし、視点は、実際の「不足額」にではなく、「起債からの収入」に向けられており、このことは、調整の意図とは裏腹に、持株等購入あるいは貸付供与が起債制限回避の効果をもちうる、ということにつながる。(51) しかも、持株等の購入あるいは貸付供与は、BHO一三条三項二号二文d及びeにより、「投資」として、かつて起債の額を上げるべく作用したものである。実務上、「調整」規定を通して、これと同じ結果がもたらされうることになるのである。実質的な調整が行われるべきであるならば、基本法一〇九条三項及び一一五条二項においては、（調整された）財源調達の差額が問題とされるか、ないしは、「実際の」のみならず「見かけ上の」起債をも把握する、といった、施行法による管理勘定上の差し引きが予定されなければならないことが指摘される(52)。

2　GDPとの連動

「債務ブレーキ」の有効性を高めるためには、例えば、価値の減耗を類型的に把握し、起債からの収入を、投資のための支出の半分のみ許容する、あるいは、負の投資を起債を減じるものとして考慮するなどといったことも考えられたところ、新しい起債制限規定では、GDPの〇・三五％が起債上限と定められた。この基礎には、従前の投資のための起債という考え方が、成長を理由とする起債という考え方で置き換えられ、公債（新規起債）を国民経済の成長に結びつけることによって、公的財政の持続可能性を達成しようとする意図がみられる(53)。しかし、なぜ、ある年の起債が前年度のGDPに関係するべきなのかについては、疑問が呈される。つまり、この方法では、景気が良ければ良いほど（GDPが多ければ多いほど）、構造上の起債制限が上がってしまい、「景気要素」の考え方とは矛盾するというのである(54)。

3　サンクションの欠如

財政行動を法的に規律することは、もともと非常に困難である(55)。起債制限の旧規定同様、新規定も、その有効性に限界が伴うのは必然である。憲法上の規律に対する違反が生じ、それがたとえ憲法裁判所によって確定されたとしても、通例、当該予算の効力には影響を及ぼさない。その確定は、通常、予算がすでに執行された、当該予算年度の終了ののちであり、法効果を伴うサンクションの可能性はほとんど考えられない。したがって、規律遵守の仕組みを、財政コントロール全体のシステムの中で構築する必要がある。

4　法形式性と立法の文化

財政学者シュメルダースによれば、財政憲法は「国家体制の鏡、国家の形式及び国家目的の基本構想である」という[56]。この点で、基本法の新規定は、いかにも長くて、あいまいである。特に、一〇九条三項二文や一一五条二項五文は最たるものであろう。現職の連邦議会議長が、政府会派の構成員であるにもかかわらず、新規定につき、基本法の外観が損なわれること（Verunstaltung）に公的に警告を発し、憲法改正に賛成しなかったというのは象徴的な出来事である[57]。

しかも、なぜ、憲法の条文が、なお追加的に、多くの規律が全く重複して含まれるようにして膨らませられたのかが、明らかにされていない[58]。例えば、基本法の新一〇九条三項一文及び四文が規定されながら、重ねて一一五条二項一文及び二文で規定するのは、憲法の規定としてはイレギュラーなことであろう。少なくとも文言上の調整を施せば、一〇九条三項四文と一一五条二項一文はどちらかが削除されても、規律の実質的内容は変わらない[59]。

おわりに――わが国財政法四条への示唆

総じてみると、新規定によって、旧規定のもとで問題とされた諸点につき、①起債上限の設定にあたり「投資」概念から離れて、新規起債の原則禁止を明確にし、ＧＤＰ比〇・三五％の構造上の上限を設定した、②例外要件として「経済全体の均衡のかく乱」概念が放棄され、自然災害や異常な緊急事態時に限定した、③一定の起債に返済計画を附することを義務付け、管理勘定で債務管理を行うこととした、④予算案策定の段階での起債規律から実際の起債額が問題とされる仕組みに移行した、など、ともかくも改善が施されている。これに対して、新規定によっても、なお先送りされている中心課題は、⑤違反へのサンクションが欠けていることへの対応、ということになろう。もっとも、これは、起債制限の法的規律に常に内在する問題でもあり、また、⑤は①から④の取組みにかかっている側面もある。いずれにしても、最終的に、連邦制度委員会の「やるなら今しかない」のモットーによる徹夜作業で貫徹された改正であり、改革の「パケット」全体を危険にさらさないために、議会においても変更が加えられなかったものであるため、新しい「債務ブレーキ」の有効な運用を目指した取組みが、予算実務においても学界においても、これから長期間にわたってなされていく必要があることが指摘される。(60)

わが国の起債の規律は財政法四条乃至六条がこれをなす。(61) 法文上、例外的に起債が認められるのは、提案理由によれば、「公共事業あるいは出資金、貸付金等それ自体の中において償還性のあるもの、使い放しにならないで還ってくる性質をもっておるもの、すなわち生産の方面に使うとか、また資本的な支出に充てるとかいう場合」に限られている。(62) もっとも、「これとても無制限でやるわけではなしに、どういうものが公共事業かということについてはやはり議会できめていただく。公共事業という名前を借りましてむやみに公債を発行してはいけないので、こういうものが公共事業であるというその範囲について議会の決定をしていただく。またその金額にいたしましても無制限でなしに、やはり金額の限度というものを国会で決める建前」であるという。(63)

しかし、仮にそうであるとしても、ドイツの起債制限改革が、許容される新規起債と「投資」との結びつきの不適切さを第一の中心課題として取り組んだ経緯に照らすと、まずは、とりわけ「公共事業」について、基準も示さず、国会の判断に基づき公債発行が無条件に認められるという法文は早急に改められるべき、ということになろう。また、ドイツにおいては「例外」規定が規律機能を果たさなかったことから、第二の中心課題として、これを明確化する取組みがなされた。わが国では「例外」にいわゆる建設公債が位置づけられ、さらにその例外として、毎年の特例法により大量の赤字公債の発行が繰り返されてきた。もはやここに法的規律は皆無といってよいような状況の改善のため、法文上、直ちに例外の明確化を企図する改正が必要ではないか。そして、財政規律に法的サンクションが欠ける点があるとすれば、例えばドイツ連邦会計検査院の検査報告において国家債務に関する念入りな言明が毎年なされてきたこと等を参考に(64)、急ぎ財政コントロールの実効的な補完の仕組みを構築すべきである。

（1）　Gesetz zur Änderung des Grundgesetzes vom 29. Juli 2009, BGBl. I S. 2248. 改正内容につき、山口和人「ドイツの第二次連邦制改革（連邦と州の財政関係）（1）――基本法の改正」外国の立法二四三号（二〇一〇）三頁以下、渡辺富久子「ドイツの第二次連邦制改革（連邦と州の財政関係）（2）――財政赤字削減のための法整備」外国の立法二四六号（二〇一〇）八六頁以下参照。

（2）　およそ二年の作業ののち、SPD連邦議会会派の代表ペーター・シュトルク及びバーデン・ヴュルテンベルク州首相ギュンター・エティンガーのもと、二〇〇九年三月、委員会提案が提示されている。また、新しい起債制限規定は、その基本的特徴において、スイスで二〇〇一年に導入されたものと同内容といわれている。スイスのモデルとの比較につき、Silvia Simon, Die neue Schuldenregel in Deutschland und die Schuldenbremse der Schweiz, Wirtschaftsdienst, 2009, S. 265ff.

（3）　連邦財務省モデルの考え方については、Christian Kastrop/Gisela Meister-Scheufelen/Margaretha Sudhof (Hrsg.), Die neuen Schuldenregeln im Grundgesetz: Zur Fortentwicklung der bundesstaatlichen Finanzbeziehungen, 2010, S. 42ff.

（4）　拙著「ドイツ基本法一一五条旧規定『ゴールデン・ルール』の問題点――財政規律の法的性格と公債」西南学院大学法学論集四四巻一号（二〇一一）七三頁以下で検討した。

（5）　前者は、BVerfG, Urteil vom 18. April 1989, BVerfGE 79, S. 311ff., 後者は、BVerfG, Urteil vom 9. Juli 2007, BVerfGE 119, S. 96ff. である。

（6）　BVerfGE 79, S. 343, BVerfGE 119, S. 140f., 146.

（7）BVerfGE 119, S. 146.

（8）Henning Tappe, Die neue "Schuldenbremse" im Grundgesetz -Defizit（in）der Föderalismusreform II, DÖV 2009, S. 881ff., S. 883ff.

（9）Kastrop, u.a.（Hrsg.）, *a. a.O.*（Anm. 3）, S. 34.

（10）BVerfGE 79, S. 343ff.

（11）すなわち、補正予算の提出の時期によって、連邦議会の権限が侵害されてもいないし、連邦政府には義務違反となる遅延とまではいえない、というのであるが、後者は、より早期の提出を求めれば、場合によっては有効な情報が欠けてしまうため、さらに次の補正予算を引き出しかねないという理由でも否定された。

（12）BVerfGE 119, S. 141f.

（13）この裁判所の言明について、立法者の目からは、もはや裁判所が今後も「自制」の姿勢を維持するか否かについては、疑わしいものとみてよいものであったと評されている。Kastrop, u.a.（Hrsg.）, *a. a.O.*（Anm. 3）, S. 39.

（14）BVerfGE 119, S. 141.

（15）Kastrop, u.a.（Hrsg.）, *a. a.O.*（Anm. 3）, S. 36.

（16）BVerfGE 119, S. 155ff.

（17）BVerfGE 119, S. 174ff.

（18）Kastrop, u.a.（Hrsg.）, *a. a.O.*（Anm, 3）, S. 32.

（19）Bernd Scholl, Die Neuregelung der Verschuldungsregeln von Bund und Ländern in den Art. 109 und 115 GG, DÖV 2010, S. 160ff., S. 164.

（20）Scholl, *a. a.O.*（Anm.19）, S. 164.

（21）州については、第五文により、この可能性は規定されていない。

（22）Gesetz zur Ausführung von Artikel 115 des Grundgesetzes, vom 10. August 2009（BGBl. I S. 2704）. この法律は第二次連邦制度改革のための附属法を構成する。同法につき、渡辺・前掲注（1）九〇頁以下参照。なお、州については、各州の憲法を通じてなされる。その際、州は、基本法一一五条における連邦に対する規律には拘束されず、基本法一〇九条三項に設定された枠内で規律することになる。

(23) Tappe, *a. a.O.* (Anm. 8), S. 886.

(24) Tappe, *a. a.O.* (Anm. 8), S. 886. なお、基本法旧一一五条二項の廃止によって、国家債務を特別財産に「疎開」させ、起債制限規律を回避するという可能性は排除される。しかし、これは将来についてのみであって、従前の特別財産については妥当しない。すなわち、基本法一四三d条一項二文後段によれば、すでに設立された特別財産について二〇一〇年一二月三一日に現存する起債授権は影響を受けないのである。Scholl, *a. a.O.* (Anm. 19), S. 167.

(25) Scholl, *a. a.O.* (Anm. 19), S. 165.

(26) 許容される不足額に関しては、専門委員会の複雑な計算と、〇・三五％の上限は、結局、それほどかわらないものでもあるという。Scholl, *a. a.O.* (Anm. 19), S. 165.

(27) Scholl, *a. a.O.* (Anm. 19), S. 165.

(28) BT-Drs.16/12410, S. 6.

(29) Scholl, *a. a.O.* (Anm. 19), S. 165f. もっとも、この点については異論もある。例えば、Stefan Korioth, Das neue Staatsschuldenrecht, JZ 2009, S. 729ff., 731.

(30) Scholl, *a. a.O.* (Anm. 19), S. 166.

(31) Tappe, *a. a.O.* (Anm. 8), S. 887.

(32) Tappe, *a. a.O.* (Anm. 8), S. 887.

(33) Tappe, *a. a.O.* (Anm. 8), S. 887.

(34) Scholl, *a. a.O.* (Anm. 19), S. 166.

(35) ＥＵの手続による景気要素の調整については、例えば、Christian Kastrop/Martin Snelting, Das Modell des Bundesfinanzministeriums für eine neue Schuldenregel, Wirtschaftsdienst 2008, S. 375ff, 377 にその計算過程が説明されている。

(36) ヨーロッパ安定協定の枠組みでは、それは、「ＰＩ（生産ギャップ〔Prodktionslücke〕）=Y-Ypot / Ypot」（Ｙは実際のＧＤＰを、Ypot は、景気調整手続の基本状況において計算される潜在的生産力を表す）という計算式（Formel）によって計算され、連邦についても同様となる。生産ギャップは、過大の場合にはプラス、過少の場合にマイナスとなる。予算感度（Budgetsensitivität）は、生産ギャップの変動に伴い国家全体の財政がどの程度変動するか、を示す。国家全体について、予算感度は、ＯＥＣＤの調査によれば、〇・五一である。Kastrop/Snelting, *a. a.O.* (Anm. 35), S. 377. 連邦財務省の計算によれば、連邦においては、社会保障を除いて、それから〇・二五五落ちる。それにより計算すれば、二・五兆ユーロの生産潜在力の承認のもと、連邦の新規起債の余地は、生産潜在力のマイナス一％の生産ギャップの場合に、約六三億七五〇〇万ユーロになる。Scholl, *a. a.O.* (Anm. 19), S. 166.

(37) Scholl, *a. a.O.* (Anm. 19), S. 887.

(38) Scholl, *a. a.O.* (Anm. 19), S. 887.

(39) このような義務は、従来の基本法旧一〇九条二項に挙げられた「経済全体の均衡の必要」のもとにおいても同様に存するものと解されていた。BVerfGE 79, S. 339f.; BVerfGE 119, S. 138. しかし、予算実務においては、景気後退期においてのみ注意を払っていたに過ぎなかった。Tappe, *a. a.O.* (Anm. 8), S. 888.

(40) BT-Drs.16/12410, S. 11.

(41) BT-Drs.16/12410, S. 11.

(42) BT-Drs.16/12410, S. 11.

(43) Scholl, *a. a.O.* (Anm. 19), S. 167.

(44) BT-Drs.16/12410, S. 13.

(45) Tappe, *a. a.O.* (Anm. 8), S. 888.

(46) Scholl, *a. a.O.* (Anm. 19), S. 166.

(47) BT-Drs.16/12410, S. 13.

(48) このときの景気要素の計算については、見込まれる経済動向によって更新される（施行法八条）。

(49) Scholl, *a. a.O.* (Anm. 19), S. 167.

(50) BT-Drs.16/12410, S. 18.

(51) 例えば、収入が三〇〇〇億ユーロ、支出が三〇八〇億ユーロである場合、八〇億ユーロの差額が生じる。これは、起債による収入によってカバーされることになる。GDPが二・五兆ユーロであれば、連邦は八七億五〇〇〇ユーロ（二・五兆ユーロの〇・三五％）を起債により調達することができる。これで、連邦は、予算を憲法適合的に均衡させることができる。もし、支出に、施行法三条一文によって「差し引かれなければならない」持株等の購入のための二〇億ユーロが含まれている場合には、不足額は計算上六〇億ユーロになる。しかし、このことによっても、予算の均衡のためには実際に八〇億ユーロの起債収入が必要で、GDPに照らせば、八〇億ユーロの起債がなされうる。同様に、収入に二〇億ユーロの売却収益が含まれている場合には、見かけ上の不足額は一〇〇億ユーロ（二九八〇億ユーロマイナス三〇八〇億ユーロ）となるが、起債の上限（八七億五〇〇〇ユーロ）は、やはりGDPに基づき計算されるので、変わらない。実際にも、予算の均衡のためには八〇億ユーロしか必要でなく、連邦は、一〇〇億ユーロを起債によって補塡することは許されない。これらの場合において、予算均衡を図るための収入と支出の「調整（Bereinigung）」は、管理勘定を通して行われ、先の、支出に持株等購入のため二〇億ユーロが含まれている場合の例では、見かけ上の不足額（六〇億ユーロ）と実際の起債額（八七億五〇〇〇ユーロ）との差額、二七億五〇〇〇万ユーロが、管理勘定におけるマイナスとなる。「調整」によっても、起債額には影響は及んでいないことがわかる。同様に、収入に売却収益二〇億ユーロが含まれているのは、実際の収入がそれだけ別にあるわけであるから、その分、起債の上限が引き下げられても良いように思われるが、上限はあくまでGDPに応じて算出されるので、実際の起債額、八七億五〇〇〇万ユーロは、「調整」によっても影響を受けないのである。以上、Tappe, *a. a.O.* (Anm. 8), S. 886f.

(52) Tappe, *a. a.O.* (Anm. 8), S. 887.
(53) Tappe, *a. a.O.* (Anm. 8), S. 890.
(54) Tappe, *a. a.O.* (Anm. 8), S. 890.
(55) Josef Isensee, Schuldenbarriere für Legislative und Exektive, in: Rudlf Wendt (Hrsg.), Staat Wirtschaft Steuern, Festschrift für Karl Heinrich Friauf zum 65. Geburtstag, 1996, S. 705ff., 707
(56) Günter Schmölders, Finanzpolitik, Reihe Enzyklopädie der Rechts- und Staatswissenschaft, Bd. 8, 1955, S. 21; Tappe, *a. a.O.* (Anm. 8), S. 889.
(57) Tappe, *a. a.O.* (Anm. 8), S. 889.
(58) Tappe, *a. a.O.* (Anm. 8), S. 889.

(59) その場合、一一五条二項二文の規定は、例えば「連邦予算は、この収入が……の限りで、起債からの収入によって均衡されうる。」となる。Tappe, *a. a.O.* (Anm. 8), S. 889.

(60) Tappe, *a. a.O.* (Anm. 8), S. 889.

(61) 四条は、「①国の歳出は、公債又は借入金以外の歳入を以て、その財源としなければならない。但し、公共事業費、出資金及び貸付金の財源については、国会の議決を経た金額の範囲内で、公債を発行し又は借入金をなすことができる。②前項但書の規定により公債を発行し又は借入金をなす場合においては、その償還の計画を国会に提出しなければならない。③第一項に規定する公共事業費の範囲については、毎会計年度、国会の議決を経なければならない。」とする。

(62) 林健久「健全財政主義――成立・展開・崩壊」『戦後改革8　改革後の日本経済』(東京大学出版会、一九七五) 一九七頁以下、二〇四頁。

(63) 林・前掲注(62)二〇五頁。

(64) 例えば、二〇〇八年度決算検査報告における連邦会計検査院の言明につき、三菱ＵＦＪリサーチ&コンサルティング「ドイツ及びフランスにおける財務書類の検査及びその結果の報告の状況に関する調査研究」(平成二二年度会計検査院委託研究、二〇一一) 拙著、一六八頁以下参照 (http://www.jbaudit.go.jp/effort/study/itaku.html)。

〔脱稿　二〇一一年七月三一日〕

東洋町解職請求署名訴訟
——最高裁は判例を変更し政令を違法と判断——

中北龍太郎

一　東洋町解職請求署名訴訟の提訴に至るまで

1　事件の発端

高知県の東端にある人口三〇〇〇人強の安芸郡東洋町が一躍全国的にその名を知られるようになったのは、高レベル放射性廃棄物最終処分施設問題が持ち上がったためである。平成一九年に当時の町長が同施設の建設地選定に向けた文献調査に全国で初めて応募していたことが発覚して大問題となった。村民の大多数が同施設に反対の立場から町長の辞職を要求したため、町長は辞職し、それに伴って町長選挙が行われた。その結果、反対派の沢山保太郎氏が当選し、文献調査の応募を撤回した。しかし、その後もこの問題は尾を引き、推進派町議会議員の中にはA議員をはじめ沢山町長に露骨に敵対し町政を妨害する者もいた。平成二〇年三月、住民六名（以下「Xら」ともいう。）が解職請求代表者（以下「本件代表者ら」という。）となって、東洋町選挙管理委員会（以下「処分行政庁」という。）に対し、A議員にかかわる解職請求書を添えて、本件代表者らがその解職請求代表者である旨の証明書の交付を申請し、処分行政庁からその旨の証明書の交付を受けた。当時、本件代表者の一人であるX^1は、非常勤の公務員である農業委員会委員であった。

その後、Xらは、署名を収集し、同年四月有権者の三分の一を超える一一二四名分の署名簿（以下「本件署名簿」という。）を処分行政庁に提出し受理された。ところが、同年五月処分行政庁は、農業委員会委員は議員の解職請求代表者となることができないことを前提に、本件署名簿はすべて無効と決定した。

2　相談、調査、助言

無効決定があって間もなくのころ、Xらから大阪にある私の事務所に電話がかかってきた。その訴えは、処分行政庁から議員解職の請求代表者証明書の交付を受けたうえで、多くの住民が多大の労力を費やしてたくさんの署名を集めた、X^1が集めた署名はごく一部に過ぎない、にもかかわらず本件代表者らの中に農業委員会委員一名がいるというそれだけの理由で署名が全部無効というのは余りにも理不尽だ、というものであった。相談を受けたものの正直のところ私には、公務員の請求代表者資格の件は未知の論点であった。そこで私は、至急調べて回答すると答えて受話器を置いた。

この相談の件はそれ以前に報道を通じて知っていた東洋町の核施設導入問題と深くかかわる重要な案件であり、私は、直ちに調査に着手し、関連文献をひもとき、判例を検索した。急いで助言する必要があったことから、とりあえずの調査しかできなかったが、おおよその論点は分かってきた。

地方自治法（以下「地自法」という。）八五条一項は、公職選挙法（以下「公選法」という。）中の普通地方公共団体の選挙に関する規定（以下「選挙関係規定」という。）は、地自法七六条三項（普通地方公共団体の議会の解散の請求）、八〇条三項（議員の解職）、八一条二項（長の解職）の投票にこれを準用すると定めている。私は、この条文を読んで、公選法の選挙関係規定の準用対象として書かれているのは「投票」のみであって、「請求」については書かれていないことに気づき、住民側の言い分も十分成り立つのではないかと意を強くした。ところが、地自法八五条（解散および解職投票の手続）を解説した文献によると、地方自治法施行令（以下「地自令」という。）は、公選法の選挙関係規定中の八九条一項が定める公務員の立候補制限の規定を議員の解職請求制度に準用するにあたり、「公職の候補者」を「議員の解職請求代表者」と読み替え、かつ同項ただし書（同項二号に関する部分を除く）の準用を除外している（地自令一一五条、一一三条、一〇八条二項、一〇九条）ことが分かった。地自令の複雑に入り組んだ条文には閉口したが、これらの条文を追っていくと、地自令が公務員は議員の解職請求代表者になれないと定めていることが分かった。相談者の期待に応えられないかもしれないといささか意気消沈した。さらに、地自法八五条一項により公務員は議員の解職請求代表者になれないとした最判昭二九・五・二八民集八巻五号一〇一四頁（以下「最高裁昭和二九年判決」という。）があることも判明した。政令ばかりか最高裁判例までも、公務員は議員の解職請求代表者になれないという見解を支持していることを知り、ますます絶望的な気分になった。

しかし、学説においては、安本典夫立命館大学教授（当時）をはじめ、政令や最高裁判例を厳しく批判する見解が有力に主張されていた。その批判の要点は、地自法八五条一項は「投票」に限って公選法の規定を準用しているのであって、地自令や最高裁判例は、「請求手続」と「投票手続」とを明確に区別している地自法の構造を見落としており、公務員は解職の請求代表者になれないと定めた地自令は法律の委任の範囲を逸脱している、というものであった。

この調査を踏まえて、私は、取り急ぎ相談者に電話で、地自令や最高裁判例を紹介し、それを覆すことは簡単ではないが、判例変更や地自令の見直しには正当な根拠があるしチャレンジする価値はあると助言をした。

二　議員解職請求における解職請求代表者の役割ついて

ここで、東洋町解職請求署名訴訟の理解に資するために、直接請求の制度としての議員解職請求における解職請求代表者の役割について整理しておく。

1　直接請求の制度としての議員解職請求

地方公共団体の長および地方議会議員等の主要公務員の解職の請求は、条例の制定改廃の請求、監査の請求、議会の解散の請求等とともに、昭和二一年の戦後第一次地方制度改革の際にアメリカの制度を範として直接請求が定められたのを原型として、昭和二二年の地自法制定の際に設けられた制度である。こうした直接請求制度は、直接民主主義の原理にもとづく制度の一つである。また、解職請求権は、憲法一五条一項の「公務員を選定し、及びこれを罷免することは、国民固有の権利である。」との規定を具体化したものでもある。

2　解職請求代表者の役割について

地自法及び地自令によれば、議員の解職請求にかかわる手続において解職請求代表者が果たす役割は、概ね次のとおりである。

(1)　請求手続関係

議員の解職請求は、解職請求代表者が、請求の要旨その他必要な事項を記載した解職請求書を添えて、当該市町村の選挙管理委員会に対し、文書をもって請求代表者証明書の交付を申請することによって開始される（地自令一一〇条、九一条一項）。解職請求代表者は、証明書の交付があった旨の告示（地自令一一〇条、九一条二項）のされた日から一か月以内（都道府県の場合は二か月以内。地自令一一〇条、九二条四項）に、被請求議員の所属する選挙区において選挙権を有する者の総数の三分の一以上の署名を収集する（地自法八〇条一項）。署名の収集は、解職請求代表者又はこれから委任を受けた署名収集の受任者によって行われる（地自令一一〇条、九二条一項・二項）。解職請求代表者は、解職請求者署名簿を所定の様式に従って調製し（地自令一一〇条、九八条の四）、署名数が選挙権を有する者の三分の一以上となったときは、所定の期間内に、解職請求者署名簿を市町村の選挙管理委員会に提出し（地自令一一〇条、九四条一項）、これに署名押印した者が選挙人名簿に登録された者であることの証明を求める（地自法八〇条四項、七四条の二第一項）。解職請求代表者は、選挙管理委員会から所定の審査、縦覧を終えて返付を受けた署名簿の署名の効力の決定に不服がないときは、その返付を受けた日から五日以内に、所定の要件を満たす有効署名があることを証明する書面及び署名簿を添えて、議員の解職請求をする（地自令一一〇条、九六条一項。いわゆる本請求）。選挙管理委員会は、上記請求を受理したときは、直ちにその旨を解職請求代表者に通知するとともに、その者の住所、氏名及び請求の要旨を告示し、かつ、公衆の見やすいその他の方法により公表しなければならない（地自法八〇条二項、地自令一一〇条、九八条一項）。

(2)　投票手続関係

議員の解職の投票は、告示の日から六〇日以内に行われる（地自令一一三条、一〇〇条の二第一項）。解職の投票に関する運動に関しては、被請求議員および解職請求代表者とも、原則として一か所ずつ事務所を設置することが認められている（地自令一一三条、一〇九条、一一五条、公選法一三〇条、一三一条一項五号。なお、解職の投票に関する運動についての期間制限はない。）。解職請求代表者は、解職請求についての開票に当たり、開票立会人となるべき者一人を定め、市町村の選挙管理委員会に届け出ることができる（地自法八五条一項、地自令一〇八条二項、一一五条、公選法六二条一項）。投票の結果は、解職請求代表者に通知され、その投票の効力に関して異議のある解職請求代表者は、所定の期間内に異議を申し出ることができる。この解職の投票の効力に関する争訟に関しては、公選法の普通地方公共団体の選挙に関する規定が準用される（地自法八五条一項、地自令一〇五条、一〇八条二項、公選法二〇二条一項、二〇六条一項、二一九条一項）。

3　解職請求代表者の役割の重要性

このように、解職請求代表者は、議員の解職請求に関する一連の手続の中で、解職請求書を作成し、選挙権を有する者に署名押印を求め、その解職請求者署名簿を調製し、その署名について選挙管理委員会の証明を受け、その名簿を選挙管理委員会に提出する責任者としての地位を有しており、請求手続において特に重要な役割を果たしているといえる。

三　一審での取り組み

Xらは無効決定に対して異議を申立てたが、処分行政庁は同じ理由から、すべて成規の手続によらない署名であるとして異議申立も棄却した。異議申立棄却決定後、Xらから裁判所に訴えたいので代理人になって欲しいと依頼され、私はこの依頼を喜んで引き受けた。そこでXらは私を代理人として、平成二〇年六月高知地方裁判所に異議申立棄却決定の取消を求めて訴訟を提起した。こうして東洋町解職請求署名訴訟の火蓋が切って落とされた。この訴訟の最大の争点は、地自令における公務員に対する議員解職の請求代表者資格制限規定の委任の根拠とされている地自法八五条一項は、議員の解職請求手続にも公選法の選挙関係規定の準用を認めているのかどうかであった。換言すれば、町議会議員に係る解職請求において、公務員につき議員の解職請求代表者となることを禁止している地自令の規定が地自法八五条一項に違反し無効といえるか否かが論争の焦点であった。

地自法八五条一項の条文には、公選法の選挙関係規定の準用対象として、明確に「解職の投票」と書かれている。ところが、地自令は地自法八五条一項の「解職の投票」の中に解職請求まで含むという前提に立って、公務員について解職の請求代表者になることを禁止している。また、公務員は解職の請求代表者になることができないとするのが、地自法八五条一項に関する従前からの一貫した行政解釈であった（地方自治制度研究会編『注釈地方自治関係実例集〔新訂版〕』一一九頁、同編『地方自治関係実例判例集〔一三次改訂版〕』三三六頁参照）。しかも、最高裁昭和二九年判決は、「地方自治法第八五条第一項によれば公職選挙法中普通地方公共団体の選挙に関する規定は村長及び村議会議員の解職請求及びその投票に至る一連の行為に関し準用される」と解している。さらに下級審でも、①神戸地決昭二八・一〇・九行集四巻一二号三一四九頁、②青森地判昭二八・一〇・三一（最高裁昭和二九年判決の一審判決）、③広島地決平六・四・一公刊物未登載、④那覇地判平一六・七・一四（最高裁ＨＰ）において、一貫して最高裁昭和二九年判決と同様の解釈がとられている。このように、司法と行政とによって、地自法八五条一項の「解職の投票」に解職請求も含むという解釈が固められてきた。

こうした厚い壁を打ち崩して勝訴するためには、「解職の投票」には解職請求は含まないという見解が、決して単なる文理解釈ではなく、法の構造にマッチした普遍的な正当性を有していることを論証する必要があった。そのために、地自法における直接請求制度の法構造、解職の請求手続と投票手続の異同を掘り下げて解明して説得的かつ論理的な法解釈を提示することが、重要な課題であった。この点について、私は要旨次のような論理を展開した。

地自法は、議会の解散、長及び議員の解職請求制度などの直接請求制度について、関係条文を見れば明らかなとおり、二段階の構造を採用している。すなわち、解職請求制度についていうと、地自法は、まず一定数の選挙人の連署によって解職の請求をし、それに続いて、解職するかどうかについて有権者の投票に付されるというように制度設計しており、解職の請求手続と投票手続とを異なる段階として区分しているのである。こうした地自法の法構造を踏まえて、地自法八五条一項の「解職の投票」を解釈すれば、文字どおり、そこには解職の請求は含まれないということになる。

しかも、請求手続と投票手続との間には、公選法を準用するにふさわしい実質があるのかどうかに関して本質的な違いがある。解職の投票手続は、選挙人による公の投票手続であり、この点において選挙手続と同質性を有しており、公選法中の選挙関係規定を準用するのにふさわしい実質を備えている。これに対し、請求手続は、選挙権を有する者の側から投票手続を開始させる手続であって、選挙関係規定を準用するだけの同質性があるとはいえない。そのため、地自法八〇条一項及び四項は、請求手続について、公選法中の選挙関係規定を準用することによってではなく、地自法において独自の定めを置きないしは地自令の定めに委任することによってその具体的内容を定めているのである。こうした両手続の実質的な違いとそれに対応した地自法の規定の内容の相違を直視して地自法八五条一項を解釈すれば、同項が公選法の選挙関係規定の準用の対象を「解職の投票」に限定していることが正しく理解されるはずである。

四　一審判決

東洋町解職請求署名訴訟の問題の所在を、ここで改めて整理して確認しておくと次のとおりとなる。

地自法八五条一項に基づき定められた地自令一〇八条二項およびこれを準用する一一三条並びに一一五条は、普通地方公共団体の議員の解職投票に公選法八九条一項（公務員の立候補制限）を準用するに当たり、同項中の「公職の候補者」を「普通地方公共団体の議会の議員の解職請求代表者」とみなしまたは読み替えている。そうすると、原則として国または地方公共団体の公務員は解職請求代表者となることができないこととなる。また、同項ただし書に該当する公務員（例外的に公職の候補者となることができる公務員）に限っては代表者となることができることとなるべきところ、地自令一一三条によって準用される一〇九条は、公選法八九条一項ただし書の準用を除外している（ただし、同項第二号に関する部分を除く）。このため、地自令のこれら各規定によれば、農業委員会委員等は、結局、解職請求代表者にはなることができないこととなる（以下、地自令の前記四条項のうち、公選法八九条一項を準用することにより議員の解職請求代表者の資格を制限している部分を併せて「本件各規定」という）。もっとも、地自法の規定によれば、議員の解職に関する直接請求の制度は、解職の請求と解職の投票とから構成され、本件各規定は、いずれも、地自法八五条（解散解職投票の手続）に基づき、選挙関係規定を解職の投票に関して準用する場合に関する規定である。

そこで、本件各規定は、少なくともそれが請求手続に適用される限りでは、地自法八五条一項に基づく規定として許される範囲を超え、その限りで違法無効となるのではないかが問題となるのである。

一審高知地裁判決は平成二〇年一二月、原告らの請求を棄却した。その理由の要点は、「公務員は議員の解職の請求代表者になれないと定めた地自令の委任の根拠規定である地自法八五条一項は、議員の解職投票のみならず、これと一連の手続の中で密接に関連する請求手続についても、公務員の職務遂行の中立性を確保し、手続の適正を期する観点から、公選法の規定の準用を認めたものであって、地自令の制限規定はその委任の範囲内の適法かつ有効な定めと解されるから、農業委員会委員を解職請求代表者の一人とする署名収集手続において収集された署名簿の署名は、すべて成規の手続によらない署名として無効である」というものであった。

一審判決は、最高裁昭和二九年判決を踏襲したもので、地自法の二段階構造や請求手続と投票手続の実質的相違性に関する判断を示してはおらず、それらを真摯に検討したとは思われない内容であった。裁判官は往々にして最高裁判例を金科玉条のごとくに崇める傾向にあるとの世評からすれば、予想された結論であったが、まことに遺憾な判決であった。

一審判決に対する不服申立は最高裁に対して行うことになっており（地自法七四条の二第八項）、最高裁に判例変更への大いなる期待をかけて上告受理申立をした。その可能性に希望が持てたのは、最高裁昭和二九年判決は、地自法の二段階構造と両手続の実質的な相違性について、当事者からの主張がなされなかったこともあって、この点について十分考察したうえでの判決とは考えられなかったからである。また、地自法八五条一項の解釈上公務員も解職請求代表資格を有しているという学説が、次第に増えてきていた（①和田英夫『自治研究』三二巻一二号七九頁、②地方自治総合研究所『コンメンタール直接請求』二一五頁（岡田彰執筆部分）、③杉村敏正ほか編『コンメンタール地方自治法』一七八頁（浜川清執筆部分）、④千葉勇夫「住民の直接参加」『現代行政法大系（八）』三四五頁、⑤地方自治総合研究所編著『逐条研究地方自治法Ⅰ』五五四頁、⑥安本典夫「非常勤消防団員の解散・解職請求権の制限」立命館法学二三六号一頁、⑦太田和紀『注解法律学全集（六）・地方自治法Ⅰ』一八九頁、⑧成田頼明ほか編『注釈地方自治法〔全訂〕』一二五二頁、⑨室井力ほか編『基本法コンメンタール地方自治法〔四版〕』八一頁（安本典夫執筆部分）、⑩伊東健次「直接請求の署名の効力の確定及び署名に関する罰則」『最新地方自治法講座（三）住民参政制度』三七四頁等）ことも、大きな励ましとなった。

五　最高裁判決

平成二一年六月最高裁第一小法廷は、上告申立を受理するとともに大法廷に回付すると決定した。「法令の解釈適用について、意見が前に最高裁判所のした裁判に反するとき」は大法廷で取り扱うとされている（裁判所法一〇条三号）ことから、私は最高裁が判例変更に踏み切る方針だと意を強くした。同年一〇月に大法廷で開かれた口頭弁論を経て、最高裁判所大法廷は平成二一年一一月一八日、一五名中一二名の多数意見として、本件各規定は少なくとも請求手続に適用される限りでは違法、無効な定めといわざるを得ないから、これに基づいて本件署名簿の署名を成規の手続によらない署名であるとすることはできないと判断し、最高裁昭和二九年判決を変更すると判示した（判時二〇六五号一二頁。以下「新判例」という）。

最高裁が、政令等の定めを法律の委任の範囲を超えるとして無効と判断した五例目であった（過去の四例は次のとおり。①農地法施行令一六条に関する最判昭四六・一・二〇判時六一七号二一頁、②監獄法施行規則一二〇条及び一二四条に関する最判平三・七・九判時一三九九巻二七号、③児童扶養手当法施行令一条の二第三号に関する最判平一四・一・三一判時一七七六号四九頁および最判平一四・二・二二判時一七八三号五〇頁、④貸金業の規制等に関する法律施行規則一五条二項に関する最判平一八・一・一三判時一九二六号一七頁）。

最高裁新判例の理由は、次のとおりであった。

地自法は、議員の解職請求について、解職の請求と解職の投票という二つの段階に区分して規定しているところ、同法八五条一項は、公選法中の選挙関係規定を地自法八〇条三項による解職の投票に準用する旨定めているのであるから、その準用がされるのも、請求手続とは区分された投票手続についてであると解される。このことは、その文理からのみでなく、①解職の投票手続が、選挙人による公の投票手続であるという点において選挙手続と同質性を有しており、公選法中の選挙関係規定を準用するのにふさわしい実質を備えていること、②他方、請求手続は、選挙権を有する者の側から当該投票手続を開始させる手続であって、これに相当する制度は公選法中には存在せず、その選挙関係規定を準用するだけの手続的な類似性ないし同質性があるとはいえないこと、③それゆえ、地自法八〇条一項および四項は、請求手続について、公選法中の選挙関係規定を準用することによってではなく、地自法において独自の定めを置きまたは地自令の定めに委任することによってその具体的内容を定めていることからも、うかがわれるところである。

したがって、地自法八五条一項は、専ら解職の投票に関する規定であり、これに基づき政令で定めることができるのもその範囲に限られるものであって、解職の請求についてまで政令で規定することを許容するものということはできない。

しかるに、本件各規定は、地自法八五条一項に基づき公選法八九条一項本文を議員の解職請求代表者の資格について準用し、公務員について解職請求代表者となることを禁止している。これは、地自法八五条一項に基づく政令の定めとして許される範囲を超えたものであって、その資格制限が請求手続にまで及ぼされる限りで無効と解するのが相当である。

したがって、議員の解職請求において、請求代表者に農業委員会委員が含まれていることのみを理由として、当該解職請求者署名簿の署名の効力を否定することは許されないというべきである。

同判決には、藤田裁判官、涌井裁判官の各補足意見、宮川裁判官・櫻井裁判官の補足意見、堀籠裁判官・古田裁判官・竹内裁判官の共同反対意見、竹内裁判官の追加反対意見が付されている。

藤田裁判官の補足意見は、法規定の合目的的解釈ないし立法趣旨の合理的解釈という方法を採用すると、「解職の投票」とは、少なくとも本件との関係では、（広義での）解職請求手続の一環としての投票を意味するとの解釈が成り立ち得ないではないものの、そのような立場は、法令上用いられた概念を通常理解される意味を超えより広い意味に理解するという意味において、一種の拡張解釈をする結果となるところ、本件において、そのような解釈をしなければ取り返しのつかない重大な公益の侵害をもたらす結果につながるとは、必ずしも考えられない反面、制限される権利自体は、国民の参政権の行使にかかわる重要なものであるとして、多数意見に賛意を表するものである。

涌井裁判官の補足意見は、多数意見は専ら法文の文理からして地自令の規定の効力を認めることができないとしているのであり、それ以上に、解職請求代表者の資格について前記のような制限を加えることが立法政策として相当であるか否かといった実体について判断しているものではなく、改めて法律の規定に基づく明確な定めを置く場合に、制限等の内容としてどのようなものが許容されるか、あるいはどのような定めが望ましいかといった問題は、立法政策の問題として、関係する当局の権限と責任において検討されるべきものであるとするものである。

宮川裁判官・櫻井裁判官の補足意見は、真の意味の地方自治の発展には、住民が自ら判断し、自ら責任を負うという形の住民自治の拡充が不可欠であり、その拡充を進めるシステムの一つとして、各種の直接請求制度、住民投票制度などの直接民主制の機能の充実が要請されているところ、本件の直接請求制度における請求代表者の資格要件については、このような地方分権の流れを踏まえながら、住民の基本的な権利行使の問題として法的にも明確な整理を行い、住民自らの決定が滞りなく行われ得る環境を整えることが、法律の立案等に携わる者の責務であると指摘するものである。

三名の裁判官の共同反対意見は、解職の請求手続と投票手続は一連の手続の中で密接に関連するという両手続の実体的関連性論と解職請求制度における適正手続の要請という政策的必要性から、昭和二九年最高裁判決及び本件一審判決を支持するものであった。しかし、この見解は、抽象的な政策論を重視するあまり、地自法の法構造とその規定内容を軽視するもので、法解釈として致命的な弱点があるといわざるをえない。

六　最高裁判決の意義

新判例は、地自法八五条一項の「投票」の解釈について、地自法の二段階構造、請求手続と投票手続の実質的な相違に対する正鵠を得た分析に基づいて導き出されている。新判例は、法解釈として正当であるばかりでなく、住民自治の拡充、公務員の罷免権の具現化といった観点からも画期的な意義がある。

地方分権の確立がますます重要な課題となっている現在、地方自治の発展には住民自治の拡充が不可欠であり、そのシステムの一つとして、直接請求制度などの直接民主制の機能の充実が求められている。また、解職請求制度は、憲法一五条一項で保障された住民の公務員に対する罷免権を具現する制度である。しかるに、公務員が解職の請求代表者になれないとすると、解職請求制度における住民の参加は大きく制限されることになる。というのは、今日、地方自治体の行政を支える非常勤の特別職公務員は、多種多様な審議会への住民の参加などにより著しく増大しており、これら多数の住民から請求代表者となる機会を奪ってしまうことになるからである。

しかも、公務員は議員の解職の請求代表者となれないとしている地自令は、公選法による公務員の公職への立候補制限にくらべても、より大きな制限を課すことになっている。すなわち、公選法は、非常勤の消防団員・水防団員、臨時または非常勤の委員などで政令で指定する者に対しては立候補制限を解除している（八九条一項ただし書き、同項三号）し、農業委員会委員は市町村の議会の議員及び長の選挙に関してはその候補者となることができる（公選法施行令九〇条二項一号、別表第二及びその備考欄）としているのに対し、地自令における公務員に対する請求代表者資格の制限にはこうした例外さえも認めていない。これは、法制度として矛盾・混乱といわれても仕方がない。

このように、地自令による地自法の範囲を逸脱した解職の請求手続に対する規制は、住民自治の不当な制限であり、住民の公務員罷免権を侵害するものでもあった。これを是正した新判例は、地方分権の時代にふさわしい画期的な意味がある。

東洋町住民の安全な環境を守りたいという思いから行われた住民自治の実践的行動が、理不尽な政令や判例によって阻まれ、それに対する怒りから始まった東洋町解職請求署名訴訟は、その勝訴によって、最高裁判例と行政実務を変え、そして政令や法の改正に至る道筋をつけた。この訴訟は、地域主権と民主主義の発展に大いに貢献したと総括できるだろう。

七　法改正の意義と問題点

新判例を受けて、地自法の一部改正が行われ、平成二三年五月二日公布された。直接請求制度に関する改正の内容は、①直接請求代表者の資格制限の創設、②地位を利用して署名運動をした公務員等に対する罰則の追加を盛り込んでいる。

改正により、直接請求代表者の資格制限の対象は、選挙管理委員会の委員・職員等に狭く限定されている。これは、従前の実務の運用・解釈が、公務員の解散・解職請求代表者資格を一律に制限し、一般住民が就任している消防団員や審議会参加者等ぼう大な数に上る非常勤の特別職公務員までも代表者から排除してきた点を抜本的に改めたもので、地方主権の観点から高く評価される。すなわち、今日重要な課題となっている地方主権の確立のためには住民自治の拡充が不可欠であり、それを具現化するには直接請求制度等の直接民主制の機能の充実が求められており、この改正条項は地方主権確立の要請に適っている。

しかし他方、地位を利用して署名運動をした公務員等に対する罰則（二年以下の禁固又は三〇万円以下の罰金）規定の新設には、看過できない重大な問題点がある。「地位利用」という概念は不明確で、取り締る側の権限濫用のおそれが大きく、また罰則規定が署名運動を委縮させる危険性も高い。署名運動に対する制約は、表現の自由を侵し、住民自治を弱めることになる。署名運動の自由を広範に規制する改正に対しては、表現の自由の保障、さらには地方主権確立の観点からの根本的見直しが必要である。

企業災害の防止と刑法

設楽裕文

はじめに

本論文は、二〇一一年三月一一日の東日本大震災と福島第一原子力発電所の事故を契機として執筆したものである。極めて粗略なものではあるものの、北野弘久先生がお元気でいらっしゃったら、「いいでしょう。今後もがんばりなさい！」と激励してくださるのではないかと想いつつ、寄稿させていただくことにする。

一　序

本論文では、企業災害防止のための方策について刑法学の立場から考察する。かつて、公害、薬害などの企業災害が社会問題になった頃に提唱された危惧感説や企業組織体責任論を再評価し、これらの理論をめぐる議論を踏まえて、企業災害防止に実効性のある方策を模索する。といっても、過失犯や法人処罰については膨大な研究や判例が蓄積されており、それらを全て参照することは、本論文を執筆する際の時間的制約等から不可能である。本論文は、「序説の序」とでもいうべきものにとどまらざるをえない。(1)

それにもかかわらず、このようなテーマで執筆することを決意させたものは、二〇一一年三月一一日の東日本大震災とこれに起因する福島第一原子力発電所の事故である。これらの事件は、人々の安全の保護が極めて危ういものであることを、世界的規模で認識せしめた。政治や法はもとより科学技術さえも、その無力をさらけ出した。再び悲劇をくりかえさせないための方策を探ることは、あらゆる分野の研究者の責務である。本論文は、こうした試みの一つである（なお、本稿は二〇一一年七月二八日に脱稿したものであり、同日までに報道された事実を前提にしている）。

二　企業災害防止と従来の刑法理論

1　過失犯論――とくに危惧感説をめぐる議論

過失犯論の領域において、結果回避義務に重点を置く「新過失論」が主流となった頃、公害――とくに安全・無害と宣伝され、そう信じられているものから起こる災害につき企業側の責任を否定することの不合理性にかんがみて、危惧感説（新新過失論、不安感説とも呼ばれる）が主張された。(2)一般的に理解されているところでは、危惧感説とは、結果発生の危惧感（不安感）があれば予見可能性があるとする考えである。この考えが、森永ドライミルク事件の第二審判決（高松高判昭四一年三月三一日高刑集一九巻二号一三六頁）の趣旨をヒントとして藤木英雄によって提唱され、同事件の差戻後第一審判決（徳島地判昭四八年一一月二八日刑月五巻一一号一四七三頁）で、結果回避義務を課する前提としての予見可能性は、「具体的な因果経過をみとおすことの可能性である必要はなく、何事かは特定できないがある種の危険が絶無であるとして無視するわけにはいかないという程度の危惧感であれば足りる」という表現で採用されたものであることはよく知られている。(3)

危惧感説に対しては、予見可能性を抽象化して過失犯の成立範囲を無限定にするものであり責任主義との関係で問題がある旨の批判がある。(4)

これに対し、危惧感説からは次のような反論がなされている。個人の行為者の過失については許された危険の法理や信頼の原則の適用などにより結果回避義務の負担を合理的範囲にとどめ、可罰的違法性の理論も適用し、責任要素としての過失の段階では主観的注意義務違反がなければ刑事責任を負担させないのであるから、責任主義に抵触するとの批判はあたらない。また、責任主義の機能は、発生した結果についておよそ非難されるべきところがない者に帰責することを禁止するところにあり、行為者の心理的要素に着眼して、非難されるべき点が存することを必要不可欠なものとするものではなく、技術開発にともなう未知の危険発生の危惧感・不安感を払拭するだけの措置を講じないという落ち度に責任を負わせることは、「企業災害の深刻化が重大な社会問題となっている今日の産業社会における責任主義原理」に反するものとはいえない。(5)

過失論争の中心となったものの、危惧感説は少数説の地位に甘んじ、その後の裁判例にも森永ドライミルク差戻後第一審判決のように明示的に危惧感説を採用する旨述べるものはあらわれなかった（かえって、北大電気メス事件控訴審判決——札幌高判昭五一年三月一八日高刑集二九巻一号七八頁のように文言上は危惧感説を排斥しているように見えるものがある）。それにもかかわらず、危惧感説に対しては、これを「従来比較的軽視されてきた予見の『可能性』をめぐる議論を深めるものとして積極的に評価することもできる」とし、「そして、その限りでは、『危惧感説』は、決して、あるべき『具体的予見可能性説』と対立するものではないのである」とか、(6)「危惧感説をとることを明言しないでも危惧感説に親しむ考え方を背景にして過失を認定しているともみられる判例は珍しくない」といった評価がされている。(7)

私見によれば、危惧感説といえども合理的な行動基準にそった結果回避措置をとっていれば過失責任を負わせないのであるから、責任主義に反することにはならない。かえって、具体的予見可能性説をとっても、結果回避措置をとらせることが困難な状況であるのに予見可能性があるとして過失責任を負わせるのであれば、責任主義に反する不当な結果となりうる。むしろ、問題は結果回避措置（行動基準）の内容が不明確であり、裁判所によって恣意的に認定される可能性があることにある。そして、かつて三井誠が述べたように[8]、企業災害などの事故を「効果的に未然抑止しようというのが、『危惧感』説の真のねらい」であるならば、なおさら、事前に企業側に行動基準が示されることが必要になるといえる。

2　法人処罰論ないし企業の刑事責任論

従来、わが国では、刑法――少くとも刑法典は、自然人を犯罪主体として処罰することを前提に構成されていると解されてきた。複数の自然人が犯罪に関与するときは共犯として処罰することが予定され、組織体自体はもとより法人を処罰するということも考えられてはこなかった。犯罪（名誉毀損罪など）の被害者としての「人」に法人が含まれるという解釈論は存在しても[9]、刑法二一一条（業務上過失致死傷等）の「者」に法人が含まれるという解釈論は見あたらない[10]。ところが、特別法の中には両罰規定のように法人処罰を認めたものがある。そこで、こうした法人処罰規定をめぐって、法人の犯罪能力や法人処罰の根拠・要件が議論されてきた。

川崎友巳は、法人処罰論の発展過程を、①萌芽期、②発展期、③隆盛期、④停滞期、⑤再燃期に分けている。川崎によれば、わが国の法人処罰論は一八八〇年代に始まり、当初、法人擬制説に基づく法人の犯罪能力否定説が通説となったものの、犯罪能力に関する議論と連動することなく法人処罰規定が現実に設けられたため、犯罪能力のない法人に受刑能力を認めるという理論が展開され、その後の法人処罰論を複雑にする原因となった（萌芽期）。その後、両罰規定の解釈をめぐる法人処罰の根拠に関する議論において過失推定説が通説的地位につき、これを判例が採用することになっても、法人の犯罪能力否定説は通説の地位を維持し続けた（発展期）。それでも、一九六〇年代に公害や薬害などが社会問題化すると、法人処罰の必要性が主張され、法人の犯罪能力肯定説の支持者が増加することになる。この時期に法人独立処罰説（藤木英雄）や企業組織体責任論（板倉宏）が提唱された（隆盛期）。ところが、一九八〇年代に入ると、ある程度、企業活動の刑事規制が図られたこともあって、法人処罰論への関心は急速に弱まる（停滞期）。しかし、一九九〇年代には、企業活動の厳しい規制を求める国際的潮流などを要因として、「より現実的で実効性のある企業犯罪対策」が模索され始め、「特定の個人に還元できない企業組織のシステム上の欠陥」を企業の刑事責任を問うにあたって考慮すべきであるという「新しいアプローチ」が提案されるようになっている（再燃期）。[11]

法人ないし組織体の処罰に関する理論（ないし理論モデル）として、いくつかのものが提示されている。論者によって、多少の差異はあるものの、今井猛嘉の分類と用語法に従えば、それは、「組織体の形成・運営に関与している個人の行動を、刑罰を用いて非難し、その威嚇によって組織体の行為を制御しようとする理論」である個人抑止モデルと「組織体としての違法な行為の惹起を刑罰を用いて非難し、抑止するための理論」である組織体抑止モデルとに分けられ、前者には、代位責任論（法人の構成員が犯罪を犯した場合にその責任を法人に転嫁する理論）と同一視理論（法人と同一視できる自然人の行為を法人の行為と見て法人を処罰する理論）が含まれる。[12]

これらのうち、代位責任論は、両罰規定などの業務主処罰規定における法人の責任を無過失転嫁責任と解する考えに相応するものであり、支持することが難しい。そうなると、同一視理論か組織体抑止モデルか、という図式になる。さらに、近時は、併用説（川崎友巳[13]）、統合説（樋口亮介[14]）、融合説（今井猛嘉[15]）とでもいうべき、双方を考慮する見解があらわれている。

私見を述べる。わが国における法人処罰理論の系譜を見ると、おおまかな流れとしては、代位責任論から同一視理論、組織体抑止モデルの順で議論がなされている[16]。前述の併用説、統合説、融合説を概観したところからも、今後、重視されるべきは組織体抑止モデルであるといえる[17]。そして、組織体抑止モデルの中で今なお最も注目されている[18]企業組織体責任論の精密化、具体化が図られてしかるべきであると考える[19]。さらに、企業組織体責任論を前提に、今後深化されるべきは、①「企業組織体の活動自体としての落ち度」(企業組織体の過失)を認定する基準の設定、②個人の可罰的過失を認定する基準の設定であろう。また、企業組織体責任論は、企業組織体としての落ち度を問題にするのであるから、本来、企業組織体自体の処罰を認める場面で十全の力を発揮するものと思う[20]。すなわち、企業組織体責任論を前提とした企業災害防止に役立つ立法こそが探究されなければならないと考える。

3　コンプライアンス・プログラム論

企業災害――とりわけ大規模な企業災害のもたらす結果のほとんど回復不可能といってよいほどの深刻性、重大性にかんがみるなら、企業災害を未然に防ぐべく、できる限り事前のチェック方法を強化することが望ましい[21]。こうした観点から、危惧感説や企業組織体責任論を評価するにしても、結果回避措置としての行動基準を明確化して、これに従った行動を企業側の者にさせることが必要となる[22]。これに関連して、近年、注目されているのがコンプライアンス・プログラムである[23]。

もとより、重要なのは、①いかにして実効性のあるコンプライアンス・プログラムを構成させるか、②いかにしてコンプライアンス・プログラムを遵守させるか、ということである。これについてのインセンティブを企業側に与えるために、コンプライアンス・プログラムの適正な実施がなされた場合、企業側に無過失免責を認めるべきであるとの主張もされている[24]。しかし、コンプライアンス・プログラムの実施のみを結果回避義務を果たしたか否かの判断基準とすることは難しいであろう[25]。

三　企業組織体規制法の立法

1　新たな企業組織体規制法の必要性

企業災害の防止ないし事前抑止が必要であることについては、多言を要しない。この観点から、一九七〇年代に危惧感説や企業組織体責任論が主張されたものの、刑法学界では少数説にとどまった。また、企業災害の防止策も完備したとはいい難い。刑法ないし刑罰に十分な犯罪予防効果があるのかも、そもそも疑わしいところ、過失犯の法定刑は総じて軽く、消極的一般予防効果は極めて低い。また、法人処罰についていえば、法人を多額の罰金刑に処したとしても完納させることは難しく、かえって被害弁償を困難化させるおそれさえある（その結果として、結局、被害者救済は国の費用でおこなうということになりかねない）。さらに、独占企業が加害者である場合は、当該法人が処罰されても市民が商品購入をボイコットするといったことはできず、処罰する意味が乏しい。代表者の処罰は、少くとも事前抑止の観点からは、さらに意味がない。企業災害が発生すれば責任をとって代表者は辞任し、企業は形ばかりの〝再発防止策〟を策定して活動を続ける。辞任し処罰された（元）代表者は「運が悪かった」と思うだけである。かといって、法人や企業組織体に対する解散命令や行状監督の規定を刑法典中に新設することは難しい[26]。むしろ、「刑罰」や「刑法」による規制にこだわらず、総合的な「企業組織体規制法」の立法とそれを支える理論の構築が必要である。「刑罰」や「刑法」は、企業組織体規制法の実効性を確保するために補充的に用いられるべきである[27]。

そのように考えるなら、伝統的な刑法の保障原則（罪刑法定主義、責任主義）との〝摩擦回避〟ないし〝調整〟に過度のエネルギーを割く必要はなくなり、真に実効性のある企業災害防止が可能となる。

2　企業組織体規制法と保障原則

企業組織体規制法によって企業組織体を規制する場合には、個人を処罰する場合と同様に罪刑法定主義などの保障原則を適用する必要はない。

そもそも、現行の制度でも認められる財産刑を法人に科する場面について考えてみても、自然人に生命刑、自由刑を科する場面とは、状況が異なる。財産刑は、基本的に財産を剥奪する制裁であるから、生命刑、自由刑に比べて深刻な法益の剝奪とはいえない。自然人に財産刑——たとえば、罰金を科す場合を考えても、財産刑が刑罰以外の財産的制裁（たとえば、過料や反則金）と比べて、深刻性、「反社会性の烙印」といった点において重大な差異はない。もっとも、罰金、科料については換刑処分としての労役場留置が認められてはいる。だが、コストの大きい労役場留置が積極的に活用される可能性は乏しく、〈罰金を完納しなかった場合、実際には、納付を督促し、資力に問題があれば、分納を勧めるということが多い〉というのが現実ではないか。そうなると、財産刑と他の財産的制裁との最大の差異は、財産刑の場合は、それを科す前の段階で、逮捕・勾留といった身柄拘束（自由の剝奪）ができるという点にあるといえる。

法人に罰金刑を科すという場面になれば、罰金を完納しない法人を労役場に留置するといったことは考えられず、法人の逮捕・勾留ということも考えられない。すなわち、法人については、身柄を拘束するという意味での自由剝奪や自然人と同様の生命剝奪ということは考えられず、したがって、これらの保護に配慮する必要もない。法人ないし企業組織体に対する制裁ないし規制は、（企業イメージの悪化等も含めて）つまるところ、財産権ないし経済活動の自由の制約になるに過ぎない。

そもそも、現行のわが国の法制度において、（明確性の原則や罪刑均衡の原則を含む）罪刑法定主義の根拠規定は憲法三一条である。同条は、「……法律の定める手続によらなければ、その生命若しくは自由を奪はれ、又はその他の刑罰を科せられない」という文言からも明らかなように、生命、自由といった重大な利益が恣意的に国民から剝奪されるのを抑止するために設けられた規定である。これに対し、財産権については、憲法二九条二項で、その内容を公共の福祉に適合するように法律で定めうるとされており、経済的自由は経済政策の実現といった積極的目的のためには、消極的目的による制約とは異なった制約をすることが可能であるともいわれている。これらの点を考慮するなら、企業組織体の規制は、自然人に刑罰を科す場合とは異なり、より柔軟で合目的的なものであってよいといえる(28)。

3　企業組織体規制法の具体的内容

企業組織体規制法においては、業種により、業務停止、解散命令、被害弁償命令、予防型プロベイションといった企業組織体に対する制裁のほかに(29)、企業災害を予防するための事前規制を盛り込むべきである。企業に、コンプライアンス・プログラム策定をはじめとする災害防止措置を義務づけ、それらが実施されているか確認するため、定期的な報告義務を負わせるほか、公務員による立入検査や質問検査を認める必要がある。企業の構成員が虚偽内容の報告をしたり、検査を拒んだ場合は、構成員を処罰するべきである。

さらに、企業の構成員が法令を遵守しないときや、その他、企業災害防止措置が不十分であるとの疑いがあるときは、観察処分をしたり、改善命令を発したりできるようにしなければならない。〝面従腹背〟で、経営者が十分な改善をおこなわないようなときは、裁判所によって経営管理人（破産法ないし民事再生法の管財人に類似する者）を選任し、企業の経営にあたらせるということも考えられてよい。

これらに加えて、企業の監督を監督官庁など行政機関に任せておくだけでは不十分と考えられる場合は、地域住民やその企業の商品の消費者など潜在的被害者の請求により、裁判所が情報開示決定や経営管理人選任決定をなしうるようにすべきであろう。企業活動によって最も不利益を被るおそれのある者こそ、企業活動の看守者にふさわしいといえるからである。

四　むすび

今まで検討したもののほかにも、たとえば、公害反対運動など市民の企業災害防止活動の正当化の問題や公益通報者の保護に関する問題など、企業災害防止との関係で刑法上検討しなければならない事項は多い[30]。問題は巨峰の山脈のごとく目の前に立ちはだかっている。しかし、歩み始めなければならない。

「地球上のどんな気候の土地でも、人間の努力によって住めるようにできる」という一般論を掲げたとすると、つぎのような反論がすぐ持ち出される。「それでは、モンブランの頂上を住めるようにできるだろうか？」と。われわれの答えはこうである。「この地上を健康的な土地に造りかえながら、モンブランの麓まで到達するには数千年もかかるだろう。頂上に住めるかどうかを議論するのは麓に着いてからにしよう。」

――フロレンス・ナイチンゲール「看護覚え書き」編訳者代表薄井坦子『ナイチンゲール著作集第一巻』(現代社)一四九～一五〇頁

(1)　組織に関係する犯罪は、組織犯罪と組織体犯罪に分けることができる。私は、組織犯罪であれ組織体犯罪であれ、共犯理論によって個人(自然人)を処罰するのであれば伝統的な刑法の保障原則が十全に適用されるべきだと考えている(設楽裕文「正犯・共犯と企業犯罪」日本法学七六巻二号三八三頁以下参照)。しかし、組織体自体を規制する場合には、これと異なった考えをすることも可能であろう。本論文は、個人ではなく組織体自体を規制する方策を志向するものである。

（2）藤木英雄「公害と刑法の役割」藤木英雄編『公害犯罪と企業責任』（弘文堂、一九七五〔オンデマンド版、二〇〇四〕）一四～一七頁参照。
（3）森永ドライミルク事件判決と危惧感説の形成過程については、松宮孝明『刑事過失論の研究〔補正版〕』（成文堂、二〇〇四）二四五～二五〇頁参照。
（4）このような批判をするものとして、大谷實『刑法講義総論〔新版第三版〕』（成文堂、二〇〇九）一九九頁、西田典之『刑法総論〔第二版〕』（弘文堂、二〇一〇）二六〇頁、前田雅英『刑法総論講義〔第五版〕』（東京大学出版会、二〇一一）二九五頁など。
（5）板倉宏『現代社会と新しい刑法理論』（勁草書房、一九八〇）七五～七六頁。実際、同書一二二頁は、「危惧感説の原点」と位置づける弥彦神社事件について「被告人ら神社職員は事故発生についてきわめて抽象的な不安感をいだきうるとしても、事故防止のための具体的措置を講ずる注意義務を要求できるか疑問もないわけではない」とする。
（6）松宮・前掲注（3）三〇九頁。なお、伊東研祐『刑法講義 総論』（日本評論社、二〇一〇）一三八頁は、危惧感説は「現時点での検討後も理論的に維持し得る限度では、実は独立の見解を成すものとはいい難い」という。
（7）板倉宏『刑法総論〔補訂版〕』（勁草書房、二〇〇四）二六四頁。
（8）三井誠「予見可能性」藤木英雄編『過失犯――新旧過失論争――』（学陽書房、一九七五）一五七頁。
（9）被害者としての法人について考察したものとして、清水洋雄「法人を被害者とする犯罪の成否――侮辱罪と脅迫罪を参考にして――」板倉宏博士古稀祝賀論文集編集委員会編『現代社会型犯罪の諸問題』（勁草書房、二〇〇四）六五頁以下がある。
（10）樋口亮介『法人処罰と刑法理論』（東京大学出版会、二〇〇九）三頁は、法人実在説により法人処罰を肯定する学説も刑法典の解釈としては法人処罰を否定していたことを指摘する。
（11）以上につき川崎友巳『企業の刑事責任』（成文堂、二〇〇四）一一～一六頁、二五～二九頁参照。
（12）今井猛嘉「企業犯罪と法人の刑事責任」田口守一ほか『刑法は企業活動に介入すべきか』（成文堂、二〇一〇）五二～五三頁。
（13）川崎は、同一視理論と（組織体抑止モデルの一種と見られる）「企業システム過失論」とを併用する。すなわち、代表者の意思や行為を企業の意思や行為と把握することは「法的にも社会的にも浸透した考え」であることから、企業に同一視理論に基づく行為責任を認め、自然人を媒介にしたアプローチでは企業の刑事責任を認定できないケースであっても、企業の規模や資力から考えて、人的な側面と組織構造論面の両方に注意を払い「システムとしての違法防止体制を整備し、これを運用する」ことで十分に回避できるものがあるので、企業にはこうしたシステムの適正な整備と運用を実施する監督責任を認める、という「二本立てを前提とすること」が妥当であるとする（川崎・前掲注（11）二一五〜二一六頁）。

この併用説に対しては、法人の構成員による結果の予見が著しく困難な場合でも、法人に企業システム過失が肯定される余地が大きくなり、「極めて抽象的な、結果発生に対する予見可能性により、過失を肯定する危険性」を一層増大させるものであって不当であるとの批判がある（今井・前掲注（12）五四〜五五頁）。

（14）　樋口は、法人処罰の可否において本質をなすのは同一視理論や組織体抑止モデル（樋口自身は「組織モデル」と表記する）といった理論モデルではなく「法人処罰の理論的基礎」であるとし、両モデルは法人処罰の理論的基礎の充足形態が異なるに過ぎないとする（樋口・前掲注（10）一六九〜一七〇頁）。この「法人処罰の理論的基礎」は、法人処罰の存在意義（犯罪抑止の働きかけの対象となる自然人の範囲の拡張を意味する「抑止対象の拡張機能」及び自然人処罰とは異なる刑事制裁の設定を意味する「抑止方法の拡張機能」）と自然人に対する刑法理論の法人への包括的適用（客観面においては法人の活動がもたらす犯罪惹起への危険の創出、主観面においては法人の有する危険の回避が期待できたかという規範的判断）によって築かれる。そして、同一視理論においては、法人を処罰するにふさわしい量をもった危険が創出されたかという量的観点によって行為主体要件及び客観的行為態様要件は制約され、法人処罰の存在意義から法人加害目的が存在する場合は法人処罰の前提を欠くことになるとする。また、組織体抑止モデルにおいては、法人の保有する危険が相当程度の量をともなって創出されたかが法人組織が犯罪をおこなったかどうかの判断基準となり、抑止対象の拡張機能から個々の自然人がいかなる関与をおこなったかを個々的に特定しなくても法人処罰は可能になるとする（樋口・前掲注（10）一五一〜一六九頁）。

この統合説については、①組織体抑止モデルから法人処罰の可否を検討する場合に問題とする自然人と、法人と同一視されるべき自然人との区別が一義的に明確なものではないところ、組織体抑止モデルが適用される場面でも自然人の関与を重視するなら、その根拠は組織体抑止モデルからではなく同一視理論から基礎づけられるべきである、②具体的事案に対して、同一視理論と組織体抑止モデルとをいかなる基準で適用するのか（両理論の優先関係あるいは適用の先後関係）が明確ではない、といった問題があるともいわれている（今井・前掲注（12）五六〜五七頁）。

(15)　今井は、同一視理論における「組織体と同一視されるべき者」は「組織体としての行為であって、違法な法益侵害を惹起すべき具体的な行為を決定しうる者」であるとし、それは一人の自然人や一機関であるとは限らず、組織体内の諸機関の統合体ないし集合、あるいは「組織体としての行為の決定に関与する者の集合」である場合もあるとする。この考えは、組織体と同一視されるべき者を代表取締役に限定せず、組織体として違法な結果を回避するために十分な措置をとったという場合には組織体の刑事責任を否定することを可能にするものであるという（今井猛嘉「組織体の処罰――コンプライアンス・プログラムをめぐる議論を踏まえて」田口守一ほか編著『企業犯罪とコンプライアンス・プログラム』一六一〜一六三頁）。

この融合説は同一視理論を基礎とするもののようである。しかし、同一視される者の範囲を拡張したために、従来の同一視理論に比べて、具体的にどのような場合に組織体の刑事責任が認められるのかが不明確になっている、という批判は免れないであろう。

(16)　法人処罰をめぐる議論の系譜については樋口・前掲注（10）一〜三一頁参照。

(17)　他に、刑事政策的必要や責任主義との調和から組織体抑止モデルを支持するものとして、佐伯仁志『制裁論』（有斐閣、二〇〇九）一四五〜一四八頁。

(18)　川崎・前掲注（11）七五頁は、今日の企業処罰立法論は、同一視原理による法人行為責任説と企業組織体責任論の対立として図式化されることが多くなっていると指摘する。

(19)　企業組織体責任論の中核は、「企業災害などについては、企業組織体活動の一部を分担する歯車に過ぎない各個人の行為をばらばらにとらえて、可罰的違法行為の有無を論ずるのではなく、企業組織体の活動を、まず、全一体としてとらえ、それが災害防止のため、企業組織体活動に対し、社会が要求する基準に合致しないもの、すなわち、落ち度あるものであるか否かを論定すべきなのである」というものである（板倉・前掲注（5）五七頁）。

企業組織体責任論に対する最近の批判として、「法人の業務に伴って一定の犯罪的結果が生じたように思われる場合でも、それが常に、法人の従業員の行為の帰結であるとはいえない（第三者の行為による結果惹起の危険性は残る）」ことから、「無罪推定の原則に反するおそれが強いであろう」というものがある（今井・前掲注（12）六四頁）。

しかし、企業組織体責任論は、当該企業の組織体活動が結果を発生させたと認められる場合に処罰を肯定する理論であり、結果発生が当該企業の活動によるものと認められない場合にまで処罰を肯定するものではないから、かかる批判はあたらない。

(20) 板倉・前掲注(5)五一頁は「企業組織体責任論は、法人などの企業組織体活動を全一体的に法人の行為としてとらえることにより、法人の責任を行為者責任とリンクさせず、法人の責任の独自性が貫徹されるため、法人に対する有効な制裁、特有の制裁を科すことを理論づけることができ、立法論としても、みのりのあるものではないかとおもう」とする。なお、企業組織体責任論は、「法人も人格なき社団も、それが企業(組織)体としての実態をそなえていればこれを犯罪主体としてとらえようとするものである」から(板倉・前掲注(5)五三頁)、法人格を有するか否かを問わず、組織体の犯罪については「特有の制裁」を科すことを志向するものである。

(21) 三井・前掲注(8)一六〇頁。

(22) 佐伯・前掲注(17)四六~五一頁は、制裁の発動のコストを考えると、できるだけ事業者等の自主的な法遵守行動を引き出すことが効率的であり、そのためには、事業者にコンプライアンス・プログラムの作成・遵守に適切なインセンティブを与えるように制裁制度を設計・運用すべきであり、また、法令によるルールの明確化のために行政機関による法令適用事前確認制度(ノーアクション・レター)や行政制裁の活用が考えられる旨述べる。

(23) コンプライアンス・プログラムの生成と発展については、川崎・前掲注(11)二二五頁以下を参照。

(24) このような主張として、川崎・前掲注(11)三〇二頁、岡部雅人「コンプライアンス・プログラムと企業過失」田口守一ほか編『企業犯罪とコンプライアンス・プログラム』(商事法務、二〇〇七)一八九頁。

(25) 樋口・前掲注(10)一〇八頁は、コンプライアンス・プログラムの履行を法人の免責に直結させるのは不当な過少処罰であり、「法人内の犯罪を生じさせようとする行為・意思、犯罪を抑止しようとする行為・意思全てが法人処罰の判断ファクターになる」とする。今井・前掲注(12)六三頁は、コンプライアンス・プログラムは法人の刑事責任を論ずる際にその有無を判断する間接事実の一つにしかなりえないとする。

(26) もっとも、三井・前掲注(8)一六一頁は、「処罰方法として」損害賠償命令や営業停止、企業設備等の改善命令などを活用すれば「国民の納得がえられるとともにそれなりの効果をあげるかもしれない」としている。ただ、営業停止や改善命令を刑罰と想定しているのか、行政処分ないし保安処分と想定しているのかは明確ではない。

(27) 川崎・前掲注(11)二〇四~二〇五頁は「法人の犯罪能力は認めつつも、その効果が低いことを根拠に、企業処罰は、より高い効果が期待できる行政処分を中心にすべきとの見解」に対し、このような見解によっても、企業の刑事責任を問わず、刑事制裁を科さないとする結論に至るべきではない旨述べる。しかし、企業組織体の規制手段を刑法以外の領域に求めることが、現行法の解釈として許容される範囲で企業（法人）の刑事責任を問うことを否定することにつながるものではない。

(28)　この結論は、日本法学の北野弘久教授古稀記念号に寄稿した設楽裕文「組織的な犯罪における没収と憲法」（日本法学六六巻三号四四七頁以下）における、財産刑を科す場合には憲法三一条による実体法の「適正」の要求は緩やかなものであってよく、財産刑と非刑である財産的制裁との最大の差異は逮捕・勾留といった身柄拘束の契機となりうるという点にあるから、身柄拘束の考えられない法人については別個の考察が可能である旨の論証（同号四五六〜四五八頁、四七五頁）を踏まえたものである。

(29)　これらの制裁について、川崎・前掲注（11）四七〇〜四七七頁参照。

(30)　公害反対運動については、板倉・前掲注（5）、一六五頁以下、公益通報者保護の問題については、二本柳誠「公益通報者保護法と刑法」田口守一ほか編『企業犯罪とコンプライアンス・プログラム』（商事法務、二〇〇七）一九八頁以下を参照。

フランチャイズ規制の在り方について
——流通論の視点からの一考察——

野木村忠度

はじめに

現在、コンビニエンス業界を代表とするフランチャイズ・ビジネスは大きな転換期を迎えているといえる。その背景には、長期にわたる不況や国内市場の飽和化など様々な要因が作用しているが、とりわけフランチャイザー（本部）とフランチャイジー（加盟店）の関係の軋轢が契機となっているように思われる。こうした変化の発端となったのが、二〇〇九年六月二二日に公正取引委員会がセブンイレブン・ジャパン社に対して、同社がフランチャイズ契約を結んだ店舗における弁当の見切り販売制限行為を独占禁止法が禁止する不公正な取引方法の一種である〝優越的地位の濫用〟に該当するとして発した排除措置命令であった。このニュースは、フランチャイズ・ビジネス関係者や研究者に大きな衝撃を与えるものであった。その後、世論の動向を配慮してセブンイレブン・ジャパン社は公正取引委員会の排除措置命令を受け入れることにしたが、同社によるその受け入れは〝優越的地位の濫用〟行為として以前からコンビニ業界において問題となっていた会計問題、二四時間営業の義務化、公共料金支払い受付の義務化などの他の問題にまで波及し、コンビニエンス業界をはじめとするフランチャイズ・ビジネスへ大きな課題を提示するに至っている。

本稿は、故北野弘久教授が晩年に力を注がれていたコンビニエンス規制の問題について、流通論の視点からの考察を進めることによって、フランチャイザーとフランチャイジーの関係の本来あるべき姿、フランチャイズ・ビジネスの健全な発展を図る上での手掛りを得ようとするものである。なお、紙幅の関係上、本稿では故北野教授が指摘されていた所謂〝コンビニ会計〟の問題については割愛せざるを得なかった。

一　流通論の視点からみたフランチャイズ・ビジネス

フランチャイズ規制を検討するにあたり、は、フランチャイズ・ビジネスがどのような歴史・発展を辿り、形態があるのか、またフランチャイズ・ビジネスがどのようなメリット・デメリットを有しているのか、を流通論の視点から検討する必要があろう。

1　フランチャイズ・ビジネスの歴史

フランチャイズ"franchise"という用語は、その起源をフランス語の自由、免除、特権を付与するという意味の"francher"や"afrancher"に由来していると言われている(1)。この用語は、政府が公共事業等の認可時に、独占的権利を付与する見返りに役務の提供を義務付けられる際に使用されたものであった。その後、社会経済が発展するにつれ製造業や流通業の分野においても使用されるに至った。

フランチャイズ・ビジネスが、最初に発生し、また大きな発展を遂げたのは米国である。フランチャイズ・ビジネスは、一八五〇年代の米国においてシンガー・ミシン社が採用したことに源流があると指摘されている(2)。同社は、独立小売店に対して販売地域を割り当てると共に当該地域における販売権を付与し、その対価を売上高の中から徴収するといったシステムを採用した。同社のフランチャイズ・システムの採用理由は、直営店を設立する資金的な余裕がなかったことによるものであり、流通ネットワークの構築といったものとは異なったものであった(3)。本格的に流通ネットワークの構築を目指した最初のものは、一九〇〇年頃から一九一〇年頃に始まったフォード社などによる自動車販売ディーラーの組織化であった(4)。当時の米国は、大陸横断鉄道による全国市場の形成期にあり、国内交通の細部の発展を担う自動車産業の大きな成長が見込まれていた時期であった。フォード社など自動車メーカーがフランチャイズ・システムを導入した契機は、地域制限を課してフランチャイジーを制限することで、過度のブランド内競争（同一メーカーの小売店舗間競争）を抑止することにあり、フランチャイジーであるディーラーは利益がある程度保証されることからフランチャイザーである自社の車に関し積極的に販売努力を傾けることが期待されたためである。また、フランチャイジーの数を限定したことで、メーカーによる積極的な資本投資（在庫や建物等）が可能となり、自動車販売にとって重要なアフター・サービスを提供することが可能となった。ただし、自動車業界においてこのようなフランチャイザーとフランチャイジーが利益共同体として最初から適切に機能していたわけでなかった。このような利益共同体として適切に機能したのは、一九五六年連邦自動車特約店フランチャイズ法（Federal Automobile Dealers Franchise Act）の制定が契機であったといえよう。例えば、フォード社の一九五五年当時の契約においては、理由の如何を問わず九〇日前の事前通告であればフランチャイザーであるフォード社は契約解除を行うことができることが明記されていた(5)。同法により、正当な事由なく不誠実な対応行動を採った自動車メーカーに対して、損害賠償を請求する権利をフランチャイジーである特約店は与えられている。(6) このような法的な支援があり、フランチャイザーとフランチャイジーの良好な関係が構築され、このような関係性が自社ブランドに対するgoodwill（信頼）の獲得へと繋がっていったことは注目すべき点であろう。

米国におけるフランチャイズ・ビジネスは自動車メーカーによるフランチャイズ・システム導入と前後して、コカコーラ社などで採用された、ボトリング分野、ガソリン小売分野、ドラックストア分野等にまで拡大していった。当時のフランチャイズ・システムの特徴は、メーカーが流通を主導し、自社のブランドが付された商品の流通ルートの開拓・拡大に重点を置いたものであり、商標フランチャイズ・システム（伝統的フランチャイズ・システム）とも呼ばれている。

本格的にフランチャイズ・ビジネスが拡大したのは、第二次世界大戦後である。第二次世界大戦後、米国経済は急激な発展を辿り大衆文化が開花し、社会生活の様式も大きく変化した。自動車が一般家庭にも普及し高速道路が建設されたことにより、都市と地方へのアクセスが改善され、また戦後の復員兵が労働力となることでフランチャイズ・ビジネスの発展をバックアップしたのである。このような背景から、一九五〇年代から一九六〇年代にかけて、マクドナルドやケンタッキー・フライドチキンなどの外食産業、シェラトンなどのホテル産業などにもフランチャイズ・システムが採用され所謂〝フランチャイズ・ブーム〟が起こった。当時のフランチャイズ・ビジネスの特徴は商標フランチャイズ・システムとは異なり、自社の製品のみをフランチャイジーに提供するだけではなく、店舗経営のノウハウも同時に提供するビジネス・フォーマット型フランチャイズ・システムであった。販売方法といったノウハウの提供は、技術能力や事業経験のない多くの復員兵、またそれまで仕事に恵まれることの少なかったマイノリティに対しても仕事の機会を創出することになった。やがて、フランチャイズ・ブームが終焉を迎えたが、一九七〇年代以降においては中小の独立事業者を大規模フランチャイズ・ビジネスに吸収するという転換型フランチャイズ・ビジネスが普及するようになった。現在ではフランチャイズ・ビジネスは、米国の小売業の三分の一を占めるまでに大きな発展を遂げている。

わが国のフランチャイズ・ビジネスについては諸説あるが、一九六三年のダスキン（清掃具レンタル）と不二家（洋菓子メーカー）が嚆矢であると言われている。その後、米国ビジネスにおける成長を受けて、わが国においても多くの産業においてフランチャイズ・システムが採用されるに至った。わが国において、フランチャイズ・システムが華々しい成功を収めたのは、コンビニエンス業界であった。多くのコンビニエンス事業を展開する企業は、米国の本社からアイデアやノウハウの提供を受け、また独自にカスタマイズすることでわが国流通業界において有力な地位を占めるまでに至った。また、わが国においては、コンビニエンス業界以外にも、外食産業、小売業（自転車小売業、ディスカウント家電小売業など）、サービス産業（教育サービス、不動産サービス、美容サービスなど）など多くの分野においてフランチャイズ・システムが採用されている。

わが国のフランチャイズ・システムの特徴としては、ビジネス・フォーマット型フランチャイズが高い割合を占めているという点である。(7) フランチャイズ・ビジネスの総売上高は二〇〇七年には二〇兆三〇三七億円に達しており、わが国小売流通における最大規模の業態である。しかし、近年においては、先に述べたセブンイレブン・ジャパン社への公正取引委員会による排除措置命令や国内市場の成長鈍化など多くの問題が表面化してきており、これまでのフランチャイズ・ビジネスの成長は大きな転換期を迎えつつある。

2　流通論の視点からのフランチャイズ・システムの形態

流通論の視点から、フランチャイズ・システムの定義は多岐に分かれていると言える。ここでは、各団体、研究者の分類を詳細に紹介しないが、これらを参考にして筆者は、フランチャイズ・システムを次のように定義したい。(8)

①フランチャイザー（本部）とフランチャイジー（加盟者）は資本的には独立した事業者である。
②フランチャイザーとフランチャイジー間に〝契約〟が存在している。
③フランチャイザーは、商品、商号、ノウハウ、システム等をフランチャイジーに提供し、事業活動を支援・指導する。
④フランチャイジーは、上記③で受ける支援・指導の対価として、ロイヤルティを支払う。
⑤フランチャイジーは、こうした契約に基づき、システムの一員としてフランチャイザーのコントロールを受ける。

このような定義に基づき、フランチャイズ・システムの形態について考察したい。代表的な分類方法として、事業形態による分類とフランチャイズ・システムを率いるシステム先導者（フランチャイザー）に拠る分類を挙げることができる。

事業形態からフランチャイズ・ビジネスを分類すると、①商標ライセンス型フランチャイズ、②ビジネス・フォーマット型フランチャイズの二種類を挙げることができよう。①商標型フランチャイズとは、伝統的フランチャイズとも呼称されるものである。フランチャイザーが製品・原料の供給と商標等の使用をフランチャイジーに対し認めるもので、自動車販売業やガソリン販売業において採用された形態である。②ビジネス・フォーマット型フランチャイズとは、製品・原料の供給と商標の使用に加え、フランチャイザーが開発した経営手法（ノウハウ）をフランチャイジーが使用する権利を認めるものである。同形態の代表的なものは、コンビニエンス・ビジネスやサービス・フランチャイズであり、現在のフランチャイズ・ビジネスにおいて主流を占めるものと言える。(9)

フランチャイズ・システムを率いるシステム先導者（フランチャイザー）に拠り分類すると、①製造業者――小売業者システム、②製造業者――卸売業者システム、③卸売業者――小売業者システム、④小売業者――小売業者システム、といった四分類を挙げることができる。(10)①製造業者――小売業者システムは、製造業者が独立した小売業者の事業全体もしくは一部門を統制するシステムをいう（例えば，自動車販売，ガソリン販売など）。②製造業者——卸売業者システムは，製造業者が卸売業者に対して一定地域における販売権を付与するものである（例えば，ボトリングをフランチャイジーに委託している清涼飲料業界など）。③卸売業者——小売業者システムは，小売業者グループ主催によるシステム（コーオペラティブ・チェーン型）と，卸売業グループ主催によるシステム（ボランタリー・チェーン型）に分類することができる（前者は，小売業者グループが卸売機能を運営するもので食料品や医薬品分野などで見られる。後者は，卸売業者がフランチャイザーとなり各地の小売業者にフランチャイズを付与する形態であり，全国組織である場合が多い）。④小売業者——小売業者システムとは，更にサービス業者——小売業者システムと大規模小売業者——小売業者システムに分類でき，前者はフランチャイザーの独自のサービス・パッケージをフランチャイジーに付与するものであり，後者は大規模小売業者がフランチャイザーとなり，フランチャイジーとなる加盟店にノウハウ，システムなどを含んだフランチャイズ・パッケージを付与するものをいう（前者はホテル業，不動産業，ファースト・フード業が代表的なもので，後者はコンビニエンス業界が代表的な業態である）。

また，フランチャイズ・システムにおいては，効率的なマーケティング活動が不可欠であり，そのためのシステムの構築・維持が必要となってくる。このような事情を考慮すると，フランチャイズ・システムとは垂直的マーケティング・システム（Vertical Marketing System: VMS）の一種であると捉えることができよう(11)。流通論では，垂直的マーケティング・システムを，企業システム（Corporate system），契約システム（Contractual system），管理システム（Administered system）に分類している(12)。フランチャイズ・システムは，システムの構築・維持のために法的なパワーを背景としている。契約システムは，単独の企業では達成することが困難なシステムの経済性と市場インパクトを達成するためにシステム参加企業の活動を調整するものである。こうした効率的なマーケティング活動を行うためには，システム内にリーダーが必要となるが，フランチャイズ・システムではフランチャイザーがその地位に自然に就くことになるのである。要するにフランチャイズ・システムとはフランチャイザーがリーダーとなり、フランチャイジーがシステム構成員として機能するという〝役割分担〟から成立しているのである。

3　流通論の視点からのフランチャイズ・システムのメリットとデメリット

このように、フランチャイズ・ビジネスの形態は多様であり、多くの産業で採用されている。わが国においてフランチャイズ・ビジネスがこのような成長を遂げたのは、多少のデメリットがあったにせよ、フランチャイザー及びフランチャイジーにとって多大なメリットがあったからである。それでは、フランチャイズ・ビジネスにおいて、どのようなメリット、デメリットが在るのか、この点を検討することはフランチャイズ規制の在り方を考察する際に重要な役割を果たすであろう。

フランチャイザーが、直営店方式ではなくフランチャイズ・システムを採用する根拠は、直営店を持つよりも資本投下を節約することが可能となり、且つ速やかに広範囲な地域に出店する可能性を飛躍的に高めることができ、全般的な利益を享受することができる為である。なぜなら、多店舗展開を望む理由は、規模の経済性を享受し、販売網の確立や消費者間に統一されたイメージ・信頼を確立することができ、効率的なマーケティングを実施することが可能となるからである。一方で、事業者がフランチャイズ・システムを採用する場合にはいくつかのデメリットが存在する。第一に、フランチャイザーは多くのフランチャイジーを抱えることで加盟料・ロイヤルティを受け取る一方で、継続的に自社のノウハウやシステムの競争力を構築していく必要がある。このような競争力の構築には多くのコスト（資金やシステム、人材など）が必要となってくるからである。第二に、統一的なフランチャイズ・パッケージを提供することで急速な多店舗展開が可能となる反面、それは硬直性を生むことにもなり急激な市場変動や地域特性に適合するような柔軟性を損なう可能性が高いことである。第三に、フランチャイジーとの調整の困難性を挙げることができる。フランチャイジーは資本的に独立している事業者であることから、指導に従わずフランチャイザーの意向に沿わない場合がある。このようなフランチャイジーがフランチャイザーの意向に従わずに行動した結果、フランチャイザーの goodwill が損われ、フランチャイズ・システム全体に甚大な損害を与える危険があると考えられる。第四に、業績不振に陥ったフランチャイジーが発生した場合には、彼等を支援するためにフランチャイザーはフランチャイズ・システム全体の安全性を確保する必要性が生じ、甚大なコストが必要になってくる可能性がある。

また独立事業者が、フランチャイズ・システムに加入しフランチャイジーとなるメリットとしては、第一に、独自で開店するよりも資本投下が圧倒的に少なくて済み、さらにフランチャイザーの提供するノウハウや仕入れシステムを利用することによって、事業ノウハウを有していない者にも開店・経営の機会が提供される点を挙げることができる。第二に、フランチャイジーはフランチャイザーの有する流通システムや市場情報を利用することができ、仕入面等で多くの恩恵を得ることができる。第三に、フランチャイジーは市場情報の管理や仕入面の大きな割合をフランチャイザーに依存することが可能であり、自店の経営に専念することが可能となる点である。反面、フランチャイジーにとってはフランチャイズ・システムに加入することによるデメリットがある。第一に、フランチャイズ・システムに加入する際に、店舗設営等の負担とは別に高額な加盟料やロイヤルティ支払いが必要となる点がある、予測業績と実際の業績との差異が大きい場合に、フランチャイジーにとってこれらのコストは非常に大きな負担となる。第二に、フランチャイザーが統一されたシステムをフランチャイジーに強制することで、事業者の独立性（品揃えや販売促進活動等）が大幅に制限されることがある。これもまた、フランチャイジーが事業不振に陥った場合に、フランチャイザーとの関係に大きな歪みを発生させる要因となる。第三に、フランチャイズ契約中に蓄積したノウハウを契約終了後にフランチャイジーが使用できないという所謂、競業避止義務が契約書の条項に盛り込まれているということである。この条項により、既に契約しているフランチャイジーは、容易に事業転換を図ることができないという問題がある。

このような容易に看過することができないデメリットがありながらもフランチャイズ・ビジネスが急成長していることを考えると、メリットがデメリットを大きく上回っていると言えるのではないであろうか。ただし、メリットがデメリットを上回っているからといって、現在のコンビニエンス業界を中心としたフランチャイズ・ビジネスの現状全てが正当化されるものではなく、より健全且つ公正な態様での発展が望まれよう。

4　コンビニエンス業界が抱える問題点

わが国フランチャイズ・ビジネスにおいて、最も発展を遂げた分野はコンビニエンス業界である。しかし、その成長が鈍化する中で、大きな問題も表面化してきている。コンビニエンス業界をめぐる先鋭的な問題として、二四時間営業をめぐる過重労働問題、過度に高額なロイヤルティによる加盟店の経営の圧迫、コンビニエンス業界独自の会計方式等を挙げることができよう。

二四時間営業による過重労働問題は、環境問題や経営者の自殺問題等を伴って大きな社会問題となっている。たしかに、コンビニエンス業界では二四時間営業を行うことで、都市部では一定の売上を期待できるが、地方では加盟店オーナーにとっては大きな負担となっている事実がある。しかし、コンビニエンス業界において一般に普及している二四時間営業は、社会的にみて防犯や生活様式の多様化に対応しているなど大きな社会的役割を担っているという実態もある。こうした問題は、コンビニエンス事業を展開する事業者が都市部店舗や地方店舗における営業形態の変化などを、自社の事業展開と照らし合わせながら個別且つ慎重に対応していく必要があろう。

高額なロイヤルティにより加盟店の経営が圧迫されるという問題も、コンビニエンス業界の市場成長が鈍化している中で非常に大きな問題となっている[13]。近年のコンビニエンス業界全体の市場の成長鈍化に伴い、多くの加盟店にとっても減収が続き、ロイヤルティの負担は更に重くなりつつある。しかし、本部へ支払うロイヤルティを低く抑えることが、加盟店の利益に直結するかは疑問がある。本部へ支払うロイヤルティは、本部による魅力的な商品開発やシステム開発、販売促進などといった競合他社との競争力の源泉になっているのである。ロイヤルティの額を下げることによって、本部が競争力を維持できなくなってしまえば、競合他社との競争に敗退していくことに成りかねないものであり、結局は加盟店の不利益へと繋がっていくのである。例えば、ロイヤルティが競合他社と比較して高いとされるセブンイレブンの加盟店に優良な加盟店が集まっているといわれているのは、卓越したビジネス・モデルにより、日販（一日の売上高）が競合他社よりも一〇～二〇万円程度高いためであろう。(14) また、ロイヤルティが高く、日販が減少してくると加盟店にとって廃棄ロスの問題が経営を圧迫するようになる。この問題が表面化したのが二〇〇九年の公正取引委員会によるセブンイレブン・ジャパン社への弁当の見切り販売制限行為に対する排除措置命令である。(15) この廃棄ロスを巡る問題は、今後市場がより一層停滞することが予測されるコンビニエンス業界においては、本部ロイヤルティの減少と加盟店の利益の確保という相反問題も絡み非常に複雑であるが、フランチャイズ・ビジネスの〝共存共栄〟という理念を貫徹するためにも早急に解決されなければいけない重要な課題であろう。

コンビニエンス業界を巡る問題の大きな争点の一つに、〝コンビニ会計〟の問題があり、多くの研究者がこの点を指摘している。(16) コンビニ会計の問題点を端的に挙げるとすれば、本来一般的な会計の概念では、廃棄ロスを加盟店と本部が負担するのに対して、コンビニ会計では、廃棄ロスを加盟店のみが負担するというシステムとなっている点である。(17) 本部は加盟店において廃棄ロスが発生しても、なんら負担することが無く粗利益を計上することができるため、現在のように市場の成長が低下している中では加盟者にとって大きな不満が出てくるのは当然であろう。(18) 本部が加盟店に機会ロスを避けるために仕入れることとフランチャイジーに求め、さらに廃棄ロスのリスクを負わせるならば、加盟店に対し適切な受発注予測、廃棄ロスの本部の一部負担、必要な支援策等のサポート・システムを構築することが必要であろう。

このようにフランチャイズ・システムは様々な類型に分類することができ、且つ多様な産業分野にまで広がりを見せている。そして、わが国において、フランチャイズ・システムが最も発展したコンビニエンス業界では多くの解決困難な問題が発生しつつある。確かに、コンビニエンス業界はフランチャイズ産業において高い割合を占めるかもしれないが、今回故北野教授をリーダーとするフランチャイズ法研究会により提案された〝フランチャイズ規制法要綱〟は、主にコンビニエンス業界に対し規制に重点を置いており、フランチャイズ・ビジネス全体を捉えていると判断することが難しい。コンビニエンス業界への規制に重点を置いたことで、それ以外の順調に成長を遂げているフランチャイズ・ビジネス全体への大きな足枷になってしまうのではないかと危惧される。

二　故北野弘久教授のフランチャイズ規制論へのコメント

故北野弘久教授が展開されたフランチャイズ規制論の全体像は、「フランチャイズ規制法要綱」（二〇一〇）と「フランチャイズ規制法制定への動き――コンビニ問題解決のための立法」（二〇一〇）から把握することができよう。まず、北野教授らフランチャイズ法研究会のフランチャイズ規制法要綱（以下、「規制法」と略記）は、フランチャイズ規制と謳っているが、実質的にコンビニエンス業界規制を目的にしているものである。(19) そのため、「規制法」もまたコンビニエンス業界の商慣習に規制を加える色彩が強いものと読み取ることができる。また、この「規制法」の提言には、故北野教授自身が述べられているようにセブンイレブン・ジャパン社をめぐる裁判に大きな影響が与えているこ とがわかる。セブンイレブン・ジャパン社はコンビニエンス業界において第一位のシェアを有し業界において主導的な地位に在るが、特定の企業名を挙げた上で更にコンビニエンス業界を重点的に取り扱うにも拘らず〝フランチャイズ規制法〟とするのは著しく事業法としての一般性を欠くものになってしまう、と評価せざるを得ない。以上のことを踏まえつつ、「規制法」について検討していきたい。
「規制法」の大部分は、フランチャイズ契約に割かれており、実質的にはフランチャイズ契約法とも見ることができる内容である。構成は、フランチャイズ事業者行為の制限、フランチャイズ契約の締結段階における事業者行為の制限、フランチャイズ契約の規制、フランチャイズ事業者の義務、フランチャイズ契約の更新、フランチャイズ契約の解消から成り立っている。フランチャイズ契約の箇所は、現在、米国では米FTCルールにより契約の際に情報開示が義務付けており、わが国では中小小売商業振興法で情報開示を義務付け、公正取引委員会の「フランチャイズ・システムに関する独占禁止法上の考え方」は情報開示を推奨しているが、「規制法」では、契約時における情報開示を義務化し内容自体に関してもその規制の範囲を拡大しており著しく厳しいものであると評価できよう。筆者として、流通論の視点から「規制法」に見られるいくつかの条項について検討を行いたい。[20]

1　営業時間・休業に関する条項

「関係者が経営者としての合理的判断基準に基づき、深夜及び早朝（午後十一時から午前六時までの時間をいう）において営業を行わない時間を設定すること及び営業時間を短縮すること（やむを得ない事情による臨時休業を含む）は加盟者が決定権を有しており、フランチャイズ事業者がこれを認めない条項、または深夜及び早朝において営業を行わないことを理由に加盟者を不利に取り扱う条項は、無効とする。加盟者が経営者としての合理的判断基準に基づき、一年のうち一定の日数内の日を休業日と認めない条項は、無効とする。」

同条項は、コンビニエンス業界特有の営業形態に対しての規制を目的としていることがわかる。コンビニエンス・ストアは、三六五日・二四時間営業という業態であることが一般に理解されており、またこのような業態が現在に至るコンビニエンス業界の発展につながっていることも事実であろう。[21]コンビニエンス・ストアという業態がどういうものかを理解した上で、フランチャイジーは契約している点を考慮すべきであろう。このような条項を挿入することは、コンビニエンス業界（フランチャイザー・フランチャイジー双方にとって）の発展の大きな足枷となり、またこれまで三六五日・二四時間営業のコンビニエンス・ストアの恩恵を享受してきた一般消費者の生活にも多大な影響を与えかねない。またこのように営業時間に規制が加えられるならば、近年営業時間を延長しているGMSなどとの業態間競争においてコンビニエンス・ストアは優位性をどのように構築していけばよいのであろうか疑問である。

故北野教授が最も危惧していたのは、コンビニエンス業界に蔓延する過重労働の問題である。[22] この問題は大きな社会問題であり、改善すべき点が多いのも事実である。ただ、こうした問題を解決していくには、フランチャイズ「規制法」という手法はあまりにも不十分ではないであろうか。多くの時間を確かに必要とするであろうが、各業界のフランチャイザー・フランチャイジー・第三者が参加する機関を作り、そこで調整を図っていくことが健全なフランチャイズ・ビジネスを育成していく上での第一歩になるのではなかろうか。

2　競業避止に関する条項

「契約終了の原因及び時期のいかんを問わず、加盟者が契約終了後に、同業他社を含む他のフランチャイズ事業者とフランチャイズ契約を締結した場合に加盟者に損害を賠償する責任等の不利益を生じさせることを定める条項は無効とする」

本条項は、これまでフランチャイズ・ビジネスで広く認められていた競業避止義務を全面的に否定するものである。公正取引委員会は、〝特定地域で成立している本部の商権の維持、本部が加盟者に対して供与したノウハウの保護等に必要な範囲を超えるような地域、期間又は内容の競業避止義務をかすこと〟を優越的地位に該当するとしている。[23]

しかし、故北野教授は、〝理由のいかんを問わず〟という文言が言及しているように、競業避止義務を正面から優越的地位の濫用に該当するものとして捉えている。このような競業避止義務が優越的地位の濫用に該当するという捉え方は健全なフランチャイズ・ビジネスの育成を脅かすものではなかろうか。なぜなら、競業避止義務がフランチャイズ契約において挿入されている理由は、フランチャイザーはフランチャイズ契約を結ぶことで、その所有するノウハウやテリトリー権などを提供しており、これを確保・保証するためのものである。フランチャイズ・ビジネスにおいて競業避止義務が認められなければ、フランチャイザーは自身が開発したノウハウを只乗りされる危険性が十分に在り、またテリトリー権を付与してフランチャイズ契約を締結することで、他の加盟希望者と契約することができないという事業機会を放棄しても全く補償されないことになる。またフランチャイザーは競業避止義務がないことで、加盟希望者選定に多大なコストと時間を掛けることが必要となり、フランチャイズ・ビジネスを展開する利点であるʺ迅速な事業展開ʺが困難になってくる。これは、フランチャイザーのみならずフランチャイズ・ビジネスへの加盟希望者にとっても大きな足枷せとなろう。加盟希望者の選定基準が厳しくなると、加盟希望した企業はフランチャイジーになることが著しく困難になり、加盟希望者の選択の幅が大きく限定されるという恐れが生ずるであろう。

3　加盟者の売価決定の自由

「フランチャイズ事業者は、加盟者に対して個々の商品又は役務の販売価格の決定の自由を制約してはならない。フランチャイズ事業者は、加盟者が商品又は役務の値下げ若しくは見切り販売をしたことを理由として、加盟者を不利益に取り扱ってはならない」

本条項は、フランチャイジーの販売価格拘束に関するものである。フランチャイズ・ビジネスにおいては、再売価格維持行為（resale price maintenance）の実施とフランチャイジーへの推奨価格（suggested price）の要請はその効果においてきわめて類似している。わが国においては、販売価格の制限については希望価格の提示は許容されるものの、

原則として独占禁止法上禁止される不公正な取引方法（再販売価格維持行為の禁止）に該当するとされている。(24)

フランチャイズ・ビジネスは、元来統一的なシステムの下で行われるものである。フランチャイザーは、フランチャイジーに対してロイヤルティ等を受け取る代わりに、商標やノウハウだけでなく継続的に経営指導や市場情報の提供等の同業他社との競争に打ち勝つシステムを提供し続けなくてはならない。このシステム提供の原資は、フランチャイズ・システム加入後はロイヤルティであり、そこのロイヤルティは統一的な価格による安定的な売上げによって保証されるといっても過言ではない。もし価格面でフランチャイジー間に許容できないほどの価格差が生じた場合には、システム全体のイメージと信用を低下させ、事業運営に大きな支障を来たすことが明らかに予測される。システムの更なる発展のためにフランチャイジーの価格決定の自由を一定程度制約することは必要不可欠な拘束であると言えよう。フランチャイズ・ビジネスは一つのシステムである以上、フランチャイジーが個々の利益をあくまでも追求しようとするならば、そうしたフランチャイジーはフランチャイズ・ビジネスにそもそも加入すべきではないと言えよう。

4　紛争処理機関

「公正取引委員会の下に、フランチャイズ事業者と加盟者の間の第三者紛争処理機関を置く」

本条項は、故北野教授が期待された健全なフランチャイズ・ビジネス育成のための具体的な是正措置のひとつである。中小小売商業振興法一一条は、フランチャイズに加盟する際に、加盟金、決済方法、経営指導、商標、ロイヤルティ、契約期間、解約などについての情報の開示・説明を求めているが、それにも拘らずフランチャイズ・ビジネスにおいては、紛争が多発しているという現状がある。フランチャイズを巡る紛争の多くは、当事者間における契約に対する認識の違いであったり、加盟希望者の認識不足であったりする。このような認識の違いが、後に大きな問題に発展するのである。

これまでわが国では、フランチャイザーとフランチャイジー間の紛争を処理する機関が存在していなかった。その為、紛争処理に当っては裁判、公正取引委員会の行政的介入というハードな手段しか残されておらず、簡易な話し合いで済むような問題でさえ裁判という形を採らざるを得なかったり、公正取引委員会への申告しかなかった。こうした提言は、健全なフランチャイズ・ビジネス育成のためのものとして高く評価できよう。

ただ筆者の個人的な見解としては、規制法を制定し、このような紛争処理機関を設ける前段階として、〝公正取引委員会の下〟という公式な場所ではなく、フランチャイジーとフランチャイザー、一般消費者代表等の第三者が参加できるようなオープンな機関を設け、そこで一定の自主的な業界ガイドラインに基づいて、ＡＤＲ（裁判外紛争解決――Alternative Dispute Resolution）的方式を導入する試みが必要なのではなかろうかと考えている。

三　結びにかえて

故北野教授がリードしたフランチャイズ法研究会が提示した〝フランチャイズ規制法要綱〟の総則において立法目的を、「フランチャイズ事業者とその加盟者との情報の質及び量、交渉力並びに経済力の格差等にかんがみ、独立事業者である加盟者及びその従業員等の健康で文化的な最低限度の生活を営む権利を保障し、もって各地域社会及び社会全体の安定と健全な発展に資することを目的としている」と強調されている。しかし、フランチャイズ・ビジネスの理念として掲げられている〝対等な関係〟とはどのようなものであるのか、を検討することそれ自体がフランチャイズ・ビジネスが抱える現在の問題を解決していく手掛りとなるであろう。

フランチャイズ・ビジネスは、フランチャイザーと複数のフランチャイジーがシステムを構築することによってグループとして利益を追求していくものである。こうした利益を確保するためには、効率的なマーケティング活動を実施することが必要不可欠である。システムであるという点を考慮に入れるならば、フランチャイズ・ビジネスにおいて最高のパワーを有するフランチャイザーがその主導的立場から、システムの構築・維持の役割を担うことによって、初めて効率的なマーケティングが実施しうるのである。そうだとすればフランチャイザーがリーダーの地位にあることを〝優越的な地位〟にあると性格付けること自体は適切ではないと言えよう。フランチャイザーはあくまでリーダーの役割を担当しているに過ぎず、フランチャイジーを支配しているわけではない。言い換えると、フランチャイジーは構成員として〝役割分担〟を行っているに過ぎないのである。

しかし、今日のコンビニエンス業界おいては、本部（フランチャイザー）がリーダーとしての役割を担う過程で、加盟店（フランチャイジー）の行動を裁量を許容の範囲を著しく超えて制限することで、本来の〝対等な関係〟が大きく損なわれているという事態を看過すべきではない。ただその是正方法は、フランチャイズ・ビジネス全体に波及するものではあってはならないであろう。コンビニエンス業界を含めたフランチャイズ・ビジネスの問題の多くは〝契約段階における情報開示義務化〟を大幅に強化することによって紛争リスクを回避することができ、事前に契約内容に望ましい方向に誘導することによってフランチャイズ・ビジネスの発展を脅かすようなリスクを負わせなくて済むのではなかろうか。また、フランチャイザー・フランチャイジー・第三者が参加するＡＤＲ的紛争処理方式を導入してもなお改善が見込まれない場合に、規制強化による事業衰退のリスクを最小限に押さえることを考慮に入れた業種別のフランチャイズ事業法（例えば、コンビニエンス事業法など）を制定解決を図るべきではないかと考える。

故北野教授のコンビニエンス業界を中心に描いたフランチャイズ・ビジネスの捉え方、規制の在り方と、筆者が考える流通論を基礎においたフランチャイズ・ビジネスの捉え方・規制の在り方の間には相当異なる部分があるかもしれないが、コンビニエンス業界を含めたフランチャイズ・ビジネスの健全な発展を願う点では同一である。故北野教授が率いられたフランチャイズ法研究会は、わが国コンビニエンス業界を中核としたフランチャイズ・ビジネスに関して、二一世紀における公正・公平な取引社会の一つのモデルを提示するものであって、その意義は真に大きいといえよう。

（1）Thompson, D. N., "Franchise Operation and Antitrust", D. C. Heath and Company, 1971 p. 10.（浅井慶三郎訳『フランチャイズ・システム』東京教学社、一九七三）

（2）同時期に、農耕機の製造業者であったマコーミック社が存在したが、同社製品は農耕機という季節的性質を有していたために、同社の影響は限定的なものであった。Dicke, T. S., FRANCHAIZING IN AMERICA: DEVEROPOMENT OF A BUSINESS METHOD. 1840–1980. Tne University of North Carolina Press, 1992 pp. 50–81（河野昭三・小嶌正稔訳『フランチャイジング――米国における発展過程』まほろば書房、二〇〇二）.

（3）同社が付与する地域販売権が高騰することを期待して、投資家はその権利を購入していたという事実があった。Dicke・前掲注（2）六三頁。

（4）ただし、一九〇七年から一九三七年までの間、フォード自動車と小売店との関係は「主人と召使い」との関係であったと評することができる、との指摘がある。

（5）U.S. Congress, Senate, Automobile Marketing Practices' pp. 978–980.

（6）米国においては、業種別（石油小売業界など）の規制が在るが、連邦レベルにおけるフランチャイズ・ビジネス全般を規正する法制として、ＦＴＣ法（連邦取引委員会法 Federal Trade Commission Act）の五条「不公正な競争方法、不公正または欺瞞的な行為または慣行の禁止」に基づく開示規則「フランチャイズ及び新規事業機会取引に関する開示要件及び禁止行為」（16 CFR §436）がある。同法は、加盟希望者に契約内容等の情報開示を本部に義務付けたものであるが、原則として契約内容には規制は及んでいない。

（7）わが国の家電業界や自動車業界にみられた〝流通系列化〟は、伝統的フランチャイズ・システムとして理解することができよう。また、近年ＥＵではフランチャイズ・システムをビジネス・フォーマット型フランチャイズ・システムとする認識が一般的である。小塚壮一郎『フランチャイズ契約論』（有斐閣、二〇〇六）八頁。

(8)　国際フランチャイズ協会、日本フランチャイズチェーン協会、公正取引委員会などのフランチャイズ・システムの定義は、拙稿「フランチャイズ・システムのあり方についての一考察――公取委排除措置命令を契機として」中央学院大学社会システム研究所一〇巻一号六五～六六頁を参照されたい。

(9)　このような分類以外にも、フランチャイザーが店舗開店準備を主導するターン・キー型フランチャイズ、既存の同業者を自身のフランチャイズ・システムに吸収していく転換型フランチャイズ、フランチャイジーが営業している店舗数でみる複合型フランチャイズ、単体型フランチャイズなど多様な分類がある。川越憲治『フランチャイズシステムの法理論』（商業界、二〇〇一）六頁。

(10)　Rothenberg, A. M. "A Fresh Look at Franchising", *Journal of Marketing*,Vol. 31, July (1967), p. 52.

(11)　この点については、上原征彦「「優越的地位」をどう捉えるか」フランチャイズエイジ二九巻一号（二〇一〇）三～七頁を参照されたい。

(12)　このような分類を提唱した代表的な論者として、McCammon などがいる。B. C. McCammon Jr., "Perspective for Distribution Programming" VeritcalMarketing Systems (ed., L. P. Bucklin), 1970 がある。

(13)　本部に支払うロイヤルティのチャージ率は、セブンイレブンでは加盟店が土地・建物を用意するAタイプでは、売上総益に対して四三％、本部が店舗を用意するCタイプでは二五〇万円以下では五六％、二五〇万円超四〇〇万円以下では六六％、四〇〇万円超五五〇万円以下七一％、五五〇万円超七六％（二四時間営業は売上総利益の二％控除）、ローソンではAタイプ三四％、Cタイプ五〇％、ファミリーマートではAタイプ三五％、Cタイプ三〇〇万円以下四八％、三〇〇万円超四五〇万円以下六〇％、四五〇万円超六五％（月額一〇万円の二四時間営業奨励）。「フランチャイズの悲鳴」週刊ダイヤモンド二〇一〇年九月一一日号四一頁を参照。

(14)　「特集コンビニ大異変」週刊東洋経済二〇〇九年八月八日号三七頁を参照。

(15)　セブンイレブンは排除措置命令を受け、本部が廃棄ロスの一五％を負担することを決定している。

(16)　フランチャイズ規制法要綱を発表された北野教授らフランチャイズ研究会においても、この点は強く指摘されている。北野弘久「フランチャイズ規制法要綱」法律時報八二巻三号（二〇一〇）四〇頁。

(17)　コンビニ会計は、かねてより議論されてきたが、二〇〇八年の公正取引委員会による排除措置命令では、コンビニ会計方式と廃棄ロスのチャージ自体は、加盟店基本契約によるものとして合法と認定されている。根本重之「公正取引委員会のセブン―イレブン・ジャパンに対する排除措置命令に関する基礎的検討」季刊マーケティングジャーナル二九巻二号（二〇〇九）一一四頁を参照。

(18)　一般会計とコンビニ会計の相違を加盟店の半分以上が理解していないというデータがある。週刊ダイヤモンド前掲注(13)、四〇頁を参照。

(19)　北野弘久「フランチャイズ規制法要綱」法律時報八二巻三号（二〇一〇）八〇〜八五頁、北野弘久「フランチャイズ規制法制定への動き――コンビニ問題解決のための立法」税経新報五七四号（二〇一〇）二八〜三三頁を参照されたい。

(20)　本稿では、紙幅の関係上、特別に必要な箇所のみを考察することにする。今後、別稿にて詳細に検討していく。

(21)　コンビニエンス・ストアの定義は通常一四時間以上の営業とされているが、わが国においては二四時間・三六五日営業が一般的に理解されていることに疑問の余地はなかろう。

(22)　故北野教授は、現代のコンビニエンス業界に見られるオーナー（加盟店）と従業員の置かれた環境を「現代の蟹工船」「現代の奴隷」といった表現で辛辣に批判している。北野弘久「フランチャイズ規制法要綱」法律時報八二巻三号（二〇一〇）八〇〜八一頁と北野弘久「フランチャイズ規制法制定への動き――コンビニ問題解決のための立法」税経新報五七四号（二〇一〇）二八頁を参照。

(23)　公正取引委員会「フランチャイズ・システムに関する独占禁止法の考え方について」平成一四年四月二四日。

(24)　前掲注(23)を参照。

また、米国においては、再販売価格維持行為に対しては一九一一年のDr. Milles事件最高裁判決以降、永らく当然違法原則が適用されていたが、同判決以降多くのバイパス・ルートが生まれ、また二〇〇七年のLeegin事件最高裁判決において再販売価格維持行為に合理の原則が適用されるようになり大きく変化している。

参考文献

浅井慶三郎「小売業の革新の再吟味その3――フランチャイズ・システムについて」三田商学研究一三巻三号（一九七〇）五〇〜七二頁。

石井淳蔵『流通におけるパワーと対立』（千倉書房、一九八三）。

上原征彦「「優越的地位」をどう捉えるか」フランチャイズエイジ二九巻一号（二〇一〇）三～七頁。

川越憲治『フランチャイズ・システムの判例分析』別冊NBL、二九号（商事法務研究所、一九九四）。

川越憲治「講演　フランチャイジングの経済政策と法政策」白鷗法學二〇巻（二〇〇二）一五九～二〇四頁。

川越憲治『フランチャイズシステムの法理論』（商業界、二〇〇一）。

川越憲治「フランチャイジングの法規制――新規則の制定とガイドラインの改訂」『生活起点』二〇〇二年（二〇〇二）。

北野弘久「フランチャイズ規制法要綱」法律時報八二巻三号（二〇一〇）八〇～八五頁。

北野弘久「フランチャイズ規制法制定への動き――コンビニ問題解決のための立法」税経新報五七四号（二〇一〇）二八～三三頁。

公正取引委員会『フランチャイズ・システムに関する独占禁止法の考え方』（二〇〇二）。

小塚壮一郎『フランチャイズ契約論』（有斐閣、二〇〇六）。

猿渡敏公『マーケティング論の基礎』（中央経済社、一九九九）。

週刊ダイヤモンド「フランチャイズの悲鳴」二〇一〇年九月一一日号。

週刊東洋経済「特集コンビニ大異変」二〇〇九年八月八日号。

高橋善樹「〔判例研究〕セブンイレブン・ジャパンに対する排除措置命令について」フランチャイズエイジ二九巻一号（二〇一〇）二〇～二四頁。

徳永豊「ボランタリー・チェーンとフランチャイズ・システム――システムズ・アプローチ」明大商学論叢五二巻七・八号（一九六九）四八～八九頁。

長谷河亜希子「米国のフランチャイズ法制と日本の課題」経済一七四号（二〇一〇）一二九～一三九頁。

松下満雄「フランチャイズ契約と反トラスト法の規制」公正取引二七七号（一九七八）二～七頁。

向井康二・玉木史「「フランチャイズ・システムに関する独占禁止法の考え方について」の改訂について」公正取引六二〇号（二〇〇二）四四～五二頁。

根本重之「公正取引委員会のセブン‐イレブン・ジャパンに対する排除措置命令に関する基礎的検討」季刊マーケティングジャ

ーナル二九巻二号（二〇〇九）一六〜三三頁。
渡辺仁『セブンイレブンの罠』（金曜日、二〇〇九）。
L. P. Bucklin (1970), "Vertical Marketing systems", Scott Foreman and Co.
T. S. Dicke (1992), FRANCHAIZING IN AMERICA: DEVEROPOMENT OF A BUSINESS METHOD. 1840–1980. Tne University of North Carolina Press.（河野昭三・小嶌正稔訳『フランチャイズジング――米国における発展過程』まほろば書房、二〇〇二）
H. Kursh, The Franchise Boom, Prentice-Hall 1968.（川崎進一訳『フランチャイズ・チェーン』商業界）
B. C. MaCammon Jr., "The Emergence and Growth of Contractually Integrated Channels in American Economy" in Bennet, P. D., Marketing and Economic Development 1965, pp 496–515.
B. C. McCammon Jr., "Perspective for Distribution Programming" VeritcalMarketing Systems (ed., L. P. Bucklin), 1970.
A. R. Oxenfeldt and D. N. Thompson, Franchising in Perspective, *Journal of Retailing*, Vol. 44, No. 4, 1969.
A. M. Rothenberg, "A Fresh Look at Franchising", *Journal of Marketing*, Vol. 31, July, 1967.
D. N. Thompson, "Franchise Operation and Antitrust", D. C. Heath and Company, 1971.（浅井慶三郎訳『フランチャイズ・システム』東京教学社、一九七三）

Ⅲ　租税実体法

「納税者」の意義についての一考察

奥谷 健

はじめに

北野先生は「納税者基本権」を提唱されてきた。[1] これは、「租税の使途については『福祉本位』の『法の支配』が、租税の徴収面には『応能負担原則』という『法の支配』が妥当」し、「そのような形でしか、納税の義務を負わないという権利が納税者に憲法上保障されている」というものである。そして、この納税者基本権は「納税者（taxpayer）という法的地位に基づいて保障される様々な自由権、社会権等の集合的権利概念である」とされる。では、この前提となっている「納税者」というのはどのような法的地位なのであろうか。

例えば、この点について北野先生は、納税者基本権の根拠を納税者主権、国民主権にあると指摘されている。[2] そして、ここでいう「国民」はプープル（people）主権のそれと理解しなければならないことになる。これによれば、個々の具体的な国民を「納税者」として捉えることになると考えられる。そうであれば、「納税者」とは納税義務の有無に関係なく、個々の国民すべてであるとも考えられることになる。

それに対して、「納税者」の意義について国税通則法及び国税徴収法が定めを置いている。国税通則法は「国税に関する法律の規定により国税（源泉徴収による国税を除く。）を納める義務がある者（国税徴収法（昭和三四年法律第一四七号）に規定する第二次納税義務者及び国税の保証人を除く。）及び源泉徴収による国税を徴収して国に納付しなければならない者」と定めている（二条五号）。国税徴収法も「国税に関する法律の規定により国税（国税通則法（昭和三七年法律第六六号）第二条第二号（定義）に規定する源泉徴収による国税を除く。）を納める義務がある者及び当該源泉徴収による国税を徴収して国に納付しなければならない者」と定義している（二条六号）。この定義によれば、納税義務を負う者、すなわち租税法律関係において租税債務を負担する「納税義務者」あるいは「租税債務者」だけでなく、「源泉徴収による国税を徴収して国に納付しなければならない者」が「納税者」ということになる。そして、この「源泉徴収による国税を徴収して国に納付しなければならない者」について「源泉徴収による国税」とは、「源泉徴収に係る所得税（この税に係る附帯税を除く。）」と規定されている（国税通則法二条二号）ことから、所得税のうち利子所得（所得税法二三条）に係る利子等（同法一八一条）、配当所得（同法二四条）に係る配当等（同法一八一条）、給与所得（同法二八条）に係る給与等（同法一八三条）、退職所得（同法三〇条）に係る退職手当等（同法一九九条）、雑所得（同法三五条）に係る公的年金等（同法二〇三条の二）、報酬若しくは料金、契約金又は賞金（同法二〇四条）、生命保険契約等に基づく年金（同法二〇七条）、定期積金の給付補てん金等（同法二〇九条の二）、匿名組合契約等の利益の分配（同法二一〇条）、非居住者又は外国法人の国内源泉所得（同法二一二条）の支払者が「納税者」に含まれることになる。他方で、給与所得者、利子所得者等で確定申告書の提出を要しない者は、「納税者」には含まれないことになることを意味している。

また、住民税やゴルフ場利用税などの特別徴収義務により納税義務者から租税を徴収し、これを租税債権者に納付する義務を負担している者について、その納付義務を怠った場合には、租税債務の不履行の場合と同様に、滞納処分を受け（国税通則法三六条、三七条、四〇条、四七条以下）、加算税を課され（同法六七条、六八条三項）、さらに刑罰を科されるため、その義務が納税義務者の納税義務と変わらないことから、これらを「納税者」に含めるという理解もある。[3]

いずれにしても、これらの定義を前提にすると、例えば還付申告をしたり、納税額がなかった者は「納税者」には該当しないと考えられる。しかし、裁判例では、消費税の課税要件を充たさない者が課税事業者を選択し、還付金を受領した場合に「納税者」に該当すると判断したものもある。[4] この判断は、少なくとも法律上の定義には従っていないことになる。本当に、「納税者」とは税を納付している者だけと理解してよいのだろうか。少なくとも、この国税通則法及び国税徴収法の定義と「納税者」の意義について、北野先生が指摘されるような「納税者基本権」の考え方とは合致しないことになる。

このように、租税法律関係をめぐる中心的概念である「納税者」については、その意義が明確になっていないということが指摘できる。[5] しかし、近時では「納税者権利憲章」など「納税者」のための法制度の整備が検討され、[6] 進められているのは周知のとおりである。ここでいう「納税者」は租税を納付する者だけを指すのであろうか、それとも広く個々の国民すべてを指すのであろうか。[7]

このようなことから考えると、近時の議論だけでなく、納税者基本権をより実効的に確保するためにも、「納税者」の意義を明確にする必要があるといえる。そこで、本稿ではこれまであまり検討されてこなかった「納税者」の意義について検討を加えることで、その意義の明確化を図っていくことにしよう。

一　これまでの見解

では、「納税者」の意義について、これまではどのように理解されてきたのであろうか。これまでの理解を整理してみよう[8]。

これまでの「納税者」に関する解説によれば、「法律上国に対して直接租税を納付する義務を負う者をなんらかの統一的な用語で定義する」ことが国税通則法の目的にあることから、これを「納税者」と定めているということになる。そしてこれに源泉徴収義務者が含まれることについては、「源泉徴収義務者は、たとえ各税法上の納税義務者ではなくても、国に対して直接租税を納付する義務を負い、また、その国税についての納付、猶予、還付、不服審査等の手続関係の当事者である」ため、「『納税者』の中に含めることが最もふさわしい」といわれている[9]。

これに対して、国税のうち源泉徴収等による国税が除かれていることについては、「国に対する納税の義務は、源泉徴収義務者によって所定の所得税を源泉徴収されるということを受忍することとして法律構成されており、国に対して直接租税を納付するという法律上の義務を負わず、したがって、国税通則法上の諸手続規定の当事者とはならない」ことが根拠とされている[10]。

これらのことからいえるのは、「納税者」とは国との間に租税に関する債権・債務の法律関係が直接的にある者に限定されているということである[11]。そのため、源泉徴収等による国税については、本来の納税義務者が「納税者」から除外され、源泉徴収義務者が「納税者」に含まれることになる。この点から考えれば、特別徴収義務者も源泉徴収義務者と同様に、直接的な租税債権・債務関係を有するため、「納税者」に含まれるという理解も合理性があるように思われる。しかし、特別徴収義務に関しては地方税の問題になるであろうこと[12]、及び、国税通則法の文言から考えると単純には「納税者」に特別徴収義務者が含まれるという理解が正当化されるのかは、疑問が残る。

また、このような直接的な法律関係に限定する理解については、次のような問題が指摘できる。すなわち、源泉徴収による国税の本来的な納税義務者が除外されることに関するものである。そもそも納税義務、租税債権・債務関係は、納税義務者の申告や税務行政の処分により成立するのではなく、法律に定められた課税要件を充足することで成立する。そうであれば、給与所得者等についても課税要件を充足していれば納税義務を負うことになる。すなわち、租税債権・債務関係が成立することになるのである。この意味では、源泉徴収による国税の納税義務者が除外されることに合理性がないように考えられる。手続法上においてのみ、間接的な位置づけになる納税義務者を「納税者」から排除することはどのように正当化されるのか、というものである。[13]

そこで、このような点にかんがみて国税通則法二条五号における「源泉徴収による国税」とは源泉徴収義務者が納付する国税であると捉え、給与所得者等も「納税者」に含まれるという解釈も存在する。[14] これは国税通則法一五条一項における「国税を納付する義務（源泉徴収による国税については、これを徴収して国に納付する義務。以下『納税義務』という。）」という文言を根拠にしている。確かに、源泉徴収によって納付される国税は、給与所得であれば給与の受給者等が本来納付すべき国税であり、源泉徴収義務者ではなく、受給者等の国税である。つまり、源泉徴収によって納付される国税の納税義務者は、給与の受給者等なのである。そうであれば、納税している、少なくともその義務を負っているのは受給者等であるから、そういった者は「納税者」に含まれると考えられることになる。しかし、国税通則法一五条一項が別に「納税義務」として源泉徴収による納付義務を規定していることからすれば、二条五号では源泉徴収義務者には「納税義務」が成立していないと考えられる。そうであれば、納税義務を負っていない者が「納税者」に含まれることには根拠がないとも考えられる。つまり、これらのことから考えると、このような解釈にも疑問が残ると思われるのである。

このように、租税債務関係に基づく「納税者」の限定的な解釈は問題がないわけではない。とりわけ、納税額がない者が「納税者」に含まれないことになると、主権者としての「納税者」、すなわち納税者基本権の主体性が奪われることになるといえる。それは、プープル主権との関連から考えられる納税者基本権の立場や、現在考えられている「納税者権利憲章」の議論との関係では、あまりに狭く捉えすぎているということになると思われる。この点では、最後に示した、給与所得者等も「納税者」に含めるという理解が正当性をもつようにも思われるが、やはり納税義務がない国民が「納税者」に含まれないことになり問題が残るとも考えられる。

そこで、このような状況に対して裁判例をみてみると、上記のように還付申告をした者を「納税者」に含めるという判断が示されているものもある。このような理解が正しいものとすれば、「納税者」の範囲を広く捉える根拠が見出される可能性があるようにも思われる。そこで、次に裁判例において「納税者」の意義を広く捉えている事例を取り上げ、その論拠をみていくことにしよう。

二　裁判例における「納税者」の拡大

まず上記の還付申告した者を「納税者」に含めた事例(15)をみてみよう。本件において原告となった事業者は、消費税の輸出免税制度を利用し、事業を行っていないにもかかわらず、輸出取引を行ったかのように仮装し還付申告を行った。そしてそれに基づいて還付金等の支払いを受けた。それに対して課税庁は、控除不足還付税額はないとして更正処分をし、その還付金等の返還を命じ、重加算税の賦課決定処分を行った。

本件において、事業者は「本件還付申告の時点においては、本件課税期間の消費税の納税義務者ではなく、本件更正処分は、申告者の納税義務には無関係に不当利得関係を調整するものにすぎず、還付金の減額部分に対応する申告者側の納税義務は、そもそもあり得ないから、〔国税通則〕法六五条一項の『当該納税者』には当たらない」（引用内の〔　〕は筆者による。以下、同じ。）と主張している。

これに対して課税庁側の主張は、「還付金とは『国税に関する法律の規定による国税の還付金』（〔国税通則〕法二条六号）であり、消費税の場合も同様であるから、まさに税そのものである。したがって、還付申告書の記載内容に誤りがあった場合において、更正の対象となり得ることはもちろん、更正処分により減額した還付金〔税〕の返還義務はまさに納税義務であるから、還付金の返還義務を負う者は、個別税法上の納税義務を負わない者であっても、納税義務を負う者として、当然に〔国税通則〕法二条五号及び六五条一項の『納税者』であると認められる」というものである。

このように、還付金の減額による返還義務が納税義務に当たるかという点で意見が対立している。そして、この点について裁判所は次のような判断を示している。「『還付金』とは、『各税法の規定により、納税者に特に付与された公法上の金銭請求権』であり、その実質は不当利得であるが、一定の納税額を前提とする以上、還付金自身、『国税』の性質を有するものであり、更正処分により減少した還付金の返還義務はまさに納税義務である」。このように、還付という行為は納税があることを前提としているから、不当利得という性質はあるものの本来の納税義務の一環として還付金の返還義務があるという理解を示しているといえる。その上で本件の事業者は、「本件還付申告の時点では、具体的な納税義務はないものの、還付金の額を確定する前提としての観念的・抽象的な納税義務はあり、これが本件更正処分により、還付金が減少されたことにより、納税義務が具体化したものというべきであるから、申告時点においても、被控訴人〔事業者〕は、納税義務を負っている、すなわち『納税者』であると解して差し支えない」と述べている。

これに対して原審である京都地裁判決(16)では、「還付金の還付の法的性質は、実体法上、国が保有すべき正当な理由がないため還付を要する利得の返還であって、国庫からの一種の不当利得の返還の性質を有することは明らかであって……、その還付金が更正によって減少した場合に、その部分について、申告者との関係で、常にその納税義務の増加があるわけではない。……すなわち、還付申告による還付金が更正によって減少した場合には、確かに、申告者の納税義務が増加したことが判明したことを原因として不当利得関係の調整が生じるときがあるけれども、それだけではなく、申告者の納税義務には無関係に不当利得関係を調整しなければならないときもあるというべきで、そのようなときにおいては、還付金の減額部分に対応する申告者側の納税義務は、そもそもあり得ない」と示している。そして本件は後者のような納税義務とは無関係な場合であり、納税義務がない者である以上、国税通則法の定義に照らして「納税者」ではないと判断している。

このように、本件では還付金の性質を前提に納税義務の存否が問題になり、「納税者」に該当するかの判断に違いが生じていると考えられる。これについて国税通則法において、本件のような還付金の減額がなされたときに還付金がすでに還付されている場合に関して、更正通知などの諸規定が「還付金の額に相当する税額」（傍点筆者）と記載されていることから、「納税者」に該当しないことになると、還付金額を減少させる場合に徴収などの手続きを行い得ないと指摘し、「納税者」に含まれると解する見解がある。[17]

それに対して、還付については裁判所が、「国庫からの一種の不当利得の返還の性質」があることから、その還付金が更正により減少した場合であってもそれが「申告者の納税義務とは無関係に不当利得を調整しなければならないとき」があると示していることに着目する見解もある。[18] それによれば、そもそも本件のような場合には「納税義務」はあり得ず、「納税義務の増加が生じるのは、もともと納税者であることが前提で、……納税者でないものが、還付金を受け、それが更正によって減少したとしても納税義務の増加があったと解することができない」ということになる。そして「元来納税者でないものが、納税者に『変身』するというものではない」と指摘している。そうすると「たとえ、『督促』以下の徴収処分を行い得ないとしての何ら結論に影響するものではない」ということになるのである。[19]

この点について、確かに、国税通則法の文言を文理的に解釈すれば、納税義務のない者が納税者であるということにはなり得ないと考えられる。[20] 徴収処分に関する条文も本来は納税義務の存在する「納税者」を前提としていると解するのが素直な理解であると思われる。つまり、納税義務が真実ある者に限定されるべきであると考えられるのである。[21] この点は地裁判決でも示されているとおりである。そうであれば、徴収処分ができないからといって「納税者」の範囲を拡張することは、租税法律主義（憲法八四条）の観点からも問題があると考えられる。

しかしながら、本件では、仮装行為があったために重加算税が賦課決定されている。そして、重加算税については、その行政制裁という性質から「納税者」を弾力的に解すべきという考えもある。[22] それによれば、重加算税は制裁的性質を有するものであるため、その対象者である「納税者」について弾力的に異なる解釈が認められる余地があるということになる。では、そのような事例において「納税者」はどのように解されているのか、次にみていくことにしよう。

三　国税通則法六八条一項における「納税者」

上記のように、重加算税については「納税者」の意義を弾力的に解することが裁判例では認められているといわれる。その点について挙げられるのが、大阪地裁昭和三六年八月一〇日判決[23] である。この事例をもとに、「納税者」を弾力的に解する根拠をみてみよう。

本件の概要は次のとおりである。訴外会社Aの代理人Bが原告Xの所有する宅地を購入したいと申し入れをした。しかし、当該土地はX名義ではあるが、Xの父Cが管理、処分の一切の実権を握っていた。当初、Cには売却の意思はなかったが、その経営する会社の従業員Dが売却をすすめ、DとBとの交渉の結果、譲渡することとなり、B、C及びDの関与のもとでA社とX名義の売買契約が成立した。このとき、譲渡価格は三二〇〇万円余と定められた。これについて同日、Cは金額を一〇〇〇万円余とする小切手を三通に分けて受け取った。その際X側の希望により、代金を一〇〇〇万円余とするA社とXとの契約書と、代金を一二〇〇万円余とするA社と、X、Dの契約書が作成された。そしてこれに応じて、領収書はX名義で金額一〇〇〇万円余のものと、金額約二二〇〇万円のD名義のものが作成された。Bがこれらの契約書及び領収書をA社に持って帰ったが、この契約書とD名義の領収書は当初からX側に返還する約束があったため、Cに返還された。つまり、この一連の行為はXの譲渡所得の事実の一部を隠ぺいするために行ったものであった。しかし、X自身はこれらの行為について知らないままであった。そのため、Xは譲渡代金を一〇〇〇万円余として申告書を作成・提出していた。それに対して、課税庁はXにおいて譲渡所得の事実の一部が隠ぺいされているとして重加算税を賦課したのである。

このような場合、「納税者」を文理的に、厳格に解釈すると、国税通則法六八条では仮装・隠ぺい行為を納税者がしていることが重加算税の賦課要件として規定されているため、Xに対する重加算税は賦課できないことになる。しかしながら、大阪地裁はこの賦課決定処分を適法であると判断している。その根拠は次のようなものである。すなわち、「重加算税の制度の主眼は隠ぺい又は仮装したところに基づく過少申告又は無申告による納税義務違反の発生を防止し、もって申告納税制度の信用を維持し、その基礎を擁護するところにあり、納税義務者本人の刑事責任を追及するものではない……。従って納税義務者本人の行為に問題を限定すべき合理的理由はなく、広くその関係者の行為を問題としても違法ではない。……重加算税の制度上は従業者の行為は納税義務者本人の行為と同視せらるべく、従業者による所得の事実の隠ぺい又は仮装を納税者本人が知らずして右隠ぺい又は仮装したところに基き、所得の過少申告をし又は所得の申告をしなかったときは、納税者が正当なる所得を申告すべき義務を怠ったものとして重加算税を賦課せられるものと解するのが相当である」。つまり、重加算税制度の趣旨から、隠ぺい又は仮装によって過少申告や無申告があった場合に、重加算税を課すべきであり、そのためには納税義務者本人に範囲を限定するのではなく、その行為を納税者本人が知らなかったとしても従業者の行為は納税義務者本人の行為と同視できるということになる。

この考え方は、いわば本来の納税義務者の代理人の監視・監督義務違反であると評価していると思われる。つまり、監視・監督の義務違反が納税義務違反と同一視できる、という考え方である。

そしてこの考え方は、静岡地裁平成一七年九月一五日判決(24)でも採られている。本件は、共同相続人の一人がした隠ぺい・仮装行為に基づく申告について、納税者がどこまで責任を負うべきかについて判断が示されている。本件は次のような事例である。すなわち、原告を含む各相続人が、本件相続税の申告手続を丙税理士に依頼していたが、申告書作成の前提となる相続財産の調査の方法について、丙税理士は、これをもっぱら相続人の一人である原告の弟乙に頼っており、例えば、不動産名寄台帳、公図、預金、有価証券等の資産関係の資料も、葬儀費用の請求書領収書等の費用関係の資料も、乙に問い合わせ、資料を受領していた。これは、乙が被相続人の近隣に住み、被相続人と生活をほとんど共にしていたので最も良くその事情を知っていると考えたことと、丙税理士としては、問い合わせ等の窓口が一本化されている方が調査を行う上で便宜であったためである。ところが、乙は、丙税理士に交付した資料中から、一部の預貯金を除外していたので、丙税理士が作成した本件当初申告書中には、これらの相続財産の記載がされなかった。また、原告らが分配を受けた貯金についても、丙税理士に報告はなく、原告も、この点を丙税理士に相談したこともなかったので、これも本件当初申告書には記載がされなかった。原告は、自らの本件当初申告書を見たものの、これらの記載漏れには気付かず、本件当初申告書の内容に何の疑問も抱かなかった。このようにして、原告らの相続税申告は、丙税理士が作成した過少な申告となった。この場合に、乙以外の相続人に対してまで重加算税が課されるのか、ということが問題になったのである。

これについて裁判所は、「原告は、丙税理士の他、弟である乙にも本件相続税の申告手続を委任したものであるところ、乙に対する監督に重大な落ち度があったこと、乙の行った隠ぺい行為は大胆かつ単純なものであって、乙も税務調査後には直ちにこれを認めていること、このような本件の事情を総合してみれば、隠ぺい行為自体は乙が行ったものであっても、この監督を怠っていた原告に対して重加算税を課すことができるというべきである」と述べている。つまり、ここでは監督の落ち度から重加算税を課すことができると述べられているのである。このことから考えられるのは、おそらく公平性の観点から重加算税を課すべきであるということに重点が置かれ、「納税者」の意義については十分に検討されていないということである。

また、仮装や隠ぺい行為について納税者本人以外には認識があるため、そういった第三者について国税通則法六八条における「納税者」といえるか、ということが問題になった事例[25]もある。この事件は、相続人の一人に相続税の申告を一任し、その相続人から委任を受けた代理人の助言に従い、仮装・隠ぺい行為をして、過少な申告を行ったというものである。これについての裁判所の判断は次のとおりである。すなわち、「国税通則法六八条一項は、重加算税賦課の要件として、隠ぺい又は仮装行為の行為者について『納税者』と規定している。そこで、同条にいう『納税者』であるが、納税者本人の他、同申告手続を行う者の選任、監督について納税者に過失がないと認められる等の特段の事情がない限り、納税者と同視できる者、具体的には、納税者から委任を受けた代理人、代行者を含むと解するのが相当である。何故ならば、納税者は、納税申告を自らの判断と責任において第三者に委ね、納税者に代わってその者に行わせることが許されている（国税通則法一二四条、税理士法二条一項）ところ、納税者が納税申告を第三者に代理ないし代行として委任した場合、第三者が同委任に基づいて行った行為の効果は納税者に帰属するうえ、自己責任の原則からしても、第三者を利用することによって得られる利益とともに、それによる不利益も当然納税者が享受すべきであるからである。

したがって、納税者が委任した第三者が、その申告手続に関し、国税の課税標準等又は税額等の計算の基礎となるべき事実の全部又は一部を隠ぺい、仮装した場合も、『納税者』の隠ぺい、仮装行為に該当するということになる」。

このように、代理人の行った法律行為の効果が本人に帰属するから、国税通則法六八条一項の「納税者」は、納税者本人に限定されないという理由が述べられている。[26]

ここでの理由付けにも疑問が生じてくる。確かに、代理人の行った法律行為については本人にその効果が帰属するということになっている。しかしこれは民法上の問題である。民法九九条にその根拠が認められる。そして、民法七一五条によれば、被用者等の行為について不法行為の責任を使用者が負うことになっている。これは、監督義務違反などの自己の義務を怠ったことに対する責任として捉えられている。つまり、ここで判決が採っている理論構成は、民法の理論構成であり、取引行為などに関する損害賠償、損失補てんのための責任に関するものだと考えられる。[27]

また上記のように、重加算税の制裁としての性格から、「納税者」の意義を広く解するという観点もある。それは、重加算税制度が納税義務違反に対する行政制裁であること、その納税義務については納税者本人以外の従業員等の補助者又は委任を受けた税理士等が、その課税標準等の計算に従事することによって履行されることが多いこと、及び、この行政制裁よりも厳しい要件のもとに科される逋脱犯に対する制裁については、「代理人、使用人その他の従業者」が脱税行為をした場合に罰則規定が別途設けられていることから判断して、隠ぺい又は仮装行為の主体について、国税通則法六八条が納税者本人に限定しているとは考えられないというものである。[28]

この点について、裁判例として例えば、京都地裁平成四年三月二三日判決[29]では、「国税通則法六八条一項は、重加算税賦課の要件として、『納税者』が隠ぺい又は仮装することを定めている。これは、納税者自身が、隠ぺい、仮装行為を行なうのはもとよりのこと、納税者が他人にその納税申告を一任した場合、その受任者又はその者の受任者が租税を逋脱する目的をもって、故意に前示基礎事実を隠ぺい又は仮装した場合にも、特段の事情がない限り、同条項にいう納税者が『隠ぺいし、又は仮装した』に該当するというべきである。けだし、申告納税制度の下においても、納税義務者の判断とその責任において、申告手続きを第三者に依頼して、納税者の代理人ないし補助者に申告をさせることが許される。しかし、納税者が申告を第三者に委任したからといって、納税者自身の申告義務は免れず、その第三者がなした申告の効果、態様はそのまま納税者の申告として取扱われる。即ち、納税者が、納税義務者たる身分のない者に申告を一任し、これをいわば納税申告の道具として使用した以上、その者の申告行為は納税者自身がなしたものと取扱うべきである」と述べている。つまり納税者が、申告を任せるにしても、任せた人はいわば道具であるため、隠ぺい・仮装行為については納税者が責任を負う、あるいは、任せた人をきちんと監視・監督する義務があり、その義務を怠ったのだから、それについての責任を負う、ということになると思われる(30)。

このような理由付けには上記の代理人の責任論に関するもの以外にも疑問がある。それは、代理人を道具と考えることで重加算税を課せるという点について、である。こういった理解は、刑法の間接正犯における「道具理論」といわれるものに近いように思われる。これは、他人を道具として利用し、あたかも自ら直接実行したのと同様の態様で実行行為を行うことである。そしてこれは、利用者が被利用者の動作ないし行為を自己の意思に基づいて支配し、いわば自己の思いどおりに動かして所期の目的を実現するという点から、利用者を処罰しようという理論である。このような場合に実際に行為をしていない者を処罰できるのは、犯罪行為に関する故意のほかに、他人をあたかも道具のように利用し、自己の思いどおりに犯罪を自ら実現する意思が必要だといわれる(31)。

こういった理論が、この判決の理由の背景にあると考えられる。しかし、この理論を従業員や代理人が故意に隠ぺい又は仮装行為を行った事例に当てはめて考えてみると、間接正犯とは全く異なる事実関係であるということが理解できる。すなわち、間接正犯として考えると、利用者が納税者であり、被利用者が従業員や代理人になるはずである。しかし、ここで問題になっている場合では、隠ぺいや仮装に関する故意は納税者ではなく、被利用者のほうにあるのである。そうすると、道具として利用されているのは納税者であるということになる。このような関係においては、納税者が代理人等を道具として使っているとは言えず、この理由付けは適当でないと考えられる(32)。

このように、上記の重加算税の性質との関連からの論拠をみると、その正当性には問題があるように思われる。すなわち、重加算税は制裁的性質を有するものであるという点からすれば、民法の代理などのような不法行為に対する損害賠償の理論で重加算税を課すことは、重加算税の趣旨から外れたものであると考えられる。また、道具理論のように捉えたとしても利用者と被利用者の関係が逆の場合に、この理論を当てはめたうえで、納税義務者本人以外の第三者を「納税者」と同視できるという理論は、道具理論の不正確な理解であると思われる。そうすると、重加算税の対象者である「納税者」について弾力的に異なる解釈が認められる余地があるということは、あくまでも公平性の観点から重加算税を課すべきという結論に向けての解釈であり、それには問題があると考えられる。そうであれば、やはり「納税者」の意義は、国税通則法二条五号の文言に従って解すべきであると思われる。

しかし、そのように解すると、過少な申告を行っているのは納税者であり、過少な申告も、そのもととなった隠ぺい・仮装行為も存在しているにもかかわらず、隠ぺい・仮装行為の行為者は「納税者」ではないために、国税通則法六八条一項の要件を充たさず、納税者にも行為者にも重加算税を課し得ないことになる。このような結論になるということは、納税義務を怠ったことについて何も制裁を課せないということになり、課税の公平性の観点から問題を生じかねない。また、上記の消費税の還付申告のように、もともとの納税義務がない者についても、同様の問題が生じるように思われる。そこで、この点については「納税者」を「当該申告書を提出した者」と改正すべきという考え方もある。(33) このような考え方が示すように、現在の国税通則法二条五号における「納税者」の範囲は十分なものではないと思われる。しかし、そうではあっても、租税法律主義の観点からは、その文言を離れ弾力的に解することにはやはり問題があるといわざるを得ないと考えられる。

おわりに

以上のことから次のようなことがいえる。「納税者」の意義についてみてみると、納税者基本権のように広く国民として解している場面と国税通則法や国税徴収法のように具体的な租税債務関係が生じている者とに解している場面との二つの理解が存在するといえる。しかしながら、後者のように考えると、国民の多くを占める給与所得者に代表されるような、源泉徴収による国税の納税義務者が「納税者」に含まれないことになる。これは納税者基本権という観点からいえば問題であると思われる。具体的な租税債務関係になくとも、納税義務を負っているのであれば、「納税者」に含めるべきであると考えられる。この点では、国税通則法及び国税徴収法の定義はあまりに狭いと評価できる。そのことから、重加算税の対象になる「納税者」の範囲について、本来的には限定されるべきであるにもかかわらず、課税の公平という観点に重点が置かれ、文言から離れた弾力的な解釈がなされている現状があると考えられる。しかし、そのような弾力的解釈は問題があり、またその結果「納税者」の範囲が不明確なものになっていると考えられるのである。

現在議論されている「納税者権利憲章」は、納税者基本権の保障に資するものであると考えられることから、具体的な租税債務関係に限定せずに「納税者」の意義を捉えていくものであると考えられる。それと同時に、公平性の観点も踏まえ、「納税者」の意義を明確にしていくための議論がなされ、納税者基本権が充実するものになることを期待したい。

（1）　例えば、北野弘久編『現代税法講義〔五訂版〕』（法律文化社、二〇〇九）一二頁〔北野〕。

(2) 北野・前掲注(1)一四頁。
(3) 金子宏『租税法一六版』(弘文堂、二〇一一)一三八頁。そこではこれらの者を「徴収納付義務者」と呼んでいる。
(4) 大阪高裁平成一六年九月二九日判決、判例タイムズ一一八五号一七六頁。
(5) この点に関する研究として、図子善信「国税通則法二条五号の『納税者』の意義」(税法学五四九号八三頁)がある。
(6) 周知のとおり、「納税者の権利利益の保護」を目的に入れた「国税に係る共通的な手続並びに納税者の権利及び義務に関する法律」案を盛り込んだ「所得税法等の一部を改正する法律案」が平成二三年一月二五日に国会に提出されている(http://www.mof.go.jp/about_mof/bills/177diet/index.htm#st1)。
(7) 前掲注(6)の「国税に係る共通的な手続並びに納税者の権利及び義務に関する法律」案四条において、納税者権利憲章の作成が規定されているが、「納税者」の意義については定められていない。
(8) これについては、図子・前掲注(5)八四頁。
(9) 志場喜徳郎・荒井勇・山下元利・茂串俊共編『国税通則法精解』(大蔵財務協会、二〇〇四)一二一頁。
(10) 志場他・前掲注(9)一二二頁。
(11) このような理解は、その他の解説等のそれと基本的には同じと考えられる。図子・前掲注(5)八四頁。
(12) しかし、「納税者」に関する定義は地方税法上ないため、やはりその意義が問題になると思われる。
(13) このほかの問題についても、図子・前掲注(5)八六頁を合わせて参照されたい。
(14) 図子・前掲注(5)八八頁。
(15) 前掲注(4)。
(16) 平成一五年七月一〇日判決、訟月五一巻九号二五〇〇頁。
(17) 一杉直「事業者でなかった者がした消費税還付申告と重加算税賦課の許否」税務事例三五巻一一号一頁、卯西将之「消費税の課税要件を満たさない者のした還付申告と重加算税の賦課の可否」税研一二九号八六頁。
(18) 八ツ尾順一「事業者でなかった者がした消費税還付申告と重加算税」税務事例三六巻二号二四頁。
(19) 八ツ尾・前掲注(18)二六頁。
(20) 三木義一「会社のために個人輸入と偽った申告と重加算税」税務QA二〇〇三年一二月号三四頁。

（21）品川芳宣「事業者を装って消費税の不正還付申告をした場合の重加算税の賦課要件」TKC税研情報一三巻二号五一頁では、このような考え方に疑問を呈している（六〇頁）。
（22）品川芳宣「事業者を仮装していた消費税不正還付申告と重加算税賦課要件」税研一一四号八二頁、同・前掲注（21）六〇頁。
（23）行集一二巻八号一六〇八頁。
（24）税資二五五号－二四七（順号一〇一二八）。
（25）神戸地判平一四・一・一〇税資二五二号順号九〇四六。評釈として、林仲宣・ひろば五七巻四号七一頁。
（26）酒井克彦『附帯税の理論と実務』（ぎょうせい、二〇一〇）三四一、三四七頁。
（27）奥谷・田坂晶「重加算税の賦課要件に関する一考察（上）――制裁的要素を踏まえた刑事法的アプローチから」税務事例四二巻八号三八頁。
（28）品川芳宣『附帯税の事例研究〔第三版〕』（財経詳報社、二〇〇二）三〇一頁。
（29）税資一八八号八二六頁。評釈として、佐藤孝一・税通四七巻一一号一八七頁。
（30）酒井・前掲注（26）三四四頁。
（31）大谷實『刑法講義総論〔新版第二版〕』（成文堂、二〇〇七）一五八頁。
（32）奥谷・田坂・前掲注（27）三六頁。
（33）三木・前掲注（20）三五頁。

〔**追記**〕北野先生には、私の拙い研究に対して、学会でお会いした際、またお手紙などを通じて、方向性をお示しいただくなど多くの御指導をいただきました。改めて感謝申し上げるとともに、ご冥福をお祈り申し上げます。

重加算税の賦課要件の再検討
――国税通則法六八条一項・七〇条五項、法人税法一二七条一項三号・一五九条の関係に着目して――

占部裕典

はじめに――問題の所在

国税通則法六八条一項は、「第六五条第一項（過少申告加算税）の規定に該当する場合（同条第五項の規定の適用がある場合を除く）において、納税者がその国税の課税標準等又は税額等の計算の基礎となるべき事実の全部又は一部を隠ぺいし、又は仮装し、その隠ぺいし、又は仮装したところに基づき納税申告書を提出していたときは、当該納税者に対し、政令で定めるところにより、過少申告加算税の額の計算の基礎となるべき税額（その税額の計算の基礎となるべき事実で隠ぺいし、又は仮装されていないものに基づくことが明らかであるものがあるときは、当該隠ぺいし、又は仮装されていない事実に基づく税額として政令で定めるところにより計算した金額を控除した税額）に係る過少申告加算税に代え、当該基礎となるべき税額に百分の三十五の割合を乗じて計算した金額に相当する重加算税を課する。」（傍点占部、以下同）と規定する。この重加算税の賦課要件（上記傍点部分の解釈）としては、①過少申告加算税が課される要件に該当していること、②納税者がその国税の課税標準等又は税額等の計算の基礎となるべき事実の全部又は一部を隠ぺいし、又は仮装していること、③上記②における隠ぺいし、又は仮装したところに基づいて納税申告書を提出していることである。この要件のうち、②の要件が最大の論点となる。すなわち、㋐隠ぺい又は仮装の行為主体（行為者）は納税者に限定されるのか、すなわち第三者等がそのような行為を行った場合においても、重加算税が賦課されうるのか、㋑「隠ぺい・仮装」とはどのような行為を指すのか、③納税者以外の者が隠ぺい・仮装を行った場合に、納税者と当該第三者とはいかなる関係が求められるか、などが問題となる。

また、「隠ぺい・仮装」といった文言は、国税通則法六八条一項のみでなく、法人税法一二七条一項三号所定においても同様に用いられており、同様に問題となる。また、「隠ぺい・仮装」といった文言は、その法文上あるいは文理上、確定権の除斥期間に係る国税通則法七〇条五項所定の「偽りその他不正の行為」とも深く関わる。

なお、重加算税の賦課要件①でいう過少申告加算税（国税通則法六五条一項）については、賦課にあたって税額が客観的に過少になっていることが要件であり、その賦課の判断にあたって、納税者において税を免れる意図といったような主観的要素が不要であることは明らかである。過少申告加算税の賦課は、申告義務に反して適切な申告をしないものに対して、一定の制裁を加え、その申告秩序の維持を目的とする行政上の制裁の一種である。そのうえで、国税通則法六八条一項が「隠ぺいし、又は仮装し、その隠ぺいし、又は仮装したところに基づき納税申告書を提出していたとき」と規定していることから、このような過少申告加算税の賦課要件において、国税通則法六八条一項における「隠ぺい・仮装」と過少申告の関係も問題となりうるものと解される。

そこで、本稿では、国税通則法六八条一項、法人税法一二七条一項三号所定の「隠ぺい・仮装」の意義及びその有無に係る判断基準を明らかにする。また、国税通則法六八条一項、法人税法一二七条一項三号所定の「隠ぺい・仮装」と深く関わる確定権の除斥期間に係る国税通則法七〇条五項所定の「偽りその他不正の行為」の意義もあわせて検討することとする。

一　実務における国税通則法六八条一項の解釈（枠組み）

1　実務の枠組み

行政実務（課税庁）が採用する国税通則法六八条一項の解釈についてまず概観をしてみよう。課税庁の見解は、以下の枠組みに基づいているといえよう。

(1)　国税通則法六八条一項の趣旨・目的は、違反者の不正行為の反社会性ないし反道徳性に着目してこれに対する制裁として課せられる刑罰とは異なるものであり、その結果、重加算税は、刑罰のように、隠ぺい・仮装行為という不正行為に対する倫理的非難を含むものではないから、必ずしも実際に隠ぺい・仮装の行為をした者に対してのみ課されなければならないものではない。

行政実務は、国税通則法六八条一項に定める重加算税は、同法六五条ないし六七条に規定する各種の加算税を課すべき納税義務違反が課税要件事実を隠ぺいし、または仮装する方法によって行われた場合に、行政機関の行政手続により違反者に課せられるもので、これによってかかる方法による納税義務違反の発生を防止し、もって徴税の実を挙げようとする趣旨に出た行政上の措置であり、違反者の不正行為の反社会性ないし反道徳性に着目してこれに対する制裁として科せられる刑罰とは趣旨、性質を異にするもの（最高裁昭和四五年九月一一日第二小法廷判決・刑集二四巻一〇号一三三三頁）であるとして、重加算税の性質を強調するものと解される。また、「この加算税のように、行政上の義務違反に対し制裁として経済的不利益を課し、これにより義務の履行確保を促進しようとする趣旨・目的は、経済的インセンティブを利用して義務履行を誘導ないし確保しようとするという意味であり、すなわち、重加算税についていえば、隠ぺい・仮装に基づく過少申告等による納税義務違反が行われる場合には、非常に高率の加算税が課されることを明らかにすることにより、納税者にその賦課を避けるために納税義務違反を行わないようにさせるという、隠ぺい・仮装による納税義務違反について負のインセンティブを与える経済的な負担であると解するものである。そして、脱税犯に対する刑事処罰がその反社会性・反道徳性に対する倫理的非難を含むのに対し、重加算税は、倫理的には無色な、そのような非難の意味合いを含まない不利益なのであるとして(1)、重加算税は、刑罰のように隠ぺい・仮装という不正行為に対する倫理的非難を含むものではないから、必ずしも実際に隠ぺい・仮装の行為をした者に対してのみ課さなければならないものではないと解する。

ここでは、重加算税の趣旨・性質がことさら強調され、特にその反社会性・反道徳性に対する倫理的非難を伴わないとする重加算税の性質が強調されている。重加算税の賦課要件に係る検討において、倫理的要素を排除することは納税者の主観的要素を排除することにつながることに留意をしておくべきである。

(2)　法人税法が申告納税方式を採用していることから、申告義務の内容はそのまま申告義務違反に対する加算税の構造に反映され、重加算税は隠ぺい・仮装という不正手段による悪質な「過少申告」である場合の加算類型と解されるものである。

(3)　納税者である法人(代表取締役)が取締役等に課税要件事実の把握、管理を委任した場合は、国税通則法六八条一項は納税者に重加算税の賦課を避けるというインセンティブを与えることにより、当該取締役等の隠ぺい・仮装を防止させようとする趣旨・目的を含んでいることから、納税者が上記の委任をした取締役等の隠ぺい・仮装を防止できたと認められるにもかかわらず防止しなかった場合には、重加算税を賦課し得ないとすることは、重加算税の趣旨・目的に反するものである。

すなわち、行政実務においては、納税者（会社の代表者又は事業主）が自ら隠ぺい・仮装行為を行うことは必要ではなく、納税者以外の者が隠ぺい・仮装の行為を行い、納税者がそのような行為を防止するに必要な注意を尽くさなかった場合には重加算税を賦課されると解する。また、納税者が法人である場合において、法人の代表取締役以外の取締役ないし従業員が隠ぺい・仮装を行った場合に、当該取締役等が形式的に法人全体を代表・代理する権限を有していなくても、法人のある部門等について法人を直接に代表・代理しているような「経営に参画する者」である場合には、その者が行った隠ぺい・仮装の行為についての効果は法人自体に及び、重加算税を賦課できるというべきであると解する。

(4) さらに、法人税法一六四条一項は、委任を受けたか否かにかかわらず取締役等（同法一六四条一項でいう「使用人その他の従業者」に該当する）が隠ぺい・仮装で税を免れた場合にはその行為者が罰せられるが、業務主においてはそのような行為を防止するに必要な注意を尽くしたことを立証したときには業務主はこの規定の適用を免れることと解されている。そこで、実務は、業務主に注意義務違反が存しないにもかかわらず重加算税を賦課されないとすると、ほ脱犯が課せられても重加算税が賦課されないというアンバランスが生ずるとして、このような解釈の合理性を説いている。

すなわち、「納税者が法人である場合において、法人の代表取締役以外の取締役ないし従業員が隠ぺい・仮装を行った場合には、当該取締役等が形式的に法人全体を代表・代理する権限を有していなくても、法人のある部門等について法人を直接に代表・代理しているような『経営に参画する者』である場合には、その者が行った隠ぺい・仮装行為についての効果は法人自体に及び、重加算税を賦課できるというべきであり、また隠ぺい・仮装を行った取締役等が『経営に参画する者』と認められないとしても、法人の代表取締役が当該取締役等に対する監督上の注意義務を尽くして、隠ぺい・仮装行為を防止することができたのに、それを尽くさなかった場合には、当該取締役等の隠ぺい・

仮装は、納税者たる法人による隠ぺい・仮装と同視できるというべきであって、そのような場合においては国税通則法六八条一項により重加算税を賦課することができるというべきである」という結論を導くことが可能となる。

このような見解の背景には、これは税額を免れる意図をもって、隠ぺい・仮装を行い、その結果、その国税通則法六八条一項において重加算税が賦課される要件としての「納税者が事実の全部又は一部を隠ぺいし、又は仮装したところに基づいて納税申告書を提出し、もしくは納税をしなかったこと」について、隠ぺい・仮装の行為者が問題となるところ、納税者本人の行為に限定されず、その従業員や家族がそのような行為を行ったときには、納税者がそれを知っているか否かにかかわりなく、この要件の隠ぺい・仮装に該当するといったような行政実務家の見解(2)が広く支持されているとともに、またそのような見解と同様な立場にたつと解される下級審判決（京都地裁昭和五四年四月二七日判決・訟月二五巻八号二二〇一頁等）が存することによるものといえよう。

しかし、以下に述べるように、国税通則法六八条一項についての、このような行政実務（あるいは一部の下級審判決）の枠組みによる論理構成には誤りがあるといえよう。

2　実務の解釈上の問題点

国税通則法六八条一項の解釈適用については、以下のように解することができる。

(1)　国税通則法六八条一項は、過少申告をした納税者が、その国税の課税標準等又は税額等の計算の基礎となるべき事実の全部又は一部を隠ぺいし又は仮装し、その隠ぺいし又は仮装したところに基づき納税申告書を提出していたときは、その納税者に対して重加算税を課することとしている。この重加算税の制度は、納税者が過少申告をするにつき隠ぺい又は仮装という不正手段を用いていた場合に、過少申告加算税よりも重い行政上の制裁を課すことによって、悪質な納税義務違反の発生を防止し、もって申告納税制度による適正な徴税の実現を確保しようとするものであ

る（重加算税の趣旨・目的、性質）。(3)

(2)　国税通則法六八条一項は、「納税者」が隠ぺい・仮装の行為主体となることを文理上求めているのであって、同条一項は、本来的には、納税者自身による隠ぺい仮装行為の防止を企図したものと解される。

しかし、納税者以外の者が隠ぺい仮装行為を行った場合であっても、それが納税者本人の行為と同視することができるときには、形式的にそれが納税者自身の行為でないというだけで重加算税の賦課が許されないとすると、重加算税制度の趣旨及び目的を没却することになる。そうであるならは、国税通則法六八条一項は、本来的には、納税者自身による隠ぺい仮装行為の防止を企図したものと解されるとしたうえで、重加算税制度の趣旨及び目的から納税者以外の者が隠ぺい仮装行為を行った場合であっても、それが「納税者本人の行為と同視することができるとき」には、重加算税の賦課が許されると解することができる。

実務における国税通則法六八条一項の（論理）解釈の出発点及び大前提たる見解は、たとえば、最高裁平成一八年四月二五日判決が、国税通則法六八条一項に規定する「重加算税の制度は、納税者が過少申告をするにつき隠ぺい又は仮装という不正手段を用いていた場合に、過少申告加算税よりも重い行政上の制裁を課すことによって、悪質な納税義務違反の発生を防止し、もって申告納税制度による適正な徴税の実現を確保しようとするものである。」と判示するように、納税者の倫理的側面を無視することはできず、重加算税の賦課要件として納税者の主観的要素は排除することはできない。(4)

この重加算税の制度は、納税者が過少申告をするにつき隠ぺい又は仮装という不正手段を用いていた場合に、過少申告加算税よりも重い行政上の制裁を課すことによって、悪質な納税義務違反の発生を防止するという趣旨・目的を有することは明らかである。

(3)　国税通則法六八条一項は「納税者が……隠ぺいし、又は仮装し」と規定していることから文理解釈からすれば拡大解釈することは許されないはずであるが、「納税者本人の行為と同視することができるとき」といったような解釈は文理解釈により導き出すことが可能である。(5)

(4)「納税者本人の行為と同視することができるとき」とは、納税者において納税者以外の者が隠ぺい仮装行為を行うこと若しくは行ったことを認識し、又は容易に認識することができ、法定申告期限までにその是正や過少申告防止の措置を講ずることができたにもかかわらず、納税者においてこれを防止せずに隠ぺい仮装行為が行われ（認識要件と不正行為是正義務要件）、それに基づいて過少申告がされたときには、当該隠ぺい仮装行為を納税者本人の行為と同視することができ、重加算税を賦課することができると解するのが相当である。(6)

第三者としては取締役、従業員、税理士等など想定されうるところ、第三者による隠ぺい・仮装を本人の行為と同視できるか否かを個別具体的に判断していくとする見解なども存するところではあるが、上記の認識要件は「納税者本人の行為と同視することができるとき」の一般的法理を示したものとして解されなければならない。

(5)　他方、不正行為を行った取締役・従業員等の選任又は監督につき納税者に何らかの落ち度があるというだけで、当然に当該税理士による隠ぺい仮装行為を納税者本人の行為と同視することができるとはいえない。また、納税者と特別な関係にある者が隠ぺい・仮装を行った場合に「納税者本人の行為と同視することができるとき」と解することもできない。

よって、選任・監督上の過失論、使用者責任論や履行補助者論に立脚する下級審判決は、このような最高裁判所の論理構成に反するものと評価しうる。(7)　そのような判決から導かれる基準は採用することができない。このような見解は、最高裁判決の論理構成に反するものであるといえよう。(8)

行政実務においては、国税通則法六八条一項の趣旨・目的が制裁的な趣旨を含まず、倫理的には無色な、非難の意味合いを伴わない経済的な負担を課するものであると解する傾向にあるが、そのような理解には誤りが存するといえよう。過少申告という要件にさらに隠ぺい・仮装という不正手段を要件にしており、隠ぺい・仮装という不正手段による悪質な行為に対する制裁的な目的を有している。重加算税の趣旨・目的や性格は、過少申告加算税よりも重い行政上の制裁を課すことによって、「悪質な納税義務違反」の発生を防止することである。

行政実務は、納税者に主観的な要素は要求されていないことから、納税者が第三者による隠ぺい・仮装行為を知っているか否かにかかわらず、国税通則法六八条一項の適用が可能であり、「経営に参画している者」が隠ぺい・仮装を行った場合には同条一項の適用が認められると解するものであろう。また、納税者において「注意義務違反」がある場合には重加算税を負うとして、注意義務の有無を基準に、重加算税の賦課を判断すべきであると解するものであろう。

しかし、このような判断基準は、上記の、誤った重加算税の性質等を出発点にした論理解釈であり、採用することができないのである。

国税通則法六八条一項においては、納税者に主観的要素（責任要素）が求められており、納税者が第三者による隠ぺい・仮装の行為を認識していたか（あるいは認識しうる状況にあったか）否かがその適用にあたり不可欠である。このような解釈は、一連の最高裁判決（後述(6)に引用の判決）にも沿うものである。

(6)　国税通則法六八条一項においては、最高裁判所の解釈によれば、法人の代表者が使用人等の関係において使用人等が行った隠ぺい・仮装を認識していることが重加算税の賦課にあたって求められているといえる。[9] このような解釈は、国税通則法六八条一項の趣旨・目的や文理解釈などから導かれうるものである。

最高裁平成一八年四月二五日判決（民集六〇巻四号一七二八頁）は、「納税者本人の行為と同視することができる」場合とは、税理士に納税申告を委任した場合の事案であるが、「納税者が税理士に納税申告の手続を委任した場合についていえば、納税者において当該税理士が隠ぺい仮装行為を行うこと若しくは行ったことを認識し、又は容易に認識することができ、法定申告期限までにその是正や過少申告防止の措置を講ずることができたにもかかわらず、納税者においてこれを防止せずに隠ぺい仮装行為が行われ、それに基づいて過少申告がされたときには、当該隠ぺい仮装行為を納税者本人の行為と同視することができ、重加算税を賦課することができると解するのが相当である。他方、当該税理士の選任又は監督につき納税者に何らかの落ち度があるというだけで、当然に当該税理士による隠ぺい仮装行為を納税者本人の行為と同視することができるとはいえない。」と判示する。

すなわち、①納税者において当該税理士が隠ぺい仮装行為を行うこと若しくは行ったことを認識している場合、又は、②容易に認識することができた場合、において、③法定申告期限までにその是正や過少申告防止の措置を講ずることができたにもかかわらず、納税者においてこれを防止せずに隠ぺい仮装行為が行われ、それに基づいて過少申告がされたときには、当該隠ぺい仮装行為を納税者本人の行為と同視することができると判示する。

最高裁判所は、納税者が隠ぺい・仮装の行為について認識（容易に認識できた場合も含む）を必要とする、いわゆる「認識必要説」（主観的要件必要説）に立脚しているのである。税理士への納税申告の委任はまさに申告納税に係る義務を委任するのであることから第三者の行った隠ぺい・仮装については最も責任を問いやすく、控訴人が主張する注意義務違反説がもっとも簡単に認定されうる場合であると解されるところ、最高裁平成一八年四月二五日判決は「選任又は監督につき納税者に何らかの落ち度があるというだけで、当然に当該税理士による隠ぺい仮装行為を納税者本人の行為と同視することができるとはいえない。」と判示する。

最高裁平成一八年四月二五日判決は、国税通則法六八条一項の解釈として、『納税者が……隠ぺいし、又は仮装し』と規定し、隠ぺいし、又は仮装する行為（以下「隠ぺい仮装行為」という。）の主体を納税者としているのであって、本来的には、納税者自身による隠ぺい仮装行為の防止を企図したものと解される。しかし、納税者以外の者が隠ぺい仮装行為を行った場合であっても、それが納税者本人の行為と同視することができるときには、形式的にそれが納税者自身の行為でないというだけで重加算税の賦課が許されないとすると、重加算税制度の趣旨及び目的を没却することになる。」と判示しており、このことからすれば、納税申告についての税理士への委任（税理士案件）においてのみこの判決の射程範囲が存すると解することはできない。重加算税の賦課要件についての最高裁平成一八年四月二五日判決の判示は、国税通則法六八条一項の解釈原理であり、その主距離は広く本件にも及ぶことは明らかである。

そのうえで、最高裁平成一八年四月二五日判決は、法定申告期限までにその是正や過少申告防止の措置を講ずることができたにもかかわらず、納税者においてこれを防止せずに隠ぺい仮装行為が行われ、それに基づいて過少申告がされたときには、当該隠ぺい仮装行為を納税者本人の行為と同視することができ、重加算税を賦課することができると解するのが相当である。隠ぺい仮装行為を認識した場合に、隠ぺい・仮装行為の是正義務や過少申告防止義務を課している。そのような義務違反が行われることによって、過少申告にいたった場合においては、国税通則法六八条一項が適用されることとなる。

なお、「認識必要説」に対して、学説や判例は不要説が一般的に支持をされているとする見解があるが、これは後述するようにこのような一連の最高裁判決前における下級審判例においてみることができる見解であるといってよい。また、認識不要説にたっても第三者の範囲を限定する第三者限定説が有力であるとする見解もあるがこのような見解は今日では採用することができない(10)。

なお、納税者自身の隠ぺい・仮装をあくまでも納税者本人の行為と解する見解があるが（大阪地裁平成一〇年四月三〇日判決）、納税者本人の行為であっても同視できるような場合は同然に含まれると解することは前述したように、国税通則法六八条一項の文理解釈からも十分に可能であり、納税者自身の隠ぺい・仮装をあくまでも納税者本人の行為と解することは、重加算税の趣旨や目的に反することになろう。

よって、「経営に参画する者」といったような納税者と一定の関係のある者が当然に納税者に含まれる、とする見解は採用することができない。上述したように、「納税者本人の行為と同視することができる」場合に限って、国税通則法六八条一項が適用されるとする見解が、その立法経緯・趣旨目的、文理解釈などから妥当な結論であるといえる。

二　国税通則法七〇条五項の解釈適用について

国税通則法七〇条五項の趣旨・目的、同条五項の文言解釈から、ここでいう「偽りその他不正の行為」とは、ほ脱の意思をもってその手段として税の賦課を不能又は著しく困難ならしめるような何らかのその他の工作を行うものであるところ、そのような行為の主体は納税者あるいは納税者と同視しうる者に限定されないという点で、国税通則法六八条一項とは相違がある（「隠ぺい・仮装による行為」と「偽りその他不正の行為」とどちらもその語意に故意といった主観的な要件を含むものであるが、両者の行為態様自体には相違があることはもちろんである）。

法人税法一五九条においては、法人の代表者（人格のない社団等の管理人及び法人課税信託の受託者である個人を含む）、代理人、使用人その他の従業者でその違反行為をした者がほ脱犯の主体として予定されているところであり、国税通則法七〇条五項の立法趣旨からすれば、すなわち、国税通則法七〇条五項は脱税に対応するために五年から七年に除斥期間が延長され、このような法人の代表者、代理人、使用人その他の従業者が行った「偽りその他不正の行為」により税を免れた場合（法人税法一五九条のほ脱犯が成立する場合）において当然に適用することを予定して改正されたものであることからすれば、行為主体をそのようなものに限定するのも合理的な解釈であろう。国税通則法七〇条五項における行為主体が納税者に限定されていないのはこのような立法目的によるものであると解される。よって、納税者以外の者が偽りその他不正の行為を行った場合においても、納税者との関係（不正行為に及ぶことについて納税者に認識等がなかったとしても）に関係なく、同条五項の適用が及び、その結果、国税通則法六八条一項で重加算税を賦課されるものもいれば、法人税法一五九条に規定するほ脱犯に該当するものもいる。国税通則法七〇条五項の規定は、主体が納税者であるか否かは問わず法人の従業者等がほ脱の意図で「偽りその他不正の行為」により税を免れた場合に適用される。

なお、法人の代表者、代理人、使用人その他の従業者が「偽りその他不正の行為」により税を免れた場合ではなく、納税者のみに、あるいは納税者と「納税者と同視しうる者」に限定して解することも上述したように文理解釈、国税通則法にかかる法的構造から十分に合理的な解釈であると解することも可能であろうが、「脱税」の場合に更正の除斥期間を延長するとの立法趣旨からすれば、上記のような解釈がより合理的な解釈として支持されるべきであるといえよう。(11)

国税通則法七〇条五項においては、同法七〇条五項の規定の趣旨が脱税という不正の行為に対し本来の適正な課税を実現することにあり、行為者がだれであるかに着目しているものではなく、脱税があった場合に、三年間の除斥期間内の更正により適正な課税を行うことが困難となることは、当該行為を行う者が納税者自身であるか第三者であるかによって異ならず、除斥期間が七年間とされる。条文上も、国税通則法六八条一項は明確に「納税者」を主体として規定しているのに対して、同法七〇条五項は主体を何ら限定していないことなどから、行為主体が納税義務者であるかどうかを問わず、不正の行為によってほ脱の結果が生じた場合を広く含むと解するのが相当である。この限りにおいては、不正の行為の主体を納税者に限定しなければならないと解する積極的な根拠は存せず、また、行為主体が「偽りその他の不正行為」により税を免れる行為をした以上、納税者本人は行為主体が行った「偽りその他の不正行為」についての認識は必要ないと解すべきである。最高裁判決においても、この点については同様に解されているものと解される。(12)

よって、納税者以外の一定の者が偽りその他不正の行為を行った場合においても、納税者との関係（不正行為に及ぶことについて納税者に認識等がなかったとしても）に関係なく、同条五項の適用が及び、その結果、国税通則法六八条一項で重加算税を賦課されるものもいれば、法人税法一五九条に規定するほ脱犯に該当するものもいる。国税通則法七〇条五項の規定は、行為主体が納税者であるか否かは問わず法人の従業員等がほ脱の意図で「偽りその他不正の行為」により税を免れた場合に適用される。国税通則法七〇条五項における適用要件は、納税者あるいは法人税法一五九条一項の行為主体がほ脱犯の成立要件を充足していなければならないといえよう。

よって、このような解釈によれば、法人の代表者や従業者等がほ脱の意図で「偽りその他不正の行為」を行って、結果的に納税者が税を免れれば、国税通則法七〇条五項の適用があるものと解される。法人税法一五九条一項は、法人の代表者又は法人の代理人、使用人その他の従業者が法人税法一五九条一項（法人税を免れる等の罪）の成立要件を充足した場合に適用があることとなる。このような解釈が、国税通則法七〇条五項、法人税法一五九条一項の規定の文理解釈、国税通則法七〇条五項の立法趣旨から、合理的な解釈といえよう。その結果、法人又は業務主にはほ脱犯の適用がなく、法人の使用人等にのみほ脱犯が適用されることとなる場合も存するが、この場合に、使用人等により偽りその他不正の行為が行われていることから、国税通則法七〇条五項の規定の適用がされることになる。その結果、更正の除斥期間は七年となり、納税者はその間、更正等の処分に服することとなる。納税者が従業員等による隠ぺい・仮装の行為を認識している場合には国税通則法六八条一項の適用が行われることとなり、納税者がそのような行為を認識していない場合には、納税者に過少申告加算税（国税通則法六五条一項）が賦課されることとなる。

三　法人税法一二七条一項の解釈適用について

国税通則法六八条一項の趣旨目的と法人税法一二七条一項の趣旨・目的が違うことをもって、両者の「隠ぺい・仮装」の意義が異なると解することはできない。法人税法一二七条一項各号による青色申告承認の取消制度は青色申告制度の適正な運営（ひいては適正な申告納税制度の運営）を担保するためのものであり、また青色申告にともなう利益は一身専属的な利益であり、その取消しは不利益処分であることから、納税者に帰責事由が必要であると解される。その結果、国税通則法六八条一項における「隠ぺい・仮装」と法人税法一二七条一項三号における「隠ぺい・仮装」は同義と解さなければならない。よって、たとえば会社代表者自身に「隠ぺい・仮装」がなく、また会社代表者が横領した者の「隠ぺい・仮装」を認識していない以上、一二七条一項三号にいう「隠ぺい・仮装」はなく、青色申告承認処分を取り消すことは、明らかに違法であるといえよう。

おわりに

「経営に参画する者」が行った隠ぺい・仮装行為についての効果が法人や事業主に及ぶと解する、国税通則法六八条一項、同法七〇条五項及び法人税法一二七条一項三号の解釈は採用することができない。また、このような解釈は、最高裁判決にも違反しているといえる。

また、国税通則法六八条一項の適用にあたっては、納税者自身が隠ぺい・仮装を行うか、あるいは納税者が納税者以外の者が行った隠ぺい・仮装を認識していることが求められる。よって、代表取締役が横領を行った役員の行為を認識していない場合には、国税通則法六八条一項は適用されない。

国税通則法七〇条五項の適用にあたっては、納税者がほ脱の意図のもとで、偽りその他不正の行為を行うか、法人の従業員等がほ脱の意図のもとで、偽りその他不正の行為を行うことが求められる。納税者以外の一定の者が偽りその他不正の行為を行った場合においても、納税者との関係（不正行為に及ぶことについて納税者に認識等がなかったとしても）に関係なく、同条五項の適用が及び、その結果、国税通則法六八条一項で重加算税を賦課されるものもいれば、法人税法一五九条に規定するほ脱犯に該当するものもいる。国税通則法七〇条五項の規定は、行為主体が納税者であるかを否かは問わず法人の従業員等がほ脱の意図で「偽りその他不正の行為」により税を免れた場合に適用される。国税通則法七〇条五項における適用要件は、納税者あるいは法人税法一五九条一項の行為主体がほ脱犯の成立要件を充足していなければならないといえよう。

よって、このような解釈によれば、法人の代表者や従業者等がほ脱の意図で「偽りその他不正の行為」を行って、結果的に納税者が税を免れれば、国税通則法七〇条五項の適用があるものと解される。

なお、法人税法一二七条一項三号の「隠ぺい・仮装」も国税通則法六八条一項の「隠ぺい・仮装」と同義であると解されることから、納税者による隠ぺい・仮装が存しないことから、会社に対する青色申告承認処分の取消処分は違法となる。

（1）佐藤英明「納税者以外の者による隠ぺい・仮装工作と重加算税」総合税制研究一九九六年三月号八八頁。なお加算税の特徴については、原田尚彦『行政法要論〔全訂第六版〕』（学陽書房、二〇〇五）二三三頁参照。

（2）武田昌輔『DHC　コンメンタール国税通則法』（第一法規、加除式）三六二八頁参照。

（3）最高裁平成一八年四月二八日判決は、「過少申告加算税は、過少申告による納税義務違反の事実があれば、原則としてその違反者に対し課されるものであり、これによって、当初から適法に申告し納税した納税者との間の客観的不公平の実質的な是正を図るとともに、過少申告による納税義務違反の発生を防止し、適正な申告納税の実現を図り、もって納税の実を挙げようとする行政上の措置である。」と判示する。

過少申告加算税の趣旨・目的から、「正当の理由」とは①同税理士にその根拠を尋ねるなどすれば、同税理士が脱税の意図を有していることを認識し得たものというべきであり、②それらの確認を怠り、安易に同税理士を信頼して本件確定申告手続を委任してしまった一審原告には代理人の選任、監督について過失があったというべきであるとの判断を退けて、過少申告加算税については納税者が第三者の過少申告を認識し得なかったかとか、監督責任を怠らなかったかといったことではなく、客観的な事情があり、上記のような過少申告加算税の趣旨に照らしても、なお、納税者に過少申告加算税を賦課することが不当又は酷になる場合をいうものと述べる。これは重加算税との相違として留意しておく必要がある。

過少申告加算税の趣旨を示す最高裁判所第一小法廷（差戻上告審）平成二〇年三月二七日判決（ＴＫＣ【文献番号】二五四五〇七四三）は、重加算税の趣旨との対比において、以下のように述べている。上記のような重加算税の賦課要件は、過少申告加算税の趣旨・目的、性質を重加算税のそれらと対比することによっても相当なものであると解されうる。

「（1）過少申告加算税は、過少申告による納税義務違反の事実があれば、原則としてその違反者に対して課されるものであり、これによって、当初から適法に申告し納税した納税者との間の客観的不公平の実質的な是正を図るとともに、過少申告による納税義務違反の発生を防止し、適正な申告納税の実現を図り、もって納税の実を挙げようとする行政上の措置である。この趣旨に照らせば、過少申告があっても例外的に過少申告加算税が課されない場合として国税通則法六五条四項が定めた「正当な理由があると認められる」場合とは、真に納税者の責めに帰することのできない客観的な事情があり、上記のような過少申告加算税の趣旨に照らしてもなお納税者に過少申告加算税を賦課することが不当又は酷になる場合をいうものと解するのが相当である（最高裁平成一七年（行ヒ）第九号同一八年四月二〇日第一小法廷判決・民集六〇巻四号一六一一頁、最高裁平成一六年（行ヒ）第八六号、第八七号同一八年四月二五日第三小法廷判決・民集六〇巻四号一七二八頁参照）」。

（4）　金子宏『租税法〔一六版〕』（弘文堂、二〇一一）六七七頁において、「隠ぺい・仮装とは、その語義からして故意を含む観念であると解すべきであ（る）」とされており、原田・前掲注（1）二三三頁も重加算税の制裁としての経済的負担を述べるにとどまり、重加算税における主観的責任要素を排除することまで述べているわけではないといえよう。

（5）　加算税の趣旨と性質について、最高裁平成一八年四月二五日判決（民集六〇巻四号一七二八頁）は、「国税通則法六八条一項は、過少申告をした納税者が、その国税の課税標準等又は税額等の計算の基礎となるべき事実の全部又は一部を隠ぺいし又は仮装し、その隠ぺいし又は仮装したところに基づき納税申告書を提出していたときは、その納税者に対して重加算税を課することとしている。この重加算税の制度は、納税者が過少申告をするにつき隠ぺい又は仮装という不正手段を用いていた場合に、過少申告加算税よりも重い行政上の制裁を課すことによって、悪質な納税義務違反の発生を防止し、もって申告納税制度による適正な徴税の実現を確保しようとするものである。」と判示する。重加算税の趣旨・性質について過少申告加算税よりも「重い行政上の制裁」を課すことによって、「悪質な納税義務違反」の発生を防止することとしている。

さらに、納税者と隠ぺい・仮装行為をした者との関係について、最高裁平成一八年四月二五日判決は、「国税通則法六八条一項は「納税者が……隠ぺいし、又は仮装し」と規定し、隠ぺいし、又は仮装する行為（以下「隠ぺい仮装行為」という。）の主体を納税者としているのであって、本来的には、納税者自身による隠ぺい仮装行為の防止を企図したものと解される。しかし、納税者以外の者が隠ぺい仮装行為を行った場合であっても、それが納税者本人の行為と同視することができるときには、形式的にそれが納税者自身の行為でないというだけで重加算税の賦課が許されないとすると、重加算税制度の趣旨及び目的を没却することになる。」と判示する。

国税通則法六八条一項は、本来的には、納税者自身による隠ぺい仮装行為の防止を企図したものと解されるとしたうえで、重加算税制度の趣旨及び目的から納税者以外の者が隠ぺい仮装行為を行った場合であっても、それが納税者本人の行為と同視することができるときには、重加算税の賦課が許されるとするのである。

国税通則法六八条一項は「納税者が……隠ぺいし、又は仮装し」と規定していることから、租税法律主義のもとでの文理解釈によれば拡大解釈することは許されないはずである。

しかし、最高裁は規定の趣旨又は目的を強調して、納税者本人の行為と同視することができるときも「納税者」に含めることとしている。これは、納税者自ら隠ぺい・仮装を行うことなく、従業員等をして、そのような行為を行うことがありうるところ、このような行為を納税者本人の行為と同視できること当然であり、最高裁の判断は支持されうるものである。

文理解釈において、当該規定の趣旨・目的を考慮することは否定されないものの、あくまでも通常の用語の範囲内で解されなければならないところ、そのような文理解釈によるものといえる（東京高判平二〇・三・一二金判一二九〇号三二頁参照）。よって、最高裁判決においては、その判断にあたり「納税者本人の行為と同視することができるとき」といった要件が付されているのである。なお、ここでの要件は、「経営に参画する者」とはその前提を異にするものであり、その内容も異なることに留意をしておくべきである。また、控訴人は、法人の代表取締役が取締役等に対する監督上の注意義務を尽くして、隠ぺい・仮装行為を防止することができたのに、それを尽くさなかった場合にも、「納税者本人の行為と同視することができるとき」とは異なる。

(6)　国税通則法六八条一項は、過少申告加算税の加重賦課要件規定であるところ、最高裁昭和五二年一月二五日判決（訟月二三巻三号五六三頁）は、その賦課要件の一つである過少申告に係る過少申告加算税について、過少申告加算税は、「主観的責任の追及という意味での制裁的な要素は重加算税に比して少ないものである」として、重加算税があくまでも主観的責任の追及という制裁的なものであることを明確に述べている。

最高裁平成七年四月二八日判決（民集四九巻四号一一九三頁）は、いわゆるつまみ申告の事案において、「重加算税を課するためには、納税者のした過少申告行為そのものが隠ぺい、仮装に当たるというだけでは足りず、過少申告行為そのものとは別に、隠ぺい、仮装と評価すべき行為が存在し、これに合わせた過少申告がされたことを要するものである。しかし、右の重加算税制度の趣旨にかんがみれば、架空名義の利用や資料の隠匿等の積極的な行為が存在したことまで必要であると解するのは相当でなく、納税者が、当初から所得を過少に申告することを意図し、その意図を外部からもうかがい得る特段の行動をした上、その意図に基づく過少申告をしたような場合には、重加算税の右賦課要件が満たされるものと解すべきである。」と判示する。

いわゆるつまみ申告において重加算税を課するためには、納税者のした過少申告行為それ自体が隠ぺい、仮装に当たるということはできず、①過少申告行為そのものとは別に、隠ぺい、仮装と評価すべき行為が存在し、②これに合わせた過少申告がされたことを要するものであると判示するが、本件はいわゆるつまみ申告についてのみの賦課要件であると解する余地もありそうであるが、重加算税の一般的賦課要件を論じていると解することも十分に可能である。国税通則法六八条一項の適用において、つまみ申告は隠ぺい・仮装が外部的に存しないことから納税者が、当初から所得を過少に申告することを意図し、その意図を外部からもうかがい得る特段の行動をしたことを最高裁判決は求めているといえる。最高裁平成六年一一月二二日判決（訟月四一巻一一号二八八七頁）も同様である。上記両判決は、仮装隠ぺいの積極的な行為がない場合においては真実の所得金額を隠ぺいしようという確定的な意図を求めるものであり、隠ぺい・仮装の積極的な行為が存する場合にはこのような要件は不要である。

(7)　選任・監督上の過失論、使用者責任論や履行補助者論に立脚する判決等の分析については、酒井克彦『附帯税の理論と実務』（ぎょうせい、二〇一〇）二七〇頁以下参照。

（8）　最高裁平成一八年四月二〇日判決（民集六〇巻四号一六一一頁）は、以下のように最高裁平成一八年四月二五日判決と同様の判断を示している。

「国税通則法六八条一項は、過少申告をした納税者が、その国税の課税標準等又は税額等の計算の基礎となるべき事実の全部又は一部を隠ぺいし又は仮装し、その隠ぺいし又は仮装したところに基づき納税申告書を提出していたときは、その納税者に対して重加算税を課することとしている。この重加算税の制度は、納税者が過少申告をするにつき隠ぺい又は仮装という不正手段を用いていた場合に、過少申告加算税よりも重い行政上の制裁を課することによって、悪質な納税義務違反の発生を防止し、もって申告納税制度による適正な徴税の実現を確保しようとするものである。

同項は、『納税者が……隠ぺいし、又は仮装し』と規定し、隠ぺいし、又は仮装する行為（以下「隠ぺい仮装行為」という。）の主体を納税者としているのであって、本来的には、納税者自身による隠ぺい仮装行為の防止を企図したものと解される。しかし、納税者以外の者が隠ぺい仮装行為を行った場合であっても、それが納税者本人の行為と同視することができるときには、形式的にそれが納税者自身の行為でないというだけで重加算税の賦課が許されないとすると、重加算税制度の趣旨及び目的を没却することになる。そして、納税者が税理士に納税申告の手続を委任した場合についていえば、納税者において当該税理士が隠ぺい仮装行為を行うこと若しくは行ったことを認識し、又は容易に認識することができ、法定申告期限までにその是正や過少申告防止の措置を講ずることができたにもかかわらず、納税者においてこれを防止せずに隠ぺい仮装行為が行われ、それに基づいて過少申告がされたときには、当該隠ぺい仮装行為を納税者本人の行為と同視することができ、重加算税を賦課することができると解するのが相当である。他方、当該税理士の選任又は監督につき納税者に何らかの落ち度があるというだけで、当然に当該税理士による隠ぺい仮装行為を納税者本人の行為と同視することができるとはいえない。」

最高裁判決は、納税者において、納税者以外のものによる隠ぺい仮装行為を認識しながら、法定申告期限までにその是正や過少申告防止の措置を講ずることができたにもかかわらず、これを防止せずに隠ぺい仮装行為が行われ、それに基づいて過少申告がされたときには、当該隠ぺい仮装行為を納税者本人の行為と同視することができ、重加算税を賦課することができると解している。

また、過少申告加算税と重加算税の趣旨・性質の相違から重加算税における主観的要素について、最高裁平成一八年四月二〇日判決は、原審は第一審と同様、第一賦課決定処分のうちの過少申告加算税額相当分についても取消しを免れないものと判断したところであるが、その理由は、次のとおりである。

「過少申告加算税は、過少申告による納税義務違反の事実があれば、原則としてその違反者に対し課されるものであり、これによって、当初から適法に申告し納税した納税者との間の客観的不公平の実質的な是正を図るとともに、過少申告による納税義務違反の発生を防止し、適正な申告納税の実現を図り、もって納税の実を挙げようとする行政上の措置であり、主観的責任の追及という意味での制裁的な要素は重加算税に比して少ないものである。

国税通則法六五条四項は、修正申告書の提出又は更正に基づき納付すべき税額に対して課される過少申告加算税につき、その納付すべき税額の計算の基礎となった事実のうちにその修正申告又は更正前の税額の計算の基礎とされていなかったことについて正当な理由があると認められるものがある場合には、その事実に対応する部分についてはこれを課さないこととしているが、過少申告加算税の上記の趣旨に照らせば、同項にいう「正当な理由があると認められる」場合とは、真に納税者の責めに帰することのできない客観的な事情があり、上記のような過少申告加算税の趣旨に照らしても、なお、納税者に過少申告加算税を賦課することが不当又は酷になる場合をいうものと解するのが相当である。」

この最高裁判決は、過少申告加算税と重加算税との関係において重要な判示をしている。前掲最高裁同様、過少申告による納税義務違反の発生を防止し、適正な申告納税の実現を図り、もって納税の実を挙げようとする行政上の措置であり、主観的責任の追及という意味での制裁的な要素は重加算税に比して少ないものであると明言しており、「重加算税は倫理的非難を伴わないもの」などではないことは明らかである。前述において指摘したところであるが、控訴人における重加算税の性質に対する理解が誤っていることは、このような判示からも明らかである。

また、国税通則法六五条四項は、修正申告書の提出又は更正に基づき納付すべき税額に対して課される過少申告加算税につき、その納付すべき税額の計算の基礎となった事実のうちにその修正申告又は更正前の税額の計算の基礎とされていなかったことについて正当な理由があると認められるものがある場合には、その事実に対応する部分についてはこれを課さないこととしているが、過少申告加算税の上記の趣旨に照らせば、同項にいう「正当な理由があると認められる」場合とは、真に納税者の責めに帰することのできない客観的な事情があり、上記のような過少申告加算税の趣旨に照らしても、なお、納税者に過少申告加算税を賦課することが不当又は酷になる場合をいうものと解するのが相当であるということになる。

なお、さらに注目すべきは、補足意見（裁判官滝井繁男）は、「納税者と税理士との間にどの範囲の事実の隠ぺい・仮装について意思の連絡があったかは、差戻審において審理し、確定される必要がある。」「重加算税は、高率の加算税を課すことによって、隠ぺい・仮装による納税義務違反行為を防止し、徴税の実を挙げようとする趣旨に出た行政上の一種の制裁措置である。納税者から申告手続の委任を受けた税理士等の第三者が隠ぺい・仮装行為をした場合において、納税者は、自らその行為をしていないというだけの理由でこの制裁を免れるわけではない。しかし、事実の隠ぺい・仮装についてその一部に意思の連絡があるからといって、必ずしも過少申告となった税額全体について納税者に対して重加算税を賦課することができるわけではないとする考え方が十分あり得るのであり、重加算税を賦課することができる範囲は、重加算税制度の趣旨、目的等から見て、慎重な検討を要する問題である。」として差戻審においては、前記の事実を確定した上で、上記の問題について十分検討すべきであると述べる。

このような意見は、制裁としての重加算税についての主観的要件について的確な見解を述べているものとして評価しうる。

(9)　最高裁平成一八年四月二〇日判決の差戻控訴審・東京高裁平成一八年一月一八日判決（税務訴訟資料二五六号順号一〇二六五）は、納税者から委任を受けた者が隠ぺい仮装行為を行った場合における重加算税の賦課要件について、「重加算税制度の目的及び法の文理に従えば、重加算税の賦課要件としては、過少申告の計算の基礎となるべき事実につき客観的に隠ぺい又は仮装の行為があり、この隠ぺい、仮装の行為に合わせた申告がされるというだけでは足りず、その隠ぺい、仮装の行為が納税者の行為と評価し得る（納税者に帰責すべき）事由が必要である。もっとも、この場合、納税者自身が資料の隠匿、隠ぺい又は仮装等の積極的な行為をすることまでの必要はなく、当該隠ぺい又は仮装の行為をした補助者又は代理人が過少申告の計算の基礎となるべき事実につき架空経費の計上などの違法な手段により税額を減少させようと企図していることを了知していたなど、隠ぺい又は仮装の行為がされることを容認し、その間に意思の連絡がある場合には、上記通則法六八条一項所定の重加算税の賦課の要件を充足するものというべきである。」としている。

また、同判決は、納税者と履行補助者又は代理人等においてその態様がかならずしも一致している必要はないとしていることから、その隠ぺい・仮装行為の内容が双方において完全に一致していることまでは求められてはいないことを明示している。重加算税の規定にかかる趣旨・目的から、またその賦課が刑事罰と異なることなどから、租税法律主義のもとでもおおむねその行為が一致していれば、そのような齟齬により重加算税の適用が排除されると解する必要はない。

(10)　首藤重幸「相続財産の隠ぺいの事実を知らなかった相続人の重加算税」税務事例研究三〇号（一九九六）六六頁参照。

(11) 法人税法一五九条におけるほ脱犯の犯罪の主体は、法人の代表者、代理人、使用人、その他の従業者であり、そのような者が法人税法一五九条における「偽りその他不正の行為」によって法人税を免れることによってほ脱犯が成立する。「偽りその他不正の行為」とは、法人の代表者等がほ脱の意思をもって、税の賦課を不能又は著しく困難ならしめるような（脱税を可能ならしめる）行為であって社会通念上不正と認められる一切の行為であり、ほ脱犯においてはこのような不正の行為と税を免れたという結果との間に因果関係が求められている。免れた税額は不正行為との間に因果関係を有する。さらに、ほ脱の認識（故意）を必要とする。この認識は、包括的な不正行為と租税債務の不法利得に対するものである。

国税通則法七〇条五項により更正の除斥期間が七年となる場合の「偽りその他不正行為」と法人税法一五九条の規定する「偽りその他不正行為」とは、同条の文理解釈や国税通則法における法的構造から、上記の解釈を原則として一致させたうえで、かかる法解釈を展開しているものであり、一つの解釈として一定の合理性をもちうるものではあるといえよう。

(12) 国税通則法七〇条五項の立法趣旨は、以下のように解されている（武田・前掲注（2）三七五九頁の二以下参照）。なお、国税通則法七〇条二項四号［旧規定］のもとでの立法趣旨とも同様に解することができる（泉美之松・高橋元・石原秀昭信雄「五六年税制改正をめぐって」税経通信四四巻六号（一九八九）二〇頁参照）。

一、昭和三六年の「国税通則法の制定に伴う答申」では脱税の場合の賦課権の除斥期間は五年とすると述べ、これについて、同答申の説明では五年よりも長期の除斥期間とすべきであったとの意見が強かったが、（1）税務官署及び納税義務者における書類保存の年限の制限、（2）上記の（1）の事情から除斥期間を延長すれば、税務署ごとの課税が恣意的になりやすいなどの理由により、この期間を延長するに至らなかった。

二、しかし、その後、悪質な脱税事件の発生を契機として脱税に対する世論の批判が高まり、また所得課税については税務執行面における把握差が生じやすく、実質的な負担の公平の確保の面で批判がすくなからずみうけられるようになり、書類等保存を延長するとともに、あわせて税務署ごとの課税が恣意に陥ることのないように配慮しつつ、除斥期間を延長することとした。

国税通則法七〇条五項は「脱税」への対応を意識したものであり、ほ脱犯が成立する場合（ほ脱犯の成立要件を充足する場合）に適用があるものと解することができる。なおこのような立法趣旨に立ったうえで、両規定の関係については争いがある。

(1)、国税通則法七〇条五項と法人税法一五九条の適用要件に係る「偽りその他不正の行為により……法人税を免れ」という文言は同じであり、その適用要件は同じであると考えられることから、法人税については、法人税法一五九条におけるほ脱犯が成立する場合には、国税通則法七〇条五項が結果的には適用されることになる。両者の適用要件は同じであると解する（以下「ほ脱犯重複説」という）。その結果、法人税法一五九条で規定する「法人の代表者又は法人若しくは人の代理人、使用人その他の従業者」がその法人の業務又は財産に関して行った脱税について、国税通則法七〇条五項の適用がある。

(2)、国税通則法七〇条五項と法人税法一五九条の適用要件に係る「偽りその他不正の行為により……法人税を免れ」という文言は同じであり、その適用要件は同じであると考えられることから、法人税については、法人税法一五九条で規定する「法人の代表者又は法人若しくは人の代理人、使用人その他の従業員」がその法人又は人の業務又は財産に関して「偽りその他不正の行為」を行えば国税通則法七〇条五項の適用がある。国税通則法七〇条五項の規定の要件としては、ほ脱の犯意は必要としていないから、犯意がなくともほ脱行為があればその適用を受ける（以下「ほ脱行為要求説」という）。

(3)、国税通則法七〇条五項と法人税法一五九条の適用要件に係る両規定の「偽りその他不正の行為により……法人税を免れ」という文言は同じであることから、その適用要件は同じであると考えられるが、あくまでもその主体は更正の名宛人である納税者に限定される（以下「納税者ほ脱行為要求説」という）。

国税通則法七〇条五項は、更正の除斥期間を定めたもので、この規定によって課税庁に課税権（更正権限等）が付与されるものではなく、国税通則法二四条において更正等の権限が付与されているところ、上記(1)の「ほ脱犯重複説」においては従業員等においてほ脱犯が成立したとき（納税者自身にほ脱犯が成立していない場合）においても、同条五項の規定の適用を認めることとなるが、同条五項はそのような場合にまで拡大適用されることを予定していない。

納税者ほ脱行為要求説においては、国税通則法七〇条五項にいう、「偽りその他不正の行為」とは、税額を免れる意図の下に税の賦課徴収を不能又は著しく困難にするような何らかの偽計その他工作を伴う不正の行為を行っていることを意味するところ、たとえば乙が営業担当者にすぎず、経理・税務申告担当者ではなく、当該法人が乙らによる不正行為を認識したのは、税務調査が行われた後であったから、法人には、税金を免れる目的ですでに存在している誤った状況をあえて放置し、これを利用して税金を免れようとした事実はなく、乙の行為を法人の行為と同視して、法人に国税通則法七〇条五項所定の「偽りその他不正の行為」があったということはできない、ということになる。

ほ脱犯重複説は同項に「偽りその他不正の行為」の主体が「納税者」と記載されていないことを強調するが、納税者ほ脱行為要求説は、同項が「偽りその他不正の行為により……税額を免れ……た国税についての更正」と規定しているところ、税額を免れた主体が納税者であることは明らかであるから、「偽りその他不正の行為」の主体も納税者に限定して解するのが相当であると解するものである。もっとも、「偽りその他不正の行為」の手段、態様は限定されていないのであるから、使用人等の第三者が「偽りその他不正の行為」によって申告書を作成し提出することを、納税者が認識しながら、これを認容して制止しない場合や、申告書の提出時には認識がなかったとしても、後にこれを認識し、修正申告を提出するなどの行為が可能であるのに、あえてこれをしない場合にあっては、そのような認識、認容をもって、納税者の「偽りその他不正の行為」としてとらえることは十分に可能である。

増加した所得税額への損害賠償金の非課税所得該当性
――「税の山びこ現象」と税法の体系的・整合的解釈の必要性――

黒川　功

はじめに

わが国に限らず、所得税法における課税所得概念は、古い時代の所得源泉説的な限定された構成から、時代を下るにつれあらゆる純資産の増加を所得として課税対象とする純資産増加説的な構成へと、さらにはここに課税期間中の個人消費をも加える包括的所得概念の要素をも採り入れた構成へと拡大していく傾向を示してきた。わが国の所得税法も、一〇種類の所得のうち他の九種類の所得のいずれにも該当しない所得を課税所得に加える雑所得（所得税法三五条）の規定が設けられて以来、所得課税の契機となる収入金額の存する限り、それは原則として所得課税の対象とされる仕組みを有するに至っている。

こうした今日の所得税法の解釈・適用において納税者の権利への不当な侵害を防ぐためには、まずは収入の存否・

金額の把握が厳正・合理的に認定されるべきことはいうまでもないが[1]、同時に同じだけの重要度をもって、課税所得の負の要素である必要経費の存否・金額の算定、非課税規定による課税除外の認定が、適正かつ不足なく行なわれなければならない。しかるに、非課税所得、とりわけ非課税となる損害賠償金の意義と範囲については、わが国ではその研究自体がまだ十分に行なわれているとはいい難く[2]、近代所得税法の運用上本質的に求められるこうした要請が、今日のわが国の税務行政、税務訴訟において、権力を行使する側によって守られているかという点については、残念ながら楽観的な判断は許されない状況にある。

本稿では、明らかに税法の整合的解釈の枠を超えた誤った解釈が行なわれた実例として、土地取引に係る買主の債務不履行が原因で増加した売主の所得税・住民税額等への損害賠償金が、再び売主の一時所得の収入金額とされ課税された事例を採り上げる。そして、所得税法の条文と構造に照らしながらその誤謬を論証するとともに、そうした解釈のなされる方法上の問題をも指摘し、今日の税法解釈のあり方に警鐘を鳴らしたい。

一　増加した所得税・住民税負担への損害賠償金が一時所得として課税された事例

1　事案の概要

実は所得税、住民税の負担増を原因として支払われた損害賠償金の非課税所得該当性が争われた判例はほとんど見当たらない。本稿で紹介する事案も[3]、形式的には課税庁が当事者とならない純然たる民事事件として争われている。このため、税法学徒の注目をほとんど集めなかったし[4]、また、最高裁まで争う姿勢を崩していなかった被告会社（二審では控訴人）は、控訴審判決後他社に吸収合併され[5]、結局事件自体が立ち消えになったという経緯がある。

事案は、土地譲渡人（原告）の譲渡所得の申告に際し、譲受人（被告会社）が租税特別措置法上の軽減措置が受けられるよう協力することを約し、これに違反して生じた損害については賠償するとの特約を付してなされた土地売買に係るものである。被告会社は結局上記約定を履行せず、これにより増加した譲渡人（原告）の所得税本税、加算税、利子税、住民税の負担に対し、特約に従って損害賠償金を支払ったところ、その賠償金自体が収受時の年分の原告の一時収入として課税対象とされ、これにより再び生じた新たな所得税、住民税の負担につき、原告が再び被告に損害賠償を求めたというものである。

このように、この事件は、私人間で損害賠償義務の存否が争われた民事事件としての体裁をもつものではあるが、最終的に結論を分けることとなる論点は、実質的には税法事件におけるそれであった。すなわち、被告会社の債務不履行によって増加した原告の所得税、住民税等の税額を補償するものとして支払われた損害賠償金は、収受時には新たに原告の一時所得を構成して再び所得税、住民税の追加的負担増をもたらし、被告の賠償責任を再度発生させるものなのか、あるいは当該賠償による金員の収受は非課税所得に該るため原告の新たな税負担増の原因は存在せず、被告の追加的賠償責任も発生しないのかという点にあった。（勿論事案では、原告と被告との間で交わされた特約における賠償責任が、時間ないし二次・多次的因果関係において限定されていなかったかということについても争われているが、裁判所はこれを消極に解している。以下この点については所与の事実として検討を進める。）

2　問題となった課税の基礎となる事実

平成八年七月、被告譲渡人は、原告会社に土地を八億七〇〇〇万円余で売却した。その際原告は、譲渡人が租税特別措置法三一条の二所定の「優良住宅地の造成等のために土地等を譲渡した場合の長期譲渡所得の課税の特例」を受けるための手続に協力し、これを怠った場合の損害を補償するとの特約を付した。平成九年三月、譲渡人は原告に前記「課税の特例」を受けるための書類の交付を請求したが、控訴人は既に平成八年一〇月に訴外会社に当該土地を宅地造成を行わないまま転売していたため、当該書類の交付が不可能となっていた。被告譲渡人は修正申告を余儀なくされ、平成一一年九月、総額で約一億五〇〇〇万円の追徴課税(6)を受けることとなった。

被告会社は平成一一年一一月、原告譲渡人の被った追徴税額約一億五〇〇〇万円を損害賠償金として支払った。平成一二年三月、原告は所轄税務署の指導に従い当該賠償金約一億五〇〇〇万円を平成一一年度分の一時所得として申告し、これにより所得税で二六〇〇万円余、住民税で約一〇〇〇万円弱、合計で約三六〇〇万円の上積み税額が発生した。平成一二年六月、原告譲渡人はその一部を納付し、所轄税務署はこれを領収の上、未納残額について督促状を原告に送付した。原告はこれら約三六〇〇万円についても被告に賠償を求めたが、被告は賠償金自体の支払いを原因とする賠償責任までは想定しておらず、これに応じなかったため争いとなった。

なお、ここで当初の一億五〇〇〇万円の賠償金への一時所得課税が維持されれば、同じ理由で後年度も課税と賠償が繰り返されることとなり、当該賠償金による所得税負担への影響額が一〇〇円を切るまで(7)、この連鎖が終わらないこととなる。

二　裁判所の判断

1　損害賠償金非課税の意義と範囲

第一審東京地裁平成一五年一月二九日判決(3)は、上記賠償金が、所得税法上、損害賠償金として非課税所得にあたるかについて検討し、損害賠償金が非課税とされる理由は、損害賠償が他人の被った損害を補塡し、損害のないのと同じ状態にしようとするもので、所得として課税することが酷であることによると説明し、損害賠償金の名目で支払われても、喪失した所得（利益）の補塡にあたるものは実質的に所得（利益）を得たと同一であり、非課税所得にはならないとの基本認識を示す。

第三　争点に対する判断

一　争点（1）について

(1)……

(2)……所得税法九条一項一六号は、損害保険契約に基づき支払を受ける保険及び損害賠償金（これに類するものを含む。）で、心身に加えられた損害又は突発的な事故により資産に加えられた損害に基因して取得するものその他政令で定めるものは、非課税とする旨定めている。損害賠償金が非課税とされる理由は、損害賠償が他人の被った損害を補塡し、損害のないのと同じ状態にしようとすることにあって、その間に所得の観念を入れることが酷であることによるものと解される。すなわち、損害賠償金の名目で支払われたとしても、そのすべてが非課税所得になるわけではない。本来所得となるべきもの、又は、得べかりし利益を喪失した場合にこれが賠償されるときは、喪失した所得（利益）が補塡されるという意味においてその実質は所得（利益）を得たと同一の結果に帰着すると考えられ、このような場合は、名目上、損害賠償金であっても、非課税所得にはならない。

2　増加した税負担への損害賠償の性格

東京地裁はさらに、原告の税負担の増加は既存財産の減少ではなく、租税軽減措置を受けられる将来の「利益」の侵害であって、その賠償は逸失利益（＝所得）の補塡であるから非課税となる賠償金には該らないと判示する。

一　争点（1）について

(2)……

ア　本件軽減措置の趣旨からの検討

……本件特約不履行により本件軽減措置を受けられなかったことは、原告において、もともと実体的には課税されなかったはずの税金が、軽減を受けるために必要な書類を整えなかったなどの形式的な理由で課税され、ひいては、原告の既存財産が減少したと見る余地はなく、売買による譲渡所得を取得した原告において、本来、自ら負担すべき譲渡所得税のうち本件軽減相当額について免除を受けられたであろうという将来の利益を侵害されたものにすぎないというべきである。言い換えると、本件賠償金の支払は、被告××の本件特約不履行により逸失した利益についての補塡であると解される。

さらに上記賠償金は、売主が負担すべき譲渡所得税を売買代金に上乗せするいわゆる値増し金と同様、譲渡代金の一部として評価すべきであると判じた。

(2)……

イ　本件賠償金の実質面からの検討

……ところで、本件不動産の譲渡につき、優良住宅地等の譲渡による特例措置を受けられなかった場合、前記のとおり、原則に戻って課税がされる。本件賠償金の支払は、実質的にみると、売主である原告にとっては、結局、自ら負担すべき一般の長期譲渡所得課税について、本件軽減措置を受けられたと仮定した課税額分につき、買主である被告××に負担をさせるという結果となっており、つまるところ、不動産の売買契約において、売買価格に、売主が負担すべき不動産譲渡所得税を上乗せして売買価格を決定した事例（値増し金の事例）と同じであって、本件賠償金の支払は、本件不動産の譲渡代金の増額分にあたるというべきである。

そうすると、名目は損害賠償金とされているものの、本件賠償金の実質は、譲渡代金の一部と同等に評価すべきである。

したがって、本件賠償金の実質的な意味から検討しても、本件賠償金は、非課税所得にはあたらないと解するのが相当である。被告らは、この点に関し、本件賠償金が、いわば「儲け」として実質を欠き、所得に該当しないと主張するが、この主張は、以上説示に照らして理由がない。

3　課税の繰り返し、所得の種類

被告会社は、上記賠償金が一時所得として課税されると解すると、理論上は賠償金の支払の度に課税を繰り返されなければならなくなるとの疑問を呈しているが、これに対し判決は、繰り返しはいつか収束すること、課税庁の判断次第で繰り返すとは限らないとして取り合っていない。また賠償金が値増し金の性質をもつならば譲渡所得として課税されるべきなのに一時所得とされている点については、納税者に有利な判断なので問題はないとして一蹴し、増加した所得税、住民税等を原因とする賠償金を一時所得とした課税は合法で、これによって増加した税額への賠償義務も発生すると判示した。

イ　本件賠償金の実質面からの検討

……また、被告らは、(ア) かりに本件賠償金が一時所得として課税することになると、本件では、新たに支払われた賠償金についても、課税が繰り返されることになる、(イ) かりに本件についていわゆる値増し金の事例と同じに解するのであれば、原告の本件賠償金は、一時所得として課税されるのではなく、譲渡所得として課税されるはずであると主張する。

しかし、(ア) 上記 (ア) の主張については、理論的には、課税が繰り返される余地があるとしても、課税の繰り返しは無限に続く訳ではなく、賠償すべき価額は課税が繰り返される中で順次減少し、いずれは課税がされなくなることに行きつくこと、また、そもそも後記の事情からしても、課税が繰り返されるかどうかは課税当局の判断にかかる余地が大きいことに照らして採用できない、(イ) 次に上記 (イ) の主張については、本件賠償金について、これを譲渡所得とみなして課税することは前記の本件経過に照らして十分合理性が見込まれるが、甲一四号証によれば、譲渡所得とした場合、本件軽減相当額の交付に伴う新たな課税金額は、所得税が四一五二万二一〇〇円、住民税が一二五四万六六〇〇円となり、一時所得とした場合の課税金額である所得税二六五一万四五〇〇円、住民税九四三万七四〇〇円を上回り、合計一八一一万六八〇〇円の負担増になることから、原告の代理人であった××税理士が、葛飾税務署と協議した結果、同税務署との間で譲渡所得により原告にとって有利な一時所得として申告することになったものと推認され、前記 (イ) の主張についても、本件賠償金が非課税所得となる根拠にはならない。

(3) 以上から、本件課税には、客観的に明白かつ重大な無効事由が存在しないことは明らかであり、原告は、国に対して本件課税の無効を主張して徴収を拒んだり、既納付分について不当利得返還請求を求めたりすることはできず、本件課税分を納付せざるを得ないから、本件課税分については本件特約不履行と相当因果関係がある損害であると認められる。

以上のように、増加した税額に対する賠償金を一時所得として課税したことに問題はないとした東京地裁判決(5)であるが、税法学徒の目には少なからぬ違和感を与えるものとして映るであろう。同判決 (以下単に判決) に対しては、税法学の立場から直ちに多くの疑問が提出されうる。

三　判決の内包する問題点

1　損害賠償金の非課税は政策的な課税除外か

判決は、損害賠償金が非課税とされる理由を、損害賠償が他人の被った損害を補塡し、損害のないのと同じ状態にしようとすることにあるという認識を示しながら、そこに所得の観念を入れることが酷であるからとして政策的課税除外であるかのように説明している。しかし、所得課税の構造や非課税規定の位置付け、立法事実の検討といった基本的分析を欠いたまま示されたこうした独断が、はたして税法学的正当性を保持しうるものかという点は甚だ疑問であると言わざるをえない。（この点については税法の体系的理解という観点から後に詳しく検討する。）

2　資産に加えられた損害とは既存財産の減少を意味するか

判決は、被告の債務不履行によって税額が増加したとしても、原告の既存財産が減少したと見る余地はないとしており、損害賠償金の非課税を規定する所得税法九条一項一六号（現在の一七号）にいう「資産に加えられた損害」とは、既存の具体的な財産の減少をいうものと解しているように見受けられる。一般の日本語として最もイメージしやすい意味での解釈となっているが、そのように狭く、しかも納税者に不利に限定して解釈する理由については何ら説明がなく、租税法律主義の要請に適った判断が担保されているとはいえない。（この点についても後に検討する。）

3　増加した税額への賠償は逸失利益の補填か

さらに判決は事件における損害賠償金の本質を、原告が自ら負担すべき「不動産譲渡所得税」のうち特例による軽減相当額について免除を受けられたであろうという将来の利益についての補填（＝所得の補填）であるとしている。利益という文言は、通常の日本語の用法としては、判決のいうように税法上の特例の利用による税負担額の軽減のようなものを含めて用いることは可能である。しかしそれは所得税法ないしそれが前提としている正規の簿記における「利益」の概念とは異なる。ましてやこれを「所得」とまで同視しているとなるとその誤りは決定的である。

例えば、事故で壊したタクシーの休業補償としての損害賠償金は、本来存したはずの事業収入ないし事業所得の補填であるという説明は可能である。（理解の一助として複式簿記における仕訳の形式で内容を示す。以下同じ。）

（現金）×××／（損害賠償金）×××　……収入の補塡
＝（現金）×××／（売上）×××　……本来存した収入

売上（事業収入）の補塡であるとの説明ができれば、これを事業所得の補塡であると説明することには妥当性がある。しかしながら、他人の責任によって増加した所得税負担額の補償である場合、これと同等とみなされるべき収益科目を立てることができず、賠償金は所得の補塡として説明することができない。

（現金）×××／（損害賠償金）×××　……収入の補塡
＝（現金）×××／（所得税）×××　……本来の所得税額までの減額

租税特別措置の利用による本来の税負担の軽減が「利益」であるとの判示は、税法解釈としては全く首肯すべき余地はない。もしその解釈を認めるのであれば、納税者は特別措置の利用の都度負担軽減額を一時収入として計上し、翌年度これを所得申告しなければならないという一見して不合理な結果も受け入れなければならないこととなる。

（下記は一〇〇の所得税額が特例の利用により八〇に減少した場合。）

（所得税）100／（租税債務）80
／（一時収入）20　……減少した税負担を収入計上！

このように、判決が法的推論の中で用いた「利益」「所得」という概念は税法上の概念として評価することはできない。したがって、増加した税額への賠償が逸失利益の補塡ひいては所得の補塡であるとの結論は、税法に根拠を有するものではない。

4　増加した税額への賠償を値増し金と置き換える認定は税法上許されるか

判決は、不動産の売買契約において、売買価格に、売主が負担すべき「不動産譲渡所得税」を上乗せして売買価格を決定した値増し金の事例と同じであって、事案における賠償金の支払は、不動産の譲渡代金の増額分にあたるものとして課税所得を構成すると認定している。しかしながら、値増し金の事例は、売主に生ずると見込まれる税負担相当額を予め対価に加える形で不動産の売買価格を決定するという価格決定プロセスに特異性はあるものの、売主と買主が不動産売買価格を定めて行なわれる通常の売買契約（合意）に過ぎない。判例の事案でも、原告と被告の間に成立したのはあくまで八億七〇〇〇万円余を対価とする土地売買契約であり、それに付されていた損害賠償の特約もそれ自体その名目通りの実体をもつ適法有効なものであり、これが両当事者の真意を表わしていないとの疑いを差し挟む要素も見当たらなかったのであるから、値増し金の事例と判例の事案とは全く異別の法律構成をもつものといわなければならない。また、これら取引の形成過程には租税回避的要素を見出すこともできないのであるから、税法解釈学上いかなる立場を採ろうとも、課税上これを否認することも許されない。判決は右に指摘したように法的に同一視できない賠償金の支払いを「値増し金の事例と同じ」と称して当事者の設定した事実関係と異なる法律関係を前提に課税関係を論じている。この点でも、判決の示した判断には税法解釈学的正当性を見出すことはできない。(8)

5　納税者に有利であれば「譲渡代金の一部」を一時所得としてよいか

判決は、事件の賠償金を譲渡所得とみなして課税することは十分合理性が見込まれるとしながら、原告にとって譲渡所得より有利な一時所得として課税されているのであるから問題はないとの極めて安易な判断を示している。後述の課税の繰り返しにおいて、後年度までの発生が正確に予想できる「一時所得」を疑いもなく認定してしまうことに違和感は感じなかったのかという点はさて置くとしても、所得税法三三条が「譲渡所得とは、資産の譲渡（……）による所得をいう」と明らかに規定し、三四条が「一時所得とは、利子所得、配当所得、不動産所得、事業所得、給与所得、退職所得、山林所得及び譲渡所得以外の所得のうち、営利を目的とする継続的行為から生じた所得以外の一時の所得で労務その他の役務又は資産の譲渡の対価としての性質を有しないものをいう」と明定しているのであるから、先の賠償金が土地売買価格の一部であると認定するならば、これを譲渡所得として課税しなければ明らかに違法となる。

確かに、租税法律主義には「疑わしきは納税者の利益に」という法理があるが、これはあらゆる手段を尽くしてもなお事実認定や税法の解釈が複数に分かれる場合に、最後の法理として納税者に有利な判断をするというもの(9)で、納税者に有利でありさえすれば税法の規定を無視してもよいというものでは勿論ない。判示するところは、租税法律主義の厳格解釈の法理を全く理解しない違法な解釈という他はない。ましてや、「疑わしきは納税者の利益に」という法理を事実認定に限定し、法解釈への適用はないとしている立場(10)からは、弁護の余地のない暴論ということになろう。

6　課税の繰り返しが起こることは税法解釈・適用上の問題とはならないか

判決は、何ら利得が発生していないのに課税が繰り返されるのは不合理であるとの被告会社の訴えに対し、課税の繰り返しは無限に続くわけではなく、賠償すべき価額は順次減少し、いずれは収束すること、課税当局の（課税を差し控えるという）判断次第で繰り返しが終焉することを理由に問題はないとし、何の疑問も呈していない。しかし理由の一つ目は課税の繰り返しの態様を説明するものに過ぎず何の回答にもなっていない上、二つ目の理由は税法が厳しく禁ずる課税庁の自由裁量(11)による課税への手心――判決のその余の判断が正しいならば違法行政となる――への期待という驚くべき暴論まで展開している。

結論から言うと、この課税の繰り返しが起こるということは、所得税法の適用において誤りが生じたことを示す明確な証拠が現われていることを意味する（この点についても後述する）が、判決は一片の違和感すら漂わせることなくこれを見逃している。

以上のように、形式上は純然たる民事事件として争われているとはいえ、判決は税法学的にほとんど評価できる判断を示せていない。したがって、判決の示した論理自体には本稿で採り上げて紹介する価値はない。しかしそれは、元を正せばわが国の税務行政を預かる課税庁の判断であり、判決はそれを裁判段階で追認したものに他ならないのであるから、判決の示した「誤り」は、わが国の税務行政・訴訟を通じての税法運用の水準を示すものとして、我々税法研究者を畏怖させるほどの意味をもつ。しかも、事件では原告の顧問税理士までもが――被告から賠償金を勝ち取れば実質的被害はないと考えたのであっても――課税庁のこの一見して怪しい税法解釈を、特に抵抗するでもなく受け入れている。本来納税者の権利を課税権の濫用から擁護する職責をもつのが税理士である点も考え併せると、事態は一層深刻であると言わなければならない。

右**3**で検討したような税法上の概念の読み違え、**4**に現われた法律関係の細部を無視した粗雑な認定、**5**税法規定を無視した法適用等の初歩的な誤りについてはこれ以上の検討を要しないが、資産に加えられた損害に起因して取得する損害賠償金の非課税規定の位置と意義、課税の繰り返しが起こることの意味については、税法解釈の方法にも関わる問題なので、以下所得税法の規定構造、立法事実、改廃経緯、所得課税の理論と仕組み等に照らし合わせながら解析し、併せて先のような誤った判断が行なわれる原因を探るものとする。

四　損害賠償金非課税規定の位置と意義

1　法九条一項一七号の規定する「損害賠償金」の意義

所得税法九条一項一七号（先の事件当時は一六号）は「損害保険契約に基づき支払を受ける保険金及び損害賠償金（これらに類するものを含む。）で、心身に加えられた損害又は突発的な事故により資産に加えられた損害に基因して取得するものその他の政令で定めるもの」については、所得税を課さないと規定している。さらに所得税法施行令はこれにつき以下のように規定する。

所得税法施行令第三〇条（非課税とされる保険金、損害賠償金等）

法第九条第一項第一七号（非課税所得）に規定する政令で定める保険金及び損害賠償金（これらに類するものを含む。）は、次に掲げるものその他これらに類するもの（これらのものの額のうちに同号の損害を受けた者の各種所得の金額の計算上必要経費に算入される金額を補てんするための金額が含まれている場合には、当該金額を控除した金額に相当する部分）とする。

一　損害保険契約（……）に基づく保険金、生命保険契約（……）又は旧簡易生命保険契約（……）に基づく給付金及び損害保険契約又は生命保険契約に類する共済に係る契約に基づく共済金で、身体の傷害に基因して支払を受けるもの並びに心身に加えられた損害につき支払を受ける慰謝料その他の損害賠償金（その損害に基因して勤務又は業務に従事することができなかつたことによる給与又は収益の補償として受けるものを含む。）

二　損害保険契約に基づく保険金及び当該契約に準ずる共済に係る契約に基づく共済金（前号に該当するもの及び第一八四条第四項（満期返戻金等の意義）に規定する満期返戻金等その他これに類するものを除く。）で資産の損害に基因して支払を受けるもの並びに不法行為その他突発的な事故により資産に加えられた損害につき支払を受ける損害賠償金（これらのうち第九四条（事業所得の収入金額とされる保険金等）の規定に該当するものを除く。）

三　心身又は資産に加えられた損害につき支払を受ける相当の見舞金（第九四条の規定に該当するものその他役務の対価たる性質を有するものを除く。）

右規定によれば、資産の損害に基因して支払を受ける保険金等――こちらは法律関係、事実関係共に明確であるため、争いとなる可能性は少ないであろう――と同様非課税となる損害賠償金は、「不法行為その他突発的な事故により資産に加えられた損害につき支払を受ける慰謝料その他の損害賠償金」とされている。ここからは①各種所得の金額の計算上必要経費に算入される金額を補てんするための金額と②事業所得の収入金額とされる保険金等に該当するものが除かれている。①については所得計算の上で損害額を必要経費として控除した上、損害について取得した賠償金も非課税とすれば二重の保護となるためこれはしないという趣旨のものとして、②は存在したはずの事業収入等（所得）の回復（補償）に対しては本来行なわれるはずであった所得課税を行なう趣旨のものとして理解しうる。

また、損害賠償金の域に達しない「心身又は資産に加えられた損害につき支払を受ける相当の見舞金」についても非課税とされているが、ここからも「事業所得の収入金額とされる」ものや「役務の対価たる性質を有」し他の勤労性所得の収入金額とされるべきものが除かれている。これらは右の②と同様、本来所得課税の範疇で考えられるべき収入や利益の補償は所得課税をもって対応するとの趣旨と解しうる。

なお、「身体の傷害に基因して支払を受ける」保険金等並びに「心身に加えられた損害につき支払を受ける」慰謝料その他の損害賠償金が、財産に加えられた損害を原因とするものと同列で非課税所得として規定されていること、しかも、これについては「勤務又は業務に従事することができなかつたことによる給与又は収益の補償として受けるものを含む」ことが明定されており先の②の制限が外されていることについては、所得課税理論上興味深い問題を含んでいる。これについては稿を改めて論じたい。

本稿が検討する資産の損害に基因して支払を受ける損害賠償金の非課税所得該当性を判断するに際しては、「不法行為その他突発的な事故」と「資産に加えられた損害」をいかなる内容のものと解するかによって、自ずと法九条一項一七号の意味は定まってくるが、その解釈は所得税法全体の構造と矛盾しないものでなければならないことはいうまでもない。

2　課税所得拡大の経緯と「損害賠償金」非課税規定の位置

資産に加えられた損害に対して支払われる損害賠償金（ないし保険金等）を課税対象から除外する規定は、課税を利潤に限定し原資を課税から保護することによって社会的拡大再生産の阻害を回避するという所得税の本質的要請と、それに基づいて形成される所得概念そのものによって理由づけられる。すなわち、所得税法上回収資本は原則として全て収入金額として把握され課税対象とされるものの、ここからこれを得るために投下された資本は必要経費として控除されるという所得課税の定式自体、原資を所得課税の対象から外して課税から保護する意味をもつものとして説明される。同様に、原資を構成する資産に加えられた損失の回復が非課税所得として課税されないのも、同じ原資の維持という要請によるものであり、そもそも所得に該当しないためであると説明される。こうした認識に対する有力な異論は今のところ存在しないように思われる。たとえば金子宏教授は「納税者が取得した経済的利益のうち、原資の維持に必要な部分は、所得を構成しない。これは、制度的には必要経費の控除、譲渡資産の取得原価の控除等の問題として現れるが、これらは資本主義的拡大再生産の維持のために必要な制度である。保険金や損害賠償金も、損害の回復であって、所得ではない」(12)と明確に述べておられる。

そもそも所得源泉説的傾向が強く、「営業ノ事業ニ属セサル一時ノ所得」ないし「営業ヲ目的トスル継続的行為ヨリ生ジタルニ非ザル一時ノ所得」を一貫して課税対象から除外してきた戦前の所得税法(13)においては、損害賠償金のごときは始めから所得課税の問題とはならず、原資の回復が課税対象となる虞れはまずなかったものといってよい。

しかし、所得税法体系そのものが次第に純資産増加説や包括的所得概念に接近していった戦後においては、原則として全ての収入に所得課税が拡大されていった。それと同時に、原資に加えられた損害の回復を課税対象から外す必要が生じ、損害賠償金に対する非課税規定が併設・拡充されていった。昭和二二年改正[14]では初めて一時所得という所得分類を設け（旧九条一項）、それまで課税対象外であった一時的・偶発的・恩恵的利得も課税対象に加えたが、「障害保険契約又は損害保険契約に基き支払いを受けた保険金、損害賠償に因り取得したもの、慰藉料その他これらに類するもの」を非課税とした（旧六条五号）。昭和二五年の改正[15]では、新たに雑所得の類型も設けられ（九条一項一号）、原則として全ての収入を所得として課税する現在の課税体系の原型が整うが、三七年改正[16]では損害賠償等の非課税の規定も整えられ、「障害保険契約又は損害保険契約に基づき支払を受ける保険金及び損害賠償金（これらに類するものを含む。）で、心身に加えられた損害又は突発的な事故により資産に加えられた損害に基因して取得するものその他の政令で定めるもの」（六条一三号）と現在と同じ文言を有する規定に改められた。

このように、所得税法改正の経緯をみると、課税所得の概念が拡がるたびに、新たに収入金額として課税対象に含まれる利得の中から、資産に加えられた損害の回復に該るものが非課税として課税除外されるという一対の改正が繰り返されてきた。このように所得税法の沿革から見ても、損害の回復にあたる保険金や損害賠償金の課税除外は、原資の維持という所得税の本質的要請に基づくものであり、わが国所得税法において一貫して維持されてきた所得課税の基本構造の一部をなす規定として位置付けられる。

3　資産の損害と処分――「不法行為その他突発的な事故」の意義

所得課税における原資の保護という基本理念が、生産活動に投下された資本については必要経費の控除という規定で具現化し、損害を受けた原資の回復については保険金・損害賠償金等の非課税規定となって顕れていることは先に検討した通りである。しかしながら、納税者が利益獲得のためにする資本投下と原資に生じた損害とは、どこで区別されるのであろうか。法は「不法行為その他突発的な事故」により資産に加えられた損害に基因して取得する損害賠

償金を非課税として規定するが、ここではまず「不法行為その他突発的な事故」が何を意味するかが問題となる
この点につき、損害賠償金等の課税除外について今日の所得税法九条と同じ文言をもつに至った昭和三七年改正の際に政府税制調査会により示された「税制調査会答申及びその審議の内容と経過の説明」（昭和三六年一二月、以下「説明」）は、現行法の解釈をする上においてもその基礎となる立法事実を窺わせる貴重な資料である。

昭和三六年一二月「税制調査会答申及びその審議の内容と経過の説明」

（討論と結論）

(4)　……

(ロ)　物的損害に対する補償

物的損害に対する補償については、それが不法行為その他突発事故による損失であるか、それ以外の損失、すなわち契約、収用等による資産の移転ないし消滅に基づく損失であるかによって区分するとともに、さらに、その対象となる資産が生活用資産であるか、又はそれ以外の資産であるかどうかによって区別してその取扱いを定めるのが適当である。

すなわち、不法行為その他突発的事故による損失はまさしく災害による損失であり、そのような損失の補償と、契約、収用等の場合のように当事者の合意に基づくか、あるいは強制的な要素があるにしても社会的に合意が要請されている場合の損失の補償とは、事情が異なるし、また、補償の対象が収益を目的としない生活用動産である場合と、なんらかの形の収益をあげることを目的として保有されるそれ以外の資産である場合とでは、その取扱を異にして考えるのが適当である。

このような見地から、次のように区分して、その取扱を定めることが適当であると認めた。

①不法行為その他突発事故によるもの

生活用資産に関する損害に対する補償金額等については、これによって補てんされる利益は、もし、その損害がなかったなら

ば課税されなかったはずである資産の評価益又は自家家賃等のいわゆるインピューテッド・インカムとしての性質をもつものであるから、その補償が資産の滅失又は価値の減少等の資産損失に対するものであるか、資産の使用料相当額の補償であるかを問わず、非課税とする。ただし、たとえば居宅が不法占拠されたような場合でも、示談が成立して通常の契約関係が成立したと認められるときは、それ以後の補償は課税所得とする。

次に、生活用資産以外の資産に関する損害に対する保証金等については、資産損失に対する補償金は、たとえそれが事業用建物のようなものの損失に対するものであっても、もしその損失がなかったならば、その評価益には課税されなかったはずであるから、生活用動産と同様非課税とし、一方たな卸資産に対する補償、休業補償等のような収益補償は、本来課税されるべき所得に代わるべき性質のものであるから、課税所得とする。

②契約又は収用等の行政処分等①以外の事由によるもの

契約又は収用等の行政処分等①以外の事由による損失補償は、損害を受けた者の合意があるか、又は社会的に合意が要請される性質のものであるから、現行どおり課税所得とし、収用等の場合は、租税特別措置による軽減等を認めるものとする。

「説明」によれば、棚卸資産に対する補償や休業補償等のように収益補償に該当するものは、本来課税されるべき所得の性質を有するものであるから課税すべきことが説明されている。これは今日一般に理解されているところと同一である。

（現金）×××　（損害賠償金）×××　……事業収入相当――課税

＝（現金）×××　（売上）×××　……事業収入――課税

生活用資産の損害に対する補償金額等については、もともとその評価益やそこから生ずる帰属所得は課税対象外であるため、その目的が資産損失の補償であると資産の使用料相当額の補償であるとを問わず非課税であるとされる。

居宅の不法占拠によってこれを利用できなかった者が得た補償金の例を示すと、

（現金）×××　（損害賠償金）×××　……非課税相当
＝（個人消費）×××　（帰属家賃）×××　……非課税

となり、補償金額等は非課税の帰属所得相当のものであるため非課税とされる。ところが、一旦示談等が成立して当事者間に何らかの契約関係（合意）が形成されると、それは課税対象となるとしている。

（現金）×××　（損害賠償金）×××　……不動産収入相当――課税
＝（現金）×××　（家賃収入）×××　……不動産収入――課税

「説明」は生活用でない資産についても、不法行為その他突発的な事故による損失の補償は、そうした災害がなかったならば資産の評価益への課税も起こらなかったはずのものであるとして非課税としている。ただし、未実現キャピタルゲインを含む資産の損害が時価で補償された場合、たとえ納税者の合意が介在していなくても、資産の含み益は実現していると考えざるをえないが、その場合でも「説明」は災害が無かったならば課税は起こらなかったはずのものであるとしてこれを非課税としている(17)。

逆に、損害を受けた者の合意――たとえそれが収用のように社会的に要請ないし擬制されたものであっても――がある場合には、補償金等は課税すべきものとし、これには別途救済措置を設けるべきであるとしている。

このように、「説明」は納税者の意思に基づかない資産の損害の補償は、それが収益補に該らない限り非課税とし、契約・収用等当事者の何らかの合意に基づいて（ないし基づくものとして）収受される補償金を課税対象とするとの解説を行なっているが、「説明」が納税者の意思の介在の有無をもって資産に加えられた「損害」と財産の処分とを区別していることは明らかであろう。

以上検討したところからも明らかなように、所得税法施行令三〇条にいう「不法行為その他突発的な事故」とは、納税者が自らの意志で所得稼得活動において行なう資本投下からこれによらない原資の滅却を区別する文言であって、交通事故や火災、不法占拠等のような一般的にイメージしやすい個別の資産に対する物理的な事故や不法行為等を単純にあてはめ、主観的にこれを限定して解したのでは、その意義を失ってしまう。「不法行為その他突発的な事故」が、納税者の意思に基づかずに資産価値に損害が加えられる事態一般を意味する文言であることは、所得税法における損害賠償金非課税規定の位置と意義、立法事実、改廃過程等に照らして明らかであるといわねばならない。

4 「資産に加えられた損害」の意義

判決は、売主の既存財産が減少したと見る余地はないとして、「資産に加えられた損害」の意味を狭く解釈しているが、所得税法が前提としている正規の簿記、すなわち会計学での「資産」は「財産」とは異別の概念としてとらえられている。すなわち、一般に会計学で定義される資産とは、特定の経済主体に帰属する用益潜在力で貨幣的評価がなされるものを意味し、広く有形無形の流動資産、固定資産、繰延資産を含むものとされている。これは現金預金といった支払い手段や外部売却によって資金化できる個別の資産に限定されていない。この点、特段そうしない理由がない限り、法九条一項一七号にいう「資産」も、貸借対照表能力のある資産一般と解さざるをえず、これに加えられた損害も、そうした資産の価額の減少を意味するものと解さざるをえない。この場合、本稿で採り上げた事案がそうであるように、債務の発生等間接的に総体としての資産価値を減少させる事態も含めて解しうるようになるが、そのように解することが妥当であるか否かについては、所得理論との整合性の観点から検証する必要があろう。

同規定が、課税所得概念が拡大する中、そこから原資の回復に該るものを除外して保護する趣旨の規定であることは先に検討してきた通りであるが、所得理論上、所得課税から原資を保護するということが何を意味するかということがここで問題となる。少々古典的となってきた趣もあるが、今日においても一般に最も広く所得概念をとらえていると考えられる包括的所得概念は、「問題となる期間の期首と期末の間における①消費によって行使された権利の市場価値と②蓄積財産権の価値の変化の合計」[18]として定義される。すなわち、包括的所得概念としての所得は以下の算式の下、時価をもって把握される。

期末純資産（資産－負債）－期首純資産（資産－負債）＋期中消費

これに該当しないものは所得ではなく所得課税の対象とすべきものではないことになるが、所得とされるためには純資産の増加か個人消費か何れかの契機をもたなければならないこととなる。このとき、原資とは金額的には期首純資産額を意味するが、期首をスタートラインとする所得稼得活動に伴う回収資本と投下資本の関係は、自動的に収入金額と必要経費の計算を通じて純資産の増減額に対応する。

（資産（負債））×××／（収　入）　×××

（費　用）　×××／（資産（負債））×××

ところが所得稼得活動に由来しない損害による純資産額の減少は、上記定式によっては純資産の増減額に対応しないため、損害に対する補償が無かった場合ないし不足する場合には何らかの控除（わが国の所得税法では雑損控除（七二条）等）をもって課税所得額を減額し、

（損失）×××／（資産（負債））×××　……所得控除

補償があった場合には損害賠償金を非課税として課税除外して対応している。

（損失）×××／（資産（負債））×××　……補償があったため控除対象外

（資産）×××／（損害賠償金）　×××　……非課税

以上のような所得税の課税構造に鑑みれば、法九条一項一七号によって保護される「資産に加えられた損害」の「資産」とは、有形の個々の財産を指すものではなく、納税者の資産全体――課税理論上は資産総額と読み替えても

間違った結果は導かない――を意味するものと考えなければならず、「資産に加えられた損害」とは、負債の発生のように間接的な形で加えられる損害も含め、資産全体の価値――すなわち純資産額――を減少させる事態一般を指すものと解さなければならない。そう解さなければ所得課税における損害賠償金非課税規定の整合性は維持されない。

5　事案へのあてはめと解釈

以上検討してきたところからも明らかなように、納税者の純資産総額（所得理論上は原資に相当）を減少させる一切の突発的事態は、納税者自身の合意等の介在する場合を除き、法九条一項一七号にいう「不法行為その他突発的な事故」により「資産に加えられた損害」に該るものと解され、これが各種所得の計算上必要経費として計上されているものでない限り、これに起因して支払われる損害賠償金は、収益補償に該当する場合を除いて非課税とされなければならない。

判決の事案では、被告の債務不履行により、原告は本来負担する必要のなかった所得税とこれに係る過少申告加算税・延滞利子税、特別区民税、都民税の追加税負担を、自己の責なく強いられた。これは自己の一般資産ないし純資産――に損失が生じたことを意味し、これに対する賠償金はその全額につき(19)、明らかに「不法行為その他突発的な事故により資産に加えられた損害につき支払を受ける損害賠償金」に該当するものと解される。

判決及びその前提となった課税庁の解釈は、所得税法の規定構造、所得課税の仕組み等を顧みず体系的な検討をしなかった結果、誤った判断を下したものと結論される。

五　所得の課税標準・期間課税構造と「税の山びこ現象」

1　課税標準としての「各年分の所得」と所得税の期間課税構造

判決と課税庁の示した表層的な解釈が誤りであることは、既に検討してきたところで明らかであるが、課税関係の分析に時間軸を加えることでその誤りは一層明白になる。

所得税法は、所得を課税標準とする税であるが、より正確に言うと各年分の所得を課税標準とする税である。各年分毎に所得を測定し、各年分毎に課税する期間税の規定構造を有している。すなわち、各種所得の金額は、その年分に属する収入金額、必要経費、取得費、損失、引当金等の計算として各年分毎に行なわれ、損益通算や所得控除、税率や税額控除等も各年分の所得につき各年分毎に適用される。申告・納付ないし還付は勿論、更正・決定や青色申告承認といった行政処分もこうして計算される各年分の所得税毎に行なわれることとなる。

しかも所得税（及び住民税）そのものは必要経費には算入されず（法四五条一項二号、三号）、その還付額も当然収入金額を構成しない(20)ので、所得税の課税標準である各年分の所得は、各々他年度の所得とは切り離された独立した課税標準を構成している。このため、所得税自体の負担額及びその増減額は当年度においてはもとより、翌年度以降の課税所得の計算には絶対に影響しない構造(21)となっている。

日本の所得税の課税構造を時間軸で説明すると以下のようになろう。まず課税年度末日に理論上の納税義務が確定すると、納税者の純資産のうち所得税（及び住民税）相当額が国家の持分として確定し、これを差し引いた純資産が納税者の持分として手元に残る。これは翌課税年度の期首純資産額を構成するが、同時に所得理論上は課税から守られるべき「原資」を意味する。期首からまた一年間の所得稼得活動を経ると新たな期末純資産額が得られるが、そこからその増加額と消費額に応じて算定されうる所得税（及び住民税）が国家の手に渡り、残りがまた翌期首純資産額となり、同じ事が繰り返されることとなる。（なおここで、納税義務額（国家の取り分）の増加は、直ちに納税者の翌期首純資産額の減少、すなわち「原資」の減少を意味するので、他人の責任で増加した所得税（住民税）額への補償は、常に原資の回復に該ることになり、理論上所得を構成しないことには注意を要しよう。）

2 「税の山びこ現象」と所得税法適用の誤り

判決が特に問題視していなかった課税の繰返しは、納税意識は高いものの税法を理解しない納税者を想定することによって理論上簡単に再現することができる。つまり、所得税の還付額が課税所得を構成しないことを理解しない納税者が、還付を受けるたびにこれを一時所得の収入金額として申告し、課税庁がこれをその度に減額更正・還付するとすると、判決と全く同じ課税の繰返しを起こすことができる。[22] このように、変動した税額の受け払いが、ちょうどこだまのように、毎回税の実効税率（反射率）に応じて逓減しながら、その影響額が税額の最小単位を下回るまで、後続の課税額に影響を及ぼし続ける現象を、仮に「税の山びこ現象」ないし“tax-echo effect”と呼ぶこととするが、この現象の発生は、税法解釈の適否の判定において非常に重要な意味をもつ。

そもそも「税の山びこ現象」は、先行年分の税額の納付・還付が、後続年分の税の計算において課税標準に算入されなければ生じえない現象である。したがって、わが国の所得税法のように本税の納付・還付が課税標準の計算に影響を与えない構造の税法の下では絶対に起こるはずのない現象なのである。ましてや、他の年分の課税標準とは切り離された独立した課税標準としてその年分の課税標準を規定している税法の下では、二重の意味で起こり得ない現象である。わが国の所得税において税の山びこが発生するということ、しかも年度をまたいで発生するということは、それ自体、所得税法の適用に誤りを生じた明確な証拠が突き付けられていることを意味する。いずれは消滅するものである等、課税理論上は意味をなさない理由を掲げ、漫然とその証拠を見逃した判決（およびその前提の課税庁判断）には、税法解釈のあり方という点で、極めて大きな問題が存している。

3　認定報酬等に係る源泉徴収と誤った税法適用の虞れ

側聞するところでは、課税の現場では、とりわけ認定報酬・給与とこれに対する源泉徴収等の課税関係において、課税庁職員が「税の山びこ現象」による税負担を示して納税者に圧力をかける事例もあるやに聞く。真偽のほどは明らかではないが、実際にそのような課税が行なわれれば明らかに違法な処分となるので、予防のため設例とともに若干の検討を示しておくこととする。

ある飲食店が、ホステスに支払われる歩合制の報酬料金相当額を売上額から除外し、報酬料金も売上も相殺後の金額しか計上していなかった場合の課税処分を想定する。まず報酬料金、売上の過少計上となるので、修正を受けることとなる。このとき認定された報酬料金には源泉徴収義務が発生するとされる。

（報酬料金）	1,000,000	／	（売上）	1,000,000
（立替金）	100,000	／	（未納源泉税）	100,000

納付時に立替分を徴収しない（出来ない）ならばこれも報酬と認定され、再び源泉徴収義務と立替金が発生する。その納付時にまた立替金の徴収がなければ同じことがまた繰返されることになる。

（未納源泉税）	100,000	／	（現金）	100,000
（報酬料金）	100,000	／	（立替金）	100,000
（立替金）	10,000	／	（未納源泉税）	10,000

しかし、こうした税の山びこは前述の通り税法適用の誤りを示すものであり、最初の報酬料金の認定で課税関係を

整理して認識しなければならない。ホステスから源泉税を始めから徴収する意図が店側に無かった場合には

（報酬料金）1,111,111 ／（売上）　　1,000,000
　　　　　　　　　　　／（源泉預り金）111,111

となり、徴収する意図はあったのに出来なかった場合は一旦立替金を立て、徴収が不可能となった時点で貸倒処理するべきこととなろう。

（報酬料金）1,000,000／（売上）　　　1,000,000
（立替金）　 100,000／（未納源泉税）100,000
（貸倒損失）　100,000／（立替金）　　100,000

税の山びこを伴うないし利用した課税はいかなる場合にも違法となる点に留意しなければならない。

おわりに

本稿では、債務不履行により増加した所得税、住民税の負担につき補償を受けた損害賠償金が非課税所得と認定されずに課税された事案を紹介・検討したが、そこで示された判決とその前提にあった課税庁の解釈は、極めて近視眼的であり、税法の体系的・本質的理解という視点を欠いたまま、表層的理解に止まる税法の解釈理論をその場その場で都合よく適用するという初歩的な誤りを犯すものであった。筆者はこれを特殊な事例であると解したいが、現在の税実務の現場においては、これはむしろ氷山の一角と考えざるをえないであろう。

故北野弘久教授はかねてより、租税法律主義の現代的展開の第二段階の理論として、租税法律の内容を憲法適合的に理解・解釈する必要性を説かれ、表層的な租税法定主義的な解釈を戒められていた(23)。それどころか教授はさらに、

税の使途をも視野に入れた財政民主主義の一環としての租税法律主義、その中で納税者に認められるべき一連の権利（納税者基本権）を保障する新財政法学としての租税法律主義までを展望されていた。[24] しかるに、今我々の眼前で展開されている税実務では、憲法体系どころか税法内部における整合性すら保ちえない解釈が決して珍しくなく行なわれている。われわれ税法学徒は、北野教授に対し、その怠惰を詫びなければならないのかも知れない。

（1）収益の認識基準や「経済的利益」の解釈をめぐる問題はその典型といえよう。

（2）例外としては、玉國文敏「損害賠償金課税をめぐる一考察――米国連邦所得税法上の取扱いを中心として」法学研究三四号九七頁、同「損害賠償金の課税所得性の判断基準――事実認定状の基準を中心として（上）～（下）」ジュリ八七七号一一一頁・八八一号一二四頁・八八六号一〇六頁、同「損害賠償金課税をめぐる法的一考察」租税研究五八〇号三三頁、同「懲罰的損害賠償金の課税所得性――米国連邦裁判例等に見る新展開」碓井光明・小早川光郎・水野忠恒・中里実編『金子宏先生古稀記念論文集「公法学の法と政策」上巻』（有斐閣、二〇〇〇）四八九頁等を挙げることができる。

（3）東京地裁平成一五年一月二九日判決、平成一二年（ワ）第三三六四号、判時一八三六号八二頁。

（4）例外的にこの判決を採り上げたものとして、平井智子「一時か、譲渡か、非課税か、損害賠償金の課税関係」税経新報五〇八号四五頁があるが、これとて内容的には興味を示した実務家による座談会に止まるもので、理論的分析が加えられたものとまではいい難い。筆者とて、事件の控訴審で鑑定証言をするという形で関与したために本件の含む理論的問題を知り得たに過ぎず、そうでなければ見過ごしていたかも知れない。

（5）東京高裁平成一五年一一月二七日判決、平成一五年（ネ）第九二九号（判例集等掲載なし）は、原審の判断を踏襲した。

（6）内訳は以下の通り。

(ア)　所得税　一億〇四一七万二九〇〇円

所得税に係る過少申告加算税　一〇四一万七〇〇〇円

所得税に係る延滞利子税　三七九万一七〇〇円

(イ)　特別区民税　一八〇九万六七〇〇円

(ウ)　都民税　　九四八万二八〇〇円

計　一億四五九六万一一〇〇円

(7) 通則法一一九条①（国税の確定金額の端数計算等）参照。

(8) 仮に判決の論理を弁護する立場をとるならば、判決は税務認定ではなく、当事者の締結した土地売買契約自体の法的実質を認定したと解するしかないであろう。この場合、売主に一定の税引き後の譲渡益を保障する趣旨で、買主の債務不履行に起因して売主の税負担が増大した場合には、その因果関係が存続する限り同金額だけ売買価格を半永久的に増額し続けるというかなり特殊な特則を伴う売買契約を想定しなければならない。まずそうした代金の定まらない売買契約が現行法の下で適法有効に成立しうるものであるか否かを検討しなければならなくなる上、契約の文言の上でも当事者の意識の上でも増大した税負担に対する賠償金としての実体をもつ事案の金員を、増額改訂された売買代金と認定し直さなければならなくなる時点で、結局論理はつながらなくなるように思われる。

(9) 北野弘久『税法学原論〔第六版〕』（以下『原論』）青林書院、九八～一〇一頁。

(10) 金子宏『租税法〔第一六版〕』（以下『租税法』）弘文堂、一〇九頁。

(11) 税法の解釈適用において、本質的に課税庁の自由裁量権が認められないことは、税法解釈学の常識に属することといってよいであろう。北野『原論』九五頁、一〇二頁、金子『租税法』七四、七五頁等参照。

(12) 金子『租税法』一七五、一七六頁。

(13) 明治三二年所得税法（法律第一七号）五条五号。大正九年所得税法（法律第一一号）一八条五号、昭和一五年所得税法（法律第二四号）一一条六号、二九条二号も同様。

(14) 昭和二二年法律第一四二号。

(15) 昭和二五年法律第七一号。

(16) 昭和三七年法律第四四号。

(17) 未実現利益を含む時価相当額で補償がなされれば、現在の取得原価主義的認識を基礎とする限り、以下のように考えざるをえず、当該含み益は課税から逃れることとなる。

（現　金）200　　（損害賠償金）200

＝(現　金) 200　(土　地) 100

(増加益) 100　……非課税 → 課税を逃れる

このような場合も含めて「説明」は、不法行為や突発的事故が無ければ課税が無かったはずのものであるとして非課税とする旨説明している。もっとも、時価主義会計や後述の所得課税理論においてはこうした矛盾は生じない。所得課税理論と実定所得税法の間に生じている齟齬の責任を、現行法は納税者に負わせていないと解することも可能であろう。

(18) Henry C. Simons, Personal Income Taxation: The Definition Of Income As A Problem Of Fiscal Policy 50 (1938). 原文は “Personal income may be defined as ” the algebraic sum of (1) the market value of rights exercised in consumption and (2) the change in the value of the store of property rights between the beginning and end of the period in question.”

(19) 利子税については、事業にかかる金額については必要経費算入が認められる部分があり（所得税法四五条一項二号）、この部分については賠償金の非課税ではなく必要経費の控除をもって対応するというケースも一般的には考えられよう。類似の問題として、国税の還付加算金が損害賠償金の性格を有せず課税所得に該当するとしたケース（神戸地裁昭和五二年三月二九日判決、昭和五〇年（行ウ）三〇号、最高裁昭和五三年七月一七日判決、昭和五三年（行ツ）四号等）もあるが、事案における利子税については、被告による債務不履行が無ければ存在しなかったものでかつ事業資金の借入に対する利息としての性格を有する部分もないので、結局利子税部分も含めた全額が非課税の損害賠償金を構成するものと解される。

(20) 個人所得税（individual income tax）である所得税（同様、法人所得税（corporate income tax）である法人税も、法人税自体の支払を損金不算入とし（法人税法三八条）、還付を益金不算入（法二六条）と明定しており、同じ構造をもっている。

(21) ある年分の所得税額の変動を原因として、それ以降の年分の所得税額を順次計算し直すという煩瑣な作業から、納税者・課税庁共に解放されているのは、所得税の課税標準が互いに他の年分のものと切り離された独立したものとして構成されていることによる。

(22) 逆に所得税額を必要経費として控除する納税者であれば増額の更正の繰返がおこる。

(23) 北野『原論』一一三〜一一六頁。

(24) 同一一六〜一一八頁。

税法上の「配偶者」に関する一考察
——民法における「仮装の婚姻の効力」論を踏まえて——

松嶋康尚

一　はじめに

租税法が用いている概念の中には、借用概念と固有概念という二種類のものがあるとされる。借用概念とは、他の法律分野で用いられている概念で、これを税法が他の法分野から借用しているものである(1)。この借用概念につき、税法に別段の定めが存在しない限り、当該借用概念の法的意味は当該他の法領域において一般に理解されているところに従って税法上も理解すべきであるとされている。実質課税という観点から借用概念に独自の法的意味を解釈によって付与することは、憲法の租税法律主義を基底として展開される法的安定性・法的予測可能性の要請に反するものであり、もし、租税負担の公平上、独自の法的意味を付与する必要がある場合には、立法上の措置を講ずるべきであろう(2)。

本稿は税法上の『配偶者』概念について、民法上のそれと対比させ若干の検討を試みようとするものである。

二　配偶者に関する税法上の規定

税法では所得税法・相続税法において、配偶者に関する規定が設けられている。

まずこれらの規定を概観しておきたい。

1　配偶者控除・配偶者特別控除（所得税法）

配偶者控除制度とは、納税者に所得税法上の控除対象配偶者がいる場合に、一定の金額の所得控除が受けられるという制度である（所法八三）。控除できる金額は、控除対象配偶者の年齢、同居の有無、特別障害者に該当するか否かにより異なってくる。

控除対象配偶者については、税法上規定が設けられており、「居住者の配偶者でその居住者と生計を一にするもの（省略）のうち、合計所得金額が三十八万円以下である者をいう。」とされている（所法二①三三）。[3]

配偶者に三八万円を超える所得があるため配偶者控除の適用が受けられないときでも、配偶者の所得金額に応じて、一定の金額の所得控除が受けられる場合がある。これを配偶者特別控除という（所法八三の二）。[4] 配偶者特別控除額は最高で、三八万円であるが、配偶者の合計所得金額が増えると控除額が少なくなっていく。

ここにいう「控除対象配偶者」については、定義規定が設けられているところであるが、「配偶者」については、特段の定義規定は設けられていない。

この点につき、所得税基本通達においては、二―四六（平一八課個二―一八、課資三―一〇、課審四―一一四改正）において「法に規定する配偶者とは、民法の規定による配偶者をいうのであるから、いわゆる内縁関係にある者は、たとえその者について家族手当等が支給されている場合であっても、これに該当しない。（注）外国人で民法の規定によれない者については、法の適用に関する通則法（平成一八年法律第七八号）の規定によることに留意する。」とされている。

2　配偶者の税額の軽減（相続税法）

配偶者の税額の軽減とは、被相続人の配偶者が遺産分割や遺贈により実際に取得した正味の遺産額が、①一億六〇〇〇万円、②配偶者の法定相続分相当額のどちらか多い金額までは配偶者に相続税はかからないという制度である（相法一九の二、三二、相規一の六、一六）。

この配偶者の税額軽減は、配偶者が遺産分割などで実際に取得した財産を基に計算されることになっている。したがって、相続税の申告期限までに配偶者に分割されていない財産は税額軽減の対象にならない。ただし、相続税の申告書に「申告期限後三年以内の分割見込書」を添付した上で、申告期限までに分割されなかった財産について申告期限から三年以内に分割したときは、税額軽減の対象になる。(5)

この配偶者の税額軽減を受けるためには、税額軽減の明細を記載した相続税の申告書に戸籍謄本と遺言書の写しや遺産分割協議書の写しなど、配偶者の取得した財産がわかる書類を添えて税務署に提出しなければならない。また、遺産分割協議書の写しには印鑑証明書も付ける必要がある。

相続税法に言う「配偶者」についても、税法上特段の定義規定は設けられていない。

この点につき、相続税基本通達においては、一九の二―二において「法第一九条の二第一項に規定する配偶者は、婚姻の届出をした者に限るものとする。したがって、事実上婚姻関係と同様の事情にある者であっても婚姻の届出をしていないいわゆる内縁関係にある者は、当該配偶者には該当しないのであるから留意する。（平一五課資二―一改正）」と規定している。

三　仮装の婚姻と民法における議論

1　婚姻の成立要件

民法七三九条は、以下のように規定し、いわゆる届出婚主義を採用している。(6)

「婚姻は、戸籍法（昭和二二年法律第二二四号）の定めるところにより届け出ることによって、その効力を生ずる。

2　前項の届出は、当事者双方及び成年の証人二人以上が署名した書面で、又はこれらの者から口頭で、しなければならない。」

この届出については、戸籍所掌事務者に署名した当事者双方の意思を確認する権限がないため、合意の上で婚姻を届け出るが、社会的な夫婦共同生活を形成する意思がなく、その実態も存在しないといういわゆる「仮装婚」、婚姻の届出はないが、夫婦生活の実態があるといういわゆる「内縁・事実婚」が生ずることとなり、これらについて婚姻としての効果を認めてよいのかという問題が生じることとなるとされる。(7)この点については、立法論的には、原点に戻って届出による意思の確保をめざすべきであり、市役所で民法七五二条を読み上げたうえで、当事者の婚姻の意思を確認する程度の手続きを創設することは検討されてしかるべきともいわれている。(8)

まず民法における婚姻の成立要件について見てみることとする。

婚姻の成立要件は実質的要件と形式的要件とに分けられている。ここでそれぞれにつき、見てみたい。

2 婚姻の実質的要件

婚姻の実質的要件については、①婚姻意思が存在すること、②婚姻障害のないことの二点があげられる。まずここでは、議論の多い前者の婚姻意思について、見てみることとする。

(1) 婚姻意思

婚姻の意思を実質的要件とすることについては、民法は正面から規定しているわけではないが、七四二条において「人違いその他の事由によって当事者間に婚姻をする意思がないとき」を無効事由としていることから、間接的に定めているものとされる(9)。

この婚姻意思については、いくつかの見解が提唱されている。

(a) 実質的意思説(10)

実質的意思説とは、婚姻意思を社会通念上夫婦と認められる関係を形成しようとする意思であるとする見解である(11)。婚姻とは、その社会の習俗・慣習によって決まるものであり、婚姻意思とは、そのようなものとしての婚姻をしようという意思であるとする。この見解からすれば、いわゆる「仮装婚」は、婚姻意思がないものとして認められないこととなる。

(b) 形式的意思説(12)

以上の実質的意思説に対し、形式的意思説といわれるものも提唱されている。この見解は、婚姻の法的効果が発生することを理解した上で、婚姻の届出意思（届出へ向けられた意思の合致）があれば、婚姻意思としては十分であるとする見解である(13)。この見解は単に届出の意思だけでよいとする説ではないことに注意しなければならない(14)。この見解によれば、「仮装婚」と言われるものの中でも個別事情によっては、認める余地が出てくるものと思われる。

(c) 判例の見解

かつては、学説においてこの実質的意思説と形式的意思説との対立が見られた。

このようなときに最高裁判所第二小法廷　昭和四四年一〇月三一日判決（民集二三巻一〇号一八九四頁）[15]は、「『当事者間に婚姻をする意思がないとき』とは、当事者間に真に社会観念上夫婦であると認められる関係の設定を欲する効果意思を有しない場合を指すものと解すべきであり、したがつてたとえ婚姻の届出自体について当事者間に意思の合致があり、ひいて当事者間に、一応、所論法律上の夫婦という身分関係を設定する意思はあつたと認めうる場合であつても、それが、単に他の目的を達するための便法として仮託されたものにすぎないものであつて、前述のように真に夫婦関係の設定を欲する効果意思がなかつた場合には、婚姻はその効力を生じないものと解すべきである。」と判示し、判例は実質的意思説をとったものとされた。他方判例はいわゆる臨終婚（死を直前に控え、最後に婚姻届出をし、正式な関係にして相続権・遺族年金等を保障するために行われる婚姻）について有効と解している（最高裁判所第一小法廷昭和四四年四月三日判決（民集二三巻四号七〇九頁）[16]）。さらに、最高裁判所第三小法廷昭和四五年四月二一日判決（判時五九六号四三頁）[17]は、「将来婚姻することを目的に性的交渉を続けてきた者が、婚姻意思を有し、かつ、その意思に基づいて婚姻の届書を作成したときは、かりに届出の受理された当時意識を失つていたとしても、その受理前に翻意したなど特段の事情のないかぎり、右届書の受理により婚姻は有効に成立するものと解すべき」と判示している。この点について、判例に言う「真に社会観念上夫婦であると認められる関係の設定を欲する効果意思」とは、実際に夫婦共同生活まで営む意思までは含んでいないのではないかと言われている[18]。

また、判例は離婚について、最高裁判所第一小法廷昭和三八年一一月二八日判決（民集一七巻一一号一四六九頁）[19]において、「原判決によれば、上告人及びその妻は判示方便のため離婚の届出をしたが、右は両者が法律上の婚姻関係を解消する意思の合致に基づいてなしたものであり、このような場合、両者の間に離婚の意思がないとは言い得ないから、本件協議離婚を所論理由を以つて無効となすべからざることは当然である。これと同一の結論に達した原判決の判断は正当であり、その判断の過程に所論違法のかどあるを見出し得ない。」とし、形式的意思説のような判示をしている。この点につき学説は、婚姻意思・縁組意思については、実体的意思説を採り、離婚については形式的意思説を採るものと解する見解[20]、各身分行為に理念的に前提とされる実体と当該事案とのズレの大きさ、各身分行為に予定される法的効果と当事者の欲する効果との差、目的の違法性などを考慮し、総合的に判断しているのではないかとする見解[21]等がある。

学説・判例を詳細に分析した結果、問題の本質が基本的には法的な効果意思にあり、単なる漠とした、社会観念上の婚姻をする意思や親子関係設定の意思の有無の問題では核心に迫れないのではないかという指摘も現れた[22]。

(d)　法的意思説

以上のような状況の中、学説も多様化し、様々な見解が提唱されている。その代表的なものとして、法的意思説について見てみることとする。ただし、法的意思説と呼ばれるものの中身は論者によって区々であり、実際は一様ではない[23]。ここでは内田教授の見解を中心に見てみたい。

この見解は婚姻意思を「法的効果に向けられた法的意思」ととらえる視点から、実質的意思説・形式的意思説の対立を再解釈し、両者の違いを婚姻の効果の全面的享受か部分的享受かにあるとする[24]。そして、結論的には「婚姻意思とは、法的婚姻に伴う法的効果を全面的に享受するという意思である。しかし、評価規範のレベルでは、たとえ一部の効果のみを目的とした婚姻届がなされた場合でも、結果的に婚姻の法的効果を全面的に生ぜしめて当事者間に問題を生じない場合には、有効な婚姻と認めて差し支えない」とする[25]。

(2)　婚姻障害のないこと

後者の婚姻障害がないこととしては、①婚姻適齢にあること（民法七三一条）、②重婚でないこと（民法七三二条）、③女性について再婚禁止期間が経過していること（民法七三三条）、④近親婚でないこと（民法七三四条乃至七三六条）、

⑤未成年者について父母の同意のあること（民法七三七条）が挙げられる。(26)

3　婚姻の形式的要件

婚姻の形式的要件とは、戸籍法の定めるところによる届出である。

前述の通り民法は届出によって「その効力を生ずる」（民法七三九条一項）とされているが、これを「成立する」と通説は解している。(27)

四　税法への影響

1　配偶者控除に関する裁判例

以上、民法における婚姻の成立要件について、婚姻意思を中心に見てきたところである。

ここで、税法上の配偶者について今一度見てみることとする。

前述のごとく、所得税基本通達、相続税基本通達のいずれにおいても税法上の「配偶者」については、民法の婚姻関係を前提としているものといえる。

これは、裁判例でも認められているところである。

最高裁平成九年九月九日判決（税務訴訟資料第二二八号五〇一頁）(28)は、「所得税法八三条及び八三条の二にいう「配偶者」は、納税義務者と法律上の婚姻関係にある者に限られると解するのが相当であり、これと同旨の原審の判断は、正当として是認することができ、原判決に所論の違法はない。」と判示した。

その第一審である名古屋地裁平成七年（行ウ）第一二号所得税更正処分取消等請求事件（棄却）（原告控訴）（税務訴訟

資料第二一三号六九四頁）においては、「所得税法は、一定の要件の下に、配偶者を有する者について、配偶者控除及び配偶者特別控除を認めている。所得税法は、ここでいう「配偶者」について定義規定を置いていないが、身分関係の基本法たる民法は、婚姻の届出をすることによって婚姻の効力が生ずる旨を規定し（七三九条一項）、そのような法律上の婚姻をした者を配偶者としている（七二五条、七五一条等）から、所得税法上の「配偶者」についても、婚姻の届出をした者を意味すると解すべきことになる。また、後記のとおり、事実上の配偶者を有する者について配偶者控除及び配偶者特別控除を認めないことが憲法や国際人権規約に反するということはできない。」と判示されているところである。

以上のことから、所得税基本通達、相続税基本通達にいうとおり、税法上の「配偶者」は、民法上の「配偶者」であることは判例においても認められていると言える。

2　仮装の婚姻と税法上の配偶者

以上のことを踏まえて、ではいわゆる「仮装婚」の場合に税法上はどのように対応すべきこととなるのであろうか。税法上の配偶者に関する裁判例はいくつかあるが、いずれも内縁関係・事実婚の関係にある者を税法上の配偶者としようとするものである。それらは、すべての事案において、納税者の主張を退けている。内縁関係・事実婚の関係にある妻を税法上の配偶者として扱うためには、解釈論ではなく、立法上の措置によって解決すべきであろう。[29][30]

仮装の婚姻の課税関係につき、参考となると思われるのが、相続税法におけるいわゆる「税金養子」[31]に関する議論である。相続税法では、法定相続人の数が増えれば基礎控除額が増えるということになっているため、高齢者の死亡直前に子の配偶者や孫と養子縁組することにより相続税の負担を軽減するということが行われていた。これは、租税回避手段として問題視され、また、養子らしい実態がなく、また養子にできそうな親族の有無・多寡により納税額に不公平が生じてしまうため、昭和六三年度の税制改正により算入できる養子の数に制限が設けられた。[32] さらに、養子の数を相続人の数に算入することが、相続税の負担を不当に減少させる結果となると認められる場合においては、税務署長は、相続税についての更正又は決定に際し、養子の数を当該相続人の数に算入しないで相続税の課税価格及び相続税額を計算することができるとする規定が設けられた（相続税法六三条）。[33]

このような規定が設けられたとはいえ、現在でも税金養子は規定の範囲内で行われているようである。[34]

このような税金養子を無効とした審判も存在する。浦和家裁熊谷支部平成九年五月七日審判（家裁月報四九巻一〇号九七頁）[35]は、「本件各養子縁組の届出は、単に他の目的即ち相続税の負担の軽減を図るための便法として仮託されたものにすぎない」とし、「真に社会通念上養親子と認められる関係の設定を欲する効果意思は全くなかったものと考えるほかないものであるから、無効（養子縁組の効力は生じない）と判断するほかない」としている。

ただし、このような審判例があるからといっても、正規な手続きを経た養子縁組を節税目的としてただちに否認できるかというと、それは難しいようである。仮装の養子縁組について最高裁第一小法廷昭和二三年一二月二三日判決（民集二巻一四号四九三頁）は、「所論は、旧民法第八五一条第一号（新民法第八〇二条第一号）に「当事者間に縁組をする意思がないとき」とは「届出自体が当事者の意思に反する場合即ち届出其のものに瑕疵ある場合」を指すものであると主張する。しかし、それは当事者間に真に養親子関係の設定を欲する効果意思を有しない場合を指すものであると解すべきは、言をまたないところである。されば、たとい養子縁組の届出自体については当事者間に意思の一致があつたとしても、それは単に他の目的を達するための便法として仮託されたに過ぎずして、真に養親子関係の設定を欲する効果意思がなかつた場合においては養子縁組は効力を生じないのである。」「真に養親子関係の設定を欲する効果意思がない場合においては、養子縁組は旧民法第八五一条第一号（新民法第八〇二条第一号）によつて無効である。そして、この無効は絶対的なものである」としているところではあるが、税金養子に関する東京高裁平成一一年九月三〇日決定（判時一七〇三号一四〇頁）[36]は、「相続税の負担の軽減を目的として養子縁組をしたとしても、直ちにその養子縁組が無効となるものではないし、本件記録によっても、本件各養子縁組が養親子関係を設定する効果意思を欠くものであるとはいい難く、本件各養子縁組をもって当然無効ということはできない。」としている[37]。

このことは、配偶者についても同様のことは言えるのではないであろうか。以上のような判例からすれば「節税目的」があったとしても民法上正式な手続きを経て婚姻をしたのであれば、それを否認するためには、相続税法六三条に規定するような個別規定が必要になろう。上記のような養子に関する諸規定が相続税法上設けられたのも、税法上養子縁組を否認することが困難なことによるものでもあろう。また、内縁関係・事実婚については税法上の配偶者とは認めないのに、かたや仮装婚については実質主義等により認めないという事はややバランスを失している気がする[38]。

五　結　語

以上、民法における仮装の婚姻に関する議論と、それを税法上どのように考えるかについて若干の考察をしてみたところである。仮装の婚姻の民法上の効力については、裁判例は実質的意思説を採用していると言えるところであるが、しかしだからといって「税金養子」に関する議論で見た如く、節税目的があったとしてもそのことから直ぐに婚姻関係が無効になるかというとそれは諸般の事実関係にもよるのであろう。さらにそのような無効に関する裁判とは関係なく、課税上配偶者に関する税法上の規定の適用を否認できるかとすると、それは個別否認規定がなければ難しいであろう。仮装の婚姻に関しての配偶者控除の規定がどのくらい適用されているのか等は分からないところであるが、実際のところ所得税法上の配偶者控除を受けるためだけに婚姻をするという事はないのではないだろうか。ただ、これに対して相続税法に規定する配偶者の税額軽減については、税額も大きくなることから可能性がないとはいえない。いずれにしろ、個別的な否認規定なしには民法上の手続きを経た婚姻関係について、税法上の配偶者としての規定を否認するからには個別的否認規定はなければならないであろう。

(1)　金子宏『租税法〔第一六版〕』(弘文堂、二〇一一)一一〇頁。

(2)　北野弘久『税法学原論〔第六版〕』(青林書院、二〇〇七)一二七頁、ただし、借用概念について税法の明文規定がなくとも、他の税法規定から論理上明らかに他の法領域における意味と若干異なったものと解すべき場合は、通常の法解釈のルールである(北野・同書一二七頁)。

(3)　なお、控除対象配偶者のうち、年齢七十歳以上の者を老人控除対象配偶者という(所二①三三の二)。

(4)　控除を受ける人のその年における合計所得金額が一〇〇〇万円以下であること等の条件がある。

(5)　相続税の申告期限から三年を経過する日までに分割できないやむを得ない事情があり、税務署長の承認を受けた場合で、その事情がなくなった日の翌日から四か月以内に分割されたときも、税額軽減の対象になるという取り扱いがある。

(6)　憲法は、二四条において「婚姻は、両性の合意のみに基いて成立」すると規定しているが、これは、婚姻は当事者たる男女の意思の合致が根本要件であり、この男女の意思を拘束する他の意思(戸主の同意、親による拘束)の存在を否定したものであって、婚姻の成立には合意以外に何らの要件も必要としないという意味ではないとされる(石川利夫『家族法講義(上)(親族法)〔改訂版〕』評論社、一九八〇、八六頁)。名古屋高裁平成七年一二月二六日判決(税務訴訟資料第二一四号一〇四八頁)、及びその原審である名古屋地裁平成七年九月二七日判決(税務訴訟資料第二一三号六九四頁)において、「憲法二四条一項は、婚姻は両性の合意のみに基づいて成立すると規定するが、婚姻の方式として届出を要するとすることは、要件の欠けた婚姻の発生を防止するとともに婚姻の成立を公示するための制度として、十分に合理性を有しているということができるから、憲法二四条一項は、法律が婚姻の方式として届出を要するものとすることを妨げるものではない。また、憲法二四条二項は、家族に関する事項に関しては、法律は、個人の尊厳に立脚して、制定されなければならない旨を規定しているが、婚姻の方式として届出を要するものとすることには、右のとおり十分な合理性があるから、原告の信条に反するとしても、個人の尊厳を侵すものではない。」と判示されている。

(7)　二宮周平「仮装婚・同性婚」内田貴＝大村敦志編『民法の争点』(有斐閣、二〇〇七)三二〇頁。

(8) 大村敦志『家族法〔第三版〕』(有斐閣、二〇一〇）一二七頁。
(9) 内田貴『民法Ⅳ　親族・相続』(東京大学出版会、二〇〇二）五五頁。
(10) 実質意思説、実体意思説とも呼ばれることもある。
(11) 我妻榮『親族法』(有斐閣、一九六一）一四頁、中川善之助『親族法（上）』(青林書院、一九五八）一五八頁、泉久雄『親族法』(有斐閣、一九九七）七一頁、松坂佐一『民法提要（親族法・相続法）〔第四版〕』(有斐閣、一九九二）五七頁等。
(12) 形式意思説とも呼ばれる。
(13) 谷口知平『家族法判例研究』(有斐閣、一九八一）二七頁、末川博「判例解説」民商法雑誌六三巻二号（一九七〇）五四頁等。
(14) 内田・前掲書七七頁。
(15) 本判決の評釈としては膨大なものがあるが差し当たり以下のものを掲げておく。前田陽一『家族法判例百選〔第六版〕』(有斐閣、二〇〇二）四頁、谷口・前掲書二五頁、末川博・民商法雑誌六三巻二号（一九七〇）二二四頁、黒木三郎『家族法判例百選（新版）』(有斐閣、一九七三）三九頁、中川淳『家族法判例百選〔第五版〕』(有斐閣、一九九五）四頁、杉田洋一・法曹時報二二巻二号（一九七〇）一八八頁。
(16) 本判決の評釈として小倉顕・法曹時報二一巻一〇号（一九六九）一四五頁、谷口・前掲書七頁、中川良延『昭和四四年度重要判例解説』(有斐閣、一九七〇）七〇頁等。
(17) 本判決の評釈として深谷松男『家族法判例百選〔第六版〕』(有斐閣、二〇〇二）六頁。
(18) 二宮・前掲論文三二〇頁、なお大村・前掲書一三〇頁。
(19) 本判決の評釈として、中川淳・法律時報三六巻七号（一九六四）一〇四頁等。
(20) 佐藤義彦＝伊藤昌司＝右近健男『民法Ｖ　親族・相続〔第三版〕』(有斐閣、二〇〇五）五頁（右近健男執筆）。なお、本判決が出される以前から「離婚や離縁の『解消的身分行為』についても、実質的な意思がなければ完全な解消の効果は生じないが、任意の届出には、原則として一種の効果を認めないわけにはいかない。『解消行為』の特色というべきである」と論じる見解もあった（福地俊雄「身分行為と効果意思」中川善之助教授還暦記念家族法大系刊行委員会編『家族法大系Ⅰ（家族法総論）』有斐閣、一九五九、六〇頁)。

(21)　高橋朋子＝床谷文雄＝棚村正行『民法七　親族・相続〔第二版〕』(有斐閣、二〇〇七）三九頁（高橋朋子執筆)。
(22)　前田陽一「いわゆる「仮装の『身分行為』」の効力に関する一考察」立教法学三四号（一九九〇）一二七頁。
(23)　例えば、高橋忠次郎「婚姻意思と離婚意思」専修法学論集九号（一九七〇）一頁。
(24)　内田・前掲書五九、六〇頁。
(25)　内田・前掲書六三頁。
(26)　以上の要件に加えて、異性同士であることを要件として挙げるものもある（大村・前掲書一三三頁、内田・前掲書七五頁)。従来の教科書においては、「婚姻をする意思とは、夫婦関係を成立させるという意思である。……（中略）……夫婦関係とは何か、といえば、その社会で一般に夫婦関係と考えられているような男女の精神的・肉体的結合というべきである」とし同性婚はこの意味で婚姻ではないとする説明もあった（我妻・前掲書一四頁、一八頁、なお中川・前掲書一五八頁)。
(27)　松坂・前掲書五五頁、高橋＝床谷＝棚村・前掲書三六頁（高橋執筆)、他方届出を効力要件とする見解もある。
(28)　本判決の評釈として、植田卓・税研一〇六号（二〇〇二）六〇頁。
(29)　植田・前掲税研一〇六号六二頁。
(30)　例えば、健康保険法三条七項一号においては、「配偶者（届出をしていないが、事実上婚姻関係と同様の事情にある者を含む。以下この項において同じ。)」と規定されている。税法上同様の規定を設けたとしても、課税の公平性・税執行の画一性の観点からは、「事実上の婚姻関係」についても、実際には通達等で「形式的な判断基準」は設けられることになるのであろう。
(31)　節税養子とも呼ばれる。
(32)　法定相続人のなかに養子がいる場合の法定相続人の数は、被相続人に実子がいる場合は、養子のうち一人を法定相続人に含め、被相続人に実子がいない場合は、養子のうち二人を法定相続人に含める（相続税法一五条二項、なお三項参照)。
(33)　本規定は租税法律主義違反の疑いがあるという指摘もされている（岩田俊一「基礎控除」北野弘久＝小池幸造＝三木義一編『争点相続税法〔補訂版〕』勁草書房、一九九六、一五四頁)。
(34)　本山敦「養子法の課題」前掲『民法の争点』三三二頁。
(35)　本審判の評釈として、加藤高・民商法雑誌一二〇巻一号（一九九九）一七九頁、澤田省三・戸籍六七六号（一九九八）三五頁、村重慶一・戸籍時報四八八号（一九九八）五二頁。

(36) 本決定の評釈として鈴木ハツヨ・民商法雑誌一二五巻一号（二〇〇一）一二〇頁。

(37) 本来の趣旨とは異なる制度利用がその後の混乱を生みだす原因となった典型例であるとも言われている（三木義一『相続・贈与と税の判例総合解説』信山社、二〇〇五、二〇頁）。

(38) ただこの点については、「民法は届出婚主義を採用しているからといっても、これら偽装結婚や仮装養子など実質的に婚姻意思の欠落したような届出までをも法律上有効なものとして扱うという立場に立つものではないのであるから、基本的に民法上の法律婚に従って、我が所得税法も配偶者概念を観念すれば足りると思われる。かような意味では、届出婚主義を前提とする課税実務は妥当である。もっとも、課税実務が偽装結婚や税金養子などを許容しているとすれば、それは、今日的な問題に対する解決への道を予め封じてしまっているということにもなり、問題である」という見解もある（酒井克彦「所得税法上の『配偶者』の意義（上）」税経通信（二〇〇八）六九頁）。

遺産分割のための弁護士費用の取得費性

三木義一

はじめに

本稿で扱うのは、私的に利用する余地もなく、譲渡することが決まっている不動産を、譲渡できるようにするための準備費用として納税者が支払った遺産分割に係わる弁護士費用の取得費性、もしくは費用性である(1)。遺産分割の弁護士報酬や、借入金利子などが通常は家事費であることは周知の通りである。住宅のための借り入れや私的に利用することを確保するための弁護士費用は、それに対応する収入がないし、あったとしても帰属所得のような現行法上非課税収入なので、その支出を税法上考慮する必要はなく、家事の領域になる。原則はそうだが、例外的に、それらが取得費に含まれる場合がありうる。そのような事件の訴訟を引き受け係争中であるが、筆者がどのように主張し、裁判所がどう判断したかを、紹介しておきたい。

一　事実関係

本件の前提となる事実は、次のとおりである。

(1) 乙は、昭和四一年一一月四日に死亡した丙（以下、同人を「被相続人」といい、同人を被相続人とする相続を「本件相続」という。）の法定相続人六人のうちの一人であった。

(2) 本件相続の開始後、遺産分割が難航し、昭和四七年以来、乙や他の法定相続人から繰り返し遺産分割の調停の申立てがされたが、調停が成立するには至らなかった。

(3) 乙は、昭和四八年一一月一三日に、丁法律事務所に所属する戊弁護士との間で委任契約を締結し、同弁護士を各遺産分割調停事件の代理人とした。

(4) その後、遺産分割調停事件は、平成元年に審判事件に移行し、平成一六年六月一八日確定の審判（以下「本件審判」という。）により、乙は次のアからウまでの遺産等を取得することとなった。

ア　東京都○○○区○○×丁目×××番の宅地のうちの一部（以下「本件土地」という。）。なお、被相続人は、本件土地を大正一五年四月一〇日に取得した。

イ　現金六九七万〇六八五円

ウ　他の共同相続人からの代償金合計二四一七万円

(5) 乙は、平成一六年七月一二日、前記遺産分割調停及び審判事件の弁護士報酬として丁法律事務所から一三一二万五〇〇〇円の請求を受け、その後、これを支払った。

(6) 乙は、本件土地を私的に利用することもないまま、平成一七年三月三一日、株式会社Aとの間で、同社に対し本件土地を一億五〇〇〇万円で譲渡する旨の売買契約を締結し、同年七月二九日、本件土地の所有権移転登記をした。

(7)　乙は、平成一八年三月一五日、T税務署長に対し、本件土地の譲渡について、分離長期譲渡所得に係る収入金額一億〇五〇〇万円、分離長期譲渡所得の金額九〇七八万六二六一円と記載した確定申告書（以下「本件確定申告書」という。）を提出した。乙は、本件確定申告書における分離長期譲渡所得の金額の計算において、丁法律事務所に対して支払った弁護士報酬のうち本件土地に対応する金額である九八九万〇一八一円（乙が支払った報酬総額一三一二万五〇〇〇円に乙が取得した土地の評価額九五二一万円を乗じた金額を乙が本件審判により取得した財産総額一億二六三五万〇六八五円で除したもの。以下「本件報酬部分」という。）を本件土地の譲渡に係る取得費として控除した。

(8)　乙は、平成一八年八月八日に死亡し、乙の相続人である原告が乙の所得税の納付義務を承継した。

(9)　T税務署長は、乙の平成一七年分所得税について、平成二〇年二月二九日付けで、本件報酬部分を取得費に算入することはできないという理由で更正処分（以下「本件更正処分」という。）及び過少申告加算税の賦課決定処分（以下「本件賦課決定処分」といい、本件更正処分と併せて「本件更正処分等」という。）をした。

(10)　原告は、本件更正処分等を不服として、平成二〇年四月一六日に異議申立てをしたところ、異議審理庁は同年六月一二日付けで棄却の異議決定をした。そこで、原告が、同年七月一一日付けで審査請求をしたところ、国税不服審判所長は、平成二一年二月一三日付けで審査請求を棄却し、その裁決書謄本は、同月一六日に原告に対し送達された。

(11)　原告は、平成二一年七月四日、本件訴えを提起した。

二　一審判決

この問題に対し、一審判決は型どおりの次のような判示をした。(2)

ところで、遺産分割の法的性質は、共同相続人の共有に係る相続財産の分配にすぎず、これにより相続財産に含まれている個々の資産の財産価値そのものに変動を及ぼすものではないから、遺産分割に要した費用は、当該資産の客観的価格を構成するものとは認められない。また、それが、被相続人の取得のときに遡ってその当時における客観的価格を構成するとか、あるいは、被相続人の取得のための付随費用とみる余地がないことは明らかである。

また、遺産分割は、相続人間の協議、調停及び審判によって行うことができるところ、相続人間の協議によって行われる場合はもとより、調停や審判によって行われる場合であっても、相続人が弁護士に委任することが通常必要とされるものではないから、遺産分割に係る事務の委任に係る弁護士報酬は、相続人が相続財産を取得するための付随費用には当たらないというべきである。

4　そうすると、本件報酬部分は、遺産分割に係る事務の委任に係る弁護士報酬であるから、本件土地の客観的価格を構成するものと認められないことは明らかであるし、本件土地を取得するための付随費用ということもできない。また、これが設備費又は改良費に当たらないことも明らかである。よって、本件報酬部分は法三三条三項の「取得費」には当たらないというべきである。

5　原告の主張について

(1)　原告が引用する平成一七年最高裁判決は、ゴルフ会員権の名義書換手数料を資産を取得するための付随費用として取得費に当たると解したものであるところ、ゴルフ会員権の名義書換手数料は、これを支払って名義書換えをしなければ、そのゴルフ会員権に基づく権利行使ができないのであるから、ゴルフ会員権の取得のための付随費用ということができるのに対し、前記のとおり遺産分割調停及び審判事件は、必ず代理人として弁護士に委任しなければならない手続ではないから、遺産分割事件の弁護士報酬が当該資産を取得するための付随費用ということはできないのであって、平成一七年最高裁判決は、本件と事案を異にするものである。

(2)　原告は、法三三条三項に規定された取得費と譲渡費用の理論的根拠が異なってはならないとし、譲渡費用に係る平成一八年最高裁判決の判断基準を取得費の判断基準とすべきであるとしている。確かに、法三三条三項において取得費と譲渡費用は、共に譲渡所得の計算に当たって控除されるべきものではあるが、同項において取得費と譲渡費用が別個に挙げられていることからも明らかなように、両者は別個の概念であって、譲渡費用該当性の判断基準を直ちに取得費該当性の判断基準とすべきであるということはできない。したがって、平成一八年最高裁判決の基準によって取得費該当性を判断すべきであるという原告の主張及びそれを前提とする原告の主張は、いずれも直ちに採用することができない。

三　控訴審での主張

1　最高裁判決の不正確な理解

このように、一審判決は型どおりの判断をしたが、その前提には、最高裁判決の趣旨等の不正確な理解があるように思われる。たとえば、一審判決の次の部分がその例である。

この譲渡所得に対する課税は、資産の値上がりによりその資産の所有者に帰属する増加益を所得として、その資産が所有者の支配を離れて他に移転するのを機会に、これを清算して課税する趣旨のものである（最高裁昭和四一年（行ツ）第一〇二号同四七年一二月二六日第三小法廷判決・民集二六巻一〇号二〇八三頁、最高裁昭和四七年（行ツ）第四号同五〇年五月二七日第三小法廷判決・民集二九巻五号六四一頁参照）。そして、これらの規定の文理及び譲渡所得課税の趣旨に照らせば、法三八条一項が規定する「資産の取得に要した金額」には、当該資産の客観的価格を構成すべき取得代金の額のほか、登録免許税　仲介手数料等の当該資産を取得するための付随費用の額も含まれるが、他方、当該資産の維持管理に要する費用等居住者の日常的な生活費ないし家事費に属するものはこれに含まれないと解するのが相当である（最高裁昭和六一年（行ツ）第一一五号平成四年七月一四日第三小法廷判決・民集四六巻五号四九二頁参照）。

（一審判決八～九頁）

確かに、平成四年七月一四日第三小法廷判決（＝以下「平成四年判決」と略す。）は一般論として上記のような判示をしているが、当該事案で争点となっていたのは、譲渡資産取得の際の借入金利子が取得費を構成するのか否かであった。

従って、平成四年判決は、上記の一般論を述べた後で次のように述べているのである。

ところで、個人がその居住の用に供するために不動産を取得するに際しては、代金の全部又は一部の借入れを必要とする場合があり、その場合には借入金の利子の支払が必要となるところ、一般に、右の借入金の利子は、当該不動産の客観的価格を構成する金額に該当せず、また、当該不動産を取得するための付随費用に当たるということもできないのであって、むしろ、個人が他の種々の家事上の必要から資金を借り入れる場合の当該借入金の利子と

> 同様、当該個人の日常的な生活費ないし家事費にすぎないものというべきである。
> そうすると、右の借入金の利子は、原則として、居住の用に供される不動産の譲渡による譲渡所得の金額の計算上、所得税法三八条一項にいう『資産の取得に要した金額』に該当しないものというほかはない。しかしながら、右借入れの後、個人が当該不動産をその居住の用に供するに至るまでにはある程度の期間を要するのが通常であり、従って、当該個人は右期間中当該不動産を使用することなく利子の支払を余儀なくされるものであることを勘案すれば、右の借入金の利子のうち、居住のため当該不動産の使用を開始するまでの期間に対応するものは、当該不動産をその取得に係る用途に供する上で必要な準備費用ということができ、当該個人の単なる日常的な生活費ないし家事費として譲渡所得の金額の計算のらち外のものとするのは相当でなく、当該不動産を取得するための付随費用に当たるものとして、右にいう『資産の取得に要した金額』に含まれると解するのが相当である。以上のとおり、右の借入金の利子のうち、当該不動産の使用開始の日以前の期間に対応するものは、右にいう『資産の取得に要した金額』に含まれ、当該不動産の使用開始の日の後のものはこれに含まれないと解するのが相当である（傍点筆者）。

つまり、平成四年判決は、通常家事費に該当するような支出であっても、場合によっては取得費に該当する場合があること、当該事案の場合はまさに取得費に該当することを判示したのである。従って、一審判決が同判決を引用するなら、家事費と取得費を同判決がどのように区分しているかを精査すべきなのに、全く検討しないまま、本件支出が取得費ではないという結論を下している。おそらく、ある支出が、場合によっては、取得費になり、譲渡費用にもなり、さらには家事費にもなりうることを理解せず、取得費の範囲を固定的に考えていたものであろうと思われる。

ある支出の取得費概念を考える場合には、右の最高裁の判示内容を正確に理解することから出発しなければならない。

2　支出の税法上の意味

一審判決は、上記のような不正確な引用を行った後に、抽象的な増加益に課税するのが譲渡課税の趣旨なのか、それとも具体的な譲渡所得に課税するのが趣旨なのか不明にしたまま、所得税法六〇条の趣旨に言及している。

その上で、本件支出の取得費性を次のように否定している。

ところで、遺産分割の法的性質は、共同相続人の共有に係る相続財産の分配にすぎず、これにより相続財産に含まれている個々の資産の財産価値そのものに変動を及ぼすものではないから、遺産分割に要した費用は、当該資産の客観的価格を構成するものとは認められない。また、それが、被相続人の取得のときに遡ってその当時における客観的価格を構成するとか、あるいは、被相続人の取得のための付随費用とみる余地がないことは明らかである。

また、遺産分割は、相続人間の協議、調停及び審判によって行うことができるところ、相続人間の協議によって行われる場合はもとより、調停や審判によって行われる場合であっても、相続人が弁護士に委任することが通常必要とされるものではないから、遺産分割に係る事務の委任に係る弁護士報酬は、相続人が相続財産を取得するための付随費用には当たらないというべきである。

4　そうすると、本件報酬部分は、遺産分割に係る事務の委任に係わる弁護士報酬であるから、本件土地の客観的価格を構成するものと認められないことは明らかであるし、本件土地を取得するための付随費用ということもできない。また、これが設備費又は改良費に当たらないことも明らかである。よって、本件報酬部分は法三三条三項の「取得費」には当たらないというべきである。（一審判決一〇頁）

では、本件弁護士報酬を支払った控訴人にとって当該支出の税法上の性格は何なのか、それを示さねばならないはずである。ところが、原判決は何も述べていない。取得費でないというなら、この支出は控訴人のいかなる支出になるのか、説明すべきなのに、何も書いていないのである。原審は、取得費に当たらないという結論を決めうちしているだけだから、取得費ではないなら何になるのか、全く考えていなかったのかもしれない。

原判決を善解すると、当該支出は取得費ではないのだから、当然家事費になるということかもしれない。しかし、家事費なら、当該支出をして取得した物を私的に利用し、さらにそこから収入が発生してはならないことになる。しかし、控訴人は、本件支出によって得られた土地を全く私的には利用しないまま、譲渡収入を発生させているのである。従って、家事費というなら、所得税法の基本構造に反するし、平成四年判決にも合致しない。あるいは、そのことを恐れて明言しなかったのかもしれないが、家事費、取得費、譲渡費用でないというなら、費用と家事費の中間的な寄付金とか、盗難などの場合の損失等しか残っていないが、これらに該当しないことも明らかである。

このように一審判決は、全く非論理的であり、税法上の概念を混乱したまま、固定的にとらえている。とりわけ、付随費用の範囲について固定的にとらえている。

> 遺産分割に要した費用は、当該資産の客観的価格を構成するものとは認められない。また、それが、被相続人の取得のときに遡ってその当時における客観的価格を構成するとか、あるいは、被相続人の取得のための付随費用とみる余地がないことは明らかである。（一審判決一〇頁）

どうして余地がないことが明らかなのか、全く不明である。

なぜなら、所得税法上、個人の支出は、それによって取得する物やその利用のあり方いかんによって、あるときは経費になり、あるときは家事費になり、あるときは取得費になるからである。

平成四年判決で問題となった借入金利子を例にとってみよう。借入金利子であっても、その個人及び取得資産の利用などに応じて、その税法的性格は様々に変わるのである。
①個人事業者が事業用資産を取得するために借り入れをし、購入後事業用に利用し、その後譲渡した場合の利子
この場合は、事業に利用しているのであり、その利用を維持するために支払っている利子であるから、事業収入のための経費となることには異論はないであろう。
②一般個人が居住用不動産を借入金により取得し、居住目的のために利用している場合の利子
この場合は私的生活のための支出であり、この私的生活からは収入が発生しないと解されているので（帰属家賃を課税対象に入れる国もある）、私的利用により対応する収入がないので、家事費となることも異論はないであろう。
③個人が居住用資産を借入金で取得したものの、使用しないまま譲渡した場合の利子
この場合は、私的利用もなく、事業用の利用もないまま保持していた期間の利子は、家事費でも、経費でもないので、譲渡収入という将来の収入に対応する付随費用としての取得費として位置づけられることになる。

なお、個人が資産の譲渡をするために、特別な借入金が一時必要になり、それにより譲渡ができた場合、当該利子は譲渡費用ということにもなろう。

このように、個人の支出はその名目で税法的性格が固定されているわけではなく、当該借入れによって取得した物の収入との対応関係で、ある場合には経費になり、ある場合には取得費になり、ある場合には家事費になるのである。

本件の遺産分割に係る弁護士報酬も家事費になる場合はある。というよりも、遺産分割後、取得資産を私的に利用することが多いはずであり、そのような場合は家事費と解してよく、だから実務は従来これらの支出を家事費として所得計算上無視してきたのであろう。

しかし本件のように、私的に利用することなく、譲渡するために遺産分割を整え、その後直ちに譲渡している場合の支出は取得費と解するのがもっとも合理的といわざるを得ない。もっとも、譲渡のための遺産分割であったという点を重視すると、本件のような事情の場合には譲渡のための費用としての性格も併せ持っているとも言える。

3　通常必要か否か

このように、支出の性格は収入との対応により様々である。一審判決はこれらの支出の性格を固定的にとらえ、しかも、本件支出が取得に係わる付随費用に該当することを否定するために、わざわざ「通常」要件まで持ち出して次のように述べている。

> 遺産分割は、相続人間の協議、調停及び審判によって行うことができるところ、相続人間の協議によって行われる場合はもとより、調停や審判によって行われる場合であっても、相続人が弁護士に委任することが通常必要とされるものではないから、遺産分割に係る事務の委任に係る弁護士報酬は、相続人が相続財産を取得するための付随費用には当たらないというべきである。（一審判決一〇頁）

このような通常要件が譲渡所得計算に際して必要なのか、そのことがまさに最高裁第一小法廷平成一八年四月二〇日判決（判例時報一九三三号七六頁、最高裁判所裁判集民事二二〇号一四一頁など＝以下「平成一八年判決」と略す。）で問われたのである。

平成一八年判決で争われたのは、納税者が自己の農地を農地以外のものに転用して譲渡するために、土地改良区に支払った決済金・協力金が譲渡費用に該当するか否かであった。

この判決が出るまで、実務では、譲渡費用については、譲渡に「直接」必要であること、譲渡に「通常」必要であることを求め、法令上の根拠もないのに「直接・通常」要件が付加され、この事件の地裁・高裁判決もそれを踏襲して譲渡費用に該当しないと判示していた。周知のように、平成一八年判決は、こうした判断基準を覆して次のように判示したのである。

①譲渡所得に対する課税は、資産の値上がりによりその資産の所有者に帰属する増加益を所得として、その資産が所有者の支配を離れて他に移転するのを機会に、これを清算して課税する趣旨のものである。しかしながら、所得税法上、抽象的に発生している資産の増加益そのものが課税の対象となっているわけではなく、原則として、資産の譲渡により実現した所得が課税の対象となっているものである。そうであるとすれば、資産の譲渡に当たって支出された費用が所得税法三三条三項にいう譲渡費用に当たるかどうかは、一般的、抽象的に当該資産を譲渡するために当該費用が必要であるかどうかによって判断するのではなく、現実に行われた資産の譲渡を前提として、客観的に見てその譲渡を実現するために当該費用が必要であったかどうかによって判断すべきものである。

②前記事実関係等によれば、本件売買契約は農地法等による許可を停止条件としていたというのであるから、本件売買契約においては、本件土地を農地以外の用途に使用することができる土地として売り渡すことが契約の内容となっていたものである。そして、前記事実関係等によれば、上告人が本件土地を転用目的で譲渡する場合には土地改良法四二条二項及びこれを受けて制定された本件処理規程により本件決済金の支払をしなければならなかったのであるから、本件決済金は、客観的に見て本件売買契約に基づく本件土地の譲渡を実現するために必要であった費用に当たり、本件土地の譲渡費用に当たるというべきである（傍点筆者）。

つまり、最高裁は、従来のように「直接性」や「通常性」ではなく、「現実に行われた資産の譲渡を前提として、客観的に見てその譲渡を実現するために当該費用が必要であったかどうか」によって判断すべきとしたのである。

この判断基準は、譲渡所得課税の本質を抽象的な増加益の清算に求める増加益清算説に立ちながらも、具体的な譲渡益が課税されることを重視する譲渡益所得説の立場に一歩踏み込んだ判断を示しており、従って、費用等も通常必要かどうかではなく、当該譲渡との関係において客観的に必要かどうかで判断すべきとしたのである。

すなわち、それまで実務が採用していた基準では、「間接的」に必要であったに過ぎないとか、当該事案では必要と言えても「通常」（一般的には）必要とは言えない、という理由で費用性が否定されることがあったが、最高裁はそのような基準が譲渡所得の理解としては法的に誤っていることを明らかにし、その基準を「当該譲渡にとっての客観的必要性」に修正することを求めたのである。

前記平成一八年判決の考え方からすれば、本件遺産分割に係わる弁護士費用の取得費該当性の判断においては、本件譲渡をするために客観的に必要な費用であったか否かが具体的に検討されるべきであった。

そして、控訴人が、遺産分割により遺産の一部を自らに帰属させるためには、弁護士に依頼することが客観的に見て必要不可欠であり、弁護士費用の支払いも必要不可欠な支出であるとすれば、当該弁護士費用は取得のための付随費用に該当し、当該譲渡資産の取得費に当たるといわざるを得ないのである。

なお、一審判決は、平成一八年判決の基準は譲渡費用に該当しても、取得費には該当しない、としているが、平成一八年判決は「具体的な譲渡所得」に課税することを重視した判断であり、その考え方は、譲渡費用のみならず取得費にも当てはまることを全く理解していないのである。

高裁での訴訟指揮は、納税者の主張に関心を示すものだったので、判決を期待したが、結論は次のようなものであった。

四　高裁判決

遺産分割は、共同相続人が、相続によって取得した共有に係る相続財産の分配をする行為であり、これによって個々の相続財産の帰属が定まり、相続の開始の時にさかのぼって、各相続人が遺産分割により定められた財産を相続により取得したものとなるのである（民法九〇九条）。

このような法的性質に照らして考えると、遺産分割は、まず、これにより個々の資産の価値を変動させるものではなく、遺産分割に要した費用が当該資産の客観的価格を構成すべきものではないことが明らかである。そして、遺産分割は、資産の取得をするための行為ではないから、これに要した費用（例えば、遺産分割調停ないし同審判の申立手数料）は、資産を取得するための付随費用ということもできないといわざるを得ない（これに対し、例えば、既に共同相続人の共有名義の相続登記がされているときに、遺産分割の結果に基づいて単独名義に持分移転登記手続をするために要する費用は、単独で相続したことを公示するために必要な費用であるから、単独名義の相続登記をする費用と同様に、資産を取得するための付随費用に当たるというべきである。）。したがって、遺産分割の手続について弁護士に委任をした場合における弁護士報酬は、相続人が相続財産を取得するための付随費用には当たらないものというべきである。

しかし、通達に基づいて「通常」性を要件としている実務については、次のようにこれを否定した。

2　控訴理由にかんがみ、理由を付加する。

(1)　控訴人は、原審が、法規範性を有しない通達を大前提として付随費用該当性を判断していると論難する。

確かに、所得税基本通達六〇―二は、相続により譲渡所得の基因となる資産を取得した場合において、当該相続に係る相続人が当該資産を取得するために通常必要と認められる費用を支出しているときは、これを当該資産の取得費に算入できる旨定めており、原審も、付随費用に該当するか否かの判断基準を、その支出がその資産の取得にとって通常必要と認められるか否かに求めている。しかしながら、資産の取得者が資産の取得に必要な行為をするに当たり専門家の力を借りた場合の報酬等については、そのことが社会的に承認されているものについては、それが当該行為に必要とはいえなくても、資産の取得に付随して要した費用というべきであり、取得費に当たると解するのが相当である。例えば、不動産取引の仲介手数料や所有権移転登記手続を司法書士に委任した場合の報酬等は、取得者がこれらの行為を自ら行うことも可能であるけれども、資産を取得するための付随費用に当たるというべきである。弁護士に対する報酬等も、取得に関し争いのある資産につきその所有権等を確保する手続を委任したことにより負担したものは、資産の取得者が当該手続を自ら行い得たとしても（現に、本人訴訟も数多い。）、やはり資産を取得するための付随費用に当たるということができる。そして、遺産分割が資産の取得をするための手続であるとするなら、それを弁護士に委任することは社会的に承認されていることであり（現に、弁護士が代理人となっている遺産分割審判事件は数多い。）、相続人が自ら行うことも可能であるとしても、実際に弁護士に委任して報酬等を負担したのであれば、これを遺産分割に付随する費用というべきである。弁護士に委任することの必要性の大小を、訴訟審判手続、調停等といった手続の一般的な難易によって区別して、例えば、訴訟については通常必要であるが、審判や調停については通常必要とはいえないというように判定することは、困難といわざるを得ない。したがって、

「通常必要とされる」かどうかで弁護士費用が付随費用に当たるかどうかを判断することは、相当とはいえない。
しかし、当裁判所は、そもそも遺産分割が資産を取得する行為に当たらないことから、これに付随する費用は、資産を取得するための付随費用ということはできないと判断するものである。そうすると、遺産分割に弁護士の委任が通常必要かどうかにかかわりなく、本件報酬部分は、資産を取得するための付随費用には当たらず、したがって、取得費に含まれないものというほかはない。控訴人らの上記主張は、理由がないことに帰する。

さらに、個人の支出には、家事費にも、取得費にも、費用にも該当しない支出があることを次のように述べる。

控訴人は、仮に、遺産分割が、相続開始により複数の相続人の共有に属することとなった相続財産を分配するものにすぎず、これにより相続財産に含まれている個々の資産の財産的価値そのものに変動が及ぶものではないとの理由で本件報酬部分が本件土地の取得費に含まれないとするならば、本件報酬部分は本件土地の譲渡費用に含まれるべきであると主張する。
しかしながら、取得費に含まれないが譲渡費用にも含まれない費用があることは、上記のとおりであり、遺産分割は、取得のための行為とも譲渡のための行為ともいうことができないのであるから、その費用が譲渡費用に当たるということはできない。控訴人は、相続人が相続により取得した共有持分を売却する場合、遺産分割が必要であるから、遺産分割は譲渡のための行為であると主張するようであるが、譲渡費用の該当性は、遺産分割と譲渡とが時間的に接着しているかどうかではなく、両者の性質に基づいて決せられるべきである。遺産分割が終了した後、しばらくして譲渡の話が持ち上がったような場合には、それが譲渡費用に当たらないことは自明であり、遺産分割後に譲渡する予定が控えているときだけは遺産分割に要する費用が譲渡費用に当たるということはできない。控訴人の上記主張も、失当である。

おわりに

以上のように、高裁では譲渡所得に関連して実務に蔓延している発想の一部を明確に否定できたものの、取得費性を認めるところまでには至らなかった。高裁判決は「取得費に含まれないが譲渡費用にも含まれない費用」があるというが、これは家事費という意味なのか、その他の所得にかかわり費用という意味なのかは不明である。さらに、「遺産分割は、資産の取得をするための行為ではない」とする理由を一切述べておらず、そもそも『相続』自体が資産取得行為ではないと考えているのか、または、『相続』は資産取得行為に該当するが、『遺産分割』が共有持分の分配に過ぎず、資産取得行為に該当しないと考えているのか、判決からは不明である。この点を中心に現在上告中であるが、問題点の一端をご理解していただけたと思う。将来的には、立法的に解決すべき問題の一つでもある。

（1）　当初は「納税環境整備」の本案成立を前提に、新しい手続法理をきちんと整理する予定であったが、まだ成立の可能性が不透明なので、このテーマにさせていただいた。）

（2）　この過程も詳しく述べたいところであるが紙数の関係上省略する。）

〔付記〕　北野先生には、若い時から多くのことをご指導いただいた。先生が理想とされていた税法像には、わが国の租税立法がまだ追いついていない。しかし、税法学史的には、先生の主張は時代を先取りした先見的な学説として、将来再評価される時期が必ず来ると信じている。

みなし相続財産課税された年金受給権に基づく年金の課税関係

――最高裁判所平成二二年七月六日判決の検討――

余郷太一

被相続人が保険料を支払った終身保険契約について保険事故が発生（被相続人が死亡）したことにより、主契約に基づいて保険会社から相続人に一時金（死亡保険金）四〇〇〇万円が支払われた。この一時金の他に、特約として主契約の受取人に毎年二三〇万円（以下、特約年金）が一〇回支払われる場合、この特約年金の課税関係をどのように考えるべきだろうか。

相続人が取得することになる特約年金の総額二三〇〇万円（以下、本件年金受給権）については、相続税法に基づく評価額一三八〇万円が相続税の対象になった。そのうえで、特約年金のうち第一回目の支払いを受けた年金（以下、本件年金）について所得税を課税されたことが争われた事例（以下、本件事例）がある。長崎地裁では原告である納税者が勝訴し、福岡高裁では逆転敗訴し、最高裁では原判決は破棄され納税者が勝訴した。[1]

本稿は、最高裁が本件年金に対して所得税を課することは許されないと判断したことは支持するが、その理由には賛同できないという立場から論じるものであり、かつ、第二回目以降の年金の全額についても所得税を課することは許されないことを論じるものである。

なお、本文中に引用する法令及び通達は、特に記載がない限り本件事例で争われた当時のものである。

一　年金受給権に相続税、年金に所得税が課されたこれまでの実務

本件年金受給権と本件年金の課税関係について、制度の概要とこれまでの実務は次のとおりであった。

1　相　続　税

被相続人の死亡により相続人その他の者が生命保険契約の保険金等を取得した場合、被相続人が負担した保険料に相当する部分は相続又は遺贈により取得したものとみなされる〔相続税法三条一項〕。保険金とみなされるものには、一時金及び年金の方法により支払を受けるものが含まれる〔相続税基本通達三—一一〕。

相続、遺贈又は贈与により取得した財産の価額は、その財産の取得の時における時価による〔相続税法二二条〕が、定期金給付事由が発生している定期金給付契約に関する権利を取得した時には、特別の定めがあり、その期間が有期か無期か終身かの区分に応じて、相続税の課税価格に合計する財産の価額を定めている〔同法二四条〕(2)。本件年金は有期定期金にあたるため、残存期間に応じ、給付金額の総額に一定の割合を乗じて計算した金額を権利の価額として評価する。なお、一時金によるものは、当該一時金の額による〔相続税基本通達二四—三〕。

これらの規定に従えば、本件年金受給権は、残存期間が五年を超え一〇年以下の有期定期金であるから、給付金額の総額に一〇〇分の六〇を乗じて計算した金額が権利の価額となる〔相続税法二四条一項一号〕。

2　所得税

相続、遺贈又は個人からの贈与により取得するもの（相続、遺贈又は個人からの贈与により取得したものとみなされるものを含む。）は、所得税を課さない（所得税法九条一項柱書及び同項一五号）。

本件年金のような金銭の受給がこの規定に該当するか否かについて政府税制調査会は「所得税法及び法人税法の整備に関する答申」（昭和三八年一二月）で「被相続人が掛金を負担した年金契約に基づく年金受給権は、相続財産として時価により評価し、相続税の課税が行なわれ、さらに相続人がその年金受給権に基づき支払を受けるときは、その年金から被相続人が負担した掛金を控除した残額に対して所得税が課税されることとなっているところから、二重課税の弊をまぬがれないとの意見がある。これについては、一般に資産を相続した際相続税が課税され、さらに相続人がその資産を譲渡すれば被相続人の取得価額を基として所得税が課税されることと同じ問題であって、所得税と相続税とは別個の体系の税目であることから、両者間の二重課税の問題は理論的にはないものと考える。」とし、これまでの実務では本件年金受給権に基づく年金は所得税の課税対象となっていた。

なお、年金の総額に代えて支払われる一時金については、所得税基本通達九―一八に「死亡を年金給付事由とする令第一八三条第三項《……省略……》に規定する生命保険契約等の給付事由が発生した場合で当該生命保険契約等に係る保険料又は掛金がその死亡をした者によって負担されたものであるときにおいて、当該生命保険契約等に基づく年金の受給資格者が当該年金の受給開始日以前に年金給付の総額に代えて一時金の支払を受けたときは、当該一時金については課税しないものとする。」とある。

3　これまでの実務のまとめ

以上を踏まえると、本件年金受給権は、定期金給付契約に関する権利として相続税の対象となり、毎年受ける年金は所得税が課税されていた。仮に、年金の総額に代えて一時金で受給した場合には、相続税は一時金の額がそのまま相続税の対象となるが、所得税は課税されていなかった。

二　事実の概要

本件事例の事実の概要は次のとおりである。

1　本件保険契約

(1)　平成八年八月一日、被相続人は保険会社との間で、被相続人を契約者及び被保険者、原告を受取人とする保険契約（以下、本件保険契約）を締結した。

(2)　被相続人は、その保険料を支払っていた。

(3)　本件保険契約には、保険事故が発生（被相続人が死亡）した場合に主契約に基づいて支払われる一時金に加え、生活保障のため特約年金が支払われる特約（年金払生活保障特約条項）が付されていた。

(4)　この特約では、保険事故が発生した場合、年金額二三〇万円を主契約の受取人に対して一〇年間支払うものとされた。

(5)　また、特約条項四条では、特約年金の受取人は、年金支払期間中、将来の特約年金の支払に代えて、特約年金の未支払分の現価の一時支払を請求することができるものとされていた。

(6)　この現価は、一時支払請求日における特約年金の支払残存回数に応じ、所定の算定率に特約基本年金額（本件では二三〇万円）を乗じて算定され、主契約の保険金の請求と同時に特約年金の現価の一時支払が請求された場合、この現価は、特約基本年金額に八・九五六を乗じた金額（本件では二〇五九万八八〇〇円）とされていた。

2　原告の本件年金受領までの経緯

(1)　平成一四年一〇月二八日、被相続人は死亡した。

(2)　原告は、被相続人の死亡により、本件保険契約に基づき、死亡保険金四〇〇〇万円を受け取る権利と、年金払生活保障特約年金として、平成一四年から平成二三年まで、毎年一〇月二八日に二三〇万円ずつ受け取る権利（本件年金受給権）を取得した。

(3)　原告は保険会社に対し、本件保険契約に基づき死亡保険金及び特約年金の請求を行い、保険会社は原告に対し、死亡保険金四〇〇〇万円、本件年金二三〇万円及び配当金（の合計から、源泉徴収税額二二万八〇〇円、契約貸付金、同貸付金利息を差し引いた額）を支払った。

3　相続税申告

(1)　平成一五年八月二七日、原告は長崎税務署長に対し、相続税の申告書を提出した。

(2)　その申告には、本件年金受給権の総額二三〇〇万円に〇・六を乗じた一三八〇万円が含まれていた。

4　原告の所得税確定申告以降の経緯

(1)　原告は、平成一四年分の所得税について、本件年金については所得も源泉徴収税額も計算に含めないで確定申告をした。

(2)　原告は、原告がした確定申告について、給与所得一五万円が漏れており、他方、本件年金の源泉徴収税額二二万八〇〇円が所得金額から差し引かれる金額として追加されるべきであり、同年中に還付を受けるべき金額は、合計二二万三四六四円になるとして、更正の請求をした。

(3)　長崎税務署長は、原告が支払を受けた本件年金二三〇万円から必要経費として認めた九万二〇〇〇円を差し引いた二二〇万八〇〇〇円を同年中における原告の雑所得と認定し、還付を受けるべき額が四万八二六四円になるとする更正処分をした。

(4)　その後、異議申立、審査請求を経、配偶者控除等が所得金額から差し引かれる金額として認定され、平成一六年六月二三日に還付を受けるべき金額を一九万七八六四円とする減額再更正処分がされ、裁決はこの処分を認めた。

三　下級審判決及び学説の検討

本件年金及び特約年金の課税関係について本件事例の下級審判決及び学説は次のとおりであり、それぞれに対する意見を紹介しつつ筆者の見解も述べていく。

1　本件年金の所得税課税を全額肯定する議論の検討

(1)　全額肯定する理由は大きく二つに分かれる。一つは「保険契約に基づく年金に相続税を課税することが誤りであり、年金を支給された各年に所得税を課税することが正当となる」(3)というものである。もう一つは、本件年金は、本件年金受給権とは法的に異なるものであるため、あるいは本件年金の取得時を収入の実現ととらえるため、本件年金受給権には相続税、本件年金には所得税が課税される、というものである。

(2)　本件福岡高裁判決は「被相続人の死亡により保険金受取人が取得するものは、保険金という金銭そのものではなく、保険金請求権という権利であるから、相続税法三条一項一号にいう『保険金』は保険金請求権を意味するものと解される。」としたうえで、「本件年金は、一〇年間、保険事故発生日の応当日に本件年金受給権に基づいて発生する支分権に基づいて、被控訴人が受け取った最初の現金というべきものである。そうすると、本件年金は、本件年金受給権とは法的に異なるものであり、乙（被相続人…筆者注）の死亡後に支分権に基づいて発生したものであるから、相続税法三条一項一号に規定する『保険金』に該当せず、所得税法九条一項一五号所定の非課税所得に該当しないと解される。」とした。

このような、本件年金は本件年金受給権とは法的に異なるものであるという議論に対して、三木義一教授は「基本債権というのは、結局のところ、支分債権を束ねたものにすぎないのであ」り、「基本債権、支分債権の区別は、もっぱら消滅時効との関係で議論されてきた問題である。」「本件のような場合は、一〇年間二三〇万円ずつ支払われることが確定している債権であり、本来現金で一括して支払うべき保険金を年金で代物弁済しているにすぎないともいえるのである。」と指摘している(4)。

基本権と支分権という概念(5)については、権利行使時期がいつなのかという点で分けて考える必要はある。しかし、税法の解釈適用においては、支分権が新たな経済的価値を生み出さない、つまり、所得が発生しない以上、支分権に担税力を見出し課税することはできないと考える。

(3)　福岡高裁とは異なる論理として、酒井克彦教授は「年金受給権の取得の段階では単にその受給資格を有するにとどまると解すべきではなかろうか。けだし、年金受給日が到来しない限り、かかる年金受給権の権利行使をすることもできないし、あるいは相続人自身の死亡などの原因により年金を現実に受領する機会を得られないかもしれないのである。かような意味では、年金については、収入実現の蓋然性が必ずしも高いとはいえず、かかる権利を他に譲渡する市場もないと思われる。」とし、「相続人が取得した年金受給権については、収入実現の蓋然性が高いとはいえないため、実現した所得として認識するべきではないと考える（所法三六①）。また、年金についても、時期の到来（年金受給権の行使）を観念し得る年金受給時に年金が課税されると解すべきであろう。かような意味では、本件において所得税法九条一項一五号が登場する場面はないのである。」と述べている。(6)

このような収入実現の蓋然性が必ずしも高いとはいえない、という議論に対して本間拓巳氏は「年金受給権も保険金請求権の行使の結果取得したものであるため、その所得は保険事故発生時に実現すると考えられなければならないはずである。(7)」と指摘している。また、渡辺充教授は「本件年金については、むしろ収入実現の蓋然性は高いと考える。何となれば、権利確定主義の観点から、契約上その受給権としての法的権利は、保険事故が発生した時に発生しており、当該年金受給権に基づく各年の年金払いは、支払時期ごとに具体的、客観的に生命保険契約上確定しており、予測可能である。つまり、収入実現の蓋然性は極めて高いのであ(8)」ると指摘している。さらに、安井栄二氏は「X（原告…筆者注）は、年金受給権を取得したときに『一〇年間で総額二三〇〇万円を手にすることができる』という権利を取得したのである。つまり、この時点で二三〇〇万円を収入する権利が確定しているのである。そうすると、これは『収入すべき権利の確定した金額』ということができるのである。(9)」と指摘している。

筆者も、「一〇年間で総額二三〇〇万円を手にすることができる」という権利が確定している以上、収入金額は客観的に確定している、と考える。この考えは所得税法三六条の「収入すべき金額」とは「収入すべき権利の確定した金額」である、とする権利確定主義の考え方に合致する。よって、本件年金受給権を取得した時点で所得は発生することになり、本件年金を含む特約年金の各取得時に改めて所得が発生することにはならない。

2　本件年金を含む特約年金の所得税課税を全額否定する議論の検討

(1)　全額否定する理由は大きく二つに分かれる。一つは、相続財産とみなされて相続税が課税された「財産」と実質的経済的にみれば同一のものと評価される「所得」に所得税を課税することは許されないというものである。もう一つは、相続財産とみなされて相続税が課税された「所得」に所得税を課税することは所得税法九条一項一五号が認めていないというものである。

(2)　本件長崎地裁判決は、本件年金受給権と本件年金との関係を「財産」と「所得」と捉えていた。すなわち「相続税法三条一項は、相続という法律上の原因に基づいて財産を取得した場合でなくとも、実質上相続によって財産を取得したのと同視すべき関係にあるときは、これを相続財産とみなして相続税を課することとし、他方所得税法九条一項一五号は、このように相続税を課することとした財産については、二重課税を避ける見地から、所得税を課税しないものとしている。このような税法の規定からすると、相続税法三条一項によって相続財産とみなされて相続税を課税された財産につき、これと実質的、経済的にみれば同一のものと評価される所得について、その所得が法的にはみなし相続財産とは異なる権利ないし利益と評価できるときでも、その所得に所得税を課税することは、所得税法九条一項一五号によって許されないものと解するのが相当である。」「相続税法による年金受給権の評価は、将来にわたって受け取る各年金の当該取得時における経済的な利益を現価（正確にはその近似値）に引き直したものであるから、これに対して相続税を課税した上、更に個々の年金に所得税を課税することは、実質的・経済的には同一の資産に関して二重に課税するものであることは明らかであって、前記所得税法九条一項一五号の趣旨により許されないものといわなければならない。」とした。

この「実質的・経済的には同一の資産」という判断に対して酒井克彦教授は「長崎地裁判決は、所得税法九条一項一五号の趣旨を、法的な観点から離れて、実質的あるいは経済的な観点からみた二重課税を防止する趣旨であるという意味にまで拡張している。すなわち、相続税が課された財産と所得税が課される所得とが法的には別個のものであるとしても、実質的・経済的にみれば同様の資産であるとして、二重課税の排除を規定する同条項の趣旨解釈から非課税とすると判断しているのである。[10]」と指摘している。

法的な観点から離れて、実質的あるいは経済的な観点からみた二重課税を防止する趣旨を根拠として解釈した点を問題視した指摘は、税法の厳格な解釈・適用が要請される租税法律主義の観点から賛同できる。

(3)　次に、本件年金受給権と本件年金を含む特約年金との関係を同一の「所得」と捉えて特約年金の所得税課税を全額否定する議論を検討する。

安井栄二氏は、前述のとおり、「一〇年間で総額二三〇〇万円を手にすることができる」という権利を取得した時点で二三〇〇万円を収入する権利が確定しているとしたうえで、「ただし、本件年金受給権は、相続税法三条一項一号に規定する『保険金』に該当すると解されるので、これは相続財産とみなされ、同時に相続税の対象となる。そうすると、年金受給権を取得することによって、一見所得税と相続税が両方課税されるようにみえる。しかし、所得税法九条一項一五号では、『相続、遺贈又は個人からの贈与により取得するもの』に対して所得税を課さないと規定されており、またその括弧書きで『相続税法の規定により相続、遺贈又は個人からの贈与により取得したものとみなされるものを含む』と規定されていることから、年金受給権を取得したことによる所得税課税は行われないこととなっている。」「年金受給権を取得した段階でその内容に係る所得がすでに発生していると考えられる。そのため、実際に年金を受領したとしても、その段階でさらに所得が発生したとは考えられないのである。」と指摘している。[11]

また、小山隆洋氏は「年金払特約に基づく保険金の支払いは、被保険者が死亡したときに受け取る死亡保険金を保険金受取人に分割して支払うことにより、年金と同様の効果を実現するものである。また、特約年金の支払日ごとに新たな給付が発生し、債務確定するものではなく、単純に保険金額を分割して支払うものであるため、年金支払期間中においては未支払の保険金を現価で受け取ることも可能である。これらの点において、『年金払金』は公的年金等における年金とその本質は著しく異なる。」「公的年金の場合の年金は、時の経過により新たな給付の支払義務が生じ、支払期日にその債務が確定するとされている。したがって、支払期日未到来の年金については具体的な支払額は定まらず、支払総額も確定しない。このため、将来の年金を一括して受け取ることは法律上許されていない。これに対して、個人年金や『年金払金』は、保険事故の発生により、保険金請求権という債権関係が一時に発生し、その目的となる保険金の額も同時に一義的に確定する。」とし、「年金払金」の本質は死亡保険金の分割払金であり、『年金払い』という用語が使用されることにより、均等払いされるものはすべて年金としての本質を備えているとの誤解があるようである。」と指摘している。(12)

この小山氏の議論は、①特約年金の本質が一時に発生し確定した債権の分割払金であること、②公的年金の場合の年金は時の経過により新たな給付請求権が生じ確定することとの違いを説明したものであり、「年金払金」である本件年金は、所得税の課税対象にならない、という結論を導いている。

(4)　筆者は、後述のとおり、安井氏や小山氏の議論のように、特約年金に対して所得税を課税することはできないと考える。しかし、これらの議論に対しては、本件年金受給権として相続税の課税対象になった評価額が一三八〇万円であるのに対し、本件年金として受け取る総額は二三〇〇万円であり、差額九二〇万円に対して相続税も所得税も課税されないことになるため不公平である等の批判が考えられる。

次の項では、相続税の課税対象にならなかった部分の所得税課税を肯定する考え方について検討する。

3　部分的に特約年金の所得税課税を肯定するもの

(1)　部分的に所得税課税を肯定する考え方として、武田昌輔教授は、年金受給権は「一般の無形資産（たとえば、特許権）とは異なり、年金を受給することを内容とするものであって、いわば年金を合計した金額が基礎となっている。ただ、各年ごとに長期にわたって受けることになるので、それを割り引いた金額である。したがって、毎年受ける金額は、年金という名称は付けられているものの、これは一時金の分割払いによる回収額である。したがって、これは所得ではなくて、回収額である。双方に課税することは貴見のように負担が重くなる。なお、その回収額には、所得税を課すべきでないことは当然である。ただ、その運用益が含まれているので、この部分については課税すべきである。[13]」と指摘し、特約年金に運用益が含まれていると考え、部分的に所得税課税を肯定している。

(2)　部分的に所得税課税を肯定すると考えても、課税対象についての考え方は一つではない。

澤田久文氏は「本件では、一〇年間にわたり年金の支払を受けたとすると、年金の総額二三〇〇万円と本件年金受給権の価額一三八〇万円との差額九二〇万円が所得税の課税対象となることになる。相続人が死亡保険金を一時金で取得した場合は、当該保険金は所得税の課税対象とならないが、その現金を運用して得た利益は所得税の課税対象となることからすると、年金の全額を非課税所得とするのも、年金の全額を所得税の課税対象とするのも、いずれも均衡を欠く面がある。[14]」と指摘している。

このような相続税の課税金額との整合性を重視する考え方に対して、藤曲武美氏は「相続税の評価額は要するに相続開始時点の年金現価であることから、実質的には相続開始時点で一時金で取得した場合の金額（約二〇五九万円）であるところ、旧相続税法（平成二二年度税制改正前）二四条により便宜的に一三八〇万円とされたものである。」「相続税評価額一三八〇万円の意味するものは年金の複利現価であり、その意味が重要なのであり、その具体的評価額一三八〇万円に拘泥する必要はないと考える（。）」「相続税により、年金の複利現価までは相続税課税（純資産増加説による所得課税）が行われているのであり、課税されるべき運用益は二三〇〇万円と二〇五九万円との差額であると考える。[15]」と指摘している。

(3)　以上のような「運用益」という考え方は、本件最高裁の判決理由で採用されている。筆者は、この「運用益」という考え方は誤りであると考えており、その理由は、**五**「最高裁判決の検討と問題点の指摘」で後述する。

四　本件事例における最高裁の判決理由

本件事例では、①所得税法九条一項一五号の「相続、遺贈又は個人からの贈与により取得するもの」とは何か、②本件年金が「相続、遺贈又は個人からの贈与により取得するもの」に該当するか、の二点が主に争われた。(16)

これらの点について最高裁の判決理由は次のとおりである。なお、改行及び番号、各見出しは筆者が独自に付したものである。

1　所得税法九条一項一五号の趣旨

(1)「所得税法九条一項は、その柱書きにおいて『次に掲げる所得については、所得税を課さない。』と規定し、その一五号において『相続、遺贈又は個人からの贈与により取得するもの（相続税法の規定により相続、遺贈又は個人からの贈与により取得したものとみなされるものを含む。）』を掲げている。同項柱書きの規定によれば、同号にいう『相続、遺贈又は個人からの贈与により取得するもの』とは、相続等により取得し又は取得したものとみなされる財産そのものを指すのではなく、当該財産の取得によりその者に帰属する所得を指すものと解される。」

(2)「そして、当該財産の取得によりその者に帰属する所得とは、当該財産の取得の時における価額に相当する経済的価値にほかならず、これは相続税又は贈与税の課税対象となるものであるから、同号の趣旨は、相続税又は贈与税の課税対象となる経済的価値に対しては所得税を課さないこととして、同一の経済的価値に対する相続税又は贈与税と所得税との二重課税を排除したものであると解される。」

2　年金受給権のみなし相続財産課税について

「相続税法三条一項一号は、被相続人の死亡により相続人が生命保険契約の保険金を取得した場合には、当該相続人が、当該保険金のうち被相続人が負担した保険料の金額の当該契約に係る保険料で被相続人の死亡の時までに払い込まれたものの全額に対する割合に相当する部分を、相続により取得したものとみなす旨を定めている。上記保険金には、年金の方法により支払を受けるものも含まれると解されるところ、年金の方法により支払を受ける場合の上記保険金とは、基本債権としての年金受給権を指し、これは同法二四条一項所定の定期金給付契約に関する権利に当たるものと解される。」

3　年金受給権の相続税課税対象額

(1)「そうすると、年金の方法により支払を受ける上記保険金（年金受給権）のうち有期定期金債権に当たるものについては、同項一号の規定により、その残存期間に応じ、その残存期間に受けるべき年金の総額に同号所定の割合を乗じて計算した金額が当該年金受給権の価額として相続税の課税対象となるが、」

(2)「この価額は、当該年金受給権の取得の時における時価（同法二二条）、すなわち、将来にわたって受け取るべき年金の金額を被相続人死亡時の現在価値に引き直した金額の合計額に相当し、」

(3)「その価額と上記残存期間に受けるべき年金の総額との差額は、当該各年金の上記現在価値をそれぞれ元本とした場合の運用益の合計額に相当するものとして規定されているものと解される。」

(4)「したがって、これらの年金の各支給額のうち上記現在価値に相当する部分は、相続税の課税対象となる経済的価値と同一のものということができ、所得税法九条一項一五号により所得税の課税対象とならないものというべきである。」

4　本件年金の所得税課税について

「本件年金受給権は、年金の方法により支払を受ける上記保険金のうちの有期定期金債権に当たり、また、本件年金は、被相続人の死亡日を支給日とする第一回目の年金であるから、その支給額と被相続人死亡時の現在価値とが一致するものと解される。そうすると、本件年金の額は、すべて所得税の課税対象とならないから、これに対して所得税を課することは許されないものというべきである。」

五　最高裁判決の検討と問題点の指摘

筆者は、最高裁判決が所得税法九条一項一五号の趣旨をとらえて説明した部分には賛同する。しかし、年金受給権の金額が確定したこととその評価額の考え方については問題があり、本節で指摘する。

1　所得税法九条一項一五号の趣旨と内容

最高裁の判決理由（四1）を要約すると、所得税法九条一項一五号の「相続、遺贈又は個人からの贈与により取得するもの」とは「財産そのもの」ではなく「所得」を指し、「所得」とは時価相当の「経済的価値」ということになる。そして、「経済的価値」は相続税又は贈与税の課税対象となるから、「経済的価値」にほかならない、所得税を課さないこととして、同一の「経済的価値」に対する相続税又は贈与税と所得税との二重課税を排除した、ということが趣旨であると最高裁は解している。

所得税法九条一項一五号は二重課税を排除したという趣旨については、そのとおりである。本件年金は、二重課税だから所得税を課税できないのではなく、二重課税を趣旨に立法された所得税法九条一項一五号に該当するから課税できないのである。そして、最高裁は、二重課税の趣旨から排除する部分は「財産そのもの」ではなく「所得」であるとしたが、所得税法九条一項柱書及び一五号を文言に忠実に解釈すれば当然の結論である。[17]

そのうえで、最高裁は「所得」とは時価相当の「経済的価値」であるとしたが、[18]この「経済的価値」と何が同義と言えるのかは検討する必要がある。そこで、この点を中心に最高裁判決を検討する。

2　年金受給権の金額が確定したこととその評価額の意義

(1)　最高裁は判決理由（四3）によると、相続税法二四条による評価額と同二二条の時価、そして、「将来にわたって受け取るべき年金の金額を被相続人死亡時の現在価値に引き直した金額の合計額」（以下「本件現在価値」）を同列のものと考えている。そのうえで、本件現在価値と特約年金の総額との差額を観念し、この差額を運用益であるとした。ただ、本件現在価値は時価相当の「経済的価値」と同一であるとして、運用益以外は所得税の課税対象とならないと結論付けた。

このような最高裁の考え方には二つの問題点を指摘できる。

(2)　まず、相続税法二四条により計算した金額を時価と同列のものとした点である。

相続税法二二条は「この章で特別の定めのあるものを除くほか、相続、遺贈又は贈与により取得した財産の価額は、当該財産の取得の時における時価により、当該財産の価額から控除すべき債務の金額は、その時の現況による。」とある。定期金に関する権利等若干の財産については、特にその評価が困難であるため、その価額の算定について一義的な規定を設けている（相続税法二三条〜二六条。これを法定評価という）。[19]定期金に関する権利の評価を規定した相続税法二四条は、相続税法二二条の「特別の定め」であるから、相続税法二二条に定める時価そのものではない。本件年金受給権一三八〇万円は「時価」ではなく「特別の定め」である相続税法二四条で評価した金額（法定評価額）にすぎないのである。よって、相続税法二四条で評価した本件年金受給権の価額は時価ではない。

では、本件保険契約により「現価」とされる二〇五九万八八〇〇円ならば時価と言えるのだろうか。本件保険契約によると、保険金受取人は、保険会社に対し特約年金の現価の一時支払を請求することができることになっており、その額は、特約基本年金額に八・九五六を乗じた金額とされている。この「現価」は、二三〇万円ずつ支払う方法によらないのであれば、割引率を乗じた金額で精算することを本件保険契約で合意した金額にすぎない。よって、二〇五九万八八〇〇円は本件年金受給権の時価ではない。

以上のとおり、相続税法二四条により評価した金額を時価相当の「経済的価値」と考えることはできない。

(3)　もう一つの問題点は、差額を「運用益」とした点である。

本件年金受給権の評価額は一三八〇万円であり、一時払いならば二〇五九万八八〇〇円となる。しかし、どちらも保険事故発生時の特約年金の総額は二三〇〇万円である。この二三〇〇万円と評価額との差額部分については、相続により取得したとみなされた財産から除かれたわけではない。全体の二三〇〇万円が相続財産とみなされたものの、相続税の課税価格を計算する際は、評価額を採用しただけのことである。

つまり、本件年金受給権二三〇〇万円を取得した段階で特約年金総額に相当する所得二三〇〇万円は発生している。この二三〇〇万円が本件年金受給権の「経済的価値」である。なぜなら、所得税法三六条の「収入すべき金額」とは「収入すべき権利の確定した金額」のことであり〔権利確定主義〕、保険事故発生により有期定期金として権利が確定した「収入すべき金額」は二三〇〇万円であるからである。しかし、この二三〇〇万円の所得については、相続税法によって相続又は遺贈により取得したものとみなされたため、所得税を課されないことになった。その後、特約年金を実際に受け取る段階においては、既に所得税の課税対象になった特約年金総額を分割して受け取ったにすぎない、と考えるべきである。「収入すべき金額」が確定した「経済的価値」には「運用益」という考え方の入る余地はない。二三〇〇万円と評価額との間に差額が生じるのは「運用益」があるからではなく、相続税の課税価格を計算する際は、時価ではなく法定評価額を採用したからにすぎないのである。

六　ま と め

以上のとおり、本件保険契約による特約年金を一〇年にわたり受給しても一時で受給したとしても、被相続人の死亡によるため、その全体である本件年金受給権を相続により取得したものとみなされ相続税の対象になることには異論はない。しかし、本件年金受給権二三〇〇万円は「収入すべき金額」として確定し、所得が発生している。この所得を相続財産とみなして相続税の対象にした以上は、将来受け取る現金は、売掛債権や貸付債権の元本と同様に権利が現金化しただけのことであり、所得ではないので所得税を課税することはできない。

よって、特約年金のうち第一回目の年金の支払いを受けたこと（本件年金）に対して所得税を課されないことはもちろん、第二回目以降の年金の全額についても所得税を課されないと考える。

そうすると、本件年金受給権二三〇〇万円のうち差額とされる九二〇万円部分については相続税も所得税も課税されないことになるため不公平であるという批判には反論できていないことになる。しかし、この差額は法定評価額を相続税の課税価格とする規定があるために生じたもので、課税対象から外れたわけではない。仮に、この状態を解消するならば、法解釈ではなく立法によらなければならない。

例えば、資産の譲渡があった場合の所得税法五九条と六〇条の関係のように、被相続人による資産の取得費を保険金の掛金に、相続時の資産の時価を年金受給権に、そして、資産の売却額を特約年金の受給額に置き換えるように取り扱うみなす規定を設けることが考えられる。この方法によれば、経済効果から見れば、利得部分への課税は漏れなく行うことができる。しかし、保険金請求権は、保険金受取人が自己の固有の権利として取得するのであって、保険契約者から承継取得するものではない。私法上の法律関係を修正してまで、被相続人と相続人を一体として捉えることが不公平を解消するために必要なのか、議論されなければならない。(20)

特約年金の課税関係については、所得税と相続税とは別個の体系の税目であるという前提により十分に検討されてこなかった中、一人の税理士が疑問を呈したことから議論が始まったものである。(21)北野弘久日本大学法学部名誉教授は、税理士は「納税者の代理人として税法学的に誤った判例、通達、行政指導等を批判しなければならない。(22)」と指摘しており、税理士が法律家として税法理論に基づき実践することは益々重要な意味を持っていくと考える。

（1）最判平二二・七・六民集六四巻五号一二七七頁、長崎地判平一八・一一・七民集六四巻五号一三〇四頁、福岡高判平一九・一〇・二五民集六四巻五号一三一六頁。

（2）二〇一一年四月一日以降は、相続税法二四条は改められ、有期定期金の価額は「解約返戻金」「一時金」等を比較し、いずれか多い金額となった。

（3）図子善信「生命保険年金に対する二重課税（租税判例研究）」久留米大学法学六四号（二〇一〇）七三頁。図子教授は、本件年金受給権をみなし相続財産と解することには無理があると結論付けている。この結論からすれば、本件年金受給権は、相続、遺贈又は個人からの贈与により取得したものとみなされるものではなくなるため、相続税を課税することはできないが、所得税を課税することはできることになる。しかし、本件最高裁判決は、本稿**四2**及び**3**のとおり「年金受給権の価額として相続税の課税対象となる」と判断している。筆者も同様に考え、相続税の課税対象になるという前提に立つ。

（4）三木義一・大垣尚司「年金受給権と年金の課税関係」立命館法学三〇九号（二〇〇六）七頁及び同頁注釈三（三木義一）。

（5）長崎地裁判決は、この二つの法的概念の中身に踏み込んで検討を加えたが、福岡高裁判決は、形式的な指摘にとどめ課税庁の主張を補強したにすぎない内容であった。

(6)　酒井克彦「みなし相続財産としての年金受給権に基づいて取得した年金への所得課税（中）」月刊税務事例四二巻一〇号（二〇一〇）一三頁、一五頁。

(7)　本間拓巳「所得税と相続税の課税関係に関する考察――生命保険年金の二重課税問題を中心として」税研一四五号（二〇〇九）一一九頁。

(8)　渡辺充「相続税法三条一項一号の規定によって相続により取得したものとみなされる生命保険契約の保険金で年金の方法により支払われるもの（年金受給権）のうち有期定期金債権にあたるものにおいて、当該年金受給権に係る年金の各支給額が、所得税の課税対象となるかどうか争われた事例」判例時報二〇九六号（二〇一一）一七二頁。

(9)　安井栄二「生命保険契約に基づく特約年金に対する所得課税」大阪経大論集六一巻六号（二〇一一）二四三頁。

(10)　酒井克彦「関連者間における所得移転と所得税の課税対象（下）」月刊税務事例三九巻八号（二〇〇七）五四頁。

(11)　安井・前掲注（9）二四三頁。

(12)　小山隆洋「被保険者の死亡に基因して支払われる生命保険金で年金払いされるものの課税関係について」税経通信六三巻三号（二〇〇八）二二九頁、二三二頁、二三六頁。

(13)　武田昌輔「事例研究（第一一三回）事例一　孫会社を子会社とする株式交換　事例二　年金受給権に対する相続税の課税と年金に対する所得税の課税」税研二三巻一号（二〇〇七）四九頁。

(14)　澤田久文「年金型生命保険に対する相続税と所得税の課税関係に関する最高裁判決」法律のひろば六三巻一一号（二〇一〇）四八頁。

(15)　藤曲武美「生命保険年金と相続税、所得税の二重課税」税務弘報五九巻一号（二〇一一）一三一頁。

(16)　なお、所得税法二〇七条所定の生命保険契約等に基づく年金の支払をする者に、その支払の際、同法二〇八条所定の金額を徴収する義務があるのか否かについても争われた。

(17)　本件事例の第一審と第二審は判決の結論は異なるが、いずれも「相続、遺贈又は個人からの贈与により取得するもの」は「財産」であるという立場を採用していた。

(18)　金子宏教授は、所得を金銭的価値で表現する場合の構成の仕方として、「取得型（発生型）所得概念」と呼ばれる「各人が収入等の形で新たに取得する経済的価値、すなわち経済的利得を所得と観念する考え方」があるとし、「この考え方が、各国の租税制度において一般的に採用されている。」としている（金子宏『租税法〔第一六版〕』（弘文堂、二〇一一）一七三頁）。

(19) 金子・前掲注（18）五三三頁。

(20) 例えば、本間拓巳氏は「生命保険金は保険事故を起因として突如発生する所得であり、被相続人又は贈与者に帰属する潜在的な所得は存在しないから、被相続人に発生した潜在的な所得を相続人に繰り延べるという考え方は否定されなければならない。」と指摘している（本間・前掲注（7）一二〇頁）。

(21) 江﨑鶴男『長崎年金二重課税事件――間違ごぅとっとは正さんといかんたい！』（清文社、二〇一〇）参照。

(22) 北野弘久『税法学原論〔第六版〕』（青林書院、二〇〇七）四七〇頁。

〔追記〕

本稿のテーマについては、二〇〇九年二月、北野弘久先生が主宰されていました「現代税法研究会」で報告をし、北野弘久先生から多くのご指摘を頂くことができました。その研究会の成果と本件最高裁判所の判決を踏まえ、論点を絞り本稿を作成しました。

北野弘久先生に改めて感謝申し上げますとともに、ご冥福をお祈り申し上げます。

源泉徴収義務の成立要件と税法の解釈

小川正雄

はじめに

1　問題の視角

破産管財人の源泉徴収義務にかかる判決（大阪地判平一八・一〇・二五金法一八一三号四六頁、判タ一二二五号一七二頁、大阪高判平二〇・四・二五金法一八四〇号三六頁、最判平二三・一・一四裁時一五二三号一頁、金判一三五九号二二頁、金法一九一六号四八頁）では、破産管財人は、破産債権に対する配当（給料・退職金）または財団債権に対する弁済（管財人報酬）に係る源泉所得税を徴収し納付する義務を負うか、上記義務に係る租税債権は財団債権に当たるか、当該源泉所得税を法定納期限までに納付しなかったことについて正当な理由があると認められるか、が争点となった（なお、本件は平成一六年破産法改正前の旧法事件であるが、実質的には、その規定内容は変わっていない）。

ここでは、本件を素材として、退職所得にかかる源泉徴収義務につき規定する所得税法一九九条一項、弁護士への報酬・料金等にかかる源泉徴収義務を規定する二〇四条一項二号の「支払いをする者」について当該条項はどのような要件を定め、その要件に対応するであろう事実との関係でその要件規定をどのように解釈すべきであるかをみることにする。

本稿は、これらの争点に基づき、源泉徴収義務の法律関係の成立要件及びその成立要件事実に係る税法の解釈原理を検討するものである。租税訴訟においては、他の訴訟にはみられない税務行政の特質の観点に立つ主張が行われることがある。その主張は、租税行政は、早期に、安定的に、及び恒常的に税収を確保する必要とその実現を図るべき責務、及び徴収費用との兼ね合いでの迅速かつ効率的に租税の賦課徴収を行うべき責務等を挙げることができるであろう。これらの特質は、直接の租税負担者である納税者の実体法上、手続上の権利・利益との関係において摩擦が生じることが少なくない。特に、かかる摩擦は、要件事実への税法の当てはめの際に、当該関連規定の不存在、あるいは存在したとしてもその規定する文言の意味内容が多義的で一義的に定められていない場面で顕著に現れているように思える。(1)

2　問題の提示

ここで少し長くなるが、この稿の検討の起因となった素材を提示することにする。

弁護士のX（原告・控訴人・上告人）は、平成一一年九月一六日に大阪地方裁判所から破産宣告を受けたA株式会社の破産管財人に選任された。平成一二年六月二九日、同地裁はXの報酬を三〇〇〇万円とする決定を行い、同年七月三日、Xはこの報酬の支払いをした。また、同年八月三〇日、Xは、元従業員ら（債権者）の退職手当債権に対し、計五億九四一五万二八〇八円の配当を行った。

平成一三年三月二一日、大坂地方裁判所はXの報酬を五〇〇〇万円とする決定を行い、同月二八日にXがこの報酬の支払いをした。

以上につき、所轄税務署長は、平成一五年一〇月二三日、Xに対し、源泉所得税の納税告知各処分および不納付加算税賦課決定各処分を行った。同月二八日、同税務署長はXに対し、本件各納税告知および本件賦課決定に係る不納付加算税ならびに延滞税について交付要求をした。Xは源泉所得税の計三五九三万八〇〇〇円および不納付加算税の計三五九万三〇〇〇円について納税義務の不存在を確認する旨の実質的当事者訴訟を提起した。

大阪地判平一八・一〇・二五（以下、本件一審判決）はXの請求を棄却し、大阪高判平二〇・四・二五（以下、本件二審判決）もXの控訴を棄却したが、最高裁判所第二小法廷は、二審判決の一部を破棄し、Xの請求を一部認めた（以下、本件最高裁判決）。

一　源泉徴収義務の法律関係

源泉徴収制度(2)（所税一八一条以下）が、給与所得者を事業所得者等に対する関係で不当に差別するものかどうかが問題となるが、最高裁は、源泉徴収制度を租税の徴収確保のために必要な制度であり、不合理な差別とはいえない、という考えを示している（最（大）判昭三七・二・二八刑集六巻二号二一二頁、最判平元・二・七月報三五巻六号一〇二九頁）。所得税法は、利子、配当、給与等を支払う者に対して、源泉徴収義務を課している（所税一八一条以下）。源泉徴収義務者（支払者）は、その者自身の義務として、その支払の際に所定の税額を天引き徴収し、これを国に納付する義務を負わされている。一般に、この制度のもとにあっては、国と直接の関係に立つのは源泉徴収義務者であり、本来の納税者（受給者）は当事者となることはできないとされている。課税権者（国）、源泉徴収義務者（支払者）、源泉納税義務者（受給者等）の三者の関係は、明文上明らかではなく、とりわけ給与所得をめぐり、その理解に関して争いがあるところである。

このことから源泉徴収義務者が負うべき義務の範囲または限界を明確にする必要性が生まれてくることになる。支払者は、もともと他人の税金を徴収しているのであって、徴収の便宜の観点から支払者に課されている源泉徴収義務の範囲は、自ずから合理的限界をもつと考えるべきであろう。源泉徴収の対象を、本来の給与を中心とした定型的、反復的な給付に限定し、他の種々の形態による経済的利益の供与については、源泉徴収を行わず、受給者の確定申告に委ねることも十分考慮されてよいであろう。

源泉徴収制度は、もともと徴税目的から導入されたものである。裁判例は、支払者が負うべき源泉徴収義務の合理的範囲について、特に触れていない。源泉徴収制度の存在自体が、直ちに憲法の財産権条項や平等条項に反するということはできないとしても、逆に、源泉徴収義務が「憲法の条項に由来し、公共の福祉によって要請される」と短絡的に根拠づけることは、他人の税金を徴収することについて支払者が負うべき義務の許容範囲を、際限なく拡大することになる。支払者の権利利益に対して、徴税目的を当然に優先させてよいというこの論理は、憲法の条項のいずれによっても、正当化されるようには思えない。

また、先の源泉徴収制度の合憲性を認めた判決は、「担税者と特別な関係を有する徴税義務者に一般国民と異なる特別の義務を負担させるからといって、このことをもって憲法一四条に違反するもの」ではないとも判示している。そうであるならば、この「特別な関係」とは、どのような法律関係に立つ者にこの関係が成立するかが問われなければならないことになる。(3)

1　法律関係の成立要件

(1)　従来の学説の対立

破産管財人の源泉徴収義務なしとする見解の根拠は、個別執行との関係と雇用関係の存否及び源泉徴収制度からの否定論に分類することができる。個別執行における源泉徴収義務については、「一の執行実務において、金銭債権の配当をするときには源泉税分は差し引かないのが実務である。したがって、管財人にも源泉徴収義務はないとするのが通説・実務である。[4]」、又は「執行裁判所及び執行官に源泉徴収義務があれば、それは同時に（破産管財人の）源泉徴収義務を導くが、……これら執行機関には源泉徴収義務はない。[5]」とする見解であり、雇用関係からは、「（管財人と破産会社等の元従業員との間には雇用関係が）消滅しており、未払給与を破産手続において請求（届出）するか否かは自由であり、利息債権も届けられ、……全額が支払われるとはかぎらず、……支払期間も半年後か一年後か不明のもので、いわば財団資産の限度において配率（持ち分）を定める性格をもつ破産債権であって、（所得税法第一八三条の規定した）給与所得そのものではない。[6]」とするものである。さらに、源泉徴収制度の趣旨から導く否定論では、「源泉徴収制度は、給与所得などについての効率的な徴税の視点から事業者などの徴収納付義務者に合理的な範囲で負担を課すとの考え方にもとづいて成立しているものであり、給与等が対価となっている役務の提供を受領する者以外の者に源泉徴収義務を認めその徴収を破産債権者の負担において行わせることは、制度の趣旨からみて適当ではない。[7]」とする。　ここでは、源泉徴収義務の法律関係の成立要件について、徴税上の特別の便宜、破産管財人の法的地位、破産管財人と労働者との関係、及び管理処分権と雇用関係について検討する。

①徴税上の特別の便宜

一審と控訴審は「源泉徴収制度が、一定の所得等に係る金員の支払者から受給者に移転する経済的利益を課税対象と捉え、これに対する税金を、本来の納付義務者である受給者に代えて支払者に徴収・納付させようとする制度であることに照らすと、『支払をする者』とは、経済的利益移転の一方当事者、すなわち、本件退職金の場合は、その経済的出捐の効果の帰属者である破産会社であると解されるから、破産会社は、上記『支払をする者』として同条に基づく源泉徴収義務を負担するものということができる。」と破産会社の有していた債務の承継を破産管財人が承継することを前提とする理論を展開している。

しかし、最高裁は「所得税法一九九条の規定が、退職手当等の支払をする者に所得税の源泉徴収義務を課しているのも、退職手当等の支払をする者がこれを受ける者とに対して、徴税上特別の便宜を有し、能率を挙げ得る点を考慮したことによるものである」と判示するように、源泉徴収の法律関係の成立は、「徴税上特別の便宜」を内包する法律関係が当事者に成立していることが前提となる。

②破産管財人の法的地位

一審と控訴審は、「本件のような場合は、所得税法一九九条に基づく源泉徴収義務者である破産会社がその後の履行となる支払をすることができないかのような様相を呈するのであるが、これは、破産法が、破産宣告時点の破産者の積極的財産によって破産宣告前に原因の生じた破産者に対する債権（消極的財産）を弁済又は配当するという破産的清算の目的を実現する限りで、破産者から破産宣告時点の一切の積極消極財産（破産財団）に対する管理処分権を奪い、これを破産管財人に専属させるという法的構成を採用した結果に過ぎない（から）」と破産管財人に破産者から破産宣告時に一切の管理処分権を専属させたのであるから、そこには退職金の破産管財人の源泉徴収義務も当然に専属事項となるとする。

それに対して最高裁は「破産管財人は、破産手続を適正かつ公平に遂行するために、破産者から独立した地位を与えられて、法令上定められた職務の遂行に当たる者であり、破産者が雇用していた労働者との間において、破産宣告前の雇用関係に関し直接の債権債務関係に立つものではなく、破産債権である上記雇用関係に基づく退職手当等の債権に対して配当をする場合も、これを破産手続上の職務の遂行として行うのである」と破産管財人の地位を破産者から独立した地位と捉えている。

③破産管財人と労働者との法的関係

一審と控訴審は「破産管財人において、自己の占有する管理処分権に基づいて上記原資を用いて本件退職金債権についての配当を実施したものである以上、破産会社自体がこれを行うのと実質的に異なるところはなく、法的には破産会社自体が自ら支払をしたのと同視できる」とし、破産会社が当該配当を現実に退職者に支払ったと考えることができると、破産会社と被用者との雇用関係も当然に承継するという立場にたっている。

しかし、最高裁は「破産管財人と上記労働者との間に、使用者と労働者との関係に準ずるような特に密接な関係があるということはできない。」と破産管財人と労働者との雇用関係を否定していないが、両者の法律関係を「特に密接な関係」という曖昧な用語によって判断している。

④管理処分権と雇用関係

一審と控訴審は「破産管財人は、破産法七条の管理処分権に基づき、上記配当を本来の管財業務として行ったのであるから、これに付随する職務上の義務として、国に対して本件退職金に係る所得税の源泉徴収義務を負うと解するのが相当である。」と破産管財人は専属的に管理処分権の帰属主体であるから所与の事項として退職者の退職金に係る源泉徴収義務があるとする。

しかし、最高裁は「破産管財人は、破産財団の管理処分権を破産者から承継するが（旧破産法七条）、破産宣告前の雇用関係に基づく退職手当等の支払に関し、その支払の際に所得税の源泉徴収をすべき者としての地位を破産者から当然に承継すると解すべき法令上の根拠は存しない。そうすると、破産管財人は、上記退職手当等につき、所得税法一九九条にいう『支払をする者』に含まれず、破産債権である上記退職手当等の債権に対する配当の際にその退職手当等について所得税を徴収し、これを国に納付する義務を負うものではないと解するのが相当である。」と破産管財人は破産財団の管理処分権は承継するが、破産宣告前の破産者と雇用関係にあった被用者の退職金に係る雇用関係は管理処分権の範囲に該当しないとする。

2　特に密接な関係

以上述べてきたことから判事事項を推察すれば、破産管財人の源泉徴収制度における法的地位についての検討は一に「特に密接な関係」をどのようにみるかにかかっていると思える。しかし、先の二つの最高裁判決においては、「特別な関係」ないしは「特に密接な関係」について、破産管財人と労働者との源泉徴収に関する法律関係について具体的に述べていない。最高裁は、源泉徴収義務の性格について、国と徴収義務者との間に成立する公法関係に基づくものであり、当該徴収義務者自身の固有の義務であると解している（最三小判平四・二・一八民集四六巻七七頁参照）。しかし、所得税法一八三条等の規定はいずれも「支払をする者」について源泉徴収義務を課しており、「支払をする者」以外の者に義務を課す規定は見当たらない。すなわち、源泉徴収義務者が負うべき義務の範囲または限界について、不確定な概念である用語でもって、支払者と受給者の法律関係を規律することは、他人の税金を徴収するについて支払者が負うべき義務の許容範囲を、際限なく拡大することになる。支払者は、もともと他人の税金を徴収しているのであって、徴収の便宜の観点から支払者に課されている源泉徴収義務の範囲は、自ずから合理的限界をもつと考えるべきであろう。源泉徴収の対象を、本来の給与を中心とした定型的、反復的な給付に限定し、本件のような場合、他の種々の形態による経済的利益の供与については、立法論ではあるが、源泉徴収を行わず、受給者の確定申告に委ねることも十分考慮されてよいであろう。

角度を変えてみれば、租税法律主義（憲八四条）の構成要素である課税要件法定主義の当然の帰結として導き出される課税要件明確主義からの要請として、課税要件および租税の賦課・徴収の手続に関する定めをなす場合に、その定めはなるべく一義的で明確でなければならないという原則が生まれる。課税標準については、同族会社（法税二条一〇号）の行為計算否認規定（所税一五七条一項・四項、法税一三二条・一三二条の二、相税六四条一項、地価税三二条一項、地税七二条の四三）、「不相当に高額」（法税三四条二項・三六条）、「不適当であると認められる」（所税一八条）、「相当の理由」（所税一四五条二号・一五〇条一項三号、法税一二三条二号・一二七条一項三号）、「必要があるとき」（所税二三四条一項、法税一五三条・一五四条等）、「正当な理由」（税通六五条四項・六六条一項・六七条一項）等、不確定概念をもって定めている例がある。

もとより課税要件明確主義は、税法律の立法に際しての要請原理として憲法で定立された租税法律主義の構成要素の一つであるが、源泉徴収義務の法律関係の成立要件を検討する場合に、破産管財人と労働者との法律関係の存在を測る基準として不確定な概念をその基準とすることは、税法律の解釈が憲法の要請である租税法律主義を空洞化する機能を結果的に果たしていることにつながるであろう。この考えは、税法の解釈・適用の基本原理でいわれるところの実質主義への批判と軌を一にするであろう。すなわち、一般的に実質主義に基づく法解釈が強調されるのは、法の執行過程（行政・裁判）で行われている。実質主義というあいまいな「法理」を一般論的・抽象論的に強調することは、法の執行過程における課税庁の濫用を事実において正当化・合法化することにつながる。このことは、実質主義がその「法理論的」正当化の手段として機能することを意味する。実質主義を一般論的・抽象論的に強調することは、憲法の租税法律主義を形骸化・空洞化させることになる。租税法律主義とは別に実質主義を、所与の税法秩序のもとにおいて、税法解釈・適用の基本原理としてもちだすことを慎まなければならないのと同様に、裁判過程での税法律の解釈・適用においても不確定概念を当該法律関係の内容の程度を測る尺度とすべきではないであろう(8)。源泉徴収制度における源泉徴収義務の存否のみであり、そこに法律関係の親疎・濃淡を持ち込むことは控えるべきであろう。たとえば第二次納税義務者となる者は、本来の納税義務者と一定の関係を有する場合、納税義務者に代って租税を納付する第二次納税義務（税徴三二条以下、地税一一条以下）が成立するが、一定の関係を有する者は国税徴収法、地方税法の各明文規定で定められている。第二次納税義務の成立要件である本来の納税義務者と第二次納税義務者との一定の関係、すなわちその成立に必要な法律関係については、明文で定められており、それ以外の者が第二次納税義務者の地位に立つことはない。源泉徴収義務の支払者の定義規定を置くことも一つの解決策であろう。

二　受給者への救済論

受給者への救済論の観点から破産管財人の源泉徴収義務を認めるべきであるとする論（佐藤）は、所得税法が採用している所得分類、各種控除、及び所得の年度帰属の判定基準をその根拠としている。(9)所得分類と各種控除については、「それらの金銭を受領できる根拠が、元従業員が提供した「非独立的・従属的労務」の対価である以上、それを受け取った元従業員にとって、これらの金銭が給与所得や退職所得の性質を失うとは考えがたいと思われる。」、「かりにそれらが別の所得類型――雑所得や一時所得が考えられる――であるとするならば、本来利用しえた給与所得控除や退職所得控除が適用されなくなるという実際的な不都合によっても補強される。」、及び「所得税法は、支払を受ける側において所得の性質決定をしており――所得分類はあくまでも受領者に関して意味を持つものである――それにもとづいて源泉徴収制度を組み立てると考えられるから、これらの金銭が「給与所得」「退職所得」に該当する以上、支払者に源泉徴収義務が発生すると考えるのが現行法の解釈として最も自然であると考えられる。」としている。

受給者が受領する金銭の所得税法上の所得分類から帰納的に推論することは当を得ていないであろう。源泉徴収制度における源泉徴収義務は、あくまでも支払者の法的地位から論ずべきであろう。破産管財人は破産者の代理人ではなく、裁判所から選任された独立した管理機構としての人格を有するものであり、支払者としての破産管財人が破産者の支払義務を承継するという考えを採用するならば、このようにいえるかもしれないが、これは、あくまでも私法上の義務の承継ではなく、公法上の義務の承継にこのような帰納的論法が妥当するとは思えない。

次に所得の帰属年度の観点からは、権利確定基準（発生主義）と管理支配基準に依拠して、破産管財人の源泉徴収義務の妥当性を述べている。管理支配基準については、「通常の場合、賃金債権の支払として受け取る金銭は、当該賃金債権が発生した年分の所得とされ、発生主義を原則とする現行法の下では、現実の支払時がいつかということにはかかわらない。」、また「雇用主が破産し、労務の提供がなされた年と賃金債権に対して現実の支払がなされた年が異なる場合（であっても）……上記の原則をそのままあてはめ、飽くまでも労務提供がなされ賃金債権が成立した年分の所得と考える考え方である。」であるとし、それを補強する形で管理支配基準を「発生主義の下で権利確定基準を用いる合理性は、受給権の確定により現実の支払がなされ高度の蓋然性が生じることに根ざしているところ、雇用主が破産した場合にはそのような普通の想定の前提が崩れるため、権利確定基準の適用をやめて補充的な基準たる管理支配基準の用がなされるべきだ、という考え方である。」と理解した上で、「この考え方に従えば、雇用主が破産した後は、破産配当手続を通じて現実に支払われた額のみが、支払われた年分の所得となると考えることになろう。」としている。しかし、結論として権利確定基準に基づいて、「後者の考え方（管理支配基準適用説）にも相当の説得力を感じるが、本稿では、なお、前の原則的な考え方（権利確定基準適用説）を採用することとしたい。」とし、その根拠として、「第一に、雇用先の破産は、常に権利確定基準にしたがうことを不可能とするような事情であるとまでは考えられないように思われる点が挙げられる。……賃金債権が……優先的破産債権であることを考慮すると、破産宣告の時点では五〇％を超える部分の支払が所得税法上期されうると考える余地がありうるからである。第二に、給与所得をめぐる実体法および手続法上の特殊性が挙げられる。実体面においては給与所得の算出において給与所得控除の適用があり、……ある年分に提供された労務の対価を課税標準とする場合に、これを数カ年分に分解して給与所得控除を適用したのでは課税所得の算定が正確ではなくなる。また、手続上も、雇用先が破産した従業員が新たな雇用先に雇用されている場合、その年度に賃金債権に対する破産債権が配当され、その時点で給与所得が発生したと考えると、当該従業員はその年に二か所から給与所得を得たことになり、……実際的にみて適当とは考えられない。」、また「このように解しても……特に実際上は問題は生じない。……未払給与を含めた総給与を対象として離職時に源泉徴収税額が決定されるならば、源泉徴収に係る納税者（元従業員）についてはその金額に関して納税義務が発生することはない。」と結論づけている。

しかしながら、この推敲も破産者から破産管財人が、全ての権利義務関係を承継するという前提で成り立つものである。破産管財人が配当する破産債権の一つである労働債権ではあるが、あくまでも独立の法的地位に基づいての当該債権の配当であり、公法上の義務の承継論は妥当しないであろう。さらに具体的な税法解釈とその適用場面において、所得税法一八三条一項、一九九条、及び二〇四条一項の解釈から導き出されないであろう。

具体的な税法解釈とその適用（要件事実の認定）の基本構造[10]は、つぎのようにいうことができよう。法解釈によって当該規定の法的意味が解明されると、そのような法に導かれる構成要件を充足する事実が存在するかどうかが問題となる。どのような行為や事実が存在したかが「認定」されねばならない。この場合、右の「認定」は、現に存在する行為や事実を単にそのまま「確認」するものにすぎず、決して現に存在しないものを形成的・創造的に「認定」することを意味しない。税法の特段の規定が存在しない限り、現に存在する行為や事実を前提にして、法の構成要件規定の適用が論ぜられねばならないのである。税法領域における法の解釈と事実認定の構造は、理論的には、きわめて簡明であるといえる。法の解釈と事実認定のあり方を規定する基本原理は、このように、租税法律主義の原理につきる。

租税構成要件事実ないしは税法的事実は、多くの場合、単なる「裸の事実」ではなく、最小限度二段階の法的評価を伴った「法的事実[11]」である。法の解釈と要件事実の認定の双方において、「税法の独自性」があたかも「公理」であるかのごとく主張されがちである。つまり、税法特有の解釈原理とか税法特有の事実認定の仕方とかが主張されがちであるが、租税法律主義を基礎として導かれるところの方法以外のものが税法学的に成立する余地がない。

おわりに

本稿が素材とした事案の問題点は、要件事実への税法の当てはめの際に、当該関連規定の不存在、あるいは存在したとしてもその規定する文言の意味内容が多義的で一義的に定められていない場面で現れたといえよう[12]。この原因は、いわゆる「税法の建て付けの悪さ」[13]にあるであろう。破産法に規定する破産管財人の法的地位、管理処分権についていえば、破産法は債権者の保護を主たる目的としているが、その目的が国庫の歳入の早期確保を目的として立法された源泉徴収制度において想定された「支払者」概念と齟齬を来しているところに由来があるであろう。すなわち、所得税の枠組みにおいては負担することのない義務を課す結果になっている、といわざるをえない現況を是正するために、源泉徴収義務の成立についての明確な法律要件を定立すべきである。

(1) 田中治「租税行政の特質論と租税救済」芝池義一ほか編『租税行政と権利保護』(ミネルヴァ書房、一九九五)二七頁参照。
(2) 雄川一郎「源泉徴収に関する争訟」租税法研究二号一三七頁(一九七四)、福家俊朗「源泉徴収制度の法的論理構造の検討——租税法律関係と源泉徴収制度」租税法研究一一号九六頁(一九八三)、清永敬次「給与所得をめぐる課税上の法律関係」芝池義一ほか編『租税行政と権利保護』三二九頁(ミネルヴァ書房、一九九五)参照。
(3) 山本和彦「破産管財人の源泉徴収義務に関する検討」金法一八四五号九頁(二〇〇八)。
(4) 永石一郎「破産処理と税務」園尾・中島編『新・裁判実務体系 破産法』三八五頁、三九八頁(青林書院、二〇〇〇)。
(5) 永島正春「破産管財人の源泉徴収義務」税務弘報三六巻九号(一九八八)一四八頁、一五一頁。

（6）上野久徳「破産と税金処理」判例タイムズ二〇九号（一九六七）一一四頁、一一五頁。
（7）伊藤眞『破産法〔全訂第三版補訂版〕』二〇一頁（有斐閣、二〇〇七）。
（8）北野弘久『税法学原論〔第六版〕』一二一～一四二頁、二一九～二二四頁（青林書院、二〇〇七）。
（9）佐藤英明「破産手続きにおいて支払われる賃金と所得税 Ⅳ 破産管財人の源泉徴収義務を定する見解の紹介」税務事例研究六七号（二〇〇二）三〇頁以下参照、佐藤英明「破産管財人が負う源泉徴収義務再論」税務事例研究一〇三号（二〇〇八）二五頁以下参照。
（10）田中成明『法理学講義』三〇五～三一五頁（有斐閣、二〇〇一）、田中治「税法の解釈における規定の趣旨目的の意義」税法学五六三号二一五頁（二〇一〇）以下参照。
（11）占部裕典「租税法における文理解釈の意義と内容」税法学六五三号七五頁（二〇一〇）以下参照。
（12）田中治・前掲注（10）参照。
（13）谷口勢津夫『税法基本講義〔第二版〕』三三頁（弘文堂、二〇一一）。

グループ法人税制の問題点を探る

小田川豊作

一　はじめに

最近の法人税改正、とくにグループ法人税制の導入は、連結納税制度と同様にそれまでの法人税制とは別物の税制の創設といえる内容をもつ。資本の温存、資本への課税回避が新税制の根幹をなすが、この創設に関し、日本経済団体連合会が主導したといってもよい経過が業界紙で明らかになっている（日本税理士連合会「税理」二〇一〇年九月臨時増刊）。

資本主義経済体制の中で成長していく大資本は、個々の資本蓄積追求と同時に資本システムをより増強していくために政治、経済、文化、統治機構などあらゆるものを巻き込んでいく運動体としての性格をもつが、大資本本位に税制に介入し税制を従属させている実態がこれほど明らかになった例はない。

法人税収の落ち込みは、景気反映の面もあるが、法人税制が資本蓄積のために改正を重ねてきた結果でもある。大資本による税制への介入によって現に国家財政の枯渇を招き、消費税・所得税増税という国民個人への増税路線が敷かれつつある。

大多数の国民にとっては、税制改正に直接関与する機会はないといってもよい。片や大資本にはその場が提供され、思うがままの租税回避を展開する構造は、主権は大資本にあるかの感を抱かせる。

この小論では、グループ法人税制の創設を材料として大資本による税制介入を掘り下げ、問題点の指摘と法人税のあるべき姿を素描してみた。

二　グループ法人税制の仕組みと問題点

二〇〇九年度税制改正で創設されたグループ法人税制は、法人の支配関係と取引や行為が法人税法の規定に該当すれば強制適用となる制度である。読者の理解のために、この税制の基本的な考え方と、制度の典型となる資産の譲渡に焦点を絞って仕組みと問題点を掘り下げてみたい。

基本的な考え方は、グループ法人をひとつの会社、ひとつの資本とみなして、グループ法人間の譲渡や寄附を会社内における資産や資金の移動と捉えて課税しないというものである。

グループ法人間の資産の譲渡では次のようになる。

一〇〇％の支配関係にある親会社と子会社の間で、親会社の簿価五〇〇〇万円の土地を子会社に時価プラス利益七〇〇〇万円で譲渡したとする。二〇〇〇万円の譲渡益が計上され売買した事業年度の課税所得になる。これまでの法人税の取扱いは、この譲渡益に対して法人税が課税された。

法人税法では法人を純粋な経済人と捉え、時価プラス利益が経済合理的取引価額と考える。仮に、この譲渡価額が時価に比べて高額であればその差額は子会社から親会社に寄附したと認定され、逆に低額であれば親会社から子会社に寄附行為があったとされたのがこれまでの扱いである。

創設されたグループ法人税制では、次のようになる。

譲渡した親会社は会計上譲渡益二〇〇〇万円を計上し、損益計算書を作成する。譲り受けた子会社は七〇〇〇万円の土地を資産計上する。この取引はグループ法人税制の要件を満たしているので、法人税の課税所得計算では申告調整により親会社の譲渡益二〇〇〇万円を強制的に損金に算入する。したがって譲渡益に関する課税所得は差し引きゼロとなる。

このように譲渡事業年度において、譲渡法人の企業会計上の譲渡益を課税上でゼロとして損益を繰り延べるが、譲り受けた法人が他に譲渡したり償却などをすれば、その行為の通知を受けて譲渡法人は繰り延べた損益を戻し入れて課税所得を算出するというのがこの制度である。譲り受けた法人には通知義務が課せられている。

三年後、子会社が支配関係のない他社にこの土地を八〇〇〇万円で売却したら、子会社からの通知を受けて親会社は通知を受けた事業年度で申告調整により二〇〇〇万円の利益を加算して納税することになる。

土地が値下がりしていて譲渡損覚悟の売却もある。仮に簿価五〇〇〇万円の土地を時価妥当額四〇〇〇万円で子会社に売却したとすれば、譲渡損は一〇〇〇万円となる。その場合は申告調整で譲渡損一〇〇〇万円を強制的に益金に算入して課税所得を差し引きゼロとする。

三年後、子会社が支配関係のない他社にこの土地を六〇〇〇万円で売却したら、子会社からの通知を受けて親会社はその年度の申告調整で一〇〇〇万円を所得から減算して申告する。

大資本はグループ企業を一体的に管理して利潤の最大化をはかる。親会社が所有する含み益のある遊休土地を子会社の工場用地にする場合、これまでは税金負担を伴っていたが、グループ法人税制の創設により完全支配関係を整えれば税金負担なしに工場用地を子会社に移転することができるのである。子会社が工場用地をすぐ転売することはないであろうから、譲渡益の繰り延べといっても戻し入れが起きない場合もあり、事実上は高額資産譲渡益の非課税措置として機能する。

経済取引において資産が移転すれば、その資産に関係する権利義務や債権債務も移転する。グループ法人税制適用の資産移動でも諸関係は通常の取引同様に移転する。経済効果や法的な効果はいうまでもなく実現するが、税金負担だけが回避されるのである。

法人課税では、例外として圧縮記帳による課税の繰り延べがある。課税の繰り延べという課税技術では似ているが、圧縮記帳はその法人が所有する資産の継続性を維持するための措置であり、継続性が措置されないときは圧縮損を戻し入れることになっている。いうまでもないが、所有資産の継続性を図るための圧縮記帳による課税繰り延べと、所有資産を移転しその法人では資産の継続性が消滅するグループ法人税制適用の課税繰り延べを同じに扱うことはできない。また、圧縮記帳は法人の選択であるが、グループ法人税制は強制適用である。

法人税法で課税所得を算出する基本は権利確定主義であり、収益費用対応原則である。また、事業年度ごとの期間損益という枠をはめている。こうした基本に従うことが前提でなければ、各法人間の課税上の公平は保てない。

事例で示したように、グループ法人税制適用による資産譲渡の課税繰り延べは、権利確定主義、収益費用対応原則、事業年度の期間損益という法人税の基本理念から逸脱するものであるが、それを凌駕する改正理念が示されているわけではない。完全支配関係にある法人間の資本はひとつの資本であるという、資本の一体性だけを理論的根拠にしているだけである。

この理屈付けが虚構であり、現実の課税にも多くの問題を引き起こすことになる。

三　中小法人には予見できない欠陥税制としてのグループ法人税制

グループ会社の存在と運営がその資本の存立や納税額を左右する状態になっている大資本にとってみれば、この税制の創設は待ち望んでいたものであろう。競争下において、各大資本はこの税制の活用を積極的に進めると思われる。大資本にとっては歓迎すべき税制だが、中小法人にとってはどうであろうか。

結論を先にいえば、課税を予見できない欠陥税制を押し付けられたといえるのである。

グループ法人税制強制適用の基盤をなす完全支配関係を、中小法人は掌握することが極めて困難であることだ。

グループ法人税制の対象法人は、「一の者」による「完全支配関係」にある内国法人であると規定する。つまり、完全支配関係とは、一人あるいは一社の株主（＝「一の者」）がその会社の発行株式数の一〇〇％を保有している関係である。したがって、ある株主である「一の者」には個人も法人もなりうる。「一の者」が個人の場合はその個人の特殊関係者を含めて一人とみなすとされた。特殊関係者とは、六親等の親族、三親等の姻族、事実上婚姻関係にある者、その個人に生計を維持されている者などとされている。同族会社の判定などで用いている規定をそのまま当てはめたにすぎず、中小法人にとっての資本の一体性やグループ法人による経営の一体性が検討された様子はない。

その結果、グループ法人税制創設の一応の理屈である資本の一体性という基盤がまったくない状態に対してもグループ法人税制を強制適用するという事態が生ずることになる。

図1を見ていただきたい。A社の一〇〇％株主である佐藤一郎を完全支配関係の中心におくと、三社は完全支配関係になる。三社三様に会社を運営しており、資本の一体性も経営の一体性もない。そうした中で、三社の支配関係を各人が把握できるであろうか。

図1　完全支配関係の判定

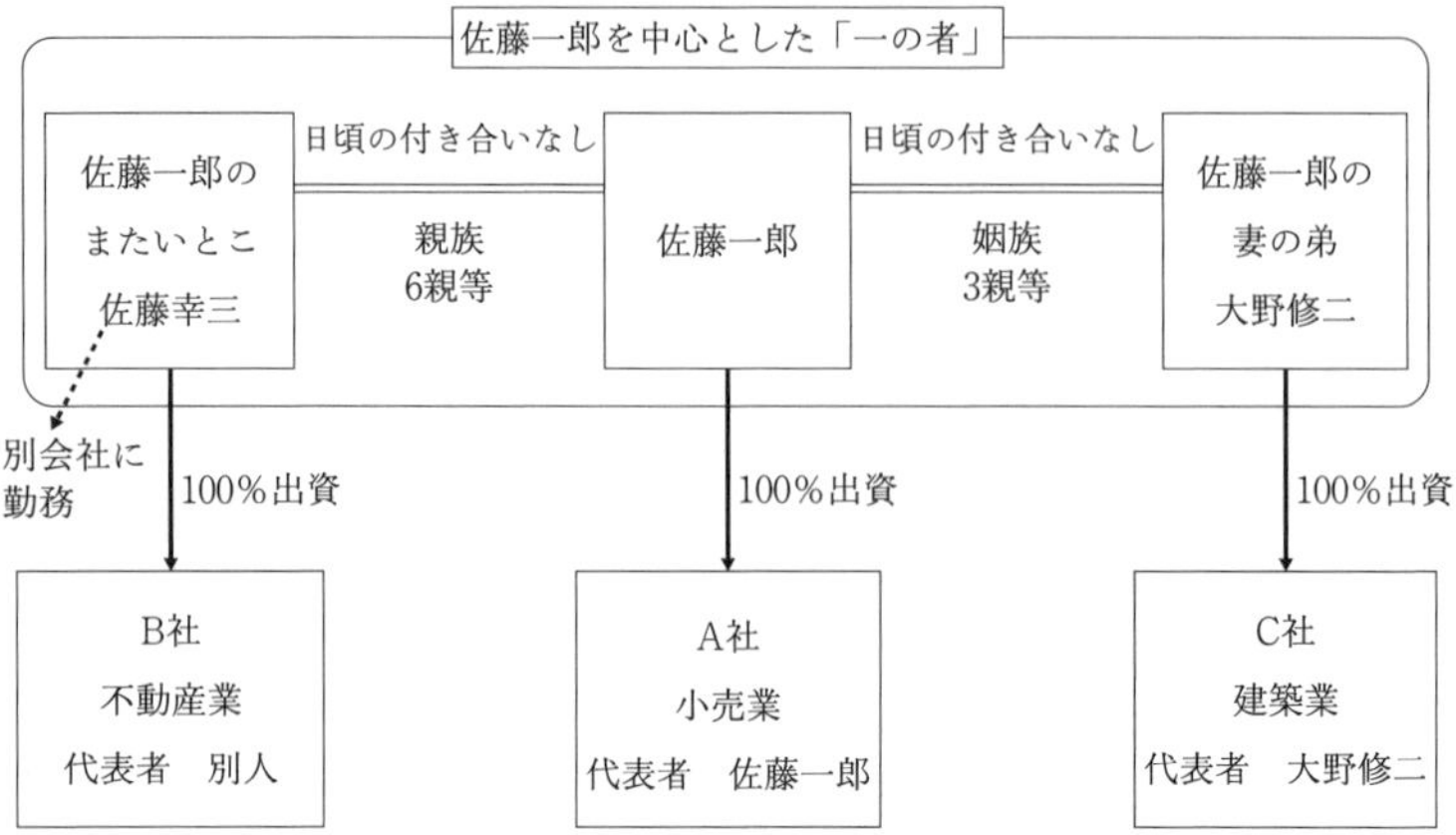

A、B、C社はそれぞれ完全支配関係がある法人となる。

佐藤一郎にすれば、またいとこがなにをやっているか、またいとこがB社の株式を一〇〇%所有しているかを把握することは遠戚関係にあるとしても極めて困難である。佐藤幸三が代表取締役として会社を主宰しているのであれば、あるいはチェックができるかもしれない。しかし、単に出資しているだけで佐藤幸三が別会社の従業員になっているような場合、佐藤一郎がグループ法人税制の適用でA社を念頭に置くことはない。チェックは不可能といってよい。

A社とB社の関係ですらそうである。佐藤一郎の姻族大野修二にとってはどうであろうか。

親族の佐藤一郎が遡上にも上げない佐藤幸三が、B社の一〇〇%株主であることをチェックすることは不可能といえる。佐藤幸三がB社の株式を一〇〇%所有していることは個人情報の最たるもので、大野修二がそれらしい情報を得たとしても、佐藤幸三が所有する株式の明細を聞きだすことができるとは思えない。各人が支配関係の情報を得るための法的裏づけは、この制度の中では措置されていない。

完全支配関係を掌握できるのは、グループ経営を意識して構築している資本・経営と、法人税申告書別表二（同族会社等の判定に関する明細書……株式数等の明細）の提出を受ける課税庁である。

有体にいえば、一〇〇%支配している会社を所持している個人は、六親等・三姻族の関係者全員について各自が一〇〇%出資している法人の全数を把握しなければグループ法人税制による課税関係を正当に適用できない。実際には、この作業は不可能である。入り口で不可能な作業を前提とする制度が法人税法本法に組み込まれたのである。なおかつ、A社とB社、C社に資本の一体性、経営の一体性は存在しない。制度の基となる理屈にも無関係であるにも拘らず、この税制を強制適用するのである。

その結果、思わぬときに課税が生じる事態が起きる。具体的にみてみたい。

不動産業のB社は含み損二〇〇〇万円のある土地商品（簿価五〇〇〇万円）を有していた。三期前、他の物件が売れて二〇〇〇万円の利益が見込まれたので、この際にと含み損の土地をC社に三〇〇〇万円で売却した。その結果、課税所得をゼロとして申告した。その後は毎年一〇〇〇万円の課税所得で申告している。

三年前に三〇〇〇万円で土地を取得したC社は、三年後に、その土地に原価一〇〇〇万円の建物を建築し建売住宅として五〇〇〇万円で売却した。その結果、課税所得を一〇〇〇万円として申告した。

C社にその年度税務調査があり、調査官が土地の取得先を検討したところ、仕入先B社との間で完全支配関係がありグループ法人税制が適用されることが判明した。調査官がB社の申告内容を確認したところ、B社は土地譲渡損二〇〇〇万円の繰延べ処理をしていない。そこでB社の管轄税務署に連絡し、B社の調査となった。

B社の修正・更正は次のようになる。三年前の土地譲渡損二〇〇〇万円は益金に強制加算され課税所得二〇〇〇万円、税額六〇〇万円（税率はすべて三〇%として計算）の修正申告を提出。譲り受け法人が売却した三年後（最終期）は、繰り延べた譲渡損二〇〇〇万円を損金に戻しいれるので、課税所得△一〇〇〇万円となり、当初納付した税額三〇〇万円を還付する減額更正を受けた。この年、B社は差引き三〇〇万円の税額が追徴されることになる。強制適用であるため、この是正は必ず行われる。

完全支配関係が掌握できないことに対して宥恕規定はない。中小法人には予見できない制度がグループ法人税制なのである。

四　経済行為に介入するグループ法人税制

グループ法人税制創設者は、制度は経済取引に対して中立的だと喧伝する。しかし、それは資本も経営も一体性があり経営上の戦略を有する場合であって、一体性がない場合は逆に作用して経済行為に介入する制度となる。また、同じ商行為なのに会計処理によって納税額に差が生じるため、会計操作を招く制度でもある。

図1の関係図で、三社に資本も経営も一体性はないが完全支配関係は掌握できていたとする。ある時点でB社が含み益のある土地を売却しようと判断する。一番高額の値をつけたC社を相手先として選択するのは純粋の経済人としては当然の行為である。そこで、C社に売却するとした場合、グループ法人税制の適用により譲渡益を繰り延べるB社だが、譲り受け法人であるC社の経営には踏み込めないため、繰り延べた譲渡益をいつ戻し入れて課税所得となるのかはまったく自分で規制できない。まさにC社の都合いかんである。

譲渡益のある年度は納税資金も対応関係にある。ところが課税繰り延べ後の戻し入れ年度では戻し入れ益に対応する納税資金が用意されているとは限らない。場合によっては、税金滞納、差押による事業継続の破綻すら招きかねない。

資金調達や納税資金を念頭に置きながら経営するものにとって、繰り延べた損益が大きければ大きいほど、いつ納税資金が生じるのか分からない取引は回避せざるを得ない。結果、C社より低値だがグループ法人税制の適用がないY社を売却先とせざるを得なくなる。

一経済取引が全く相違する納税パターンを生むことにもなる。

表1に三例を示した。対象資産は簿価がそれぞれ一〇〇〇万円以上の土地と建物の一体物件だとしよう。譲渡先が完全支配関係のある法人間か、関係がない法人間かで、課税所得の計上年度に違いが出るのがこの制度である（**表1**のAまたはBとCの違い）。しかし、完全支配関係間の譲渡でも土地・建物が固定資産か棚卸資産かでも違いが出る（**表1**のAとB）。譲渡損益繰延べの対象資産から棚卸資産は除外されているのだが、土地だけは棚卸資産も対象とされたからである。その理由は、実は明確ではない。

この制度は、経済産業省が税制改正要求取りまとめの主管官庁として主催した四回の勉強会で骨格が決められ、ほぼそのまま改正事項となったものである。勉強会が述べていることは、「連結納税制度においては既に連結法人間取引の損益調整制度が事務負担も考慮して定められていることから、グループ法人単体課税制度においても、これと同様の仕組みとすることが考えられる。」（平成二一年七月、「資本に関係する取引等にかかる税制についての勉強会　論点とりまとめ」）というものである。

連結納税制度では連結親法人と連結子法人という関係が生まれるが、連結納税制度を開始するに当たって、連結直前期において子法人は一定の固定資産を時価評価し直し、時価額で連結開始貸借対照表をスタートすることになっている。連結加入直前に子法人は時価評価損益を課税所得に反映させ、税金を精算しなさいということである。その理由は、子法人が単体のときに発生した含み損益をそのまま連結納税に持ち込むと、法人税法上別の納税単位であった法人の含み損益を連結親法人が恣意的に利用して課税所得を調整することが容易にできるため、そうした租税回避を制限するためである。

その制限を機能させるには、含み損益が多額になる土地をすべて規制対象にしなければ有名無実となる。仮に棚卸資産を除外すれば、商品に多額の含み損土地を有する不動産業の法人の株式を全額買い取って連結子法人とし、含み

表1　不動産業B社の経済行為と課税所得（単位：万円）

A

B社の売却行為 固定資産の場合		→ 売却先　完全支配関係のC社 売却時の申告		→ C社が他に売却 戻入時の申告	
建物売価	2,000				
建物簿価	1,500				
譲渡益	500	譲渡益	500		
		譲渡益繰延損	▲500	譲渡益戻入益	500
		課税所得	0	課税所得	500
土地売価	4,000				
土地簿価	2,000				
譲渡益	2,000	譲渡益	2,000		
		譲渡益繰延損	▲2,000	譲渡益戻入益	2,000
		課税所得	0	課税所得	2,000
譲渡益合計	2,500	課税所得合計	0	課税所得合計	2,500
					課税完結

B

B社の売却行為 棚卸資産の場合		→ 売却先　完全支配関係のC社 売却時の申告		→ C社が他に売却 戻入時の申告	
建物売価	2,000				
建物簿価	1,500				
譲渡益	500	譲渡益	500		
		課税所得	500		
土地売価	4,000				
土地簿価	2,000				
譲渡益	2,000	譲渡益	2,000		
		譲渡益繰延損	▲2,000	譲渡益戻入益	2,000
		課税所得	0	課税所得	2,000
譲渡益合計	2,500	課税所得合計	500	課税所得合計	2,000
					課税完結

C

B社の売却行為 固定資産・棚卸資産共通		→ 売却先　完全支配解除したC社 売却時の申告		→ C社が他に売却 戻入時の申告	
建物売価	2,000				
建物簿価	1,500				
譲渡益	500	譲渡益	500		
		課税所得	500		
土地売価	4,000				
土地簿価	2,000				
譲渡益	2,000	譲渡益	2,000		
		課税所得	2,000		
譲渡益合計	2,500	課税所得合計	2,500	課税所得合計	
			課税完結		

損土地を他者に売却すれば多額の損失を作り出すことができ、連結親法人は納税額を自在に圧縮できることになる。連結納税制度で、棚卸資産のうち土地だけを別扱いにしたのは、この租税回避を制限しようという課税庁側の考えを反映したためであろう。

連結納税制度では連結親法人と連結子法人の損益が通算されるので、こうした措置のもとで租税回避を規制しなければならない。しかし、棚卸商品を売買するにあたっては、連結法人間やグループ法人間の取引であっても純粋の商行為と捉えて課税所得を認識しなければ、公正妥当な会計処理によって立つ法人税の理屈が成り立たない。

グループ法人税制の適用有無を認識できないような中小法人が、棚卸資産の土地建物を一括価額で売却することなどはよくある話である。仮に完全支配関係にある法人間取引が判明すれば、土地代金と建物代金を合理的に区分し、かつ、土地についてては譲渡損益の繰り延べ調整を行い、さらに売却法人の動きに対する追跡管理が必要になる。こうした行為を求める税制が、中立的とは思えない。

創設者はこの理由を個別具体的に示していない。連結と同様の仕組みという理屈はこの理由を語っているわけではない。先に示した「論点とりまとめ」でいうところの「経営資源の会社間の再配分といった資本の一体性を生かした全体戦略」から税負担を排除するためだけである。

資本の一体性をいうなら、連結納税制度を選択すればよい。ところが、開始前における連結子会社資産の時価評価など、課税上の規制が措置されているため、連結納税制度は利用しづらいとの声を日本経団連は上げていた。その連結納税制度を選択しなくても、グループ内の資産移動において連結納税制度の損益通算に見合う租税回避を実現したのがグループ法人税制なのである。

租税回避が基本ベースになっているため、「資本の一体性を生かした全体戦略」のもとで動く大資本は、この制度を恣意的に利用することになろう。

土地の保有目的変更だけでも**表1**のAとBの違いが生じる。棚卸資産から固定資産に振替える場合、またはその逆も、会計上は基準にそって処理することになるが、法人税法上は規定がない。事後的に課税庁による行為計算否認の判定が及ぶことになるが、資本一体を認知する税制の創設趣旨からいっても保有目的変更を否認することは難しいであろう。会計処理にも恣意性を呼び込むことになる。

このように、資産を譲渡するという経済行為に対して、グループ法人税制は中立的であるとの評価は到底できない。

五　資本蓄積税制としての法人税の新段階

シャウプ勧告による法人税は、資本蓄積税制として機能したと評価されている。法人擬制説により、法人の所得は最終的に株主に帰着するという虚構の論理を背景とした。

近年、法人税は組織再編税制、連結納税制度と資本蓄積税制の色合いを強化する税制に改変されてきた。その流れのなかで、グループ法人税制の創設は法人税の基本を崩してでも大資本の要求を満たすという意味で、新段階に至ったと考えるべきであろう。

連結納税制度が施行されている関係上、関連会社間の損益通算までは求めないが、本来なら課税される経済取引が事実上課税されずに行えるグループ法人税制の創設は、資本蓄積・資本増殖が自己目的となっている大資本の要求実現そのものである。

理屈付けとして、法人擬制説とも底流で連なることになるが、「完全支配関係」は一体性があるという新たな虚構が用意された。この論理は、資本主義における資本の蓄積過程に法人税を介入させないためのものである。虚構の論理なら虚構らしく一貫しているのかといえばそうではなく、租税回避が恣意的にできる便利さを、連結納税制度からつまみ食い的に引っ張り出したため、納税者が予見できない欠陥を制度適用の入り口に置き、法人税の基本原則から逸脱し、経済行為を税制がゆがめる仕組みを安易に組み込む形になっている。

なおかつ、損益の繰り延べという課税技術の適用はやがて戻し入れがあるので減税ではないという、これまた虚構の論理のもとで、財務省はグループ法人税制創設による税収の増減額すら示していない。

連結納税制度に関して、二〇一一年七月三〇日付「赤旗」は「連結納税制度で、二〇〇九年事業年度の減税額が六三〇〇億円に上る。わずか八四一の連結法人でばく大な減税を受けています。財務省の主税局長は、二兆一〇一一億円の所得の三〇％が軽減されており、指摘どおりだと認めました。」と報道した。

連結納税選択法人は国税庁長官の認可を受けるため、法人数も減税額も報道のとおり明らかになるが、グループ法人税制創設による税収への跳ね返りを試算することは困難であろう。

表2は国税庁が毎年発表する税務統計を加工したものである。この表からも連結納税が減税になることが見て取れるが、少なくとも国民に減税額は明らかにされている。グループ法人税制の適用による税額の増減は、申告調整事項もあり、課税庁が申告書から一定項目の適用額を集計することは可能であるが、その動きは見当たらない。租税特別措置法適用額調査のために明細書の添付を用件とする制度が取り入れられたが、国民がグループ法人税制による税収推移を知るためには、これと同じ措置が手当されなければならない。この制度は資本蓄積税制の新段階をなす。それによる租税回避状況の数値を隠匿する状況を国民は見過ごしてはならない。

六　単体法人の公正妥当な利益に課税を

ヤフー株式会社は、ソフトバンクＩＤＣソリューションズ株式会社を子会社化して吸収合併し繰越欠損金を引き継いだ。この繰越欠損を利用してヤフーは納税額を減少させたが、東京国税局から合併は異常・変則的な行為であるとして更正処分を受けた、と二〇〇九年に自社のホームページで公開している。

日本IBMは連結納税を行っている。関連会社の「アイ・ビー・エム・エイ・ピー・ホールディングス（＝APH）」とは連結納税対象法人になっているところ、APHが自社株の売買で巨額の損失をつくりだし、日本IBMはそれを黒字と相殺して申告した。これに対し東京国税局は、APHの自社株取引は通常の経済行為としての合理性がないし、連結納税制度と組み合わせて税負担の軽減を図ったもので、仕組み全体は「法の濫用」に当たるとして更正処分を行ったと二〇一〇年三月に朝日新聞が報道した。

両社とも法人税に基づいて申告したものだとコメントを述べている。

（単位：金額は百万円、率は％）

連結納税親法人		総数	
総数	1社当り	総数	1社当り
820		2,610,709	
0.03		100.00	
31,149,976	37,988	141,734,606	54
2,335,034	2,848	30,302,353	12
▲2,305,191	▲2,811	▲22,770,259	▲9
700,382	854	8,786,547	3
830	1	40,432	0
701,212	855	8,826,979	3
30.0	30.0	29.1	29.1
347,879	424	1,230,758	0
110,769	135	431,004	0
63,314	77	230,730	0
65	0	12,501	0
950	1	13,274	0
0	0	237	0
27	0	9,533	0
2,145	3	11,878	0
438,850	535	7,794,329	3
18.8	18.8	25.7	25.7
261,532	319	992,218	0

実態」。

集計している。連結子法人は6,355社で法人総数に

表 2　2009 年度分 法人数と法人税の負担状況

区　分			資本金 1 億円以下		資本金 1 億円超	
			総数	1 社当り	総数	1 社当り
1	法人数		2,583,007		26,882	
2	法人数の構成比		98.94		1.03	
3	資本金		24,031,787	9	86,552,843	3,220
4	利益額		10,548,318	4	17,419,001	648
5	欠損額		▲11,063,124	▲4	▲9,401,944	▲350
6	算出税額		2,866,621	1	5,219,544	194
7	留保税額		0	0	39,602	1
8	控除前税額		2,866,621	1	5,259,146	196
9	控除前税額の率（8 ÷ 4）		27.2	27.2	30.2	30.2
10	税額控除	所得税額	127,533	0	755,346	28
11		外国税額	11,266	0	308,969	11
12		試験研究費総額	1,679	0	165,737	6
13		中小企業試験研究費	12,436	0	0	0
14		試験研究費増額	560	0	11,764	0
15		エネルギー構造改革	237	0	0	0
16		中小企業特定機械	9,506	0	0	0
17		情報基盤強化	952	0	8,781	0
18	法人税額		2,782,237	1	4,573,242	170
19	法人税額の率（18 ÷ 4）		26.4	26.4	26.3	26.3
20	算出税額—法人税額		84,384	0	646,302	24

＊　2011 年 4 月、国税庁公表「平成 21 年度分 会社標本調査 税務統計から見た法人企業の

＊　連結納税法人は企業グループ単位で申告されるため　各計数は 1 グループを 1 社として含まれている。

資本蓄積税制としての組織再編税制、連結納税制度を利用する大資本の実態がいみじくも明らかになったわけであるが、ここにはある種古典的な法人税課税とは違う姿がある。

技術革新による生産拡大や、情報産業の広域化など、企業が経済人たる本来の活動から資本蓄積をすすめる動きから、資本取引にこじつけた租税回避による資本蓄積への変質である。

組織再編税制、連結納税制度と、資本の集中を税制が擁護推進する仕組みを構築してきたが、これらに加えて、グループ法人税制の創設である。大資本はヤフーやＩＢＭのように当然に制度を使う。制度を使わなければ、資本間競争に敗北することになる。法人税収が一層減じていくことは疑いない。

日本国民や諸外国の人民が平和で安心した生活を行っていくために、国家財政が担う役割は大きい。財源確保が喫緊課題となっているいま、法人税のしかも大資本に対する法人税減免が、租税特別措置ではなく、法人税本法において次々と措置されている。このため、法人税法は、整合性のないものに変質し、明らかな欠陥も露呈している。

結論として、筆者は法人税の全面改訂を行うべきだと考える。

素描を述べると、基本は、資本蓄積税制としての法人税をごく常識的な所得課税の税制にするということである。資本を強調する大資本の論調に即すれば、資本の運動を否認するものではない。資本の競争は税制によるのではなく、儲けによって得た税引き後の所得によって行えということである。大から小まで、資本という点では同一線上にある。競争は同じグラウンドでこそ平等になる。

そのために、法人擬制説から法人実在説へ基盤を置き換える。個々の法人が経済実態として実在するのだから、課税単位は単体とする。資本取引には課税しない原則を維持するが、出資関係に限定する。課税所得は経済人として存在する法人における公正妥当な商取引と会計処理により算出される所得とする。したがって、受取配当は課税所得となり、租税特別措置は全廃する。合併・分割など資本の増殖・集中にも公正妥当な会計処理を適用し、租税回避を封じる措置を講じる。税率は当面資本金別による段階税率とする。

この基本を踏まえて法人税を再構築することは難しくない。こうして再構築されるごく単純な法人税制は日本経済にとって好材料となるだろう。法人税制の抜け穴が基本的に塞がれ、二三年度改正引き下げ後の税率でも大幅に税収が確保される。海外資本にとっても歓迎され、グローバルな競争の激化になるだろうが、国境のない資本の特性からすれば、資本主義経済体制の国家はそれを受け入れたうえでの国づくりとなる。

グループ法人税制が日本経団連の要望どおりに創設されたが、要望を受ける主税局も十分に検討したとは思えない。圧力団体による改変が、欠陥税制であるにもかかわらずいとも簡単に通ってしまう税制改正のあり方も改革しなければならない。基本に係わる改正は白書、緑書方式も参考にして、時間を掛け広範な意見を集約した上で行うことにしなければならない。

グループ法人税制創設は、法人税の見直しを本格的に行うべきことを投げかけたといえる。

消費税の円滑かつ適正な転嫁の虚構性

伊藤 悟

一 はじめに

昭和六三年税制改革法（昭和六三年一二月三〇日法律第一〇七号）の制定とともに、消費税が日本に導入された。そして、二〇年以上の年月が経た今日においても、消費税は常に論議の的となっている(1)。消費税論議の一つとして、本稿は、税制改革法一一条および一七条の「消費税の円滑かつ適正な転嫁」という規定に着目し、租税転嫁につき税法学の視点から検討する。

租税転嫁は、経済主体である企業が商品等の価額に自己の税負担額を上乗せする経済行為である。従来、日本の税法学は、直接税と間接税の区分として、租税転嫁の有無を基準としてきた(2)。しかし、日本の実定税法は、明確に租税転嫁を認める規定を持たなかった。それゆえ、税法は、直接税である法人税も経済行為として租税転嫁の対象となりうることを黙認してきたといえる。この税立法の流れを変えたのが、税制改革法である。税制改革法は、初めて実定税法として税の転嫁を規定した。

国家経済の主体（家計、企業、政府の三主体）において税負担の主体となるのは、家計と企業である[3]。家計は個人納税者であり、企業は個人と法人の納税者である。税負担の公平は、個人（家計）間、企業間のみならず、個人と企業との間においても実現されるべきものである。しかし、企業が租税転嫁する限り、国家経済での税負担者は、究極的には、個人のみとなるとも言える。国民の納税義務を定めた日本国憲法三〇条の「国民」には、自然人・個人である日本国籍を有する国民のみならず、広く国家構成する人、市民としての日本の企業（個人・法人）も外国人・法人も含まれると解すべきである（憲法三〇条の英訳では、国民はNationではなくPeopleとされる）。税法学は、租税転嫁を適正かつ公平な税負担の実現のために研究する必要があるが、実定税法がこれを租税要件等として規定すべきかは疑問がある。以下、まず税制改革法が規定した「消費税の円滑かつ適正な転嫁」は、納税者の権利義務を規定する税実体法では虚構であることを指摘する。当然、税実体法で虚構なものは、税手続法でも虚構である。

二　税制改革法と消費税転嫁

1　租税転嫁と税法

租税転嫁について税法は、従来、消極的であった。確かに、直接税と間接税との区分として税法学においても、租税転嫁の有無を基準としてきた。しかし、実定税法において「租税転嫁」または単に「転嫁」という用語を用いているのは、税制改革法一一条および一七条、並びに消費税法附則三〇条のみであり、基本的には、実定税法は租税転嫁を規定していない[4]。実定税法は、直接税と間接税についての定義についても消極である[5]。直接税と間接税の区分は、財政学のものであり、税法学はこれを導入したが、実定税法（特に国会制定法である税法律）は、これに消極的である[6]。

しかしながら、税制改革法は、その一一条一項に「事業者は、消費に広く薄く負担を求めるという消費税の性格にかんがみ、消費税を円滑かつ適正に転嫁するものとする。」と規定し、また同条二項に「国は、消費税の円滑かつ適正な転嫁に寄与するため、前項の規定を踏まえ、消費税の仕組み等の周知徹底を図る等必要な施策を講ずるものとする。」と規定し、さらに一七条三項に「消費税の中小事業者の事務負担等に配慮した諸措置については、納税者の事務負担、消費税の円滑かつ適正な転嫁の実現の状況、納税者の税負担の公平の確保の必要性等を踏まえ、消費税の仕組みの定着状況等を勘案しつつ、その見直しを行うものとする。」と規定し、消費税の円滑かつ適正な転嫁の実現を図る国の施策を講じるとした。

2　税制改革法と消費税転嫁

税制改革法が消費税の円滑かつ適正な転嫁を実現すべき施策を講じるとしたが、現行消費税法および他の実定税法は、消費税の転嫁を明言することに消極的である。また、消費税転嫁に関する事件においても、次の三で検証するように裁判所も消極的である。

日本の税法律において初めて「転嫁」を明言規定した税制改革法一一条は、いかなる趣旨と法効果をもつものであるのか。この規定は、宣言的なものにとどまるとする見解(7)、また転嫁の法律上の根拠となるものではないとする見解(8)がある。税制改革法一条は、「この法律は、昭和六三年六月一五日に行われた税制調査会の答申の趣旨にのっとって行われる税制の抜本的な改革（以下「今次の税制改革」という。）の趣旨、基本理念及び方針を明らかにし、かつ、簡潔にその全体像を示すことにより、今次の税制改革についての国民の理解を深めるとともに、今次の税制改革が、整合性をもつて、包括的かつ一体的に行われることに資するほか、今次の税制改革が我が国の経済社会に及ぼす影響にかんがみ、国等の配慮すべき事項について定めることを目的とする。」とし、昭和六三年の抜本的な税制改革に関する国民の具体的権利義務に関係のない基本法的性格のものとして位置づけていることから、これら見解が正当であるとも言える。

しかし、一方で、同法が「国等の配慮すべき事項について定めることを目的」としていることから、同法一一条二項は国に対する消費税の適正かつ円滑な転嫁に寄与する施策を講ずることを命じているとも解する。また、税制改革法の解釈から、この規定は、単なる宣言的ないし訓示的規定ではなく消費税を創設するにあたり国民に公約したその公約を法的に保障（担保）する機能を持つ一種の効力規定であると解する見解[9]や、再び税制改革法一一条に立ち返って、消費税の適正かつ円滑な転嫁を推進すべきであるとする見解もある。[10]

消費税の転嫁については、結果として、今日においても不透明であると言える。[11]しかしながら、税制改革法は、国会制定法であり、昭和六三年税制改革に限定されていたものであるとしても、明白に時限立法ではなく、消費税の創設と既存税目の大改革を国民に示したものであり、これに反する税制改革を認めないものである。その意味で、国・国会は、消費税の適正かつ円滑な転嫁を立法はもちろん執行においても施策を講ずるべき責務があると考える。

消費税の創設以前の間接税でも、事実上、経済行為として、事業者等を納税義務者とするが、その税負担の転嫁があることは認められていた。また、直接税とされる固定資産税も企業所得課税において損金または必要経費とされることが、税法上、認められている。結局、消費税の創設において、消費税の円滑かつ適正な転嫁を税法（税制改革法、消費税法）上明記せずとも、経済上の立場において租税転嫁できる者が租税転嫁を実行するのであり、間接税である消費税の転嫁を立法者意思として明記することは、消費税転嫁の不透明性を拡大するだけであった。

税制改革法が消費税の転嫁に関して立法強制する法規であるとすれば、消費税法において明確な事業者等に対する租税転嫁の権利・義務を定めることが要請される。しかし、実定税法は租税転嫁の明文化につき消極的である。このことは、租税転嫁が税法に規定されるべき租税要件等ではないことを示すとも言える。さらに言えば、租税転嫁の個別税法での明文化は、すべての納税義務者が事実上実行不能ともいえる租税転嫁を規定することにもなりかねなく、無益、無駄であり、許されるべきことではないとも考えうる。

三　具体的事例における消費税転嫁問題

税制改革法に関係する裁判事例は多くある。[12] ここでは、消費税法の立法行為を不法行為として争った東京地方裁判所平成二年三月二六日判決（民事一五部、平成元年（ワ）第五一九四号）事件[13]を検討する。

1　東京地裁平成二年三月二六日判決の概要

この裁判は、昭和六三年に国会で成立した消費税法を違憲である旨主張した原告が、違憲の法律を成立させた国会議員の立法行為を不法行為として国家賠償法一条一項および民法七〇九条に基づく損害賠償請求を求めたものである。判決は棄却であった。当事者が控訴しなかったことから、判決が確定した。

この裁判には消費税法の立法行為を国家賠償法で争うことについて疑問もあるが、ここでは税制改革法一一条に関する論争に注目する。なお、税制改革法一一条一項は、法律案の段階では「消費税の円滑かつ適正な転嫁が行われるように努める[14]」であった。

2　税制改革法一一条論議

原告は、その請求の原因において、「税制改革法は、消費税法の制定及びそれと同時に行われた所得税法、法人税法等の改正に関して、それら法律の改廃、制定の基本理念、方針を示した右各税法の上位規範たる法律である。[15]」と主張した。

これに対して、被告・国は、税制改革法一一条一項は「新たに創設される消費税が転嫁を予定したものであることを周知し、国民の理解を求めることが必要であると考えられたため、規定したものである。」（改行）「すなわち、税制改革法は、個別の税法において規定することに馴染まない今次税制改革の趣旨、基本理念及び方針を明らかにし、かつ、簡素にその全体像を示すことにより、右税制改革についての国民の理解を深めることに資すること等を目的として制定されたものであり（同法一条）、個別税法の一つである消費税法に対する関係において、講学上のいわゆる上位規範に当たるものではない。」（改行）「ところで、消費税法自体には、従来の間接税の立法形式と同様、事業者に課される税の転嫁については規定を設けていない。しかしながら、今次の税制改革において消費税の創設は重要な意義を有しており、その円滑な実施と定着は是非とも必要であると考えられたことから、消費税の円滑かつ適正な転嫁の必要性を納税義務者である事業者のみならず消費者にも理解されるようにとの目的のもとに前記税制改革法に特に規定されたものである。(16)」と反論している。

判決は、税制改革法一一条一項は消費税の転嫁につき抽象的に規定しているに過ぎず、立法過程での修正に、消費税の消費者への円滑な転嫁の必要性をより明らかにする趣旨で行われたということ以上の意味を見出すことは到底困難であるとした。(17)

3　消費税の円滑かつ適正な転嫁

税制改革法が上位規範であるか否かの論議については、同法は上位規範ではないと解する。しかし、税制改革法は、何らかの法効力を国の税立法に対して有すると考えうる。もし法効力を有しない実定法があるとすると、それは「生ける法」でなく「死した法」である。そのような実定法は、不要であり、廃止すべきである。税制改革法は、時限立法ではないことから、今も現行法としてある。

特に税制改革法一一条二項の規定から、消費税施行後において消費税の転嫁システムに関する施策を充分に講じてきたとはいえない実態から、問題であり、解決すべきとの提言もある。(18)

私見としては、消費税の円滑かつ適正な転嫁を法システムとして採用すること自体が虚構であると考える。結果、実定税法は租税転嫁に消極的である。租税転嫁は、税法において租税要件等（税手続を含め、納税義務者の権利または義務事項）として形式的に規定することはできても、納税義務者の社会経済的地位に基づき実行される経済行為であることから、租税転嫁に関する税実体法および税手続法は、実質的に、虚構であり、実効性のない、その意味で法効力をもたないものとなりうると考えている。ただし、税制体系を考究する税法学においても、税負担のあり方を論ずるにあたり、租税転嫁は重要事項であると認識する。税法は、時として、租税転嫁を禁止すべきであろう。

四　租税転嫁と税立法

私見は、租税転嫁につき実定税法に規定することが虚構であるとする。しかし、実定税法において、租税転嫁に関係すると考えられる事項がある。それは、①所得課税における租税公課の処理と、②消費課税における重層的課税（いわゆる tax on tax）(19)である。

1　租税公課の損金算入等

所得税法四五条および四六条、ならびに法人税法三八条から四一条までにおいて、租税公課等のうち必要経費不算入や損金不算入となる租税を規定している。反対解釈から、これら条項に規定のない租税公課等は、必要経費や損金となる。代表的なものとして、固定資産税、事業税がある。

これら租税を税法において損金等にすることは、商品・製品の売価が売上原価と営業費等の合計額（総原価）を常に上回るとすれば、そこには租税転嫁があるといえる。所得税、法人税および住民税は、税法上、損金等にすることができないことから、租税転嫁の対象とはなっていないと解することができる。しかし、周知のごとく、所得税等も、商品等価格の決定において原価とし、販売価格に上乗せし、租税転嫁の対象にすることが経済上では企業において可能である。

固定資産税の支出は、家計資産に対するものは消費であり、企業資産に対するものは損金等となる。この両者において、税負担のあり様が異なることは、税法学の外のことであるのか。

企業会計上の費用と税法上の損金等は、似ているが、その税法上の取扱いが異なっても差し支えのないものと考える。それが法人税法の「別段の定め」の本質であろう。極論を言えば、直接税とされる租税は、家計および企業の負担とし、損金等に不算入とすることも、税法上、可能であると考える。しかし、この措置によっても、なお直接税の租税転嫁は行われうる。

2　消費税の重層的課税

これは、いわゆる tax on tax の問題である。酒税、たばこ税および石油関連税において、問題とされている。すなわち、税法学理論として税に税を課することを許容すべきかが問われている。

消費税法の課税標準につき、同法二八条一項は、「課税資産の譲渡等に係る消費税の課税標準は、課税資産の譲渡等の対価の額」とすると規定し、また同三項は、「保税地域から引き取られる課税貨物に係る消費税の課税標準は、当該課税貨物につき関税定率法（明治四三年法律第五四号）第四条から第四条の八まで（課税価格の計算方法）の規定に準じて算出した価格に当該課税貨物の保税地域からの引取りに係る消費税以外の消費税等（国税通則法第二条第三号（定義）に規定する消費税等をいう。）の額（附帯税の額に相当する額を除く。）及び関税の額（関税法第二条第一項第四号の二に規定する附帯税の額に相当する額を除く。）に相当する金額を加算した金額とする。」と規定している。国税通則法二条三号に「消費税等」として、消費税、酒税、たばこ税、揮発油税、地方揮発油税、石油ガス税および石油石炭税が挙げられている。

これに関する実務解釈として、消費税法基本通達10—1—11が「法第二八条第一項《課税標準》に規定する課税資産の譲渡等の対価の額には、酒税、たばこ税、揮発油税、石油石炭税、石油ガス税等が含まれるが、軽油引取税、ゴルフ場利用税及び入湯税は、利用者等が納税義務者となっているのであるから対価の額に含まれないことに留意する。ただし、その税額に相当する金額について明確に区分されていない場合は、対価の額に含むものとする。」と定めている。(20)

現行消費税法の解釈からすると、同法二八条三項に「加算する」と規定されていることから、重層的課税は違法とは言えない。しかし、課税標準に税を算入することが消費税システムとして適正であるかは疑問である。通達解釈に従うと、実定税法における納税義務者の規定の差異により、間接税内において異なる税システムが存在することになる。間接税法令に最終消費者が納税義務者と規定されている場合、最終消費者がその税負担を他に転嫁することは考えられにくいことから、そもそも当該税が間接税であるのかも疑問となる。いずれにせよ租税転嫁という視点からも、負担すべき税額以上の税負担の転嫁がなされてしまうことから、重層的課税は納得できない点がある。重層的課税が実行されている消費課税では、消費者が負担する税額は、各個別実定税法が定める税率の合計（名目税率）より実効税率によるほうが高くなると言える。同一商品等に幾度と消費課税がなされることで、名目税率より実効税率が高くなることは、法予測可能性を保障する租税法律主義の法理にも反するとも言える。また、消費課税対象品の間において、重層的課税の対象になるものとならないものとがあること自体が不公平である。そこに合理性は見出せない。

五　租税転嫁と公平な税負担

1　国家経済主体間の税負担公平

国家経済では、企業、家計および政府が主体となる。このうち税負担者は企業と家計である。企業は、個人企業と法人企業（最近の事業体ビークルを考慮すると個人以外企業）に区分できる。税負担公平は、税を負担する民間部門を構成する企業と家計との間での公平負担のほか、企業間でも、家計間でも、実現されるように税立法・税制があることで達成される。

法人の税負担については、様々な論議があるが、私見では、企業の社会的責任（CSR: Corporate Social Responsibility）の展開において企業実体として法人企業は、市民として税を負担すべきものと考える。

税法は、本来的には、租税転嫁を許容すべきではない。納税義務者に租税転嫁の権利・義務を付与することは、規定上は可能でも、ほとんど実行不可能なことである。この種の立法自体が虚構なものである。法人税が法人税法にて損金不算入にされていても、納税義務者である法人企業は、租税転嫁が可能である。また逆に、経済弱者である法人企業は、価格競争の中で、間接税の租税転嫁すら、その税負担分を価格に上乗せし転嫁することができないであろう（課税売上が労務提供の対価である場合、かつ自由市場で決定される売上額が労務費支出額を下回る場合、仕入税額控除がほとんどなく、税込売上を上回る総原価となり、消費税の納税も事実上厳しい）。価格決定は市場における同業者との競争において決定されるのであり、税法が消費税等の転嫁を法的に強制することは、条文表現として可能であっても、現実的には不可能であり、虚構である。実現不可能な消費税の適正かつ円滑な転嫁を規定した税制改革法は、それ自体、虚構である。このような法律が現行法として存在することが許されるべきではなく、税制改革法は廃止されるべきである。また、この法律が昭和六三年の抜本的税制改革のガイド法であるとすれば、その役目は終わっており、この点からも同法の廃止が勧められる。

2　名目税率と実効税率

税制論議において、名目税率と実効税率とが比較され、実行税率が重要とされる。日本の法人税等の法人企業負担率は、実行税率四〇・六九％とされる。(21) この実行税率は、法人所得に対する租税負担の一部が損金算入されることを調整した上で、それぞれの税率を合計し算出している。

このように名目税率と実効税率を比較すると、通常は、実効税率が低くなる。消費課税では、重層的課税により、逆の現象がみられる。消費税法二八条三項から、輸入品には関税が課税され、さらに消費税が課税されるが、その際、一〇〇万円の輸入品に一〇％関税が課税されているとき、消費税は一一〇万を課税標準として五万五〇〇〇円と計算される。ここでの名目税率は、一五％であるが、実効税率は、一五・五％となる。

そもそも名目税率と実効税率とがあること自体が、国民の税負担設計を複雑にし、税制改革法が基本原則とした税制の簡素化（同法三条）に反する。

この差は、企業会計処理と関係する。直接税の所得課税における租税は、企業会計では租税公課勘定または納税充当金勘定にて処理され、基本的には企業会計上の費用であり、税法もこれを前提としながらも、一部、税法にて損金不算入とされる。また、間接税の消費課税においては、負担税額を租税公課勘定で処理せずに、関税を取得原価に、石油関連税を消耗品費または燃料費に、印紙税および不動産取得税を不動産取得価額に加算算入することも認められ、企業会計では処理される。会計処理を前提とする税法処理は、法的に認められることである。しかし、これら会計処理と税法処理は、重要な関係を有するが、基本的には別のものであると認識する。国民の税負担を公平にするのであれば、家計と企業の税負担を実質化することが必要であると考える。

名目税率と実効税率との一致は、租税負担額を必要経費・損金や取得原価・課税標準等にしないことにより実現する。

六　結　語

税制改革法は、数条に、「消費税の円滑かつ適正な転嫁」を明記した。しかし、消費税法の本則には、租税転嫁に関する実体規定も手続規定も存在しない。また、具体的な施策も明確に示されてきていないのが現状である。それゆえ、租税転嫁については不透明である。本稿は、租税転嫁を税法が規定すべき租税要件等には該当しえないと結論する。租税転嫁は、税をめぐる経済行為であるが、これを法的に担保することは虚構である。税制改革法の規定があるから、「消費税の円滑かつ適正な転嫁」を実行すべきとする立法論も成立しうるが、そのような立法論も虚構であると考える。

直接税・間接税の区分基準として租税転嫁が考慮されてきたが、これも税法的に虚構である。直間比率の見直しの観点で税制改革法、消費税法は成立したが、虚構の立法であったと評する。税制改革法は、単純に、消費課税の拡大を図るためのものであった。なお、直接税と間接税との区分は、現行税法では、国税犯則取締法では重要とされる。しかし、これも同法施行規則一条が間接税目を限定列挙し明示している。結局、直接税と間接税との区分も、法令で明確に明示したものによるのであり、租税転嫁を基準に概括的に区分されてはいない。

消費課税における税額は、最終消費者が負担する。これを消費課税の原則とすると、現行の消費税法システムは、これを実現できていないし、そのような構造をとっていないとも言える。しかし、この消費課税法原則を基礎とすると、最終消費者が消費税等を負担するようなシステム設計を税法にて実現しなければならない。しかしながら、たとえば同じ酒場で、個人客が消費する一杯税込一〇〇〇円のドリンクも、法人企業接待等での消費では、そこでの消費税額は、仕入税額となり、現実にドリンクが飲用消費されていても、消費税は法人企業の負担にはならない[22]。すなわち、最終消費の判断は現実には困難である。結局、租税転嫁は、税法には馴染まないものである。

税法は、特殊専門家のための法規ではなく、当該国家内の全市民が毎日、毎年、関係し関心をもつ法規であり、市民のための法規である。税は市民が負担するのであるから、公平、簡素な税システムで、税額も簡易に計算できるものが理想であり、税法条文も義務教育課程終了者であれば理解できるものが要請される。社会、経済の複雑化は、これを困難にしているが、税法の基本は、納税者・市民の視点から、税立法や税法執行（税の賦課徴収行政、税裁判）が市民的コントロールに服し、納税者・市民の権利を擁護することにある。税法は、適正な納税義務の履行を適正な手続の下に実現し、結果として国家運営に必要な税収をあげることを終局的な目的としていると解するより[23]、市民が租税国家を形成した根本を理解し、税法の個別的適用において市民権利（財産権）の侵害の限界を示すことで個々の納税者・市民の権利を擁護することを目的としていると解したい。市民は、租税国家（市民が国家経費を税により分担し、公的施策により市民生活上の福利を享受する国家）において税負担の必要性を認識しており、かつその負担が能力に応じたものであることを要求し、税の使途が市民福利に供されるかに注目している[24]。筆者は、北野税法学が納税者・市民の権利を擁護する実践（実戦）的税法学であったと考えている。

末筆ながら、本稿を、応能負担原則に反する不公平税制・反福祉税として消費税廃止をご提起されていた北野弘久先生に捧げ、私が北野ゼミ一三期生、また大学院生として、さらに大学助手であった時を通じ、そして税理士実務、学問の世界に身を置いてからも恩師であった北野弘久先生の追悼論文とする。

（1）　日本租税理論学会編『消費税増税なしでの財政健全化』（租税理論研究叢書一七）（法律文化社、二〇〇七）。同書には、北野先生の消費税に対する考えが、「シンポジウム企画の趣旨」三頁および「消費税増税なしでの財政健全化についての声明」二三九頁に現れている。

（2）　北野弘久『税法学原論〔第六版〕』（青林書院、二〇〇七）三六頁、金子宏『租税法〔第一五版〕』（弘文堂、二〇一〇）一二頁。

（3）　消費税法は、国、地方公共団体も納税義務者とし（同法六〇条参照）、国家経済において家計と企業税が納税者としてきた税システムの基礎を破壊し、課税執行権者と納税義務者が同一という奇異な租税法律関係を形成した。通常、国等は人的非課税として納税義務を負う主体とされない。この奇異な法律関係の形成も、租税転嫁を考えてのこととされる。この点に関して、拙稿「市町村の家庭ごみ有料収集と消費税（二・完）」札幌法学二一巻二号四七頁以下参照。

（4）　総務省の法令データ提供システム（e-Gov：イーガブ）で検索した結果である。消費税法附則三〇条は、「私的独占の禁止及び公正取引の確保に関する法律の適用除外等に関する法律（昭和二二年法律第一三八号）の一部を次のように改正する」ための措置である。消費税の転嫁と独占禁止法については、雑誌『公正取引』四六〇号が特集している。

（5）　国税犯則取締法、地方税法、陪審法および財務省組織令などが「間接国税」と「直接国税」の文言を使用しているが、地方税法では直・間の区分はなく、実定税法では国税犯則取締施行規則一条が間接国税につき税目を明示している。また、国税組織では、財務省組織規則五二〇条が沖縄国税事務所に間税課を設置している。しかし、租税転嫁の有無を基準とする区分ではない。

（6）　財政学・租税論における租税転嫁に関する研究は多くあるが、西野萬里「租税転嫁論の再検討」日本租税研究会『租税財政論集第三集』一八六頁以下は、転嫁を狭義・広義に分け学説等を分析していて参考となった。税法学における租税転嫁研究は、実定税法の規定がないことから、稀有である。ただし、消費税転嫁については、吉良実「消費税の転嫁」税法学四八四号一頁～一七頁がある。

（7）　田中治「納税義務者・課税取引と非課税取引」金子宏編『租税法の基本問題』（有斐閣、二〇〇七）六九五頁。

（8）　山田二郎「消費税をめぐる若干の問題」同『租税法の解釈と展開（二）』（信山社、二〇〇七）二一五頁。

（9）吉良実「税制改革法の性格とその効力」税務弘報三八巻九号（一九九〇年八月号）一一頁。また同「消費税の転嫁」税法学四八四号九頁でも、税制改革法一一条を義務規定とする。

（10）浅野あずさ「消費税の転嫁に関する一考察――税制改革法に立ち返って」日本租税資料館『租税資料館賞受賞論文集第一八回（二〇〇九年）』中巻八九頁。

（11）金子・前掲注（7）『租税法』五八二頁。

（12）第一法規法情報総合データベース（DI-Law. com）判例体系で「税制改革法」で全判例検索をすると五二件ヒットする。このうち最高裁判所の判決例としては一三件ある。

（13）判例時報一三四四号一一五頁、判例タイムズ七二二号二二二頁。判例研究として、吉良実・シュトイエル三四七号一～一九頁、阿部泰隆・租税判例百選（第三版、別冊ジュリスト一二〇）一二六～一二七頁、小木曾育男・税経通信五七巻二号三二～三三頁、小林武・法学セミナー三五巻八号一一三頁。

（14）判例タイムズ七二二号二三〇頁、および吉良・前掲注（13）「消費税の転嫁」九頁参照。

（15）判例タイムズ・前掲注（13）七二二号二二五頁の原告主張「税制改革法の規定」より。

（16）同右・二二八頁。

（17）同右・二三〇頁。

（18）浅野あずさ・前掲注（10）論文一八五頁。

（19）tax on tax の訳として「二重課税」とするものもある。たとえば、石油連盟「石油諸税と消費税の二重課税（Tax on Tax）について」（石油連盟ホームページ（http://www.paj.gr.jp）、二〇〇八年九月一八日石油連盟会長定例記者会見配布資料）。本稿では、「double taxation 二重課税」と区別し、「重層的課税」と訳した。

（20）入湯税に関して納税者の主張を認容した事例として、東京地判平一八・一〇・二七判例タイムズ一二六四号一九五頁がある。

（21）財務省ホームページ（http://www.mof.go.jp/index.htm）内、税制、我が国の税制の概要、法人税など（法人課税）、「法人所得課税の実効税率の国際比較」の表、（注）1および2を参照。

（22）拙稿「企業の飲食行為への課税」札幌法学二〇巻一・二合併号一頁以下は、企業の飲食行為に関する消費税額の仕入税額控除に疑問を提起している。

(23)　中里実「納税者の権利憲章」税研一四九号一〇頁。

(24)　フランス人権宣言一三条および一四条は、民主主義税制の原点を規定した。拙稿「民主主義的租税とは――フランス人権宣言に再び学ぶ」税制研究五六巻（谷山財政税制研究所・税制経営研究所、二〇〇九）一五三頁以下参照。

消費税における対価を得て行われる取引の意義

田中　治

はじめに

本稿は、消費税において課税の可否を左右する要件の一つである対価性の意義とその判断基準を考察するものである。

本稿は、後に触れる、京都弁護士会を原告とする、「消費税及び地方消費税更正処分取消請求事件」について、原告の主張を支持する見地から京都地方裁判所に提出した私の意見書を基礎にしている。

同事件につき、平成二三年四月二八日の京都地裁判決(1)は、原告の請求を退けた（現在、控訴中）。同判決は、平成二一年の一月二六日付け及び同年一〇月七日付けでそれぞれ提出した意見書を併せて「田中意見書」と呼んでいる。

上記地裁判決は、田中意見書の考え方を退けたが、後に述べるように、その理由付けは説得力に欠けるものと考える。

以下においては、二回に及ぶ私の意見書を併せる形で、消費税における対価性要件の意義とその判断基準をどう考えるか、について、述べることにする。

本件における基本的争点は、①原告である京都弁護士会が、原告の設置する法律相談センター等において紹介等をされた弁護士が、申込者から事件を受任するなどした場合に支払うこととされている受任事件負担金は、原告の役務の提供の対価として支払われたものか否か、②弁護士法二三条の二に基づく照会手数料は、原告の役務の提供の対価として支払われたものか否か、③弁護士協同組合等から受領した事務委託金等は、原告の役務の提供の対価として支払われたものか否か、④最高裁判所から受領した司法修習委託費は、原告の役務の提供の対価として支払われたものか否か、である。

このように本件は、京都弁護士会が受領した上記一連の金員が、消費税法（以下「法」という）四条に定める「資産の譲渡等」によるものとして、消費税及び地方消費税が課されるかどうかが問われたものである（なお、以下の叙述では、便宜上、地方消費税には触れない）。

一　課税対象に関する消費税の諸規定

本件の考察に必要な限りにおいて、あらかじめ消費税の基本的な組立てを概観する。

まず、消費税の納税義務者は、事業者である（法五条）。事業者は、別表第一に掲げるもの以外の資産の譲渡等（課税資産の譲渡等）について、消費税の納税義務がある。

次に、消費税の課税対象は、「国内において事業者が行った資産の譲渡等」である（法四条一項）。ここにいう「資産の譲渡等」とは、「事業として対価を得て行われる資産の譲渡及び貸付け並びに役務の提供」をいう（法二条一項八号）。本件との関連でいえば、資産の譲渡等に該当するか否かは、要するに、「事業として対価を得て行われる役務の提供」があったか否かに左右されることになる。

消費税の課税標準は、課税資産の譲渡等の対価の額である（法二八条一項）。この「対価の額」については、すぐその後の括弧書きで、基本的に、「対価として収受し、又は収受すべき一切の金銭又は金銭以外の物若しくは権利その他経済的な利益の額」とする旨が示されている。

以上のとおり、消費税の課税対象となるか否かは、問題となる行為又は取引が対価取引といえるかどうかに左右されることになる。以下主として、対価を得て行われる役務の提供に焦点を絞って検討をする。

二　課税対象取引に係る対価の意義

消費税法上、対価とは何かについては、明文の定義規定はなく、合理的な解釈によるべきこととなる。各種の国語辞典の説明によれば、一般に、対価とは、財産や労力を他人に与え又は利用させた場合に、その報酬として受け取る利益をいうものと理解される。租税実務もまた同様の理解に立つ。租税実務は、対価を得て行われる役務の提供とは、その「役務の提供に対して反対給付を受けることをいう」（消費税法基本通達五―一―二）とする。

租税実務の採用するこの考え方は、基本的に妥当と考える。とはいえ、「役務の提供に対する反対給付」という定義は、それ以上の検証を許さないほど、基準として明確性、具体性を帯びているとはいえないであろう。そうだとすれば、この定義をそれなりに認めた上で、これを具体的に使いこなすためには、この定義の核心部分は何か、を理解する必要がある。とりわけ、「反対」給付という以上、何と何が、どのような状態で、「反対」の関係にあるのかは、法解釈上、その意味内容をより精緻化する上で、更に考究されるべき問題ということができる。

このような視点から留意すべき点として、次の二点を挙げることができる。

第一に、対価とは、財産や労力を他人に与え又は利用させた場合に、その報酬として受け取る利益をいうものと観念されているところ、この観念は、役務の提供と、これに対応して金銭等の反対給付がなされるという相関関係の中で形成されることを、その核心部分とする、ということである。シェンク教授（ウェイン州立大学）とオールドマン教授（ハーバードロースクール）が二〇〇七年に著した『付加価値税――比較制度的接近』という著名な書物にも、販売と対価との間、役務と対価との間に明白で十分な関係（connection,link,relationship）が必要であるとしている（上記の書物の一一二頁、一一六頁、一一八頁を参照）(2)。

第二に、資産の譲渡等が課税の対象となるかどうかを分けるものが、当該取引の対価性の有無であるとするならば、対価性のある取引というためには、提供される役務とその代金との関係はどのようなものであるべきか、ということである。通例、寄附者の任意による寄附は、特定の役務提供との関連性を持たない。また、強制的に徴収される金員も、特定の役務提供との合理的な関係を持たない（このような叙述につき、上記のシェンク教授等の書物の一一八頁を参照）(3)。このように考えるならば、対価性の基本的な要素は、①役務の提供があらかじめ義務づけられたものではなく、市場（もし、このようにいうのが理解しがたいのであれば、取引当事者間）における合意形成を基本とすること（任意性）、②役務の提供とそれに対応した代金支払があること（関連性ないし結合性）、③当該役務と当該代金が同等の経済的価値を持つこと（同等性）という、少なくとも三つの基本的特性、基本的要素を抽出することができる。消費税において、ある取引が対価性を持つというためには、解釈上、少なくともこれら三つの基本的特性、基本的要素があることが示されなければならない。

このように、対価は、役務の提供があり、これに対応して金銭等の反対給付がなされる、という相関関係の中で形成されるものである。その典型は、市場において、役務を提供する者に対して、その役務の買手が代金を支払う関係である。すなわち、この場合の対価関係は、給付＝反対給付を意味するのであるから、提供した役務に釣り合う、同等の代金が給付されることを意味する。

このように考えるならば、問題の役務提供が「対価を得て行う」役務の提供に当たるとする際には、その基本的特性として、①役務の提供があらかじめ義務づけられたものではなく、市場における、役務の提供者と代金の支払者との間での合意形成を基本とすること（任意性）、②役務の提供とそれに対応した代金支払があること（関連性ないし結合性）、③当該役務と当該代金が同等の経済的価値を持つこと（同等性）、が求められるべきこととなる。

三　課税要件に対価性を必要とする理由

法は、ある行為や取引が消費税の課税対象となるか否かを判別する際に、課税要件として、それが対価を得て行われること（以下、これを「対価性」と呼称することもある）をなぜ求めているのであろうか。この点、立法者が何を考えたかは全く明らかではない。しかしながら、課税対象になるか否かを分ける決定的な要素として、法が対価性を求めるのはなぜか、を考えることは、消費税の課税対象を区別する際の合理的な判断基準を導く上で特に重要である。

消費税の納税義務者は、事業者である。しかしながら消費税は、間接税であることから、それが法的な権利、義務ではないとしても、当該事業者が負担すべき税額を、最終的に消費者に転嫁することを予定している。この転嫁が働く場面は、商品や役務の売買が行われる市場においてである。すなわち、事業者は、商品や役務の販売価格の中に、その者が負担すべき消費税額相当額を織り込んで、最終的に消費者に転嫁することが事実上可能となる。

また消費税においては、それが付加価値税であるところから、「税に対する税（tax on tax）」を排除するために、課税売上げに係る税額から、課税仕入れに係る税額を控除する（法二八条ないし三〇条）[4]。この場合において、対価性の判断は、売主（代金の受領者）の側が課税対象になるかどうかにとどまらず、買主（代金の支払者）の側で仕入税額控除が可能かどうかを決する上で、極めて重要である。このように、問題の行為又は取引が上記の課税計算の対象となるかどうかは、それが、市場における売主と買主との間での客観的、合理的な交換として行われたかどうか（対価性を持つかどうか）に左右される(5)。

消費税は、このように、市場を媒介にして、法律上の納税義務者である事業者の負担が、次の取引先の事業者に累積され、それが最終的には、事実上の担税者である消費者に転嫁されることを予定している。消費税は、市場を仲立ちとして、事業者に対して消費税額を求めるとともに、その税負担の累積的な転嫁を予定するものであるが、その転嫁は、資産や役務の対価の支払の中にひっそりと組み込まれたものとなっている。このように、取引における対価関係があるからこそ、消費税の転嫁が無理なく、税痛感を伴うことなく行われるということになる。取引における対価性の要件は、消費税負担の円滑な転嫁の必要性から必然的に要請されるものといってよい。

このように、消費税は、提供した資産や役務の大きさに見合う代金を支払うという関係をとおして、租税負担が次々に転嫁していく構造を持つものである。人は、その欲する資産や役務を合理的な対価の支払をとおして購入するが、それは、消費税の観点から言えば、その対価の支払をとおして、事業者間にその税負担を転嫁し、かつ最終的には消費者に転嫁するものである。したがって、対価関係のないものは、およそ課税の対象とはならない（「課税売上げ」に対する課税もされず、「課税仕入れ」に対する税額控除もされない）ことになる。

かくして、消費税においては、一定の行為や取引が、市場における当事者の売買等の合意に基づき、合理的な代価を伴ってなされるからこそ、事業者をとおした消費税の税収確保につながり、かつ、消費者への当該負担の転嫁が保障されることになる(6)。

このように考えるならば、およそ消費税の転嫁の過程に入らない無償の取引は、課税対象外取引として、基本的に、消費税が課税されないこととなる（消費税法基本通達五—一—二。いわゆる不課税）。例えば、役務の提供をしても、これに対して対価を得ない場合は、消費税の課税対象とはならない。

これ以外に、およそ消費税の転嫁の過程に入らない行為又は取引としては、例えば次のようなものがある。典型的な例の一つは、寄附金である。寄附は、通例、寄附者の任意によるものであって、特定の役務提供との結合関係はない。したがって寄附は、基本的に対価性を持たず、原則として消費税の課税対象にはならない（消費税法基本通達五—二—一四）。

もう一つの類型は、その支払に任意性を欠いている金銭を受領した場合である。例えば、損害賠償金のうち、心身又は財産につき加えられた損害の発生に伴い受けるものは、消費税の課税の対象にはならない（消費税法基本通達五—二—五）。これらは損害賠償発生原因について責任がある者から法律上の権利として受領するものであって、その受領者から、当該金員に対応する役務の提供はない。また、違約金、キャンセル料についても、それが逸失利益に対する損害賠償金である場合は、対価性を持たない（消費税法基本通達五—五—二）。さらに、同業者団体、組合等がその構成員から受ける会費のうち、その支払がその同業者団体からの役務提供と明確な対応関係がない場合は、課税対象外取引によるものとして課税されないことになる（消費税法基本通達五—五—三）。

上記のような対価性を欠く取引は、消費税額相当額を、市場をとおして事業者又は消費者に次々と転嫁することがほとんど困難であり、これらを消費税の課税対象に含めることは相当ではない。

以上のとおり、対価を得ないで行われる役務の提供は、消費税の課税対象ではなく、したがって消費税は課されないことになる。

四　対価性の判定基準

ここで改めて、対価性の判定基準は何かについて整理したい。

第一に、法が対価性を要求する場合、法は、基本的に、課税対象となる行為や取引が、市場における役務と代価との自由な交換であることを前提としている。要するに、ここでいう対価性は、市場取引が基本的な課税対象であることを意味している。

他面で、市場外取引は、消費税の課税対象ではない。市場外取引としては、一方では、金銭の任意の拠出である寄附等があり、他方では、法律上の義務等に基づく強制的な支払（損害賠償金、キャンセル料、同業者団体の会費等の支払）がある。これらの市場外取引は、およそ役務とその代価との自由な交換ではない。具体的な役務の提供があり、その役務に釣り合う合理的な代価が支払われるという関係にはない。

第二に、このように考えると、対価を得て行われる役務の提供といいうるかどうかの判定基準として、少なくとも、次の三つの要素を挙げることができる。すなわち、①役務の提供があらかじめ義務づけられたものではなく、市場における合意形成を基本とすること（任意性）、②役務の提供とそれに対応した代金支払があること（関連性ないし結合性）、③当該役務と当該代金が同等の経済的価値を持つこと（同等性）が求められるものというべきである。

第三に、上記の市場取引と市場外取引とを截然と区別することが困難な事案、あるいは、対価性に濃淡がある事案がありうるが、その場合においては、個別具体的に判断をする以外にない。例えば、下水道料金、NHKの受信料などは、契約当事者の一方によってあらかじめ約款が定められ、他方はそれ以外に契約の内容を選択する自由を持たない付合契約の下で収受されるが、このようにして収受された代金は、対価性を欠くから、消費税の課税対象ではない、などとまでいうものではない。このような付合契約に基づき収受した金銭について、現行消費税法の考え方はということ、必ずしも明らかではない。おそらくこの点について正面から議論した立法上の経緯はないと思われる。察するところ、立法者がもし何かを考えたのであれば、付合契約は、文字どおり任意の合意形成という点では異質ではあるものの、課税の簡明さや形式的処理の重要性を理由に、付合契約下で収受した金員は、消費税法にいう対価の収受であるとして割り切って考えたように思われる。また、経済的優位に立つ者が価格形成において決定的な力を持ち、それゆえにその者に消費税を課したとしても、その負担はほぼ完全に消費者に転嫁しうるところから、実務上は消費税の課税対象とすることに落ち着いたものと思われる。

要するに、本意見書の考え方は、付合契約についての対価性の存否についての判断を留保しつつ、さしあたり、付合契約下の締結強制が、取引当事者間の合意の擬制で説明できる限りは、消費税の課税対象となると考えざるをえないとするものである。

このような対価性に濃淡がある事案においては、上記の要素のうち、決定的に重要なのは、問題の役務提供と対価支払との間に、個別的、具体的関連性があるかどうか（上記の②及び③）、であるといえよう。別言すれば、一定の収入（相手方からみれば支出）が、役務提供者からみて、当該提供した役務に対する直接的な反対給付といいうるかどうか、である。

この点、租税実務も基本的に同様の考えに立っていると思われる。例えば、租税実務は、同業者団体等が受ける会費、組合費については、「当該同業者団体、組合等がその構成員に対して行う役務の提供等の間に明白な対価関係があるかどうかによって」判定するとしている（消費税法基本通達五―五―三）。このように、租税実務においても、その対価性は、「明白な対価性」かどうかで判断するものとされており、単純に、一定の収入があるかどうかが決め手ではないことに留意する必要がある。

なお、課税庁は、対価性があるとして課税処分に及ぶ場合には、問題の収入が、これに対応又は関連する役務と、直接的な反対給付の関係にあることの具体的な証明が求められることはいうまでもない。このような関連性、結合性を欠く場合には、「明白な対価性」を持たないものとして、当該役務提供は消費税の課税対象外というべきである。

五　本件事案への当てはめ

まず、本件原告である京都弁護士会（以下「弁護士会」という）が、課税対象取引となる役務を提供するという場合、その具体例を考えてみよう。典型的な例として、弁護士会が、税理士会の求めに応じて、税務訴訟の研修会を有償で引き受ける場合を考えることができる。この場合、税理士会の依頼に応じるかどうかは任意に決まるものであり（上記の①を満たす。以下、囲み数字は上記の各要素を表す）、弁護士会が提供した役務とそれに対する税理士会側の支払との関係は、直接的で相当といってよい関係にある（②及び③を満たす）。

この場合、弁護士会が受領した金員は課税売上げとなり、同時に、その支払者にとっては当該金員が課税仕入れとなる。なお、この場合において、弁護士会は、公益法人であって、市場における利潤獲得を目的として活動をするものではないところから、当該課税売上げについて消費税を課したとしても、その税負担が当該役務の購入者である税理士会に完全に転嫁され、最終的に消費者（税理士）に完全に転嫁されるというようなことは、まず考えられない。ここでは、消費税の負担が消費者に完全に転嫁されるという消費税の前提そのものが失われているのである（弁護士会による研修の相手が地方公共団体の職員である場合を考えると、このことはいっそう鮮明となる）。とはいえ、消費税法上は、一応、その役務提供が、市場における自由な合意形成を基礎とし、かつ、役務と代金との合理的な結合関係をみることができる限りにおいて、形式的に、課税対象取引として扱うこととしているのであろう。

次に、本件との関係では、弁護士会と弁護士会員との関係において、弁護士会において課税売上げが生じる場面はありうるか、ということが問題となる。この場合、弁護士会にとって、基本的に、弁護士会員は、経済活動において利益を獲得するための取引相手ではない、ということが重要である。弁護士法上、弁護士業務を行おうとする者は必ず弁護士会に入会しなければならない。また弁護士会は、弁護士の使命及び職務にかんがみ、その品位を保持し、弁護士の事務の改善進歩を図るため、弁護士の指導、連絡及び監督に関する事務を行うこととされている（弁護士法三一条）。本件弁護士会も、基本的人権の擁護と社会正義の実現のため、市民への法的サービスの充実、提供等を目的とした各種の法律相談、被害者救済活動、調査研究活動等を行うとともに、司法修習生の研修、弁護士登録の受付け、弁護士に対する懲戒、研修、情報提供などを行っている。

このように、弁護士の社会的使命と職務を果たすべく設立された弁護士会においては、弁護士会自体が、その固有の利潤獲得手段として、弁護士会員に対して、何らかの商品を売りつけたり、利潤獲得の手段として何らかの役務提供を求めたりすることなどは、その設立の趣旨及び存在理由からみて、およそありえないことである。

弁護士会は、様々の有用な法律情報を弁護士会員に提供する。しかしこの役務提供は、一般に、限定された一部の会員の利益の増進を目指すものではなく、それに具体的に対応する反対給付を特定しえないものである。そのような法律情報の提供をはじめ、弁護士会が弁護士会員に提供する役務は、基本的には、個々の弁護士に対する全般的なサポートの手段であり、弁護士会による当該役務の提供を支えるのが、弁護士会員が拠出する会費（及び特別会費）ということができる。このように、弁護士会の内部で個々の弁護士に提供される役務は、一般に、具体的な反対給付性を持たないということになり（上記の各要素、とりわけ②及び③の要素を欠いている）、弁護士会が受領した会費は対価性がなく、消費税の課税対象とはならない。

なお、弁護士会と弁護士会員との間において、課税取引となる役務は皆無とまではいえないであろう。その一例は、弁護士会が行う各種法律相談に参加した弁護士会員に対して弁護士会が旅費日当を支払った場合、これは、両者の合意の下に、役務の提供とそれに見合う代金の支払がなされたという関係を擬定し、対価関係があるといってよいであろう。この場合、弁護士会においては、課税仕入れがあったことになり、当該金員を受領した弁護士会員においては、課税売上げがあったことになる。この関係においては、一応、上記の①ないし③の要素が満たされていると観念される。しかしながら、現に両者の間での自由な合意の形成があるかというと、弁護士会においては、法律相談への参加は義務的なものとされているところからみれば、厳密な意味での任意性の要素を満たしていない。その限りで、自由な市場及び任意の合意形成を擬制しているものといえよう（さしあたり、ここではその当否については措く）。このような法律相談の活動は、弁護士会の会費で賄われるものであるが、その活動の一側面について、対価関係を擬制しているものにすぎないことに注意が必要である。

なお、本件弁護士会においては、役務の提供ではないが、戸籍謄本用紙代、外国人登録用紙代等が課税取引によるものと観念され、処理されている。これらはいわば、実費弁償的なものであって、弁護士会が弁護士会員を相手に、積極的に何らかの販売活動をしたものでないことは明らかである。

本件弁護士会における課税取引とは具体的に何をいうか、という上記の一般的な検討を踏まえると、本件係争事案は、以下に述べるとおり、基本的に対価性の要件を満たさない。

1　本件各受任事件負担金

弁護士会所属の弁護士会員は、法律相談センター等（法律相談センター、消費者・サラ金被害救済センター、刑事弁護・少年付添センター）による各種法律相談や弁護士の紹介により、事件等を受任した場合には、定められた率による負担金（着手金、報酬金等の額のうち、一〇万円を超える部分について一〇％相当額）を弁護士会に支払う義務がある。

まず、法律相談センター等が行う法律相談業務は、弁護士会の会務として、市民に対して法律相談の機会を広く提供することを目的とするものであって、弁護士会員に対して事件を受任する機会を与えることを目的とするものではないということができる。

弁護士会が行う法律相談業務においては、弁護士会は、法律相談に係る各種の法情報を相談者に提供する。そこでの相談という役務の享受者は、相談者である。弁護士会は、法律相談を無償で行う場合もあれば、有償で行う場合もある。この関係においては、弁護士会員は、法律相談という公益活動の具体的担い手として、その役務を提供することが義務づけられており、それ自体、事件の受任とは別個の、完結した業務とみることができる。各種法律相談を担当する弁護士会員に対しては、公益活動遂行のための支出として、弁護士会から旅費日当が支給される。この旅費日当の支払は、基本的に、弁護士会員が弁護士会にその役務を提供した対価と考えられるため（弁護士会員の弁護士会に対する役務提供は、両者の間の文字どおり任意の合意によるものではないにせよ）、弁護士会においては課税仕入れとなり、それを受領する弁護士会員の側では課税売上げとなる。

法律相談が完結した業務であることは、弁護士会において、法律相談と事件の依頼は截然と区分して観念されていることから明らかである。一般の法律相談においては、自己又は特定の弁護士及び弁護士法人のために事件の依頼を勧誘することを禁じられたり（法律相談センター規程九条三号）、逆に、消費者・サラ金被害救済センターにおける相談業務の場合は、担当弁護士が法律事務処理が必要であると認めたときは、その事件を受任することが遵守事項として定められたりしている（消費者・サラ金被害救済センター規程七条三号）。また、警察署に身柄を拘束されている被疑者等のために面接をした当番弁護士は、面接をした被疑者等から事件受任の依頼があった場合は、できるだけ受任するように努めなければならないとされている（刑事弁護・少年付添センター規程一六条）。

このように、法律相談センター等の規程においては、法律相談の場面で、一般には、自己又は特定の弁護士等のために事件を受任することを排斥している。また逆に、相談の性格上、弁護士会員に対して事件の受任を強く求める場合もある。

以上のとおり、第一に、法律相談センター等による法律相談の仕組みとして、その相談という役務の提供者は弁護士会であり、その享受者は相談者である、ということが基本である。消費税は、その相談業務が有償で行われた場合において、弁護士会が収受した金員につき課税売上げとして課税をすることとなる。この場合、弁護士会員は、弁護士会との間では、相談業務の具体的な担い手として、その役務を提供するという関係を持つにとどまる。弁護士会の提供する相談業務においては、弁護士会員が自らの利益のために事件の依頼を勧誘することは許されていない。

このように、相談業務における弁護士会と弁護士会員との関係は、法律相談の機会の提供とその後の事件の受任を条件とした対価の支払、という構造を持つものではない。別言すれば、そこには、弁護士会による新規事業の開拓とそれに対する弁護士会員の反対給付の提供という関係は全く存在しない。

第二に、相談業務とその後の事件の受任は、当然に連続するものではなく、むしろ基本的には、これらは相互に接続しないものと位置づけられている。また逆に、サラ金等の被害者救済の観点から、その事件の受任が強制的なものもある。

弁護士会が、後における何らかの代価の支払を見込んで、弁護士会員に相談業務を依頼したと主張することは到底困難である。事実、原告の主張によれば、平成一二年度において、直接の受任が禁じられている自治体等無料法律相談においては、相談件数に占める受任件数の比率は一％にも満たず、また、直接受任が可能な会館内有料相談等においてですら、相談件数に占める受任件数の割合は一割にも満たない、とされる。さらに、弁護士会は、サラ金等の被害者救済の観点から、弁護士会員に対して、時には事件の受任を強制するが、この場合には、当事者間における自由な合意形成は存在しない。これらの場合は、いずれも、対価性の①の要素を欠いている。また仮に、相談業務の機会の提供が弁護士会による役務提供の内容であるとした場合においても、これと、直接的、具体的に関連する反対給付は存在しない。すなわち、機会の提供それ自体を役務の提供として、相談業務に当たったすべての弁護士会員から参加料を取るのであれば格別、たまたま事件を受任した弁護士から負担金を徴収したとしても、それは、相談業務の機会提供に対する反対給付ではなく、結局のところ、対価性の②及び③の要素も満たしていない。

それでは、本件各受任事件負担金の性格は何か。これはおそらく、原告が主張するとおり、弁護士会員に対する特別の会費といってよいと思われる。

一般に、会費は課税売上げに当たらない。会費は、団体としての通常の業務運営に要する経費を、その構成員に分担させ、その団体の存立を図るものであって、団体の役務提供と具体的で明確な対応関係にない限りは、課税対象外である。会費であるかどうかは、必ずしもその形式的な名称にとらわれることなく、また定期的、反復的であるかどうかを問わず、実質によって判断すべきこととなる。なお、消費税法基本通達五―五―三も、この考え方に立っている。すなわち、租税実務は、対価関係の判定が困難な会費などについては、受取側（団体等）が支払側（構成員）にそのことを通知すべきであるが、この通知は不課税となる必須要件とはいえず、その通知がないからといって直ちに役務の対価になるものではない、当該通知がなく、両当事者の取扱いが異なる場合には、その会費等の実質により対価関係の判定を行う、とする。(7)

本件各受任事件負担金につき、原告は、「会員間の実質的な平等を実現するという観点」から強制的に徴収する特別会費であると主張するが、この主張は相当だと思われる。個別事件の受任は、相談業務それ自体とは区別され、もともと弁護士会員と依頼者との間で個別的に合意されるものであるが、それが、弁護士会の公益活動を契機にいわば副産物として生じたにすぎないものだとしても、あるいは、場合によっては、その受任が強制的なものであることがありうるとしても、その受任の結果、当該弁護士会員に対して一定の経済的利益の流入がもたらされる以上、会員間における実質的平等を求める意識に配慮して、弁護士会全体に還元されるものとして一定の場合に特別会費を求めることには、それなりの合理性があるといえよう。法律業務に関わる弁護士会の高度の公益性、非営利性を考慮し、かつ、会員間の実質的平等を実現するという観点から、実質的に会費とみなしうる強制的負担を特別の場合に課すことには十分な理由があり、本件各受任事件負担金は弁護士会の特別会費の性格を持つということができる。

また上記の考え方はすべて、弁護士会の行う弁護士紹介業務についても当てはまる。この場合にも、弁護士会は、将来の事件の受任から生じる負担金を目当てに紹介業務を行うものではなく、またその紹介業務は、当該負担金との間に直接の対応関係、反対給付の関係はない。

なお、弁護士法七二条により非弁護士の法律事務の取扱い等が禁じられているところからすれば、国民の裁判を受ける権利（憲法三二条）や弁護人依頼権（憲法三四条）を具体化すべく、弁護士会が弁護士紹介業務を行うのは、当然の責務といってよい。例えば、刑事弁護・少年付添センターは、刑事事件等に関連して、弁護士を紹介する。紹介された弁護士は、被疑者と面会するなどして受任の諾否を決定するが、正当な理由がない限り受任を拒絶できない（刑事弁護・少年付添センター規程八条一項、二項）。少なくとも、このような刑事事件の受任についてまで、弁護士会が、弁護士会員に対して、事件を受任する機会を提供し、当該会員の利益獲得及びその代価の徴収につなげようと企図するものであるなどと観念することは、失当といわざるを得ない。

もし、弁護士会が本件法律相談の機会を与えたというならば、その機会を与えたことの「反対給付」は何かが問われなければならない。「反対」給付という以上、受領したものが、経済的価値あるものであるということでは不十分である。反対給付は関係性の概念であるので、その法律相談の機会を受けた（当該役務の提供を受けた）弁護士会員すべてにこれが求められるべきものである。しかし本件の事実はそれとは異なる。

このように、たまたま、法律相談の機会を経てごく一部の弁護士会員と相談者との間で事件の受任があり、その受任の結果、当該弁護士会員が弁護士会に対して本件受任事件負担金を支払うこととなった場合、その受任負担金と法律相談の機会提供との間に、直ちに「反対」給付があるとするのは相当ではない。

2　照会手数料

弁護士法二三条の二に基づく照会は、その旨を弁護士が所属弁護士会に対して申し出るとともに、当該弁護士会は、その申出が適当でないと認めるときは、これを拒絶することができる。また、「弁護士会は、前項の規定による申出に基き、公務所又は公私の団体に照会して必要な事項の報告を求めることができる」（いわゆる二三条照会）。

この規定からすれば、二三条照会は、弁護士会が主体となって行うものであって、そこにおいては、弁護士会と弁護士会員との間の経済取引が介在する余地はない。確かに、本件においては、弁護士会は、弁護士会員から、照会に要する費用として実費及び手数料四〇〇〇円を徴収する。弁護士会が、照会に要する実費を、その照会を求める弁護士会員から徴収するのは、自然といってよい。この実費の支払は、会員側において課税仕入れになるとともに、弁護士会側では、その実費相当額は預かり金として課税対象外取引となるというべきである。

次に、手数料の四〇〇〇円は、定額で徴収される。これは、弁護士会の何らかの役務提供に対する代価の性格を持つものとは考えられない。すなわち弁護士会は、比較的容易な照会である場合でも、比較的複雑な照会である場合又はその照会に対する回答がない場合でも、ともに手数料として四〇〇〇円という定額を徴収する。このような事実に照らすならば、手数料として徴収される四〇〇〇円は、当該照会事務に直接の関連を持つものとは考えられない。

弁護士活動は一般に公益性の高いものであり、弁護士が受任した事件について認められている二三条照会も、その見地から、弁護士会員の申出の適切性が弁護士会において判断され、その上で照会がなされる。弁護士会が営利性を追求する団体ではないところから、二三条照会を介在して自らの利潤を獲得しようとする動機はない。二三条照会の結果を申請した弁護士会員に引き渡す場合でも、役務の提供（外部団体への照会とその結果の引渡し）に見合う代価を得なければならないという必然性はなく、公益性の高い弁護士活動の社会的使命とその実態を前提にする限り、弁護士会による役務の提供とそれに対応した代価の支払があるという関連性をみることはできない。

本件紹介手数料についても、上記の各受任事件負担金と同様にいうことができる。すなわち、弁護士会が特定の場合において、会員間の実質的平等を実現するという観点から、当該申請を行った会員の経済的利益につながる可能性が大きい二三条照会の機会を捉えて、その会員に対して特別会費を求めることには、それなりの合理性があるといえよう。

このようにして、本件紹介手数料は、その実質が、弁護士会をとおした照会を求める弁護士会員に対して、弁護士会の活動に充てるために特別に課す会費であるとみることは十分可能である。そうだとすれば、本件照会手数料は、対価性に係る上記②の要素、すなわち、役務の提供とそれに対応した代金の支払という関連性を欠き、課税対象外取引により生じた金銭ということになる。

3　事務委託金

協同組合等から受領した事務委託金の課税対象該当性は、事実関係如何である。すなわち問題は、本件の事実が、弁護士会が役務を提供し（その従業員を自ら指揮監督し）、その提供した役務に対応する代金として一定の金員を受け取ったものか、それとも、協同組合等に出向し、協同組合等の指揮監督の下で労務を提供した弁護士会の従業員に対する給与負担金として本件金員を受け取ったものか、である。

本件の事実関係が、後者であるとするならば、すなわち、もし事実が、協同組合等の指揮監督の下で当該従業員が職務に従事し、かつ、本件事務委託金の金額が、役務の提供内容というよりは当該従業員の給与を基本に定められたのであれば、それは、消費税法基本通達五―五―一〇に従い、協同組合等におけるその出向者に対する給与として取り扱うべきこととなる。

被告は、事務局の職務分担表の記載や、本件弁護士会が本件従業員の給与から源泉徴収をしていることをもって、本件協同組合等の間での雇用関係はないと主張している。しかしながら、問題は、職務分担表の形式的な記載ではなく、本件従業員が、事実として協同組合等の指揮監督の下で勤務したかどうか、である。本件事務委託金は、当該従業員＝出向者が本件協同組合等に提供した労務に対する実質的な給与に相当するといいうるかどうかである。また出向した従業員の給料は、出向先事業者から支払われる場合と出向元事業者から支払われる場合とがあることからすれば、出向元事業者である原告が当該従業員の源泉徴収をしたからといって、それは、出向先（本件協同組合等）が給与を支払ったものとして取り扱うことを妨げるものではない(8)。

4　司法修習委託金

本件司法修習委託金の交付は、弁護士会の役務提供とそれに対応した代金の支払という関係を持たない。すなわち、本件弁護修習は、弁護士会と司法研修所との間で締結された契約に基づくものではない。最高裁が定め、かつ弁護士会に示達した金額を司法修習生の弁護実務修習の指導に充てることとされている。したがって、本件司法修習委託金の基礎として、当事者間において自由な取引が成立する余地はない。このように、本件は、対価性の要素の一つである、合意形成の任意性（①の要素）に欠ける。

課税庁は、本件司法修習委託金に関して、繰り返し「反対給付としての性質を有している」、「反対給付として受け取った」と述べるが、そこにいう「反対給付」の意味内容は明らかではない。とりわけ、何と何が、どのような状況下で「反対」の給付関係を形成するのか、しないのか、が本件の争点であると考えられる以上、反対給付であることの具体的な意味を丁寧に説明すべきである。この意味での反対給付性が説明できないのであれば、それは弁護士会が提供した役務とそれに対応した代金の支払があることを求める関連性の要素（②の要素）に欠ける。

　また、弁護士会が提供する弁護修習の内容と当該委託金との間には、それなりの関連性を認めることが可能としても、弁護修習とこれに対応する代金の基本的同等性（③の要素）に欠ける。

　このように考えると、本件司法修習委託金は、その名称からは紛らわしいが、弁護実務修習という法制度上の義務を履行する弁護士会に対する一律の補助金であって、弁護士会によるその受領は、課税対象外取引というべきである。

　以上述べたとおり、本件係争の各種の負担金、手数料、委託金は、いずれも「事業として対価を得て行われる役務の提供」（法二条一項八号）に基づくものとはいえず、消費税の課税対象とはなりえない。したがって、本件課税処分は、基本的に、課税要件の充足を欠き違法であって、取消しを免れないというべきである。

六　京都地裁平成二三年四月二八日判決の特徴と問題点

　本件に係る上記京都地裁判決を詳細に検討することは、紙数の関係上、別稿に譲らざるを得ない。ここでは、当該判決の一般的特徴と問題点のうち、主要なものに触れるにとどまる。

　本判決は、第一に、法二条一項八号にいう「対価」の定義とその判断基準については全く触れず、かつ、「反対給付」の意味内容に触れることなく、本件原告が受領した金員が反対給付であると断定する。判決は基本的に、給付と反対給付との関係について、それぞれが何らかの因果関係にあり、何らかの金員の授受があった場合には、対価があると強弁して課税関係に取り込もうとするものと思われる。判決は、受任事件負担金につき、原告による事務処理があり、それによって弁護士会員が受任の機会を得、それがその後の受任に基づく利益となるので、これで反対給付と認めるには十分であるとする。

しかしながら、何らかの因果関係があるということと、対価関係にあるということとは、論理の次元を異にするものである。判決の論理によれば、自発的な寄附金も、強制に基づく賠償金も、「反対給付」になりかねない。対価関係は、風が吹けば桶屋が儲かる式の軽やかな因果関係論とは明確に区別されるべきものである(9)。

第二に、判決は、田中意見書が示した対価性の判断基準につき、これは「対価性の基本的要素を示すにすぎないから」対価性の判断基準となりうるものではないとするが、この論理は、奇異ですらある。田中意見書が「基本的」要素という文言に込めた意味は、問題の金員が基本的要素を満たしているかどうかが決定的であって、この基準を充足するかどうかで結論が左右される、というものであることは自明である。意識的かどうかはともかく、それを無視するのはいかがなものか。また基本的要素を満たしているかどうかを検証せよ、という原告及び田中意見書の要請を否定するには、これらの基本的要素は誤っている、恣意的だなどの具体的で明白な理由が必要となることもまた明らかである。

第三に、判決は、司法修習委託金につき、消費税が広く薄く課税するという性格を持っていることをも考慮して、一方当事者が一方的に決めることができる金員についても、対価関係があるとするが、これは解釈論として不適切というべきである。とりわけ、広く薄く課税するということが何らかの規範性を持つかのような、あるいは課税を後押しするかのような言説は、法的根拠を欠くものでおよそ許されるものではない。判決が、田中意見書を基礎とした三基準は、「必ずしも対価性を肯定するための条件であるということはできないから」、裁判所の判断はこれに左右されない、というのは、理由を示さないで判断を回避するに等しい。また、現に、最高裁が当該委託金につき、およそ対価性あるものとして認識せず、したがって消費税を上乗せした部分をもって委託金としていないのに、それでもなお対価性があるとして原告に消費税の支払を求めるのは、アンフェアであり、相当とはいえない。

おわりに

以上、京都弁護士会を原告とする消費税訴訟に関して、対価性に関する私の意見書の考え方を述べてきた。またそれとともに、第一審の京都地裁判決の特徴と問題点をごく簡単に述べてきた。

対価性の意義とその判断基準については、より詳細な議論の進展とより明確で合理的な文言に基づく立法が望まれる。

(1)　京都地判平二三・四・二八判例集未登載（TAINS　Z888-1586）。
(2)　A. SHENK & OLDMAN, VALUE ADDED TAX: A COMPARATIVE APPROACH 111,116 and 118 (2007). そこでは、「たいていの付加価値税制度は、対価を得た売上げについてのみ付加価値税を課している。また当該売上げは、その売上げと対価との間で明白な結合（clear connection）がある場合において課税の対象となりうる」（一一一頁）、「ほとんどの国において、およそ売上げは、課税対象売上げである場合においてのみ、付加価値税に服する。この課税対象売上げは、納税義務者（又は登録された者）が、事業との関係において、対価を得ようとして行った結果である。この基本ルールの中では、売上げと対価との間で十分な関連又は結合（sufficient link or connection）がなければならないという要件を暗黙の前提とするものである。この節においては、売上げと対価との間には直接的な関係（direct connection）がなければならないという当該要件を検討するものである」（一一六頁）などと述べられている。
(3)　同書一一八頁は、「提供された役務と対価との間の関係（relationship）は、当該役務に対する義務の存在と同様に、決定的ではないとしても、重要である。明示的にそれが課税対象に含まれている場合を除いて、税の性格を持つ強制的な取立ては、たとえ、その支払をした当事者が、その支払った資金を基に提供された役務から何らかの利益を得たとしても、おそらくは付加価値税に服さない。同様に、無償の収入も課税の対象ではない。すなわち、たとえ、当該無償の支払をした者が、その結果として、一定の精神的その他の間接的な利益を得た場合であっても、課税の対象ではない。一定の事件においては、争点は、当該支払が無償の性格のものか、それとも、それは実際のところ、期待どおりの役務又は現実に受け取った役務に対してなされたものかどうかを決定することである」と述べる。

（4）消費税の仕組みやその担税力について、田中治「消費税における仕入税額控除の存在理由と判例動向」金子宏編『租税法の発展』（有斐閣、二〇一〇）二七四頁。

（5）田中治「納税義務者・課税取引と非課税取引」金子宏編『租税法の基本問題』（有斐閣、二〇〇七）七一三頁。

（6）もっとも、消費税の転嫁は、法的には、事業者の権利でもないし、義務でもない。田中治「消費税をめぐる判例動向とその問題点」税法学五五七号（二〇〇七）二二五頁。

（7）三宮修編『消費税法基本通達逐条解説』（大蔵財務協会、二〇〇七）二〇三頁。

（8）同二一二頁。

（9）吉村典久「消費税の課税要件としての対価性についての一考察」金子宏編・前掲注（4）四〇九頁は、消費税は最終消費者の消費支出に負担を求める性質を有するから、役務を提供された者の視点から、すなわち、「ある役務が提供されたからこそ（反対）給付を行ったという関係、すなわち、役務の提供と（反対）給付との間の因果関係をベースに両者の関連性を判断すべきであるということを意味する」と説く。この考え方は、私の考え方と相当に異なるものである。詳述する余裕はないが、法的には、事業者が納税義務者であって、最終消費者は納税義務者ではない。また、法の定める対価という文言は、単純な因果関係による（任意による寄附金や強制的に徴収される金員は、通例、因果関係はある）ことなく、本稿で述べたように、一定の法的意味と限界を持つものと観念すべきだと考える。

相続をめぐる最近の三つの最高裁判決の批判

山田二郎

一　問題の提起

最近、相続をめぐる三つの最高裁判決が言渡された。相続は私達の生活に身近な問題である。しかし、これらの三つの最高裁判決は、いずれも、租税法律主義・租税法に適合しているものではなく、納税者を説得するものとはいえないので、これらの三つの最高裁判決を取り上げて批判することにしたい。批判がなくては判決のレベルアップはないので、批判することにより判決のレベルアップを期待することにしたい。

本稿で取り上げる三つの最高裁判決はすでに判例評釈で取り上げられているので、事実関係の紹介は必要最小限にとどめることにし、主として、原審の判決要旨と最高裁の判決要旨を摘示しこれらを批判の対象としたい。

二　最判平二二・七・六判時二〇七九号二〇頁（長崎年金事件）に対する批判

1　事案の概要

本件は年金払生命保険で相続人Xに支払われた年金に対して所得税の更正処分がされたので、その取消しを求めた事件である。被相続人Aの相続税の申告においては、相続税法二四条一項一号（以下同法を「相税」という。）により計算した年金受給権の価額を相続税の価額に算入して相続税の申告を済ませていたが、生命保険会社からXが保険金二三〇〇万円を一時払いとして受領せず、一〇年間の年金払で受領することを選択したので、Xに対して一〇年間にわたって二三〇万円の年金が支払われることになり、Xが第一回目の年金一〇万円を受領したところ、Xが受領したこの一〇万円の年金に対しXが所得税の更正処分されたので、Xが所得税更正処分に対して年金払保険金の年金に対する課税は所得税と相続税の二重課税であることを理由として取消しを求めた事件である。

2　原審及び最高裁判決の要旨

原審判決（福岡高判平一九・一〇・二五訟月五四巻九号二〇九〇頁）は、第一審判決（長崎地判平一八・一一・七訟月五四巻九号二一一一頁）がXの請求を認容したのを取り消し、要約すると以下のとおり判示している。

「Xは、将来の特約年金（年金）の総額に代えて一時金を受け取るというのではなく、年金により支払を受けることを選択し、特約年金の最初の支払として本件年金を受け取ったものである。本件年金は、一〇年間、保険事故発生の応当日に本件年金受給権に基づいて発生する支分権に基づいて、Xが最初に受け取った最初の現金というべきものである。本件年金は、本件年金受給権とは法的に異なるものであり、Aの死亡後に支分権に基づいて発生したものであるから、相税三条一項一号に規定する「みなす保険金」に該当せず、所得税法九条一項五号（現行一六号。同法を以下「所税」という。）所定の非課税所得には該当しない。」

ところで、最高裁は、原審の判断を破棄自判しXの請求を認容している。要旨は、以下のとおりである。

「相税三条一項一号は、被相続人の死亡により相続人が生命保険契約の保険金を取得した場合には、当該相続人が……相続により取得したものとみなす旨を定めている。上記保険金には、年金の方法により支払を受けるものも含まれると解されるところ、年金の方法により支払を受ける上記保険金とは、基本債権としての年金受給権を指し（傍点は筆者が記載）、これは同法二四条一項所定の定期金に関する権利に当たるものと解すべきである。」

「年金の方法により支払を受ける上記保険金（年金受給権）のうち有期定期金債権に当たるものについては、相税二四条一項一号により、その残存期間に応じ、その残存期間に受けるべき年金の総額に同号所定の割合を乗じて計算した金額が当該年金受給権の価額として相続税の課税対象となるが、この価額は、当該年金受給権の取得の時における時価（現在価値、同法二二条）、すなわち、将来にわたって受け取るべき年金の金額を被相続人の死亡の時の現在価値を引き直した金額の合計額に相当し、その価額と上記残存期間に受けるべき年金の総額との差額（傍点は、筆者が記載）は、当該各年金の上記現在価値をそれぞれ元本とした場合の運用益の合計額に相当するものとして規定されているものと解される（傍点は、筆者が記載）。したがってこれらの年金の各支給額のうち上記現在価値に相当する部分は、相続税の課税対象となる経済的価値と同一のものということができ、所税九条一項一五号により所得税の課税対象とならないものというべきである。本件年金受給権は、年金の方法により支払を受ける上記保険金のうち有期定期金債権に当たり、また、本件年金は、被相続人の死亡日を支給日とする第一回の年金であるから、その支給額と被相続人死亡時の現在価値とが一致するものと解される。そうすると、本件年金の額は、すべて所得税の課税対象とはならないから、これに対して所得税を課することは許されないというべきである。」

3　最高裁判決に対する批判

最高裁判決に対する批判は、三つのキーワードに集約される。

(1)　一つ目は、相続税法三条一項一号が「みなす相続財産」と定めている保険金には、年金の方法により支払を受けるものも含まれることは、最高裁判決が原審の解釈の誤りを指摘しているとおりであるが、問題は、上記保険金には基本債権としての年金受給権を指すとし、それが相続税法二四条一項所定の定期金給付契約に関する権利に当たると限定していることである。つまり、被相続人が取得した年金受給権を元本に当たる基本債権と、相続人に対して年金払いされる支分権に区分している。

年金の方法により支払を受ける保険金は、基本債権としての年金受給権に限定する根拠は全くなく、本件でいうと一〇年間にわたって後払い（割賦払い）を受ける年金（支分権）を束ねた具体的な権利（定期金）にほかならない。後述するとおり、最高裁の論理は、年金払生命保険金は、一時払いで保険金を受け取る代りに、一時金を基本債権（元本）として生命保険会社に預託しその運用にまかせ、一〇年間にわたって元本の一部と一緒に運用益を年金として受け取るものであるという着想である。

この最高裁の論理は、ファイナンス理論を探る論者[1]からは高く評価を受けているが、この論理は、ファイナンス理論を解釈論としてでなく、立法論として取り入れているものであり、相続税法二四条一項が定めている定期金に属する年金払保険金の評価から導かれる解釈とはいえない。年金受給権とは抽象的な基本債権（基本債権の評価が困難であることは、後述するとおり。）をいうのではなく、後払いで支払を受ける年金を束ねたものをいうと解すべきであり、それが相続税法二四条一項の定期金の評価方法に沿う解釈・運用である。

(2)　二つ目は、最高裁判決が、「年金の方法により支払を受ける年金受給権のうち有期定期金債権に当たるものについては、相続税法二四条一項の規定により、その残存期間に応じ、その残存期間に受けるべき年金の総額に同号所定の割合（いわゆる割引率）を乗じて計算した金額が当該年金受給権の価額として相続税の課税対象となるが、この価額は、当該年金受給権の取得の時における時価（同法二二条）、すなわち、将来にわたって受けるべき年金の金額を被相続人の死亡時の現在価値に引き直した金額の合計額に相当し、その価額と上記残存期間に受けるべき年金の総額との「差額」は、当該各年金の上記現在価値をそれぞれ元本とした場合の運用益の合計額に相当するものと規定されているものと解される。」と判示している部分である。

相続財産の時価は、評価の原則にしたがい、相続開始時の時価（現在価格）で評価することが定められており、定期金に関する権利に属する年金払保険金については、相続開始時の時価を、本件については残存期間（一〇年）に応じて給付金額の六〇％で時価を計算することが定められている。最高裁判決は相続税法二四条一項で計算される時価と残存期間に受けるべき年金の総額との差額を、後払いで支払われる年金を元本とした場合の運用益の合計額に相当すると解している。この想定は、相続税法二四条一項に定めている定期金の評価規定を誤解し、相続税法二四条一項が定めている評価規定の解釈を逸脱しているものである。相続税法二四条で定めている相続財産のうちの定期金に関する権利についての評価規定は、有期定期金の残存期間に応じ、後払いによる支給金を一定の割合の減価率で減算して評価するものである。つまり、一時金を受け取る代わりに、本件でいうと一〇年間にわたって後日に支払を受けるので、年金受給権の現在価値の評価を、後払いによる減価率で減算して算出しているのである。現在価値と残存期間に受けるべき年金の総額との差額は、当該年金の現在価値を元本とする運用益に相当するものではない。年金受給権は基本債権（判決のいう元本）をいうものではなく、後払いの方法で支払われる年金（判決のいう支分権）を束ねたものであり、それが年金受給権である。年金受給権の評価にあたって、年金受給権を元本と支分権に区分していることは、相続税法二四条一項の解釈として立法趣旨を逸脱している。年金払保険金を含めて定期金に関する権利の評価に、立法論としてファイナンス理論を導入することは課題であるが、相続税法二四条一項が定めている定期金に関する権利、年金受給権の評価は、上述したとおり後払いによる減価率に基づいて評価しているのである。年金を束ねた年金受給権を相続税の相続財産として課税しながら、年金について別に所得税の課税対象とすることは、所税九条一項一五号に違反し二重課税となるものである。年金の第一回目の支払に限定される問題ではない。(2)

(3)　小　括

年金払生命保険について、年金受給権を「みなす相続財産」（相税三条一項一号）と扱って被相続人に対する相続税の課税対象とし、他方で年金払いの方法で相続人に対して支払われる保険金を所得税の課税対象とすることは、所得税法九条一項一五号に違反する二重課税となる。最高裁は、年金払生命保険は保険金総額（一時払いに相当する保険金総額）を生命保険会社に預託して運用をまかせるもので、年金の方法で支払われる保険金には年金受給権の相続開始時における現在価値の一部と生命保険会社の運用益が混在しているので、運用益部分はその支給を受ける相続人の所得税の課税対象となると解している。もっとも、本件は第一回目の年金の支払で運用益部分が含まれていないとして、相続人に対する所得税の課税処分の全部を取り消している。相続税法二四条一項が規定している年金受給権を含む定期金に関する権利は、年金の方法により支払われる保険金などを束ねたものであり、その評価は、後払いによる残存期間の割合に応じて割引評価をしているのであり、年金により支払われる保険金も年金受給権の評価の中に含まれていると解すべきである。一〇年間にわたって年金の方法によって相続人に支払われる保険金を相続人に対する所得税の課税対象とすることは、同じ財産に対する二重課税となるというべきである。

なお、年金払生命保険の年金受給権の評価について、付与を受けたストックオプションの評価で問題となったように、評価が困難であるので（最判平一七・一・二五民集三九巻一号六四頁）、相続財産の中に含めず、年金の方法で保険金の支払を受けた相続人に対して所得税（雑所得、所税三五条）の課税対象とするように課税方法を分かり易く改正することを提言したい。

三　最判平二二・一〇・一五判時二〇九九号三頁（上野事件）に対する批判

1　事案の概要

Xの母Aの死亡（平成一二年七月二九日死亡）により相続にかかる相続税として、課税価格一億二一七一万円余、納付すべき税額を一二七三万八七〇〇円として申告したところ、Aが生前提訴し、Xがその地位を承継していた所得税更正処分等取消訴訟の取消判決がAの死後になって確定したことから、過納金が相続人であるXに還付された。これをY税務署長がAの相続財産と認定して、その相続税について課税価格一億四九六三万円余、納付すべき税額二〇九六万九四〇〇円とする更正処分を行ったので、Xが上記過納金の還付請求権は相続開始後に発生した権利であるから相続財産を構成しないと主張して、同処分の取消しを求めた事案である。

2　原審及び最高裁判決の要旨

第一審判決（大分地判平二〇・二・四訟月五六巻二号一六五頁）は、相続財産の中に本件過納金が含まれる余地はないと述べて、Xの請求を認容したが、原審判決は、取消判決が確定して過納金が発生した場合、相続人Xに支払われた還付金は遡って相続財産を構成すると判示し、Xの請求を棄却した。原審（福岡高判平二〇・一一・二七訟月五六巻二号一五三頁）の判決要旨は、以下のとおりである。

「本件過納金の原資はAが拠出した納付金である。Aが生前別件所得税更正処分取消訴訟を提起し、Aの死亡後、Xがその訴訟上の地位を相続により承継したところ、別件所得税更正処分の取消訴訟が確定し、本件過納金がXに還付されたものである。取消訴訟の確定判決によって行政処分の効果は、特別の規定がない限り、遡及して否定され、当該行政処分は、最初からなかった状態に回復される。この取消訴訟の原状回復機能はすべての取消訴訟に共通する機能である。……これは、訴訟係属中に相続があった場合でも変りはない。すなわち、別件所得税更正処分の取消訴訟が確定したことにより、Aが別件所得税更正処分に従い納税した日に遡って本件過納金の還付請求権が発生したことになる……。本件過納金の還付請求権は、Aの死亡時にAの有していた財産に該当し、相続税の対象となるから、本件更正処分は相当であり、取り消す理由はない。」

最高裁判決の要旨（上告受理申立てを受理したうえで、上告棄却）は、以下のとおりである。

「本件は、その母Aが死亡により相続した財産に係る相続税の申告をしたところ、Aが生前に提起してXが承継していた所得税更正処分等に基づき納付していた所得税等に係る過納金がXに還付され、所轄税務署長から上記過納金の還付請求権は相続財産を構成するとして上記相続税の更正処分を受けたため、Xにおいて、同還付請求権は相続開始後に発生した権利であるから相続財産を構成しないと主張して、同処分の一部取消しを求めている事案である。」

「所得税更正処分及び過少申告加算税賦課決定処分の取消訴訟が確定した場合には、上記各処分は、処分時にさかのぼって効力を失うから、上記各処分に基づいて納付された所得税、過少申告加算税及び延滞税は納付の時点から法律上の原因を欠いていたことになり、上記所得税等に係る過納金の還付請求権は、納付の時点において既に発生したことになる。このことからすると、Aが所得税更正処分及び過少申告加算税賦課決定に基づき所得税、過少申告加算税及び延滞税を納付するとともに上記各処分の取消訴訟を提起していたところ、その係属中にAが死亡したためXが同訴訟を承継し、上記各処分の取消訴訟が確定するに至ったときは、上記所得税等に係る過納金の還付請求権は、Aの相続財産を構成し、相続税の課税財産となると解するのが相当である。」

3　最高裁判決に対する批判

(1)　取消判決の遡及効と相続財産の画定の峻別について

取消判決の遡及効をどのように理解したらよいのか難しい問題であるが、一般に、行政処分の取消判決が確定すると、当該行政処分は、その処分時に遡って効力を失い、初めから処分が行われなかったのと同じ状態になると解されている[3]。これを、取消判決の遡及効と呼んでおり、課税処分でも同様である。ここで、検討すべきことは、取消判決に遡及効であるとしても、相続税に関して相続財産の範囲は、相続開始時に被相続人が所有していた財産によりその範囲が確定するのであるから（相税二条）、相続財産を構成すると認められない財産は、原処分が取り消されて取消判決に遡及効が認められても、それは、原則として相続開始時に画定している相続財産の範囲に影響を及ぼさないと解すべきである。つまり、取消判決の遡及効と相続開始時における相続財産の範囲とは峻別すべきである。取消判決による原処分の取消しのほか、処分行政庁による職権取消しであっても、相続財産の範囲は、相続開始時に存在していたかどうかで決めるべきである。このことは、後述する実体法上の権利の存否に係る遡及効と所得の計上時期についてもいえることである。権利の存否や価格の不明確な財産の相続開始後の取得に遡及効を認め、課税関係や法律関係を混乱させることは避けるべきである。

(2)　本件は、被相続人Aが生前に所得税更正処分等の取消訴訟を提起していて、死亡後に同処分等の取消判決が確定し、Aが同処分等に基づき納付していた所得税等に係る過納金が相続人Xに対して還付されたという事案である。Aは相続開始時には取消訴訟を争っている訴訟上の地位しか有していないのであるから、このような勝敗の不確かな訴訟上の地位は相続財産を構成するということができない。Aの死後に取消判決が確定し取消判決に遡及効があっても、取消判決によって還付請求権が発生・確定するのは取消判決の確定時であるから、還付請求権がAの相続財産を構成するとはいえない。取消判決の遡及効と還付請求権の確定時は峻別すべきで、両者を混同するのは、取消判決の遡及効とその限界を理解していないものである。

(3)　還付請求権の支払先について

取消判決が確定して還付請求権が支払われるのはXであり、Aではない。Xに対して還付請求権が支払われるのに、Xに帰属する還付請求権が相続財産を構成するというのは背理というべきである。Aの提起した取消訴訟の確定判決の結果、Aの死後になって還付請求権がXに支払われた場合に、還付請求権が相続財産を構成するという解釈は、取消判決の遡及効から導き出せない。

(4)　取消判決の遡及とその他の遡及的効力をもつ法律行為等との整合性について

取得時効や消滅時効に関して、民法は時効を援用しなければその効果が確定的に発生しないものとしており（民法一四五条）、時効の効果はその起算日に遡及すると定めている（同法一四六条）。それで、時効の援用による収益または損失の計上時期が問題となる。取得時効による収益の計上時期については援用時、つまり権利の効力の確定時と解されており（東京地判平四・三・一〇訟月三九巻一号一三九頁など）、同様に消滅時効による損失の計上時期についても援用時と解されている。この理解は、時効は遡及効により権利の得喪の効力が生じるが、援用時に権利の得喪の効力が確定的に発生することから、収益・損失の計上時期を時効の遡及効（遡及時）と関係なく、援用による時効の効果の確定時にしている。税法の解釈にあたり、整合性のある解釈が必要である。なお、賃料増減額請求権は形成権であるが、遡及効を否定し賃料の確定した時を益金・損金の計上時期と解している（最判昭五三・二・二四民集二四巻一号四三頁）。

（5）　相続財産の評価について（再論）

相続税の課税対象となる相続財産は相続開始時の時価で評価することが決められている（相税二二条）。取消訴訟中の権利や債務は勝敗が不明であるから、いくら訴訟進行中の状況を参酌して原告と被告の主張を公平に判断して適正に評価せよといわれても（財産評価基本通達二一〇）、訴訟中の権利を評価することは困難であるというほかない。本件では、相続開始時は係争中であるのでその係争中の権利を評価することは困難であり、死後に取消判決が確定し、取消判決に遡及効があるからといって遡及して相続財産を評価するということは、評価の基本原則（相税二二条）に違反する解釈がされることになる。(4)

（6）　小　括

被相続人が更正処分にしたがい納付した税金であっても、更正処分に不服で更正処分取消訴訟を提起し、取消訴訟中に死亡して相続が開始して相続開始後に取消判決で原処分が失効することになった場合に、取消判決の遡及効と過納金の還付請求権の発生や還付加算金の起算日とを関連させ、両者を混同することは誤りである。過納金の還付請求権は取消判決の確定によってはじめて成立・確定するものであるから、過納金の還付請求権が相続財産に含まれる余地はない。相続財産は相続開始時に被相続人に帰属していた財産（権）に限定されている。そのことに加えて、過納金の還付請求権は被相続人が納税した税金であっても、被相続人が死亡した場合は相続人に還付されることになるので、過納金の還付請求権は還付加算金と一括して相続人に帰属し、相続人の所得（一時所得）となるものである。取消判決の遡及効により過納金の還付請求権の帰属者が被相続人（死亡している者）に変わるということはない。このことからいっても、過納金の還付請求権が相続財産に含まれるということはありえないことである。それに、基本的な問題として、被相続人が存命中に過納金の還付を受けた場合、それは損失の塡補（国の不当利得金の返還）であるので、被相続人の所得に加算することにならないのと同様に、過納金の還付請求権が遡及して確定するとしても、被相続人の相続財産に加算することも明らかに解釈を誤っている。

四　最判平二二・一二・一〇民集六三巻一〇号二五一六頁（第二次納税義務を適用した事件）に対する批判

1　事案の概要

Aは昭和六二年分から平成一〇年分の所得税、その延滞税約一一億円を滞納していた。Aの妻であるBは、平成一七年五月二〇日に死亡し、その相続人は、A並びにその子であるX及びCの三名であった。共同相続人であるA、X、Cの三名は、平成一七年六月九日に遺産二億一八九万円余の遺産について、遺産分割協議（以下「本件遺産分割協議」という。）を成立させた。その結果、Aは法定相続分（二分の一）を下回る一九九四万一五三〇円余相当（相続財産の約一〇％）の遺産を取得し、Xは法定相続分（四分の一）を上回る一億二七九〇万円余相当（相続財産の約六三％）の遺産を取得した。Aは本件遺産分割協議において、滞納している国税の徴収を免れると共に、Aの近くに居住してその面倒をみてくれるXに多くの遺産を取得させることを意図していた。

所轄国税局長Yは、本件遺産分割協議は国税徴収法三九条（以下同法を「徴収法」という。）にいう「第三者に利益を与える処分」に当たり、Xがこれによって受けた利益の限度額六七四八万円余（Xが法定相続分を超えて受け取った利益の限度額から、Xが引き受けたBの債務・葬式費用・相続税・登録免許税を控除した額）を限度として、平成八年六月一九日Xに対して徴収法三九条に基づきAの滞納税金に係る国税の第二次納税義務の告知処分をした。Xは、告知処分の取消訴訟を提起した。主たる争点は、遺産分割協議が徴収法三九条にいう「第三者に利益を与える処分」に該当するかである。

2　原審及び最高裁判決の要旨

第一審判決は、徴収法三九条の趣旨と詐害行為取消権の趣旨とは共通するところがあるということから、遺産分割協議に対して詐害行為取消権を認めた最判平一一・六・一一民集五三巻五号八九八頁の趣旨が徴収法三九条にも当てはまるという理由でXの請求を棄却した。原審も第一審判決を支持し控訴を棄却したが、そのうえで詐害行為取消権について適用が排除されている身分行為（民法四二四条二項）について、遺産分割協議が身分行為（正確にいうと、「財産権を目的としない法律行為」）に当たるかにつき以下のとおり判断を付加している。

「Xは、遺産分割協議は身分行為であるから、そもそも徴収法三九条が適用される余地がないと主張する。しかし、遺産分割協議が身分行為としての面を持っていることは否定できないとしても、最高裁平成一一年判決が判示しているように、財産権を目的とする法律行為としての性質を持つことも明らかであるから、その点に着眼すれば、遺産分割協議が徴収法三九条の適用対象となると解しても、決して不合理ではない。」

最高裁は、以下のとおり、原審の判断を正当として上告を棄却している。

「遺産分割協議は、相続の開始によって共同相続人の共有となった相続財産について、その全部又は一部を、各相続人の単独所有とし、または新たな共有関係に移行させることによって、相続財産の帰属を確定させるものであるから、国税の滞納者を含む共同相続人の間で遺産分割協議が、滞納者である相続人にその相続分に満たない財産を取得させ、他の相続人にその相続分を超える財産を取得させるものであるときは、徴収法三九条にいう第三者に利益を与える処分に当たりうるものと解するのが相当である。」

3　最高裁判決に対する批判

(1)　遺産分割協議について、「遺産に属する物又は権利の種類及び性質、各相続人の年齢その他の一切の事情を考慮する。」ことが定められている（民法九〇六条）。昭和五五年の改正で、「年齢」「心身の状態」「生活の状況」が加えられ、現状では、共同相続人の中の年少者、老齢者、障害者、生活困窮者、要保護者がいるときは、できるだけそれぞれの実情に応じたきめ細かい配慮をして、各共同相続人に適合する財産の配分をすることが要請されている。

(2)　一方で、徴収法三二条以下で定めている第二次納税義務の制度は、本来の納税義務者（滞納者）から租税の全部又は一部を徴収することが不可能である場合に、滞納者と人的・物的に関係のあるものを第二次納税義務者とし、保証人と同じ趣旨で、このものに滞納者に代わる納税義務を補充的に負担させ（これを、第二次納税義務の補充性・附従性という。）、租税の徴収確保を図ることを目的としているものである。租税の徴収手続に民法の詐害行為取消権（同法四二四条）の規定が準用されているのに（国税通則法四二条）、徴収手続に第二次納税義務の制度を導入していることは、訴訟手続を経由とすることを不要としていることに加えて、本件最高裁判決が主観的要件である「詐害の意思」を必要としないという解釈を初めて示していることからも明らかになっているように、効率的かつ強力な徴収手続を採り入れているので、第二次納税義務を負担させる徴収手続は慎重に行使されることが求められる。

(3)　第二次納税義務の中で特に慎重な徴収手続が求められているのが、徴収法三九条が定めている低額譲渡を受けたものに対する第二次納税義務である。最高裁判決は、共同相続人間の遺産分割協議について、法定相続分を「法定基準」として法定相続分に満たないものに対し第二次納税義務を課する解釈・適用を判示したが、遺産分割協議は共同相続人の自由な協議が尊重されるべきものであり、それが常軌を逸したものでないかぎり、法定相続分を「法定基準」として判示しているのは合理性があるとはいえない(5)。

(4) 小　括

最高裁が初めて徴収法三九条の制度趣旨から、「詐害の意思」（主観的要件）は成立要件でないとの解釈を示し、明示的には判示していないが、遺産分割協議が身分行為だけの性質を持つものでなく財産権に関する法律行為の性質を持つものであると解していることは重要な意義をもつ判決である。Aが長い期間にわたり多額の国税を滞納しているとしても、子Xが母Aの近くに居住してAの面倒を見るために、Xに多くの遺産を配分する意図であったということであれば、遺産分割の指針として明確にされているとおり、親を介護することは大変に重い負担を背負うことになるので、共同相続人の法定相続分を徴収法三九条の適用対象となるかどうかを決める「法定基準」とするのは、形式的な解釈のそしりを免れない。遺産分割協議の配分は、まず共同相続人の自由な意思を尊重しその上で一切の事情を考慮して決めるべきものであるので、徴税権を優先させ法定相続分を判断の「法定基準」とすることは、徴収法三九条の合理的な解釈を示しているとはいえない。法定相続分は、共同相続人間で遺産分割協議が整わない場合の補充的なものである。

五　総　括

本稿では最近の相続をめぐる三つの最高裁判決を取り上げ、その判断の合理性を批判することにした。三つの判決とも承服できない判決であることは、各項目の小括で要約することにした。租税訴訟の低い勝訴率から脱却してその活性化が強く要望されているが、このことに加えて、判決、就中最高裁判決のレベルアップが必要である。批判がなくては、判決が優れた質の高いものにはならない。租税訴訟の判決の厳しい批判に、もっと注力することが必要である。

(1) 志賀櫻「最高裁平成二二年七月六日判決・相続税と所得税の二重課税」税経通信二〇一〇年一〇号三一頁、同「再説・所得税と相続税の『二重課税』に関する最高裁判決」税経通信二〇一〇年一一号二六頁、木村弘之亮「保険年金二重課税判決後の還付金」ジュリスト一四一五号一〇〇頁。

(2) 山田二郎「年金払保険金が二重課税となるとした事例」自治研究八七巻八号一五〇頁。

(3) 塩野宏・行政法（上）〔全訂第二版〕三五一頁。

(4) 山田二郎「相続財産の帰属と還付請求権の帰属」税経通信二〇〇九年一〇月号一四四頁。

(5) 山田二郎「遺産分割協議と共同相続人の第二次納税義務」税務事例四三巻五号三二頁。

〔追記〕

北野先生の追悼論集の中に、先生が租税法律主義、財産権の尊重を学究生活を通じて強調され続けていたことを改めて想起し、北野先生の追悼論集に拙稿を寄稿させて頂けたことは光栄である。シャウプ勧告を受けて税法学の勉強を始めた一期生の同僚として、先生の精力的なご活動に敬服して追悼論集に献呈させて頂くことにしたい。

Ⅳ　租税手続法

フランスの「納税者憲章」と国税通則法改正のあり方

湖東京至

一　国税通則法改正法案の特徴

故北野弘久先生はTCフォーラム（納税者権利憲章をつくる会）の創立以来、代表委員をつとめられ、わが国に納税者権利憲章を制定するために理論面でも運動面でもその中心におられた。亡くなる寸前まで、納税者権利憲章が制定されることを願い、さらに民主党政府が提出するであろう法案が真に納税者の権利保護に有効なものであることを期待しておられた。ただ、納税者権利憲章の制定問題は権力闘争に影響されるところから、民主党政府が国税当局等の圧力に屈することを危惧されていた(1)。

民主党政府は二〇一一年一月二五日、平成二三年度税制改正法案を提出した。その中に、国税通則法改正案も含まれていた。

二〇一一年一月二五日に提出された当初の政府「改正」法案の中にも、納税者の権利を踏みにじり義務を強化する法案が含まれていた。それは以下のような箇所である。

①税務調査において罰則付きで帳簿や物件の提示・提出を求めることができるようにしたこと、
②提出した書類等を留置くことができるようにしたこと、
③修正申告の勧奨を法定化したこと、
④事前通知をしなくてもよい場合を幅広く法定化したこと、
⑤納税者からの減額の請求を一年から五年に延ばす代わりに「偽り」による請求に罰則規定を設けたこと、
⑥増額更正処分ができる期間を三年から五年に延ばしたこと、
⑦零細な白色事業者に記帳義務を課したこと、
⑧納税者権利憲章を策定するとしたものの、権利だけでなく義務も書くとしたこと。

当初「改正」法案にあったこれらの事項は納税者の権利を保護する観点から看過することができないものであった。しかし、同年一〇月に再提出された「修正」国税通則法案は右にあげた納税者の義務を強化する部分はすべて残したうえ、あらたに次のような修正を行った。

①当初提出法案第一条にあった「国民の権利利益の保護を図りつつ」という文言を削除したこと、
②納税者権利憲章の策定を見送ったこと、
③文書による事前通知を止め、口頭ですればよいとしたこと、
④修正申告の勧奨をする際、調査結果を文書で示さず口頭で説明すればよいとしたこと。

要するに税務調査の障害となるおそれがある事項はすべて除外し、納税者の義務だけを法文化した内容となっている。この点で二〇〇二年七月の野党三党案[(2)]より後退しており、北野弘久先生が指摘した危惧がそのとおりになったといえよう。民主党がマニフェストに納税者権利憲章の制定を掲げ、政府が納税者の権利保護を法制化しようとした

動機は不純なものではなかったと考える。だが改正国税通則法の法案作成過程で財務省・国税当局の意向が強く影響を及ぼし、民主党内や野党・自民党に行政当局の意向に逆らえない者がいたことが今回の結果をもたらしたといえる。(3)

なお、無予告調査の例外規定を「違法又は不当な行為を容易にし、正確な課税標準等の把握を困難にするおそれがあると認められる場合、その他国税に関する調査の適正な遂行支障を及ぼすおそれがあると認められる場合」としている点ついて、無予告調査を法定化することになりかねず「原則と例外が逆転する」とする指摘がある。(4)

「修正」国税通則法は二〇一一年一一月三〇日の参議院本会議で賛成二〇九票、反対二〇票で原案どおり可決成立した。法案に反対したのは日本共産党、みんなの党、社民党の三党である。

右の事項は二〇〇二年七月の野党三党案にはなかったものであり、諸外国の納税者権利保護法と比較しても恥辱的規定となる。ただ例外的に、本稿で紹介するフランスの「納税者憲章」は、納税者の協力義務を強く打ち出しており、わが国の行政当局はフランスの例にならい、納税者権利憲章に「権利と義務」をバランスよく記載するというのである。

次節では行政当局が参考にしたと思われるフランスの「納税者憲章」の特徴を紹介する。

二　フランスの「納税者憲章」の特徴

諸外国の納税者権利保護法ないし納税者権利憲章が、その表題のように納税者の権利を保護し納税者の権利をうたっている中で、フランスの「納税者憲章」は極めて特異である。

諸外国で制定されている納税者権利保護法ないし納税者権利憲章の詳細を紹介する紙面の余裕はないが、たとえば、アメリカ合衆国の「納税者としてのあなたの権利（二〇〇〇年八月改定）」には、納税者の権利だけが書かれており、義務はまったく書かれていない。韓国の「納税者権利憲章（一九九七年七月制定）」は宣言的なものだが、どこにも納税者の義務は書かれていない。カナダの「納税者権利宣言（一九八四年制定）」、イタリアの「納税者の権利憲章に関する法律（二〇〇〇年七月）」、スペインの「納税者権利保障法（一九九八年二月）」なども権利規定が書かれているだけで義務規定は書かれていない。

これに対しフランスの「納税者憲章（二〇〇五年九月版）」は、三で全文を紹介するように、納税者の権利に関する部分と義務（とりわけ税務調査における義務）がバランスよく（課税庁にとってバランスがよく、納税者にとっては義務が色濃く）書かれているのが特徴である。たとえば、冒頭でジャン・フランソワ・コペ政府スポークスマンが次のように明確に述べている。「簡素、尊敬、公平が税務職員の行動規範になっています。反対に責任ある国民には義務（devoirs）があります」。ここでいわれている義務は一般的義務（国民としての納税の義務）と税務行政における協力義務（税務調査における義務）の両方を指している。

本文には「税務署のやることを妨害してはいけません。」とか、「調査官を礼儀正しく迎え、調査官が仕事をしやすい環境を整えてください。」、「調査官が要求した資料や帳簿を約束した期限までに提出し、資料が保管されているところを教え、できれば調査官がそこで自由に書類を見れるようにしてください。」、「資料をコピーすることを許可するかコピーしたものを提出してください。」、「できるだけ早く、すべてのデータ、あるいは無駄な労力を避けるために役立つすべての証拠・資料を調査官に提示してください。」、「時間を稼ぐために不服申立を利用しないでください。」、「もしあなたが、苦しい事情に配慮してもらい、親切な調査をのぞむなら、誠実に包み隠さず事実を明らかにすることです。」等々、まるで自白をさせて冤罪をでっち上げる警察の手法を思い起こさせるような書き振りである。

注目する必要があるのは、フランスの憲章のタイトルが「納税者憲章（La charte du cotribuable）」となっており、権利憲章となっていないことである。イギリスも「納税者憲章」となっており、その文章の中に記録保存義務、期限内提出義務、期限内納付義務など一般的義務について記載があるが、フランスのように税務調査に対する露骨な協力義務は書かれていない。フランスは過去に税務署焼き打ち事件など、激しい反税闘争があった国であり(5)、税務行政に神経質になる伝統があるとしても、あまりにえげつない表現に唖然とせざるを得ない。

わが国の国税通則法改正法案によれば、国税庁長官が後日、納税者権利憲章を作成・発表するという。国税庁長官が作成するといっても、憲章の内容は具体的に改正法案第四条に記載されており、その規定に拘束されることになる。つまり、改正法案にある義務規定がそのまま憲章に書かれることになるのである。聞くところによると課税当局は納税者権利憲章という名称ではなく、フランスのように「納税者憲章」とすべきだと主張したという(6)。政府側の強い要請により、最終的に「納税者権利憲章」になったというが、課税当局の念頭にあるのはフランス型であることは疑う余地がない。その意味でフランスの「納税者憲章」の全訳を紹介することは意味があるといえよう。

三　フランス「納税者憲章」翻訳（二〇〇五年九月版）

翻訳・湖東京至

納税者憲章（La charte du contribuable）

経済・財政・工業省　二〇〇五年九月

みなさん、

税法を尊重することは参政権を行使するのと同じように大切な市民権です。

税金によって、わが国にとって大切な自由・平等・博愛を具現化するための公共サービスを受けることができるのです。

管理をまかされた私たちは税金についてこう言います「税務署は国家のため、つまり国民一人一人のために税金を集めているのです。」税務署は専門的な知識により使命感を持つ所轄または局の職員によって指揮されています。そして税務署はサービスの質の向上の点で大きな進歩を成し遂げています。

わが国における税に対する公民精神、国民と税務署員との間についても人間的で責任ある関係が進捗しています。簡素、尊敬、公平が税務署員の行動規範になっています。反対に責任ある国民には義務があります。

私は、「納税者憲章」が課税庁に対するあなたの権利と義務について明確に、基本的に、かつ総合的にまとめられることを願っています。

あなたは税務署の職員に対処するとき、この「憲章」を活用することができます。

私の願いは、この文書によって公共サービスの使命のため税務署が行う合法的な行為とあなたの期待との間がジャストフィットすることです。私はこの関係が相互信頼のもとに平和的に根を下ろすことを希望します。

国家契約説の下にあるわが国において、あなたとの信頼関係を永遠に築くという私の決意を信じてください。

ジャン・フランソワ・コペ
(Jean-Francois COPE)
予算・国家改造内閣代表、政府スポークスマン

はじめに

税務署と納税者の関係は憲法の前文にうたわれている「人および市民の権利宣言」（一七八九年フランス人権宣言）にもとづいています。

フランス人権宣言第六条　法律は一般的意向の表明である。すべての市民は、みずから又はその代表者によって、その形成に参加する権利をもつ。

フランス人権宣言第一三条　公の武力の維持および行政の支出のために、共同の租税が不可欠である。共同の租税は、すべての市民の間で、その能力に応じて平等に分担されなければならない。

フランス人権宣言第一四条　すべての市民は、みずから、又はその代表者によって公の租税の必要性を確認し、それを自由に承認し、その使途を追跡し、かつその分担額、課税標準、徴収、期間を決定する権利をもつ。

租税原則は合法性にあります。

国民は租税法に同意します。

納税者は租税法の下では平等です。

税金は納税者が税務署に提出した資料申告書によって決められます。

これを「申告制度」の原則といいます。税務署はその資料が正しいかどうか調査します。この調査は不正を発見することや、適正な納税を確保するために寄与するものです。

みなさんは法の規定にしたがい納税しなければなりませんが、それ以上払う必要はありません。

もし税務調査があったら、納税者は話し合いをし、根拠を証明しなければなりません。

資料申告に対する調査は申告制度を維持するために必ず行わなければならないものです。

法律には調査のやり方や納税者に与えられる保証が規定されています。

税務署は調査の際、税法の正しい適用をあなたに保障します。

税金を払うことは一つの強制事項であることは確かです。

税法の解釈は多数にのぼり、複雑で難解、そのうえしばしば改正されます。

税務署は税制上の義務を軽くし税制をより簡素化するよう努力しています。

税務署は納税者の支持を得られるようにいつも気を配っています。

税務署は納税者との関係を改善するよう全力をあげています。


納税者は権利をもっています。それは税務署にとっては義務となるものです。

税務署員はその行動を評価されます……サービスに適った措置をしているか、すべて評価の対象になります。

そのかわり、私たちは納税者がその義務を尊重することを期待します。

おのおのが互いを尊敬し、相互信頼のために行動することがすべての人々の利益になります。


一緒に正しく調和のとれた関係をつくりましょう。

――税務署は三つの基本姿勢、簡素、尊敬、公正をもって利用者に対するサービスに責任をもって臨みます。
――利用者のみなさんは国民の義務を果たすことに責任をもってください。

あなたの暮らしを簡素化する税務署

私たちはみなさんとともに歩み、すべての人々のために税制を簡素化する義務を負っています。
あなたのために……簡便な連絡、迅速であなたの立場に配慮した対応をします。

模範的で特別な公務員

あなたの相手は特別な責任のある者です……彼は郵便物に署名し、自分の所属部署を示し、住所、連絡先の電話、E-mail のアドレスを教えます。必要な場合はお会いすることを提案します。

私たちの組織にあるセンターの利用者

私たちは納税者に対するサービスの質を向上することを約束します。「あなたのためのやさしい税金」というプログラムは国税庁と公共会計庁（Direction générale de la comptabilité publique）と共通のもので、サービス全般に適用される九つの約束で構成されています。私たちの目標はあなたの期待に添えるよう行動することであり、できればその都度、あなたのためにすぐれた相談官を提供することです。

冊子「あなたのためのやさしい税金」に書いてある約束

私たちはあなたの電話による問い合わせにお答えします。もしあなたのお尋ねに即答できないときは、あなたの連絡先を教えてください。四八時間以内にお答えします。

私たちはあなたの郵便でのお問い合わせに三〇日以内にお答えします。

複雑な問題や期間の延長が必要になる特別な場合は、三〇日以内に文書でお答えします。

E-mail でのお問い合わせも四八時間以内にお答えします。ただし、複雑な問題の場合は郵便でのお問い合わせと同様、三〇日以内にお答えします。

もしあなたの質問が担当の部署ではないところにきたときは担当の部署に転送します。そして転送によって答えが遅れないよう注意します。

私たちは約束があってもなくても、都市部では月曜日から金曜日までのうちに六時間、その他の地域では週四日間のうちに六時間、いつでもあなたをお待ちしています。面談の際の秘密は守ります。

もしあなたが望めば予約することもできます……この場合、あなたの都合のよい日、都合のよい時間に設定します。

電話やインターネットで申し込めば、出かけなくても書式や説明書を四八時間以内に受け取ることができます。

最新の方法によるサービス

電話によるサービス（08 20 32 4252）（一分間〇・一二ユーロ）は週に六日間、八時から二二時まで、土曜日は九時から一九時まで、あなたの質問にお答えしています。あなたが希望すれば匿名でもかまいません。法律に照らして可能な方法を説明し、あなたがどうすればよいかお答えします。あなたは改正税法についても説明を受けることができます。

あなたは税務署のインターネットのサイト（www.impots.gouv.fr）で税制に関する一般的な情報を知ることができます。

またインターネットで申告したり、納税したり、直接アドバイスを受けることもできます。

あなたは毎月、税務資料（ＬＩＦ）を無料で郵送してもらえます。この冊子にはあなたの知りたい情報がのっています。

あなたの日常生活をお伺いします

みなさんの生活はそれぞれ個性的で、それはそれとして理解します。私たちはもし必要ならあなたの生活状況をチェックします。そしてあなたの申告が間違っていると知ったときは直ちに変更することを求めます。

調査のときには

調査を行う際、調査官はあなたの義務と権利について説明します。あなたは税制上の問題について説明を受けることができます。

また調査官はあなたに別の部署に行く手続を説明したり、よい相談官を紹介します。

面接するときはわかりやすくはっきりした言葉づかいで

誰にでもわかるはっきりした話し方

私たちは誰にでもわかりやすい用語を使い、専門的でわかりにくい表現は使いません。

印刷物や郵便物はやさしく書き直して納税者に提供していますが、それらは利用者委員会（Comités d'usagers）において皆さんと連携しながらつくっています。

あなたが手続をするとき役立つ簡単なガイドブック

例えば生活の変化があったとき（引越し、結婚、離婚、配偶者の死亡……）、届出書を窓口でもらえますし住所地に郵送してもらうこともできます。

あなたが所得税を月毎に納付したいときや自動引き落としを希望するときは、その方法や仕組みを説明したガイドブックをもらうことができます。

申告事務の簡素化

所得税申告書の早期作成を

私たちはいつもあなたの申告義務を簡素化することに努力しています。

二〇〇五年でいうと例えば……

――一七〇〇万世帯が記入事項の少ない簡易な申告書を提出しています。目標はあなたが申告書をもっと早く入手しもっと早く作成することです……

――二〇〇五年には給与や年金については報告された数字にもとづいて税務署があらかじめ記入した所得税の申告書を渡すことを試みました。

若年者への援助

両親と同居している若年者に対し最初の所得税申告を援助するため郵便で書類を送りました。

自宅での書類作成

税務署は納税者が税務署に出向くことなく確実に申告義務を果たすことができる最新の方法を薦めます。所得税、付加価値税、法人税の申告は文書によらない方法で申告することができます（電子申告）。主な税金（所得税、住居税（taxe d'habitation　賃貸住宅や居宅にかかる市町村税…訳者注）、固定資産税、付加価値税、法人税、職業税（taxe professionnelle　サラリーマンでない個人・法人の専門職にかかる市町村民税。この税は二〇一〇年から国土経済分担金（Contribution économique territoriale）と名前を変え、企業に対する付加金に改正されている…訳者注）はインターネットで納めることができます。

あなたは最新の納税方法を選ぶことができます……自動引き落とし、月毎の納付、ネットによる納付、これらの納付方法は簡便で心配がありません。

自動引き落としの申込みや変更は全てインターネットでできます。

企業の経済活動を援助します

あなたが会社を設立したとき、設立から一ヶ月以内に、必要な書類と「税制のリーフレット」をお送りします。そこには税制上の義務や申告についての案内がのっています。面談の申込みやあなたの書類作成のお手伝いをする相談官の連絡先が書いてあります。

理に適った罰則制度

租税罰則制度の簡素化

今の罰則規定は複雑で、しばしば混乱を招きます。罰則の数を減らし罰金の率を減らし、条文をわかりやすく簡素化することが予定されています。

国民としての納税者

あなたは租税原則の正当性をご存知のはずです。

あなたは権利規定と法律を尊重してください。

あなたはあなたに課せられた義務をご存知のはずです。

あなたは税金によって国民全体の利益に貢献しています。

あなたはあなたの義務から逃れることはできません。

あなたは期限内に申告書を提出しなければなりません。

あなたは税制上、市民としての自覚を持ってください。

あなたは税制上の義務を自発的に遂行してください。

もしあなたのところに申告書が送られてこないときは、あなたの所轄税務署に連絡してください。

たとえば不動産を売ったときや贈与を受けたときは、速やかに税務署に対し義務を遂行してください。もしあなたが特殊な分野の取引をしてどうしてよいかわからないときは問い合わせてください。税務署はお役にたちます。

あなたは期限までに納税しなくてはなりません。

あなたは決められた期限を尊重し、納期限までに納税できるよう準備しなければなりません。

手続をお忘れなく。

あなたの留守中に届いた郵便物は遅滞なく受け取ってください。あなたが引っ越したり、住所を変更したときは、郵便物が転送されるよう手続してください。引越ししたときはあなたの新しい住所を私たちにお知らせ下さい。

手続の迅速化に一役買ってください。

私たちとの連絡や税金の申告・納付のために最新の方法（郵便、電子申告、インターネットによる納税、銀行からの自動引き落とし……）を利用してください。

あなたは税務調査の妥当性をご存知のはずです。
あなたは申告制度のもとで税金が公平に課されるために税務調査が必要だということをご存知のはずです。
あなたは税務署のやることを妨害してはいけません。

個人と権利を尊重する税務署

あなたは誠実であるとみなされます

あなたは間違えることもあります

あなたの申告書は完全で正確であるとみなされます。ですから、税務署が申告書を不完全または不正確だとみたとき、それを立証するのは税務署の仕事です。

何故なら、私たちがあなたに修正を求める義務をもっているからです。

あなたが、正しく申告しなかった事情を速やかに知らせれば延滞税は課せられません。

あなたの申告所得額と雇用主が税務署に報告した金額や年金事務所、銀行からの報告との間に違いがあったときは、秋に「話し合いの再開（relance amiable)」という簡単な郵便物を送ります。そのとき、あなたが修正の手続をすれば延滞税は課せられませんし、給与収入からの二〇％控除の特典もなくなりません。

もしあなたの事業が帳簿調査の対象となったとき、あなたがその調査終了前に修正申告書を提出し追加納税をすれば、延滞税の率は半分になります。

これらの規定はあなたが期限内に申告書を提出した場合に限り適用されます。また、あなたの誠実性を疑うものではありません。

あなたは法律に保護されるという権利をもっています

私たちは国税庁の見解に縛られます

私たちは一般的な出版物や文書によって示された個別事項に対する国税庁の見解に束縛されます。

あなたは各種の行政通達を知ることができます

私たちは専門家団体に対する文書のように、皆さんに影響を及ぼすような重要な決定（通達）は必ず公開します……あなたはその見解を参考にすることができます……全ての人々は同じ情報を貰う権利があります。

あなたは法律の正しい適用について私たちに尋ねることができます

あなたは個別事項について郵便やインターネットによって私たちに質問することができます……あなたは詳細かつ明確な回答を貰うことができます。

あなたの質問に対し税務署員が回答をしたとき、あなたの質問が誠実であると認められれば、税務署はその決定した回答に縛られます。

一定の場合、回答期限は法定されており、もし税務署が期限内に回答をしないときは納税者に有利な回答がなされたとみなされます……たとえば新設法人の場合、特別の軽減措置を受けられるかどうか尋ねることができますが、期限内に回答がない場合はその軽減措置は受けられることになります。

調査のときの約束

事業主は調査に来た税務署員に対し、調査した事項について見解を示させ、修正の必要がなかった事項についても見解を明らかにさせることができます。

事業主は調査官に対し、税制上の解釈を正しく適用し確認するため、個別事項について判断を仰ぐことができます。

あなたの権利は法律によって規定され保護されています

あなたは法律に規定された期限を守り、適用される要件を守れば法律に規定する全ての権利が保証されます。

とりわけ調査のとき、あなたの権利保護に関する基本的要件を規定しているのは法律です……たとえば、臨場調査の際に事前通知を受ける権利、あなたが選んだ補佐人（Conseil）を立ち合せる権利、更正事項の提示に反論するための不服申立の権利、担当者の上司と面談する権利。

調査に関する権利についてもっと詳しく知りたければ、「税務調査の際の納税者の権利と義務（la Charte des droits et obligations des contribuables vérifiés、湖東京至編『世界の納税者権利憲章』中小商工業研究所発行、二五一頁にこの翻訳の紹介がある…訳者注）」という冊子のなかにあなたの権利が詳しく書かれています。この冊子は税務調査の前にあなたに交付されます。

あなたは私たちの考えに異議をとなえることができます

あなたが権利を行使できるよう私たちはあなたを援助します

正しい防御をするためには、指摘箇所を正しく理解しなければなりません。

調査のとき税務署員は、更正の理由をはっきりした言葉で明確に説明しなければなりません。なぜなら、納税者が権利規定にもとづいて不服を申し立てる場合、しっかりした分析をし、事情を明確に説明しなければならないからです。

同様に、納税者の考え方に対する調査官の回答は根拠があり完全なものでなければなりません。またその回答は、あなたの主張にこたえたものでなければなりません。

税務署がある資料簽を引き合いに出した場合、特別な場合を除き、あなたは税務署と交渉することができます。

私たちと和解しなくてもかまいません

もし税務署があなたの財政状態を正しく把握していないと思ったら、あなたは私たちの主張と論拠に異議を申し立てることができます。私たちはそのお手伝いをします。

あなたにはいろいろな不服申立方法があります

無益な争いはやめましょう。

もしあなたが申告した税額計算や税金の支払について問題があると思ったとき、または、あなたの調査を担当した者のサービスに満足できないときは、郵便またはインターネットであなたの県の仲裁委員（conciliateur fiscal）に申し出ることができます。その連絡先は私たちの部署で聞くか、または、www.impôts.gouv.fr. のサイトで問い合わせることができます。

あなたの事業の帳簿調査の間、あるいはあなたの個人生活状況総合勘案調査（フランス独特の個人納税者に対する調査でESFP調査といわれるもの…訳者注）の間、あなたは担当調査官の上司あるいは県の相談官（interlocuteur）に面談することができます。これらの人々の連絡先はあらかじめ示されますし、簡単に会うことができます。一定の条件の下では、あなたは検察官の監督下にある専門家により構成された中立的機関を利用することができます。この機関は「県仲裁委員会（commissions départementales）」といいます。この委員会の権限は最近拡大されました。すべての場合、担当部署において行われた最初の処分の後、長く続く係争事案ではミネフィ（Minéfi）のオンブズマンを利用することをおすすめします。

私たちは裁判所のコントロールの下で行動します

もしあなたが追徴税額内定後、その内容に納得できないときは、課税をした部署に異議を申し立てることができます。もしあなたの申し立てが却下されたときは、租税を扱う裁判所に訴えることができます。例外を除き、この裁判は行政裁判所が担当します。この手続は難しくありません。

あなたは聴聞し熟慮する権利をもっています

私たちはあなたが効率的で早い処理を望んでいることを知っています

私たちはできるだけ早くあなたの不服申立てを検討します。所得税や住民税に関する不服申立てについては一ヶ月以内に九五％処理することを目標にしています。

ＴＶＡ（付加価値税）の輸出還付金の処理は企業の資金繰りに影響しないよう敏速に扱われます。国税庁は一ヶ月間で八〇％還付処理することを目標にしています。

誤って税金を自動引き落としした場合は、八日以内に還付します。

秘密を守ることは税務署にとって重要なことです

あなたのプライバシーを保護することは最も重要なことです

私たちの保管している情報は、あなたが提供したものや法律にもとづく手続によって入手したものです。これらの情報は課税上の資料として非常に有効なものです。

これらの情報は職業上の秘密事項であり、税務署員は外部に漏らすことを禁じられています。もし税務署員が、他の税務署員やあなた以外の第三者にこれらの情報を漏らした場合は懲戒処分になります。

懲戒処分は口頭による秘密漏洩のほか、作成された文書（たとえば税務申告書、公証人の作成した文書、納税通知書など）や税務調査の際に入手した資料の漏洩にも適用されます。

法律は守秘義務について一定の例外を認めています。たとえば、あなたが受給権をもっていると思われる公共機関や裁判所に対する場合です。

私たちの情報管理はあなたの権利を尊重しています

私たちは納税者の資料を最新の情報管理システムによって管理しています。あなたの秘密は保護されています……索引カードを引き出すときは「自主的国家情報処理委員会（Commission Nationale Informatique et Libertés)」の制定する規則にしたがい厳密に行っています。

協力的な納税者

あなたは税務署の担当者と話すとき、作法に適った礼儀正しい関係を保持しなくてはなりません。

もしあなたが調査対象になったら、あなたは担当調査官に対し責任のある行動をとってください。

調査官があなたの所にお伺いするのは合法的なものです。調査官は法律に定められた範囲で厳格に調査を行います。

調査官を礼儀正しく迎え、調査官が仕事をしやすい環境を整えてください。

調査官に、あなたの事業遂行上の技術的・経済的特徴やあなたの事業を知るために必要な情報を提供してください。

調査官を事業所……支店、機械・設備、在庫のあるところに案内してください。

あなたは調査がスムーズに進行するよう協力してください

あなたは会計や管理の仕組み、あなたが行った内部監査の段取りについて調査官に正しく伝えてください。

あなたは調査官が要求した資料や帳簿を約束した期限までに提出し、資料が保管されているところを教え、できれば調査官がそこで自由に書類を見れるようにしてください。

あなたは調査官に資料をコピーすることを許可するかコピーしたものを提出してください。

会計帳簿は必ずしも紙である必要はありません。場合によっては他の媒体……フロッピーディスクやCDロム、マイクロフィルム……を提示してください。

できるだけ早く、すべてのデータ、あるいは無駄な労力を避けるために役立つすべての証拠・資料を、調査官に提示してください。

あなたが補佐人（Conseil）に代理させている場合でも、あなたは定期的に調査官と面談し、調査の進行状況を知ることができます。

もしあなたが調査官と会えないときは、前もって面談日を打ち合わせてください。

責任を果たしてください

もし調査で間違い（trompé）が発見された場合、あなたは延滞税を払うだけで済みます……これは時間の対価です。

もしあなたが脱税（fraudé）をした場合、あなたは処罰され刑事訴追（poursuites pénales）を受けることになります。

もしあなたの態度が結果的に調査妨害となったときは、重い罰則が適用され、場合によっては刑事罰を受けることがあります。

公正な税務署

私たちは税法のプロです

私たちは不偏不党の立場で法を適用します

あなたの交渉相手はいつも各種の税制について最新のテクニックをもった組織の下にいます。調査官はあなたの一連の書類を監査する能力があり、あなたの質問に答えることができるエキスパートです。同時に調査官は組織の一員ですから、複雑な事案については、きちんとした回答をするためスペシャリストの援助を求めることができます。

私たちは忠実義務をもっています

私たちは不偏的で現実的です

私たちは分別をもって租税法を適用し、不偏的で現実的かつ統一的見解によって状況を判断します。私たちはあなたの過ちの現場を押さえるようなことはしません。

私たちはあなたの苦しい立場に配慮します

私たちはあなたの苦しい経済状況について注意深く検討します。あなたは納税を遅らせることができますし、より深刻な場合は減免措置や法律に規定された範囲内であなたの債務を放棄します。もしあなたの家計収入が前年の三〇％以上減少した場合、あなたは所得税の支払いを翌年の三月三一日まで延期することができます。

不安な状態が続くことはありません

調査の際、あなたは資料の提示や証拠書類の提出を要求されます。あなたはその要求の際、記載された期限（原則としてあなたの回答から二ヶ月以内）までにあなたの書類に対する検討結果を知ることができます。その期限内に回答がないときは、その書類に対する問題点はなかったことになります。

私たちはあなたと調和のとれた関係を追求します

私たちはあなたと同じものさしで判断します

私たちがあなたに資料の提供を求めるとき、回答のために必要な期間を設けます（少なくとも一ヶ月）。私たちは通常、あなたが回答のため必要な期間の延長を申し出ればそれを受け入れます（たとえば訂正の申し出に対し）。とりわけ、夏のバカンスや年末、個人的または家族的イベントなどについては配慮します。

修正手続においては、あなたの考えに対する調査官の回答は原則的に三〇日以内に行われます。あなたの同意があれば、その同意した期間内に回答します。

余分に払った税金があるときは、利息をつけてお返しします。しかしその利息は、あなたが国に対し遅れて払ったときより少ない額です。この取扱いの不均衡は近いうちに解消されるでしょう。納税者の負担する延滞利率と納税者に対する還付金の利率を近づける法案が〇六年に立法者によって提案される予定です。

私たちは問題点をしぼった調査を行います

税務調査があなたの負担になっていることは百も承知しています

調査官はあなたの事業状況を見て、事業責任者との合意のもとに調査日程を中断することも考慮します。長い調査の過程では建設的な関係を築かなければなりません……調査官は透明性が高く納税者に適した教育的な進め方をします……納税者は調査の当事者であり部外者ではありません。

小規模事業者の場合、調査期間は三ヶ月以内と法定されています。中企業の場合の調査期間は九ヶ月以内とし、これを遵守するようにします。大企業の場合もこの期間を尊重するよう努力しています。

通常の調査を行う理由がないとき、税務署は対象をしぼった調査をします（たとえば、ひとつの税金、ひとつの事業年度、特定の事項など）。この場合、調査官の事業所への臨場期間は限定的になります。

私たちは包み隠ししません

私たちは説明します

「税の簡素化（Pour vous faciliter l'impôt）」プログラムの内容を向上させることは、専門的職業人に課せられた目標となっています。その結果は、プログラムを完成させたか、まだ努力中かを、あなたが判断できるように利用者委員会（comités d'usager）の会議で報告します。結果は公表されます。

この作業結果は当局の法定文書に記載されます……外部機関はこの結果を尊重しなければなりません。

あなたの意見は大切です

あなたの意見を参考にします

各県の利用者委員会は税務署の反省会に加わり、私たちがきちんと約束を果たしているかどうか検証します。

私たちはまた、税務調査担当者の評価についてアンケートを行います。そのため、税務調査の対象となった事業の責任者に匿名で税務調査の印象について簡単な質問に答えてもらいます。このアンケートの結果は税務署の利用者委員会で発表します。

誠実な納税者

あなたの申告書は誠実で完璧です

すべての申告書や提出書類に課税のために必要な数字を正しく記載してください。課税上必要なすべての根拠を申告書や付表に正しく記載してください……あなたの家計状況と申告書の内容は一致します。税制上の特典の適用がない場合、それを利用してはいけません。

ＴＶＡ（付加価値税）の申告書と取引内容の数字は実際の取引と一致しなければなりません。

帳簿は誠実に記帳してください。また帳簿を偽造（truquer）したり改ざんすることができるソフトウエアーを使ってはいけません。

調査のとき、あなたが善意か悪意かを判断するのは、あなたの申告書の誠実さのレベルにかかっています。

あなたの積極的な協力を

あなたの税額計算が間違っていたら私たちに知らせてください。

申告した数字は見直すことができます。

もし、税務署があなたに資料の提出をお願いしたら、それはあなたの書類を補完するために必要なものです。回答は明確で正確、かつ完全なものをできるだけ早く返送してください。

もしあなたが修正箇所を指摘された場合、その指摘に根拠がないと思ったときだけ不服を申立ててください。時間を稼ぐために不服申立制度を利用しないでください。自分を擁護するために訴状をつくり裁判所に提訴しないでください。

あるがままを説明してください

もしあなたが、苦しい事情に配慮してもらい、親切な調査をのぞむなら、誠実に包み隠さず事実を明らかにすることです。あなたの立場にたったよい判断を期待するためには、必要な資料を、漏らすことなく、あるがままを説明してください。

（1）　北野弘久先生は「応能負担原則に基づく抜本的税制の再構築を」（法と民主主義二〇一〇年一月号一六～一七頁）において次のように指摘している。「実は、民主党が中心となって、〇二年七月に当時の野党三党（民主党、日本共産党、社民党）で『税務行政における国民の権利利益の保護に資するための国税通則法の一部を改正する法律案』を国会に提出している。同案は、国税通則法において〝税務行政の基本理念〟を明らかにし、税務調査においては一四日前に事前通知（アポイントメント）を行い、その際、その文書で調査理由の開示などを行うことを規定する。私たちとしては……この野党三党の国税通則法の一部改正案だけでも、次の国会で成立することを望みたい。けだし、租税国家体制の展開において現実の税務行政が納税者からの信頼を得ることが大切であり、国税通則法の一部改正案がそのための最小限度の納税者の権利保障に関するものであるからである。」

（2）二〇〇二年七月の野党三党案は前掲注（1）に記載のとおり。同案は不十分な点があるものの、誠実性尊重の原則、プライバシーの保護が掲げられており、義務の強化につながるような内容はなかった。

（3）この点について国税通則法改正の中心的メンバーであった前財務副大臣の峰崎直樹氏は、「行政の皆さん方と争ってきたのは、課税庁からの増額更正が三年から五年に延びるというのは、課税庁の権限強化じゃないかということでできれば避けたかった。……私は最後まで十分抵抗したつもりなのですが、結果的に五年で止むを得ないという話になってしまいました。」（月刊「税理」編集局編集『納税者権利憲章で税制が変わる』ぎょうせい、二〇一一、三六～三七頁）と示唆している。

（4）この点について政府税制調査会専門委員会委員、納税環境整備小委員会座長の三木義一青山学院大学法学部教授は、「実質的には原則と例外がひっくり返ってしまうおそれがあります。」（前掲注（3）二九頁）と述べている。

（5）フランスの納税者運動については、拙著『消費税法の研究』（信山社、一九九九）三三六頁以下を参照。

（6）前掲注（3）二四～二五頁。

税務調査と質問検査との関係
――「純粋の任意調査」に触れて――

鶴見祐策

一　「税務調査」と「質問検査権」

一般に行政行為の執行にあたり客観的な事実を把握することが必要な場合がある。国民（あるいは住民）に利益を供与する場合、逆に不利益な負担を課す場合もその必要性に変わりはない。行政目的の達成に必要な情報や資料を収集するために行う調査を「行政調査」と呼んでいる。(1) 課税処分を目的とした「税務調査」が「行政調査」の範疇に属することは言うまでもない。その「税務調査」の方法の一つとして税務職員による「質問検査権」が、所得税法など各個別税法に定められている。

もっとも平成二三年一月二五日に発表の国税通則法の一部改正法案（「所得税法等の一部を改正する法律案」一七条）では、これら個別税法の根拠規定を国税通則法の条項として一本化することが予定されている。名称も「国税に係る共通的な手続並びに納税者の権利及び義務に関する法律」と変わっている。この改正法案の特徴として国税庁長官の作成と公表による「納税者権利憲章」（四条）の制定が織り込まれていたが、その方式と内容、さらには税務調査に関する個別の規定の在り方について納税者の権利の実質的な保障の実効性の有無をめぐる様々な議論が交わされた。なかでも「質問検査権」規定に関しては、資料の提出や留置きなど調査方法に新たな態様が盛り込まれたことに加えて罰則の実質的な強化が図られたことなどが、納税者の権利保障に逆行するものと問題視され、これらの個別規定についても各方面から批判的な見解が活発に展開されたものである。

そのいっぽう、これらの質問検査権の根拠規定を個別税法から国税通則法に集約していわば一本化する立法形式について異論が特に目立たなかったように思われる。「質問検査」に関する規定の構造も基本的に従来と変わっていない。

にもかかわらず、改めて再確認の必要を覚えさせる問題点があった。「税務調査」と「質問検査」との関係である。それをどう捉えるかである。とりわけ納税者の権利を重視する立場からすると、これら二つの区分を明確にしない立論には違和感を禁じ得ない。意図的に混同を招くような議論があるとすれば、それは有害と言うほかない。その観点から検討したい。

二　課税処分のための税務調査

個別税法（国税通則法改正案も同様であるが、未だ成立していないので従来の個別税法をもとに論を進めたい）は、課税処分のための税務調査の方法として「質問検査権」の規定をおいている。所得税法二三四条、法人税法一五三条、相続税法六〇条、消費税法六二条などである。課税処分を目的とする質問検査権の行使は、納税者など調査の相手方による任意の同意と協力を得て成り立つ性格のものであって、その意味では「任意調査」ということができる。これには異説はない。

しかし、質問検査を受ける相手方が正当な理由なくこれに同意せず、あるいは必要な協力に応じなかった場合には、その非協力の行為が租税秩序に違反するものとされ、刑事制裁（現行一年以下の懲役、五〇万円以下の罰金）の対象とされている。所得税法二四二条九号、法人税法一六二条二号、相続税法七〇条、消費税法六八条一号などである。それらの罰則の発動がありうる点において、直接的物理的な強制はないものの、納税者など調査の相手方としては間接的心理的に受忍の方向に誘導させられる点において、完全に任意による行為の選択というわけではない。そのような構造に着目して「間接強制調査」と呼ばれている。

そこで看過できない問題がある。これらの罰則の構成要件としては「質問に対して答弁せず」「偽りの答弁をし」「検査を拒み」「妨げ」「忌避したもの」と表示されているのみであって条文上に「正当な理由なく」との限定が明記されているわけではない（例えば所得税法二四〇条八号、法人税法一六〇条にはそれがある）。いかなる状況と条件のもとで税務調査に際して相手方が応じなかった場合に、その行為が「正当な理由がない」受忍ないし受諾義務の違反と評価されるのか、その客観的な基準は全く示されていない。結局は解釈で補うほかない。その意味でも違憲無効論の主張は必然であった。

言うまでもなく、憲法三一条は、犯罪と刑罰の均衡とともに構成要件の一義的な明確性を要求している。税務調査に際して質問検査の相手方（当該納税者等）が、積極的な行動や態度を示すことなく、当該職員の意図に背くような対応しか行わなかったような場合に、その相手方の対応をもって直ちに調査「非協力」として、質問不答弁、検査拒否等の犯罪構成要件に該当するとして刑事罰の対象とされ、前記の法定刑が適用されるとするならば、その刑罰法規の規定の在り方自体が、著しく均衡を欠き不条理との評価を免れないことになる。また具体的な状況により適用される場合と適用されない場合があるとするならば、その判別の客観的な基準が条文上に明記されていない以上、刑罰法規としては明確性の要件を欠くものと言わざるを得ないのである。

三　憲法三一条と質問検査権の罰則

この個別税法上の質問検査に関する規定の違憲論は、刑事訴追を受けり、課税処分を受けた側からは、ほとんど例外なく提起されて論議の対象とされてきたのである。憲法に依拠したそのような法廷論争が活発に展開されたことから犯罪の成立を否定して被告人に無罪を言い渡したり、税務調査の違法を理由に課税処分を取り消す判決が現れるようになった。(2)

最初の判例として東京地裁昭和四四年六月二五日判決（判例時報五六五号）を挙げることができる。この判決は、税務調査に臨場した税務職員に対して確定申告による税額の納付済を主張する納税者が、調査理由の告知を求めたところ、当該職員が「その必要がない」と拒否したため「調査理由の開示」の要否をめぐる論争からトラブルに発展したとされる事案のものであった。そして税務署から告発を受けた当該納税者が、所得税法二四二条八号が定める質問不答弁と検査拒否罪（所得税法二四二条八号）に問われて訴追されるに至ったものである。不答弁罪では訴追の最初の事例となった。

これに対して第一審の東京地裁判決は、次のように判示している。

「質問ないし検査（させること）の求めに対する単なる不答弁ないし拒否が同法二四二条八号の罪を構成するためには、さらに厳重な要件を必要とする」「なぜなら、当該職員が必要と認めて質問し、検査を求めるかぎり、不答弁や検査の拒否がどのような場合にも一年以下の懲役または二〇万円以下の罰金にあたることになるとすれば、事柄が所得税に関する調査というほとんどすべての国民が対象になるような広範囲な一般的事項であり、しかも公共の安全などにかかわる問題でもないだけに、刑罰法規としてあまりにも不合理なものとなり、憲法三一条のもとに有効に存立しえないことになるからである」「所得税法二四二条八号の罪は、その質問等について合理的な必要性が認められるばかりでなく、その不答弁等を処罰の対象とすることが不合理といえないような特段の事情が認められる場合にのみ、成立するものというべきである」。

そして無罪を言い渡した。

そもそも臨場調査の現場において税務職員によって行われている納税者等相手方に対する具体的な質問や帳簿等の検査のための披見の要求が全て個別税法に規定されている質問検査権の行使とみなして許容することができるのであろうか。そういう問題に置き換えてもよい。少なくとも当該職員による具体的な質問なり検査要求に当面しながら、何らの正当な理由なく応じなかった相手方に対して罰則を適用することが合理的であり、客観的にも相当であると認められる場合でなければならないことは明らかである。上記の判例は、それを指摘して「特別な事情が認められる場合」と表示している。これは、税務調査として行われる質問検査には、具体的な事情に則してではあるが、「罰則の裏付けを伴う」ものと、それとは別に「罰則の裏付けを伴わない」ものがあることを肯認するものにほかならなかった。

この判決の手法を前提とするならば、この両者（罰則の適用のある行為とない行為）の概念上の差異をふまえた質問検査権に関する検討なり議論なりが、改めて必要とならざるを得ないのである。

ちなみにこの事件の二審の東京高裁昭和四五年一〇月二九日判決（判例時報六一一号）は、この一審の無罪判決を破棄しているのであるが、その理論構成自体を正面から否定したものではなかったことに留意すべきであろう。それは、原判決（一審）の判断の前提となる事実認定に疑問を提示しながら、「事実誤認し法令解釈を誤った」ものとして破棄したものであり、それとは異なる事実認定から「原判決のいうこれを処罰の対象として決して不合理とはいえない特段の事情に相当するかと思われる事情さえこれを認めうる」とも述べているからである。その意味では、およそ調査非協力と認められるかぎり、あらゆる態様の行為につき一律に罰則が適用されるべきこと、それを当然として容認するような見地からの判断ではないことは明らかである。

四　「純粋な任意調査」の意義

北野弘久教授は、早い段階から罰則の裏付けのある質問検査とそれがない質問検査とを区別されたうえ、その後者を「純粋の任意調査」と規定されて、間接強制を伴うような質問検査権と対比しながら理論的な分析を加えてこられた。その先見的な一連の論文が想起される。七二年に発行の『現代税法の構造』（勁草書房、三一九頁）では「課税処分のための行政上の調査といっても、現実には二つのものが区別されなければならない。その一つは、税法に規定する質問検査権（罰則による間接強制を伴うもの）の行使以外の、純粋な任意調査である。一般に、実務上相手方の同意があれば、税務署等の当該職員は、いつでも自由に「調査」できるものと解されている。この種の調査については、もとより相手方は調査を受忍する義務を負わず、相手方は調査に応じなくても法的にはなんら不利益を受けることはない」「その二つは、所得税法二三四条、法人税法一五三条以下等の税法に規定する質問検査権の行使である。この調査は、滞納処分のための捜索（徴収法一四二条）や犯則事件の強制調査（国犯法二条の臨検、捜索、差押）とは異なり、任意調査ではあるが、調査の相手方は調査の受忍義務を負い、調査に応じないときは処罰の対象になるものである

（間接強制）」と述べておられた。(3)

税務調査としては、税務職員が納税者等相手方（納税義務者あるいは取引先）のもとに臨場して質問検査を行う手法が一般的であるといえよう。その場合に税務職員の権限として税務調査のために相手方に必要な質問を発したり検査に応ずることを求める行為については、外形的には同じに見えても個別税法に掲げられている質問検査規定（所得税法では二三四条）を権限の法的根拠とし、罰則（所得税法では二四三条）によって担保された間接強制を伴う質問検査権の行使としての税務調査と、そのような罰則の裏付けによる間接強制を伴うことのない税務調査とが法的な範疇として併存しているということができる。北野教授は、その二つの場合を明確に区分して理論的な解明をされたうえ、後者を「純粋の任意調査」と呼ばれたのである。

ちなみに犯罪の成立を否定する結論には変わりがないが、厳密にみると北野教授が展開される理論構成と前記の地裁判決が採用したところの手法とが相違していることは明らかである。個別税法の質問検査権の行使には、間接強制が必然的に随伴するという見方と、同じ質問検査権の行使であっても、罰則の発動の有無は、具体的な事案にそくして別個の観点から判断すべきとする見方の相違とも言うことができる。北野教授の見解としては、質問検査権の根拠規定と非協力に制裁を加える罰則との間に何らの緩衝地帯を設けずに直結させる立場にほかならない。だからこそ罰則の適用のあり得ない質問検査というものは、個別税法の根拠規定に基づくものでないとされ、それらの質問検査に「行政指導」としての法的性格を付与されたのである。(4) 地裁判決は、その意味での直結をさせていない。根拠規定に基づく質問検査でも、それに対する非協力と認められる行為に対しては直ちに罰則が適用されるのではなく、そこに「特段の事情」という別個の観点を挿入して限定解釈の道を切り拓くことによって適用罰則（所得税法二四二条）自体の違憲無効論の回避をはかったものと言えよう。

しかし理論構成の差異はともかく、外形的には同様の税務調査の質問検査でも罰則に直結するものと直結しないものがあり、質問検査権行使の要件を検討するにあたっては、この二つを区分して考えることが極めて重要なのである。すなわち法的性格や呼称にありうる議論は別として、税務調査として実施される当該職員の質問検査は、刑事罰の裏付けを必然ならしめるものではなく、実務的には刑事罰の発動があり得ない質問検査の行使という範疇があることが解明されたことは、税法が定める質問検査権行使の適法要件を明確にするうえで極めて重要な意義をもつものといわなければならない。そのことは後述のとおりである。

そもそも間接強制を伴わない質問検査という範疇のあることを肯定する見解は、課税庁を代弁する一部の論者はともかく、学界はもとより実務界でも殆ど異論がなかったように思われる。(5)それにもかかわらず、当該税務調査が質問検査権の規定に基づくものか、その規定の域外にあるものか、その両者の関係について深く掘りさげた議論はなされないまま推移してきたと言ってよい。しかし、納税者の権利との関係で問題なのは、間接強制を裏付ける罰則が適用されるかどうかなのである。その問題意識からの質問検査権行使の要件の再検討と再構築が、改正法の当否が問われている今日だからこそ極めて重要になっていると言わねばならない。

五　質問検査権に関する最高裁判例

そこで視点を判例に転じたい。個別税法上の質問検査権の要件に関して見解を示した先例として、最高裁昭和四八年七月一〇日第三小法廷決定(判例時報七〇八号・以下「決定」あるいは「最高裁決定」という)の存在は周知のとおりである。これは、前述の東京地裁判決の事案の上告審の決定に相当するが、「所得税法二三四条一項の規定の意義についての当裁判所の見解」とする記述の部分は、その後の判例にも引用されるので一応確立された先例と言ってもよいと思う。ただし問題点は少なくない。(6)

決定は次のようにいう。

「所得税法二三四条一項の規定は、国税庁、国税局または税務署の調査権限を有する職員において、当該調査の目的、調査すべき事項、申請、申告の体裁内容、帳簿等の記入保存状況、相手方の事業の形態等諸般の具体的事情にかんがみ、客観的な必要性があると判断される場合には、前記職権調査の一方法として、同条一項各号規定の者に対し質問し、またはその事業に関する帳簿、書類その他当該調査事項に関連性を有する物件の検査を行なう権限を認めた趣旨であって、この場合の質問検査の範囲、程度、時期、場所等実定法上特段の定めのない実施の細目については、右にいう質問検査の必要があり、かつ、これと相手方の私的利益との衡量において社会通念上相当な限度にとどまるかぎり、権限ある税務職員の合理的な選択に委ねられているものと解すべく、また、暦年終了前または確定申告期間経過前といえども質問検査が法律上許されないものではなく、実施の日時場所の事前通知、調査の理由および必要性の個別的具体的な告知のごときも、質問検査を行なううえの一律の要件とされているものではない」

一般論として質問検査の必要性の判断から、実施の細目について税務職員の裁量権を認めながらも、その権限の発動については「具体的な事情」に照らして、①「調査の客観的必要性」、②「その必要性と相手方の私的利益との衡量」、③「社会通念上相当な限度」、④「選択の合理性」などが必要であるとしている。それが特徴と言えるであろう。

六 「税務調査の一方法」の質問検査

そこで決定が、所得税法二三四条に基づく質問検査を「前記職権調査の一方法として」捉えている点に着目したいと思う。すなわち個別税法が規定する質問検査権に依拠しない職権調査の方法もありうることを示唆しているものにほかならないからである。最初に述べたように広い意味での「行政調査」として事実把握に必要な限度で「税務調査」があるのは当然のことであろう。しかし、それらの全てが個別税法の規定に基づく質問検査権の発動に限定されなければならない必然性が全くないことは明らかである。その限りでは質問検査権を税務調査の「一方法」とするのは当然なのである。

ところが、決定が「前記職権調査」として掲げた中身が問題なのである。決定は「税務署その他の税務官署による一定の処分のなされるべきことが法令上規定され、そのための事実認定と判断が要求される事項があり、これらの事項については、その認定判断に必要な範囲内で職権による調査が行なわれることは法の当然に許容するところと解すべきもの」と述べている。これは「行政調査」一般の「税務調査」の説明として妥当である。税務の執行に必要な「税務調査」は当然であり、その意味で通用性をもつ。しかし、調査権限の法的根拠を、個別税法の質問検査権に全面的に求められるかどうかは全く別の問題である。

決定は「所得税法二三四条一項の規定は」との記述にこれを直結させている。「税務調査」と「質問検査」とを同一視しているように読めるからである。これでは「一方法」とことわる意味がない。(7)

さらに問題なのは、決定が「更正、決定の場合のみではなく、ほかにも」とし、課税処分以外の目的で行われる「税務調査」の例示として掲げる次の部分である。

「予定納税額減額申請（所得税法一一三条一項）または青色申告承認申請（同法一四五条）の承認、却下の場合、純損失の繰戻による還付（同法一四二条二項）の場合、延納申請の許否（同法一三三条二項）の場合、繰上保全差押（国税通則法三八条三項）の場合等」

これは首肯し難い。これら所得税法の規定は、いずれも納税者側から申請があって税務署長がその申請の当否を判断する必要から実施される「税務調査」なのである。更正や決定など納税者に不利益な課税処分の目的に限られるものではない。仮に納税者が必要な協力をしなければ、その申請を容れることができないので決定（棄却あるいは却下）により決着させるほかない性格のものである。それで足りるのである。それに加えて刑罰による間接強制はありうるか。あり得ない。ちなみに「偽りその他不正の行為」や「申請書に偽りの記載」の場合には、別の罰則（所得税法二三八条、二四二条一号）が用意されている。

また国税通則法に基づく税務調査に所得税法二三四条がどうして挙げられるのか。この短絡的な発想も理解し難い。国税通則法は、審査請求の審理の場合において担当審判官による必要な質問検査の規定を設けている（九七条）。この質問検査は、審査請求人の申立または職権で行われることになるが、審査請求人等（原処分庁も含む）が、これに正当な理由なく応じなければ、その部分に係る審査請求人等の主張を採用しないことができると定めている（同条四項）。罰則（一二七条）も三〇万円以下の罰金のみで、しかも審査請求人等には適用がない（同条但書）。

いずれにせよ「税務調査」と質問検査権に伴う「罰則」との関連性について、最高裁決定の認識と理解の至らなさは覆うべくもないように思われる(8)。

七　質問検査権の恣意的な解釈と運用（「税務調査の法律的知識」について）

この理論的な解明不足に由来する曖昧さが未だに払拭されていない。それに便乗した課税庁側の独自の解釈によって我が国の税務行政の全般が歪められる危惧を抱かざるを得ない。あらゆる「税務調査」は「質問検査」であり、全てが「質問検査権」の行使であり、必然的に罰則の担保（威嚇）が伴うという、いわば「虚構」であるが、その一方的な解釈と運用が課税庁部内に意図的に流布され実務でも支配を及ぼしかねない懸念がある。

げんに平成一七年六月、東京国税局課税第二部法人税課が作成した「調査における法律的知識」（わかりやすくマンガで解説）と題する文書（以下「法律的知識」という。東京税財政研究センター発行の「税務調査の法律的知識――税務職員の調査ノウハウ」に不開示部分を除き収録されている）がある。表紙には「若手職員必携」とあり、法人税調査を担当する新任職員向けの研修教材と見られる。(9)

最初の「質問検査権に関する諸問題」の設問「強制調査と任意調査〜税務調査を受けるかどうかは任意なのだろうか?〜」に対する回答は「税務調査は間接強制力をもった調査であることから、強制調査に対して任意調査と呼ばれているだけで、調査を受けるかどうかは任意なのではありません」との断定するところから始まっている。「税務調査」は全て「間接強制」という。従って「税務調査」に対して相手方（納税者ら）は無権利とするイデオロギーが全体の基調とされている。

繰り返し述べるように「税務調査」は「行政調査」の範疇に属する広い概念である。行政庁（この場合は課税庁）が行政目的を遂行するため一定の事実の認定と判断が必要となり、その必要な範囲において行うものである。その必要の程度と具体的な状況によって選択する手法に差異はあっても、その権限につき特段の規定が必要であり、それが無けれはなしえないものではない。事実の確認ならば、集積された机上資料の中から可能な場合がある。不明な点は、問い合わせで足りる場合もある。強制は不要である。文書の「おたずね」もあり、業者団体等に「問い合わせ（諮問）」（所得税法二三五条）も実務で行われてきた。これらに類する照会を「質問検査」「間接強制」と言いはるのは無理であろう。(10)

八　質問検査権行使の法律要件再検討の必要性

質問検査権の行使が、罰則の裏付けを伴うと解されるかぎり、その法的な要件は謙抑的な厳格さが要求されるのは当然のことである。最高裁の前記決定が、前述のとおり、まがりなりにも①「調査の客観的必要性」②「その必要性と相手方の私的利益との衡量」③「社会通念上相当な限度」④「選択の合理性」を挙げたのは、そのためであろう。そこに権限行使の限界を示している。

しかし決定は当該職員の裁量を認めるなかで「調査の理由および必要性の個別的具体的な告知のごときも、質問検査を行なううえ一律の要件とされているものではない」と述べている。「一律の要件」としているところから、具体的な状況のもとでは「理由開示」を必要とする場合がありうる含みを残している。たしかに相手方が求めないのに「理由非開示」だけで当該税務調査が違法とは言えないかもしれない。しかし、この決定の記述部分に限れば、むしろ理論的には逆であろう。

質問検査権規定も罰則の犯罪構成要件を組成している。そのことから質問検査が罰則発動の可能性をもつ限り「理由開示」は必須の前提条件とされねばならないのである。所得税法二三四条一項は「調査について必要があるときは……質問し……検査することができる」と定めている。調査には理由がある。理由のない調査はあり得ない。通常は調査対象に選定の理由があろう。しかしこれだけでは足りない。間接強制を伴う質問検査でなければ目的を達しえない「必要」が求められている。「調査について必要があるとき」とはその意味である。従って客観的に必要な「調査理由」とは正確には「質問検査による調査の理由と必要」と解するほかはない。すなわち確定申告に誤りがあって申告以外に納税義務があることが課税庁において相当程度の蓋然性をもって推認できる場合に、いわゆる税務調査の「理由」が認められるのであり、その解明のために質問検査の必要がある場合に、その必要の限度において質問検査権の適法な行使が容認されるのである。

ちなみに「法律的知識」では質問検査の前提となる調査理由に関して次のような記述がある。

「調査理由の開示要求～調査の理由を明らかにする必要があるか～」では「税務調査は『申告が正しいかどうか、正しい所得金額はいくらであるか』を確認するために行うものであり、『申告に誤りがあるか、どこが間違っているか』は調査の結果明らかになるものと考えています」

申告の誤りの有無は調査の結果次第というのであるから、最高裁決定が「諸般の具体的な事情にかんがみ、客観的な必要性があると判断される場合」とした質問検査の前提要件は完全に無視されていると言ってよい。この考え方は、納税者の確定申告により具体的納税義務が確定する申告納税制度の基本的な構造とも大きく矛盾することにならざるを得ない。この課税当局の「申告が正しいかどうかを確認する必要がある場合等広くその行使を認められる」とする「公式」見解は、昭和四七年に作られた国税庁の「税務調査の法律的知識」[11]から引き継がれてきたものである。これは、税務調査と質問検査の権限を無限定に拡大するための課税庁独自のイデオロギーにほかならない。

そもそも「調査の必要性」は「客観的」でなければならない。「客観的」という以上、当該職員の主観的判断（独断）では足りない。しかも、その必要性は「相手方の私的利益との衡量」に供するに十分なものでなければならないのである。換言すれば、当該職員による税務調査としての具体的な質問や検査の要求は、客観的な必要性に基づくものであることは勿論であるが、その質問検査を受ける相手方においても、その具体的な質問検査の客観的必要性と自らの私的利益とを比較対応させながら、自主的な判断に基づく適切な選択をすることが実際に可能な状態におかれることが前提として求められているのである。そのような状況のもとでこそ具体的な質問検査の「社会通念上相当な限度」や「選択の合理性」も確保されることになるのである。

「調査の客観的必要性」は、質問検査権の行使に際して、相手方にその内容を具体的に告知することで「客観化」させることができる。そのような対外的な告知（開示）で「客観的」となるのである。そして相手方において当該職員の質問に対して答弁するか、あるいは検査要求に応諾するかの自主的な選択をすることが可能となるのである。それは物理的な強制力によらない「任意調査」であるから必要なのである。さらに言えば「罰則の裏付けのある税務調査」であるからこそ不可欠な前提とされなければならないのである。その意味では相手方の任意の協力を求める法律の基本的な構造から「税務調査」の実施に際して履践すべき必然的な手続にほかならない。従ってこれを欠く「税務調査」は違法な「行政行為」との評価を免れるものではない。

「理由開示」の必要性は、質問検査権の行使が、これに応じない相手方に対する罰則の発動と直結している法構造からも明らかに裏付けられる。その意味では「理由開示」は犯罪構成要件の要素と位置づけられて然るべきである。このことは、憲法三一条の適正手続の保障の観点から見ても、納税者ら相手方の人権保障と適正な課税権の行使と調和点としての意義を持つものにほかならない。「調査の必要性」が当該職員の内面だけで外部に表示されないとするならば、犯罪構成要件のその部分は白地のままとみざるを得ないのであり、白地刑法を禁ずる憲法三一条に違反するとの評価も免れないことになる。この白地を埋めて「客観的な必要性」の要件を充たすためにも、その「調査の必要性」を具体的に告知して相手方に了知させることが必要なのである。行政罰ではあるが、体刑を含む重罰を法定する質問不答弁、検査拒否等の罪を問擬するためには、相手方である行為者に違法性の認識を伴う故意の存在が必要であると解されている。従って刑事罰を問うべき相手方に、違法性の認識を付与するためにも「理由開示」は不可欠といわねばならない。それなくして相手方に故意の責任を問い得ないことは明らかである。その開示すべき内容は、相手方において自己が具体的な受忍義務を負っていること、相手方がこれを拒めば刑事制裁の対象とされるであろうことを自覚（認識）させ、正確に理解させるに十分なものであることが必要である。

このように見てくると質問検査が罰則を伴うものである以上、いわゆる「理由開示」は必須の法的要件と言わなければならない。質問検査権の行使に際しては罰則の発動がありうることを相手方に明示すべきことも勿論である。これが確実に履行されないまま税務職員の独断で行われた「質問検査」は、その行為自体が違法であるから、これに応じなかった相手方に対して刑事責任を問うことが許されないことは明らかである。

九　むすび

質問検査権の法的要件に関しては北野弘久教授が多くの著作で全面的に展開しておられる。全てはそこに尽きていると思う。ここでは「税務調査」と「質問検査権」との関係から主として前提要件としての「税務調査の理由」「質問検査の必要」とその開示の必要性について述べてきたが、今回の「納税者権利憲章制定」が喧伝された改正案でも、税務調査の「事前通知」の内容は「調査の理由」ではなく、「調査の目的」とに後退させられるなどの問題点が浮き彫りにされている。取引先調査の補充性の要件が明記されないなど問題点は少なくない。いずれも課税庁の意向の反映であろう。

しかし、質問検査権の行使には間接強制が伴うことと同時に間接強制の伴わない「純粋の任意調査」があること、そこに焦点を当てて解明をされた北野教授の学説は、「理由開示」必要性など質問検査権の法的要件（すなわち課税権力の限界）を明確にする理論的根拠として大きな意義をもつものと言うことができる。課税権力の専断を許さず、納税者の権利確立を求める立場から、今日の税務の実務の改善に向けて活かされなければならないと思う。(12)

（1）金子宏『租税法』三七三頁では、税務調査を「行政調査」とされる。和田英夫『行政法講義（上）』には「行政調査は、行政庁が特定の、かつ個別の行政上の決定・処理を直接の目的として、必要な情報を収集する作業であるといえよう。その例は、税法上認められている相手方に対する口頭や文書による質問、相手方の保持する文書・資料等の検査、あるいは立入調査にみられる」（一六一頁）と記述されている。

（2）本文での引用のほかに千葉地裁昭和四六年一月二七日判決（判例時報六一八号）静岡地裁昭和四七年二月九日判決（判例時報六五九号）などがある。ただし上級審では、いずれも破棄されている。

（3）北野弘久『杉村古希記念　税法学論文集』三頁以下、税理一九七一年五月号、一二四頁以下など。ちなみに清水敬次『新版税法』一七一頁では「相手方の同意を得て、その同意の範囲内において一般的に事由に調査することができる」「法律上特にそのための承認が必要であるとは思われない」とされる。

（4）この法的性質を「行政指導」とする点に関して批判がなされた（例えば新井隆一『課税権力の本質』一二四頁など）。広瀬正『税法上の諸問題』三二三頁では「相手方の任意の協力を得て行うことは行政指導として現実の行政活動の中で大きな役割を果たしている」「法令上の根拠なしに行われることもある」「これを行政指導の一種として認めることは必ずしも国民の権利利益を侵害することにはならない」とされている。

相手方の完全な自由意思による協力に基づく場合であれば当然であろう。とりわけ個人情報保護法の施行に伴って全ての「税務調査」を罰則の裏付けのある「質問検査」とするわけにはいかなくなった。その影響と推測されるが、課税当局も「純粋の任意調査」の余地を認めてこれを「行政指導」と説明するようになった。

（5）金子・前掲注（1）三七四頁は「相手方の同意がある限り任意の調査を行うことはもちろん許される」とされ、「これを、罰則を背景としない純粋の任意調査という」とされている。

(6)　この判例形成の過程については、自由法曹団編『憲法判例をつくる』三五四頁以下の「税務調査の要件と限界」の記述を参照されたい。

(7)　久世宗一「税務調査における質問検査権の解釈」税理一九七三年一〇月号、二一頁は「広義の税務調査の法的根拠を明らかにするとともに、狭義の税務調査（質問検査権による調査）との関係を明確にしたこと」に最高裁決定の意義があるとされているが、広義の税務調査の根拠を狭義の質問検査権の根拠と同一というのは自己矛盾以外のものではない。

(8)　山田二郎・税理一九六九年一二月号、九八頁は、事前調査、青色申告の承認申請、予定納税の減額承認申請の場合についても「純粋の任意調査を行うべきものと考える」とされている。

(9)　この教材の趣旨につき「調査経験の浅い職員向けに」「当局の見解と納税者の見解を掲載して」「調査に関する法律的な見解の相違を認識させ」「法令に基づく適切な対応を実施するための知識を習得させる主旨で作成した」と説明されている。

(10)　「法律的知識」では「〜文書による照会は質問検査権に基づくものなのか〜」という設問の「取引状況の照会」について「その照会は、法人税法（法一五四）に規定する質問検査権に基づいて行っております」としている。「当局の見解」は『取引状況の照会』等は、反面調査に関する質問検査権を書面で行使したものである」というのであるが、そのいっぽうで特定の事業者に支払先や金額の提出を求めるような「資料収集を目的とした照会」については「課税を行うために情報を収集するものであり、質問検査権が及ばない単なる協力要請（行政指導）である」としている。ここでは「純粋の任意調査」を認めざるを得ない。個人情報保護法制にも配慮せざるを得ないからであろう。整合性の破綻は免れない。

(11)　昭和四七年に国税庁が発表した「税務調査の法律的知識」（北野弘久編『質問検査権の法理』五六一頁以下に所収）では「正しい課税標準はいくらか、申告が正しいかどうかを確認する必要がある場合等広くその行使が認められている」とされていた（五六五頁）。

柴田勲「『必要あるとき』とは」（『税理』一九七三年一〇月号五二頁以下）では「必要があるとき」という概念が多義的、抽象的であり、不確定概念であるとしながら「そもそも『必要があるとき』という用語は、もともとあってもなくてもよい枕詞みたいなもの」と説かれている。

(12)　本稿は平成二三年七月二六日に執筆のものである。

税務調査手続改正法の問題点

小池幸造

一　はじめに

政府税制調査会は、平成二二年一二月一六日付で『平成二三年度税制改正大綱』（以下、「改正大綱」という）を公表した。改正大綱の中には、「納税環境の整備」と題して、「納税者の立場に立って納税者権利憲章を策定するとともに、税務調査手続の明確化、更正の請求期間の延長、処分の理由附記の実施等の措置を講じることとし、国税通則法について昭和三七年の制定以来、最大の見直しを行います。」とし、納税者権利憲章の策定、租税教育の充実、税務調査手続、更正の請求、理由附記が掲げられていた。改正大綱に沿って法律案（以下、「旧改正法案」という）が策定されたが、東日本大震災の影響により成立は見送られた。ところが、平成二三年一〇月になって、このうちの「納税者権利憲章の策定」を除いた法律案が突如として浮上し、平成二三年一一月三〇日成立した（以下、「改正法」という）。本稿は、これら改正法案（改正法と旧改正法案）の主な問題点とその背景を述べるものである（なお、旧改正法案と改正法の内容が共通するものについては、改正法案と記述する）。

二　改正大綱の概要

改正大綱は、「一、納税環境整備」（二九頁）において次のように述べていた。

（一）納税者権利憲章の策定

〔国税〕

次のとおり、「納税者権利憲章」を策定します。

①国税通則法について、次の見直しを行います。

イ　国税通則法（第一条）の目的規定を改正し、税務行政において納税者の権利利益の保護を図る趣旨を明確にします。

ロ　加えて、以下のような各種税務手続の明確化等について同法に規定を集約します。

(イ)　税務調査における事前通知（通知対象者、開始日時・場所・目的・対象税目・課税期間等の通知内容、通知方法などを規定）

(ロ)　税務職員による質問検査権（所得税法、法人税法、相続税法、消費税法、酒税法、たばこ税法、揮発油税法、印紙税法などの各税法の関連規定を集約）

(ハ)　税務調査終了後における調査内容の説明（更正・決定等すべきと認められる場合について、調査結果（非違の内容、金額、理由）、「修正申告又は期限後申告を行った場合にはその部分について不服申立てができないこと」などを説明）

(ニ)　税務調査において申告内容に問題がある場合の修正申告等の勧奨

(ホ)　税務調査における終了通知（納税者から修正申告書又は期限後申告書の提出があった場合及び税務署長が更正・決定等をした場合には「調査が終了した」旨、更正・決定等すべきと認められない場合には「その時点で更正・決定等すべきと認められない」旨を通知）

(ヘ)　税務調査において納税者から提出された物件の預かり・返還等に関する手続（納税者から物件を預かる際の「預り証」の発行等を規定）

(ト)　更正の請求期間の延長

(チ)　更正の請求における「事実を証明する書類」の添付の義務化

(リ)　内容虚偽の更正の請求書の提出に対する処罰規定

(ヌ)　処分の理由附記（「不利益処分」、「申請に対する拒否処分」について理由附記）

ハ　また、法律名が改正後の法律の内容をよく表すものとなるよう、題名を変更します。（以下、省略）

形式的には、ほぼ改正大綱の内容が法案化（旧改正法案）された。しかし、その内容には納税者の権利の観点から多くの問題点があった。

三　改正法案を検討するための前提

改正法案の検討に際して、まず、租税法律関係において前提に理解しておくべきことがある。

国税の基本的事項及び共通的な事項を定めた国税通則法は、更正・決定処分や滞納処分等の規定にもあるように、処分について公定力が働き、課税庁は、租税債権の確保において優越的な地位を占めている。したがって、「公権力（課税庁）と国民（納税者）は、法構造上、そもそも対等ではない」ことを前提として、改正法案諸規定を検討していかなければならない。公定力とは、周知のとおり課税庁の一方的行為である課税処分が「適法であると推定される」ことである。この適法性の推定があるからこそ、課税庁は裁判所の判決を得ることなくして、課税庁側から見た納税義務を強制的に実現することができ、納税者には課税庁の行為に対して受忍義務（広義）があるということになる。

租税法律主義には、課税庁の恣意的な課税を阻止するための租税要件明確主義の原則だけでなく、税務行政の合法律性の原則も内包している。(1) 税務行政の合法律性の原則とは、課税庁は租税法律の規定するところに従って厳格に執行しなければならないとする原則であり、税務行政における「適正手続」がその前提となる。適正な納税義務の実現は、「適正な課税」とそのための「適正な手続」の双方の実現を意味しているが、現実には「適正な課税」の確保が「適正手続」より優先されている。現行租税法の税務調査手続に関する規定として、受忍義務規定（質問検査権の行使における罰則規定）があるが、質問検査権の範囲を逸脱し（例えば、帳簿資料等のコピーや持帰り）、またはその範囲外の行為がなされても、受忍義務の名の下に容認されてきたのが現実である。改正法の検討においては、前述の租税法律主義の原則を実現するために、課税庁のいかなる行為が適法といえるのか、言いかえると、納税者の受忍義務の範囲を明確にするという視点が必要である。

四　改正法案の概要

改正法案の概要をチャートにまとめてみた（表1）。このチャートは旧改正法案を基に作成し、改正法では削除されたものを訂正線で示した。このチャートで旧改正法案と改正法の違い、および全体像が理解できよう。

以下、改正法案のうち、紙面の関係上、帳簿書類等の提示・提出・留置き、調査の事前通知、無予告調査の要件に関する規定について、問題点を要約して述べる。

五　質問検査権行使における帳簿書類等の提示・提出（第七四条の二他）

この提示・提出義務規定は、「現行の調査実務上行われている手続」（改正大綱三二頁）を法制化したものとされているが、調査官の要求によりやむを得ず帳簿書類その他の物件についての写しを提出してきたのが現実であって、あたかも調査の現場で一般的に行われているかのような表現をしているところに一定の作為がうかがわれる。この提示・提出を明文化し、新たに罰則の対象としたことは、調査権限の拡大・強化にほかならない。

まず、提示についてであるが、適法な質問検査権の行使においては、納税者が帳簿書類等を提示することは当然の前提となる。にもかかわらず、なぜ「提示」という文言を条文に入れたかについては、帳簿の提示要求に従わない納税者に対し、帳簿書類等の不保存と取扱うことにより、消費税における仕入税額控除否認（消費税法三〇条七項）の根拠とすることにその目的があると推定される。(2)

罰則付「提出」は、事実上の提出命令である。「提出」には、帳簿書類等の「預かりを目的とした提出」と「そもそも返還しない提出」の二種類があると考えられる。預けた帳簿書類等は、課税庁内でコピーされる可能性が十分にある。「そもそも返還しない提出」は、元帳や書類等の写し自体の提出を指し、これらの提出を事実上強制することになる。改正法で、すべての更正・決定処分に理由を付記するとしたこと（七四条の一四）については評価するが、処分に対する不服申立てや税務訴訟において課税庁に有利に展開するための帳簿資料等の保管を意図していると推定される。

税務調査手続概要

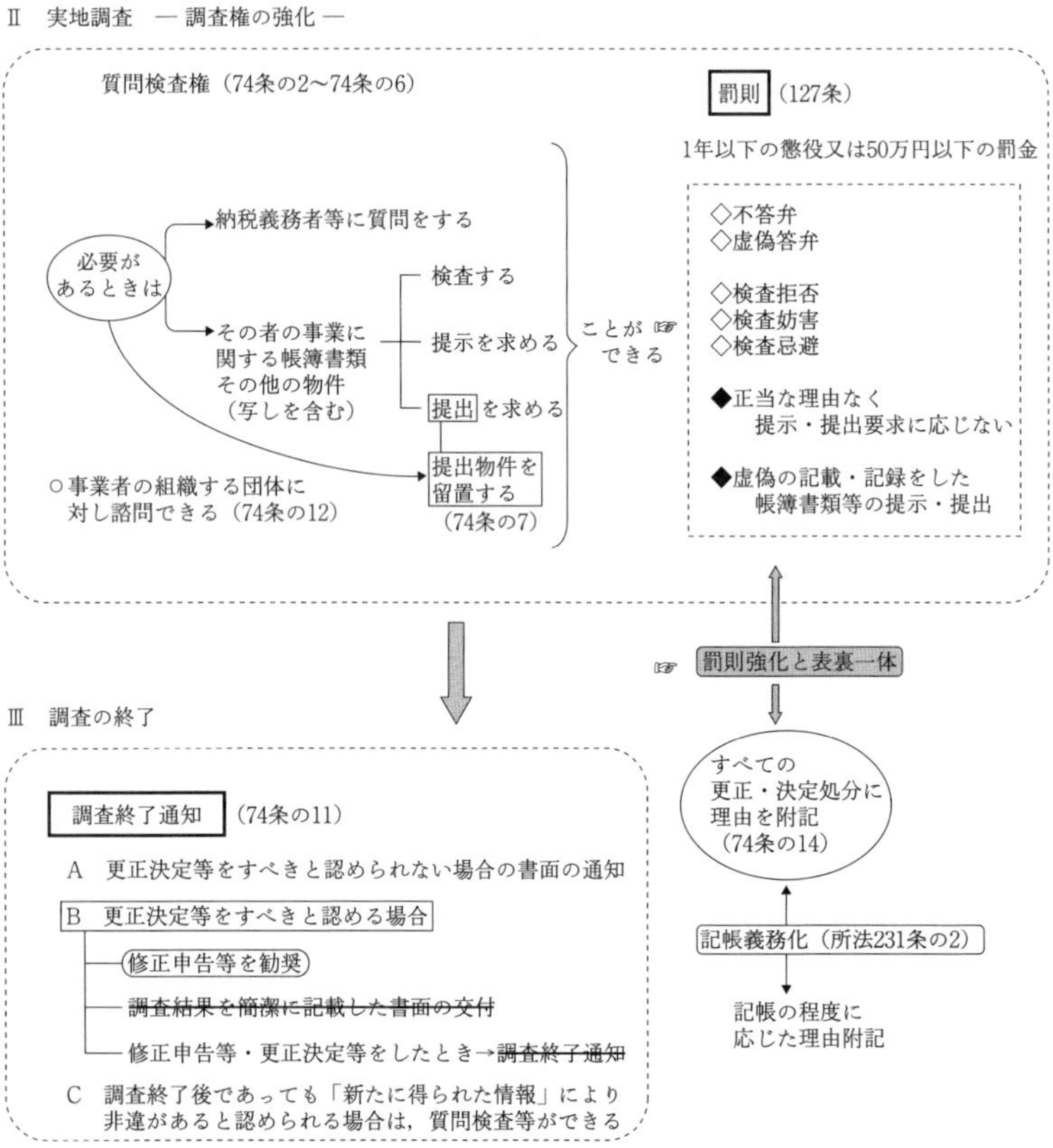

しかし、罰則付きの帳簿書類等の提示・提出の要求は無限定ではなく、適正手続の観点から自ずと制約がある。「必要あるときは……提示若しくは提出を求めることができる」と規定されているのであるから、帳簿書類等の提示・提出を求めることは個別行為であるため、提示・提出を求める帳簿書類ごとにその客観的必要性がなければならない。したがって、課税庁は提示・提出を求める帳簿書類ごとにその客観的必要性について納税者に開示しなければならない。なぜなら、罰則付きだからである。

この罰則は、(帳簿書類その他の)「物件の提示又は提出の要求に対し、正当な理由なくこれに応じず、

表1　改正法案による

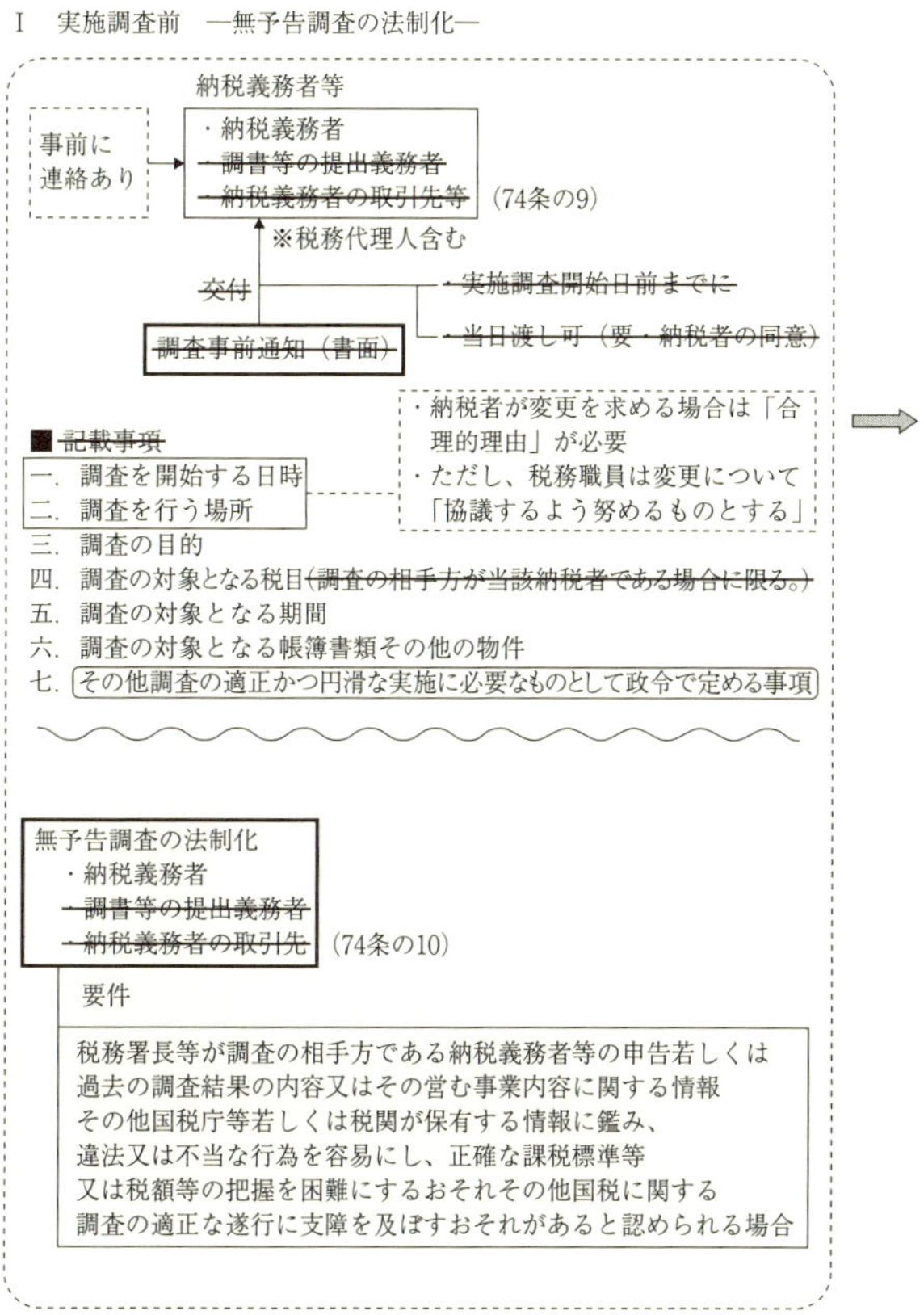
Ⅰ　実施調査前　—無予告調査の法制化—
納税義務者等
事前に連絡あり
・納税義務者
・調書等の提出義務者
・納税義務者の取引先等
(74条の9)
※税務代理人含む
交付
・実施調査開始日前までに
・当日渡し可（要・納税者の同意）
調査事前通知（書面）
・納税者が変更を求める場合は「合理的理由」が必要
・ただし、税務職員は変更について「協議するよう努めるものとする」
■記載事項
一．調査を開始する日時
二．調査を行う場所
三．調査の目的
四．調査の対象となる税目（調査の相手方が当該納税者である場合に限る。）
五．調査の対象となる期間
六．調査の対象となる帳簿書類その他の物件
七．その他調査の適正かつ円滑な実施に必要なものとして政令で定める事項
無予告調査の法制化
・納税義務者
・調書等の提出義務者
・納税義務者の取引先
(74条の10)
要件
税務署長等が調査の相手方である納税義務者等の申告若しくは
過去の調査結果の内容又はその営む事業内容に関する情報
その他国税庁等若しくは税関が保有する情報に鑑み、
違法又は不当な行為を容易にし、正確な課税標準等
又は税額等の把握を困難にするおそれその他国税に関する
調査の適正な遂行に支障を及ぼすおそれがあると認められる場合

又は偽りの記載もしくは記録をした帳簿書類その他の物件（その写しを含む）を提示し、もしくは提出した者」は、一年以下の懲役又は五〇万円以下の罰金に処する（一二七条三号）というものである。この罰則規定において問題となるのは「その他の物件」の対象範囲と「正当な理由」である。いずれも抽象的であって明確でない。その他の物件の対象範囲が不明確のままでは、調査官が求めさえすれば「その他の物件」に該当してしまう恐れがある。とりわけ所得税に関する調査においては「事業に関する帳簿書類その他の物件」であるため、事業に関するその他の物件に該当するかが問題となる。最高裁は質問検査権に関し「質問検査の範囲、程度、時期、場所等実定法上特段の定めのない実施の細目については、右にいう質問検査の必要があり、かつ、これと相手方の私的利益との衡量において社会通念上相当な限度にとどまるかぎり、権限ある税務職員の合理的な選択に

委ねられているものと解すべきである。」（昭和四七年七月一〇日第三小法廷決定・刑集二七巻七号一二〇五頁、判時七〇八号一八頁）と判示している。「社会通念上相当な限度」とはいかなる範囲か不明確ではあるが、その他の物件の範囲について無限定でないことは明らかである。また、「権限ある税務職員の合理的な選択に委ねられている」という点に注目すれば、提示・提出の要求については、罰則を付加したのであるから、従前とは異なり当該税務職員はその要求が「合理的」であることの理由を納税者に告げる必要があろう。また、「正当な理由」については、どのような理由をもってして正当となるのかあるいは正当な理由でない理由とはどのようなものか不明であるが、少なくとも提示・提出の要求の際にその合理的理由を告げなかった場合に、これに応じないことは正当な理由となろう。

六　提出物件の留置き（七四条の七）

改正法案は「国税の調査について必要あるときは、当該調査において提出された物件を留め置くことができる」とし、納税者の提出された物件の留め置きとその期間について納税者の同意を必要としておらず、課税庁の判断次第で留め置きすることができる規定となっている。この提出物件の留め置きについても適正手続の観点から自ずと制約があり、質問検査権行使の中での個別行為であるため、留め置きをすること自体についての個別の客観的必要性がなければならず、同時にその必要性が開示されなければならない。また、物件を留め置くことは提出が前提となる。したがって、留め置くことを前提とした提出の場合は、提出の要求の際に留め置くことの客観的必要性を同時に告げる必要がある。なぜなら、提出してしまった後では留め置く必要性を開示しないまま留め置くことが可能となるからである。

七　納税義務者等に対する事前通知等（七四条の九）

旧改正法案の書面による事前通知の内容については、「調査の目的」の記載について調査の理由開示かと思われたが、改正大綱によれば「〇年分の所得税の申告内容の確認等」の表現にとどまるもので、一般的・抽象的であって、調査理由の開示にはほど遠い。調査理由の開示がなければ、調査の「客観的必要性」も判断できない。

事前通知の手続きについては、旧改正法案では、あらかじめ一定の事項を記載した事前通知書面を「調査開始日前に交付する旨を通知した上で、当該書面を調査開始日前に交付するものとする」と規定されていたが、改正法では書面通知・交付は削除された。現場の負担の増加に配慮した結果であろうが、改正法は適正手続きの観点から明らかに後退である。

八　無予告調査の要件（七四条の一〇）

改正法では事前通知をしない場合の調査（無予告調査）を法制化した。無予告調査が行われる要件は、「違法・不当な行為を容易にし、正確な課税標準等の把握を困難にするおそれその他国税に関する調査の適正な執行に支障を及ぼすおそれがあると認める場合」であるが、無予告調査を行うことの要件規定としては内容が抽象的である。無予告調査はあたかも不誠実な納税者に対する調査のように規定しているが、誠実な納税者に対しても行われているのが現状である。誠実な納税者に対する無予告調査は、納税者の精神的負担を増大させ、また、納税者の従業員からの信頼を損なう場合もある。このため、無予告であることの理由開示が適正手続の観点からなされられなければならない。

表2　納税者数等及び国税職員定員の状況

人数：万人

	昭和54年度	平成11年度	平成23年度	平成23年／昭和54年	平成23年／平成11年
所得税確定申告書提出人員	1,168	2,028	2,315	198%	114%
源泉徴収義務者数	478	747	681	142%	91%
法人数	172	286	300	174%	105%
相続税申告書の被相続人数	2	5	5	250%	100%
消費税申告者数	＊＊	237	333	＊＊	141%
税理士数	38,661	64,456	72,039	186%	112%
国税庁職員（定員）	52,798	57,100	56,263	107%	99%

（注）以下の国税庁資料より作成。
http://www.nta.go.jp/kohyo/katsudou/shingi-kenkyu/shingikai/010409/shiryo/p01.htm
http://www.nta.go.jp/kohyo/katsudou/report/2011/01.htm

筆者の経験では、無予告調査の事案のなかでも結果的に増差税額がほとんど生じなかった事案、逆に還付された事案もある。これらはまさに課税庁の勇み足といえる。このように、無予告調査の結果増差額が無かった、ないし事前通知調査と同程度の結果となったような場合は、課税庁は無予告調査の要件を充足していない調査を行ったことになり、違法な無予告調査となると言わざるを得ない。

しかし一方で、課税庁はこのような結果となることを避けるため、今後は無予告調査要件を満たす調査結果になるよう強引な調査が行われるのではないかと危惧される。

九　新改正法案の背景

改正法は、既述のとおり基本的に税務調査時における納税者の義務強化を狙った改正である。それでは、なぜ当初の旧改正法案から納税者の義務強化だけを改正しようとしたのか、その背景を考える必要がある。

背景の一つは、国税職員の人員不足である。次に考えられるのは、国税職員の調査能力低下傾向に対する国税庁の危惧である。これらは旧改正法案の策定当時から存在していたのであって、国税庁側は当初から改正法の諸規定については必ず法律化しようと予定していたものと思われる。

1　納税者数等の増加と国税職員の人員不足

まず、現状を把握したい。**表2**は、納税者等の増加と国税職員の定員の推移である。

昭和五四年度と比較すると平成二三年度は、所得税確定申告書提出人員は約二倍、法人数は約一・七倍、加えて昭和五四年には導入されていなかった消費税の申告者数が新規に三三三万件増加。この納税者等の増加と比較し、国税職員定員は約七％しか増加していない。国税庁では、「現在の厳しい財政状況の下で、国税庁では、国税庁の任務を遂行するために必要な予算・定員の確保を図るとともに、行政経費の節減や定員の合理化に取り組んでいます(3)」と述べている。しかし、行政経費の節減や定員の合理化だけで昨今の納税者数等の増加に対応できないことは国税庁側でも十分承知しているはずである。それゆえ、国税庁にとっては効率的な税務行政運営のための新たな法整備等を図る必要があり、改正法案はこの一環であるととらえることができる。

表3　資格別税理士登録者数

	昭和 54 年		平成 10 年度末		平成 23 年度末	
	人数	割合	人数	割合	人数	割合
試験合格者	12,983	35.0%	26,516	41.5%	33,053	45.9%
特別試験合格者	10,605	28.6%	19,795	31.0%	9,749	13.5%
試験免除者	4,021	10.8%	10,913	17.1%	21,296	29.6%
公認会計士	4,276	11.5%	5,446	8.5%	7,372	10.2%
税務代理士	2,519	6.8%	524	0.8%	101	0.1%
資格認定者	2,154	5.8%	351	0.5%	21	0.0%
弁護士	497	1.3%	320	0.5%	445	0.6%
特例法認定者	33	0.1%	9	0.0%	2	0.0%
合計	37,088	100%	63,874	100%	72,039	100%

（注）日税連会報「税理士界」各年の 5 月 15 日号より作成。

ところで、国税庁資料を基に作成した**表2**には税理士数が掲載されているがどのような思惑から掲載しているのであろうか。税理士数も納税者数と同様に増加している、ということを単に示したいのであろうか。それとも、行政経費の削減と効率的な税務行政運営の一環として、増加している民間の専門家である税理士の「活用」も射程距離内として考え得る、ということを示したいのであろうか。ちなみに、税理士登録人数の内訳は**表3**のとおりである。税理士登録者数は昭和五四年度と比較し平成二三年度は約二倍となっている。

推定ではあるが平成二三年度末の試験免除者のうち少なくとも三分の二程度は国税等出身者と思われる。特別試験合格者とは国税等出身者のことであり、これを加えると国税等出身者の登録者は約二万三～四〇〇〇人で登録者の約三五％ということになり[(4)]、国税等出身者の税理士も少なくとも二倍以上になっていると思われる。極論ではあるが、この国税等出身者の税理士を税務行政の協力者とみることもできないこともない。

ここで、税理士会の組織についてふれておく必要がある。日本税理士会連合会（以下、「日税連」という）は、名称のとおり各地の税理士会の連合会であり、個人税理士（税理士法人を含む。以下、同様）は会員ではなく各税理士会が会員（現在一五）であるため、日税連を頂点として前近代的な会務運営がしやすい組織構造となっている。日税連はその会員ではない個人税理士に対しても監督権（税理士法四九条の一三）を有し、税理士会は強制入会制であるため、日税連の指導・連絡・監督はその組織構造上、すべての個人税理士にも当然に及ぶこととなる。つまり、組織上は日税連の方針次第で個人税理士の行動を規制することが可能となるし、その方針に従属させることも可能となる[(5)]。改正法案についていえば日税連は賛意を表明していたため、このような問題点の多い改正法案に対して心ある税理士の反対活動がしにくい状況下にあったことも否定できない[(6)]。また、財務大臣は、日税連や各税理士会に対し一般的監督権を有しており（税理士法四九条の一九）、さらに、税理士に対し一般的監督権を国税庁長官が有しており（税理士法五五条）、税理士の懲戒権は財務大臣が有している（税理士法四五、四六条）。

税理士のおかれているこのような状況に対して、国税庁が税理士の「活用」を射程距離内として考えているのは当然の帰結のように思える。邪推かもしれないことをお断りしておくが、改正法の施行後は、新たな罰則規定（帳簿書類等の提示・提出義務違反）の存在をもって、税理士に対し税務調査の場面において補助的な役割を果たさせようとしているのではないか。別言すれば、税務調査事務手続上協力的な税理士の養成を新たな罰則によって担保することを考えているのではないか（もちろん、税法の解釈適用における税理士の見解についてまでもこの「協力的」の対象内とすることは考えられないが）。

2　国税職員の調査能力低下傾向に対する国税庁の危惧

以下に述べることは、客観的なデータに基づいているものではなく、あくまでも筆者および他の税理士の税務調査立会いにおける実感の範囲であることを、まず最初にお断りしておきたい。

筆者は税理士登録をして約三五年を経過しているが、今から一五～二〇年前と比較し、調査官の調査能力が低下していているように思えてならない。これは他の税理士も同意見である。確かに、国税職員の人員不足もあり、調査官一人当たりの事務処理量も増えじっくりと臨場調査に時間をかけられないという理由もあると考えられる。しかし、調査官の調査能力に個人差があることは承知しているが、調査事務手法は全体的としてみれば低下していると感ずるし、会社法や民法などの関連法律の知識についても不足気味と感ずるのは筆者だけではあるまい。そのため、税理士側から関連法律の該当部分などを教えることも多々ある。もちろん、誤解のないように敷衍すれば、優秀な調査官も数多いことも十分承知している。その意味では、個々の調査官の調査能力にかなりの格差が生じているのではないかと思われる。

しかし、この調査能力の低下傾向は国税庁にとって重大な関心事であることは想像に難くない。調査能力の低下傾向のもとでは、調査は臨場した調査担当官の報告だけに頼らず、調査対象資料（帳簿書類その他の物件）を署内に持ち帰り組織的に検討が可能な法整備を図る必要に迫られていたのではないかと想像できる。しかも、改正法では原則としてすべての処分に理由を記載するのであるから、処分のための多くの証拠資料等が課税庁に確保されている必要がある。つまり、改正法の提示・提出についての受忍義務と新たな罰則規定は、調査能力の低下傾向に対する国税庁の危惧の現われと推測される。本来、この調査能力の低下傾向に対する解決策は、課税庁内部における研修内容の充実と研修期間の長期間化に求められなければならない。それを納税者に対する罰則強化をもって対処するのであれば、税務行政に対する納税者の信頼は確保しがたい方向にすすむのではないだろうか。

一〇　おわりに

今回の改正法案は、当初、納税者権利憲章の策定の名の下に提案され、税理士会はこの納税者権利憲章という文言に惑わされ、税務調査手続の改正内容について問題があることは承知をしながらも改正法案に賛意を表明していた。しかし、納税者権利憲章が導入されないことが明白になった時点においても、問題のある改正法案について及び腰のままで経過してきた。これでは民間の専門家団体と言いがたいのではないか。改正法は、もともと法律に規定されていなかった現行の調査実務上納税者のやむを得ない協力によって行われている手続を法制化し、しかも罰則規定を加えた内容となっている。さらに、質問検査権行使自体における客観的必要性の判断基準が不透明のまま無予告調査が法制化され、受忍義務の範囲については予測可能性に欠け、納税者権利憲章策定という方向から大きく後退した改正法となっている。今般の国税通則法改正は、適正手続きの観点から租税法律主義の形骸化が懸念される。

(1)　北野弘久『税法学原論〔第六版〕』(青林書院、二〇〇七) 九五頁。

(2)　消費税法三〇条七項は帳簿書類等を保存しない場合には仕入税額控除を適用しないと規定しているが、最高裁平成一六年一二月一六日判決 (民集五八巻九号二四五八頁、判時一八八四号三〇頁) は、「帳簿等を保存しない場合」について、「税務調査の際に適時に提示しないこと (不提示)」と解釈した。つまり、不提示＝不保存と解釈した。しかしこの解釈は、最高裁平成一六年一二月二〇日判決 (判時一八八九号四二頁) における滝井繁男裁判官の反対意見にもあるように、租税法に特にあってはならない解釈立法として批判されている。改正法はこの批判に関連して、国税通則法において提示義務を課することにより消費税法三〇条七項ついての立法的解決 (「不提示」を明記する) を回避しようと意図しているのではないかと思われる。

(3)　国税庁ＨＰ http://www.nta.go.jp/kohyo/katsudou/report/2011/01.htm より。

(4)　登録者数のうち「特別試験合格者」とは、国税および地方税職員のうち一定年数を勤務したものが受験できた特別試験であり、国税職員の合格率はほぼ一〇〇%であったと言われていた。この特別試験合格者数は、昭和五四年と比較すると大幅に減少している。その理由は、昭和五五年の税理士法改正で特別試験が廃止され、税理士審査会の指定した研修修了者で国税に二三年間勤務した職員に、無試験で税理士資格が付与される改正 (現行税理士法八条一項一〇号) がなされたからである。この結果、国税等勤務経験者の無試験資格取得者は、「試験免除者」に分類されている。また、大学院修士課程修了者も試験科目合格の後に試験科目免除申請をして税理士登録をした場合は、試験免除者に分類されている。

(5)　例えば、昭和五五年税理士法改正当時、それまでの税理士法改正の反省をふまえて、税理士会の英知を結集して策定された日税連組織決定の「税理士法改正に関する基本要綱」が、突如として日税連により凍結されたという事実がある。

(6)　例えば、東京税理士会所属の高橋紀充会員が税務調査手続の問題点について、東京税理士会会報の「論壇」に投稿したところ、広報部会において掲載拒否された。その理由は日税連が賛意を表明しているのであるからこれに反する意見は掲載しがたい、というものであった。その後の抗議等を経て、平成二三年三月号「発言席」(「論壇」よりもランクが下) の欄に掲載されたという事実がある。このように、会員の「表現の自由」よりも日税連の組織決定等が優先されるのが税理士会の現状である。

人権を蝕む共通番号、共通ＩＣ（ＩＤ）カード制
——国民背番号・国民登録証による超監視国家は要らない——

石村耕治

はじめに

民主党政権は、国民全員に①新たな「共通番号」『国民背番号／マイナンバー／私の背番号』を割り振り、②「共通ＩＣ（ＩＤ）カード」『国民登録証』を持たせ、税、年金、病歴などの個人情報（プライバシー）を国家が一元的に管理する仕組みの導入を一気に進めようとしている。全国民の税と社会保障などに関するあらゆる情報を各人の背番号（共通番号・マスターキー）で一元的に管理できれば、税逃れを防ぎ、きめ細かな社会保障給付が可能になるという。確かに利便がありそうだが、「国家による全国民の個人情報の一元的管理」は、自由な社会、個人の人格権を保障する憲法に違反しないのか、大きな疑問符がつく。

「共通番号」は、一般に公開し目に見える形で使うことになっている。一方で、番号のみでの本人確認、つまり、

本人が記憶している自分の背番号（マイナンバー）の告知のみでの本人確認を禁止される。このことから、各人は、官民のさまざまな機関でサービスを受ける際に、自分の背番号（マイナンバー）、顔写真などが記された共通ＩＣ（ＩＤ）カードを相手方に提示して使うように求められることになる。

この結果、共通番号等を記した共通ＩＣ（ＩＤ）カードを提示しないと、行政サービスを受けられなくなる。仕事に就くことや、銀行の窓口で口座を開くことができなくなる。税の天引徴収がからむ場合には相手方に共通番号の告知が必要だからである。同じように、共通番号が記載された共通ＩＣ（ＩＤ）カードあるいは診察券がないとクリニックでの保険治療も受けられなくなる。そのうち、電話、電気やガス会社などとの契約、スイカやパスモといった乗車カードも買えなくなるかも知れない。この結果、共通ＩＣ（ＩＤ）カードは、常に持ち歩かないといけなくなる。実質的に「国内パスポート」、「現代版電子通行手形」と化すのは必至である。

このように、現在、民主党政権がすすめている構想は、国家が、マスターキー（共通番号／マイナンバー）と共通ＩＣ（ＩＤ）カードという二つの監視ツールを使って国民を飼いならし家畜化する、いわゆる「国畜化」構想そのものではないか。

より深刻なのは、このように雇用、医療や金融などのサービスを受ける際に提示したマスターキーである共通番号が外部に垂れ流しになった場合である。マスターキーを手に入れた者は、各所から芋づる式にその人の個人情報を手に入れられる可能性も高まる。一方、番号を使われた人は、成りすまし犯罪や、本人の知らないところで自分の個人情報が濫用され、甚大な被害にあうおそれがある。

もっと考えなければならないのは、国家が、公権力行使の一環としてマスターキーである共通番号を使って、個々の国民の幅広い個人情報（プライバシー）をプロファイルできるようになることである。その人の所在・立回り先などをデータ監視するのも可能になることである。また、各人をデータを使って選別するのを認めることにもつながりかねない。憲法が保障する「一人にしてもらう権利」や幸福追求権に対する大きなインパクトになるおそれもある。共通番号を使った一元管理は、利便性一辺倒では考えられない。まさに「両刃の剣」である。

すでに、住民基本台帳ネットワーク（住基ネット）導入で、国民には住民票コードが振られ、住基カードもある。民主党政権は、これらに加え、新たな共通番号と共通ＩＣ（ＩＤ）カードという二つの監視ツールで、「国民情報の公有化」「データ監視社会・常時非常時国家体制」の仕組みを構築しようとしている。言い換えると、憲法が保障する個人の自由を尊重する統治システムとは、相容れない方向へ向かおうとしている。

一　共通番号付き共通ＩＣ（ＩＤ）カード制構想の検討組織

新たな共通番号『国民背番号』について、菅政権（当時）は、二〇一〇年一一月に、内閣官房に、社会保障・税に関わる番号制度に関する検討会や実務検討会（「共通番号制度実務検討会」）を、そして二〇一一年一月には番号制度創設推進本部を設けるなどして、着々と準備を進めた。また、二〇一一年二月には個人情報保護ワーキンググループなどを設け、共通番号・共通ＩＣ（ＩＤ）カード制導入に伴う個人情報保護のための第三者機関創設の構想を練り出した。一方、政府・与党社会保障改革検討本部、社会保障改革に関する集中検討会議、社会保障改革に関する有識者検討会などが「社会保障と税の一体改革」を検討・中身をつめてきている。(1)

同じような「国民ＩＤ（コード・カード）『国民登録証』制」については、二〇〇一年一月に内閣に、その後国家戦略室に継続して置かれている「高度情報通信ネットワーク社会推進戦略本部」（通称「ＩＴ戦略本部」）が、共通番号が導入されることを前提に、別途に検討を進めている。(2)

さらに、内閣府に置かれている税制調査会専門家委員会納税環境整備小委員会などが、共通番号の個人用納税者番号（納番）への転用について検討してきていた。そして、納番の具体的な利用範囲については、社会保障・税一体改革大綱（二〇一二年二月一七日閣議決定）のなかで、「社会保障・税番号制度導入に伴う税制上の対応」として明らかにされた。

二　民主党政権は、なぜ「共通番号」導入と言い出したのか

民主党政権はなぜここまで「共通番号制」導入にこだわるのであろうか。それは、同党がマニフェストに、①厚生・共済年金を一元化するとともに、全額税を財源とした最低保障年金の創設、②給付つき税額控除の導入、③歳入庁の設置の三点セットを掲げたことがある。すなわち、税と年金保険料などを一元徴収する歳入庁が、各個人や世帯の所得を正確に把握、その情報を使って「その人の必要な支援を適時・適切に提供」しようという構想を実現したいためとしていた。

税金・公的年金・健康保険・介護保険から児童手当、高校無償化等々、あらゆる制度の情報をつなげる、そのために一つの紐でつながっている共通番号の仕組みを導入しようとしたわけである。つまり、税と社会保障制度に関する国民情報を、各人の共通番号を使って串刺しにして国家が一元的に管理できるようにしようというわけである。

ところが、現実は、①最低保障年金の創設は棚上げされ、既得権益の壁は厚く公的年金の一元化すらままならない状況にある。②給付つき税額控除については、共通番号がなくとも実施できるのに、それがないと実施できないようにふれ回っている。また、実施のための財源の目途も立たない。しかも、「給付つき税額控除」は、またの名を「還付つき税額控除」ということからも分かるように、還付のための確定申告で新たに五〇〇万人もの低所得者が税務署へ押し寄せる計算になる。だが何の準備もできていない。[(3)] さらに、③歳入庁構想については、それぞれに役所の抵抗

も強く、政治力もない政権には、実現どころか本格的な検討を始めることすらままならない。

三　「総合合算制度」で公管理される家族

二〇一一年六月三〇日に政府・与党社会保障改革検討本部が公表した「社会保障と税の一体改革案」は、子育て支援、就労促進、医療・介護、年金、貧困対策の五分野からなる。(4)これには、「総合合算制度」いわゆる「社会保障世帯口座管理」の提案が挿入されている。この仕組みは、世帯ごとに各人の共通番号を使って社会保障(医療・介護・保育・障害など)の異なる制度の利用者負担を合算し、世帯の負担額に上限を設ける制度である。

この仕組みは、世帯の総額負担の抑制に活用できることが〝売り〟のようである。だが、一方で、負担に比べて給付の多い障害者などが厄介者扱いされたり、保有資産で精算を求める方向につながりかねない。社会的に助け合いの制度である社会保障制度を大きく変容させる可能性を秘めており、拙速に進めてはいけない危ない構想である。

また、「社会保障世帯口座管理(総合合算制度)」では、共通番号(マスターキー)で個人情報が「世帯ベース」で国家管理されることにもつながり、家族のくらしに権力が手を突っ込んでくることになる。外部には漏らさないという〝邪術〟を使って収集・管理された家族のプライバシーは、実は国家に丸ごと見透かされることになる。役人は、手続さえ踏めば、合法的に常習的な〝覗き〟ができる〝デバガメ国家〟の出現にもつながる。活用の仕方によっては、国民の選別、自動徴兵検査・〝自動赤紙発券〟も可能になる。

「社会保障世帯口座管理(総合合算制度)」は、問題だらけの制度である。この国のかたちを根幹から変える可能性を秘めている。にもかかわらず、民主党政権は、まったく国民的な議論をしようともしない。そもそも、一体改革案実現のためには巨額の財源が必要である。しかし、その展望はまったく見えていない。

こうしたわけで、国民・納税者を監視するツールである「共通番号」導入、さらには消費税増税だけが独り歩きしているのが実情である。

四　共通番号導入工程と番号制度の骨子

政府・民主党政権は、共通番号基本方針、共通番号要綱、共通番号大綱、そして、二〇一二年二月一四日に、「背番号法案」(正式名称「行政手続における特定の個人を識別するための番号等の利用に関する法律案」(通称「マイナンバー(私の背番号)法案」)」(以下「背法」) および関連法案を国会に提出した。これらによると、共通番号制度のあらましと導入スケジュール(工程)は、おおよそ次のとおりである。

共通番号の導入工程と制度の骨子

《共通番号導入工程》

・二〇一一年一月――「共通番号基本方針」を公表
・二〇一一年四月――「共通番号要綱」を公表
・二〇一一年六月――「共通番号大綱」を公表
・二〇一二年二月――「背番号法案」および関連法案を国会に提出。法案成立後、個人情報保護のために第三者機関を設置し、業務を開始
・二〇一五年六月――個人に「共通番号」、法人等に「法人番号」を交付
・二〇一五年～一六年――順次、番号の利用開始

《共通番号・共通ＩＣ（ＩＤ）カード制度のあらまし》

・現在ある住基ネットは「自治事務」で市区町村の固有の事務である。ところが、今度の市区町村が行う背番号／マイナンバーの指定・通知、背番号記載のＩＣ（ＩＤ）カードの交付事務は、「法定受託事務」となる（背法五八）。つまり、国が直接国民を監視し、市区町村は国の手足として動くだけで口をはさめない真逆の仕組みに改悪される。

・共通番号は、まず年金、医療、福祉、介護、労働保険の社会保障分野と国・自治体の税務分野、防災分野その他自治体条例で定める事務等で利用する（背法六条関係別表第一）。

・五年を目途に見直しを行い、将来はその他の行政サービス、民間分野にも対象範囲を広げる（背法附則六条）。

・付番は、①国民一人ひとりに一つの番号が付与されていること（悉皆性）、②全員が唯一無二の番号を持っていること（唯一無二性）、③「民―民―官」の関係で利用可能なこと、④目で見て確認できる番号であること（可視性）、⑤最新の基本四情報（氏名・生年月日・性別・住所）が関連付けられていること、の五つの特性を併せ持つ番号を使用する。中長期の在留者や特別永住者ら居住外国人も対象とする。

・出生時に個人に割り当てる番号は住民基本台帳ネットワーク（住基ネット）を利用した新たな番号とする（背法二条五項）。住基ネットとは別途の新たな共通番号生成機関（地方公共団体システム機構）（背法二条一三項）を創設し、自治体を通じて交付する（背法四条一項）。番号の通知を受けた者は、盗用、漏えい等の被害があると認められるときに限り、本人の請求または市区町村長の職権で変更できる（背法四条二項）。不当な目的で番号の告知を求めてはならない。虚偽の番号の告知は禁止する。所管は総務省とする。

・災害時等を除き、番号のみで本人確認をしてはならない（背法六条一項・一三条）。

・正当な理由なしに、本人確認等義務、告知義務、告知要求制限、虚偽告知禁止に違反した場合には処罰される

（背法六二～七二条）。

・行政機関、自治体、関係機関の職員等や番号取扱事業者やその従業者等は、番号にかかる個人情報（以下「特定個人情報」）について守秘義務を負う。また、当該者以外の者は、業として番号を使ったデータベース等を作成してはならない。さらに、番号取扱事業者やその従業者等は、業務上知り得た番号を不当な目的に利用、記録、保管してはならない。

・市区町村長は、本人からの申請により、背番号を券面に記載したＩＣ（ＩＤ）カードを交付しなければならない（背法五六条一項）。背番号カードの交付を受けている者は、転入先の市区町村にそのカードを提出しなければならない（背法五六条二項）。提出を受けた市区町村は、カード記載内容の変更等必要な措置を講じたうえで本人に返還しなければならない（背法五六条三項）。

・記載事項に変更が生じた場合には十四日以内に、紛失した場合には直ちに、市区町村に届出、変更等の措置を受けるなど必要な手続をとらなければならない（背法五六条四項・五項）。有効期限が切れた場合には、失効し、返納しなければならない（背法五六条六項・七項）。市区町村は、条例で定める事務等にカードを利用できる（背法五六条九項）。

・例えば、ある人の生活保護情報（市区町村）と納税情報（課税庁）との照合をしたいとする。こうした場合、ネットワーク上でデータ照合が実施できるようにするために、情報連携基盤（情報提供ネットワークシステム／データ照合基盤）を設置する（背法一九条一項）。

・情報照会者（この場合は市町村）から特定個人情報の提供請求があった場合、総務大臣は情報提供者（この場合は課税庁）にその旨を通知する義務を負う（背法一九条二項）。この通知があったときは、情報提供者は、情報照会者に当該特定個人情報を提供する義務を負う（背法二〇条）。

・情報照会者と情報提供者は、情報提供等の記録保存する義務を負う（背法案二一条一項・二項）。
・総務大臣は、情報提供ネットワークシステムにデータ照合の記録を法定期間保存する義務を負う（背法二一条三項）。
・五年任期の七人の委員から成る事務局を持つ個人番号情報保護委員会（以下「背番号情報保護委員会」）を設置する（背法三一条・三三条以下）。
・背番号情報保護委員会は、「国民生活にとっての個人番号その他の特定個人情報の有用性に配慮しつつ、その適正な取扱いを確保するために必要な個人番号事務等実施者に対する指導及び助言その他の措置を講じることを任務とする」（背法三二条）。
・背番号委員会は、独立してその職権を行使する（背法案三四条）。その業務は、指導・助言、勧告・命令、報告の徴収・立入検査、内閣への意見の申出、国会への報告である（背法案四五～五〇条）。
・法人や任意団体（以下「法人等」）にも背番号を付ける。法人等で、所得税法二三〇条（給与等の支払をする事務所の開設等の届出）などの手続をしたものに対して、国税庁長官が指定し、通知する（背法五二条一項）。任意団体は、任意に申請して法人背番号の指定・付番を受けることもできる（背法五二条二項）法人等の商号・名称、所在地等と併せて法人背番号を公表する（背法五二条四項）。したがって、民間での自由な利用ができる。ただし、任意団体については、同意あるものに限る（背法五二条）。行政機関の長等は、番号法人情報の授受の際には、法人背番号を通知して行う（背法五二条）。
・本人確認には、券面等に番号を見えるかたちで記載した共通ＩＣ（ＩＤ）カードを用い、年金手帳、医療保険証、介護保険証の機能を一元化する方向で検討する。

図1　住基ネットをベースとした共通番号付き共通IC（ID）カード制のイメージ

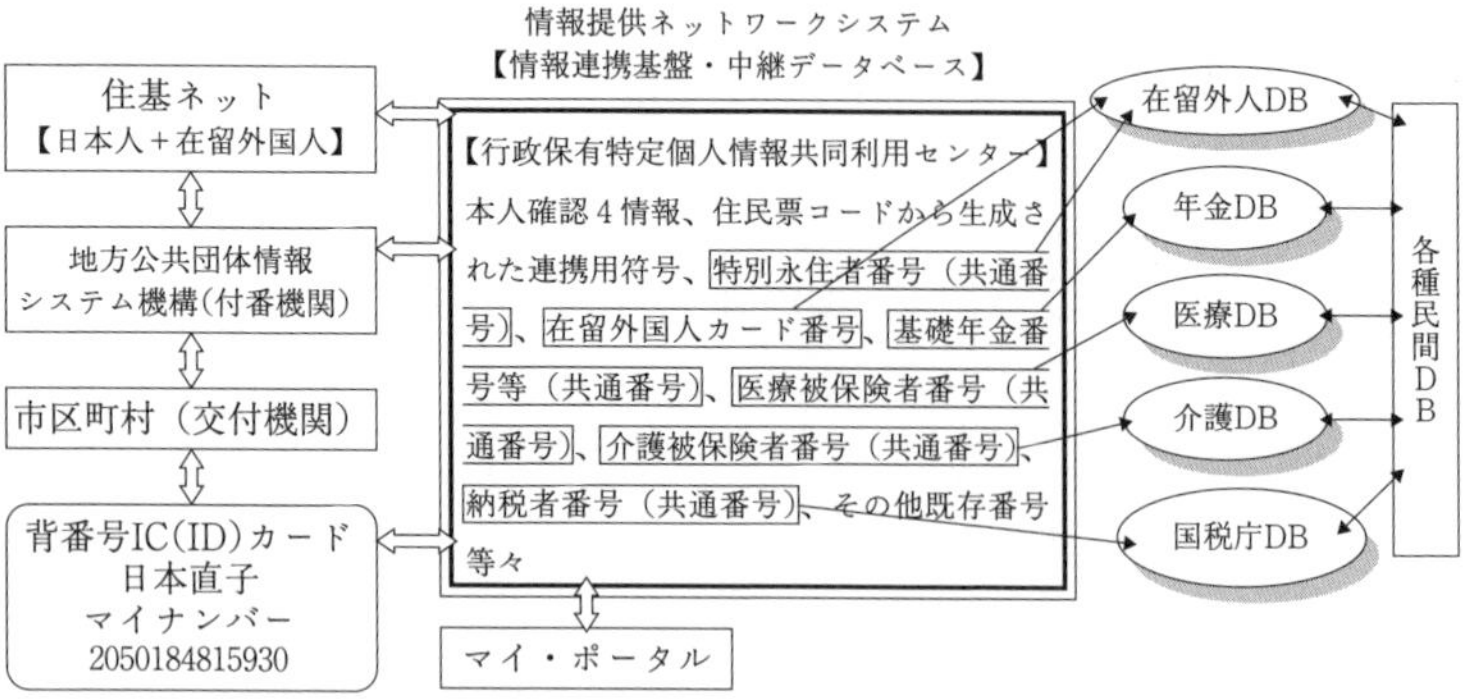

五　全国民の個人情報の公有化の仕組み

民主党政権がイメージしているのは、住基ネットを基盤にしながらも、住民票コードとは別途の〝官民にまたがり、かつ、多分野で共用する〟「共通番号」（マスターキー）の導入である。つまり、共通番号という新たなツールを使って、公的年金・病歴・介護・雇用保険のような社会保障や納税など多様な分野の国民・住民の幅広い個人情報（プライバシー）を、行政や民間の多様なデータベースに分散し集約管理するナショナルデータベース（ＤＢ）の構築を狙っている（図1）。共通番号は、各種データベースに入るマスターキーの役割を果たす。

共通番号の仕組みでは、複数の機関において、それぞれの機関が使っている共通番号（マスターキー）やそれ以外の番号（年金番号、介護保険番号等）で管理している各個人の情報をリンケージ（紐付け）し、情報を相互に活用する「情報連携」（中継データベース）の仕組みを設けることになっている。情報連携基盤とは、いわば、「行政保有特定個人情報共同利用センター」のようなものといえる。

このように、政府の構想では、行政機関は、各人のマスターキーを使って、データベース（ＤＢ）を構築し、広範な特定個人情報を串刺しの形で収集・保

図2　番号を知ることのできる者の範囲からみた納番の種類

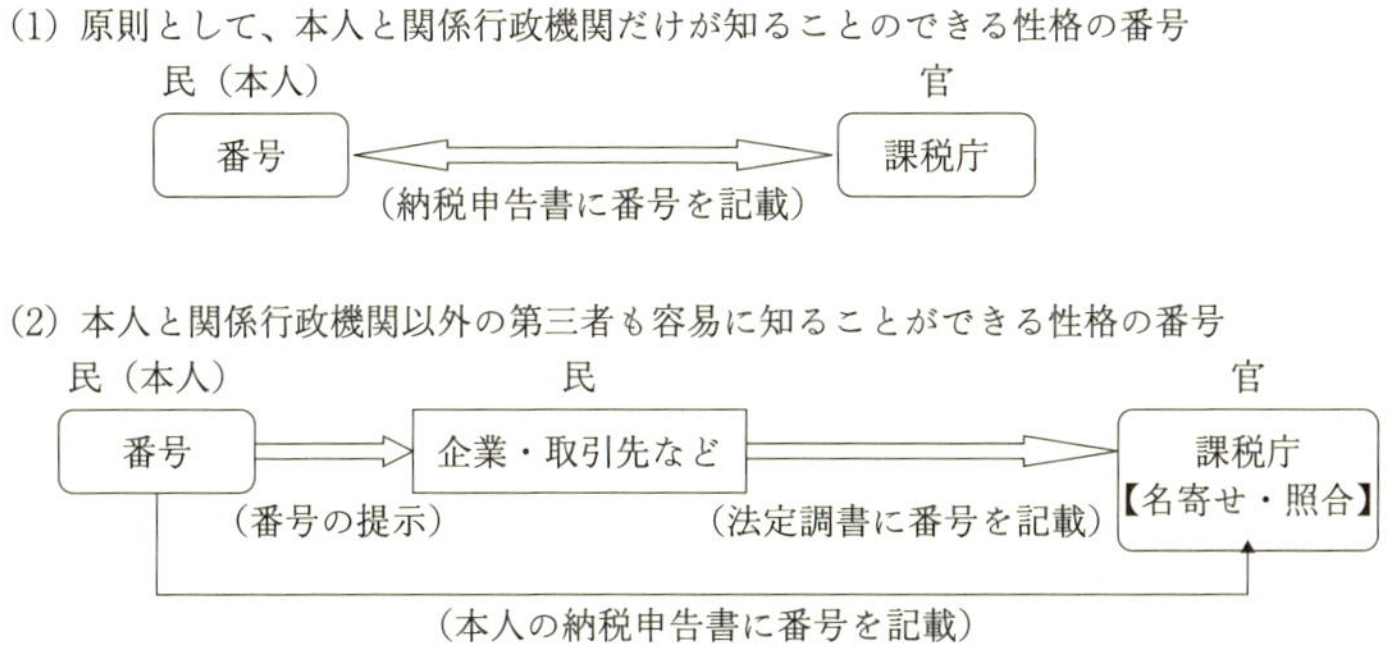

存することになる。また、各人の特定個人情報は情報連携に加わっている行政機関でたらい回し利用ができる。さらに、共通番号を納税や社会保障などの分野で使うとなると、企業や取引先、病院など民間機関も、顧客のマスターキーを使ってデータベース（ＤＢ）を構築し、広範な特定個人情報を串刺しの形で収集・保存することになる。

この結果、政府は、公権力行使の一環として各人のマスターキーを使えば（背法一七条一一号）、さまざまな行政分野のデータベース（ＤＢ）、さらには民間機関のＤＢに格納された広範な国民の特定個人情報に芋づる式にアクセスできることになる。データ監視国家の出現である。

六　共通番号を〝見える化〟して「納税者番号」に転用することの危険性

納税者番号（納番）制度には、大きく、①個人や事業者などすべての納税者に課税庁が付番する方式と、②個人には共通番号、事業者などには課税庁が納番を付番する方式がある。[5] わが国の場合、後者②の方式をとる（図2）。

住基ネットで使われている住民票コードは、原則として〝住民本人と行政機関のみが知りうるような性格の番号〟として運用されてきている。「納税者番号」については、多くの国々で採用する方式は、原則として、〝納税者本人と課税庁のみが知りうるような性格の番号〟である。つまり、わが国の現行の〝納税者整理番号〟のようなものである。

これに対して、政府が導入しようとしている個人用の「納番」は、〝納税者整理番号〟を想定していない。共通番号を納番に転用するとしている。つまり、給与の支払や銀行口座の開設をはじめとしたさまざまな民間取引にも使える汎用の納番の導入である。課税庁などが税務調査や名寄せ・データ照合に、各人の納番＝共通番号を頻繁に使うことを想定している。

共通番号の導入は、その使い方次第では、個人情報や番号情報漏えいのリスクと隣り合わせの社会をつくることになる。とりわけ、共通番号を納番（所得把握）に使うことは、共通番号を可視的な番号、つまり公開して〝目に見える形〟で使わざるを得ず、提示した番号あるいは番号付個人情報が筒抜けになる危うさをはらむ。また、ネット取引全盛の今日、ネット空間にマスターキー（納番＝共通番号）付情報が垂れ流しになるのも必至である。

住基カードの成りすまし申請や取得・濫用が散見される。だが、住民票コードがなりすまし犯罪に使われた事例は報告されていない。これは、住民票コードが、原則として〝住民本人と行政機関だけが知ることのできる性格の番号〟だからである。「納番」についても、多くの国々で採用する方式は、〝納税者本人と課税庁だけが知ることのできる性格の番号〟である。つまり、番号を公開して使っておらず、わが国の税務署が付番する現行の〝納税者整理番号〟と同じものだ。したがって、仮に納番が要るとしても、新たな共通番号ではなく、現在ある納税者整理番号を整備し、納税者の所轄税務署が変わっても番号が変わらないようにすれば、それで足りる。この方が、共通番号を個人の納番に転用するよりは、情報セキュリティ上も格段に安全である。

財政当局からすれば、見える納番を導入し、その利用範囲をできるだけ広げて、監視を強めれば、税の増徴につながると考えるかも知れない。だが、消費者や従業員などから提示を受けた番号付き支払調書を税務当局などに提出する場合に求められる事業者などに発生するシステム開発費やコンプライアンスコスト（納税協力費用）、さらには情報セキュリティコストがかさむ。

見える納番を導入して、所得把握格差、つまりクロヨン（九六四）状態、を是正すべきだという考えも根強い。だが、納番で所得把握には限界がある。これは、政府自身が、「平成二二年度税制改正大綱」の中で、「一般の消費者を顧客としている小売業等に係る売上げ（事業所得）や、グローバル化が進展する中で海外資産や取引に関する情報の把握などには一定の限界があり、番号制度も万能薬ではない」と認めている。共通番号大綱でも同じ指摘をしている（一九頁）。

七　全員が「国内パスポート」を持たされる国家へ

背番号法案では、国民の抵抗感を和らげる狙いからか、各人が申請して共通ＩＣ（ＩＤ）カードを取得するかたちを取っている（背法五六条一項）。しかし、現実には共通ＩＣ（ＩＤ）カードなしでは、行政サービスなどが受けづらい仕組みを想定している。なぜならば、原則として共通番号のみでの本人確認、つまり、本人が記憶している背番号（マイナンバー）の告知のみでの本人確認、を禁止しているからである（背法一二条）。このことは、国民全員に全国ベースの公的身分証明書を所持させることにもつながることを意味する。

また、こうした不都合を解消する意味もかねて、共通番号大綱では、券面に各人の共通番号、基本四情報及び顔写真が記載され、共通番号をＩＣチップに記録し、現行の住基カードを改良した上で国民に交付し、公的個人認証サービスに使えるものを考えているとしている（一四頁）。いわゆる、国民全員に「国内パスポート」、「現代版電子通行手形」を強制交付することを提案している。

だが、国民は、共通ＩＣ（ＩＤ）カードを常時携行・提示しないと市民生活ができない社会を望んでいないのではないか。また、共通ＩＣ（ＩＤ）カードの利用・システム依存だけでは高齢者などの所在確認は無理で、逆に成りすまし犯罪の誘発につながる。震災時などにも役立たない。共通ＩＣ（ＩＤ）カードへの依存は、逆に救済の際の障害になるはずである。

八　国民をデータ監視し、「国畜化」する構想

民主党政権は、共通番号で、国家が国民の「生涯診療情報（病歴）」を含めた広範な個人情報を集めて管理することも必要とまで言い切っている。このため、医療機関に対し陰日なたにレセプト（診療報酬明細書）のオンライン化を強いている。だが、本来、「国家は必要以上に国民の個人情報を収集しないこと」が、自由な市民社会を構築するうえでの基本のはずである。時効あるいはリセットされることのないまま、本人が死ぬまでの「生涯診療情報（病歴）」の国家管理」は人格権の侵害そのものではないか。選別や〝優生学〟がはびこる危険性も高まる。診療歴隠しのヤミ堕胎や海外での治療も増えるであろう。

民主党や政府の共通番号導入に関するヒアリングには、日本医師会、日本歯科医師会、日本薬剤師会（三師会）も呼ばれた。ここで、三師会は、共通番号の利用範囲に医療・介護分野を含めることに対し、「医療・介護分野で扱う情報は、他分野に比べてセンシティブな個人情報」であり、漏えいなどの場合の深刻さを懸念、それぞれ反対や「こうした情報を政府が共通番号で収集・管理していいのか、そもそも論に立ち返って国民的な議論が必要だ」とし、慎重な姿勢を示した。三師会の見解は正鵠を射ている（日医ニューズ三月二〇日号）(6)。ただ、民主党や政府は、こうした「異見も聞いた」とするアリバイが必要なだけという態度である(7)。旧来の政権と何ら変わらない。

九　「ＩＴ産業利権第一」の陰で拡大するデジタルデバイドやムダ遣い

国家が各人の共通番号（マスターキー）を使って全国民の幅広い個人情報を串刺しにして収集し、行政情報として分散集約管理する（個人情報の公有化）構想が現実のものになるとすれば、国民は、行政が各種データベースで管理する自分の個人情報については、自分に発行された共通番号付き共通ＩＣ（ＩＤ）カードを提示して見せてもらうスタンスになる。これは、「共通番号で我われ国家があなたの個人情報を公的に収集・管理するから信頼しろ、それに、共通ＩＣ（ＩＤ）カードを提示すれば我われ国家が管理するあなたの情報は見せてやるから安心しろ」と説いているようなものである。まさに、国家が監視ツールを使って国民を飼いならし家畜化する、いわゆる「国畜化」構想そのものだ。

元財務省官僚でこの共通番号付き共通ＩＣ（ＩＤ）カード制の推進者の一人である古川元久衆議院議員は、これを、国民に開かれた電子政府・行政の電子化、ワン・ストップ・サービスの仕組みだという（日経二〇一〇年五月二〇日朝刊参照）。

だが、すでに、電子政府、行政の電子化をねらいとした電子認証ツールが格納された任意取得の住基カードや、それを全国的に支える自治体共管の住基ネットがある。さらに、中央集権につながる共通番号制や共通ＩＣ（ＩＤ）カード制のようなムダなＩＴ投資は要らない。現在の住基ネットでも、自治体によっては過大な負担に苦しんでいる。ところが、政府は、共通番号制導入でどれ位まで巨額なＩＴ投資が必要なのか、腰だめの数字を並べるだけで、具体的に説明をしていない。ムダな投資が増えれば増えるほどＩＴ産業利権につながることになることだけが確かなのが実情である。

いずれにしろ、住基カードが任意取得となっているのは、電子行政サービスについては、それを利用したい住民の選択にゆだねられる必要があるからである。お年寄りや身体の不自由な人など電子行政サービスや手続に参加することに困難がある人たちに配慮し、デジタルデバイド『IT技術の恩恵を受けられる人とそうでない人との間に生まれる情報格差』問題に対応するのが国や自治体の最大の務めであることからくる。

事実、電子政府先進国といわれるオーストリアなどでも、共通IC（ID）カード制カードの取得、電子行政サービスや手続への参加・利用を本人の自由な選択にゆだねている。

一〇　フラット・モデル採用で、成りすまし犯罪者が闊歩する社会へ

グローバルにみると、番号制モデルは、大きく次の三つに分けられる。①「セパレート・モデル」（分野別に異なる番号を限定利用する方式・ドイツ）、②「セクトラル・モデル」（秘匿の汎用番号から第三者機関を介在させて分野別限定番号を生成・付番し、各分野で利用する方式・オーストリア）、そして③「フラット・モデル」（一般に公開〔見える化〕されたかたちで共通番号を官民幅広い分野へ汎用する方式・アメリカ、スウェーデン、韓国）である。

政府の共通番号基本方針では、「アメリカ型の共通番号」、つまり行政分野や民間で幅広く利用する方式（フラット・モデル）の導入を目指している。

政府にとっては、共通番号を使って国民情報（プライバシー）を収集し、官民のさまざまなデータベース（DB）に分散して集約管理するのは、効率的・合理的に見えるかも知れない。だが、不心得者は、何としてでも他人の共通番号を入手して、官民さまざまなDBに分散管理されたその人の多様なプライバシー（個人情報）を芋づる式に手に入れよう、あるいは、その人に成りすまして不法行為をしようとするに違いない。

こうした不心得者が急増し、結果として、不心得者の追跡やその後始末に、国民サイドでのプライバシーを守る（個人情報保護）コストは途方もない額に達しよう。共通番号である社会保障番号（ＳＳＮ）が濫用され、「成りすまし犯罪者天国」化したアメリカ社会が、このことを教えてくれる〝反面教師〟である。〝対岸の火事〟とばかりいってはいられない。

1　アメリカでは共通番号で「成りすまし犯罪者天国」に

アメリカ（人口約三億九一四万人）は、「フラット・モデル」の番号制を採用する。すなわち、共通番号（ＳＳＮ／社会保障番号）を、可視（見える）化し一般に公開して汎用している。(8) この国では、社会保障番号（共通番号）を濫用した成りすまし犯罪が多発し、その対策に手をやいている。

アメリカにおいては、一九三六年に、社会保障行政に使うことをねらいに「社会保障番号（SSN=Social Security Numbers）」が導入された。社会保障番号は、各人からの任意申請に基づいて、連邦社会保障法（Social Security Act）第二〇五条c項二号の規定にしたがって、社会保障局（Social Security Administration）が発行する。社会保障番号は、当初から、利用が制限されなかった。また、その後、個人の「納税者番号（TIN=Taxpayer Identification Number）」としても使われた。

このように、社会保障番号が、官民にわたり共通番号として幅広く使われることになった。現実空間での取引に加え、サイバースペース（電脳空間）での取引（電子取引・ネット取引）にも汎用されていった。その副作用として、番号が売買、垂れ流しされ、不法行為に手を染める者の手に渡るなどして、アメリカ社会は、他人の社会保障番号を使った「成りすまし犯罪者天国」と化している。まさに、社会保障番号にかかる国民の情報コントロール権は、風前の灯のようになっている。警察など犯罪取締当局も、殺人や強盗などの自然犯対策に追われ、時間や費用のかかる成りすまし犯の追及には及び腰である。自分の社会保障番号を不正使用された被害者は、孤立を強いられている。被害者の多くは、弁護士、私立探偵、その分野の市民団体（ＮＰＯ）などに有償で支援を求めているのが実情である。被害者が強いられるコスト負担は巨額に達する。

被害者の窮状が社会問題になり、他人の社会保障番号を使った「成りすまし犯罪」に対処するために、連邦や各州の議会、省庁が対策を練ってきているが、いまだ抜本策を見出すにはいたっていない。

ここ十数年間に連邦議会で実施された「社会保障番号（ＳＳＮ）を盗用した成りすまし犯罪」に関する公聴会などのうち主なものをあげると、次のとおりである。(9)

・二〇〇〇年五月九日及び一一日に開催された第一〇六回連邦議会下院歳入委員会・社会保障小委員会、「社会保障番号の利用及び不正利用に関する公聴会（Hearing on Use and Misuse of Social Security Numbers)」での成りすまし犯罪被害者、企業、行政機関、法執行機関、消費者団体、市民団体関係者などの証言

・二〇〇一年五月二二日に開催された、第一〇七回連邦議会下院歳入委員会・社会保障小委員会、「プライバシーの保護と社会保障番号の不正利用規制に関する公聴会（Hearing on Protecting Privacy and Preventing Misuse of Social Security Numbers)」での成りすまし犯罪被害者、企業、行政機関、法執行機関、消費者団体、市民団体関係者などの証言

・二〇〇七年六月二一日に開催された、第一一〇回連邦議会下院歳入委員会・社会保障小委員会（Subcommittee on Social Security）は、「成りすまし犯罪から社会保障番号にかかるプライバシー保護に関する公聴会（Hearing on Protecting the Privacy of the Social Security From Identity Theft)」における成りすまし犯罪被害者、企業、行政機関、法執行機関、消費者団体、市民団体関係者などの各種証言

・二〇〇七年一二月一八日に開催された、第一一〇回連邦議会下院司法委員会における犯罪・テロ行為及び国土安全保障小委員会（Subcommittee on Crime, Terrorism, and Homeland Security, Committee of the Judiciary, House of Representatives）での「二〇〇七年プライバシー及びネット犯罪取締法（Privacy and Cybercrime Enforcement Act of 2007）」案審査の際の公聴会での成りすまし犯罪被害者、企業、行政機関、法執行機関、消費者団体、市民団体関係者などの各種証言

・二〇〇八年四月一〇日に開催された、第一一〇回連邦議会上院財政委員会（Committee on Finance, United States Senate）での公聴会「成りすまし犯罪――誰があなたの番号を手に入れたのか（Identity Theft: Who's Got Your Number）」における成りすまし犯罪被害者、法執行機関、消費者団体、市民団体関係者などの証言

こうした一連の連邦議会の動きに加え、大統領府、連邦政府検査院（GAO＝Government Accountability Office）〔前連邦会計検査院（GAO＝General Accounting Office）〕、連邦取引委員会（FTC＝Federal Trade Commission）、連邦及び諸州・地方団体の各種法執行機関、弁護士や私立探偵、消費者団体や成りすまし犯罪被害者救済市民団体が、共通番号（SSN／社会保障番号）の盗用、成りすまし犯罪に精力的に対処してきている。しかし、状況の抜本的な改善にいたっていない。

わが国においても、共通番号を導入し公開（見える化）して国民に使わせれば、成りすまし犯罪者が闊歩する社会になるおそれが極めて強い。政府や企業側の利益に比べ、国民・納税者側のプライバシーを護るコスト（不利益）は膨大になるはずである。政府共通番号要綱や共通番号要綱では、共通番号の濫用を監視する第三者機関の設置など抽象的に個人情報の保護には触れるものの、他国での番号濫用の実態にはまったく触れていない。意図的に回避している。

2　スウェーデンは共通番号汎用で完全なデータ監視社会

スウェーデンでは、「フラット・モデル」の共通番号制を採用する。一九四七年に全住民を対象に生年月日を活用し出生時に付番・交付する形で一〇桁の官民汎用の共通番号（personnummer）制を実施した。この番号は一般に公開（可視化）して官民のさまざまな目的に使われ、一九六七年にシステムが電子化され現在に至っている。また、共通番号を使った自動データ処理や個人情報の集積に対する国民の不安の高まりを受けて、一九七三年には、世界に先駆けて「データ法」を制定した。この法律は、その後各国が制定していったプライバシー（個人情報）保護法のモデルとなった。また、一九七四年には、「データ検査院（Datainspectionen）」を設けた。データ検査院は、データ法の下、センシティブ（機微）な個人情報を扱うデータベース設置・利用に関する許可制度の運営、データ照合プログラム（コンピュータ・マッチング・プログラム）の評価をはじめとしたプライバシー問題を専門に扱う特別のオンブズパーソン（政府第三者機関）である。プライバシー侵害事案やその他苦情事案を処理・対応する組織とされているものの、人員等の限界もあり、この面での活動は極めて限定されている。いずれにしろ、データ検査院は、その後、フランスやカナダをはじめ多くの国で、プライバシー専門の政府第三者機関を設ける際のモデルとなった。(10)

スウェーデンは、「高負担高福祉国家」としてはもちろんのこと、さまざまな意味で「プライバシー先進国」としてのイメージがある。ところが、こうしたイメージとは裏腹に、西欧や北米のプライバシー問題専門家からは、監視ツールである共通番号を汎用しデータ監視社会（dataveillance society）の構築を許してしまった国として厳しい評価にさらされている。スウェーデンのEU（欧州連合）加盟後、高負担や共通番号によるデータ監視を嫌って、他のEU諸国へ転出する若者も少なくないと聞く。

スウェーデンでは、共通番号の付番・管理機関は課税庁（国税庁／Statteverket）である。共通番号は当初から一般に公開（可視化）した形でまったく制限なしに使われてきた。このため、共通番号は、税務を含むあらゆる行政機関、さらには学生登録や電話代の請求書、預金やクレジット口座の開設・管理、医療給付、運転免許から定期券購入の果てまで、幅広く多目的利用されている。また、警察、課税庁、国家統計局などはそれぞれ、あらゆる国民・住民の個人情報を各人の共通番号で収集、データベース化して管理している。各種民間機関も同様の状況にある。スウェーデンに居住する者は、共通番号なしには、日常生活が難しい。このため、一年未満の短期滞在者や外交官などには暫定共通番号（samordningsnummer）が交付される。また、官官、官民・民官の間での国民・住民データの照合は、共通番号をマスターキーとして使って頻繁に実施されている。

このように、スウェーデンでは、第二次大戦後早くから、共通番号を使って国民・住民の個人情報を収集・管理し、徹底したデータ監視社会化が強力に推進された。一九七六年には、この生涯不変の共通番号を使って、基本的な個人情報を集中管理する「全国住民登録台帳（データベース／folkbokforingsregister）」が創設された。全国住民登録台帳は、独自の社会主義路線に基づき、国家が全国民・住民の基本データを収集、管理、頒布するという趣旨で設けられた（スウェーデン人は、この全国住民登録台帳に加えて、スウェーデン国教会の脱国教会化にともない一九九一年に国税庁に移管された伝統的な「個人籍簿（出生・婚姻・死亡記録簿／folkbokforing）」で、二元管理に付される）。

全国住民登録台帳には、居住外国人を含む全住民について、各人の氏名、共通番号・暫定共通番号、出生地（国内、海外）、国籍、婚姻関係、配偶者・子ども・後見人・養子、住所、登記している資産・行政区・自治体、移民・移住、海外の住所、死亡日・埋葬場所、婚姻届出日などが記載されている。近年、国民のプライバシー意識の高まり、とりわけ第三者通報（密告）制度への嫌悪感の高まりを受けて、かつて搭載していた本人の所得税賦課額や本人及び家族の所得額や課税対象資産などの項目は台帳に搭載されなくなった。しかし、共通番号を含む各人の基本情報は公の支配の下に置かれ、閲覧により被害を受けるおそれがある場合などを除き、原則として誰でも入手することができる。

なお、二〇〇九年六月からは、手数料を支払って国税庁に任意申請すれば、ＥＵ域内を通行できる五年間有効のＩＣ仕様の公的ＩＤカード（ID-kort）の交付が受けられる。

スウェーデン国内には、共通番号制は、それをマスターキーに使えば、個人のプロファイリング（虚像化）が容易にでき、国家が個人の生活のいかなる場面にも入り込み追跡できる体制を敷く仕組みであり、人間の尊厳の保障や個人の幸福につながらないとの鋭い指摘がある。他方で、こうした批判に対しては、反論もある。マスターキーを使った国民データの電子集約管理は利便性も高く、時代の要請であり、かつての経験からドイツナチスのような人種偏見の強い国の侵略があった場合、一瞬にしてデータ消去・破壊ができることから、文書管理よりは、敵の手から国民を護るには効率的・合理的であるとの主張が一例である。

近年、スウェーデンは、成りすまし犯罪の急増に手を焼いている。総件数では少ないものの人口比発生率で見ると、アメリカに次ぐ「なりすまし犯罪者天国（haven for identity theft）」である。スウェーデンでは久しく、各人の生年月日・性別をベースに生涯不変の共通番号を付番する仕組みを採用してきた。このため、マスターキーである共通番号は容易に組成でき、成りすまし犯罪を誘発する大きな原因となっていた。この点を重く見て、さらには将来の番号不足も見越して、政府の委員会は、二〇〇八年六月に、二〇一〇年以降から新生児、移民に対しては生年月日をベースとしない新たな付番方式を採用するように勧告している。

このように、スウェーデンが成りすまし犯罪比率の高い国家になってしまった原因は、共通番号を一般に公開（見える化）し官民で汎用したことにもある。スウェーデンは、国土面積はわが国の一・二倍であるが、人口は約九三〇万人〔愛知県（約七四一万七〇〇〇人）と岐阜県（約二〇七万八〇〇〇人）を合わせた程度〕である。これに対して、わが国の人口は約一億二七六〇万人である。現在我が政府が検討しているフラット・モデルの可視的な共通番号を導入し将来的に官民にわたる無制限な公開利用を許せば、成りすまし犯罪などが多発し、極めて深刻な社会問題となるのは必至である。

北米の識者の中には、スウェーデンでデータ監視社会化が進んだのは、社会の集団のニーズに対し個人の権利は従属的でよいとする国民性も一因との分析もある。しかし、最大の原因は、可視的な共通番号を導入した当初から官民にわたる無制限な利用を放置してしまったことにあるものと思われる。

また、スウェーデンが共通番号制導入によるデータ監視社会化に突き進んだのは、「高福祉高負担」政策も一因である。つまり、「福祉の不正受給、課税漏れは絶対に許さない」という考え方が、その背景にある。（スウェーデンの国民負担率は五九・〇％、うち租税負担率は四六・九％である（二〇〇八年）。消費税率も標準税率が二五％で、食料品にかかる軽減税率が一二％である。一方、わが国の国民負担率は四〇・六％、うち租税負担率は二四・三％である（二〇〇八年度）。）

スウェーデン政府の最大の課題のひとつは、当局が把握できない無届就労や租税回避・ほ脱などからくる「課税漏れ（tax gap）」対策である。課税漏れは、政府報告（二〇〇八年）によると、国内総生産（GDP）の一〇％程度に達する。[11] これは、グローバル化が加速する中、一国が高負担政策や国民所得に対する番号管理を強めれば強めるほど、逆に、無届就労、地下経済、他のEU諸国などへの課税源の移転が深刻になることを物語っている。

3　ドイツでは共通番号は憲法違反の論調

ドイツでは、「セパレート・モデル」の番号制を採用する。すなわち、分野別に異なる番号を限定利用する。[12] 行政分野共通の番号を採用せず、複数の分野別限定番号を採用し、国民の自己情報決定権の保護を優先している。この背景には、連邦憲法裁判所が下した、一九八三年の国勢調査に汎用の共通番号を利用することは違憲となる可能性がある旨の示唆を含んだ判決（BverfGE65, 1, Urteil v.15.12.1983）およびこの判決に基づいた汎用の共通番号の導入は連邦基本法（連邦憲法）上ゆるされないとする連邦議会の見解がある。[13] また、旧東ドイツにおける過酷な経験がある。旧東ドイツでは、すべての国民に一二桁の個人識別番号を付し中央民事登録台帳で管理し、さらにはＩＤカード携行を義務付けていた。しかも、社会主義国家イデオロギーに基づく国民意思の統合をはかるねらいから、監視カメラその他の監視機器があらゆる場所に設置され、①すべての人は被疑者であり得る、②安全は法律に優先する、そして③重要でない情報はない、という原則に基づき個人情報が収集された。しかし、東西ドイツの統合条約において、こうした国民監視システムの象徴とも見られていた旧東ドイツの制度は廃止された。

ドイツでは、連邦税務に使う「納税者番号（steuemummer）」を、二〇〇七年七月から導入した。[14] 連邦財務省が各個人に付ける納税者番号は、一一桁の番号で、性格的には、限定番号である。したがって、その番号を使って、納税者から納税目的以外の情報を入手することやデータベースを構築することは禁止される。ちなみに、納税者番号を、共通番号として他の行政機関や民間機関が汎用することは禁止され、日常の取引などには利用できない。他の行政機関や民間機関は、納税者のデータを整理する場合や課税庁に送達する場合に限り納税者番号を利用することが認められる。民間機関が、認められた目的以外に納税者番号を利用した場合には、一万ユーロ以下の過料に処される。

4　オーストリアの付番モデルの特質

オーストリアでは「セクトラル・モデル」の番号制を採用している。このモデルは、秘匿の汎用番号から第三者機関を介在させて分野別限定番号を生成・付番し、各分野で利用する方式である。個人情報の横断的なリンケージに歯止めをかけることにより、個々人のトータルな個人情報を国家がマスターキー（共通番号）を使って直接掌握できないようにして、プライバシーを保護しようとするものである。[15]

政府の「番号に関する原口五原則」（二〇一〇年四月五日）では、データベース相互間の横断的なリンケージ（接合）にハードル（壁）を設けるねらいからセクトラル・モデルの採用を示唆する。[16] しかし、オーストリアの例に見られるように、秘匿の番号（sourcePIN）から第三者機関（ＤＳＫ＝データ保護委員会）を介在させて分野別限定番号（ssPINs）を生成・付番する仕組みである。わが国で、この「セクトラル・モデル」を採用するのも一案である。この場合、既に住基ネットをベースとした秘匿の住民票コードがあり、これを使えばよいわけで、新たに共通番号制を導入する必要性はまったくない。

5　イギリスでは、人権を蝕む「国民ＩＤカード制」廃止に

イギリスでは、前労働党政権が、二〇〇八年から、「国民ＩＤ〔番号〕カード制（National ID Card）」を実施した。各人に背番号を付けＩＣ仕様のＩＤカードを発行するとともに、指紋や目の虹彩などの生体情報を含む広範な個人情報を全国民や外国人に提出させ、国家がデータ監視する仕組みが稼働した。野党や人権団体が「国家が国民を〝データレイプ〟するのを公認することに繋がる監視ツールは要らない」と大反対したのにも拘わらず、である。(17)

その後、事態は一変した。二〇一〇年五月に誕生した新（保守党・自民党連立）政権が、「国家が必要以上に国民の個人情報を収集しない方針」を打ち出したからである。そして、前労働党政権下で導入した「国民ＩＤカード制」を「恒常的に国民の人権を踏みにじる制度である」として、廃止することにした。

新政権は、二〇一〇年五月二六日に「国民ＩＤカード制廃止法案」を議会下院に提出した。二〇一〇年九月一五日にイギリス下院を通過し、二〇一〇年一〇月五日に議会上院に上程した。その後、同法案は、二〇一〇年一二月二一日に審査を終了し、上院で投票を経て、議会を通過した。(18)同日、女王の裁可を得て直ちに発効した。(19)法案上程後発行が停止されていた国民ＩＤカードは、全廃の手続に入った。(20)

この廃止法は、かつてわが国の民主党が政権に就く前に幾度か国会に提出した改正住民基本台帳法廃止法案（いわゆる「住基ネット廃止法案」）に匹敵する。ところが、わが民主党政権は、変節し、イギリスが廃止したのに匹敵する人

権侵害ツールを、二〇一五年に稼働させようというのである。

二　国民監視ツール導入の旗振り役

二〇一〇年一二月三日に、共通番号及び国民ＩＤカード制度問題検討名古屋市委員会は、河村たかし市長に対して、『国が検討している社会保障・税の共通番号及び国民ＩＤ制度が市民生活に与える影響について（意見書）』を提出した。[21] この意見書では、憲法論・人権論の観点から、政府の共通番号、さらには共通ＩＣ（ＩＤ）カード制について精査し、違憲の疑いが濃く自治体として導入に賛成すべきではないとし、良識を示している。二〇一一年二月二五日、河村市長は、この意見書を、内閣官房参与として共通番号制度作りの先頭に立っている峰崎直樹前参議院議員や内閣官房などに出向き説明を行った。

民主党は、野党時代に四度も住基ネット廃止法案を国会に提出している。だが、その後大きく変節した。この背景には、河村たかし元衆議院議員（現名古屋市長）など住基ネット導入反対を主導していた勢力の後退がある。言い換えると、反対勢力が台頭していた時期にはなりを潜めていた労組出身で背番号導入賛成論者の峰崎直樹現内閣官房参与らの台頭がある。民主党の支持基盤である連合傘下のＩＴ関連労組などは産業利権に結び付くことから、監視ツール導入に意欲的であり、今の民主党政権での導入に積極的な流れにつながっている。さらに、北野弘久先生の門下生の一人である三木義一君（青山学院大学教員）が、峰崎氏や古川元久議員らとタッグを組み、税制調査会専門家委員会納税環境整備小委員会の長としてこうした国民監視ツールや「名ばかり納税者権利憲章」[22]つくりに精を出している。人権感覚の鋭い恩師は、この門下生の変節を決して美化・許容しまい。

悲しいことに、民主党政権から誰一人、この危うい構想に対し、憲法論・人権論の視角から異を唱えないのである。

多くの国会議員はこの問題の本質が分かっていない。あるいは、分かっていても、多くは無関心を装い沈黙しているようにも見える。

マスメディアも、IT産業利権擁護の立場から共通番号付き共通IC（ID）カード制構想に大賛成の「日経」に加え、住基ネットには消極姿勢であったが変節しこの構想へ賛成の立場を鮮明にした「朝日」（二〇一一年二月二五日社説）や「毎日」（二〇一一年二月八日社説）などの大新聞も、役所に取り込まれ、構想実現に向けて旗振り役のような記事を書く、あるいは反対意見をほとんど掲載しない姿勢を貫いている。憲法学者などまでもが国民監視ツール作りに参加しており、常軌を失っている。太平洋戦争へ向けたかつての翼賛体制にも似た様相である。

むすびにかえて――〝常時非常時国家体制〟は要らない

民主党政権は、国民一人ひとりの生活を生涯にわたり隅々まで監視することで、社会保障と税の負担の公平を実現できると構想する。しかし、国民すべてが、個人情報を放棄し国家が個人に過度に関与することをゆるす、過保護国家（nanny state）、データ監視社会（dataverance society）の道を望んでいるわけでない。

この構想は、イギリスの作家ジョージ・オーウェルが、一九四八年に、『一九八四年（*Nineteen Eighty-Four*）』に描いた、政府が国民の一挙手一投足を監視する全体主義国家像、監視国家を想起させる。(23) 未曾有の監視国家につながり、国民の〝国畜化〟につながる。

共通番号制や共通IC（ID）カード制の導入については、行政の効率性や利便性を優先し、濫用を監視する第三者機関を創り一定のプライバシー保護措置を講じればゆるされるとの主張（情報セキュリティ論）もある。民主党政権の余りに拙速・強引な進め方に、無力感が漂うなか、在野団体の中にはこうした主張に呼応し、妥協しようとする空気も見られる。だが、行政の効率性や利便性は、国民の人権が確実に保障されることを前提に精査されなければならない。矮小化はゆるされない。各国民の人格を串刺しにしてトータルにデータ監視につなげる共通番号制や共通ＩＣ（ＩＤ）カード制は、国民の人権を侵害する危険性が高く、行政の効率性や利便性を織り込んで精査して見ても、憲法上導入がゆるされる監視ツールではない。〝常時非常時国家体制〟は要らない。(24)

わが国はある意味で「番号社会」である。無数の分野別の限定目的利用の番号が存在する。ドイツでも分野別に異なる番号を利用している。しかし、共通番号制は憲法違反の論調である。「監視社会」化を防ぎ、国民のプライバシー保護を優先するためである。

政府は、成りすまし犯罪者に武器を提供するような時代遅れの共通番号でも、刑事罰を科して「共通番号に関わる個人情報（特定個人情報）」を保護するから安心・安全だとしている（背法六二条以下）。つまり、「厳罰」主義で臨むから大丈夫だという姿勢である。もっとものようにも見える。しかし、これは、机上の空論である。「厳罰」主義では、逆に企業や税理士などがちょっとしたミスで「厳罰」に処されかねない。税理士は有期刑で資格がはく奪される。会社の経理や総務は、誤って背番号／マイナンバーを漏らすと犯罪者扱いされる。これでは、怖すぎて他人の番号にはさわれない。共通番号や厳罰主義ではなく、「システム（分野別番号）で安心・安全」を確保すべきである。完全に方向性を見誤っている。国民に最もストレスの少ない仕組みを志向すべきである。

公的年金、医療・介護、雇用保険、納税等と分野別に異なる番号を限定利用する方式（セパレート・モデルないしセクトラル・モデル）は「非効率」との意見もある。しかし、この最低限の「非効率」こそが、国民の自由権を護る砦となる。しかも、わが国ではすでに住基ネットがあり、各限定番号は実質的にリンケージ可能である。新たな共通番号の導入は不要である。

将来に「負の遺産」を残さないため、憲法一三条（個人の尊重）や二二条（移動の自由等）に違反する疑いが濃く、スーパー電子監視国家につながる時代遅れの危ない共通番号制『国民総背番号制』や共通ＩＣ（ＩＤ）カード制『国民皆登録証携行制』は要らない。

民主党政権は、地方分権を一歩進めた地域主権の確立を政権公約の一つとした。しかし、国が主導して、共通番号制と共通ＩＣ（ＩＤ）カード制という二つの監視ツールを導入し国民の幅広い個人情報（プライバシー）を一元管理する監視国家体制を構築することは、中央集権そのものではないか。地域主権、いや一歩後退した地方自治の考えにもなじまない。国や自治体は、今や産業利権を擁護しムダな大規模ＩＴ投資・公共事業（公共工事）に血税を注ぐ時代ではない。ましてや、こんな国民監視ツールの構築・運用に巨額の血税を投じてはいけない。

政治主導などまったくの空論で、国民の人格権を尊重する姿勢も皆無で、中央の役人と一丸となって「最大不幸社会に向けた監視ツールの導入」で史上空前の超データ監視国家『二〇一五年』へ一気に突きすすんでいるのが、民主党政権である。「市民が主役」の看板は剝げ落ち、何のための政権交代だったのか、失望を禁じ得ない。私たち国民は、もっと声を上げなければいけない。

（1）「社会保障と税の一体改革」の現状について、内閣官房、政府・与党社会保障改革検討本部のホームページ（ＨＰ）参照（Available at: http://www.cas.go.jp/jp/seisaku/syakaihosyou/index.html#kentoukaigi.）。

（2）ちなみに、共通番号制度基本方針においては、「情報連携基盤の構築に当たっては、高度情報通信ネットワーク社会推進本部（「ＩＴ戦略本部」）で検討されている国民ＩＤ制度と連携」することとされている。しかし、共通番号制と国民ＩＤ制との整合性はなく、二重に浪費的な検討が続けられているように見える。詳しくは、ＩＴ戦略本部「電子行政に関するタスクフォースの提言電子行政推進に関する基本方針に係る提言」（二〇一一年七月四日）九頁参照（Available at: http://www.kantei.go.jp/jp/singi/it2/denshigyousei/housin.pdf.）。

（3）拙論「給付（還付）つき税額控除と納税者サービス——アメリカの「働いても貧しい納税者」の自発的納税協力問題を検

証する（一～六）」税務弘報五六巻九号～五七巻五号、拙論「給付（還付）つき税額控除をめぐる税財政法の課題」白鷗法学一五巻一号。

（4）Available at: http://www.cas.go.jp/jp/seisaku/syakaihosyou/kentohonbu/pdf/230630kettei.pdf.

（5）納税者番号制の仕組と問題点について詳しくは、拙著『納税者番号制とプライバシー』（中央経済社、一九九〇）参照。

（6）Available at: http://www.med.or.jp/nichinews/n230320c.html.

（7）共通番号大綱では、医療分野等におけるセンシティブ（機微）情報については、番号法の特別法を定め、対応するとしている（五五頁）。しかし、医療情報を共通番号で管理することを止めなければ抜本策とはなるまい。

（8）詳しくは、拙著「納税者番号とプライバシー」『アメリカ連邦税財政法の構造』（法律文化社、一九九五）第七章参照。

（9）アメリカにおける共通番号（ＳＳＮ）の濫用、成りすまし犯罪拡大の連邦議会での検討について詳しくは、市民団体ＰＩＪ（プライバシー・インターナショナル・ジャパン）のホームページ（ＨＰ）掲載の資料「連邦議会でのＳＳＮ濫用規制の動向」サイバー税務研究九号参照（Available at: http://www.pij-web.net/pdf/stj_jp/9.pdf.）。また、拙著「米議会証言からＳＳＮ成りすまし犯罪を検証する」ＣＮＮニューズ六四号二五頁以下参照（Available at: http://www.pij-web.net/pdf/cnn/CNN-64.pdf.）。

（10）平松毅『個人情報保護――制度と役割』（ぎょうせい、一九九九）一五一頁以下、拙著『納税者番号とは何か』（岩波ブックレット三三一号、一九九四）三五頁以下参照。

（11）See, Tax Gap Map in Sweden 2008 (Swedish National Tax Agency, 2008). Available at http://www.skatteverket.se/download/18.225c96e811ae46c823f80001 4872/Report_2008_1B.pdf.

（12）ドイツの電子政府制度と分野別限定番号制――共通番号は憲法違反の実情」ＣＮＮニューズ六二号一五頁以下参照（Available at: http://www.pij-web.net/pdf/cnn/CNN-62.pdf.）。

（13）ドイツ法における自己情報決定権について詳しくは、平松毅『個人情報保護――理論と運用』（有信堂、二〇〇九）参照。平松毅「独逸連邦憲法裁判所ビデオ監視〔ドイツ連邦憲法裁判所第一部第一法廷二〇〇七・二・二三判決〕及び自動車登録番号自動記録装置違憲判決〔二〇〇八・三・一一判決〕」大東ロージャーナル五号所収、同「憲法擁護庁によるインターネットへの侵入・捜索の違憲性――独逸連邦憲法裁判所二〇〇八・二・二七第一法廷判決」大東ロージャーナル五号所収参照。

(14) See, eID Interoperability for PEGS: NATIONAL PROFILE GERMANY. Available at: http://www.epractice.eu/files/media/media2060.pdf.

(15) See, European Commission, eGovernment Factsheets: Austria (February, 2010); Thomas Rössler, A-SIT, The Austrian Citizen Card. Available at: http://www.a-sit.at/pdfs/TRoessler_The%20Austrian%20Citizen%20Card.pdf. 拙論「オーストリアの電子政府と分野別限定番号制――複数の分野別限定番号制採用で徹底したプライバシー保護」ＣＮＮニューズ六二号二一頁以下、拙訳「抄訳　オーストリアの電子政府法〔仮訳〕」ＣＮＮニューズ六二号二九頁以下参照。Available at: http://www.pij-web.net/pdf/cnn/CNN-62.pdf.

(16) Available at: http://www.cao.go.jp/zei-cho/gijiroku/sennouzei/2010/__icsFiles/afieldfile/2010/11/19/sennouzei5kai3.pdf#search=〝番号に関する原口五原則〟。

(17) イギリスの国民ＩＤカード制について詳しくはＰＩＪ「特集――イギリスのＩＤカード法」ＣＮＮニューズ五五号二～三三頁参照（Available at http://www.pij-web.net/pdf/cnn/55.pdf.）。

(18) See, A. D. Mathieson, "Queen set to outlaw ID cards today" Guardian Professional (21 December, 2010). Available at http://www.kable.co.uk/id-card-bill-21dec10?intcmp=239.

(19) ＰＩＪ「イギリスでは、国民ＩＤカード制廃止法案成立、廃止へ」ＣＮＮニューズ六四号二二頁以下参照（Available at: http://www.pij-web.net/pdf/cnn/CNN-64.pdf.）。

(20) See, Damian Green, "Scrapping ID cards is a momentous step", Guardian (21 December, 2010). Available at: http://www.guardian.co.uk/commentisfree/2010/dec/21/scrapping-id-cards-momentous-step.

(21) 共通番号及び国民ＩＤカード制度問題検討名古屋市委員会「国が検討している社会保障・税の共通番号及び国民ＩＤ制度が市民生活に与える影響について（意見書）」（二〇一〇年一二月、http://www.city.nagoya.jp/shiminkeizai/page/0000019547.html.）。なお、本稿は一部、この意見書の筆者執筆部分と重なるところがあることを断わっておきたい。

(22) 二〇一〇年一一月二五日の税制調査会「納税環境整備ＰＴ報告書」、同年一二月の税制改正大綱に盛られた「納税者権利憲章（仮称）」は、財務省役人と税調参加の政府御用達の学者などの手でつくられたため、「納税者義務憲章」のような内容となった。まさに「名ばかり納税者権利憲章」と言ってよい。日本租税理論学会や税界から強い批判を浴びている。日本租税理

論学会　納税者権利憲章問題検討委員会「税制調査会納税環境整備ＰＴ報告書に対する意見書」（二〇一〇年一二月二四日）〔日本租税理論学会編〕『市民公益税制に検討〔租税理論研究叢書二一〕』（法律文化社、二〇一一）所収。拙論「日本租税理論学会　納税者権利憲章問題検討委員会『税制調査会納税環境整備ＰＴ報告書に対する意見書』の解説——「名ばかりの納税者権利憲章」を生んだ土壌」ＣＮＮニューズ六五号（Available at: http://www.pij-web.net/pdf/cnn/CNN-65.pdf.）。民主党政権は、最終的には、二〇一一年末に、この「名ばかり納税者権利憲章」の制定ですら全面的に見送る一方で、課税庁の税務調査権限を格段に強化する国税通則法改悪を成立させた。石村耕治編『現代税法入門塾〔第六版〕』（清文社、二〇一二）第五章参照。

(23)　邦訳としては、例えば、高橋和久訳『一九八四年』（ハヤカワepi文庫、二〇〇九）参照。

(24)　日本弁護士連合会（日弁連）は、人権感覚に富む意見書を出している。日弁連「社会保障・税に関わる共通番号制度の問題点」（二〇一一年三月）（Available at: http://www.nichibenren.or.jp/ja/publication/booklet/data/kyoutsuubangouqa.pdf）、拙論「共通番号制の悪夢——超監視国家構想を許してはいけない」世界二〇一一年九月号参照。

新段階を迎えた番号制度導入問題と納税者の権利

岡田俊明

一　はじめに

納税者番号制度導入の議論が活発化している。自公政権時代の二〇〇九年度政府税制調査会答申が、「納税者番号制度について、国民の利便に資する形での効率的で円滑な導入を目指し、住民票コードや現在議論が行われている社会保障番号との関係の整理等を含め、さらなる具体化に向けた検討を深めるなど、適正・公平な課税の実現に向けて努力すべきである。」[(1)]とし、与党の税制改正大綱[(2)]が、「今後、税制を国民の利便性に配慮して柔軟に設計していく上でも必要不可欠」との認識のうえで、「導入に向けて精力的に議論を行う」とした。そして、同政権による中期プログラム[(3)]と所得税法等の一部を改正する法律の附則一〇四条に、「納税者番号制度の導入を含め、納税者の利便の向上と課税の適正化を図る」との規定を置き、納税者番号制度について、異例ではあるが、法律の中に国会の意思の形で挿入された。

他方、民主党は、同党の税制抜本改革アクションプログラムに、(4)「社会保障給付と納税の双方に利用できる番号制度の早急な導入を進める」という考えを示し、総選挙にむけたマニフェストには、「税と社会保障制度共通の番号制度を導入する」と掲げられた。二〇〇九年八月、政権交代を実現した民主党を中心とする政府(5)は、その最初の税制改正大綱に、「社会保障制度と税制を一体化し、真に手を差し伸べるべき人に対する社会保障を充実させるとともに、社会保障制度の効率化を進めるため、また所得税の公正性を担保するために、正しい所得把握体制の環境整備が必要不可欠です。そのために社会保障・税共通の番号制度の導入を進めます。」と記述した。(6)その後、二〇一一年度税制改正大綱決定の直前には、政府の社会保障改革検討本部が民主党の税と社会保障抜本改革調査会作成の「中間整理」と「社会保障・税に関わる番号制度に関する実務検討会中間整理」を了解している。(7)

そして、東日本大震災を挟んで、二〇一一年四月には「社会保障・税番号要綱」を決定しており、六月に「社会保障・税番号大綱」策定が予定されるなど、納税者番号制度をめぐってはその実現段階を思わせるような様相をみせている。菅民主党政権そのものの存続が不安定化しているとはいえ、国民生活に重大な影響をもたらすと考えられる重要施策が、政権交代を経てなお推進されているわけであり、今日の段階においてこれらの動きを批判的に検討しておくことは、国民・納税者の権利との関係で意味があると考える。

二　納税者番号制度とは

納税者番号制度とは何かは定かではない。本稿では、政府税制調査会がかつて行った次の定義を念頭に検討を加えることとする。

「納税者に広く番号を付与し、各種の取引を行う際に取引の相手方の番号を告知すること並びに納税者及び取引の相手方が税務当局に提出すべき各種の書類に納税者の番号を記載することを義務付けることによって、納税者に関する課税資料を、その番号に従って集中的に整理し、管理する方式である。(8)」

つまり、納税者に番号を付すことにより、納税者の識別や本人確認、申告の数値チェックをコンピュータで効率的に行おうとするものであるが、現在は、税務当局が納税者のさまざまな取引について、その相手方が提出した支払調書や源泉徴収票等と納税者の申告とのマッチング（「住所・氏名」による名寄せ・照合）により、適正な課税を実現しようとしている。これをコンピュータ処理によって効率性を上げようとすると、そのためには何らかの番号制度が必要と考えられていて、それを前提とした仕組みが納税者番号制度と呼ばれるものといえよう。

今日わが国においては、基礎年金番号と住民票コードが生涯不変の番号として人々に付番されている。(9)しかし、基礎年金番号は二〇歳以上への付番であり、金融所得は二〇歳未満にも発生しうるため、基礎年金番号より悉皆的な住民票コードを納税者番号とした方が良いという議論に向かっている。そこでは、住民票コードは在留外国人に付番されていない問題をどう解決するかが課題になるし、(10)なによりも現行法上は、税務当局や民間の利用ができないことになっており、法改正が前提になる。また、基礎年金番号は法律に依拠する制度ではないという問題を抱える（国民年金法一四条は未施行である）。

日本で現実的に活用できる番号はこれら二つの制度のいずれかを活用すべきということで議論されているのであるが、しかし、選択肢はその二つだけではなく、新たに番号を付与する付番機関を設置して行うという方法もある。税務目的の限定的番号制度である。現在、国税庁において稼働するＫＳＫ（国税総合管理）システムは、申告されているすべての個人・法人について行政実務上の整理番号が付番されており、(11)すでに番号制は採用されていると言いうるのであるが、納税者番号制導入論者は全く視野においていない。

三　納税者番号制度の必要性の説明の変化

この制度を導入する理由はどこにあるか。政府税制調査会は、納税者番号制度を導入する理由として次の三つを掲げていた。

①税務行政の機械化・効率化のため
②利子・株式等譲渡益の総合課税のため
③相続税等の資産課税の適正化のため

納税者番号を導入する国においても、情報収集は主として所得情報にとどまり、不動産や貴金属などの資産に関するものまで収集している国はなく、(12)③は実現性に乏しい。また、金融所得を分離して低率で課税する方向（金融一体課税、二元的所得税論）での議論が活発になって、二〇〇四年六月政府税調は金融資産一体課税を番号制とセットで提言している。しかしその後、給付付き税額控除の導入という新たな方向性をもつことで②の理由は影を潜めつつある。(13)

いま一つが、「税務行政の機械化・効率化」であるが、この理由だけで納税者番号制度を導入できるのかという大きな疑問が残るが、国税庁がこれを理由に番号制度導入を要求しているとは、寡聞にして知らない。(14)そこで今日では、「新しい納税者のための税制を構築するために納税者番号制度を導入すること、あるいは納税者番号制度の導入で新しい税制を実現することが必要だ」という考え方が提示されている。(15)現に、旧政権与党の税制改正大綱や民主党の税制抜本改革アクションプログラムでも、「国民の利便性に配慮した番号」や、「社会保障給付と納税の双方に利用できる番号」という切り口で議論がされ始めている。「税と社会保障の一体化」の議論であり、税金に関する番号との印象を薄める効果を考慮したのか「共通番号」という呼称が前面に躍り出ている。しかし、納税者番号制度の導入がその主目的であり、その理由付けが変化してきた過程とみれば理解は容易であろう。

四　番号制をめぐる最近の輻輳した動き

政府内部では、番号制に関わってさまざまな組織が立ち上がっており、国民には非常にわかりづらい動きになっている。

番号制度を直接検討する組織は、政府・与党社会保障改革検討本部が内閣官房に置かれており、その下に番号制度創設推進本部[16]があり、その中に社会保障・税に関わる番号制度に関する実務検討会[17]がある。国家戦略室には社会保障と税の共通番号制度に関する検討会が設けられており、さらに社会保障・税に関わる番号制度に関する実務検討会とIT戦略本部[18]企画委員会の両者の下に個人情報保護ワーキンググループ及び情報連携基盤技術ワーキンググループが設置されている。また、関係すると考えられるものとして、情報通信審議会の情報通信政策部会の新事業創出戦略委員会の中にICT利用活用戦略ワーキンググループがICT[19]利用活用を、IT戦略本部企画委員会の下に電子行政に関するタスクフォースを設けて国民ID制度・企業コードを議論している。さらに、政府情報システム改革検討会も開催[20]されている。

このような複雑に絡んだ議論・検討とは別に、厚生労働省において、「社会保障カード（仮称）」構想が検討されてきた。具体的には年金、健康保険、介護保険、雇用保険の履歴を管理するために、「社会保障番号」を国民に付番することが検討されてきたのであるが、現段階では番号制を前提にしないでICカードのみを導入する方向性を示しているものの、統一番号利用を排除しておらず、二〇一一年度中に導入を目指した。これは、年金の杜撰な管理実態の解決手段として浮上したものであるが、住基カードとの違いは、すべての人を交付対象とし、本人による選択権がなく所持しない選択肢が認められない点にある。社会保障全体を一元化しようとするものであり、個人情報の一元管理に結び付く可能性をもつものといえる。

二〇一一年度はたまたま年金記録システムの更新時期に重なり、また、医療費レセプトが二〇一一年に原則電子化されることに合わせようとしたものである。「社会保障カード」と称するのは、番号制への国民の嫌悪感を払拭する狙いがあるとみられるが、一元管理が行われれば、「盗み見」や行政の恣意的情報利用などのほか、個人情報の大量漏洩のリスクが高まる。しかし、このシステムが、現在検討されている共通番号制とどう関連するかは不明である。

＊政府は、社会保障分野の個人情報を名寄せし、一元的に管理する目的で、「社会保障番号」を創設するため厚生労働省に「社会保障カード（仮称）のあり方に関する検討会」を設置してきた。そこでの「社会保障番号」は、①生涯不変の番号、②付番対象者を在留外国人にまで拡大、③民間利用を前提、④名寄せ・データマッチングのマスターキーたる「共通番号」として利用することを積極的に評価するというもので、住民票コードよりはるかにプライバシー保護への配慮を欠いているとの批判があった。

五　共通番号制度の内容

このような経緯を経てきた番号制度の検討の現段階は、政府においては社会保障と税務に活用することを前提にした共通番号制度の導入という方向性を明確にして進んでいる。

二〇一一年一月三一日に政府・与党社会保障改革検討本部が「社会保障・税に関わる番号制度についての基本方針――主権者たる国民の視点に立った番号制度の構築」（以下「基本方針」という。）を発表し、四月二八日には、社会保障・税に関わる番号制度に関する実務検討会が「社会保障・税番号要綱」（以下「要綱」という。）を策定した。そして、この六月にも「社会保障・税番号大綱」を策定して、二〇一一年秋以降に法案提出、二〇一四年六月に付番、二〇一五年一月からの導入というスケジュールが公表されている。(21)

そこで、これまでに示されたこの番号制度の内容を、以下に要約して紹介しておきたい。

基本方針は、国民が行政に抱いてきた不満は、行政機関に蓄積される個人情報が同一人の情報であるということの確認を行うための基盤が存在しないことと決めつけ、その「基盤は、情報化された社会には必要不可欠なインフラ」であるとする。そして、番号制度が「かかる基盤を提供する」として、①より公平・公正な社会、②社会保障がきめ細やか且つ的確に行われる社会、③行政に過誤や無駄のない社会、④国民にとって利便性の高い社会、⑤国民の権利を守り、国民が自己情報をコントロールできる社会の五点を掲げ、その実現を理念とするとしている。そして、この社会基盤の構築には三つの仕組みが必要としている。(22)すなわち、

①付番……国民一人ひとりに唯一無二の民―民―官で利用可能な見える番号

②情報連携……複数の機関の管理する同一人の情報に紐付けし、相互に利用する仕組み

③本人確認……個人・法人の利用者の本人確認（公的認証）の仕組み

だという。

その場合、個人については「住民基本台帳ネットワークを活用した新たな番号」とし、法人については「登記申請にかかる会社法人等の番号を活用した番号」とし、個人番号は「みだりに公開されたり、流通させたりすることのないよう」にするが、法人番号は「自由に流通させることができ」るものとし、容易に「検索、閲覧等ができる」ことを想定している。付番機関は、創設が課題とされている「歳入庁」としつつ、当座は個人は総務省、法人は国税庁が担うとしている。本人確認は、住民基本台帳カード等を改良して活用するとする。

要綱[23]は、番号制度導入のためには、制度の基本理念、国・地方と国民の責務、番号付番と通知、利用事務、本人確認の在り方、個人情報の保護、情報連携の仕組み、国民に交付されるＩＣカード、施行期日や施行準備行為について、「法律又は法律の授権に基づく政省令に規定する必要がある」としている。ところで、この番号がどのように利活用がなされるかは極めて重要な問題であるが、行政機関における利用事務の特定については、「各事務を所掌している関係各府省において検討が進められており、その具体的な利用事務については、本年六月に公表を予定している『社会保障・税番号大綱（仮称）』において示すこととする」と、先送りした。この大綱の名称が示すように、少なくとも税と社会保障分野で番号活用を目指すものであることは明瞭であって、とりわけ税の分野での活用が明らかになることによる国民の反発というデメリットが、最終結論の提示を慎重にさせているように思われる。

六　なぜ社会保障と税分野から番号利用か

基本方針は、「当面の利用範囲としては、主に社会保障と税分野で」「利用場面等を想定して制度設計を進めることとする」と、その理由を示さないまま方向性を明らかにした。基本方針に先立って、二〇一〇年一二月三日に「社会保障・税に関わる番号制度に関する実務検討会中間整理」（以下「中間整理」という。）が公表されている。そこでは、「番号制度の活用により、所得情報の正確性を向上させることができ、それをベンチマークとして、社会保障制度や税制において、国民一人一人の所得・自己負担等の状況に応じたよりきめ細やかな制度設計が可能となり、これに伴うより適切な所得の再分配を行うことができるようになる」と説明されていた。つまり、「所得情報の正確性の向上」が最大の目的とされていたのである。

そして中間整理は、利用範囲について論点整理して選択肢を示している。それは、Ａ案（ドイツ型）…税務分野のみ、B—1案（アメリカ型）…税務分野＋社会保障分野（現金給付のみ）、B—2案（アメリカ型）…税務分野＋社会保障分野（現金給付＋現物サービス）、C案（スウェーデン型）…広い行政分野で利用、というものであった。基本方針が採用したのは、これらの案のうちB案（1か2かは示されていない）である。それは前記の理念として掲げた五つの目指すべき社会実現に照応させたものと思われるが、これは検討の結果というよりは、検討の当初から目標と定められていたものである。

では、こうした番号制度の導入で、「所得情報の正確性の向上」は図られるのであろうか。ここでいう「所得情報」には、二つの側面が内包されていると思われる。一つは、課税庁が保有する個々の国民の「所得情報」が社会保障分野で利用可能となるかという問題であるが、これは番号制度の問題ではなく、社会保障制度の設計の問題なのであって、同時に、社会保障分野への税情報の活用の是非が議論され制度化が図られる必要があろう。課税情報の目的外利用と守秘義務の問題、個人情報保護との関係が議論される必要がある。いま一つは、課税庁における個々の納税者の所得把握（つまり申告所得の正否）に役立ちうるものかという問題であり、その是非は次節で論じるが、この問題に帰着するということは、結局のところ共通番号制度とは「納税者番号制度」を意味するのである。

七　納税者番号制度で所得把握は可能か

納税者に生涯不変の番号を付番することで、所得課税において個人別に所得の完全把握は可能かについて検討したい。そして、「納税者番号神話」ともいうべき状況が、学者や専門家の間においてさえ蔓延しているとみられることから、事実を客観的にみる必要を指摘しておきたい。

かつて非課税貯蓄限度管理のための「グリーンカード制度」が頓挫したことが思い起こされる(24)が、この際に問題だったのは、税務署で限度管理のための名寄せができないことであった。制度が稼働せずに廃止されたには、個人のプライバシー保護の議論があったとはいえ、限度超過して制度を悪用する富裕層が所得（保有資産）把握を嫌悪したことがあったといわれている。当時は、限度管理のための名寄せが税務署でできないと考えられていたのであるが、実は、税務署の書庫に非課税申告書が山積み状態に放置されていたのであって、「やる気がなかった」ことにあったのである。

結局、大型間接税導入議論とセットで少額預貯金非課税制度は原則廃止されたが、その後は総合課税のために、そして「貯蓄から投資へ」という政策目的に沿う形で「金融一体課税」や「二元的所得税論」が議論され、番号制が不可欠とされてきた。つまり、損失を損益通算したり、繰越したりするインセンティブは働くが、利益は表面化しない可能性があるので番号制導入が必要であると論じられた。税務署での資料情報の名寄せ・照合（マッチング）作業の問題であり、番号制は有効とされたのである。

この点は、資産異動資料だけの問題ではない。売上げや仕入れなどの取引資料も同じである。そうすると、問題は二つで、①資料情報が納税者個人に名寄せできるか、②名寄せされた資料を確定申告内容と照合し突合できるか、である。前者は提出された資料情報の精度の問題であり、質問検査権の発動として「法定資料監査」が行われることで担保される。さらには、国税庁のＫＳＫシステム内の資料情報システムには名寄せシステムがあり、番号がなくとも名寄せ可能である。今日、金融商品については本人確認が行われており、古いものは別にすると仮名取引は難しくなっている（家族借名等は可能だが、解明調査は不可能ではない）。(25)

後者は「やる気」の問題である。税務署内部では、「資料総合」「申告審理」と呼ばれる作業で、資料情報と申告情報との照合作業が手作業で行われるのであるが、ここでの問題は、第一に、完全に実施する事務量を確保するかの問題であり（調査事務量確保が至上命令となっており、この事務のかなりが省略されてきた）、第二に、資料を活用する意思があるかが問われ（資料情報を紙ベースに印字することを相当程度省略しており、必要な都度印字し照合することとしているため、日の目を見ない膨大な資料情報が消失している可能性がある）、第三に、自動マッチングシステムが構築されていない（KSKシステムに入力されている申告情報が不足しており、例えば、所得税申告書では第二面の情報や収入・源泉内訳情報が入力されない）ことである。三番目の問題は、予算が不足していることだけにはその理由は求められない。法定資料制度（情報申告制度）は、税務署に提出されているということで一定の担保機能が発揮されており、これをマッチングしてもその大部分を無駄な作業に終わらせるとの判断があるのかもしれないからである。

個人・法人の事業に関していえば、すべての売上げ・仕入れや費用の資料情報を収集することは不可能であり、例えば、一般消費者を顧客とする小売業やサービス業の売上げに関して、消費者が税務署に資料情報を提供することには無理があるから、したがってマッチングはもともと不可能である。(26)とすれば、仮に、いわゆる「クロヨン」議論を前提にしたとしても、コンピュータでの所得捕捉は無理なのであって、番号制万能とはならないことは明瞭である。

さらに、資産異動資料についても、例えば株式譲渡資料からは売却価額を把握できても取得価額を個別に対応させ把握できるわけではないので、所得計算（マッチング）は不能である。足の早い金融所得の国際的な移動を把握するのは困難であるが、国内でみても同一人の年間数千回数万回の売買などを把握し計算するのは至難と言わざるを得ない。

ここで問われるのは、納税者にどのような資料情報提出を義務付けるのか、申告納税制度の下で課税庁がどのような視点でどのように重点的調査を実施するかではなかろうか。悉皆調査は今日では不可能であるから、そこでは実調率が問題になるのではなく、申告納税制度を担保する機能確保の手法・手段が課題になる。(27)

を含め国民合意の難しさにある。

八　プライバシーは守れるか

納税者番号をめぐる議論は、一九七九年度税調答申に始まり、すでに三〇年を超える時間を経てなお慎重にならざるを得ないのは、問題が納税者のプライバシー保護など納税者の権利保護に関わっており、国民総背番号制への不安を含め国民合意の難しさにある。

共通番号制度は、「見える番号」を求めており、民―民―官の利用を想定している。さらには、社会保障と税に利活用を限定されるとしても、情報の一元化、集中化は個人のプライバシーが脅かされる可能性が高まるから、その導入はより慎重であるべきはいうまでもない。すなわち、納税者の財産や取引に関する情報が課税当局に集中的に捕捉されることや、課税当局に集積された個人情報が漏えいする危険性に対する懸念である。これらのプライバシーに関する懸念を具体的にあげれば次の点に帰着しよう。

①行政内部でも情報の流出が数多く発生しており、公務員の守秘義務だけでは個人情報は保護されない。

②納税者番号制度が導入されると、個人の税務に関する情報が課税庁に収集され、その利用に際し個人のプライバシーが流出・侵害される恐れが生ずる。

③年金制度一元化に際して、関係行政機関でも納税者の個人情報を利用できることになれば、利用方法の規制措置を講じても、納税者のプライバシー流出・侵害の危険性は残る。

④納税者番号が銀行等金融機関で利用されると、民間部門でもこれを利用したデータベースが構築され、個人情報（プライバシー）の商品化による納税者のプライバシーの権利侵害など社会問題すら生じかねない。

これに、政府における議論はどのように答えているであろうか。

表1　国民の懸念への対応（社会保障・税番号要綱）

懸念の類型	制度上の保護措置	システム上の安全措置
①国家管理への懸念	・第三者機関の監視 ・自己情報へのアクセス記録の確認	・個人情報の分散管理 ・「番号」を用いない情報連携
②個人情報の追跡・突合に対する懸念	・法令上の規制等措置 ・第三者機関の監視 ・罰則強化	・「番号」を用いない情報連携 ・アクセス制御 ・個人情報及び通信の暗号化
③財産的被害への懸念	・法令上の規制等措置 ・罰則強化	・アクセス制御 ・公的個人認証等

二〇一〇年一二月の中間整理においては、「個人情報保護の必要性」の項を立て、情報の漏えい・濫用の危険性、国民のプライバシーの侵害やなりすましによる深刻な被害が発生する危険性に言及し、「もし、様々な個人情報が、本人の意思による取捨選択と無関係に名寄せされ、結合されると、本人の意図しないところで個人の全体像が勝手に形成されることになるため、個人の自由な自己決定に基づいて行動することが困難となり、ひいては表現の自由といった権利の行使についても抑制的にならざるを得ず（萎縮効果）、民主主義の危機をも招くおそれがあるとの意見があることも看過してはならない。」としていた。この認識は当を得ているが、問題は対応策である。

中間整理は続けて、「番号制度の導入に当たっては、国民が自己情報をコントロールできる仕組みとしつつ、情報漏えいなどをしっかりと防ぐ対策を講じる」としていた[28]。これを社会保障・税番号要綱は、国民の懸念への対応として、表1を示して、「より一層高度な個人情報保護を図る」としている。具体的には、

・番号

個人に付番する番号は、「住民票コードと一対一で対応する新たな番号」とし、「番号」の変更を請求できるものを検討する。「偽りその他不

正の手段により『番号』が取り扱われた場合等においては、失効させることができる」。法人に対しては、「法人番号」を付番。

・本人確認等

「ＩＣカードを活用した本人確認及び『番号』の真正性の確認を基本としつつ、手続ごとに要求される本人確認等の厳密さのレベルが異なることから、番号法には規定せず、個別法等で個別に規定する」。

・告知義務等

告知を義務付け、「正当な理由なく、本人確認等義務、告知義務、告知要求制限、虚偽の告知の禁止に違反した場合について処罰する規定を社会保障又は税務の個別法上に設けることを検討する。」

・閲覧、複製および保管等の制限

行政機関等の職員等は、「『番号』に係る個人情報を閲覧し、複製し、又はこれが記録されたデータベース等を作成してはならない。」

・個人情報へのアクセス

「当該個人に開示を行っても事務の適正な遂行に支障を及ぼすおそれがない情報については、マイ・ポータル(29)上で開示できるものとする。」「上記に該当しない情報についても、開示請求手続、訂正請求手続及び利用停止請求手続をマイ・ポータルを経由して行うことができることとする。」

・アクセス記録

「情報保有機関による、情報連携基盤を通じた『番号』に係る個人情報のやりとりについて、その日時、主体、情報の種類、根拠等を、個人自ら確認できる仕組みを設けることとする。」

・情報連携

情報保有機関は法的根拠に基づき、「①事務の種類、②提供する情報の種類、③当該情報の提供先等を規定した上で、情報連携基盤を通じて当該情報を提供することができることとする」。番号は、『『民―民―官』で広く利用される『見える番号』であることから、個人情報保護の観点から、これを直接、個人を特定する共通の識別子として用いてはならない」としている。

・第三者機関

「内閣総理大臣の下に、番号制度における個人情報の保護等を目的とする委員会を置」き、『『番号』に係る個人情報の取扱いの監督等を行う」。資料請求・説明を求める権限、苦情に対する相談・調査の権限、事務所等への立ち入りと質問・検査の権限、実地検査の権限、助言・指導の権限、法令違反に対する勧告と措置命令の権限、措置実施勧告の権限、行政機関等の「接続する部分」の稼働前監査と情報連携基盤の随時監査の権限、「番号制度又は同制度における個人情報保護のための方策に関する重要事項について、内閣総理大臣に対して意見を述べる」権限などが付与される。

・罰則

職員等による情報の漏洩・登用、職権を濫用した情報の収集、守秘義務違反、職員等以外には情報の漏洩・盗用・取得・虚偽記録のほか報告拒否・調査忌避・虚偽陳述などへの罰則を設けることの「検討を進める」としている。この内容は、プライバシー問題に対応したものであることは評価できる。

プライバシーの権利は、憲法一三条で保障された人権であり、その内容は「自己の情報をコントロールする権利」であることは、学説上有力な見解であるだけでなく、判例においてもその請求権的側面を認めている(30)。日本弁護士連合会は、自己情報コントロール権を情報主権として確立すべきことを提言してきたが、法原則として事前告知と同意権、情報の匿名化と不必要な個人情報の収集制限（データ回避の原則、データ節約の原則）を確立すること、業務分野を超えた共通番号を設定しない、プライバシー影響評価の事前義務付け、行政から独立し調査権限等を具備した第三者機関（プライバシー・コミッショナー）による情報監視システムの構築などを求めている。[31] 要綱で示された番号制度の内容は、この水準に照らして未だ不十分であり、不徹底である。

九　行政法学上の問題

いずれの方式にせよ番号制の導入は、まぎれもなく行政過程に大きな変化をもたらそうとするものである。これを単に技術的な問題と済ますわけにはいかない。行政機関の活動には権力的行政と非権力的行政があるが、そのいずれにおいても民主的統制をいかに実現するかが行政法学の関心事であった。今日、社会保障と税務の分野に限って番号制を導入する議論が活発であるが、社会保障の分野は広くしかも主として給付行政である。税務行政の分野は税の賦課徴収という規制行政（侵害行政）の領域である。この双方の領域を国民サービスの拡充という概念で貫き、そのキーワードを番号制とするとき、給付行政と規制行政という二分論を没価値的に捨象してしまうのではないかという危惧の念を覚える。

加えて、社会保障と税務への番号制の導入は入口であって、いずれ行政全般への拡大が狙われているとするなら、さらに問題は深刻である。行政法学は、現代行政の特徴をおさえつつ、それの授権と統制の法理を具体的に見出すことによって、国民の民主的監視を免れる領域を可能な限りなくすことを課題とするものと考える。そうすると、現代行政の肥大化、すなわち情報の過度な集積の条件下で、番号制をキーとして行政改革が進行するなら、きわめて危険な方向性をもつことは明らかであって、法律による行政の原理の徹底が求められる。したがって、憲法が予定する国民の人権保障と行政の民主的統制によって、行政機関による行政活動が国民の権利保障のために有効なものとして確保されるべきである。

高度情報社会における行政には、個人情報管理を規律する法的仕組みが不可欠であって、ようやく、個人情報保護制度が確立されたばかりである。それは、行政機関等の情報保有は特定目的のために必要最小限の範囲においてのみ許容されるという思想に基づいている。前節でみた要綱の内容は、個人情報保護法制を発展させる内容をもつといえるが、大綱でどこまで具体化できるか注視しなければならない。とはいえ、要綱が示す方向は「社会保障と税」という限定的なものというより、わが国の行政に共通する法的枠組みの性格をあらわす以上、問われるのはやはり納税者番号制の導入の必要性である。

一〇　まとめ

情報セキュリティとは、データや情報システム等を、正当な利用者のみが必要な時に利用できるよう、正確で完全な状態に保つことである。近年、この情報セキュリティに対する脅威として「サイバー攻撃」「サイバーテロ」が言われ、不正アクセスやサービス妨害、コンピュータ・ウイルス等の、情報システムやネットワークを使った電子的な攻撃が発生している。ハッカーによるＳＯＮＹのオンラインサービスからの情報流出が発表され[32]、全世界で七七〇〇万件と過去最大規模の不正アクセスによる情報漏えいとなった。その後、国際通貨基金（ＩＭＦ）のコンピューターシステムが、長期にわたりサイバー攻撃を受けていることが明らかになっており、「外国政府と結びついたハッカーによる攻撃で、電子メールや内部文書が流出した」という報道もある。さらには、米中央情報局（ＣＩＡ）のＨＰが、サイバー攻撃により一時開けない状態となっていた。各国の政府機関がサイバー攻撃の標的になっている。高度情報化社会あるいは高度情報通信ネットワーク社会の危険性と脆弱性が表面化している。失われた情報が、回復することはほとんど困難である。

本稿は、政府によって納税者番号制度の導入の挑戦が幾度も繰り返された末、今日、民主党内閣の下で実現に向けてかつてない具体化作業が進行していることを指摘しつつ、その問題点を明らかにしようとした。その特徴は、社会保障と税務の分野に使用する番号制に限定しつつ、その基盤は行政のあらゆる分野に拡大可能な仕組みを用意しようとしている点にある。国民の合意を得るためのインセンティブとして、社会保障分野での導入メリットを示そうとしているが、目標は税務分野での番号制＝納税者番号制である。

実際、この「共通番号」によって税務分野でできることとは、「所得の過少申告や扶養控除のチェックを効率的に行える。これにより社会保障の不正受給や税の不正還付等を防止することができる」（基本方針）程度のことであり、納税者の申告等の負担軽減として添付書類の省略など具体的に示し得たものは、①住宅ローン控除、②住宅資金の贈与を受けた場合の贈与税の特例、③居住用財産を買換えた場合の課税の特例、④相続時精算課税の選択に係る届出、⑤事業用資産を買換えた場合の課税の特例だけである。これらは、該当例が少ないか、一時的な申告に係るものであり、そのメリットは大きなものではない。コストパフォーマンスを考慮すれば、その導入には大きな疑問が残る。

納税者番号制度が真に必要であるなら、その理由を明示すべきであるがこれまでそれがなしえていない。導入それ自体が自己目的化している。日本の税務行政は相当高い水準を維持していると考えるが、すでに税務実務では事実上の番号制が稼働している現実をどう評価するのか。いわゆる電子政府を否定するつもりはないが、番号制なしにはあり得ないとする論理は否定したい。国民生活に重大な影響があるだけに、やはり、拙速は避けるべきである。

〔**補遺**〕本稿の脱稿直後の二〇一一年六月三〇日、政府・与党社会保障改革検討本部は、「社会保障・税一体改革成案」を決定

し（閣議決定はできなかった）、同時に「社会保障・番号大綱」を決定した。その内容は、本稿に変更を加えなければならないものではなかった。ただし、若干の追加を行っておきたい。

大綱は、「番号を告知、利用する手続の範囲」（二七頁）として、①年金分野、②医療分野、③介護保険分野、④福祉分野、⑤労働保険分野、⑥税務分野、⑦その他として、六分野＋一をあげ、その他の項には自治体独自の社会保障や税の手続とあわせて震災等の緊急対応が盛り込まれている。大災害時にも番号制は有効に機能しうるとするのである。これも番号制導入のインセンティブとしたいのであろう。また、税に関する事務手続の簡素化、負担軽減になるものとして、本稿の最後に紹介した基本方針の五項目は、大綱では一三項目に増えたが、ほぼ同類のものであり目新しいものは付加されていない。かえって、事業用資産を買換えた場合の課税の特例に係る確定申告手続が消えてしまっている。

筆者は、本稿において番号制で所得把握が可能かを問うたのであるが、大綱は、「番号制度の限界」について触れ（一九頁）、「例えば、全ての取引や所得を把握し不正申告や不正受給をゼロにすることなどは非現実的であり、また、『番号』を利用して事業所得や海外資産・取引情報の把握には限界があることについて、国民の理解を得ていく必要がある。」と記述した。期せずして筆者の指摘が大綱そのもので裏付けられたことになろう。

（1）二〇〇八年一一月二八日。
（2）二〇〇八年一二月一二日。
（3）二〇〇八年一二月二四日閣議決定「持続可能な社会保障構築とその安定財源確保に向けた『中期プログラム』」。
（4）二〇〇八年一二月二四日。
（5）二〇〇九年八月三〇日投票の第四五回衆議院議員総選挙を経て、民主党は三〇八議席を獲得して社会民主党と国民新党との合意により、同年九月一六日に鳩山連立政権が発足した。
（6）二〇〇九年一二月二二日閣議決定「平成二二年度税制改正大綱～納税者主権の確立へ向けて～」。
（7）二〇一〇年一二月一〇日。
（8）一九八八年一二月一三日、政府税制調査会納税者番号等検討小委員会報告。
（9）ただし、住民票コードは、変更可能である（住基法三〇条の三）。

(10)　在留外国人管理三法（住基法・入管難民法・入管特例法）改正案が、二〇〇九年七月八日に成立し、外国人登録証を廃止して、新たに「在留カード」（在日韓国・朝鮮人には「特別永住者証明書」）を交付することとされた。三年以内に実施するとされ、二〇一二年七月頃に予定されている。

(11)　その法的根拠は定かではない。

(12)　財務省のHPには、納税者番号制度のサイトが設けられている。「主要国における法定資料制度の概要」参照（http://www.mof.go.jp/tax_policy/summary/tins/n05.htm）。

(13)　納税者番号制度導入論の変遷については、岩田陽子「納税者番号制度の導入と金融所得課税」調査と情報四七五号（国立国会図書館、二〇〇五）二頁以下参照。

(14)　実は国税庁は一度だけ、不公平税制の是正をはかるため利子・配当所得の総合課税移行が可能になる条件を整備する目的から、一九七八年九月、金融資産の本人確認並びに利子・配当所得の一人別名寄せの必要性から納税者番号制を税制調査会に提案している。グリーンカード頓挫の結果、埼玉県朝霞市にADPセンターをもつことになり、のちのKSKシステムにつなげて、事実上の番号制を稼働させている。

(15)　「新しい租税政策」を唱える森信茂樹教授（中央大学法科大学院）の議論はその典型である（同教授のHP参照）。森信教授は主税局総務課長の経歴を持ち、給付付き税額控除導入の積極推進の旗振り役といえる。

(16)　本部長は菅直人首相。

(17)　座長は与謝野馨社会保障・税一体改革担当相。与謝野氏は、麻生内閣で「安心保障番号／カード」にかかわった安心社会実現会議の責任者。

(18)　高度情報通信ネットワーク社会推進戦略本部。本部長は菅直人首相。自公政権時代にe-Japan戦略などを決定した。政権交代後も組織は存続し、二〇一一年五月一一日には、新しいIT戦略「新たな情報通信技術戦略」を決定している。

(19)　ここでいうICT（Information and Communication Technology）は情報通信技術と和訳され、ITにコミュニケーション（共同）性が具現され、ネットワーク通信に情報と知識の共有を念頭にしたものと考えられている。

(20)　総務省行政管理局長の検討会。二〇一一年三月二日には、「政府におけるITガバナンスの確立・強化に向けて」の提言がまとめられている。

(21) 本稿執筆時点（六月一七日現在）では、社会保障・税番号大綱は策定に至っていない。
(22) 民間取引で使用された番号記載の支払調書が、国・地方に提出されることが想定されている。
(23) 要綱は、東日本大震災の後に策定されたこともあり、大震災時の積極的な支援に活用できるものとしつつ、具体的には大綱に示すとした。
(24) 一九八〇年三月に所得税法等一部改正により導入されたが、八三年に法施行が延期され、八五年三月に廃止となった。
(25) ＫＳＫシステムにおいては、個人・法人のすべての申告書は税務署ごとの整理番号が付番されており、すでに番号を利用した納税者管理が行われている。加えて、納税者の納税地が異動になった場合でも、その納税者のデータが新たな所轄税務署の整理番号の下に移管される。これは「全国登録」という機能によるものであるが、コンピュータ内では不変の全国統一番号が存在すると同様に機能している。
(26) 森信茂樹教授は、オーストリアの状況に関して、「クロヨン対策と番号制の導入とは基本的に関係ないこともわかった。事業者の所得捕捉の問題は、収入面というより経費面で生じており、番号制度を導入したところで、経費が個人用なのか事業の経費なのか、その判別は不可能である。別途税務調査の厳格化で臨んでいるとのことであった。」と報告している（森信茂樹「番号制度の議論を急げ」月刊資本市場三〇三号（資本市場研究会、二〇一〇）六一頁）。
(27) なお、我が国の資料情報制度の問題については、岡田俊明「税務資料情報をめぐる法的諸問題」青山社会科学紀要第三九巻二号（二〇一一）五五頁以下を参照されたい。
(28) 社会保障・税番号要綱四頁。
(29) マイ・ポータルとは、情報保有機関が保有する自己の「番号」に係る個人情報等を確認できるように、かかる情報を、個人一人ひとりに合わせて表示する電子情報処理組織をいう。
(30) 「人格的利益を侵害された被害者は、また、加害者に対して現に行われている侵害行為の排除を求め、あるいは将来生ずべき侵害の予防を求める請求権をも有する」（「エロス＋虐殺」事件（東京高決昭四五・四・一三高民集二三巻二号一七二頁））。
(31) 二〇一〇年一〇月八日、第五三回人権擁護大会「『高度情報通信ネットワーク社会』におけるプライバシー権保障システムの実現を求める決議」参照。
(32) 二〇一一年四月二六日。

相続税法連帯納付義務にかかる第二次納税義務の諸問題

本村大輔

一　はじめに

今日相続税法においては、相続税法における連帯納付義務それ自体の存立根拠から本稿で扱う確定手続の要否まで様々な議論がなされている。また、国税徴収法も第二次納税義務をはじめとして多様な議論を生んでいる。そこで、本稿においては、相続税法における連帯納付義務への確定手続の必要性と連帯納付義務と第二次納税義務の重畳的適用の可否について検討をくわえたい。相続税法三四条一項には、「同一の被相続人から相続又は遺贈（法二一条の九第三項の規定の適用を受ける財産に係る贈与を含む。以下この項及び次項において同じ。）により財産を取得したすべての者は、その相続又は遺贈により取得した財産に係る相続税について、当該相続又は遺贈により受けた利益の価額に相当する金額を限度として、互いに連帯納付の責めに任ずる。」との規定がある。この規定にかかる第二次納税義務の問題として、大阪地裁平成一九年一二月一三日第七民事部判決・判タ一二六九号一六九頁（以下、平成一九年判決）は相続税法、徴収法上の今日的課題を創出した。上記判決は、第二次納税義務の要件に詐害意思を要するか否かという問題を主たる争点として判示しているのであるが、筆者はもう一点の大きな問題を提起したと解している。すなわち、相続税法三四条一項における連帯納付義務者が徴収法三九条所定の「主たる納税義務者」にあたるか否かという問題である。この問題は相続税法上の連帯納付義務者の法的安定性・予測可能性ひいては徴収法三九条の第二次納税義務者の法的安定性をいかに保護するかという手続的保障を問うものである。なお、本稿は、日本大学大学院法学研究年報へ寄稿させていただいた論文を再編したものである。

二　相続税連帯納付義務規定に関連する第二次納税義務の問題性

相続税法においては、その存立根拠をはじめ様々な議論が存在する。たとえば、自分は自己の税額を納付したにもかかわらず、他の相続人が延納をし、結果として五、六年後に納付できなくなった場合、突如として連帯納付義務が求められる。また、相続開始直後、遺産に含まれている株式が暴落し、申告時にはほとんど無価値になっていても救済措置がなく、現行法では、自己の資産を処分して納税するしかない等の問題が多く存在する(1)。

そこで、本稿においては、前述連帯納付義務の法的性質および適正な手続、また、相続税法三四条を経由した徴収法三九条の制限的適用について平成一九年判決を主な題材としつつ考察を加えることとしたい。すなわち、上記判決は、相続税の連帯納付義務者から財産の贈与又は遺贈を受けた原告らが、金沢国税局長がした徴収法三九条に基づく第二次納税義務の告知処分及び督促処分は、いずれも違法であるとして、その取消し又は差押処分の取消しを求めるとともに、差押えにより取り立てられた金員につき、不当利得の返還と国家賠償法に基づく損害金の支払いを求めた事件である。

ここにおいて注目されるべきは、①相続税法三四条所定の連帯納付義務者には、国税通則法一五条および一六条の確定手続が要しないのか、②国税徴収法三九条所定の「主たる納税義務者」に相続税法三四条一項の連帯納付義務者が該当するのか、という問題である。

すなわち、相続税法三四条は各相続人等に対して「連帯納付の義務」を課しているが、現行の各税法上には、その「責」の履行に関する具体的手続きに関して何らの規定もしていないために、自らの納税義務でない他の納税義務を負うこととなる連帯納付義務者および第二次納税義務者の権利をいかに保護するかが問題となる。換言すれば、このような特殊な納税義務を負うこととなる者の権利を適正手続においていかに保障するのかが本稿での問題となる。

一方で、連帯納付義務制度自体についての批判的考察として、三木義一教授は以下のように指摘する。(2) 同教授は、相続税法の基本原理を概説することによって、相続税法そのものの存立根拠の再検討を行い、相続税法は制度疲労に陥り、税体系としての整合性や合理性が失われていることを指摘する。つまり、今日の相続は「争続」といわれることがあるほど利害が対立し、分割の慣習が「確立」している。むしろ、『相続税制改正に関する税制特別調査会答申』が前提とした牧歌的な共同相続人関係は今日ではほとんど期待できず、現行相続税法がこの答申を前提としているために、課税実務上の多くの弊害を生じさせているというものである。このような観点から、相続税法が前提としている連帯納付制度は共同相続人相互の強い連帯関係を背景としなければ合理化はできず、相続税の連帯債務制度は相続税創設以来続いてきているが、遺産そのものに着目する遺産税方式の下ではともかく、取得税方式に切り替わったシャウプ税制で本来は廃止されるべきであろうとの見解を主張される。なお、判例が前提とするような牧歌的相続人は現実にそくしないことはもとより、そのような者に連帯責任を課していることがさらに問題を複雑にしており、それらの問題の基礎には課税方式の問題があること、その意味で、相続税制度は抜本的に見直す時期にきていることを指摘しておられる。(3) また、連帯納付義務制度に対して、日本税理士連合会は、「相続税の延納は税務行政庁がその権限の下に担保を徴収した上で許可しているのであるから、その後は税務行政庁が徴収についての危険を負担すべきである。したがって、相続税の連帯納付義務は直ちに廃止すべきであり、仮に直ちに廃止できない場合には一定の期間制限を設け、延納の許可があった場合には、その時点で連帯納付義務を免除すべきである」[4]とするが、このことは税法学的に真摯に受け止められなければならない[5]。

そこで、平成一九年判決における連帯納付義務者に対する滞納処分の可否にかかる原告の主張は、徴収法三九条は、第二次納税義務は「滞納者」の国税につき、「滞納処分」を執行してもなおその徴収すべき金額に不足することが要件として規定されていることからすれば、主たる納税義務者に対し、「滞納処分」をなし得ることが、徴収法三九条を適用の要件として必要になるというべきである。そして、徴収法四七条一項は、差押えの前提として督促を必要としているところ、連帯納付義務については、督促を行う法律上の根拠がないから、滞納処分を適法にすることはできない。また、通則法三七条一項に基づき本件連帯督促処分を行っているのは、連帯納付義務が通則法一五条及び一六条の「国税を納付する義務」に該当しないことと矛盾するとしたうえで、連帯納付義務に通則法一五条及び一六条の適用がない以上、通則法二条で「国税を（略）納める義務」がある者とはいえず、通則法三七条一項の「納税者」にも該当しないと解釈すべきである、とするものである。

そこで、判旨は連帯納付義務者に対する滞納処分の可否について以下のように述べる。

「通則法二条五号が「納税者」について第二次納税義務者及び保証人を除くと規定していることを根拠に、同法は固有の納税者の納税義務の成立、確定及び納付等についてのみ規定していると理解し、連帯納付義務には通則法一五条及び一六条が適用されないという解釈を採るのであれば、連帯納付義務者は、同法三七条一項の「納税者」にも含まれないと解するのが論理的であろう。しかし、……連帯納付義務者は、国税に関する法律（相続税法）の規定により国税を納める義務がある者であり、特段の除外規定もない以上、同法二条五号の「納税者」に当たり、……同法三七条一項の「納税者」として、督促の対象者になると解される。ここで、連帯納付義務者に同法一五条及び一六条が適用されないこととの関係が問題となるが、連帯納付義務は、……各相続人等の固有の相続税納付義務が確定すれば、法律上当然に発生するものであり、固有の相続税納付義務とは別の確定手続が必要ないため、国税の納付義務の確定（第二章）に関する同法一五条及び一六条は適用されないが、国税の納付及び徴収（第三章）に関する三七条については、連帯納付義務を他の国税と扱いを異にする必要はないから、同条の「納税者」に連帯納付義務者も含まれると解されるのである。」

この点、後に詳述するが、筆者としては、適正手続きの観点から上記の判旨には賛成しえない。結論的にいえば、連帯納税義務者とは自らの納税義務でない納税義務を負うこととなった者であり、本来の納税義務者とは区別され、その手続的保障は租税法律主義により厳格に担保されるべきである。仮に、判旨のように連帯納付義務者を国税通則法二条五号にいう「納税者」とするのであれば、論理上当然に通則法一五条および一六条の適用があるべきである。他方で、督促処分適法性について昭和五五年判決が誤用されているとして、連帯納付義務者には、督促処分において具体的納付責任の範囲を明らかにしなければならないとする見解もある(6)。

次に、原告は、第二次納税義務の制度は、詐害行為の取消しという訴訟手続を経ることなく、一定の限度で直接納税義務を負わせて、実質的には詐害行為を取消した場合と同様の効果を得る目的であるなどとして、徴収法三九条の適用は、詐害行為又はこれに準ずる場合に限定されると主張する。

それに対し、徴収法三九条の適用が、滞納者から譲受人への譲渡が詐害行為又はそれに準ずる場合に限定されるか否かについて判旨は以下のように述べる。

「徴収法三九条の規定する第二次納税義務は、滞納者による無償又は低額の財産譲渡のために、納税者の財産につき滞納処分を執行しても徴収すべき額に不足すると認められる場合において、一定の要件のもと、当該第三者に対して補充的、第二次的に納税者の納税義務を負わせる制度であるから、債務者の一般財産が当該債務者の法律行為により不当に流出し、そのために弁済資力が不足した場合に、一定の要件のもとで、当該法律行為を取り消して当該流出財産を回復する詐害行為取消権（通則法四二条、民法四二四条）と類似する制度である。しかし、詐害行為取消権は国税の徴収に関して一般的に準用されるから（通則法四二条、民法四二四条）、徴収法三九条の第二次納税義務は、詐害行為取消権からは独立した存在意義を持つものとして規定されたと解すべきであり、現に、徴収法三九条の規定する第二次納税義務は、詐害行為取消権に比して、当該財産の流出が、法定納期限から一年前の日以後の無償又は低額の財産譲渡によるとして実体要件が厳格化されている反面、訴訟手続によって行使する必要がないとして手続的要件が簡素化されている。したがって、徴収法三九条の適用を、民法四二四条の詐害行為やそれに準じる場合に限定する根拠はない。」

しかしながら、筆者としては徴収法三九条適用においては、立法過程や立法趣旨から詐害行為の蓋然性が高い場合に限定した解釈を行うべきであると主張してきた。また、最高裁平成一八年一月一九日第一小法廷判決(7)（以下、平成一八年判決という）の判旨を踏まえた上、第二次納税義務者の権利保障（第二次納税義務者に詐害行為意思がない場合、言い換えれば善意の第二次納税義務者である場合には、国税徴収法三九条の適用除外とする）のために上記解釈の妥当性を述べた(8)。このような見地から、本件原告の主張は結論としては正当であると解する。

以下、平成一九年判決を批判的に考察することで、相続税法三四条所定の連帯納付義務者への確定手続の必要性および連帯納付義務者を国税徴収法三九条における「主たる納税義務者」には該当しないことを論ずる。

三　連帯納付義務の成立・確定要件

相続税法三四条における連帯納付義務(9)とは、一項において、「同一の被相続人から相続又は遺贈（第二一条の九第三項の規定の適用を受ける財産に係る贈与を含む。以下この項及び次項において同じ。）により財産を取得したすべての者は、その相続又は遺贈により取得した財産に係る相続税について、当該相続又は遺贈により受けた利益の価額に相当する金額を限度として、互いに連帯納付の責めに任ずる」とあり、二項において、「同一の被相続人から相続又は遺贈により財産を取得したすべての者は、当該被相続人に係る相続税又は贈与税について、その相続又は立場により受けた利益の価額に相当する金額を限度として、互いに連帯納付の責めに任ずる」。さらに、三項において「相続税又は贈与税の課税価格計算の基礎となった財産につき贈与、遺贈若しくは寄附行為による移転があった場合においては、当該贈与若しくは遺贈により財産を取得した者又は当該寄附行為により設立された法人は、当該贈与、遺贈若しくは寄附行為をした者の当該財産を課税価格計算の基礎に算入した相続税額に当該財産の価額が当該相続税の課税価格に算入された財産の価額のうちに占める割合を乗じて算出した金額に相当する相続税又は当該財産を課税価格計算の基礎に算入した年分の贈与税額に当該財産の価額が当該贈与税の課税価格に算入された財産の価額のうちに占める割合を乗じて算出した金額に相当する贈与税について、その受けた利益の価額に相当する金額を限度として、連帯納付の責めに任ずる。」とあり、四項において「財産を贈与した者は、当該贈与により財産を取得した者の当該財産を取得した年分の贈与税額に当該財産の価額が当該贈与税の課税価格に算入された財産の価額のうちに占める割合を乗じて算出した金額として政令で定める金額に相当する贈与税について、当該財産の価額に相当する金額を限度として、連帯納付の責めに任ずる」と定められている。

すなわち、相続税法は特有の制度として連帯納付責任制度を規定しており、これは共有物や共同事業における連帯納付義務とは異なり、他の納税義務者の租税債務を第二次的に負う点で、第二次納税義務制度と類似する。しかし、[10]「この被相続人との関係における相続人相互の強い連帯感を前提にした制度であり、種々の不合理な点がある。連帯納付責任を負うのは、同一被相続人から相続又は遺贈を受けた者が相互に他の者および被相続人の相続税について（同条一項～二項）、贈与、遺贈、または寄付行為により財産を取得した者が、相続税または贈与税について（三項）、贈与した者が贈与税について（四項）であるが、三項を除いてこれらの者に連帯して納付責任を負わせる合理的な理由が乏しく、徴税の便宜のための制度としかいいようがない。しかも、手続的にも疑問が多く、連帯納付義務を確定するには何らの手続を必要としていないと最高裁は解している。[11]」

この点、後に詳述するが、筆者は連帯納付義務の確定手続について適正手続の観点から当然に必要とされると解している。

また、通則法八条において、「国税に関する法律の規定により国税を連帯して納付する義務については、民法第四三二条から第四三四条まで、第四三七条及び第四三九条から第四四四条まで（連帯債務の効力等）の規定を準用する」と規定されており、相続税法三四条の連帯納付義務を考察するうえで重要である。

通則法は、すべての国税につき、その納税義務の成立と確定を区別し、[12]国税を徴収するためには、納税義務の成立だけではなく、その確定がなされなければならない。そして、滞納処分を行うためには、さらに、原則として督促状による督促手続を要する。[13]

相続税法三四条の連帯納付責任を負う者の租税債務は、本条の規定により、本条所定の要件が生じたときに、その納税義務が成立するものであるが、確定手続については、たとえば第二次納税義務に関する徴収法三二条のような、確定手続に関する特別の規定は存在しないために、相続税法三四条の連帯納付責任にかかる納税義務はいつどのようにして確定するのか問題となる。

この点、相続税法三四条にかかる国税は、納税義務の成立と同時に特別の手続を要しないで納付すべき税額が確定する国税(14)でもなく、また、納付すべき税額を申告すべきものとされている国税(15)でもない。このようにみてくると、結局相続税法三四条の納税義務は、賦課課税方式により確定するのが妥当である。換言すれば、税務署長は納付すべき税額等を記載した賦課決定通知書により、連帯納付責任を負う者の具体的納税義務を確定させなければならない(16)。

また、本来の「納税義務者が納付すべき相続税または贈与税を連帯して納付すべきものであるから、連帯納付責任を負う者に対する確定手続を行うためには、本来の納税義務者の納税義務について、すでに適法に確定手続がなされていることが必要」であり、本来の納税義務者の納税義務の確定手続が、無効であったり、後に取消されたような場合には、連帯納付義務の賦課処分も、当然に効力を失う。

さらに、滞納処分を行うためには、右により確定した国税について、督促状による督促手続が必要である(17)。これは、相続税法三四条二項に規定する国税につき、被相続人の死亡前に督促手続がなされている場合でも同様である。けだし、被相続人に対する督促手続の効果が承継されるのは、承継した本来の納税義務の範囲に限られ、連帯納付の部分にまで及ばないのは当然だからである(18)。

1　民法における連帯債務と連帯納付義務の関係

連帯債務とは「数人の債務者が同一の内容の給付義務に付いて、各自独立に全部の弁済をなすべき債務を負担し、そのうちの一人が弁済すれば、他の債務者もことごとく債務を免れる(19)」関係にある債務を指す。

連帯債務者相互間における当該債務の負担割合に関しては、我が国の民法は分割債務を原則としているので、各債務者が連帯債務から受けた利益の割合等によって負担割合が定められる。ただし、特約等によって個別割合を採用することもできる。このような連帯債務は、その旨の契約の存する場合にのみ成立する特別な債務といえる。

相続税法は各相続人に対して、その取得した遺産の価額に応じた相続税額に付いての納税義務を課している。(20)また、同法は三四条に明文で連帯納付義務の規定も設けている。それは我が国の相続税法が遺産取得課税方式を採用しているため、他の相続人等に課された納税義務に関しても、連帯して納税義務を課すためには、明文の規定を設けなければならないからである。(21)

この場合、「連帯納税義務者は主たる納税義務者ではない。あくまでも遺産取得方式の下における連帯納付義務は、徴収確保の観点から政策的に設けられた規定であり、主たる納税義務の補完的な規定である。それは、主たる納税義務に対して従たる関係にあることから、連帯債務と同質のものではないので、国税通則法八条の規定は、連帯納付義務が成立した後の租税債務の取扱いに関しては民法の連帯債務の規定を準用するものである、と理解することができる。(22)」

2　連帯納税義務の成立と確定

最高裁は、①相続税法の立法趣旨から共同相続人に「責」を負わせることの妥当性と、②法が連帯納付義務の履行に関する手続きを予定していないように見受けられることや、③共同相続人にとって連帯納税義務の責任は当然に本来の相続税の納税義務の発生と照応して生ずるものであるとの観点から、「相続税法三四条一項は、相続人又は受遺者（以下「相続人等」という。）が二人以上ある場合に、各相続人等に対し、自らが負担すべき固有の相続税の納税義務のほかに、他の相続人等の固有の相続税の納税義務について、当該相続又は遺贈に因り受けた利益の価額に相当する金額を限度として、連帯納付義務を負担させている。この連帯納付義務は、同法が相続税徴収の確保を図るため、相互に各相続人等に課した特別の責任であって、その義務履行の前提条件をなす連帯納付義務の確定は、各相続人等の固有の相続税の納税義務の確定という事実に照応して、法律上当然に生ずるものであるから、連帯納付義務につき格別の確定手続を要するものではないと解するのが相当である[23]」と判示した。

確かに、相続税法三四条は各相続人等に対して「連帯納付の義務」を課しているが、現行の各税法上には、その「責」の履行に関する具体的手続きに関して何らの規定もしていない。

この点に関して、最高裁は「連帯納付の責」に関して「連帯納付義務者の特別の身分関係」、「税負担の原因となる事実（相続）の同一性」、「責任の限度」、「相続税の特質」等を判断要素に共同相続人に対して、それぞれの納税義務について互いに「連帯保証類似の責任を負わせ、相続債権の確保の満足を図っても、必ずしも不合理、不公平とはいえない」として、相続税の立法趣旨から検討を行っている。

しかしながら、「相続税法三四条一項に規定する連帯納付義務者から、当該連帯納付義務者の固有の相続税額以外の負担を徴収する場合には、その手続きとしては憲法三一条の「適正手続きの法理」（due process of law）に従わなければならない[24]。」すなわち、「連帯納付義務者の固有の相続税額以外の負担を徴収する場合」という特殊な状況においては、厳格に適正手続きの要請がなされると解されるのである[25]。

筆者としては、「適正手続」の法理の憲法上の根拠を憲法三一条に求められる[26]として、私的財産権の侵奪をもたらす租税領域にはそのまま憲法三一条の「適正手続」の法理が直接的に適用されるものと解している。

判例は適正手続の法理の憲法上の根拠について、以下のように説示する。すなわち、「憲法三一条の定める法定手続の保障は、直接には刑事手続に関するものであるが、行政手続については、それが刑事手続ではないとの理由のみで、そのすべてが当然に同条による保障の枠外にあると判断することは相当ではない。しかしながら、同条による保障が及ぶと解すべき場合であっても、一般に、行政手続は、刑事手続とその性質においておのずから差異があり、また、行政目的に応じて多種多様であるから、行政処分の相手方に事前の告知、弁解、防御の機会を与えるかどうかは、行政処分により制限を受ける権利利益の内容、性質、制限の程度、行政処分により達成しようとする公益の内容、程度、緊急性等を総合較量して決定されるべきものであって、常に必ずそのような機会を与えることを必要とするものではないと解するのが相当である。(27)」

四　相続税連帯納付義務にかかる確定手続の必要性

相続税法三四条の連帯納付義務の規定において、通則法一五条及び一六条の適用つまり確定手続の必要性について判例は否定的である。また、学説においても確定手続は不要とする見解が多数を占める。すなわち、通則法は固有の納税者の納税義務を本来対象としており、相続税法の連帯納付義務のようなものを想定しておらず、相続税法の沿革からみても、確定行為は不要であるとの批判がよせられる(28)（後に詳述するが、仮にこのような見解が正しいとすれば、この点に関して、徴収法の想定する納税義務者には連帯納付義務者は当たらないと解される）。ただし、確定手続を要しないとする説においても、徴収手法における納付通知による告知を要するか否かについては見解が分かれる(29)。つまり、不意打ちをさけるとの観点から納付告知が必要であるとの見解(30)と特別の確定行為も不意打ちを避けるための納付告知も不要であるとするのが、前述の昭和五五年最高裁判決の伊藤裁判官の補足意見およびその原審の大阪高裁判決(31)である。

確かに、従来の憲法学においては、憲法三一条の解釈に手続的デュープロセス概念を読むことは不可能であるとされていた。つまり、その制定過程から同条が米国流のデュープロセス概念を採用したものではない、という説が初期においては通説であった(32)。しかしながら、その後の学説は、行政手続には消極的立場をとるものの、同条に手続デュープロセスを読もうとするものが登場する(33)。これを皮切りに同条が少なくとも刑罰規定においては英米法にいう手続

的デュープロセスと読むことが急速に通説化する中で、行政手続への準用を肯定する説が現れる。(34)

しかし、これに対して、単純に肯定する学説が台頭してくる。すなわち、「こんにちにおいては、かつての『消極国家』の時代とは違って、刑罰権のみを制約することだけで人権侵害の危険性がのぞかれるものではない。『積極国家』という言葉で表されるように、こんにちの国家は国民生活に多種多様な形で……単に秩序維持・弊害除去といった消極的な形だけでなく、より積極的に特定の政策目的を推進するなどの形で……かかわりをもつようになっている。ここでは、必然的に行政権の役割が増大する。このように、行政権の機能が増大し国民生活に大きくかかわるものになってくると、行政権の行使による国民の権利・自由侵害の危険性が刑罰権の発動による場合と同じく（あるいはそれ以上に）、重大な問題とならざるを得ない。そうであれば、人権保障のためには、行政権の発動についても、適正な手続きによるべきことが要請されなければならないことになる。(35)」

また、行政法学からも「手続的法治国家説」が提唱される。つまり、適正手続の要請を立法により解決すべきとの見解から、「これは、憲法の具体的条文によるのではなく、日本国憲法における法治国の原理の手続法的理解の下に、国民の権利・利益の手続き保障が憲法上の要請であるとするのである。(36)」

このように憲法学および行政学から諸説提唱されているのであるが、かつての通説とは異なり、近時においては、デュープロセスを何らかの形で行政手続きにも肯定するのが多数説となりつつある。

翻って、連帯納付義務による「納税する責」も、具体的に課税庁から当該「責」の履行を求められれば、それは憲法三〇条が規定する納税義務の履行を意味する。そうであれば、適正手続きによらない課税権の行使は、憲法二九条が保障する財産権の侵害である。また、同法三一条が規定する法定手続の保証を侵害し違憲無効となろう。

すなわち、「連帯納付義務は本来の相続税の納税義務ではないし、連帯納税義務であっても納税義務の確定がなければならないことは当然である。このことから、課税庁が国民に連帯納付の履行を求めるに際して、税法に手続きが不要であるとの明文規定がない限り、適正手続きが必要なことは、近代の法治国家では当然の前提であ(37)」り、法が特段に排除するとしていないものまで、具体的・個別的根拠なくして法律上当然に排除すると解することはできないのである(38)。

この点に関して、同地裁は、「相続税の連帯納付の義務については、特別の手続を要しないで納付すべき税額が確定するものと解することはできない。特別の手続を要しないで納付すべき税額が確定する国税は国税通則法一五条三項に列挙されているところであるが相続税の連帯納付の義務はここに挙げられていない。そして租税関係法規は特に理由のない限りみだりに拡張解釈すべきものではないのである……から、相続税の連帯納付の義務がここに含まれると解することはできない。実質的に考えても、同条項に列挙する国税はいずれも課税要件事実と税額とが客観的に明白なものに限られているが、相続税の連帯納付の義務がこのような性格のものということはできない。少なくとも連帯納付の義務の限度は定める「相続に因り受けた利益の価額」の判断は遺産分割や遺贈の有無、効力、相続財産の範囲、取得財産の内容、評価について慎重に検討したうえでせねばならないものであるが、このような判断は容易にすることができるものではない。更に、その目的及び要件の点で相続税の連帯納付の義務と類似したところの存する国税徴収法三章の第二次納税義務についても、当然確定の方式をとらず行政庁の処分によって確定させることとなっている（同法三二条一項）のであって、これとの対比から見ても、相続税の連帯納付の義務の確定につき行政庁の処分を要しないとの解釈はバランスのとれたものということができない」としている点で、根拠はともかく結論的には正当であると評価される(39)。

また、この点に関して金子宏東京大学名誉教授は、「自らは、納税義務を適正に履行した者が、さらに共同相続人の納税義務について、自己の意思に基づくことなく連帯納付の責任を負わなければならないことは、その責任の内容がときとして過大ないし過酷でありうることを考えると、今日の法思想のもとでは、異例のことであるといわなければばならない。そこで、この規定の解釈・適用にあたっては、不合理な結果が生じないようにする必要がある」との観点から、「他の相続人・受遺者または受贈者がその納税義務を履行しないため、連帯納付を要求されることになるかどうかは、必ずしも事前に予測できる事柄ではないから、この規定に基づいて連帯納付義務者から租税を徴収する場合には、不意打ちを避けるために、その者に対し、納付すべき金額、納付の期限、納付の場所、その他必要な事項を記載した納付通知書による告知をしなければならないと解すべきであろう（規定はないが、適正手続の保障の観点からそのように解すべきであると考える。）」[40]と指摘されている。

この点につき、筆者としては、連帯納付義務という特殊な課税をなす以上当然に連帯納付義務者に対しては、厳格な適正手続の要請が働き当然に確定手続が必要であると解されるのである。

一方で、前述の通り判例は相続税法三四条の連帯納付義務には確定手続きを要しないとしているのであるが、それでは何故に連帯納付義務者を「国税を納める義務がある者」あるいは「納税者」として、徴収法三三条以下所定の第二次納税義務を課すことができるのか。以下この点を批判的に考察する。

五　第二次納税義務規定における「滞納者」の射程

徴収法における第二次納税義務の検討に入る前に、相続税法三四条の連帯納付義務者が徴収法三九条の「主たる納税義務者（本来の納税義務者）」該当性について、前述の確定手続不要説の見地に立った場合の問題点に触れておきたい。すなわち、前述の昭和五五年最高裁判決及び高裁判決、多数の学説[41]は、通則法一六条が申告納税方式及び賦課課税方式の対象としているのは、他の納税義務の存在とは無関係にそれ自身として成立する、固有（本来）の納税義務といわれるものであり[42]、第二次納税義務者及び国税の保証人の債務のように、他の納税義務の存在を前提として成り立つ納税義務は、同条による手続とは性質を異にする。同法二条五号の納税者には、第二次納税義務者、保証人を除くものと規定されており、通則法は固有の納税義務者の納税義務の成立、確定及び納付等についてのみ規定しているものと解される。相続税の連帯納付義務は、法律で定めた保証責任ともいうべきであって、相続税法一条に規定する固有の納税義務にはあたらず、通則法一五条、一六条は適用がないとするものである(43)。

しかし、仮に百歩譲って、確定手続不要説にたった場合には、連帯納付義務者は通則法二条五号の固有の納税義務者にはあたらず、徴収法二条六号に定める納税者と通則法二条五号の納税者を異にする積極的理由もないことから、当然に連帯納付義務者は徴収法三九条の「主たる納税義務者」の射程外におかれると解される。

また、この点につき筆者は、徴収法三九条の立法趣旨や立法の経緯、平成一八年最高裁判決の趣旨からして、同法の法意として連帯納付義務者を「主たる納税義務」(44)として想定していないと解する。

徴収法における第二次納税義務制度は、徴収法三二条に第二次納税義務の通則がおかれ、徴収法三三条以下に各個別規定がおかれている。

すなわち、無限責任社員における第二次納税義務は、第二次納税義務の範囲について限度の定めがなく、人的な第二次納税義務ということができる。清算人等の第二次納税義務（同三四条）、同族会社の第二次納税義務（同三五条）、実質課税額等の第二次納税義務（同三六条）、共同的事業者の第二次納税義務（同三七条）、事業譲受人の第二次納税義務（同三八条）、無償譲受人等の第二次納税義務（同三九条）、人格のない社団等の第二次納税義務（同四一条）のものは受けた利益や財産を限度とするために物的第二次納税義務ということができ、主たる納税義務者とは物的に特殊な関係にあるといえる。この関係は、滞納税の支払義務を課すことができるか否かの問題を考えるにおいて非常に重要な判断要素となる。言い換えれば、滞納税の責任の所在を明らかにするということが、第二次納税義務全体の趣旨と解される。

第二次納税義務の制度は、主たる納税義務者と第二次納税義務者間において、租税債務を免れること又は差押を免れることを目的とする行為を捉えて、租税債権の満足を図ろうとするものである。

つまり、ある種の詐害行為にあたる行為を取消すことなく、特殊関係にある者（第二次納税義務者）から直接に主たる納税義務者の租税債務の充当を図ろうとするのであるが、上記の通り規定が簡素な点もあり、その解釈にあたっては第二次納税義務があるとされる者の悪意が必要であると解されるのである。なぜならば、国民固有の権利である納税義務を他者に負わせるという行為は通常の権利義務関係の例外中の例外であり、私人間の権利義務関係においても相当な配慮(45)がなされているからである。さらに、このような行為はその債務を負うこととなった者に相当の影響を与えるものであり、財産権の侵害に繋がると考えられるからである。加えて、国税徴収法は、第二次納税義務の徴収手続につき通則的に規定している三二条五項において、「この章の規定は、第二次納税義務者から第一項の納税者に対してする求償権の行使を妨げない」と規定しているが、この規定は事実上無きに等しいものと解するのが妥当であろう(46)。

徴収法における第二次納税義務制度が成立する以前の二次的徴収方途として詐害行為取消の事案として取り扱われてきたのであるが、第二次納税義務制度との主な違いは訴訟によるべきか否かという点である(47)。上記制度の法的根拠は徴収の便宜・手続の簡素化に求められることになる。しかし、現代社会の実態からこの規定自体の存立根拠は成立しうるかはそれ自体として疑問ではあるが、本稿においてはこの規定の存立根拠それ自体は射程とはせず、徴収法三九条自体の射程を検討することとしたい。

翻って、本稿で問題となる徴収法三九条は、「滞納者の国税につき滞納処分を執行してもなおその徴収すべき額に不足すると認められる場合において、その不足すると認められることが、当該国税の法定納期限の一年前の日以後に、滞納者がその財産につき行った政令で定める無償又は著しく低い額の対価による譲渡（担保の目的でする譲渡を除く。）、債務の免除その他第三者に利益を与える処分に基因すると認められるときは、これらの処分により権利を取得し、又は義務を免かれた者は、これらの処分により受けた利益が現に存する限度（これらの者がその処分の時にその滞納者の親族その他の特殊関係者であるときは、これらの処分により受けた利益の限度）において、その滞納に係る国税の第二次納税義務を負う」とされている。

平成一八年判決は徴収法三九条について、以下のように説示する。すなわち、「国税徴収法三九条は、滞納者である本来の納税義務者が[48]、その国税の法定納期限の一年前の日以後にその財産について無償又は著しく低い額の対価による譲渡、債務の免除その他第三者に利益を与える処分を行ったために、本来の納税義務者に対して滞納処分を執行してもなお徴収すべき額に不足すると認められるときは、これらの処分により権利を取得し、又は義務を免れた第三者に対し、これらの処分により受けた利益が現に存する限度において、本来の納税義務者の滞納に係る国税の第二次納税義務を課している。

同条に定める第二次納税義務は、本来の納税義務者に対する主たる課税処分等によって確定した主たる納税義務の税額につき本来の納税義務者に対して滞納処分を執行してもなお徴収すべき額に不足すると認められる場合に、前記のような関係にある第三者に対して補充的に課される義務であって、主たる納税義務が主たる課税処分によって確定されるときには、第二次納税義務の基本的内容は主たる課税処分において定められるのであり、違法な主たる課税処分によって主たる納税義務の税額が過大に確定されれば、本来の納税義務者からの徴収不足額は当然に大きくなり、第二次納税義務の範囲も過大となって、第二次納税義務者は直接具体的な不利益を被るおそれがある。他方、主たる課税処分の全部又は一部がその違法を理由に取り消されれば、本来の納税義務者からの徴収不足額が消滅し又は減少することになり、第二次納税義務は消滅するか又はその額が減少し得る関係にあるのであるから、第二次納税義務者は、主たる課税処分により自己の権利若しくは法律上保護された利益を侵害され又は必然的に侵害されるおそれがあり、その取消しによってこれを回復すべき法律上の利益を有するというべきである。」

この判決にいたっては、保護に値する第二次納税義務者（善意の第二次納税義務者）と保護に値しない第二次納税義務者（悪意の第二次納税義務者）の区別、すなわちその判断基準が不明確である点を除けば、特殊な租税法律関係および第三者に責任を負わせる第二次納税義務に関して、先駆的判決と評価しえよう。

つまり、本判決は徴収法三九条の法的性格を説示するにあたり、「本来の納税義務者」と「主たる課税処分」という言葉を繰り返し用いていることが着目されよう。この判例の説示の方法から見るに、判例は徴収法三九条の法意が想定する「本来の納税義務者」とは、「自らの納税義務を負う者」を指していると解されるのである。

確かに、第二次納税義務者との区別をするためと単純に考えることもできるが、そうであれば、単に「納税義務者」や徴収法三九条の文言を用いて「滞納者」とすればよいことになる。つまり、一八年判決は意図的に「本来の」と加えることにより使い分けたと考えるのが妥当であろう。

このように考えてくると、相続税法三四条所定の課税上の特別の責任を負わされる連帯納付義務者は当然に「本来の納税義務者」の枠外におかれると解されるのである。

仮に、連帯納付義務者を徴収法三九条の「本来の納税義務者」として課税する場合には、租税法律主義の要請（租税要件等法定主義の原則の要請）から法において明確に規定することが求められよう。また、連帯納付義務者などの過大な負担を伴う財産侵害の場合には、次のようなことが特に確認されなければならない。つまり、納税義務の消長その他国民の権利義務に関することがらは、できるかぎり厳格詳細に法律において規定されなければならない。租税法律主義は、もともと法規を法律において厳格詳細に規定することにより、課税庁の恣意的な税法の解釈適用を阻止しようというねらいをもつ。このため、税法の領域においては、不確定概念または概括条項、自由裁量規定の導入が禁止される。不確定概念等の法的意味が課税庁の判断・決定に委ねられるわけではない。不確定概念であればあるほど、その法的意味が他の法律規定との連関において税法学的に客観的に解明されるべきである。もし、税法解釈学的にどうしても解明できない場合には、これらの不確定概念等は、租税法律主義に違反し違憲無効とされる。なお、税法の領域においては、法理論上、課税庁には本来的な自由裁量権は存在しない[(49)]。

また、上記一八年判決は、主たる納税義務者と第二次納税義務者との関係を「一般的、抽象的にいえば、国税徴収法上第二次納税義務者として予定されるのは、本来の納税義務者と同一の納税上の責任を負わせても公平を失しないような特別な関係にある者であるということができるが、その関係には種々の態様があるのであるし、納付告知によって自ら独立した納税義務を負うことになる第二次納税義務者の人的独立性を、すべての場面において完全に否定することは相当ではない。特に、本件で問題となっている国税徴収法三九条所定の第二次納税義務者は、本来の納税義務者から無償又は著しく低い額の対価による財産譲渡等を受けたという取引相手にとどまり、常に本来の納税義務者と一体性又は親近性のある関係にあるということはできないのであって、譲渡等による利益を受けていることをもって、当然に、本来の納税義務者との一体性を肯定して両者を同一に取り扱うことが合理的であるということはできない」としているのであるが、では何をもって善意・悪意を区別するのか、その具体的判断要素については言及がないのである。

そこで、筆者の結論を端的にいえば、詐害行為取消権の要件に必要とされる詐害意思を判断基準として準用すべきであると考えるのである。

昭和三四年の徴収法全面改正前では、租税債務の履行がなされない場合には、民法上の詐害行為取消権の事案として取り扱われていたのである。そこで、徴収効率をあげるため[(50)]にある一定の要件を満たすことによって、訴訟によらずして第二次的に徴収できるとしたのが第二次納税義務の規定なのであるが、そこで、着目されなければならないのは、両者は同様の法律効果を求めているということである。第二次納税義務の規定のあり方をみるに、ある一定の要件に該当することをもってその詐害性が推定されるような規定となっているのである。言い換えれば、要件に該当する場合には、詐害の蓋然性が強いために訴訟によらずして、行政権の自力執行を認めるというものである。

しかしながら、この要件をもってその詐害性が推定されうるのかという疑問が生ずるのであるが、一八年判決がいうように「国税徴収法三九条所定の第二次納税義務者は、本来の納税義務者から無償又は著しく低い額の対価による財産譲渡等を受けたという取引相手にとどまり、常に本来の納税義務者と一体性又は親近性のある関係にあるということはできない」のである。

このように考えてくるとやはり第二次納税義務者の善意・悪意の区別は必要であると解するのである。[51]また、米国においては共同申告書を提出した配偶者でさえ、善意である場合には救済策の選択が認められること等をあわせ考えると、善意の者への責任の追及は妥当でなく、その救済策が必要であると考えられるのである。[52]

六　おわりに

このように考察してきたとおり、相続税法三四条一項所定の連帯納税義務者にかかる確定手続きを経ない課税処分は違法であり、この連帯納付義務者を徴収法三九条における「主たる納税義務者」としてなされた徴収法三九条の第二次納税義務の適用も違法といわざるをえない。

すなわち、その根拠としては、「適正手続」の法理の憲法上の根拠を憲法一三条、三一条に求められるとして、私的財産権の侵奪をもたらす租税領域にはそのまま憲法一三条、三一条の「適正手続」の法理が直接的に適用されるものと解されること。換言すれば、「相続税法三四条一項に規定する連帯納付義務者から、当該連帯納付義務者の固有の相続税額以外の負担を徴収する場合には、その手続きとしては憲法一三条、三一条等の「適正手続きの法理」（due process of law）に従わなければならない。つまり、連帯納付義務者の固有の相続税額以外の負担を徴収する場合という特殊な状況においては、厳格に適正手続きの要請がなされると解されるのである。仮に、このような適正手続が貫徹されなければ、連帯納付義務者の防御・弁明の機会は不当に奪われることとなり、ひいては裁判を受ける権利（憲法三二条）の侵害にも繋がる問題である。

また、第二次納税義務成立前の議論や一八年判決の正当性、徴収法の法意が詐害行為の蓋然性が高い場合を想定しているという観点から、徴収法三九条の解釈においては、連帯納付義務者は「主たる納税義務者（本来の納税義務者）」にあたらないと解される。すなわち、第二次納税義務はある種の詐害行為にあたる行為を取消すことなく、特殊関係にある者（第二次納税義務者）から直接に主たる納税義務者の租税債務の充当を図ろうとするものであるが、平成一八年判決の結論的妥当性の理論的根拠として第二次納税義務があるとされる者の悪意に求められ、ここにおける「主たる納税義務者」は本来の納税義務者を想定していると考えられること（仮に、連帯納付義務者が「主たる納税義務者（本来の納税義務者）」にあたるとするのであれば、法において個別・具体的に規定すべきである。）言い換えれば、連帯納付義務の規定はその「責」に関する特別の規定であり、納税義務の成立を規定しているものではなく、その特別の「責」を負わされる者を「主たる納税義務者（本来の納税義務者）」と解することはできない。なぜならば、国民固有の権利である納税義務を他者に負わせるという行為は通常の権利義務関係の例外中の例外であり、私人間の権利義務関係においても相当な配慮がなされていることから公法上の関係においても厳格解釈が求められると解するからである。さらに、このような行為はその債務を負うこととなった者に相当の影響を与えるものであり、財産権の侵害に繋がると考えられるからである。

このようにして、相続税法三四条の連帯納付義務を経由する徴収法三九条の第二次納税義務の適用をめぐっては様々な問題が存在し、納税者にとっては権利侵害の肥大化を甘受せざるを得ない状況となっていることから、立法的解決はもとより解釈論として納税者の権利保護の観点から、両規定を再構成しなければならない。このような視点から、筆者は本稿において連帯納付義務者及び第二次納税義務者の権利保護のための試論を行ってきたが、本稿では取り上げきれなかった立証責任、原告適格の問題等が残されている。このような諸問題は別稿に譲るとして、本稿では、相続税法連帯納付義務制度及び国税徴収法三九条第二次納税義務制度においては顕在化していない問題も含め、納税者の権利侵害の肥大化を招く制度であること、このことから納税者の権利保護の見地から両制度にかかる解釈論の再構成が求められるとして、本稿の結論としたい。

(1)　三木義一『相続・贈与と税の判例総合解説』(信山社、二〇〇五)二一六〜二一七頁。

(2)　三木・前掲注(1)一五頁。

(3)　この点に関して、河沼高輝『逐條示解　改正相続税法』(自治館、一九四二)一四頁によれば、連帯納付義務の沿革から、昭和一三年に連帯納付義務が導入されて幾度かの改正を経た後も、連帯納付義務は維持されている。この点につき、西野敞雄「相続税法の性格と同法第三四条第一項の連帯納付義務に関する一考察」国士館法三九巻(国士館大学法学会、二〇〇七)八五頁は、昭和一三年方式が相続税と適合しているとした上で、連帯納付義務について、訴訟が続いているということは、制度そのものについて制度疲労が発生している可能性があることを指摘する。

(4)　「平成一九年度税制改正に関する建議書」日本税理士連合会、二一頁。また、実務家として連帯納付義務制度の廃止論を唱えるものとして、杉田宗久「共同相続人間の連帯納付義務をめぐるトラブルと問題点」税理四七巻二号(二〇〇四)二三頁、中島孝一「第二次納税義務・連帯納付義務の責任の範囲」税理四七巻一五号(二〇〇四)一〇七頁。

(5)　下記示す相続税法三四条にかかる連帯納付義務に関する判断のリーディングケースとなった最判昭和五五年七月一日民集三四巻四号五三五頁(以下、昭和五五年判決)以降、国税不服審判所も含め相当数の訴訟が提起されている。また、第二次納税義務に関する判断のリーディングケースとなった最判昭和五〇年八月二七日民集二九巻七号一二二六頁以降、これについても国税不服審判所を含めて極めて多い訴訟が提起されている(TKC法律情報データベース LEX/DB 参照)。両者における共通点といえば存立根拠が「徴収の便宜」に求められることにあるが、納税者がおかれる社会的状況や私人間の法律関係が両規定の射程からはずれるような事例が多く存在していることを示唆していると解される。

(6)　三木義一「連帯納付義務と確定手続の法的関係――誤用される最高裁判決の法的意味」立命館法学六号（立命館大学法学会、二〇〇五）三五七頁において、連帯納付責任にかかる督促処分の適法要件として、①前提となる相続税債務の存在、②連帯納付義務者の「相続によって受けた利益」の存在、③連帯納付義務者相互の納付状況、の開示を求める。

(7)　民集六〇巻一号六五頁、判時一九三六号七二頁、判タ一二一三号八三頁。

(8)　拙稿「国税徴収法三九条における善意の第二次納税義務者の権利」日本大学大学院法学研究年報三九巻（日本大学大学院法学研究科、二〇〇九）一〇七頁以下参照。

(9)　相続税の連帯納付義務に関する研究として、飛岡邦夫「相続税の連帯納付義務に関する一考察」『税務大学校論叢』一号（一九六八）二五一頁以下。また、相続税法三四条の沿革史に詳しいものとして、石島弘「相続税法の「連帯納付責任」」甲南法学二二巻（甲南大学法学会、一九八二）一五一頁参照。

(10)　国税通則法九条。

(11)　三木・前掲注（1）二一六～二一七頁。

(12)　国税通則法一五条～一六条。

(13)　国税通則法三七条。

(14)　国税通則法一五条三項。

(15)　国税通則法一六条二項一号。

(16)　水野武夫「相続税法三四条」北野弘久編『コンメンタール相続税法』（勁草書房、一九七四）三六二頁。

(17)　国税通則法三七条、四〇条、国税徴収法四七条。

(18)　水野・前掲注（16）・三六三頁。

(19)　我妻榮・有泉亨『民法二　債権法』（一粒社、一九八四）一一一頁。

(20)　相続税法一一条。

(21)　北野弘久「相続税の連帯納付義務」『日本税法体系　四』（学陽書房、一九八〇）六五頁。

(22)　白坂博行「相続税法における連帯納付義務」北野弘久・小池幸造・三木義一編『争点相続税法』（勁草書房、一九九六）

三六六頁。

(23) 前掲注(5)昭和五五年判決においては、伊藤正巳裁判官の意見として、「相続人等の事情は一様ではないから、個々の具体的事案に即して考えてみると、場合によつては、連帯納付義務者に対し通常の申告納税方式による課税の一場合としての徴税手続をそのまま行うことが、その者に不意打ちの感を与えることを免れなかつたり、納付すべき額その他の具体的な納付義務の内容の不明確によりその者を困惑させるような事態になることがないわけではないと考えられる」との指摘がある。

(24) 北野「相続税連帯納付義務の問題点」税経新報五二九号(二〇〇六)二〇頁。

(25) 船橋俊司「相続税法の連帯納付義務の確定と憲法三一条——憲法解釈の方法」租税訴訟学会編『租税訴訟(三)』(財経詳報社、二〇一〇)一五八頁。

(26) 塩野宏『行政法Ⅰ〔第三版〕』(有斐閣、二〇〇三)二四一頁。

(27) 最判平成四年七月一日民集四六巻五号四三七頁。また、本件には、園部裁判官の意見として、「個別の行政庁の処分の趣旨・目的に照らし、刑事上の処分に準じた手続によるべきものと解される場合において、適正な手続に関する規定の根拠を、憲法三一条又はその精神に求めることができることはいうまでもない」。さらに、可部裁判官の意見として、「私人の所有権に対する重大な制限が行政処分によって課せられた事案を想定すれば、かかる場合に憲法三一条の保障が及ぶと解すべきことは、むしろ当然の事理に属し、かかる処分が一切の事前手続を経ずして課せられることは、原則として憲法の許容せざるところというべく、これが同条違反の評価を免れ得るのは、限られた例外の場合であるとしなければならない」とされている。

(28) 西野・前掲注(3)九一頁。

(29) 時岡泰「判解」昭和五五年度重判解(法曹時報三四巻七号所収)二二七、二二九頁。

(30) 山田二郎「判研」税理二二巻六号(一九七九)一三三頁。

(31) 大阪高判昭五三年四月一二日民集三四巻四号五六三頁。

(32) 美濃部達吉『新憲法逐条解説』(日本評論社、一九四七)七〇頁参照。

(33) 法学協会編『註解日本国憲法』(有斐閣、一九五三)五八四〜五八八頁参照。

(34) 宮沢俊義『日本国憲法』(日本評論新社、一九五五)二八五頁は、実質的に刑罰と同じ作用を行う行政手続だけを射程に捉えている。

(35)　浦部法穂『憲法学教室〔全訂第二版〕』(日本評論社、二〇〇六)二七一頁。他方で、米国流のデュープロセスを憲法一三条に求める見解も存在する。佐藤幸治『憲法〔第三版〕』(青林書院、一九九五)四六二頁は、「公権力が法律に基づいて一定の措置をとる場合、その措置よって重大な損失を被る個人は、その措置がとられる過程において適正な手続き的処遇を受ける権利を有すると解される。この点、三一条を根拠にこの権利を肯定する説もあるが、三一条の表現及び憲法体系上の位置に照らし、基本的には一三条の『幸福追求権』の問題とすべきである」としている。なお、本稿の直接の対象ではないが、行政権力作用の最たるものとして容易に想起されるものは、税務調査権の行使などが挙げられるだろう。筆者としては、税務調査権においても、手続的デュープロセスは求められるものと解している。

(36)　塩野宏『行政法Ⅰ』(有斐閣、一九九四)二二六頁。

(37)　白坂・前掲注(22)三六九頁。

(38)　北野・前掲注(21)六五頁。

(39)　水野・前掲注(16)三六一頁、一審判決に同調するものとして、北野・前掲注(21)六五頁、碓井光明「判批」判例評論二六九号(一九八一)一六頁、があげられる。

(40)　金子宏『租税法〔第一五版〕』(弘文堂、二〇一〇)四九〇～四九一頁。

(41)　山田・前掲注(30)一三三頁、および牧野正満「判研」税理二〇巻九号(一九七七)一七七頁、林貞夫「判研」税務事例九巻八号(一九七七)一三頁、「判研」九巻一一号(一九七七)二〇頁、牧野「判研」税経通信三三巻一〇号(一九七八)一八一頁、藤井康夫「判批」税務事例一〇巻八号(一九七八)二七頁。

(42)　石島「判批」民商法雑誌八四巻三号(一九八一)五九頁。

(43)　時岡「判解」法曹時報三四巻七号(一九八二)一一二頁。

(44)　この制度にかかる研究として、吉良実「わが国の第二次納税義務制度」杉村章三郎先生古稀祝賀・日本税法学会編『税法学論文集』(三晃社、一九七〇)六九頁、三木「第二次納税義務の再検討――『徴収不足額』説からの実務への批判を中心として」『現代税法と人権』(勁草書房、一九九二)第三章。

(45)　民法における詐害行為取消権(民法四二四条)等。

(46)　保証を個人保証と機関保証に分けて議論する立場から「個人保証の特徴として、個人的情誼的側面が強調され、求償金の回収について保証人が実際には強い期待感を抱かないことが多いといわれている」（渡邊力『求償権の基本構造』（関西学院大学出版会、二〇〇六）三五頁）。換言すれば、第二次納税義務者が求償権を行使しようにも、主たる納税義務者はすでに無資力状態であり、実際求償権を行使したところで求償金の回収ができないことは明らかである。また、国の徴収義務を第二次納税義務の側に転嫁しているかのような構造になっているのである（拙稿・前掲注（8）四三頁参照）。

(47)　詐害行為取消と国税徴収法三九条の違いは、訴訟によるか否かであるという点は前述の通りである。一方で、米国内国歳入法は、内国歳入庁に立証責任を負わせている点に注目される。すなわち、第二次納税義務制度のような規定はないものの譲受人の責任として、Patricia T. Morgan, Tax Procedure And Tax Fraud, at 222 (2d ed. 1999) は、「内国歳入法六九〇一条は、滞納者から財産を譲り受けた特定の者（譲受人）から滞納税金を徴収することを認めている。同条（ｈ）は譲受人の定義について規定しており、受贈者（donee）、法定相続人（heir）、受遺者（legatee）、物的財産受贈者（devisee）、および分配を受けた者（distributee）が譲受人に含まれ、また、内国歳入法六三二四条（ａ）（２）の規定（遺産税または贈与税に関する特別リーエン）により個人的に責任を負う者も当該譲受人に含まれる」としている。裁判所は譲受人の定義を拡大しており、債権者を害して納税者から相当の対価なしで財産を譲り受けた者を譲受人に含めている。この譲受人の責任という考え方は、〝みなし契約引受（assumption of the contract）〟という法律上の理由、または実際上もしくは推定上の詐欺という衡平上の理由を根拠にしている。譲受人から徴収するためには、ＩＲＳは、譲渡人が譲渡当時支払不能の状態にあり、その譲渡が相当の対価に満たない金額でなされたことを立証しなければならない。譲受人は、譲渡人の滞納を知っているか否かにかかわらず、譲渡年度の譲渡人の納税に関して遡及的に責任を負うとしている。

(48)　傍点は便宜上筆者が加筆。

(49)　北野『税法学原論〔第六版〕』（青林書院、二〇〇七）九五頁。

(50)　第三一回国会、大蔵委員会第一二号、昭和三四年三月三日。国立国会図書館ＨＰ、URL: http://hourei.ndl.go.jp/SearchSys/viewShingi.do?i=%3A%3AAAAG2mAADAAAKnBAAg

(51)　筆者の説を示唆するものとして、浅田久治郎・深谷和夫・西沢博『第二次納税義務制度の実務と理論』（大蔵財務協会、二〇〇六）三二二頁、ここにおいては、第二次納税義務制度は、詐害的な行為があった場合になんとかすべきであると言及している。また、三ヶ月章『民事訴訟法研究第二巻』（有斐閣、一九六二）一九一頁もあげられる。

（52）　拙稿・前掲注（8）一三三、一三八頁参照。

参考文献

『ＤＨＣコンメンタール国税通則法』第一法規出版。

『ＤＨＣコンメンタール相続税法』第一法規出版二七五一～二七七五頁参照。

時岡泰「判解」ジュリスト七二九号（一九八〇）六一頁。

新井隆一「判批」別冊ジュリスト七九号（一九八三）一〇六頁。

中里実「判研」法学協会雑誌九九巻九号（一九八二）一六四頁。

首藤重幸「贈与税の連帯納付責任をめぐる問題」税務事例研究九号（一九九一）七一頁。

森鍵一「連帯納付義務者（相続税法三四条一項）による不服申立てについて」判例タイムズ一二九七号（二〇〇九）二二、三四頁。

来栖三郎「相続税と相続制度」田中二郎先生古希記念・雄川一郎編『公法の理論』（有斐閣、一九七六）七四九頁。

城下達彦『国税地方税滞納処分と財産調査――その理論と実際』（ぎょうせい、一九八九）三二～四二頁参照。

福田光一・吉国二郎ほか編『国税徴収法精解〔昭和六二年改訂〕』（大蔵財務協会、一九八七）四九四～五〇〇頁参照。

山川一陽『債権法講話〔新版〕』（有信堂高文社、一九九三）一四九～一五六頁参照。

我妻榮・有泉亨『コンメンタール債権総則〔新版〕〔清水誠補訂〕』（日本評論社、一九九七）一五四～一六六頁参照。

近江幸治『民法講義Ⅳ〔債権法総論〕』（成文堂、一九九四）一五〇～一七三頁参照。

椿寿夫編『現代契約と現代債権の展望①債権総論（一）』（日本評論社、一九九〇）。

椿寿夫『現代契約と現代債権の展望②債権総論（二）』（日本評論社、一九九一）。

池田真朗『民法債権総論』（慶応義塾大学出版会、二〇〇九）七三～八四頁。

田山輝明『債権総論』（成文堂、二〇〇一）八四～一〇二頁。

Camilla E. Watson, TAX PROCEDURE AND TAX FRAUD IN A NUTSHELL, at 217-241 (3th ed., 2006).

Patricia T. Morgan, TAX PROCEDURE AND TAX FRAUD IN A NUTSHELL, at 233-252 (1990).

〔追記〕「学問は浪漫である。」これは、北野先生の言葉の中で、最も印象深い一言である。私は、学部・大学院の講座、現代税法研究会を通して北野税法学にふれ、「納税者の権利保護」という浪漫を学ばせていただいた。真にささやかな研究ではあるけれども、北野先生から受けた学恩に感謝して、本研究を捧ぐ。

預金債権に「転化」した差押禁止財産の差押え

浦野広明

一　はじめに

租税滞納残高（二〇〇八年度末）は、国税が一兆五五三八億円[1]、地方税（道府県税・市町村税）が二兆四七三億円[2]にのぼる。

滞納額が多いのは、国税では所得税や消費税、地方税では住民税、固定資産税、地方消費税などである。滞納が生ずる主原因は、応能負担原則（応能原則）[3]を考慮していない税制の推進にある。はからずも滞納者の立場に追いやられた庶民や中小企業の多くは、応能原則に反する税制の被害者である。

地方自治体は地方税の徴収強化のために滞納整理組織作りに励んでいる。その先駆けは茨城県であった。二〇〇一年四月一日にスタートした「茨城県租税債権管理機構」は全ての市町村で構成する組織であり、茨城県内の全市町村が参加している。同機構は、弁護士や元銀行員などの顧問を置き各市町村や県から派遣された約二〇人の職員が回収業務にあたっている。続いて三重県知事が設立を許可した「三重地方税管理回収機構」が二〇〇四年四月一日に発足した。同機構の発表によれば、二〇〇四年四月から二〇〇五年三月までに五九市町村から七五六件、三〇億七〇〇〇万円の回収を引き受けている。機構設立効果は、移管予告効果額一八億二〇〇〇万円、機構徴収額六億三〇〇〇万円、機構納付約束額五億五〇〇〇万円で合計二五億円以上である。移管予告効果とは、「滞納税金を払わないと機構に回す。それでもよいのか」という「催告書」の送付である。

地方自治法一条の二は「地方公共団体は、住民の福祉の増進を図ることを基本として、地域における行政を自主的かつ総合的に実施する役割を広く担うものとする。」と定める。住民の生活状況を調べもしないで、催告書で威圧するような行為は、「住民の福祉の増進」から逸脱している。

租税がその納期限までに納付されないとき、税務官署は督促をしたうえで滞納処分を行う。つまり、税務官署は、裁判所の手を借りずに自らの手で強制的に租税を徴収する。国税通則法（国税に関する基本事項やその他の通則的事項を定めた法律）は、納税者が納期限までに国税を完納しない場合、原則として納期限から五〇日以内に督促状により納付督促を行うこととしている（三七条）。税務官署が督促しても納付がなければ滞納処分に進む。国税徴収法（国税の徴収に関する基本法）は、「滞納者が督促を受け、その督促に係る国税をその督促状を発した日から起算して一〇日を経過した日までに完納しないとき」には財産を差し押さえると規定している（四七条一項一号）。滞納処分は、大きく分けて、差押、換価（租税債権を強制的に実現するため差押財産を入札等によって公売）、換価代金の配当（租税へ充当・他の債権者へ配当・滞納者へ残余金を交付）の三段階からなる。

滞納者に対する徴収は厳しい。犯罪容疑者であれば刑事訴訟法に基づく令状主義の原則がある（憲法三三条、同三五条）。ところが、国税徴収法では、滞納処分のために必要があれば、職員は必要の範囲で質問し、また財産を調べるために住居に立ち入って捜査ができることとなっている（一四二条）。令状なしに、身分証明書を示しただけで納税者宅に無遠慮に入り込み、病人がいようとも家捜しをしても合法であると規定している。[4]熊本県宇城市では、「滞納は許さない！　捜索・差押実施中」という看板を車両の両側につけて滞納者宅を訪ねている。

長崎県対馬市の定額給付金対策本部は二〇〇九年三月三〇日、定額給付金約二二〇〇件分を金融機関に振り込んだ。一方、税務課は同日から全島一斉の預金差し押さえに着手。同市の市税や国保税の滞納額は年々増え、二月末現在で一九億円。担当者は「児童扶養手当などと違い、定額給付金は差し押さえ禁止の対象となっていない」と話す。[5]

二　差押禁止財産を原資とする預金の差押え

税務署、県税事務所、市役所税務課などが、税を滞納している生活困窮者のわずかな預金を差し押さえる事態が全国的に発生している。問題は差し押さえられた預金の原資が差押禁止財産であることである。

国税徴収法、地方税法、税条例などは生活に欠くことができない特定の財産を差押禁止財産としている。差押禁止財産は国税徴収法が定める一般の差押禁止財産、条件付差押禁止財産、給与のうち一定の基準までの金額等、社会保険制度に基づく給付がある。そのほか他の法律による禁止財産もある。例えば、生活保護法等の法律に基づき支給される金品または金品を受ける権利、労災保険法等に基づき災害補償等を受ける権利などである。税務官署が生活に欠かせない預金まで差し押さえる根拠としているのは一つの裁判例にすぎない。

その裁判例は、金融機関が預金者に対する貸付金と預金者の預金（国民年金および労災保険金が振り込まれたことによる残高）を相殺したことの可否をめぐるものであった。裁判所は、「年金等の受給権は受給権者の預金口座に振り込まれて預金債権に転化したときは、差押禁止債権としての性格を失っていると解すべきである」と判断した（第一審＝釧路地裁北見支部、平成八年七月一九日判決、控訴審＝札幌高裁、平成九年五月二五日判決、上告審＝最高裁、平成一〇年二月一〇日第三小法廷判決)。この裁判例が滞納者へのむごい仕打ちのもっともらしい理由づけとなっている。

三　預金差押え裁判に関する鑑定

徴税側が生活に欠かせない預金まで差し押さえる根拠としているのは、「預金債権に転化」しているということである。この主張は前記「裁判例」に基づく「預金債権転化論」である。「転化論」は、預金債権の本質をあいまいにする誤った事実認定である。今の時代、生活資金となる給料や年金などは通常銀行に振り込まれる。この振り込まれた生活資金が「転化論」によって、差し押さえられている。

筆者は給料が振り込まれた預金差押えが違法であるとする次の鑑定を行った。

鑑定書

群馬県前橋市の大石守氏に対して群馬県玉村町町長が行った滞納処分について税法学上の見地から行った鑑定結果は以下のとおりである。

Ⅰ　鑑定事項

① 本件差押えの対象となった預金債権が差押禁止財産に該当するか。
② 本件差押処分は、差押禁止財産を差し押さえるものであり違法であるのか。
③ 本件差押処分の取消訴訟には訴えの利益がないとする被告の主張を採用すべきなのか。

Ⅱ　鑑定主文

① 本件差押えの対象となった預金債権は差押禁止財産に該当する。
② 本件差押処分は、差押禁止財産を差し押さえるものであり違法である。
③ 本件差押処分の取消訴訟には訴えの利益がないとする被告の主張は採用すべきでない。

Ⅲ　理　由

1　本件差押えの対象となった預金債権が差押禁止財産に該当することについて

(1)　本件差押処分に係る平成二一年（行ウ）第二号滞納処分取消等請求事件の原告は、大石守氏、被告は玉村町である。被告は平成二一年四月一三日、前橋地方裁判所民事第一部合議係へ答弁書（以下「答弁書」という）を提出した。被告は答弁書でつぎのように述べている。

「平成二〇年五月二三日、地方税法第三三一条等に基づき、預金債権差押処分を行い、原告の群馬銀行に対する預金債権一九万九九五〇円及び約定利息金九円全額について本件差押処分をなし、国税徴収法第五四条に基づき差押調書謄本（甲一）を、同日、原告に対して送付した。また、被告は、同日、国税徴収法第六七条に基づき第三債務者である群馬銀行から上記金一九万九九五九円を取り立てて、これを被告に配当して同法第一三一条に基づき配当計算謄本（甲二）を原告に対して送付するとともに、配当金額一九万九九五九円を原告の平成一五年度国民健康保険税（第一〇期分～第一二期分）、平成一五年度町県民税（第一期分～第四期分）、平成一六年度国民健康保険税（第一期、第三期～第一二期）及び平成一六年度町県民税（第一期、第二期の一部）にそれぞれ充当した（甲三）。」

本件差押えに係る大石守氏名義の預金は、群馬銀行豊岡支店の普通預金で口座番号が……である。この普通預金通帳の記載は表1のとおりである。

通帳記載によれば、平成二〇年五月七日現在の残高は一六六一円であった。平成二〇年五月二三日に給与手取額一九万八二八九円が振り込まれた結果、平成二〇年五月二三日の残高は一九万九九五〇円となった。しかし、この残高は被告が差し押さえたため一瞬にしてゼロとなった。被告は答弁書において、「この差押禁止財産については、法律に掲げられた債権そのものであって、当該債権が預金口座に振り込まれた場合には、預金者の金融機関に対する預金債権に転化するもの」であり、当該預金が差押禁止財産でないと述べる。

(2)　被告が述べる「預金債権に転化する」ということは複式簿記と密接な関わりがある。上記預金通帳の記載は銀行簿記を前提としたものである。銀行簿記は、銀行営業の会計を処理するための複式簿記法である。銀行の資産や負債は、銀行業務の過程における各種取引によって増減する。銀行簿記は、いろいろな取引によって受ける資産や負債の増加または減少が、どれだけあったかを記録・計算・整理して、その結果を会計情報として明瞭に表示するための会計技法である。この記録・計算を実行する技法が複式簿記である。

簿記は貨幣金額による計算であるから、資産、負債または資本の上に貨幣金額的な変動を記帳する。簿記上、記帳を要する事柄を取引（Transaction）という。複式簿記は、その名前の示すように、取引を二面的に把握すること、すなわち、ある勘定の借方と他の勘定の貸方に仕訳を行い同一の金額で記録する。

仕訳とは簿記記録の対象となる取引の二重性と各勘定科目の借方および貸方の性格に即応して、ある取引についてどの勘定の借方とどの勘定の貸方にいくらの金額で記入するかを決定することをいう。上記、群馬銀行豊岡

表1　預金通帳の記載

	お支払金額	お預り金額	差引残高
20年5月07日			1,661
20年5月23日　給与		198,289	199,950
20年5月23日	199,950		0

支店普通預金口座の平成二〇年五月二三日の給料振込時における取引仕訳は表2のようになる。

この取引仕訳は、平成二〇年五月二三日、原告に給料が振り込まれた事実を示している。先に述べたように、簿記記録の対象となる取引は二重性がある。仕訳は、この二重性のある取引を各勘定科目の借方および貸方の性格に即応して、ある取引について、どの勘定の借方とどの勘定の貸方にいくらの金額で記入するかを決定することをいう。

本件の事実認定においては、当該預金がどのような要因によって増加したかという取引の二重性（二面性）を見きわめることが最重要である。

原告の仕訳が示す一つの側面は普通預金の増加（借方）であり、もう一つの側面は給料収入（貸方）である。普通預金の増加には様々な要因がある。重要なのは普通預金の増加という表面（一つの側面）だけでなく、もう一つの側面である普通預金の増加をもたらした本質の究明を行うことである。

被告が述べる「預金債権に転化する」論は、普通預金増加の一つの側面を見ているだけで、預金債権の本質を曖昧にしたものでとても合理的な事実認定といえない。当該預金増加（借方）の本質は給料（貸方）に他ならないのである。
(3)　わが国は租税法律主義を採用している（憲法第三〇条、同第八四条）。租税法律主義は地方税においては地方税法律主義（租税条例主義）となる（憲法第九二条、同第九四条）。つまり、租税の賦課・徴収手続は国民を代表する議会の制定する法律に基づかなければならない。憲法の下における「法律による行政」とは、行政権の行使が形式的に法規に基づくということを意味するものでなく、実質的に主権者たる国民の意志に基づき、かつ人権尊

表2　給料入金仕訳

（銀行の仕訳）			
借方		貸方	
現金	198,289	預り金	198,289
（原告の仕訳）			
借方		貸方	
普通預金	198,289	給料収入	198,289

重を内容とするものでなければならないことを意味する。たとえ形式的に法規にしたがった行政であっても、実質的に国民の意志に反し人権をおびやかすものであれば、それはもはや憲法下の「法律による行政」とはいえない。

日本国憲法の下においては、国民が主権者であり、政府が行う国政は国民によって信託されているにすぎない（憲法前文）。ここで保障される基本的人権は、行政権および司法権はもちろん、立法権に対しても保障されたものである。①

国税徴収法、地方税法、税条例などは生活に欠くことができない特定の財産を差押禁止財産としている。被告が生活に欠かせない預金まで差し押さえる根拠としている「預金債権に転化」しているということは一つの「判決例」にすぎない。②

その裁判は、金融機関が預金者に対する貸付金と預金者の預金（国民年金および労災保険金が振り込まれたことによる残高）を相殺したことの可否をめぐるものであった。裁判所は、「年金等の受給権は受給権者の預金口座に振り込まれて預金債権に転化したときは、差押禁止債権としての性格を失っていると解すべきである」と判断したのである（第一審＝釧路地裁北見支部、平成八年七月一九日判決、控訴審＝札幌高裁、平成九年五月二五日判決、上告審＝最高裁、平成一〇年二月一〇日第三小法廷判決）。先に述べたように「預金債権に転化する」論は、預金債権の本質をあいまいにしたもので誤った事実認定である。

日本国憲法第二九条は財産権について、「財産権は、これを侵してはならない。財産権の内容は、公共の福祉に適合するやうに、法律でこれを定める。私有財産は、正当な補償の下に、これを公共のために用ひることができる。」と規定している。

預金には資産家の預金もあれば庶民のわずかな預金もある。預金のうちでも庶民が生活資金として使用する預金（「生活存続用預金」）は、それを使用して人間が生存するために欠かせない財産権（憲法第二九条）である。

生活存続用預金は、憲法論的にいうと憲法第二五条の生存権を原点とする生存権的財産（人権としての財産）である。

生活存続用預金は人間生存の基礎となるものであるから、生存権を保障するためには生活存続用預金の権利もまた保障されねばならない。その意味で生活存続用預金については、憲法二九条と憲法二五条とが一体となった公共概念が中心となる。

これに対して、国民の生存権を原点とする公共概念とは逆に、生存権をおびやかす公共概念がある。年金等の受給権は受給権者の預金口座に振り込まれ預金債権に転化したときは、差押禁止債権としての性格を失っていると解すべきことが公共的だとする意見である。先の判決例や被告の主張はその典型である。

預金者の権利は、大きく分けて、預け入れる権利と払い戻して使用する権利がある。預金はそれを持っているだけでは意味がなく、払い戻して生活費に使用することによってはじめて人間にとって価値あるものとなる。そのような見地からいえば、預金は払い戻して生活費に使用する権利が重要なのである。

被告が差し押さえた原告の普通預金残高は、二〇〇八（平成二〇）年五月七日現在一六六一円であった。同年五月二三日に給料が一九万八二八九円振り込まれて残高が一九万九九五〇円となった。しかし、給料が振り込まれた日に被告が残高の全て一九万九九五〇円を差し押さえたため残高はゼロとなった。

生存権的財産である生活存続用預金の差押えは、預金者がその預金を払い戻して生活費に使用する権利の侵害、つまり憲法二五条および憲法二九条違反となる。

①　渡辺洋三元東京大学名誉教授は行政法の解釈について次のように述べている。「徴税の確保とか、犯罪捜索とか、国家目的を容易に実現するという観点から見たら基本的人権の尊重は邪魔になるのである。その観点からいえば法律などいら

ないかもしれない。法律の目的と行政の目的はちがうだけでなく相反的である。法律による行政はむしろ行政をやりにくくするところに主眼があるのである。したがって行政法の解釈も、行政をやりにくくするような方向で解釈されねばならない。それが、行政を法律でしばる、行政を法に従属させるということの本当の意味であり、行政法解釈の根本原則であろう。」『法社会学研究1・現代国家と行政権』（東京大学出版会、一九七二）六三頁。

② 同前渡辺名誉教授は判決と判例の区別について次のように述べている。「世の中では、しばしば、この二つのことばが混同して使われている。しかし、判決と判例は次元を異にする概念である。判決とは、個々の具体的紛争に対する裁判官の一回限りの決定のことである。これに対し、判例とは、将来の裁判を拘束するところの『先例』のことである。個々の判決が判例になるか、ならないかは、その判決を出した裁判官の主観的意図によってきまるわけでないし、またその判決が出された時点できまるものでもない。後になって、他の裁判官が、前に出された判決に先例的価値を見出し、これを先例として引用するとき、初めてその判決は、『判例』となる。『判例』という言葉を厳格に使うとすれば、それは最高裁判所の判例だけに限定されることになろう。『判例』にならない判決は、『判決例』あるいは『裁判例』と呼ばれる。」『法を学ぶ』（岩波書店、一九八六）一六五頁以下。

2　本件差押処分は、差押禁止財産の差押えであり違法であることについて

(1)　税務官公署は納税者が納期限までに納税をしないと督促する（国税通則法第三七条）。督促しても納付されないときには、滞納処分に進む。滞納処分は、租税債権者である税務官公署が税金を強制的に取り立てる手続の総称である。滞納処分は、原則として、差押え、換価、配当の三段階からなる。国税の徴収手続のうち、特に滞納処分に関する手続を中心に規定しているのは国税徴収法である。個人の道府県民税や市町村民税の徴収および滞納処分については国税徴収法に規定する例によることになっている（地方税法第四八条第一項、同法第三三一条第六項等）。

(2)　国税徴収法は給料を差押禁止財産としている（第七六条第一項）。また、国税徴収法は納税者に一定の事由

があるときに滞納処分の執行を停止して、最終的には納税義務を消滅させる「滞納処分の停止」という制度を置いている（第一五三条）。

滞納処分の停止は、納税者に滞納処分の対象となる財産がないとき、滞納処分の執行によって滞納者の生活を著しく窮迫させるおそれがあるときに適用される。地方税法も国税と同様に滞納処分の停止規定をおいている。

地方税法第一五条の七は滞納処分の停止の要件等について次の規定をしている。

「地方団体の長は、滞納者につき次の各号の一に該当する事実があると認めるときは、滞納処分の執行を停止することができる。一滞納処分をすることができる財産がないとき。二滞納処分をすることによってその生活を著しく窮迫させるおそれがあるとき。三その所在及び滞納処分をすることができる財産がともに不明であるとき。2地方団体の長は、前項の規定により滞納処分の執行を停止したときは、その旨を滞納者に通知しなければならない。3地方団体の長は、第一項第二号の規定により滞納処分の執行を停止した場合において、その停止に係る地方団体の徴収金について差し押えた財産があるときは、その差押を解除しなければならない。4第一項の規定により滞納処分の執行を停止した地方団体の徴収金を納付し、又は納入する義務は、その執行の停止が三年間継続したときは、消滅する。5第一項第一号の規定により滞納処分の執行を停止した場合において、その地方団体の徴収金が限定承認に係るものであるときその他その地方団体の徴収金を徴収することができないことが明らかであるときは、地方団体の長は、前項の規定にかかわらず、その地方団体の徴収金を納付し、又は納入する義務を直ちに消滅させることができる。」

滞納処分の停止は税務署長の職権に基づくものであるが、滞納処分の停止をするかどうかは、税務署長のいわゆる裁量にゆだねられているのではない。つまり、地方税法第一五条の七本文において「……することができる」とあるのは、するかどうかをいわゆる裁量にゆだねるという意味ではない。各号の要件を充足する事実があると認められる場合には、かならず滞納処分の停止をしなければならないという意味である。③

原告は月給によって生計を維持している。原告の半年間の月給手取り受給額は、平成一九年二月分が一二万五八八〇円、同年三月分が二五万四三一〇円、同年四月分が三二万六〇一〇円、同年五月分が一六万九一九六円、同年六月分が一二万八四〇六円、同年七月分が一六万六二円である。半年間の手取り合計額は一一六万三八六四円、月平均の手取り額は一九万三九七七円である（甲第一〇号証の一から六）。同年七月に支払われた賞与の手取り額は四万一九三六円である（甲第一〇号証の七）。これら受給額はすべて生活費に費消される。被告の財産は差押え当時、軽自動車と普通預金だけである。被告の状況は、地方税法第一五条の七第一項第一号の「滞納処分をすることができる財産がないとき」および同条第二号の「滞納処分をすることによってその生活を著しく窮迫させるおそれがあるとき」に該当しており、被告は原告に対して滞納処分の執行停止処分をしなければならなかったのである。被告は滞納処分の執行停止処分をしない不作為の違法をおかした上に差押禁止財産である給料の差押えを行うという二重の違法行為をおこなったのである。

③　大蔵省主税局において国税徴収法の立法作業に従事した経験をもつ北野弘久日本大学名誉教授は次のように述べる。「一五一条一項各号の要件および一五三条一項各号の要件はいずれも厳格に客観的に捉えられねばならないのである。そしてそれら各号の要件を充足する事実がある場合には税務署長は必ず換価の猶予および滞納処分の停止をしなければならないのである。両条一項本文において『……することができる』とあるのは、するかどうかいわゆる裁量にゆだねるという意味ではない。両条の各号の要件を充足する事実があると認められる場合には、必ず換価の猶予および滞納処分の停止をしなければならないという意味である。」『税法解釈の個別的研究Ⅰ』（学陽書房、一九七九）三四頁。

3　本件差押処分の取消訴訟には訴えの利益がないとする被告の主張は採用すべきでないとする点について

(1)　国民が行政庁の処分を違法として争うためには、まず、大前提として適法に出訴しうるための原告適格性がなくてはならない。ここに、抗告訴訟における適法要件としての「訴えの利益」が問題となるのであり、かかる要件を欠くときには、いかに行政庁に不平不満をいだく者があっても、それらの不満は、「訴えの利益」がないとの理由によって、法的救済の対象から除外される。だから、この「訴えの利益」を狭く解するときには、国民は行政行為の司法審査を要求することができず、行政庁の処分に対し泣き寝入りするしかないことになる。

被告は、準備書面（一）において、「本件『滞納処分』は、差押処分後に取立がなされ、配当及び充当も完了し、滞納処分という一連の手続きが既に終了しているのであるから、いずれの処分も既に目的達成して消滅しているというべきであり、これらの取消しを求める法律上の利益（行政事件訴訟法第九条第一項）は存在しないというべきである。」「いずれにしても、原告の追加的変更された訴えにも訴訟要件である狭義の『訴えの利益』がないというべきである。」と述べる。

法律による行政ということを形式的にいうのなら、どのような専制国家においても法治主義はありうる。この形式的論理は、日本国憲法のもとでの法治主義を骨抜きにする。現行憲法の下での行政は、行政権の行使が形式的に法規にもとづくということを意味するのではなく、それが実質的に主権者たる国民の意思に基づき、かつ人権尊重を内容とするものでなければならない。その根本的実質的観点を抜きにして、「滞納処分という一連の手続きが既に終了している」などと形式的に法規にしたがっているかどうかに問題を限定することは行政事件訴訟法上許されない。

ところで、行政事件訴訟法第九条第一項は原告適格について、「処分の取消しの訴え及び裁決の取消しの訴え（以下「取消訴訟」という。）は、当該処分又は裁決の取消しを求めるにつき法律上の利益を有する者（処分又は裁決の効果が期間の経過その他の理由によりなくなった後においてもなお処分又は裁決の取消しによって回復すべき法律上の利益を有する者を含む。）に限り、提起することができる。」と規定する。行政権の行使には二重の制約が制度上課せられている。その一つは、行政権の行使がそれに先立って制定されたところの法律にもとづくものでなければならないという制約であり、他の一つは、その行使の適法性・違法性が事後に裁判所の司法審査に服さなければならないという制約である。本件においては、上述した実質と形式の対応について深い検討が求められているのであり、原告が原告適格を有することはいうまでもない。

(2)　現憲法のもとでの法治主義は、国民の権利救済のために行政権を法でしばる点に核心的意義がある。行政権は法に拘束されるのであってその逆ではない。国民の権利保障という観点から言えば、国家法以前に、あるいは直接的に実定法にもとづかずして、事実上社会生活上享受している利益もまた、行政権力の支配に対し十分に保護されねばならないのである。

元来、利益というものは、国家の承認を媒介として「法律的利益」「権利」に高められるものであるが、かかる国家の承認行為は、決して無から有を生ずるものではない。その意味では、権利は、国家＝行政庁の処分によって確認されたものである。この国家の承認行為をまたずして社会的に「存在するもの」を、権利の社会的実体として認めない考え方は、権利概念を、国民の側からでなく、国家権力の側から把握する無益な議論にほかならない。このような考えかたは、常に事態の様相を上から眺めることに慣れているわが国の官僚の支配的な考え方として、官僚機構の存続とともに維持温存されている。被告は原告の請求に対し、判決をすることの必要性およびその実効性を一連の請求内容について吟味していない。被告が行政庁の違法行為に関して吟味もしないで、「訴えの利益」を持ち出し、原告が提訴した行政庁の公権力の行使に関する不服の訴訟を却下させようとすることは、原告の裁判を受ける権利（憲法第三二条）を奪うものである。被告の主張は、国民の権利利益の救済を阻止するもので、行政不服審査法第一条第一項に反するばかりでなく、憲法第三二条に反する。

(3)　憲法は第三章において、詳細な人権保障の規定を置いている。第一一条において「基本的人権は、侵すことのできない永久の権利」と規定しているのは、人権宣言以来の人類の歴史の成果をうたうものである。また第一二条で「自由及び権利は、国民の不断の努力によって、これを保持しなければならない」と規定し、第一三条で「生命、自由及び幸福追求に対する国民の権利」は最大の尊重を必要とすると規定しているのは、自由と人権が長い期間にわたる世界諸国民のたえざる努力によってかちとったものであり、今後もそれを維持するためには国民の努力が必要であることを述べたものである。

憲法第九九条は、天皇又は摂政及び国務大臣、国会議員、裁判官その他の公務員は憲法を尊重し擁護する義務を負うと定めている。もちろん地方公務員は、憲法に基づいて厳正に税務行政を行う義務がある（憲法第一三条、一四条、二五条、二九条、三一条、九八条、九九条等）。

公務員は、下記に示す「職員の服務の宣誓に関する政令」による宣誓をして職務に従事しているのである。

職員の服務の宣誓に関する政令（昭和四一・二・一〇政一四、施行昭和四一・二・一九〈附則〉）第一条（服務の宣誓）は、「①新たに職員（非常勤職員及び臨時的職員を除く。以下同じ。）となった者は、任命権者又はその指定する職員の面前において別紙様式による宣誓書に署名して、任命権者に提出しなければならない。②前項の規定による宣誓書の署名及び提出は、職員がその職務に従事する前にするものとする（第二項ただし書きを略す）。」と定めている。

前記の職員の服務の宣誓に関する政令第一条第一項に規定する別紙様式による宣誓書の内容はつぎのとおりである。

「私は、国民全体の奉仕者として公共の利益のために勤務すべき責務を深く自覚し、日本国憲法を遵守し、並びに法令及び上司の職務上の命令に従い、不偏不党かつ公正に職務の遂行に当たることをかたく誓います。年月日　氏名」

被告は公務員である。被告が行った差押えは、憲法に基づいて厳正に税務行政を行う公務員の義務（憲法第一三条、一四条、二五条、二九条、三一条、九八条、九九条等）に反している。

(4)　「訴えの利益」の実態を法律以前の社会的経済的実体においてとらえるか、それとも法律的見地から把握された利益をさすのかという問題は、訴訟制度の目的を「権利保護」においてとらえるか、それとも「法秩序の実効性の保障」においてとらえるかという問題と深くかかわりあっている。

地方税の滞納原因の多くは日本国憲法を原点とする応能負担原則（第一三条、一四条、二五条、二九条）を考慮しない現行の地方税制のあり方にある。つまり、地方消費税、住民税の均等割、健康保険税（料）、固定資産税、都市計画税などは応能負担原則を考慮していないのである。行政権力と国民との関係は権利義務関係であることは、相互の争いが、当事者のいずれからも独立した第三者、すなわち司法裁判所によって解決されるべきであるという要請を、当然に前提とする。

国民健康保険税（料）を滞納すると、市町村は保険証を取り上げる。保険証がないと、医療費負担は通常の三割ではなく全額支払いになる。国民健康保険税（料）の滞納者が全額の医療費を支払うことはおよそ不可能であり、滞納者は医者にもかかれない。市町村は、このような生活困窮滞納者の預金を差し押さえている。差し押さえについて争そうとしても、訴えの利益がないとの理由で、市町村という一方の当事者の意思が強制されるなら、かかる関係は、法律関係とは言えない。したがって、行政法が「法」であるためには、行政権力と国民との関係は権利義務関係であるという原則は犯されてはならない。この前提から出発すれば、いかなる場合であっても、行政作用の発動によって、国民の利益や権利が奪われたり傷つけられたりした場合には、速やかに救済されるべきであること、またかかる救済を要求する権利が国民の側にあることは当然である。

憲法第二五条は、「健康で文化的な最低限度の生活を営む権利」を保障し、社会福祉、社会保障および公衆衛生の向上および増進についての国の努力義務を規定している。行政作用が円滑に遂行されるかどうかの基本的要因は、行政庁が国民の側に立ち国民の利益を守っているか、それとも大多数の国民と対立的敵対関係にたっているか、という現実そのもののなかにあるのであり、訴えの利益を認めるかどうか等という制度的ないし理論的問題の中にあるのではない。裁判所に求められるのは差押えの違法・違憲性の判断である。

地方自治法は地方公共団体の組織・運営に関する基本法である。同法第一条の二第一項は、「地方公共団体は、住民の福祉の増進を図ることを基本として、地域における行政を自主的かつ総合的に実施する役割を広く担うものとする。」と住民の積極的な権利を保障している。被告は、訴訟制度の目的を「権利保護」においてとらえず、ただひたすらに「法秩序の実効性の保障」においてとらえているのである。被告の行為は、憲法の生存権規定に反し、また、地方自治法第一条の二第一項が規定する住民の福祉の増進を阻害するもので、地方自治法にも反する。

憲法第七六条第二項は、「行政機関は、終審として裁判を行ふことができない」と規定している。本件被告の行った違法・違憲な行政手続や行政処分に対する原告の不服について被告が「訴えの利益」がないとして原告の主張を退けることは、行政権者である被告の司法権への介入に他ならない。

以上述べたように、本件差押処分の取消訴訟において訴えの利益がないとする被告の主張は採用すべきでない。

以上

四　預金債権転化論を否定する和解の成立

前橋地裁の判決は原告（大石守）の請求を却下した（二〇一〇年二月三日）。原告は控訴した（同年二月一七日）。そして、東京高裁において同年三月三一日、（甲）大石守と（乙）玉村町との間で和解が成立した。次は和解のあらましである。

第一条　甲と乙は、納税制度につき、その必要性及び納税者の生活実態の尊重が共に重要であることを相互に認識し、本件事件を円満解決することに合意する。
第二条　乙は、甲に対し、本件事件の解決金として金六二万円を支払うものとし、これを平成二二年三月三一日限り甲に直接交付する方法により支払う。
第三条　甲は、納税の重要性を認識のうえ、本和解の席において、前条の解決金の中から金三二万一四四一円を乙に納税する。

この和解は「預金債権転化論」を打ち破った点で画期的なものとなった。この成果は提訴した大石守さんの意気込み、鈴木智之弁護士をはじめとする代理人の献身的努力がもたらした。「市税を考える市民の会」（代表委員大野豊文氏・前橋民主商工会会長）が宣伝行動などを行いこの裁判の運動を支えたこともよい結果につながった。また、預金債権転化論を投棄した東京高裁および玉村町の英断も忘れてはならない。

（1）国税庁「平成二一年度租税滞納状況について」（二〇一〇）。
（2）総務省「地方税の納税残高（累積）内訳（平成二〇年度決算）」。
（3）憲法や法律は社会のルールである。もしルールがなければ人間社会は動物のような「弱肉強食」の世界、弱者の犠牲の上に強者が栄えることになる。だからルールによって弱い者の利益を守ることが必要となる。憲法一四条一項は、「すべて国民は、法の下に平等であって、人種、信条、性別、社会的身分又は門地により、政治的、経済的又は社会的関係において、差別されない。」と法の下の平等を規定している。税負担における平等原則は、負担能力に応じて税負担を行うということになる。負担能力に応じた税負担のことは、応能負担原則（応能原則）と呼ばれる。応能原則によって、弱者の犠牲の上に強者が栄えることを防ぐことができる。
（4）国税徴収法の捜査規定については、渡辺洋三東大名誉教授の次の指摘を生かすことが重要である。「行政手続はいろいろあるので、すべての行政手続に憲法の規定の適用があるとまでいえないにしても、公権力が市民の自宅まで侵入できるのは、警察権力同様の権力行使であるから、国税徴収法は、やはり憲法三一条に反する違憲の法律である」『法とは何か〔新版〕』（岩波書店、一九九八）一八七頁。
（5）『朝日新聞』二〇〇九年四月二一日。

税理士の滞納税務代理

——税理士業務との関連において——

中村芳昭

はじめに——問題の所在

税理士制度を「納税者の代理」の制度としてとらえ、そこにおける税理士は「納税者の代理人」であるべきであり、納税者の権利擁護のためには「税法専門家」まで引き上げられるべきことを早い段階から強調されていたのは、故北野教授である。(1) これは、シャウプ勧告が近代的税理士制度を「納税者の代理」の制度としてとらえ、そこにおける税理士の任務を「納税者の代理人としての税専門家」であるべきであるとしていたことを踏まえて主張されたものであった。(2) 故北野教授はこのシャウプ勧告の税理士制度および税理士の任務の捉え方を高く評価し、さらに、そうしたシャウプ勧告においては、「税理士は税務行政における『法の支配』(rule of law) の擁護者として評価されていた」とすらいうことができるとされていた。(3)

そこで、ここでは、シャウプ勧告を踏まえた、このような税理士制度および税理士の任務に対する故北野教授の見方に触発されて、滞納処分に対する税理士の税務代理について論じてみようとするものである。この問題は、租税の強制徴収のための滞納処分手続が行われた場合、滞納者の権利保障について税理士はどのようなかたちでどこまで関与すべきなのか、また現に関与しているのか、という問題になる。しかし、こうした問題はこれまであまり議論の対象とされていなかったように思われる。

ところで、納税者の権利に関する税法上の問題は多いが、それらの中でも、納税者の権利保障の観点からみて、手続的に最もシアリアスな場合としてあげられなければならないのは、次の二つの場合であるといえる。すなわち、租税徴収手続では滞納者の財産を最終的に処分するための滞納処分手続の場合、および租税反則事件手続では納税者を脱税等の租税犯の犯則嫌疑者として処理するための反則調査手続の場合である。

これらのうち、後者の場合には、犯則調査における税理士による税務代理および租税刑事訴訟における税理士による特別弁護人（刑事訴訟法三一条二項）等としての関与が問題となるが、(4) これはなお検討すべき点が多いので別の機会に譲らざるを得ない。したがって、ここでは、前者の滞納処分手続における税理士の税務代理について検討することにする。

この場合、後で詳しくみるように、税理士は、税理士法上、その業務として税務代理、税務書類の作成、税務相談、および補佐人といった各事務を行うことを一般的に認められており、滞納処分手続においてもそれらの税理士の事務がそれぞれ必要となると考えられるが、ここではとくに、便宜的に、滞納処分手続におけるそれらの税理士の事務を包括的に滞納税務代理として議論を進めることにする。

このことを検討すべき事情として、さしあたり次の三点を指摘しておきたい。その第一は、法適用上徴収法と競合関係にある倒産法制が、従来の考え方を一八〇度転換して、自由経済競争社会における債務者のセーフティーネットの一環として法整備が進められることとなった点である。すなわち、自由経済競争が結果的に滞納の主要な原因となる倒産や破産等を発生させることは不可避的な現象であると認識し、そのような自由競争社会の最後の受け皿としての債務者のセーフティーネットという観点から、国税徴収法（以下、徴収法と省略）の隣接法関係にある破産法や民事再生法等の倒産法制が大改正され、再整備されてきたのである。[5] この点、徴収法は、差押禁止財産の法定（法七五条）等にみられるように、そうした考え方に基づく措置をすでに従前から部分的に採用している。したがって、徴収法としては、そうした隣接法制である新倒産法制がその基本的考え方を大転換したことを踏まえて、制度的には、両者の整合性、さらには権利論の観点から、再検討されるべきことが求められており、また、その運用上も、新倒産法制と整合させて、それと同様の観点がより重視されるべきことが求められ、それらは全体として徴税行政を「法の支配」に組み込み、可能な限り民事債権の強制執行手続に近づける方向で考えられるべきであるといえる。

第二は、近年の政府の政策においては、国民に自立自助の生存を求め、政府は最小限のセーフティネットの保障をしようとする傾向を強めていることである。[6] こうした中では、その政策の当否はさておき、その政策の反面として、そのような自立自助の生存の基盤をなす各国民の財産の保障・確保が相対的により重要性を増すことになるといえる。このことは滞納者の場合も例外ではない。すなわち、滞納者に対してより公正かつ慎重な滞納処分を行うことが求められるため、税理士の税務支援が必要とされることを意味する。この場合にとくに問題となるのが、滞納者が経済的に無資力である場合である。

この点、各税理士会は、税理士法が、税理士制度の公共性に基づく社会貢献として、納税者の経済的事情により無償または低額報酬による税理士の支援を要請していることを受けて（法四九条の二第二項九号）、税理士会としての税務援助および税務指導事業をすでに実施している。[7] その実施のための規則には、その対象者として小規模納税者および税務支援を必要と認める者を定め、その支援の範囲として、税務相談のほか、記帳・決算、税務書類作成、および電子申告の各相談、ならびに必要があれば記帳代行、決算代行・決算書の作成、申告書その他税務書類・電子申告データの作成等を行うことが定められている（例えば東京税理士会の税務支援実施細則二条、三条、千葉県税理士会の税務支援の実施に関する規則二条、三条等）。しかし、それらの規則が税務援助として予定している税務支援および税務指導の内容をみる限り、あくまでも小規模納税者等に対する税務申告およびその関連業務を中心としており、そのために必要な税理士による相談と事務が具体的な対象として掲げられているが、ここで問題にしようとする滞納者に対する税理士の滞納税務代理は、それらの規則等の税務支援の対象には明示的に含められてはいない。(8)

第三は、近年、とくに一九八〇年代以降において世界的に納税者権利憲章または納税者権利保障法がひろく制定され、(9)その中に滞納処分手続における納税者の権利保障が滞納者に対する滞納処分手続においても採用される例が徐々にみられるようになってきたことである。例えばアメリカでは徴収適正手続聴聞（Collection Due Process Hearing: CDP Hearing）を要求する権利が認められ、これによって滞納処分に最終的には司法審査の機会を保障しようとする制度がその代表である。(10)このことは、わが国でも、もはや滞納処分手続といえども当事者だけの密室状態で強権的に手続を進めることには法的に大きな問題があり、滞納者の財産に対する滞納処分にあたっても憲法の適正手続の保障（三一条）に基づいてその手続が進められる必要があることを示している。そして、そのような滞納者の財産の最終的な処分を行うことを目的とする滞納処分手続において、そうした滞納者の財産に対する滞納処分が適正手続に基づいて進められることを現実的に担保するためには、滞納者は原則として専門家である税理士等の代理人を選任してその下でそれが進められることまで保障されることが必要であるといわなければならない。このことは、現行憲法の基本的原理である「法の支配」に適合した租税強制手続に可能な限り近づけることにもなるといえる。

滞納者と一口にいっても、もちろん、その事情はさまざまであるから、事実としては、善意の滞納者もいれば悪意の滞納者もいることは確かであるし、また、滞納者が無資力のため税理士等の専門家に代理を依頼することができない者もいれば自分で報酬を支払って専門家に代理を依頼することができる者がいることはいうまでもない。この場合とくに問題となるのは、善意の滞納者で無資力状態にある滞納者である。その滞納者自身および家族の当面の生存のための資金しか都合がつかないため、とても税法専門家である税理士に報酬を払って滞納処分手続の税務代理を依頼するだけの余裕がない場合である。もっとも、そのような場合は実態としては少数であるかもしれない。

しかし、その数が少数だから看過してもかまわないということにはならない[11]。断片的ではあるが、例えば、最近の国会における財政金融委員会の質疑で、預金の差押を受けて滞納者が自殺した事例、滞納額が比較的に少額であるにもかかわらず滞納者の売掛金の差押がなされた事例、消費税滞納につき分割納税が認められず売掛金の差押を受け、それが取引先に知られて取引停止においこまれ自殺に至った事業者の事例等が繰り返し取り上げられ、問題とされている[12]。

以上のような問題状況の中で、ここではさしあたり国税の場合について狭義の滞納処分手続[13]を中心として、滞納者の権利保障の観点から、滞納者の財産に対する滞納処分がなされようとしているかまたはなされた場合に、税法専門家、ここではとくに税理士は、どのようなかたちでどこまで関与すべきかについて税理士業務に関連づけて検討してみることにしたい。

1　滞納処分と税理士の業務

(1)　滞納処分手続が税理士の業務対象であることは自明であり、一般に改めて説明を要するまでもないことのようにもみられるのであるが、このことはしかし、詳細な点については必ずしも法的にははっきりしない点もある。

そこで、まず、確認的な意味で、そのことを税理士法に従ってみてみると、次の三点が指摘できる。

その第一点は、税理士試験の面から、滞納処分手続に関する主要法である徴収法およびその一般法である国税通則法（以下、通則法と省略）が税理士試験の選択科目とされていることの確認である。税理士法六条一号は、税理士試験の選択科目として徴収法を単独の試験科目として定める一方、通則法については、同号カッコ書きで、①所得税法、②法人税法、③相続税法、④消費税法または酒税法のいずれか、および⑤徴収法までの科目にあっては「国税通則法その他の法律に定める当該科目に関連する事項を含む」と規定され、通則法は、単独の試験科目としてではなくて、いわゆる「税法に属する科目」（法六条一号）として税理士試験の範囲に含められている。[14]このように、滞納処分手続を定める主要法である徴収法と通則法が税理士試験の科目（範囲）に含められていることは、それらが、税理士業務に必要不可欠であることを当然の前提として、徴収手続に関する税理士の能力担保のためであると解される。

第二点は、徴収法と通則法が、税理士業務の対象の面から、そこに含められていることの確認である。これについて、税理士法は、まず、その二条一項本文で「税理士は、他人の求めに応じ、租税（……）に関し、次に掲げる事務を行うことを業とする。」とし、税理士業務の対象を単に包括的に「租税」と規定している。そして、その「租税」の後にカッコ書きをおいて、むしろ税理士業務の対象にならない国税および地方税の具体的な税目を定め、このカッコ書きの税目以外の税目を単に包括的に「租税」と規定し、それを税理士業務の対象とする包括的規定がなされている。そのカッコ書きの具体的な除外税目として、国税では印紙税、登録免許税、および関税を、また、地方税では法定外普通税、および法定外目的税をあげるほか、その他政令で定めるものを定め（法二条）、同法施行令一条でそれについてより具体的詳細な規定をおいている。すなわち、税理士法は、税理士業務の対象とならない税目に関する具体的な列挙規定を設けることによって、それ以外の税目はすべて包括的に税理士業務の対象となることを定めている。このように、税理士法は税理士業務の対象を単に包括的に「租税」とだけ定めているのであるが、そのカッコ書きおよびその施行令の規定ぶりからみると、その業務対象となる税目も基本的には個別の税目を予定していると解されるので、こうした個別税目には当たらない徴収法と通則法は、それによって直ちに税理士の業務対象になると解することはできない。

そこで、第三点は、税理士業務の内容である事務からみて、徴収法と通則法がそれに含まれるといえるかである。税理士法は、税理士業務の対象を定める同じ規定において、税理士業務の内容となる「事務」を定めている。このような税理士業務の事務として、税務代理、税務書類の作成、および税務相談をあげ（法二条一項一号～三号）、さらに税務訴訟における補佐人の規定（法二条の二）を定めている。それらの事務に関する規定のうち、税務代理および税務書類の作成の規定（同条一号、二号）のカッコ書きにおいて「租税に関する法令」という文言が用いられている。この文言には、税理士業務の対象となる各実体税法のほか、国税では、国税通則法、国税徴収法、租税特別措置法、災害被害者に対する租税の減免、租税の徴収等に関する法律、租税条約の実施に伴う所得税法、法人税法及び地方税法の特例等に関する法律など、「租税債務の額を具体的に決定し、又は、その履行を担保するための法律（関係する政令、省令、告示を含む。）が全て含まれる[15]」と解されている。すなわち、税理士の業務対象外の税目を除く実体税法はもとより、租税手続法、租税条約等、およびそれらの関係政省令や告示が広く含まれるといえる。また、「租税に関する法令」は単に個別の税目に関する税法のみを指していると解することはできないし、また、通則法と徴収法を含まないとする規定もないので、そのように解釈するのが自然である。

このように、税理士法は、税理士の業務対象としては具体的な税目を対象とする規定となっているため、そうした税目に関する税法ではなくて、租税手続法である徴収法や通則法は税理士業務の対象として明示的に規定されてはいない。しかし、税理士業務の事務においては基本的な租税手続法である徴収法と通則法が当然にそれらの「事務」に必要不可欠な手続税法と解されるので、それらも「租税に関する法令」に当然に含まれ、税理士業務の事務の対象となる税法であるといえる。したがって、主として通則法と徴収法を根拠法とする滞納処分手続は、この点からみて税理士業務の主要な部分を構成すると解される。

しかしながら、このような解釈は、これまで必ずしも明確ではなかった。まず、旧税理士法二条の税理士の税務代理の範囲について、[16]例えば、広島高裁松江支部昭二八・一一・二判決[17]は、「税理士法第二条第一号にいわゆる『その他の事項』とは、必ずしも申告、申請、再調査若しくは審査の請求、異議の申立等の如き税法所定の事項に限定した意味に解すべきではなく、その他一般に徴税官公署を相手方とする分納、納付の猶予等の陳情、交渉の類をも包含するものど解すべきである。」と判示し、徴収手続において納税資金が一時的に不足する場合等の「分納、納付の猶予等の陳情、交渉の類」が税務代理の対象になると解していた。また、税理士法上の税務代理には「納税者に代わって、申告等の法律行為をする代理だけではなく、納税者の納税義務に関して、税務当局との間で行う事実認定、法解釈等についての税務折衝など事実行為の代行も含まれる」と従来から解されていたが、[18]昭和五五年の税理士法改正はこのような税務代理の範囲を明確にする趣旨で行われ、税理士法基本通達も、税務代理には「税務官公署を相手方とする分納、納税の猶予等の陳情、交渉の類を含むものとする。」（同二―三）として、徴収手続に関する税務代理について前記の裁判例と同様の解釈を示していた。これらは、一見すると、徴収手続上の措置が例示されているので、当然に滞納処分手続も税務代理の対象に含まれると解されるようにみえるが、それらの例示をよくみると、自主納付の延長線上の徴収手続上の措置の一部のみしかあげられておらず、差押や換価といった徴税当局による強権的な滞納処分手続は含まれないとする誤解を生じかねない恐れがあった。[19]

この点については、しかしながら、徴収法一四五条が「徴収職員は、捜索、差押又は差押財産の搬出をする場合において、これらの処分の執行のため支障があると認められるときは、これらの処分をする間は、次に掲げる者を除き、その場所に出入することを禁止することができる。」と規定したうえで、この出入禁止の除外対象者として、滞納者、差押に係る財産を保管する第三者および法一四二条二項の第三者に対する捜索により捜索を受けた第三者、それらの者の同居の親族とともに、「滞納者の国税に関する申告、申請その他の事項につき滞納者を代理する権限を有する者」

（同条四号）を定めている。この「滞納者を代理する権限を有する者」とは、滞納者の国税に関する「課税標準等の申告、納税の猶予等の申請、不服申立て又は訴えの提起等、税務に関する事項について、契約又は法律により滞納者に代理してその行為ができる者をいい、例えば、その滞納者から委任を受けた税理士、弁護士、納税管理人等又は法律の規定により定められた親権者、後見人、破産管財人等をいう。」（徴収法基本通達一四五条関係四）とされており[20]、そこでは、税理士は当然にこの場合の「滞納者に代理してその行為ができる者」に該当すると解されているので[21]、そうした杞憂はこれによって解消される。

以上のように、滞納処分手続も税理士業務の主要な対象になることを直接的に根拠づけるのは、税理士法上は、税理士業務の事務に関する規定であり、税理士の試験科目に関する規定がその能力担保の面から間接的に根拠づけているといえる。したがって、それらの税法に基づいてその業務を行う税理士は、滞納処分手続においても、滞納者に対してその税務代理、税務書類の作成、税務相談、および補佐人の業務を行うことができると解されるのである。ただし、これについては、税理士法基本通達二―三がやや紛らわしい規定をおいていること等から誤解を生じかねないのであるが、徴収法一四五条四号が、弁護士等とともに税理士が滞納者の代理を行うことができることを明らかにしているので、そうした誤解の懸念は払拭されている。

いずれにしても、税理士法は、滞納者の権利保障の観点から、滞納処分手続が税理士の事務である税務代理等の対象であることを税理士法令自体においてもっと明確に正面から規定し、そのうえで、税理士会としては無資力の滞納者に対する税理士による税務代理等を具体的に実施するための制度的な整備を図るべきであろう。

(2)　ところで、そのような税理士業務の対象となる滞納処分事案の実態はどのようになっているのであろうか。この点について、国税庁の統計データによって簡単に確認しておきたい[22]。

その統計データによると、国税の滞納整理については、平成二〇（二〇〇八）年度末における整理中の滞納については件数では四一三万件、税額では一兆五五三八億円であり、これを前年度の件数四一八万件、税額一兆六一五一億円と比較すると、件数では約五万件減少し、税額でも六一三億円減少している。このような減少傾向は、ここ一〇年でみると、平成一〇（一九九八）年度から同一六（二〇〇四）年度までは件数が五〇七万件から四五一万件へと、また税額は二兆八一四九億円から二兆二二八億円へと急激に減少し、その後は五～六万件、六〇〇から一〇〇〇億円位の間で緩やかに減少するかたちで推移していることが分かる。

このように滞納の件数と金額が緩やかに減少しているが、ここではこのこと自体について論ずるのではなくて、滞納件数と滞納税額が減少しているとはいっても、それらはなお大きな件数と税額であることに注目しておきたいのである。そして、とくにこの滞納件数に関連して、それらのうち一体何件が、税理士（弁護士や公認会計士を含む）が関与して滞納処理が行われているかを問題としたいのである。しかしながら、この点に関しては、残念ながら、統計的データはもとより推計に利用できる実態調査のようなものも現時点では発見できていない。したがって、そのような滞納処理において、滞納者の滞納処分手続に対して税理士がどのようなかたちでどのくらい関与しているのか、例えば、税理士の関与がある場合の滞納処分の比率がどのようになっており、また、仮に関与がある場合でも、そこにおいて税理士は税務当局との間で滞納処分の解決がなされるまで税務代理を行っているのか、あるいは報酬の支払いが期待できないこと等の理由から単に一通りの必要な税務相談にとどまってしまっているのか、といったことに関する実態については、これまでまったく把握されたことがなかったのではないかと思われる。

このような事情のため、税理士の滞納税務代理について、それに関連する統計的な数値に基づく実態を踏まえて問題の指摘をすることはできない。

(3)　しかしながら、こうした事情があるにしても、主として次のような点に注目しておきたい。

第一に、滞納手続に関する事案は、個人にしても法人にしても、一般的にはさまざまな原因によるといえるが、そのなかでも納税資金の不足または欠缺によって滞納状態が発生している場合についていえば、そのような状態の納税者が税理士に報酬を払って滞納事案の代理を委任することはできない場合がありうる（とくに個人納税者の場合には実態としてそのような場合が多いのではないかと考えられる）。このような場合には、滞納者に対する税理士の代理は、税理士を依頼するための報酬を支払うことができる余裕のある場合に限られることにならざるを得ない。

第二に、平成一三（二〇〇一）年度の税理士法改正で税理士補佐人制度が導入されたので、もし税理士が、滞納者から報酬を受け取ることが困難な事情にもかかわらず、そのような滞納者の代理人としての支援を行っている場合があるとすれば、それが導入された以降の滞納処分に関する裁判例や裁決例に、税理士が滞納処分に関する税務訴訟の補佐人や不服申立の代理人等といったかたちで反映されていると考えられるのであるが、そうした裁判例・裁決例はこれまではきわめて少ないように思われる。裁判例・裁決例では、税理士法基本通達二―三の規定があることによるためか、税理士の税務代理等として相続税法の延納等や分納、納税の猶予等に関するものが目にとまる。(23)

第三に、滞納処分手続が租税確定手続において適正に確定した税額が滞納になった場合にこれを強制的に徴収する制度となっていることから、いきおい税理士の業務の中心は適正な税額算出を中心とした租税確定手続におかれることになる。このため、滞納処分手続における滞納者の権利擁護のための税務代理は、税理士法上は税理士の業務でありながら、税理士業務としては例外的・臨時的な性格のものであることもあって、税理士の関心が相対的に低いというのが実情であろう。その主な理由として考えられるのは、①滞納者に限られるので相対的には問題となる場合が少ない、②一般的に滞納者は私法上の債務者でもあることが多いため、法律問題としては複雑になり、その調査等にしばしば多くの時間を要する場合が多い、③とくに滞納者が破産状態に陥っていて、めぼしい財産や資金がほとんどなくなってしまっている場合等には、その複雑な事案処理を行ってもそれにふさわしい税理士報酬を支払ってもらえない、④滞納者について何らかのかたちで権利の保護または救済ができる余地は、事案の性格上、決して大きくない、といった点であろう。税理士は、とくに例外的・臨時的で、しかも複雑かつ調査に多大な時間を要する滞納事案を処理しても、適切な報酬が期待できないか、仮に少額の報酬を受領できるとしても割に合わない場合が多いといえることから、税理士がそのような事案を受任することには消極的になると考えられる。

(4)　前述の点からして、確かに税理士業務の中心が租税確定手続におかれ、租税徴収手続、とくに滞納処分手続は税理士業務からすれば例外的で臨時的な業務であり、しかも滞納件数自体は統計的には多くても滞納者が無資力のため報酬を支払って税理士に税務代理を依頼できない場合は、件数としては、相対的にはそれほど多くないであろう。しかし、個人破産等といった滞納発生の原因がなくならないことからすれば、そのような場合があり得ることは一般的に否定できない。[24] そのような場合において、そもそうした滞納処分に関与して、無資力等により経済的に窮状にある滞納者の権利が十全に保障されることを担保するのは、制度的には第一次的に税務専門家である税理士（および税理士会）の役割として予定されていることは、すでに述べたところから明らかである。

この点、弁護士会による当番弁護士制度が参考になる。この制度は、「逮捕・拘留された被疑者またはその家族、知人などが直接、または警察、裁判所等を通じて弁護士会に連絡すると、その日の当番に当たっている弁護士が直ちに、無料で被疑者に接見しに駆けつける制度」であり、平成一六（二〇〇四）年刑事訴訟法改正までは被疑者について国選弁護人制度が置かれていなかったことがその背景とされている。[25] しかも、この制度が、法律上の根拠も国の予算上の裏付けもない、弁護士会の一種のボランティア活動として平成二（一九九〇）年に大分県で始まり同四（一九九二）年には全国の都道府県で実施されるに至った制度である点[26]に注意されるべきである。

確かに滞納者は経済的に納税が困難な事情にある者であるので、刑事訴追を受ける刑事事件の被疑者とは大きく相違するといえるが、税理士制度という公共的制度および納税者・滞納者の権利保障の観点からすれば、そこには共通点を見出すことができるので、この問題を議論すべき意義が大きいといえる。[27] 以下では、滞納処分事案を税理士の業務の一環としてみた場合のいくつかの論点をさらに論じることにしたい。

2 税理士による滞納税務代理の内容

(1) 租税の強制徴収手続は、すでに確定した租税債権について行われることになっている。この確定手続については、現行税法が採用する申告納税制度において、納税者の納税義務は、原則として、各租税実体法の定める課税要件の充足によって抽象的納税義務が成立していることを前提として(通則法一五条)、租税確定手続のもとで法定申告期限までにそれを具体化し申告することによって具体的納税義務として確定させ、法定納期限までにその確定した税額を自主納付することによって申告納付が完了する。[28] この場合において、そこで確定された税額が納税資金不足等から納付なされなかった場合などに、当該税額について滞納状態が発生する。こうした滞納状態が発生した場合には、その納税者に対し督促状によりその納付を督促しなければならないとされている(通則法三七条一項)。また、その場合、その督促状はその国税の納期限から五〇日以内に発するものとされるとともに(同条二項)、延滞税または利子税があるときは、それもあわせて督促されなければならないとされている(同条三項)。そして、この督促手続によって、当該納税者は滞納者としてその財産について差押、公売等の換価処分を受け、最終的にその代金が滞納税額相当額に充当される。これが、滞納の発生から滞納処分までの一通りの手続である。[29]

このように、その手続は、滞納があった場合に税務当局が滞納者の財産を最終的に処分し、これによって租税債権の実現をはかるため差押や換価を含む強力な徴税権限行使手続としての性格を持っている。それは、その前提手続である納税義務の確定手続と比べてこの点において最も大きな特徴が存するといえる。

(2) ところで、そのような強力な手続による課税当局の権限行使に対して、徴収手続上、滞納者はどのようなかたちでその正当な権利保障を受けることができるのであろうか。換言すれば、滞納処分手続において滞納者はどのような権利保障をされており、それらの権利保障はどのようなかたちで実効性が担保されるのであろうか。ここでは、この点について、とくにそこにおける税理士業務に関連づけながらみてみることにしたい。

滞納処分手続においては、二つの問題が併行して（あるいは交錯しながら）問題となると考えられる。一つは、滞納手続ではすでに実体税法上の納税義務が確定していることを前提としていることから、そのようにすでに確定している納税義務の対象となる税額が税法令に照らして適正であるかどうかについてももちろん問題となる。いま一つは滞納処分手続それ自体に関連して保障されている滞納者の権利保障の問題である。

前者に関しては、第一義的には一般的な課税処分に過誤納の誤りがありその処分自体を取消争訟によって争うべきときは、法定の期間制限等の要件からみて不服申立がまだ可能な場合には税法における不服申立前置主義の強制原則（通則法一一五条）からして迅速にそのための手続をとる必要がある。しかし、滞納処分事案ではそうした可能性は現実にはきわめて少ないとみられるので、(30)その場合は直接その処分の無効確認訴訟等に訴えることになるが、この訴訟は例外的な権利救済の位置づけのため極めて限定的である。(31)

一方、すでに確定した納税義務の税額は適正であり、それを問題にする余地のない場合にはもっぱら滞納処分手続における滞納者の権利保障がきちんと履践されているかどうかが問題とされる必要がある。滞納者のほとんどはこうした点が問題とされることになるといえよう。

ここでは、この点についてさらに敷衍すると、狭義の滞納処分手続では、国税が納期限までに納付されない場合において、督促を前提として滞納処分が行われることとされていることはすでに上に述べた。このような手続においては、まず、差押処分は、原則として督促状を発した日から起算して一〇日を経過した日までに滞納国税が完納されない場合に行うこととされている（通則法三七条、徴収法四七条）。すなわち、そこでは滞納者に対する事前の督促状の交付と一〇日間の納付期間が差押処分の手続的な要件とされている。この場合の納付期間が極めて短いことは大きな問題であるが、手続的に督促が差押処分の要件とされていることは、滞納者の手続的保障として重要である。

しかし、そのように課税庁が滞納税額の納付を強制することが、国税の性質や納税者の個別的事情によっては適当でない場合があり得る。その場合に、一定の要件に基づいて国税の納付または徴収を緩和する措置が納税者の権利保障として設けられている。いわゆる納税の緩和制度である。[32]

このような納税の緩和制度として、納期限の延長、延納、および納税の猶予または滞納処分の猶予があげられているが[33]、通則法や徴収法のみならず各個別税法自体にも規定が定められており、その主なものは次の通りである。その第一は、納期限の延長である[34]。この措置としては、災害等の場合（通則法一一条）、消費税等の場合（消費五一条、酒税三〇条の六等）、所得税の場合（措置法四一条の六）、法人税の場合（同法七五条、七五条の二）が定められている。

第二は、延納である。この措置としては、所得税の場合（法一三一条、一三二条）および相続税・贈与税の場合（法三八条一項、三項）に認められる特殊な制度として定められている場合[35]として、農地等の相続税または贈与税の場合（措置法七〇条の四第三一項、七〇条の六第三六項）、および中小企業経営承継の場合（措置法七〇条の七第一四項）がある。

第三は、納税の猶予または滞納処分の猶予である。納税の猶予は滞納処分手続開始前においても一般的に認められるものであるので、通則法上の一般的な措置として定められ、災害等により相当な損失を受けた場合、災害・病気・事業の廃止等の場合、および納付すべき税額の確定が遅延した場合（法四六条一～三項）に認められる[36]。これに対し、後者の滞納処分の猶予は換価の猶予および執行停止からなり、これらは本来、滞納処分手続段階において認められる措置であるため、徴収法上の一般的な措置（徴収法一五一条、一五三条）として定められている。また、更正の請求等の行政処分を求める場合に相当の理由があるとき（通則法二三条五項、所得一一八条・一三三条五項、相続四〇条一項・四二条五項）、不服申立があった場合に必要があるとき（同法一〇五条二項、四項）等の特別な場合には、納税の猶予ないし滞納処分の執行停止が認められる。その他、こうした措置については災害の場合については災害減免法や臨時特例法等によって定められるものがある。

以上のうち滞納処分手続段階についていえば、差押等にあたっては、滞納者の事業の継続または最低生活の維持のため、徴収法上、一般的な滞納者の権利保障措置が定められている。そのような目的から設けられたものとして、第一に、上記の換価の猶予（法一五一条）と滞納処分の停止（法一五三条）があげられる。

第二に、財産の差押においては、超過差押および無益な差押の禁止（法四八条）が定められている。

第三に、同じく差押にあたっては、滞納者の最低生活の維持を図る観点から、滞納者の財産全体から考慮した制度として上記の滞納処分の停止があるが、他方では、個別の財産に着目して差押禁止財産（法七五〜七八条）も定められている。後者の差押禁止財産は、滞納者の最低生活の保障や生業の維持はもとより、精神的生活の安寧の保障、社会保障制度の維持等の種々の理由から定められているとされている。(37)

第四に、滞納者は申立により差押え財産を使用または収益すること（法六一条一項、六九条一項、七〇条五項、七一条一項）が認められる。

第五に、滞納者が担保提供により差押に着手しないことを求めた場合の差押制限（法一五九条四項等）、他に適当な財産を提供した場合等の差押の解除義務（法七九条二項）、一定の差押財産に対する換価の制限（法九〇条等）等が定められている。

なお、以上のような主要な滞納者の権利保障といえる規定のほかに、滞納者の権利保障に関係する種々の規定があるし、また、第三者の権利保護に関する規定（例えば徴収法四九条）もあるが、ここではこれ以上触れないこととする。

(3)　滞納者に対する税理士の税務代理に関連していえば、以上においてのべた滞納者に関する二つの税法問題がともに問題となる。しかし、前者の問題は、滞納者の納税義務それ自体の税額等が適正であるか否かの問題であるので、いわば税理士の経常的な税務代理に属するものであり、これは、滞納者の場合においても変わらない。上記のように滞納者の場合は手続的にはそのような一般的な権利救済が受けられる場合は例外といえるから、むしろ、後者の滞納処分手続において上に摘示した滞納者の権利保障に関する問題が、滞納者に対する税理士の滞納税務代理の中心になるといえる。こうした滞納者に対する税理士の滞納税務代理について、その関与の必要性や意義についてさらにみて行くこととする。

3　滞納処分に対する税理士の関与の必要性と意義

(1)　一般に滞納処分に対する税理士の税務代理がなぜ必要といえるのかであるが、徴収法を中心とする滞納処分手続は、極めて専門技術的で、徴収職員の裁量の余地が大きく、しかも手続の進行に応じて的確な判断に基づく迅速な対応が必要とされているといえるので、滞納者自身がそうした専門的な能力を十分にそなえていれば格別、そうでなければ専門家である税理士に委任して事案の処理を求めるより外はない。こうした滞納処分手続においては、恐らく経済的な理由等から事実上税理士に委任できない場合も含めて、ほとんどの場合に税理士の代理を必要とすると考えてよいであろう。

この場合、滞納処分に対する税理士の滞納税務代理の必要性を、税務行政手続にそくしてもう少し詳しく説明しておきたい。

まず、申告者の場合には法定納期限までに自主納付がなされその税額が適正であれば納税は完了する。しかし、納税資金不足等により法定納期限までに税額の全額または一部が納付できない場合には、納期限の延長や延納等が承認されない限り、滞納が発生する。次に無申告者の場合には期限後申告または課税庁による決定処分によって遅れて税額が確定されそれが指定納期限までに納付されれば納税は完了するが、申告者の場合と同様に、事情によりその税額の全部または一部が納付できない場合には滞納が発生する。なお、源泉税等の納付の場合についても基本的に同じである。

以上のようにして発生した滞納に対して滞納処分手続がとられることになるのであるが、この場合にそうした滞納処分に対する税理士業務の内容にそくしてみれば、すでに述べたように、大きく二つの部分から構成される。その一つはその場合の滞納税額が租税実体法に従って適正な税額といえるかどうか、および、その二つは滞納処分が滞納処分手続において滞納者に対する権利保障に反しないで進められているといえるかであるが、そこにおいては、租税実体法と租税手続法に照らしてそれらを確認・チェックすること、徴税当局に対する必要な対応、必要な申請や申立等、あるいは必要な書類の作成等といった多岐に渡る税理士の事務が予定される。

これらの事務については、滞納者が従前から特定の税理士に包括的にその税務代理を依頼しているときは、滞納処分手続に関する税務代理についても当該税理士が原則としてそれを継続することとなるが、関与税理士がいない滞納者の場合には滞納処分手続に関して新たに税理士に税務代理を委任することになる。前者の場合には、前記の二つの税務代理の内容のうち、確定税額の適正さの確認等は通常の包括的な税理士顧問契約における主要な税務代理の内容であるので、当然その税務代理の一部であるといえるし、また、その契約には滞納処分手続における税務相談や税務代理等も含んでいると解することもできるので、その場合の税務代理もまたそうした税理士顧問契約の内容の一部とみることができる。[38] しかし、厳密にはそこにおいて滞納処分手続上の申請や申立等の書類の作成が必要な場合の報酬は含まれないかもしれない。[39] また、滞納処分に関連して不服申立が必要となる場合、その場合の代理は通常の税理士顧問契約の対象外になるかもしれない。これらについて問題となる。

これに対して、滞納処分手続に対する税務代理を新たに税理士に委任する場合には、前記の二つの税務代理の内容が初めてその対象となるので、これらが同時並行的に（あるいは交錯しながら）税理士の代理業務として問題になるといえる。もちろん、滞納処分の税務代理を引き受けた場合でも当然にその場合の不服申立等の代理まで引き受けたことにはならない場合もあろう。いずれにしても顧問契約や委任契約の内容が明確に取り決められているときはそれによって税務代理等の範囲が限定される場合があり得るといえるであろう。

　このような滞納処分手続において滞納者に資力があれば格別、そうではなくて無資力である場合、税理士の職務には公共性があるからといって、税理士個人がそうした滞納者の税務代理を無報酬で行うには限度があるといわなければならない。この問題の解決には税理士会の役割が必要となる。

(2)　この点、税理士法は、税理士制度の公共性に鑑み、税理士会に対しその会則に「委嘱者の経済的理由により無償又は著しく低い報酬で行う税理士業務に関する規定」（法四九条の二第二項九号）を定めるべきことを求めている。これを受けて、日税連および各税理士会は、その会則に、税務支援の規定をおくとともに、税務支援の実施に関する規則を定めて税務支援事業を実施している。[40]この税務支援規則は、税務支援の対象者として、①小規模納税者および②税務支援を必要と認める者をあげ、また、税務支援の範囲として、大きく①税務相談、記帳・決算相談、税務書類作成相談、および電子申告相談の各種相談事務を掲げるとともに、②必要と認める場合には、記帳代行、決算代行・決算書の作成、申告書その他の税務書類の作成、および電子申告データ作成・代理送信の事務を行うことを定めている。[41]この規則では、ここで問題としているような滞納処分手続における滞納者に対する税理士の滞納税務代理の支援は対象とされていない。

　しかし、税理士法にいう「委嘱者の経済的理由」が「通常の税理士報酬を支払う資力に乏しい零細所得者は、特定の税理士又は税理士法人に委嘱したくとも経済的にこれが困難であるという事情」にある場合をいうと解されることからすると、[42]滞納処分手続における無資力の納税者に対する税理士の無償税務代理がその支援対象に当然に含まれるべきであると考えられるが、それは加えられていないのはいかなる理由によるのであろうか。

　この点は必ずしもはっきりしないが、さまざまな要因に基因しているように思われる。例えば、滞納者を悪質者や経済的失敗者等として差別的・偏見的にみる見方が依然として根底にあるのかもしれない。あるいはまた、滞納は社会悪であるとする見方によるのかもしれない。確かに悪質な滞納者がいることは否定できない。しかし、犯罪の被告人や被疑者に対する国選弁護人制度や当番弁護士制度のことを考えると、そうであるからといって、無資力の滞納者に対する税理士の無償支援が直ちに不必要であるという理由にはならないであろう。さらにいえば、すでに述べたように、そのような見方は、倒産法制ではすでに克服され、むしろ自由競争社会では結果的に破産等は発生せざるを得ない現象であると考えられていることからすると、滞納についても同様の見方が妥当する余地があるようにも思われる。その点からして、無資力の滞納者に対する税理士による無償滞納税務代理の支援が不備であるのは、法的に大きな問題があるといえるだろう。

さらに、税理士会が現在実施している税理士の無償税務支援は、適正税額の確定およびその前提となる記帳等を中心とした事務におかれているといえる。このことは申告納税制度からして理解できない訳ではないが、さまざまな批判の対象ともなる。この無償支援の会則改定に先立って日税連がまとめた「新時代における税務支援のあり方」に対し、例えば、会則に新たに税理士会の自主的施策として加えられた税務指導について、会計帳簿の記帳代行・決算書の作成は税理士の無償独占とは関係がなく、また納税申告書の作成等も税務支援の範囲を不必要に拡大させるだけであるから、関与税理士のいる納税者との均衡を失し、業務侵害につながる恐れがあり会則六六条二項と矛盾する結果となるとする理由から、それらの規定の削除要求がなされている(44)。また、日税連会則が税務支援を税理士の従事義務としたことについても、税理士会における社会貢献事業の理念および自発性と相反するものであるから、税理士会による税務支援事業を形骸化し税理士会が税務行政の下請け機関化する恐れがあるとする批判もなされている(45)。これらの批判が指摘するように、税理士会による現行の税務支援事業が結果的に徴税確保に偏する論理に傾くきらいがあるのではないかとする危惧をなお完全に払拭できないことを示しているように思われる。

それらの点からして、この問題はむしろ納税者・滞納者の権利保障を基本にして考えられる必要がある。こうした点からすると、無資力の滞納者に対する税理士の無償支援は、滞納者がその財産権保障について重大な局面にたたされる滞納処分手続においてとくに重要であるといわなければならない。

(3)　以上のような問題を現行憲法の下でどのようにみるべきであろうか。第一点として、滞納者に対する滞納処分は、それが滞納者の財産に対する強制徴収処分であることからして、税理士は、その職責を通して、税務行政、とくに滞納処分手続という強力な強制力・徴収処分権限が働く法領域において、憲法の適正手続の保障を徴税当局に履践させる役割を果たす責務があるといえる。そのことによってまた、租税強制手続に対する法の支配の浸透および実現をもたらす役割を果たすことが期待される。

その場合において、そこにいう法の支配とは、もともと英米法の根幹として発展してきた基本原理であるが、それはわが国の現行憲法の原理を構成すると解されており、一般に「専断的な国家権力の支配（人の支配）を排斥し、権力を法で拘束することによって、国民の権利・自由を擁護することを目的とする原理である」とされている。そして、この法の支配の内容をなす重要なものとして①憲法の最高法規性の観念、②権力によって犯されない個人の権利、③法の内容・手続の公正を要求する適正手続（due process of law）、④権力の恣意的行使をコントロールする裁判所の役割に対する尊重、等が現在あげられている。[46]これらを税法の領域にそくして三点に再整理していえば、[47]次のようになる。第一に、行政権の活動が国民代表議会の制定した法律に基づかなければならないことであるが、これが税法では租税法律主義の問題にあたる。第二に、公権力の行使が恣意的なものであってはならず、適正な手続によって行わなければならないことであるが、これが税法上の適正手続保障原則の問題である。第三に、公権力の行使によって権利を侵害された者は十分な権利保障の機会を与えられなければならないことであり、税法上は、納税者の権利保障の問題といえる。

ここで問題としている滞納者の財産を最終的に処分するための滞納処分手続の場合には、伝統的には、徴税当局がその自力執行権の論理を基礎にして滞納者に対する強力な財産処分権限を認められ、そのもとで一般的に広範な裁量権限を認められる徴収職員はその権限を行使して具体的執行に当たるとする手続法的特徴からして[48]、前述の法の支配の内容として示した三点をいかにしてその手続に実質的に取り込むかが最大の課題であるといえよう。こうした課題は、滞納者に対する税理士の普段の税務支援（無償の税務支援を含む）と、それに対する税理士会による支援なしには、その前進・改善が期待できないといわなければならない。この意味で、無資力の滞納者を含めて、滞納者一般に対する税理士の滞納税務代理および税理士会の支援は、極めて重要であるといえるのである。

このような観点から、現在、税理士会が小規模納税者等に対する無償税務支援や無償税務指導等のプログラムとして実施しているものを限定的に拡張して、上記のような無資力の滞納者に対する税理士の滞納税務代理も含めることにし、そのような滞納者が、代理人を必要とする場合には、原則として税理士会に登録された税理士の中から選任できるようにすべきである。また、この場合に、税理士会は、滞納者に対する無償税務支援等に当たった税理士に対しては、必要な場合には、一定の実費補償等も用意する必要があるであろう。単に税理士個人の無償支援に任せるだけではこの問題の根本的で永続的な解決にはならないと考えるからである。このような税理士による無償の滞納税務代理を実施し、それに対する税理士会の支援体制を整えることはまた、滞納処分手続において多くの個別的具体的判断が徴収職員による裁量的判断事項とされている現状に対し少しでも適正手続の要請を波及させることに資することになるであろう。

こうした滞納者に対する税務支援の方式は、税理士制度の公共性を基礎にしているので、個々の税理士の自発的な取組の姿勢と税理士会の支援体制に大きく依存するものであるから、そこには自ずから限界がある。そこで、そうした税務支援については、滞納処分のような強力な租税強制徴収手続が認められていること自体に附帯するものとして、一定の場合には、それを認められた行政庁自体に、手続的公正を担保させなければ社会的にはあまりにも片手落ち・不合理であるといった観点から、滞納者の滞納処分手続における権利保障を無償で支援する何らかの適当な公的支援制度が、本来、用意されて然るべきであるとするアプローチもあり得るであろう。しかし、今次国会に提案された、納税者の租税確定手続における権利保障を中心とした国税通則法改正案さえ可決には至らず先送りされたわが国の現状を考えると、[49] 一気にそのような公的支援制度の整備まで求めることは困難だろう。そうだとすれば、最も現実的可能性のある解決策としては、限定的ではあるが、税理士の業務に引きつけてそれをまずもって解決するのが最も適当であると思われる。すなわち、税理士に対し滞納税務代理を依頼する際に報酬を支払うことが困難な状況にある一定の滞納者が、要求すれば、各地の税理士会で税理士による無償の滞納税務代理を受けることができるようにするのである。このことが、滞納処分手続をそれにありがちな当事者だけの密室状態から解放して憲法の適正手続の要請に近づけることになるし、また、そのことの実務的な積み重ねは、結果的には、徐々に法の支配の浸透を図ることに結びつくことにもなるといえよう。

おわりに

滞納処分に関する問題は税理士の代理業務の重要な内容であることは、これまでみたことから明らかである。それにもかかわらず、税理士は、一般的には、滞納税務代理に対して消極的であるようにみえる。また、税理士会のその問題に対する取組も進んでいない。

滞納者の財産を最終的に処分するための滞納処分手続は、滞納者に対するきわめて重大な不利益処分を内容としているところから、滞納者の権利保障の観点からは適正かつ慎重な手続が要求されなければならない。とくに税理士報酬を負担できず、せいぜい無料の税務相談等を受けることしかできないような無資力の滞納者の場合には、税理士法のもとで税理士以外の一般市民の立会等の関与が法的に認められないことから[50]、無資力の滞納者に対するものを含めて、滞納処分手続は、結局、これまでは徴税職員と滞納者自身との間の密室の中で進められる場合が多かったとみられる。そこでは、税務当局の自力執行権の論理にもとづいて、すなわち当事者だけの密室の中で徴収職員の広範な裁量権のもとで滞納事案の処理が行われることが支配的となっており、当事者が法的対等性の枠組みの中で滞納処分手続が進められるという仕組みが排除されている。そこではまた、原則として司法的関与が事後的にのみ行われ、そのために滞納処分事案の多くが滞納者の権利救済のうえでは手遅れであるか、裁判所がその処分を追認するだけにならざるを得ないことからすれば、憲法の適正手続の保障の外に置かれ、法の支配からはほどとおい存在となってしまっているといわなければならないだろう。

たしかに無資力の滞納者の場合についてみれば、それは、数としては極めて限定的であるといえるし、また、税理士が代理したとしても、滞納者に対する滞納処分が覆ったり大幅に変更されたりすることはまれであるかもしれない。そうであるにしても、税理士制度の公共性等からすれば、決してそのような滞納者を放置してもよいということにはならない。

こうした滞納処分手続における滞納者の実情を少しでも改めて、それに対し憲法の適正手続の保障を及ぼし、法の支配の枠組みに組み入れるための責務については、滞納者自身の自主的対応に押しつけるのではなくて、本来的に租税の専門家として税務代理等を独占的に認められている税理士および税理士会が、その存立根拠である公共性に照らして、その責務を第一義的に果たす必要があるといわなければならない。

（1）　故北野教授はこのような主張を繰り返し述べられているが、例えば、北野『税理士制度の研究（増補版）』（税務経理協会、一九九七）三頁以下、とくに一六頁参照。そこではまた「一種の租税問題の法律家（税務弁護士）」という言替えもなされている。この冒頭論文は一九六三年に税法学一五四号に発表した比較的に早い段階の論文を収録したものである。なお、同様に「法律家としての税理士」を主張する者として松沢智『税理士の職務と責任——期待される税理士像を求めて（第三版）』（中央経済社、一九九五）八二頁以下、一二九頁以下等を参照。

（2）シャウプ使節団『日本税制報告書』四巻六二～三頁、福田幸弘監修『シャウプの税制勧告』（霞出版、一九八五）四一七頁以下。

（3）北野・前掲書一一頁。

（4）北野『税法学原論（第六版）』（青林書院、二〇〇七）四七三頁（以下、北野・原論と省略）。刑事事件における特別弁護人は、弁護人は弁護士から選任すべきとする原則に対する例外として一審裁判所の許可により選任が認められるが（刑訴法三一条一項、二項）、起訴前の捜査段階については争いがあるとされる（白取祐司『刑事訴訟法（第六版）』（日本評論社、二〇一〇）四〇頁）。

（5）一九九九年の民事再生法の制定（平一一法二二五号）、二〇〇二年の会社更生法の全面改正（平一四法一五四号）、および二〇〇四年の破産法の全面改正（平一六法七五号）がこれであるが、各法の目的規定（一条）において債務者の経済生活の再生等をうたうとともに、それらの法律の制定に当たって国会の両院の法務委員会でセーフティーネットとしての法整備である旨の付帯決議が付けられた経緯がある。この点については詳しくは中村「国税徴収法の現状と課題」租税法研究三三号五頁以下を参照。

（6）近年における低成長経済下で国家の財政収入が伸びない中で社会保障をはじめとする国民サービスの政策のあり方に関する議論において政府はそのような考え方を強く打ち出した。

（7）こうした事業については、各税理士会の統括団体である日本税理士会連合会（日税連）はその会則第一二章に税務支援に関する二か条の規定を設け、その六六条で税務援助と税務指導の二つの支援を、また、その六七条でその実施基準をそれぞれ定めている。そのうえで、それに関して各税理士会の準則となる税務支援の実施の基準に関する規則を定め、そしてこれに関する細則を定めている。こうした税務支援制度は昭和五五年の改正により日本税理士会および各税理士会の会則で定められるべき措置がとられたのであるが、日本税理士会連合会編『新税理士法』（税務経理協会、二〇〇二）一九五頁によれば、同様の税理士業務はそれ以前から実施されていたとされている。

(8)　日税連の実施基準規則および各税理士会の実施細則や実施規則が定める支援対象者として、小規模納税者以外に「税理士会（本会）が税務指導を必要と認める者」（日税連の規則二条（二））という税理士会の裁量的判断に基づく包括的な対象者が定められているので、滞納者もこれに含める解釈をする余地があるかもしれないが、そこにいう「税務指導を必要と認める者」がどの範囲の者を含むかについては明確ではない。

(9)　この点に関する包括的文献として石村耕治『先進諸国の納税者権利憲章――わが国税務行政手続の課題（第二版）』（中央経済社、一九九六）を参照。

(10)　とくにアメリカの徴収手続の適正化については、石村・前掲書一二四頁以下を、また、その後の徴収手続の改正およびCDP Hearing の導入については高木英行「米国連邦徴収行政における手続的デュー・プロセス」早稲田法学会雑誌五四巻（二〇〇四）五三頁以下、とくに八三頁以下を参照。

(11)　政府統計によると、例えば平成二〇（二〇〇八）年では新規発生滞納件数が八九八、七九一件に対し刑法犯総数は一五、七一七件であるので、数からすると犯罪の件数ははるかに少ないにもかかわらず、国選弁護人制度以外に、弁護士会による犯罪被疑者に対する無償支援制度として当番弁護士制度が設けられたのは、数ではなくて権利・人権の観点を基礎にしているからであると解される。当番弁護士制度について、詳しくは白取・前掲書四六頁以下を参照。

(12)　これは、第一七六国会の平成二二年一〇月二八日の参議院財政金融委員会において大門実紀史議員がその質問の中で取り上げた事例である（同会議録四号一三三頁）。

また、記録にはなっていないが、話題としては、関与税理士がいる事業者の場合であっても、その事業者が経済的破綻等に起因して結果的に滞納処分を受ける事態になった場合に、その滞納処分の前後に関与税理士が報酬の支払いが見込めないことにより委任契約を解除するような場合もあるとされている。

なお、ここでは、もっぱら国税の滞納問題に限って論じるため地方税の滞納問題には言及していないが、近年においては、現象的には、例えば振込年金の差押え事件、振込児童手当の差押え事件といったように、極めて重大な地方税の滞納問題が頻繁に、しかも大きく取り上げられる場合が多いことを併せて指摘しておきたい（例えば一七四国会の平成二二年四月二日の衆議院財務金融委員会会議録一〇号の佐々木憲昭議員の質問等を参照）。

(13)　国税についていえば、納税者が納期限までに租税を完納しない場合に、納税者の財産から租税債権の強制徴収を図る手続を、滞納処分または強制徴収というが、この滞納処分は狭義の滞納処分と交付要求からなり、このうち前者は、「国が自ら納税者の財産を差し押さえて、そこから租税債権の満足を図る手続であって、財産の差押、差押財産の換価、換価代金の充当の一連の行政処分からなる」（金子宏『租税法（第一五版）』（弘文堂、二〇一〇）七五二頁）手続をさし、ここでは、主としてこの手続を対象とする。

(14)　日税連編・前掲書六八頁、および坂田純一（日本税理士会連合会編）『実践税理士法（第二版）』（中央経済社、二〇〇三）一一五頁。

(15)　日税連編・前掲書三七頁。なお、税理士業務としてはほかに会計参与（会社法三三三条、三三四条、三七四条等）や会計検査等に関する行政事務（税理士法施行令二条）等の業務があるが、これは、厳密には税理士の本来的業務から外れると解されるので、ここでは取り上げない。

(16)　同法二条一号は「申告、申請、再調査若しくは審査の請求または異議の申立、過誤納税金の還付の請求その他の事項（訴訟を除く。）につき代理すること。」と規定していた。

(17)　高刑六巻一二号一六五八頁。本文に引用した部分は、民主商工会の事務局員が会員に対して行った税務相談が税理士法五九条の無資格者の税理士業務に違反するとして起訴された事件中で述べられた解釈である。

(18)　日税連編・前掲書三九頁。なお、税理士法基本通達二―四を参照。

(19)　もっとも、この点については、日税連編・前掲書三八頁には、注意深くみると、例えば請求の例として差押換の請求があげられていることから、そのような解釈に立っていないことが分かる。また、日税連が平成一四（二〇〇二）年二月一九日に策定した「税理士業務報酬算定に関するガイドライン（指針）」においても、税務代理の具体的例として差押換の請求等があげられており（坂田（日税連編）・前掲書四二二頁以下、とくに四三〇頁で税理士業務の範囲の中の税務代理に関して「申告等」の意義を具体的に述べた箇所を参照）、この点から、滞納処分手続に関しても税理士の代理業務の一部に含まれると解されていることは明らかである。

(20)　同通達の同じ規定は民法八二〇条、八二四条、八五七条、八五九条、破産法七八条等を参照条文としてあげている。

(21)　吉国二郎・荒井勇・志場喜徳郎編『国税徴収法精解（第一五版）』（大蔵財務協会、二〇〇二）八四九頁（以下、吉国他編・精解と引用)。

(22) 平成一五～二〇年度分の国税徴収状況の統計データについては国税庁編『国税庁統計年報書』(大蔵財務協会)の平成二〇年度版(第一三四回)三〇六～七頁を、それ以外については関係各年度分による。

(23) これらについては近年多くの裁判例や裁決例があるが、例えば、通則法四六条の個人事業者が納税の猶予申請に対する不許可処分を争った事件に対する名古屋高裁平二三・五・二六判決(判例集未登載)ＬｅｘＤｂ二五四四〇二六、同名古屋地裁平二二・一一・一八判決(判例集未登載)ＬｅｘＤｂ二五四四二四八があるが、事実関係をみる限りでは税理士が補佐人として関与したという事実は見あたらない。

(24) 倒産法制はまさにそのような前提にたって全面改正が行われたといえる点については、中村・前掲論文五頁以下を参照。

(25) 白取・前掲書四六頁以下を参照。

(26) 白取・前掲書四六頁。

(27) この問題について犯罪被疑者に対する弁護士の国選弁護人制度および当番弁護士制度に関連づけてのべると、税理士に同様の問題があるとすれば、それは冒頭にあげた二つの場合、すなわち、滞納者の財産を最終的に処分するための滞納処分手続の場合と脱税等の租税反則事件手続の場合があげられる。これらのうち後者の場合に、犯則調査における税理士による税務代理および租税刑事訴訟における税理士による特別弁護人等としての関与については、刑訴法四二条が刑事訴訟における補佐人を被告人の法定代理人・配偶者・直系の親族・兄弟姉妹に限定していることや、消極的判例もあるので、ここではこの問題についてこれ以上の議論は留保せざるを得ない。

(28) 租税確定手続に関してはさしあたり北野・原論二五九頁以下を参照。

(29) 租税徴収手続については北野編『現代税法講義(五訂版)』(法律文化社、二〇〇九年)三六〇頁以下、金子・前掲書七四〇頁以下等を参照。

(30) ただし、第二次納税義務者の場合の権利救済については最高裁平一八・一・一九判タ一二一三号八三頁に注意。

(31) 最高裁昭六〇・四・二三判決民集三九巻三号八五〇頁以下、判時一一六五号九三頁以下等を参照。

(32) 各納税緩和制度の法的性格については北野・原論三二一頁以下。

(33) 吉国他編・精解四五一頁以下。

(34) 納期限の延長の期間内は利子税が課されない（通則法六四条三項、六三条二項）。

(35) 延納期間内は徴収権の消滅時効が進行しないこととする規定がある（通則法七三条四項参照）。

(36) これについては、一定の場合に延滞税が免除されることがあり（通則法六三条参照）、また納税の猶予期間中は徴収権の消滅時効は進行しないことも規定されている（同法七三条四項）。

(37) 吉国他編・精解五四六頁。

(38) 税理士の顧問契約にいわゆる滞納税務代理が含まれるかどうかは税理士法二条の「税務代理」の範囲または対象の解釈によることになるが、徴収法一四五条に規定する滞納処分の場所への出入禁止の除外対象者に税理士も含まれていること（同法一四二条二項四号および徴収法基本通達一四五条関係四）からすれば、それは「税務代理」の範囲または対象に含められるべきことはすでに述べた。

(39) 東京税理士会の税理士報酬規定には、その六条で「委嘱者が災害を被り、その他公益上の必要があるときは、報酬の全部又は一部を免除することができる。」とする報酬の減免規定がおかれているが（坂田（日税連編）・前掲書四五頁）、そこにいう「その他公益上の必要があるときは」という文言がどの範囲のことを意味するかは明確ではない。

(40) 注（7）を参照。こうした税務支援制度は、税理士制度の維持・発展および納税者の利便性を目的として、「税理士の社会公共性（税務支援事業）」と「税理士の社会貢献（税務指導事業）」の二つの事業を基軸にして制定されたとされている。

(41) 例えば千葉県税理士会規則六〇条、および同税務支援の実施に関する規則二条、三条を参照。なお、東京税理士会の税務支援実施細則（小六・四・一七制定）二条も同様の税務支援対象者を掲げ、そのうち小規模納税者については「事業所得者、不動産所得者、及び雑所得者（年金受給者を除く。）で次に掲げる者とする。」としたうえで、「前年分所得金額（専従者控除前又は青色特典控除前）が三〇〇万円以下の者」（同細則二条二項一号）および「前号に定める者が消費税の課税事業者である場合は、基準期間の課税売上高が三、〇〇〇万円以下の者」（同二号）とし、また、税務指導を必要と認める者については、「給与所得者および年金受給者で、本会が税務指導を必要と認める者」（同細則二条三項一号）、および「前号以外の者で、本会が、地域の実情その他を考慮して税務指導を必要と認める者」（同二号）として、具体的にその対象者を定めている。

(42) 日税連編・前掲書二〇七～八頁。

(43) この点については白取・前掲書四六頁以下を参照。

(44)　全国青年税理士連盟が平成一七年一二月一五日付けで日税連に対し提出した「税務支援に対する要望書」を参照。

(45)　全国青年税理士連盟が平成二〇年一〇月三一日付けで日税連に対し提出した「日税連制度部の『税理士法改正要望項目』と会長諮問について」に対する意見書を参照。同旨の意見書として税経新人会全国協議会による日税連に対する「税務支援（援助）についての会則等の改定に関する意見書」も併せて参照。

(46)　芦部信喜（高橋和之補訂）『憲法（第五版）』（岩波書店、二〇〇七）一三〜一四頁、伊藤正己『憲法』（弘文堂、一九八五）六一頁以下、など参照。

(47)　金子宏「ルール・オブ・ローと租税法」自由と正義五九巻三号一三頁の整理による。この論文では、ルール・オブ・ローが租税法の領域では、歴史的に近代市民社会の基本的原理である民主主義と自由主義という二つの思想的源流の混合物としてとらえられること指摘し、憲法原則である租税法律主義が代表民主制の思想の表現であるとする見方が示されている。

(48)　この点について、租税徴収制度調査会の会長として昭和三四年の新国税徴収法（法律一四七号）の制定に携わった故我妻栄教授が、国税債権に関して、優先的効力の範囲、強制力の程度とともに、「徴税当局の認定と裁量に委されている幅」が相当に広いことが「近代法治国家の公権力の作用としても、異例に属する」と指摘したうえで、「徴税当局がこれらの制度の運用に当たっては慎重のうえにも慎重を期することが、当然の前提として諒解されているのである」（同「序」吉国他編・精解二〜三頁）とされていることを、税理士が税法専門家として個々の滞納事件に関する滞納税務代理においてきちんと受け止め、そうした事件に対しどのように的確に対応するかが問われなければならないといえる。

(49)　平成二三年一月二五日国会提出の「所得税法等の一部を改正する法律案」の一部として提案されていた「国税通則法の一部改正」（第一七条関係）の当初改正案を指す。これはその後、大幅修正のうえ質問検査権の統一規定等を中心に立法化されるに至った経緯等については、後掲の補足を参照。

(50)　税理士法上、税理士は一般に税務代理等について業務独占が認められているといえるので（法五二条）、滞納処分に対しては必要な場合には滞納者を援助し、場合によってはその代理までも行って事案を処理するようなＮＰＯ等を設立して援助することは困難であると解される。滞納処分手続も税理士の業務とされていることにより、税理士でない者がそれを行えば税理士法に抵触し違法となるからである。そうだとすれば、こうした面からいっても、滞納者の権利擁護の問題は税理士ないしは税理士会自身の問題としてその対応を考えなければならない責務があるというべきである。

（補足）平成二三年一月二五日に第一七七国会に提出された「所得税法等の一部を改正する法律案」の中に「国税通則法の一部改正」部分が含まれ、通則法の抜本的改正ということで改正項目として納税者権利憲章の策定等を含むかなり広範囲の項目におよんでいたが、参議院で与党が少数であるといういわゆるねじれ国会の事情に加えて、同年三月一一日に東日本大震災が発生したことによって国会の法案審議が混迷し停滞していたなかで与野党協議が行われて、その当初の税制改正法案は三つの部分に分離されて国会の審議に付された。そのうちの一つである「経済社会の構造の変化に対応した税制の構築を図るための所得税法等の一部を改正する法律案」は、通則法改正部分に限っていえば与野党協議の合意に基づいて納税者権利憲章の策定等の条項を削除するなど、当初の改正項目の大幅削除や修正がなされて、本稿の脱稿後、平成二三年一一月三〇日に第一七九国会で可決成立し、同年一二月二日に公布（平成二三年法律第一一四号）された。

同法は、内容的に当初改正案にあった納税者権利憲章の策定等の重要項目が削除されたものの、納税環境整備項目に関する通則法の一部改正を含んでおり、その主なものだけをあげれば次のようなものであった。第一が更正の請求期間の延長に関するものであり、その期間は現行一年から原則五年（相続税六年、移転価格課税に係る法人税九年）に延長され（通則法二三条）、併せて期間終了間際の更正の請求に対処するためにそのような更正の請求があった日から六月を経過する日まで更正ができることとされた（同七〇条三項）。第二に、各実体税法上の税務調査手続が横断的に整備されて通則法に規定され、そこでは納税義務者に対する質問、検査に加え、物件の提示・提出とともに提出物件の留置が定められ、また、事前通知、調査終了手続等が明確化された（同七四条の二〜七四条の一一）。第三に、すべての課税処分について原則として理由付記が実施されることとされた（同七四条の一四関係）。

これらの規定は、法規定としてみれば税務実務的には租税確定手続を中心としたかなり重要な事項を規定したものといえるが、本稿の問題と直接関係する規定の改正ではないので、それらの改正規定が本稿でとりあげた税理士の滞納税務代理の問題に何らかのかたちで関係し、あるいは効果・影響を及ぼす点について、本稿は立ち入った検討を行っていない。この点については今後の検討にゆだねざるを得ないことをお断りしておきたい。

Ⅴ　租税実務、税務訴訟、納税者運動等

税理士の使命
――新書面添付制度を題材に――

阿部徳幸

一　はじめに

平成二三年度税制改正大綱（平成二二年一二月一六日閣議決定、以下「二三年大綱」という。）は、その本文において税理士制度について言及した。そもそも税理士法（以下「法」という。）については、政府が、「経済財政運営と構造改革に関する基本方針二〇〇六」（平成一八年七月七日閣議決定）において、「国の法令に関連する規制（通知・通達等を含む）について、各府省において平成一八年度中に法律ごとの見直し年度・見直し周期を公表するとともに、見直し基準に基づき、平成一九年度以降必要な見直しを行う」ことを決定していた。またこれに基づき財務省は、「規制にかかわる法律ごとに設定する見直し年度一覧」を公表している。[1] これによれば税理士法の見直し周期は五年とされ、次の見直しは平成二三年度となっている。

二三年大綱は法の見直しをいう。しかし、これはこの規制改革を意図したものではない。二三年大綱の柱は国税通則法の改正である。そこでは納税環境整備の一環として、納税者権利憲章の制定や税務調査手続の見直しがいわれる。さらにそこには税理士若しくは税理士を示す言葉が散見する。つまりこの税務調査等において、代理人としての税理士の役割が期待されているのである。(2) したがって、この二三年大綱の本文に税理士制度の見直しがいわれたのは、この国税通則法の改正を前提としたものとなる。

しかし、この国税通則法改正とは別に、二三年度法改正に向けた動きは一歩一歩前進している。例えば、日本税理士会連合会（以下「日税連」という。）は、平成二二年五月三一日、「税理士法改正に関するプロジェクトチーム」名で、「税理士法改正に関する意見（案）」（以下「意見案」という。）を公表した。意見案によれば、これは、同プロジェクトチームが法改正に関するタタキ台を作成・公表し、その内容について税理士会会員に意見を求め、その意見をもとにタタキ台を見直し、取りまとめたものとされる。(3) そしてその内容は、税理士の使命規定である法一条については現状維持を前提に、その冒頭より改正要望項目として「税理士の業務に関する規定」を掲げている。そしてその三番目に、「法第30条の税務代理権限証書を前提とした書面添付制度・意見聴取制度」なる項目がある。

ここでは、意見案でも指摘するこの「書面添付制度・意見聴取制度」について、法一条の「税理士の使命」の視点から若干の検討を試みたい。

二　書面添付制度と意見案

1　計算事項等を記載した書面添付制度

そもそもこの書面添付制度は、昭和三一年の法改正により創設されたものである。この法改正では、「計算事項等を記載した書面の添付」（法三三条の二）を新設するとともに、法三五条を改正し、「更正前の意見聴取」制度を創設した。

これは当時日税連が、「税務計算書類の監査証明を税理士業務に加えること」を要望していたことに起因していた。そして、国税庁はこれを受けて、「税理士が課税標準又は税額の計算の適否について監査証明をすることを業とすることができる」という試案を提示した。しかし、これに対して大蔵省（当時）は、「公認会計士による財務書類の監査と異なり、税務書類については税務官公署が最終的監査を行うのであるから制度上第三者たる独立職業人の監査証明を必ずしも必要とされない」とし、監査証明の税理士業務への導入については否定的であった。ただし、「税務書類の作成に独立会計人が関与し、その責任を明らかにすることは税務官公署との間において納税義務の円滑化をはかる上において効果的である」との見解も示した。(4) これらの結果、昭和三一年法改正において創設されたのが、この「計算事項等を記載した書面の添付」制度である。そして当該制度の法的効果であるが、これは、課税庁が添付書面がなされている申告書について更正処分を行う場合、その添付書面を作成した税理士に、意見を述べる機会を与えなければならないことにあった。

2　審査事項等を記載した書面添付制度

昭和五五年の法改正では、「審査事項等を記載した書面添付」制度が創設された。先の制度は、税理士自らが作成した税務申告書についてのものであるのに対し、当該制度は、納税者自身が作成した申告書の内容について、税理士が相談を受け審査した場合に、その審査の内容を記載した書面を添付できるとするものである。またこの制度の法的意味は、先の「計算事項等を記載した書面の添付」制度同様、その税理士に更正処分前に意見聴取の機会が与えられているところにある。

先の書面添付制度は、税理士自らが作成した申告書において、自ら計算した事項等を記載するものである。そして後者のそれは、納税者自身が作成した内容を、税理士が審査した場合のものである。そしてこれらの法的効果はいずれも、課税庁がその申告書について更正処分を行う場合に、その税理士に意見を述べる機会を与えなければならないというところにあった。したがって、この二つの書面添付制度は、実質的には同じ法的効果をもたらすものである。しかし、この二つの書面添付制度は長年にわたりほとんど利用されてこなかった。これらの制度はいずれも法に規定された制度である。その意味でこれらは税理士のみに与えられた特権である。それにもかかわらずほとんどの税理士はこの制度を利用してこなかった。この理由について国税庁は、①税理士の側から書面を添付する顧客と添付しない顧客とを選別することになり、納税者との信頼関係を損なう懸念があったこと、②書面添付がある場合には、更正前に税理士の意見を聴取するという制度ではさほどメリットとはならないこと、③書面に虚偽記載があった場合には懲戒の対象となることを挙げている(5)。そもそも税務行政の現場では更正処分がなされることはほとんどない。その実態は課税庁職員による慫慂により、修正申告書の提出が行われている。したがって、更正処分を前提とした制度であれば、それは積極的に利用されるはずがない。また、仮に更正処分がなされることを前提としたところで、すでに税理士は、課税庁職員に対し税務調査の段階において十分に意見を述べているはずであり、更正処分前に意見を述べることがさほど意味のあることにはならない(6)のである。したがって、これらの制度は税理士のみに与えられた権利なのかもしれないが、税理士にとって意味のある制度ではなかった。

3　平成一三年法改正と新書面添付制度

平成一三年法改正では、法三五条に新たな意見聴取制度が設けられた。「事前通知前の意見聴取」制度である。これは、①先のいずれかの書面が添付されている申告書について、②納税者に対し事前通知を行って実地調査をする場合、③税務代理権限証書（法三〇）を提出している税理士に対して、④事前通知の前に、⑤添付書面の記載事項に関して意見を述べる機会を与えなければならないとする制度である。これまでの書面添付制度は、更正処分の前にのみ税理士に意見陳述の機会を与えていた。しかし、この制度は更正処分前に留まらず、実地調査前にも一定の要件のもと、税理士に意見陳述の機会を与え、先の制度を拡充するものとなった。国税庁はさらに、「事前通知前の意見聴取」を実施したことにより、疑義が解消した場合には、その段階で調査を終了する、すなわち実地調査を省略することを明らかにした(7)。そして国税庁は、平成一三年改正法の施行後、この法三三条の二による「書面添付制度」と法三五条の「意見聴取制度」を総称して、「新書面添付制度」と命名し、その普及に期待を寄せている(8)。

そもそもこの制度は、課税庁の都合と税理士の責任を明らかにすることから始まった。税理士は職業専門家である。専門家であればその責任は当然に伴う。しかし、責任ばかりが強調される制度であれば、税理士はそれを積極的に活用するはずがない。税理士にその責任が強調されるのであれば、その責任同等の権利がなければならない。そしてその権利とは、税理士を通じて納税者に還元されるものでなければならない。では、ここにいう税理士の権利とは一体何であろうか。

4　意見案と新書面添付制度

意見案は、この新書面添付制度について更なる改正を要望する。意見案はその方向性として、①「法第三三条の二第一項の書面添付制度について、第三〇条の税務代理権限証書の提出を前提条件とする。」さらに、②「書面添付制度の実効性を担保するため、第三五条第四項を削除するとともに、税務調査の法的性格について、税務官公署職員の質問検査権との関係を明確化するものとする」ことを示した。そのうえで日税連は、平成二三年四月二一日、税理士法改正特別委員会を開催し、意見案について検討を行い、改正要望を意見案一四項目に三項目プラスし、一七項目とすることとした。[9] ただし、ここでもこの新書面添付制度に対する要望は、何ら変更が加えられなかった。そしてこの要望理由として、意見案と同様に、この書面添付制度と税務代理権限証書を結びつけることにより、税理士等の代理権限がより明確なものとなるからという。しかし、ここには税務代理の際義務付けられている税務代理権限証書の提出がなされていない、この提出を日税連としては徹底させたい、という更なる理由もそこにはある。[10] これを含め今回の日税連の改正要望とは、本来日税連の会則において対処すべき事項ばかりであり、法改正によりその実現を目指さねばならないような項目は限られ、検討するに値しないものばかりである。ただし、いずれにしても日税連が、この新書面添付制度を推進しようとする姿勢がここでは強くうかがえる。

三　新書面添付制度

このような経緯を経て創設された新書面添付制度であったが、平成一三年法改正における国会審議の中で、この制度が導入されると税理士の地位が向上するということがいわれた。確かにこの制度が導入されると税理士に新たな業務が加わる。新たな業務が加わればその分税理士の社会的な地位は向上することにもなる。しかし、このような形式的意味での地位向上は何ら意味を持たない。この制度が税理士の社会的地位を向上させることとなるためには、これが実質的に機能するものでなければならない。またこの実質的機能なるものが、最終的に納税者にとって利益に働くものでなければやはり意味がない。ではこの制度における実質的機能とはどのようなものであろうか。それは税理士による添付書面に基づく事前通知前の意見聴取であり、さらにその意見聴取による実地調査省略に他ならない。そしてこの制度が、この実地調査の省略を前提としたものであるならば、この制度には、国会審議の中でも問題とされたとおり、税理士関与案件であるか否かによる不公平問題等を始め、いくつかの問題が当然に残る。ここではこの国会審議とは別に、①事前通知前の意見聴取、②添付書面の記載内容、③実地調査省略の三項目に限定して検討してみたい。

1 事前通知前の意見聴取

繰り返しになるが「事前通知前の意見聴取」制度とは、①添付書面のある申告書について、②納税者に対し事前通知を行って実地調査をする場合、③税務代理権限証書を提出している税理士に対して、④事前通知前に、⑤添付書面の記載事項に関して意見を述べる機会を与えなければならないとする制度である。さらにこの意見聴取により疑義が解消した場合には実地調査が省略される。ではこれらの内容を現行の法一条及び法二条と結び付けて検討するとどういうことになるのであろうか。法一条は、税理士を「税務に関する専門家」という。さらに法二条は、税理士業務としてその第一に「税務代理」を挙げる。このような立場にある税理士が、税務代理権限証書を提出している場合、課税庁が実地調査前にその税理士の意見を聴取するのは、ある意味当たり前なのではないだろうか。それは税務行政の円滑な遂行、すなわち実地調査の効率化に寄与することになるからである（そもそもこれらの制度は、納税義務の円滑化を図るために創設された）。税理士とは単なる代理人ではない。税務に関する専門家としての代理人である。実地調査にあたり専門家の意見を聴取するのは当然のことである。さらにこれにより疑義が解消した場合、実地調査を省略するとあるが、これもまた当然のことではないだろうか。むしろ添付書面の提出を要件に、意見聴取だ、調査省略だ、ということが議論されること自体ナンセンスである。先の法改正の国会審議において、この制度の導入理由を、「税理士の立場を尊重」するということがあげられていた。真に税理士の立場を尊重するのであれば、事前聴取制度について、その要件は税務代理権限証書の提出だけで充分であり、添付書面提出は必要ない。さらに法三五条四項は、この意見聴取を更正処分の必要要件としない。この条項について意見案は削除を要望する。日税連のいうように今後この制度を推進していくのであれば、この改正要望は評価に値する。そして更正処分だけにかかわらず、実地調査の必要要件としても、税理士に対する意見聴取を、日税連は要望すべきである。

またこの意見聴取であるが、国税庁の事務運営方針(11)では、意見聴取の内容として、「質問検査権の行使には当たらない……から、書面の記載事項に関する税理士からの意見陳述……にとどめる。したがって、……質問検査権の行使と解される具体的な非違事項の指摘や書面に記載のない事項に係る質問は行わない……」とする。したがって、現実の意見聴取とは、税理士が添付書面の記載内容について単に意見を述べるに過ぎないのである。実際に課税庁職員と税理士が対峙し、意見を交換するものではない。これではこの意見聴取により疑義が解消されるのはごく稀な場合ということになる。何のための意見聴取なのであろうか。国税庁は、一三年法改正に基づくこの制度を「新書面添付制度」と命名し、その積極的な活用に期待を寄せている(12)。しかし、これでは積極的に活用がなされるはずがない。この制度が普及しなかった理由は何ら改善されていない。

2　添付書面の記載内容

この制度の実質的意味を、実地調査の省略に求めるとするのであれば、税理士がその添付書面に記載する内容とは、実地調査が省略されるような内容でなければならない。わが国は原則として、その税額確定方式について申告納税方式を採用する（国通法一六）。また、税理士もその職務を遂行するにあたって、「申告納税制度の理念にそって」行わねばならない（法一）。申告納税制度のもと税理士は、自己の価値判断作用のもと税法を解釈し、そして適用する。これに対して課税庁職員は、自己の価値判断作用のもと法を解釈・適用をすることは原則許されない。あくまでも課税庁職員は通達に基づき解釈・適用することになる。新書面添付制度で実地調査が省略されるのは、その記載内容とその意見聴取により疑義が解消した場合である。そこには多分に課税庁職員の裁量が含まれる(13)。そこでは税理士自らの法解釈・適用が、通達と同じであれば、課税庁職員の納得が得られ、実地調査も省略されることにもなろう。しかし、税理士が通達と異なる解釈・適用をした場合には、それは自ずと疑義となる。すなわち、添付書面の内容が、通達の内容通りでないことが疑義なのである。したがって、税理士がその添付書面により実地調査の省略を獲得しようとするのであれば、その記載内容は通達に従ったものでなければならない。そもそも税法は法令解釈通達にも、その解釈に誤りがあることを前提としている（例えば、国通法九九）。さらに税理士には、「申告納税制度の理念にそって」その業務を遂行する使命がある。また申告納税制度とは、まず第一次的に納税者に税法解釈権を委ねる制度である。それ故この制度は、国民主権原理（憲法一）の税法的表現として評価されている。[14] この新書面添付制度とは、通達行政を助長し、税理士に萎縮効果をもたらすだけでなく、申告納税制度を実質骨抜きにする制度である。

3　実地調査省略

最後にこの実地調査省略とは一体どういうことなのであろうか。わが国税制は原則として申告納税制度を採用する。この申告納税制度を前提とした税務行政において、税務調査とはどのような意味があるのだろうか。申告納税制度のもと課税庁は、その納税者自身により確定された税額が、法令の規定に従っていない場合、またその計算に誤りがあった場合、その税額を更正する（国通法二四）。そしてそのための手続きが実地調査である。ではこの実地調査は、このような非違事項の指摘だけを目的としてなされるものなのだろうか。わが国税務行政はこの申告納税制度を前提に運営されている。この申告納税制度とは、納税者の自主性に大きく依存する制度である。しかし、そこにおける個々の納税者の申告納税能力はまちまちである。したがって課税庁には、様々な納税者が、法の予定する申告納税制度を円滑に遂行できるよう指導・監督する責務もある。[15] また税理士にも同様の責務は当然にある。[16] ただし、課税庁の責務は国家機関の一つである行政庁としてのものであり、その性格は税理士のそれとおのずと異なる。したがって、仮にある申告において添付書面をし、税理士に意見聴取がなされ、疑義が解消したとしても、それは単に実地調査の延期に他ならない。くりかえすが実地調査とは、非違事項を指摘することだけを目的としているものではない。したがって実地調査がなくなるということは決してない。仮に実地調査がなくなるとすれば、それは課税庁が税務行政の一部を放棄することにもつながる。またこの実地調査の省略は課税庁職員の裁量による。そこでは単に疑義が解消した場合には実地調査を省略するとされているだけだからである。したがって、具体的にどのような場合に実地調査が省略されるのかは不明である。つまり、この制度により税理士に付与される権利とは、単に実地調査延期の期待権にしか過ぎない。

そもそもこの制度は、税理士の責任を明確にすることから始まった。税理士は「税務に関する専門家」である。そのため税理士には専門家責任が当然に伴う。また税理士の独占業務として、「税務代理」、「税務書類の作成」及び「税務相談」、いわゆる「税理士業務」を法は規定する（法二）。そしてこの「税務相談」の結果の集約が、「税務書類の作成」により具体的に表現される。さらに具体的に表現された内容について、対課税庁との関係においては「税務代理」となる。法三三条二項は、税理士及び税理士法人に、税務書類を作成した場合の署名押印義務を課す。これは税務書類作成に関する責任の所在を明らかにするためのものである。責任の所在を明らかにするのであれば、この署名押印義務で充分である。この新書面添付制度そのものの存在意義が理解できない。

四　税理士法改正と税理士の使命

法改正を検討する場合、そもそも現在税理士に対する国民・納税者のニーズとはいったい何なのかを確認することから始めなければならない。さらに掘り下げればそれは、税理士とはいかなるものなのかということにもなる。税理士の定義については諸説さまざまであるが、税理士とは法に基づく制度であるからには、法を前提にその定義を確認しなければならない。法一条は税理士の使命を規定する。さらに法二条は税理士の業務を規定する。そして法は、以下、税理士試験、登録、税理士の権利及び義務等々へとつながっていく。これらの条文構成からしても税理士とは、法一条に規定された「使命」を行動指針として、法二条に規定された「税理士の業務」を実践する職業専門家ということができよう。そしてこれら以降の規定とは、税理士が、この使命に基づきその業務を遂行するにあたっての権利と義務を規定しているということになろう。

今回いわれる法改正は規制改革を前提としたものである。つまり、時代の変遷に伴い、その変化に対応した制度への改革を目指すものである。日税連は、その変化への対応を、平成一三年の法改正以降、「いかにして国民・納税者の利便性や社会的な要請に応えていくか、いかにすれば税理士の資質の維持向上が図れるか」[17]ということを前提に検討したという。国民・納税者の利便性や社会的な要請は時代とともに変化する。その変化に対応するための規制改革を前提とした今回の見直しである。利便性・社会的要請が変化したのであれば、税理士は当然にその要請に応えていかなければならない。すなわち税理士に求められるその「使命」そのものが、時代的要請に合致しているのかが、まず第一に検証されなければならない[18]。現行の法一条使命規定は、昭和五五年の法改正の際、改正された。しかし、それ以降一文字も改正はなされていない。当然のことながら当時と現在とでは、税理士に求められる国民・納税者の利便性や社会的な要請はまったく異なるはずである。

平成一三年法改正において法一条は何ら改正されなかった。しかし、税理士の業務規定には大幅な改正が加えられた。すなわち法二条の二として税理士に「出廷陳述権」が付与されたのである。この出廷陳述権の付与により税理士の社会的地位は向上した。なぜならこれまで税理士は、税務行政の範疇における職業専門家でしかなかった。税務争訟制度において税理士の役割は、税務行政庁内部組織に対する納税者の代理人の立場でしかなかった（法二①一）。そして本来的な税務争訟の場である法廷に、税理士が出廷できる場合とは例外的な場合でしかなかった。だがこの出廷陳述権制度の創設により、始めからその内容を熟知している税理士が当然に出廷できることになった。この改正には納税者にとって多大な利益がある。それゆえこの一三年法改正におけるこの出廷陳述権とは、国民・納税者の利益に直接還元される税理士の「権利」として位置づけられる。くりかえすが税理士とは、法一条の使命規定を行動指針として、これらの税理士の業務を遂行する職業専門家である。しかし、この出廷陳述権が創設された一三年法改正において、その使命規定は何ら改正はなされなかった。そしてこのように使命規定を何ら変更せず、税理士の業務規定を創設したことにより大きな矛盾が生じてしまった。すなわち、法一条は「独立した公正な立場」で税理士にその業務を遂行することを指示する。この独立した公正な立場とは、納税義務者あるいは税務当局のいずれにも偏しない立場ということがいわれる[19]。ではこの立場と出廷陳述権との関係はどう考えればよいのだろうか。税理士は、補佐人として出廷した場合においても、このいずれにも偏しない公正な立場を維持しなければならないのであろうか。そもそも訴訟とは当事者対立構造にある。この当事者相互の対立構造のもと、訴訟代理人及び補佐人は、その依頼者の利益のために全力を傾けるべきなのではないだろうか。当事者対立構造のもとでは独立した公正な立場ではなく、むしろ積極的に依頼者の立場で法廷闘争を繰り広げなければならない。そうでなければ逆に専門家としての使命に反することになる[20]。これは使命規定を検討・改正をせず、新たな業務を追加したことにより生じた矛盾の一例にしか過ぎない。このような矛盾を放置したまま、さらなる改正を加えれば、矛盾は拡大する一方である。したがって、法改正を検討するのであれば、まずは現行法におけるこのような矛盾を解消することから始めなければならない。

意見案はこの使命規定を現行のまま維持することを前提に出来上がっている[21]。税理士の資質の維持向上を図るのであれば、まずはこの使命規定の検証を行わねばならない。また日税連は、常にこの使命規定の検証と提言を行っていかねばならない。この検証と提言を無視した小手先の法改正では、本稿でも検討したように、様々な矛盾を生み出すことになる。これでは国民・納税者の信頼が得られるはずがない。このままでは国民・納税者は税理士に対し背を向けることになろう。つまり、税理士とはどのような使命に基づき、どのような業務を遂行するのかを、国民・納税者の利便性や社会的な要請の見地から検討し、そこで得られた内容を実現するためには、どのような権利と義務が必要かをさらに検討し、実践しなければならない。

意見案は、税理士に対する国民・納税者の利便性や社会的な要請をいう。しかし、この利便性・社会的要請とは、不確定な概念であり、非常にわかりづらいものである。したがって、このような国民・納税者のニーズを具体化する作業には多くの困難を伴う。けれども、たとえば平成二三年度税制改正法案[22]は、二三年大綱を受けて国税通則法の全面改正をいう。そしてそこでは目的規定において「国税に関する国民の権利利益の保護」が明記される。さらに具体的には、わが国初の「納税者権利憲章」の制定がいわれ、「税務調査手続」が見直されようとしているのである。[23]本稿はその中身を検討することを目的としない。しかし、ここではわが国税務行政が新たな一歩を踏み出そうとしていることが理解できる。したがって今日、この改革への対応こそが、国民・納税者の利便性であり、社会的要請ということになる。そこでは税理士に寄せられる期待は多大なものである（それゆえ二三年大綱にも税理士がいわれた）。そして、この改正法案を基礎とするのであれば、すなわち「納税者の権利保護」を前提とするのであれば、税理士の目指すその方向性は明らかとなる。

改正国税通則法が納税者の権利保護をいい、その具体化としての憲章であり、調査手続であれば、税理士の使命は、納税者の権利保護をその理念として再構築されなければならない。そしてこの理念（税理士の使命）を基礎にその業務が展開され、この理念及び業務を遂行するための税理士の権利及び義務が制定されなければならない。そして、このような意味においての税理士の権利の向上であれば、これは必然的に納税者に還元され、納税者の利益へとつながるものとなろう。そしてこれが結果的に税理士の地位の向上にもつながる。

五 おわりに

税理士制度とは法に基づく制度である。そしてこの法における税理士の存在意義とは、法一条と法二条にある。また税理士は、刻々と変化する社会情勢の中、いかにして国民・納税者の利便性や社会的な要請に応えていくべきかを追求しなければならない。そしてその成果をこの法一条及び法二条に反映させなければならない。ただし、その本質は不変である。税理士の本質は「納税者の代理人」である。納税者の代理人であればその使命は、納税者の「税」における権利保護につきる。(24)この権利保護に必要な業務とは何なのか、そのために必要な税理士の権利と義務とは何なのか。日税連としては、このような理念の下、法改正に取り組んでゆかねばならない。

(1) その一覧は財務省HPで見られる(http://www.mof.go.jp/about_mof/other/regulation_reform/houritsu2008.htm)。
(2) 税理士の地位が納税者の代理人であることについて、例えば、北野弘久『税理士制度の研究』(税務経理協会、一九九五)。
(3) 意見案一頁。
(4) このあたりの経緯について、宮川雅夫『新書面添付制度の理論と実務』(税務経理協会、二〇〇二)四頁以下が詳しい。
(5) 平成一三年四月五日、参議院財政金融委員会、大門実紀史委員に対する大武健一郎政府参考人答弁。なお、以後国会審議とある場合、この他、同四月一〇日、参議院財政金融委員会、大門委員に対する大武政府参考人答弁。同五月二三日、衆議院財務金融委員会、日日野市朗委員、松本剛明委員に対する大武政府参考人答弁をいう。
(6) 同旨のものとして、宮川・前掲(4)一四頁。
(7) 前掲注(5)の審議でも明らかである。そのほか日税連『税理士法逐条解説〔六訂版〕』(二〇一一)一五九頁。
(8) 平成一五年一〇月、財務省「平成一四事務年度国税庁が達成すべき目標に対する実績の評価書」Ⅲ 各目標ごとの実績の評価書、実績目標3税理士業務の適正な運営の確保。なお本評価書は財務省ＨＰで見られる（http://www.mof.go.jp/about_mof/policy_evaluation/nta/fy2002/evaluation/ikkatsu.pdf）。の適正な運営の確保。

（9）平成二三年五月一五日付、日税連会報「税理士界」一二八〇号二頁。

（10）意見案四頁。

（11）例えば、平成一四年三月一四日付国税庁「税理士法の一部改正に伴う調査課における新書面添付制度の運用に当たっての基本的な考え方及び事務手続等について（事務運営方針）」。

（12）国税庁・前掲注（11）。

（13）例えば、国税庁・前掲注（11）によれば、「新書面添付制度を活用した調査事務の効率的運営」として、「実地調査の要否の判断において積極的に活用」することとされている。

（14）北野弘久『税法学原論〔第六版〕』（青林書院、二〇〇七）一四頁。

（15）昭和五一年四月一日付国税庁「税務運営方針」は、第一総論一税務運営の基本的考え方では、「納税者が自ら進んで適正な申告と納税を行うような態勢にすること」としている。これは本文で指摘した内容を具体的に示したものということができよう。

（16）税理士のそれは、「他人の求めに応じ」（法二）行う。税理士と課税行政庁ではその立場は異なり、税理士のそれには課税行政庁以上の限界が伴う。

（17）意見案一頁。

（18）法一条の検討について、例えば拙稿「出廷陳述権と税理士の使命」税研№一四六、二〇〇九年七月、日本税務研究センター、「納税者主権と税理士制度」税制研究№五七、二〇一〇年二月、税制経営研究所所収。

（19）日税連・前掲注（7）一四頁。

（20）同旨のものとして、鳥飼重和監修『税理士の業務・権限・責任』（中央経済社、二〇〇二）はしがき。

（21）意見案一頁。

（22）平成二三年一月二五日閣議決定「所得税法等の一部を改正する法律案」。

（23）本稿執筆時（平成二三年六月一七日）においてまだ改正法案のままであった。その後同改正法案は、平成二三年一一月三

○日成立した。そこでは題名及び目的の改正、納税者権利憲章の作成並びに新たな税務調査手続の追加に係る規定は削除された。ただし、附則百六条に、「政府は、国税に関する納税者の利益の保護に資するとともに、税務行政の適正かつ円滑な運営を確保する観点から、納税環境の整備に向け、引き続き検討を行うものとする」という規定が織り込まれた。

(24)　税理士は、税について立法・行政・司法のいずれの場面においても、納税者の権利保護につくすべきである。

南九州税理士会政治献金事件訴訟の意義

馬奈木昭雄

本件の取組みについて、北野教授は、一審で鑑定証言をされたばかりでなく、一審、高裁、最高裁全ての場面で弁護団会議にも出席いただき、御指導いただいた。また、最高裁には、著書も提出されている。さらに、「首都圏支援の会」の代表として支援運動の先頭に立っていただいた。深く感謝の御礼を申し上げたい。

一　事件及び裁判の経過

1　公益団体の政治献金と思想の自由

本件は、強制加入の公益法人である税理士会が、政治資金規正法上の政治団体に金員の寄付を行うことは、会員の思想信条の自由を侵害し、税理士会の目的の範囲外の行為として許されず、このような金員の寄付をするために会員から特別会費を徴収する旨の総会決議は無効であることを明らかにした事例である(1)。

2　税理士会決議

原告の牛島昭三は南九州税理士会の会員である。同会は熊本国税局の管轄する熊本、大分、宮崎、鹿児島の四県の各税理士を構成員として設立された強制加入の公益団体で、日本税理士会連合会（日税連）の会員である。

南九州税理士会は七八年六月、定時総会において、「税理士法改正運動の特別資金とするため、各会員から金五〇〇〇円の特別会費を徴収し、その全部を南九州各県税理士政治連盟（南九各県税政）へ配布する」旨決議した。南九各県税政は税理士の社会的、経済的地位の向上を図るなどのために必要な政治活動を行うことを目的として設立された南九州税理士政治連盟（南九税政、南九州税理士会に対応する）傘下の税政連として各県に設立されたもので、政治資金規正法上の政治団体である。

3　税政連の現実の活動と牛島税理士の処分

本件で問題となった七八年総会における特別会費の徴収決議とまったく同じ決議が、二年前の総会で決議されていた。この時は、徴収した特別会費を南九各県税政に交付し、その金は南九税政を経由して、結局日本税理士政治連盟（日税政）に集められた。日税政はこの全国から集められた四〇〇〇万円をこえる金員を自民党をはじめとする各政党政治家（日本共産党を除く）へ政治献金として使用した。すなわち南九各県税政の実態は、政治資金規正法の改正により一五〇万円以下という個別規制を潜脱するために急遽作られた「政治献金のためのトンネル団体」だったのである。

この時徴収した特別資金の使用の実態を知った牛島税理士は、今回の特別会費もまた二年前と同じ政治献金の源資として使用されることは明白だと確信し、本件特別会費徴収の決議に反対したうえ、この特別会費納入を拒否した。七八年の本件決議によって徴収された特別会費は、結局各県税政に交付され、自民党議員のパーティ会費、陣中見舞等政治献金として使用されている。

南九州税理士会の役員選任規則には、「選挙の年の三月三一日現在において本部の会費を滞納している者」は役員の選挙権及び被選挙権を有しないもの、とされているため、南九州税理士会は、牛島税理士を選挙人名簿に登載しないまま、七九年度から九五年度まで二年毎に九回の役員選挙を実施した。牛島税理士は実に一六年間にわたって権利を侵害され続けたことになる。

4　本件訴訟の経過

牛島税理士は八〇年、熊本地方裁判所に本件特別会費五〇〇〇円の納入義務が存しないことの確認及び損害賠償金の支払い等を求めて提訴した。一審判決は八六年二月一三日下され原告の請求を認容した（判時一一八一号三七頁）。南九州税理士会は控訴し、福岡高等裁判所は九二年四月二四日一審判決をくつがえし、牛島税理士の敗訴の判決を下した（判時一四二一号三頁）。これに対し牛島税理士は上告した。

二　法律上の争点

1　税理士会の目的と権利能力

「税理士会は、政治団体に政治献金を行うことができるか否か」、これが法律上の論点である。

政治連盟は、政治資金規制法上の政治団体である以上、その団体に対し、税理士会会員から徴収した特別会費を配布することは、政治献金そのものである。

一方、税理士会が公益法人として行うことができる範囲は、特定の目的の範囲に限定されている。これが、権利能力の範囲の議論である。税理士会の目的は、税理士法四九条によって規定されている。

従って、この税理士会の目的からは、政治団体に対する政治献金が許されるはずもない、ということが、原告の基本的主張であった。

2　税理士会としての意見表明と政治活動

税理士会は税理士の強制加入団体である。当然、思想信条が全く異なる会員によって構成されている。従って、税理士会が一定の意見を決議したり、対外的に会の意思を表明し、その実現を目指して一定の活動をすることは、それに反対する立場の意見を持つ会員の思想信条を侵害するのではないか、という問題が生じる。

税理士会は、納税者の権利を擁護すべき専門家集団であり、税理士会の専門的意見を組織制度や税理士制度に反映させることが必要であり、またそのことが納税者の利益にもなる。そこで、税理士法四九条の一二第一項は、「税理士会は、税務行政その他租税又は税理士に関する制度について、権限のある官公署に建議し、又はその諮問に答申することができる」と規定している。

北野教授は、この論点について次のとおり指摘している。


「このような明文規定がなくても、税理士会が、税理士制度、税制、税務行政等の民主的展開のために、必要な意見表明を行い、ときに政治家等にアプローチすることが許されるし、むしろそのような政治活動をすることが専門家集団としての職責であるとみられる場合もあろう。判決もこの種の政治活動を行うことを否定していない。このような政治活動のために税理士会として金員の支払を行うことも許される。しかし、このような意見表明等の政治活動費（表現の自由の問題）と政治献金（主権者固有の権利行使）とは質的に異なることが指摘されねばならない。

筆者は、この事件については、熊本地方裁判所で一九八一年七月・一一月に二回にわたって税法学者として「鑑定」証言を行った。[2]」

まさに、この指摘のとおりであるが、その質的に異なる区別の判断基準が必要となる。

五六年の税理士法改正は、税理士に、税理士会の設立とこれへの加入を強制した。これらの強制は、税理士の職業選択の自由（憲法二二条一項）並びに結社の自由（憲法二一条一項）との関係で問題となる。税理士は納税者の代理人であって、国税当局との対抗関係の中で納税者の人権擁護を目的とすべきであり、そのため、税理士会をして自治的に、税理士に対する指導・監督事務を行わせることが相当であると考えられたからである。

そこで、法改正は、税理士に対する指導・監督の必要と税理士の人権保障とのぎりぎりのバランスの上に成立したものであった。法の定める目的を超えて税理士会が対外的・政治的活動を行うことは、原則として違憲であるといわなければならない。この点については、法改正の際に、衆議院の大蔵委員会において、この趣旨を付帯決議している。

そこでこの意味で強制加入団体である税理士会が規正法上の政治団体である南九各県税政へ金員を寄付するのは税理士会の目的の範囲外の行為であって、そのために会員から特別会費を徴収する旨の本件決議は、結局、特定の政党や候補者への寄付を会員に強制することになり、反対の意思を有していた牛島税理士の思想、信条の自由（憲法一九条）を侵害するもので無効である。また、本件特別会費の滞納を理由として役員選挙における牛島税理士の選挙権及び被選挙権を停止した南九州税理士会の措置は不法行為である。

3　税理士会の反論と争点

牛島税理士の右の主張に対し、南九州税理士会は次のように主張した。

税理士法改正について政治的活動をすることは、税理士の社会的経済的地位の向上を図ることに直結するから、税理士会自体が右政治的活動をすることは無論、右の政治的活動を行うことを目的とする南九各県税政に寄付をすることも南九州税理士会の目的の範囲内の行為である。

そこで争点は、第一に税理士会が政治献金を行うことが目的の範囲内であるか否か、第二に献金のために特別会費の支払を強制することが会員の思想、信条の自由を侵害するものとして許されないものであるか否か、の二点にしぼられた。

三　地裁判決と高裁判決

1　事実を直視した一審判決（簔田孝行裁判官）

一審判決は牛島税理士の主張を正しく理解した判断を示した。税理士法制の歴史的変遷を詳細に検討し、さらに本件決議前後の税理士法改正運動を丹念に認定したうえで、税理士会と税政連との関係について税政連の実態を税理士会の「政治実動部隊」と判断したのである。さらに本件決議直後の七九年九月、日税連及び税政連による政治献金が「贈賄」事件となった事実をも認定した結果、牛島税理士の請求を次のとおり認めたのである。

「被告が政治団体に対し寄付をすることは、民法四三条に違反し、許されないところ、本件決議は政治団体たる南九各県税政への寄付であることを明示してなされたのであるから、本来被告が権利能力を有しない事柄（法令及び会則上許されない事柄）を内容とする議案につき決議したものというべく、従って、本件決議は、民法四三条に違反し無効といわざるをえない。」

さらに、思想信条の自由侵害について、次のとおり判断している。

「昭和五三年六月当時の日税連執行部がとっていた税理士法の一部改正の動きに賛成するか否か、より正確に言えば、同執行部のとっている態度に白紙委任的に賛同するか否かは、被告の会員としては、各税理士が国民の一人として個人的、かつ、自主的な思想、見解、判断等に基づいて決定すべき事であるから、それについて多数決でもって会員を拘束し、反対の意思表示をした会員に対しその協力を強制することは許されず、しかもまた右運動に要する特別資金とするため南九各県税政へ寄付するための特別会費の納付を強制することは、反対の意思表示をした会員に対し一定の政治的立場に対する支持の表明を強制することに等しく、この面からもやはり許されないというべきである。従って、本件決議に反対の意思表示をした原告に対し、本件決議に基づいて、本件特別会費の納入を強制することは許されず、従って、原告が被告に対し右会費につき納入義務を負ういわれはないのである。」

右のとおり、一審判決は現在生じている団体による政治献金の社会的問題点を充分理解したうえで、事実と、道理と、憲法原理にしっかりと軸足を置いて立ち、国民の願いと期待に応えた判決だった。マスコミも学者もこの判決を好感を持って支持した。

2　事実と道理を曲げた二審判決（奥平守男裁判長）

二審判決は、一審判決を破棄した。①本件決議は政治献金目的とは認められず、南九各県税政への寄付は目的の範囲外の行為であるとは言えない、②本件決議により牛島税理士に特別会費の拠出義務を肯認することは牛島税理士の思想、信条の自由を侵害するもので許されないとするまでの事情はない、③本件特別会費の支出が、結局、特定政治家の一般的な政治的立場の支援になるという関係が生じないわけではないが、それは「迂遠且つ希薄である」という、とんでもない判断であった。

四　高裁判決を打破する取組み

1　国民の意思を最高裁に示すたたかい

高裁判決は、民主主義に対する挑戦と考えられる。すなわち、この高裁判決の根底には、多数決による決定が民主主義であり、少数者は多数者に従うべきだ、という「俗論」が根強く存していると思われる。

「税理士みんなが納得しているのに、たった一人で、たった五〇〇〇円のことに目くじらたてなさんな」、高裁判決はそう宣言しているに等しい。「少数者の権利は法的保護にあたいしない。法的保護は必要ない」。最高裁をはじめとして最近の判決には、その具体例が続出しているのではないか。「少数者の権利を守るのが基本的人権である」という正論に裁判所が真正面から敵対してくる以上、私たちもそれと正面から闘うほかない。国民の声、国民の意思は、やはり目に見える形にして、最高裁につきつけなければならないのだと痛感したのである。けっして「一人」の問題ではない。「五〇〇〇円」の問題ではない。「国民の世論はこの判決に怒っている」。私たちはこのことを明らかにする闘いに取組んだのである。

2　論点の深化と明確化

私たちはもちろん全国の世論に訴えるだけでなく、理論的にも論点を明確にし、深化する作業に全力をあげて取組んだ。とくに、一・二審の判決評釈などを書いていただいた多数の学者、専門家等の参加協力を得て、研究会・検討会・弁護団会議をかさねた。諸会議は泊まりこみ合宿を含めて一〇〇回をこえた。敗訴した二審判決も、税理士会が政治献金を行うこと自体は違法だという前提にたっていた。問題は事実認定、その評価だった。最高裁で事実認定を正面から争うことは困難である。私たちは一・二審が認定した事実を、私たちの視点で構成しなおすことによって、本件特別会費が、直接特定政党・特定政治家に渡された事実が証拠上明確であることを強調した。また税理士法を素直に解釈することによって税理士会の目的の範囲が明らかになることを説得力を持って展開した。さらに政治献金の強制が、会員の思想・信条の自由を侵害することになる理論的な説明を、アメリカの最高裁判決の展開などを例示しながら強調した。この理論的な解明は、七通の上告理由補充書によって明らかにできた。

3　強力な支援運動

この裁判の問題点を広く国民に訴え、私たちの主張と取組みに支持と共感を示してもらうためには「強力な支援団体」が必要となる。支援団体については、従来熊本を中心に「牛島税理士訴訟をはげます会」が組織され活動を続けていた。しかし、さらに「税理士」がこの判決に怒っており活動に取組むことを明らかにするために、関東の税理士、学者を中心に「首都圏支援の会」(代表北野弘久日大教授ほか)を結成し、最高裁への活動にあたった。それらの会員数は一〇〇〇人に達した。このほか、税理士の全国組織である税経新人会全国協議会や、国民救援会をはじめ多くの団体から力強い支援を受けることができた。また、熊本、福岡、東京などで講演会、報告集会を一四二回開催し、参加者は一万人にのぼった。とりわけ特筆すべきなのは、牛島税理士を先頭に弁護団、支援の人びとが系統的におこなった最高裁要請活動である。毎月一回かならず最高裁を訪問し、最高裁職員の出勤時に門前でビラを配り書記官調査官と面会し、上告理由補充書や公正裁判要求の署名を提出した。この最高裁行動は上告から判決当日まで、四年間毎月一回もかかさず確実にやりきった。四通の上告理由書、七通の上告理由補充書の提出とあいまって、私たちの勝訴にかける思いと執念を、最高裁に伝えたい一心だった。

4　私たちは何を目指してたたかってきたのか

広く人びとに訴え、国民世論の支持を得て、その力で問題を根本的に解決しようと考えたときに、私たちは一体何を訴え、支持を得ようとしているのか、それを明確にしなければならなかった。私たちはそれまで「五〇〇〇円で自由は売れない」、「金にかえられない人間の尊厳・自由を守るたたかい」、というスローガンをかかげていた。また「政治を金で買う、政治をゆがめ腐敗させる企業、団体の政治献金前面禁止を」、という旗印もかかげていた。いずれも牛島税理士の願いであり、広く国民にも支持を得ることができる課題であった。しかしそれと同時に、なぜ本件のような「非常識」な人権を侵害する憲法違反の事件が知的専門家集団である「税理士会」で発生するのか、その根本的な原因について考えざるをえなかった。同様の同業者団体である「弁護士会」では、このような人権侵害事件が発生することは考えられないことである。私たちは議論のなかで、結局根本的な問題点は税理士会の非民主的な制度と、その非民主的な運営にある、と考えた。

「日本税理士会連合会」はその正式名称からも明らかなように、一四の各地の単位税理士会の連合会である。すなわち会員は単位税理士会一四会なのであり、日本弁護士連合会が弁護士各個人が直接会員であるのと異なっているのである。

しかも、単位税理士会においても、その運営はきわめて非民主的であり、税理士各人の意思を反映させることは非常に困難である。さらに決定的な問題は、税理士会自治の原則が確立されてはおらず、大蔵大臣に税理士の監督権限が存しており、税理士会総会においても国税当局の担当者が出席していて、税理士の発言に注目しており、自由な討論すら勇気がいるという現状があった。

このような状況を根本的にあらためため日本税理士会連合会、税理士会を真に民主的な、税理士個人が尊重され、自由な討議と活動が保障される制度と運営をめざすたたかいが求められていることは明らかだった。私たちは、広く税理士の支援を求める活動のなかで、この問題の重要性をいっそう強く認識し、私たちのたたかいのめざす課題として訴えていった。

そのような取組みのなかで、本件の問題はけっして税理士会だけではなく、他の団体でも非民主的な運営によって、会員の人権が侵害されており、その改善と民主化を求めてたたかっている人びとが牛島税理士訴訟の勝利を願って、運動に参加してきた。このような運動の全国的な広がりを直接はだに感じることによって私たちは勝訴の確信を深めることができたのだった。

5　「勝ち方」への注意

私たちが最高裁での勝訴に執念を燃やして活動している最中に、大阪合同税理士会を被告として、その会員が原告となって納入した会費の不当利得返還請求を行った事案について、最高裁判決が下された(3)。この判決は原告らの請求を認めなかった。しかし、三好達裁判官（のち最高裁長官）が、「税理士会が政治活動をし、または政治団体に対して金員を拠出することは、たとえ税理士に係る法令の制定改廃に関してであっても、構成員である税理士の政治活動の自由を侵害する結果となることを免れず、税理士会の権利能力の範囲を逸脱することは明らかである」という注目すべき補足意見を書いていた。

私たちはこの三好補足意見に緊張した。この補足意見に従えば、私たちは勝訴できる。しかし、他面、この判示は非常に危険きわまりない「ワナ」だった。「税理士会が政治活動をし」という一言である。この判示では、税理士会はもちろんとして、弁護士会もまた同時に、一切の「政治活動」が行えないことになってしまう。当時、日本弁護士連合会（日弁連）は国家秘密法反対の日弁連総会決議無効確認訴訟を受けていた。すでに牛島訴訟控訴審審理中に、私たちは「くれぐれも勝ち方には注意してくださいよ」という「注文」を受けていた。まさに国家権力にとっては日弁連の諸活動（とりわけ悪法反対運動）の手を縛ることに重大な関心を寄せている、と考えるべきであった。この牛島訴訟の最高裁判決が、このような日弁連に対する攻撃に手を貸すものであってはならなかった。私たちは討議の結果、三好補足意見には賛成できないこと、私たちが求めているのは「すべての政治活動」の禁止ではなくあくまで「政治献金の禁止」であること、税理士会の権利能力の範囲はあくまで税理士法の規定に従って定められており、専門家集団として当然に要請される「建議」と「そのために必要な一定の税理士会としての意思の組織決定、それに付随する宣伝や説得活動は当然に許される」ということを理論的に強調した上告理由補充書を提出した。

五　最高裁判決とその評価

1　最高裁判決

「税理士会は、税理士の使命及び職責にかんがみ、税理士の義務の遵守及び税理士業務の改善進歩に資するため、会員の指導、連絡及び監督に関する事務を行うことを目的として、法が、あらかじめ、税理士にその設立を義務付け、その結果設立されたもので、その決議や役員の行為が法令や会則に反したりすることがないように、大蔵大臣の前記のような監督に服する法人である。また、税理士会は、強制加入団体であって、その会員には、実質的に脱退の自由が保証されていない。」

「法が税理士会を強制加入の法人としている以上、その構成員である会員には、さまざまの思想・信条及び主義・主張を有するものが存在することが当然に予定されている。したがって、税理士会が右の方式により決定した意思に基づいてする活動にも、そのために会員に要請される協力義務にも、おのずから限界がある。

特に、政党など規正法上の政治団体に対して金員の寄付をするかどうかは、選挙における投票の自由と表裏を成すものとして、会員各人が市民としての個人的な政治的思想、見解、判断等に基づいて自主的に決定すべき事柄であるというべきである。なぜなら、政党など規正法上の政治団体は、政治上の主義若しくは施策の推進、特定の公職の候補者の推薦等のため、金員の寄付を含む広範囲な政治活動をすることが当然に予定された政治団体であり（規正法三条等）、これらの団体に金員の寄付をすることは、選挙においてどの政党又はどの候補者を支持するかに密接につながる問題だからである。

税理士法は、四九条の一〇第一項の規定において、税理士会が、税務行政や税理士の制度等について権限のある官公署に建議し、又はその諮問に答申することができるとしているが、政党など規正法上の政治団体への金員の寄付を権限のある官公署に対する建議や答申と同視することはできない。

そうすると、前記のような公的な性格を有する税理士会が、このような事柄を多数決原理によって団体の意思として決定し、構成員にその協力を義務付けることはできないというべきであり（最高裁昭和四八年（オ）第四九九号同五〇年一一月二八日第三小法廷判決民集二九巻一〇号一六九八頁参照）、税理士会がそのような活動をすることは、法のまったく予定していないところである。税理士会が政党など規正法上の政治団体に対して金員の寄付をすることは、たとい税理士に係る法令制定改廃に関する要求を実施するためであっても、法四九条六項所定の税理士会の目的の範囲外の行為といわざるを得ない。

以上の判断に照らして本件を見ると、本件決議は、被上告人が規正法上の政治団体である南九各県税政へ金員を寄付するために、上告人を含む会員から特別会費として五〇〇〇円を徴収する旨の決議であり、被上告人の目的の範囲外の行為を目的とするものとして無効であると解するほかない。」

「原判決は破棄を免れない。そして、以上判示したところによれば、上告人の本件請求のうち、上告人が本件特別会費の納入義務を負わないことの確認を求める請求は理由があり、それを容認した第一審判決は正当であるから、この部分に関する被上告人の控訴は棄却すべきである。また、上告人の損害賠償請求については更に真理を尽くさせる必要があるから、本件のうち右部分を原審に差し戻す……。」

2　判決の評価

最高裁が団体構成員の思想・信条の自由を確認し、そのうえで政治団体に政治活動を行うか否かは、団体の構成員の選挙における投票の自由と表裏を成すものとして構成員個人の自主的な決定にまかされると判示したことは、最高裁として最初の判例であり、その意義の重要さははかりしれない。また、その及ぼす影響も大きいものがある。この判決がすべての「強制加入団体」に及ぶことは当然であるが、同時にその範囲に限定されるのではなく「全ての公益団体」にも及ぶことに注意すべきである。権利能力の範囲内という制限は、全ての「公益団体」に該当するからである。

その意味で特に注目すべきことは、すでに指摘したとおり別件判決の三好補足意見を修正した判断を示したことである。最高裁調査官による解説（判時一五七一号一七頁、判例タイムズも同文）によれば、第一点として、「三好補足意見は、金員の寄付以外の税理士会の政治活動一般についても、構成員の政治活動の自由の観点から問題にしているのに対し、本判決は、政党など政治団体の活動一般に対する支援になる金員の寄付に限って説示しており、税理士会のその他の政治活動については触れていない」、第二点として、「三好補足意見が、営利を目的としない団体についても、それが任意加入団体である限り、①の八幡製鉄政治献金事件の大法廷判決の判断が原則として妥当すると解しているに対し、本判決は、会社については①の判例がある旨説示するだけで、会社以外の公益法人について右判例が妥当するとの説示はない。むしろ、本判決の理由においては、①の判例を引用しながらも、これとは一歩距離を置いたともみられる説示がされている」、という指摘である。いずれも重要な指摘であり、私も賛成である。まさにそのことが私たちの主張であった。この判決は「税理士会」（「日弁連」もまた同様）の「政治活動」一切を否定したものではない。また、企業に関する八幡製鉄政治献金事件最高裁判決についても本判決は当然見直すべきものであることを示唆したと解される。(4) 企業献金を含むすべての団体の政治献金の禁止こそが憲法上当然の原則であることが最高裁判決の射程内に入ってきたのである。

まさにこの指摘こそ、北野教授が厳しく主張し続けたことであった。

すなわち、次のように述べている。

「筆者は、営利法人企業についても政治献金は違法であると解している。まずこの点について説明しておこう。参政権は、主権者である国民のみに与えられている主権的権利である。政治献金は、そのような主権的権利の行使の一環でなければならない。現代政治のもとにおいては、ある意味では投票権等の行使よりも、政治献金のほうが、政治に影響を与えうる。社会的存在である法人企業は、さまざまな寄付を行っているが、右のように、政治献金は一般の寄付金とは本質論的に異なり、憲法論的視角からいえば、法人企業といえども、政治献金は許されてないとみなければならない。法人企業の政治献金は実質的に国民の参政権を侵害するとともに、議会制民主主義を空洞化させる。法人企業の政治献金は、法人企業の目的外の行為であるといわねばならない。さらに公益（公序良俗）違反であるといわねばならない。このように、法人企業の政治献金は、民法四三条に違反するとともに、民法九〇条に違反し、無効であるということになろう。

以上のように、日本の政治の民主化のためには、法人企業の政治献金に対する法的検討にも力が入れられねばならない。政治献金行為は政治家、政治団体等に対し現ナマをぶっつける行為であって、「表現の自由」の問題とは本質論的に異なる。(5)」

六　最高裁判決を具体化するたたかい

最高裁判所判決は、南九州税理士会がおこなった特別会費徴収の総会決議を、違法であり無効だ、と厳しく批判した。

最高裁判決は、南九州税理士会執行部の腐敗した非民主的な会運営の実態に対する痛烈な批判であった。

またこの判決は、ひとり南九州税理士会のみに向けられたものではなかった。日本税理士会政治連盟政治献金事件を引き起こし、毎年巨額の団体献金をおこなってきた日本税理士会連合会・日本税理士政治連盟が同罪であることは言うまでもない。

さらに、南九州税理士会、日本税理士会連合会を指導、監督すべき大蔵・国税当局の責任も重大だった。大型間接税導入のお先棒を担がせ、日本税理士会連合会をここまで腐敗・堕落させた責任はきわめて重いものがある。

この最高裁判決を受けて、南九州税理士会、日本税理士会連合会、日本税理士政治連盟、大蔵大臣は真剣に反省し、最高裁判決の判旨どおり今後二度とこのような違憲・違法な行為をおこなわないための改善・是正対策を一生懸命に検討することが当然の義務なのである。

最高裁は右に指摘したような南九州税理士会の責任については自判して確定させたうえで、損害賠償については福岡高裁に差し戻した。

したがって福岡高裁差戻審では南九州税理士会が違憲・違法の不法行為をおこなったことに対する損害賠償請求の審理がおこなわれることになった。当然その審理は、最高裁判決が示した憲法の判断と精神を正しく適用し、さらに充実させてそれを具体的に実現することをめざすたたかいとなった。それはけっしてなにがしかの損害賠償金を算定し、その金員の支払いを行いさえすればそれで足りるなどということではなかった。

すなわち損害賠償の根本原則は、何よりも現状回復である。加害者たる南九州税理士会は被害者である牛島税理士にたいしできうるかぎり不法行為がおこなわれなかったのと同じ状況を回復するように努力することが大原則なのである。何よりも牛島税理士の人権と名誉、人としての尊厳がすみやかに回復されなければならない。そのうえで、どうしても現状回復できない部分に限り、やむをえないので金銭的賠償として損害金を算定することになる。もちろんこの原状回復は一人牛島税理士にたいしてだけではありえない。他の南九州税理士会会員もやはり人権を侵害されているのである。その回復もすみやかにおこなわれなければならなかった。

さらに、損害賠償においては、原状回復と同時に二度と同種の不法行為はおこさせない、すなわち再発生防止ということも当然の前提となる。南九州税理士会が今後もまた同種のことをくりかえす、ということがないように、当然これを防止するための是正の方策をとらせることが必要だったのである。そしてそれは当然税理士会の民主化を確立するためのたたかいとなった。

それらを実現することが、最高裁判決を正しく適用し判決を現実に血のかよったものとすることであり、またその真剣な実行が南九州税理士会、日本税理士会連合会、日本税理士政治連盟、大蔵大臣に求められているのだった。

これまで公害や労災などの多くの損害賠償訴訟において、加害企業や国は「たとえ敗訴判決を受けても責任は絶対に認めない、謝罪もしない、判決が命じた金員を支払いさえすればそれですむ」と公然とうそぶき、真剣に反省しようとはしなかった。この加害企業や国の態度は重大な恐るべき意味を有している。すなわち、この態度は「同じことをまたくりかえしてもかまわない。また同じことをやる」という公然たる宣言なのである。私たちはこのような恐るべき態度を許さないたたかいをめざしてきた。

その意味で「和解は激烈なたたかい」であった。南九州税理士会に真剣な反省をうながし、これまでの非民主的な会運営を根本から改善させるためのたたかいであった。高裁における一年間に及ぶ和解交渉とそれを全国的に支えるたたかいの中で、しだいに追いつめられた南九州税理士会は、判決直後のまったく反省のない態度を変えざるをえなくなった。南九州税理士会も最高裁判決を真摯に受け止め、私たちの要求を受け入れ、和解解決をめざすように態度を変えたのだった。

なかでも注目すべきことは、南九州税理士会の会員税理士のなかで牛島税理士の主張を支持する声が公然と聞かれるようになったことだった。和解案は理事会において圧倒的多数の賛成を得た。

南九州税理士会は、最後には良識ある態度をとった。もし、南九州税理士会が私たちの要求を拒否し、和解することができずに、判決までいけば、税理士会はさらに混乱し、紛争はなお続くことになったのは明白だった。

和解内容で強調しておきたいのは次の点である(6)。

南九州税理士会は、①牛島税理士にたいし責任を認めたうえで公式に謝罪し、原状回復をおこなった。②特に判決が認めた牛島税理士についての一九七八年の特別会費だけでなく、すべての税理士会員にたいし一九七八年分のみならず一九七六年分の特別会費についても違法であったことを認め、全税理士に納入された両年分の特別会費を、利子を付して返還した。しかも、その財源は基本的には執行部の個人負担である。③右両年の違法の確認にとどまらず、一九六九年度から一九八五年度の分までの南九州税理士政治連盟及び各県税理士政治連盟に対する業務改善費の支出も違法支出として責任を認め、今後再びこの過ちを犯さないことを約束した。④今後政治献金を一切おこなわないことを宣言した。さらに税理士会と税理士政治連盟は別個の互いに独立した団体であり、税理士会は今後税理士政治連盟にたいし一切の利益供与はおこなわないことを明らかにしている。⑤税理士会は牛島税理士に対する陳謝と和解内容、牛島税理士の論文を会報に掲載して全会員への周知をはかるとともに本件について会内研修をおこなうことを約束した。⑥牛島税理士に対する賠償額も一審判決認定の一五〇〇万円から一〇〇〇万円を超えた。以上の和解条項は全て完全に履行された。

七　今後の課題

牛島税理士と南九州税理士会の今回の紛争は全面的に解決したが、今後の南九州税理士会の民主的運営をいかに実現するか、とりわけ少数意見の尊重と役員選挙制度の改善の課題は残された。

さらに根本的な問題として、今回の解決は、日本税理士会連合会及び大蔵大臣の責任については日本税理士会連合会会長の声明がなされたが、それ以上には及んでいない。同連合会全体の責任を今後どう問題にし、どう解決すべきなのか、日本税理士会連合会の民主化をいかに実現するかなどは完全に残された課題となっている。さらに今回の勝ち取った成果を、他の強制加入団体にいかに広げていくかという課題も、一部には成果が見られているが(7)、基本的にはさらに今後残された課題である。

私たちは最高裁判決をうけた声明文で、「この判決をこれまで団体の不当な圧力によって虐げられた人びとや、この人びとともにたたかってきた心ある人びとに贈る。この判決を武器に、非民主的な人権侵害的な団体の改革にともに立ち上がろう」と呼びかけた。

私たちはさらに広く世論に訴え、全国の心ある人びとと連体し団結して、民主主義を求めるたたかいをさらに大きなものにしていきたいと願っている。

牛島税理士訴訟は、「人類の多年にわたる自由獲得の努力」が、まだまだ続けられなければならないことを示している。さらに私たちはその成果を「現在及び将来の国民にたいし」永久の権利として「信託」していかなければならないのである。このことはまた北野教授の遺志に応える努力でもあると考えている。

（1）最判平八・三・一九判時一五七一号一六頁、判タ九一四号六二頁。
（2）北野弘久「税理士会の政治献金に対する憲法論的検討」北野弘久『納税者基本権論の展開』（三省堂、一九九二年）二二九頁。
（3）最判平四・五・二七判時一四九〇号八三頁以下。
（4）この点について甲斐道太郎「政治献金と税理士会の目的の範囲」私法判例リマークス一五号一〇頁。
（5）北野・前掲注（2）二二八頁。
（6）福岡高裁平九・三・一九和解調書。
（7）例えば、私が参加した事例として、歯科医師会が定めていた、歯科医師会政治連盟との同時入退会の原則がある（福岡高裁平成一五・九・三〇和解成立）。歯科医師会の見解としては、強制加入団体ではないので、歯科医師会に入会した際には同時に政治連盟に加入するよう求めることは違法ではない、という主張であり、政治連盟からの退会を求めた会員には、同時に歯科医師会も退会するよう求めていた。そこで、政治連盟を自由に退会できることの確認を求める訴訟も提訴され勝訴している。しかし、問題の本質は、自由に政治連盟を退会できないことではなく、同時に入会を強制されることに存する。そこで、福岡地裁の私たちの訴訟においては、歯科医師会入会の時点から政治連盟の会員ではないこと、他の政治連盟会員の入会も無効であることを争点とした。当時の厚生省医政局長は、この同時入退会の規約が公益法人として違法であり、歯科医師会と政治連盟とは「峻別されなければならない」ことを明らかにしている。福岡地裁の和解においては、私たちの主張どおり、原告は最初から政治連盟の会員ではないことを確認し、会の広報文において「福岡訴訟における裁判上の和解を受けて、当会は、その会員が福歯連盟の会員であるか否かを問わず、全ての会員の皆様方に対し、当会が福歯連盟とは別個独立の団体として会員の民主的かつ自立的な運営によって、『医道の高揚と歯科医術の進歩発達と公衆の口くう及び歯牙衛生の普及向上とを図り社会福祉を増進する』ことを目的として活動する公益法人であることを、改めて確認いたします。」と会員に周知している。

不公平な税制をただす会の軌跡

富山泰一

一　ただす会の生い立ちとこれまでの経緯

納税者運動の歴史をみると多様な形で行われてきている。第二次大戦後の納税者運動は戦後の制度改革と権力的行政のなかで、さまざまな業種・団体等が、絶えずなんらかの意味で展開してきている。そのいくつかの例をあげると、戦後の激しいインフレと重税、それに加えて徴税行政の強権化が納税者を苦しめた。それは中小商工業者、農漁民に顕著に現れ、根拠のない課税方法や納税者の権利を無視した税制と徴税行政に対する事業者中心の民主化闘争であった。しかし、当局の民主化は進まず、一方的な法解釈と納税者の権利を否定する態度は、その後も続いており現在までも尾をひいている。

サラリーマンなど労働組合が税金に関心を持って闘うようになったのは業者団体に比しかなり後のことになる。それは賃金や労働環境の改善に傾注するなど待遇改善に集中していたこともある。サラリーマンに納税者運動が一般的に認識されたのは、一九六一（昭和三六）年、総評の「第一次源泉徴収違憲訴訟」の提訴がきっかけになっている。その後、一九六六（昭和四一）年八月の大島正・同志社大学教授が、当時の所得課税の基本的仕組み自体が憲法一四条（法の下の平等）に違反するとして京都地裁に提訴したことが社会的関心を呼び、労働組合も要求に掲げる変化をもたらせることになる。総評が「税金酷書」を発表し、全国サラリーマン同盟が結成され、一九六九（昭和四四）年には総評の第二次源泉徴収違憲訴訟の提訴が六地域（北海道・栃木・東京・長野・大阪・福岡で一五名）に拡大、翌一九七〇（昭和四五）年七月には、第三次源泉徴収違憲訴訟が東京地裁に提訴（総評訴訟）と続いている。

そのような運動の展開の中で、サラリーマンの「確定申告運動」が一九七〇（昭和四五）年三月に宮城県評で開始され、それが全国化するなかで、一九七三（昭和四八）年三月、総評はサラリーマン確定申告運動を全国化し、それまで税金が給料から源泉徴収で「天引き」されていた多くのサラリーマンが税金に関心を持つきっかけになった。

しかし、それらの運動が各業種・団体等がバラバラの形で展開してきたこともあり、労働団体、農漁民団体、中小企業団体、消費者団体、市民団体など五三団体と個人によって、超党派の全国的納税者運動の組織をつくろうということで、一九七七年一月一八日に「不公平な税制をただす会」（以下「ただす会」という）が日本女子会館で結成大会が行われ、発足した。

ただす会は今年で三五年目に入ったが、この歴史を大まかに見ると日本にとっても激動の時代であり、政府の政策も失敗の繰り返しであったことなど、新自由主義的構造改革路線による諸制度の改廃は、「分配」の不平等化と「再分配」の不公平化により、経済、財政、税制等の政策の「反国民性」が極度に進み、格差と貧困化が拡大している中での運動展開だったといえる。ただす会の運動は全盛期の「総評」をバックに超党派の全国的な納税者運動組織として設立され、消費税導入阻止の運動から増税反対へ、そして納税者の権利保護のための税務行政の民主化に至る広範な運動を先導してきた。それが一九八九年一一月に総評が解散したこともあり、一九八八年五月ごろから、従来の組織加盟を中心としたただす会の運営に変化がみられるようになった。「組織加盟」についても、従来の中央組織による一括加盟ではなく、各単位組織の個別加盟が中心となった。また、税法学者、財政学者、税理士、弁護士等の専門家たちの個人加盟の割合が増加するようになった。事務局も転々とし現在は㈱税制経営研究所内に置かれている。ただす会の財政も現在は個人加盟を中心とする人々の「手弁当」によるものとなっている。しかし、このともしびを絶やしてはならないとの考えから、多くの会員総員の助力を得て社会的役割を果たすべく努力している。

一般消費税導入阻止の闘いは、消費税が新設されるかどうかではなく、わが国の税体系を直接税中心主義から間接税中心に置き換えようとするもので、多くの国民から「弱いものいじめの税金」と反発を買った。この闘いを暉峻淑子埼玉大学教授（当時）は、朝日ジャーナル（一九七九年一一月二三日号）に「蜜室財政の打破を迫る力へ」という表題で、「〝一般消費税〟にもっとも大きな利害関係をもっていた中小事業団体は、当初から四八（昭和二三年）の取引高税の記憶を念頭に置き、当時の反対運動が労働者や一般市民と連帯できなかったために、お上の財政を国民の手に取り戻すことができなかった反省を踏まえて、今回は支持政党のいかんを問わず、中央連絡会の下に、国民運動とし反対運動を展開することをめざした。そして労働者側でも、中小企業団体が自民党支持であることを承知の上で、総評が中小企業団体の反対運動を支持する統一戦線を実質に組み込んだことは、日本人の納税者意識の発展を示していて興味深い」と記述している。

具体的な活動内容を見ると、「一兆円減税、一千万署名」運動での「戻し税」の実現、ただす会が中核となって「一般消費税に反対する中央連絡会」を結成し、大平一般消費税、中曾根売上税。竹下消費税などの大型間接税導入反対運動を本格的に展開してきた。また、「民間税制調査会」や「税金大学校」「公開講座」等の開催、不公平税制の視点にたったシンポジウムなど諸集会を組織、税制改正要求等政府税制調査会への申し入れなども積極的に組織してきた。ただす会における専門家グループは、財源試算研究会を組織し、税制に関する提言や不公平な税制を是正することによる財源試算なども毎年行い、『福祉とぜいきん』（TAW）というただす会の『年報』で発表している。以下、ただす会の主な運動を取り上げてその歴史をひもといてみることにする。

二　所得税の戻し税減税の実現

ただす会創立以来の会員である前代表幹事・故谷山治雄先生は『二〇年の歩みと二一世紀への展望』（不公平な税制をただす会、一九九七年）（二〇年史）で次のように述べている。「不公平な税制をただす会は創立以来二〇年間いろいろな変遷をたどってきたが、税制改革に関する研究と運動のなかで、いわゆる革新的なスタンスを維持してきた有力な団体の一つであることは間違いない。そして政府の租税政策と納税者の税制改革運動に一定の影響を与えてきたとも自負してもいいのではないかと思われる。ここでは主として租税政策に与えた影響について、我田引水ではないかという批判を受けるのを覚悟の上で、さしあたり(1)所得税の戻し税減税の実現、(2)大型間接税―消費税反対運動、(3)不公平税制による減収試算の三つのポイントに絞って述べてみたい」。このポイントの視点については、ただす会設立にかかわった前代表幹事の故北野弘久先生も同様に指摘している。

故谷山先生の主張は、一般的に行われる減税の方法は、①諸控除の引き下げ、②税率の引き下げあるいは適用所得段階（ブラケット）の緩和であり、課税額を戻すという方法は行われていない。その方法は、一律かつ同額に課税額を戻すという方法であるから、効果は税額控除と同じであり、相対的に所得の低いものに有利である。また税の還付という方法を取れば消費を刺激するなど景気対策として効果もある。

ヨーロッパのEC型付加価値税導入が現実の政策課題として浮上しているなかで、戻し税という形で減税を勝ち取ったことは、納税者の運動として大きな成果であった。この戻し税はその後一九八一年度にも行われたが規模は小さなものであった。しかし、戻し税というやり方が「正規」の減税方法と評価してよいと思われる。さらに一九九四年度の二〇％減税、一九九五年度、一九九六年度の一五％の特別減税は、ただす会の主導によって実現したものとは異質のものであるが、いわばスポット的減税であり、税の還付という形をとったことは、それなりに評価してよいのではないかと思う、としている（二〇年史）。故北野先生も、故谷山先生と同じ二〇年史で次のように述べて、「昭和五二年度、五三年度の「戻し税」運動が特記されねばならないであろう。この運動はいわゆる「一兆円減税・一千万署名」運動として展開された。その結果、日本の予算史上画期的な、隔年三〇〇〇万円の「戻し減税」をかちとった」と述懐している。

三　大型間接税——売上税、消費税の反対運動

消費税の議論は、国民に関心を持たれるようになるかなり以前から行われており、それは財政再建議論のなかで話題になったＥＣ型付加価値税であった。故谷山先生は、ただす会「二〇年史」で、「いわゆる大型間接税―租税論でいう一般消費税に対するたたかいは、一九七二年に政府税調がＥＣ付加価値税の導入という課題を現実的なものとしてとりあげて以来活発になりつつあったが、どちらかといえば中小企業の運動に限定されていたという嫌いがあった。それを労働者、サラリーマンも含めた広範な運動として広げたことは「ただす会」の功績であったし、今も強弱の差はあるが継続しているといってもよい。一番近い例は一九九六年九月の主婦連、生協などを含む広範な一日共闘の実現で、「ただす会」はいうなればプロモーターの重要なメンバーの一つであった。大型間接税―消費税を不公平税制の最たるものと位置づけたことは、当然のことながら正しいことであった」と述べている。

ただす会の具体的行動を故北野先生は、「二〇年史」で、次のように要約している。「一九七八（昭和五三）年八月

にただす会が中核になって「一般消費税に反対のための中央連絡会」を結成し、大型間接税導入反対運動を展開することになるのであるが、それまでの期間におけるただす会の若干の運動について、ふれておきたい。

一九七七（昭和五二）年九月に東京で「民間税制調査会」を開催し、大阪・愛知・福島・東海地方にもただす会が結成され、大阪では「税金大学講座」を開くなど各地で学習会が開かれた。一九七七（昭和五二）年一一月に「不公平税制是正、所得税減税、一般消費税反対要求実現各界代表者集会」を開催。はやくも大型間接税である一般消費税の導入に反対する運動を行っている。同年一二月には小倉政府税調会長に直接面談を行い、一般消費税導入反対等のただす会の要望を申し入れている。一九七八（昭和五三）年一月には「不公平税制是正、一兆円減税、福祉年金引き上げ、予算組み替えを要求する代表者集会」を開催。一九七八（昭和五三）年七月にはただす会の構成員である労働三団体（総評、中立労連、新産別）が「納税者から見た税金のあり方」の公開シンポを開催している。

さきに述べたように一九七八（昭和五三）年八月にただす会が中核となって「一般消費税反対のための中央連絡会」が結成された。この組織は超党派の全国組織で、日本専門店連合会、日本商店連盟、全日本小売商団体連盟、全国中小企業家同友会、中小企業事業分野協議会など従来ただす会に加入していなかった団体も多数加入された。そして日本列島の全域においてこの中央連絡会の地方組織が整備された。事務局は「総評」に置かれた。この中央会は、大平一般消費税をつぶした後は、「大型間接税に反対する中央連絡会」と名称を変えて、全国的な運動を展開した。この中央会が中心となって、中央の東京はもとより、日本列島の各地で反対運動を展開した。初期の注目すべきいくつかの運動を記しておきたい。中央連絡会結成後、政府税調の一般消費税導入の審議に対応するために、一九七八（昭和五三）年九月に東京・日比谷公園で一般消費税導入に反対する国民大集会が開かれた。一九七九（昭和五四）年二月に同じく東京・日比谷公園で一般消費税に反対する一万人集会が開かれた。一九七九年六月に静岡・伊東温泉で一般消費税導入反対のための「模擬法廷」が開かれた。さらに一九七九年一〇月に東京・日本武道館で一般消費税導入に反

ット化」へ、また具体性のない「公平・中立・簡素」、「公平・透明・納得」の自民党、民主党両党もが、税金とは「会費」のようなものと解釈しているのは、あまりにも本来の税金の意義についての無知さを表しているとしか思えない。

そのような政府、保守政党の共通認識で、税制、社会保障負担が多くの国民の生活と中小事業者の経営を悪化させている。しかもいまは、負担能力の議論でなく、税収の安定性、企業の国際競争力に主眼を置いた「公平」性が声高に飛びかい、「財源」という言葉で主張されるようになっている。その意味では財源試算は、国民にとって「何が公平なのか」の視点にたって、不公平税制を洗いだし、その結果の財源を「国民生活の安定」のための再分配に有効にするための使途を要請している。

故谷山先生は、『「ただす会」』の面目の躍如とさせているのは不公平税制による減収試算、いいかえればその是正による財源の創出試算である。この試算は国民から公的サービスの拡大や減税を要求した場合、必ず政府側から返ってくる「財源がない」、「消費税の増税しかない」等という答えに反論するための重要な武器になっている。そのためにこれは労働組合をはじめ多くの民主団体に資料として活用されて運動の発展に貢献しているし、国会でも議論され、また最近は学会でも取り上げられるようになった。

ところで何が不公平な税制なのか、企業優遇税制とは何かということは理論的な争点になっている。そのひとつの重要かつ象徴的な例として諸引当金をあげることができる。政府および政府税調サイドの見解は、立法的には租税特別措置法で規定しているいわゆる政策税制ではなく、法人税法の本法に規定されているものであり、企業会計上公正妥当なものであるから、措置法の政策減税としての準備金とは違い、特別措置あるいは優遇税制とはいえないというものであった。

ただ次第に、「過大」な引当金の損金算入は制限すべきだという意見が大蔵省や税調の中で高まってきたことは間違いない。そして一九九六年一一月に出された政府税調の法人課税小委員会の報告は、引当金について政策税制と考えることは適当ではないとして、従来の見解を繰り返しながらも、公平性、明確性という課税上の要請からは、不確実な費用または損出の見積り計上は極力抑制すべきだと、かなりトーンを変えてきている。そして企業会計上の要請と公平性等課税上の要請には違いがあるので、税制が企業会計上の処理に合わせることには限界があるとして、思想の転換ともいえる重要な見解をのべている。いうなれば企業会計における保守主義の原則には無条件に従わないということを宣言しているものといえるわけで、これは『ただす会』の主張にかなり接近したものということができる。なぜなら企業会計上の合理性と担税力の公平な測定とはいわば別の範疇で、優遇税制とは、かりにそれが企業会計上合理的な根拠に基づくものであっても、担税力を不当にゆがめるものだという見解を『ただす会』はとってきたからである。」

財源試算の目的は、ただす会が最初に出した財源試算「公平な税制確立のための財源試算」（一九八四（昭和五九）年一一月）の「はじめに」には、「財政難という文句が、魔法使いの呪文のように使われている。例えば減税したくとも財源がない。財政難だから酒やたばこ、ガソリンなどの間接税を増税するという具合である。こうして大衆増税と各種公共料金の値上げ、新設が、「増税なき」のスローガンの下で確実に進行し、大型間接税の新設が現実味をおびてきた。一方、歳出面では、ついに人の生命にかかわる社会保障費に手がつけられ、今後も主たる削減の対象とされている。ところで本当にわが国は財源難なのだろうか。世界第二の経済大国の財源は枯渇してしまったのだろうか。それとも作為的に財源が隠されているのだろうか。われわれが税収試算を試みた理由は、この疑問に応えるためであった。この回答は、不公平な税制を大胆に是正して、とるべきところから税をとれば、豊かな財源が確保できるということである。その作業結果を公表するのは、財源がある事実とどこにあるかを一人でも多くの方々に知っていただきたいと考えたためである。」と述懐しているのが作業にかかわった人たちの気持ちをあらわしている。税制改正を議論する上でさけることのできない財源問題を検討する材料を「試算」という形で国民に提供することに意義を求めている。

財源試算を具体的に行うには、税負担のあり方として何が公平で、また何が不公平なのかの基準を決めることから始まる。ただす会としてのその存在意義は「設立趣旨」に書き込まれている。それが基準となって不公平税制の抽出ということになる。ただす会の設立趣旨には「私たちは税制で最も重要なことは、税の負担が公正かつ公平でなければならないと考えます。同じ所得のものは同じ負担を、異なる所得のものは、それに応じて負担をする。また、額に汗して得た勤労所得には軽く、不労所得には重く課税する。さらに、勤労者の生活費を保障するために、生活費には課税しないなどということです。…中略…ところが、政府は現在にいたっても、これらの不公平な税制のわずかな手直しに終始しているばかりか、実質増税と社会保険料等の税外負担の重圧に苦しむ勤労国民に、逆進的で「悪税」の典型といわれる付加価値税という大衆増税を課そうとくわだてている。私たちは、このようなきわめて不公平な現状に怒りをおぼえ強く告発すると同時に不公平な税制をただすため、①累進税率の強化、②総合課税の徹底、③税の優遇（差別）措置の撤廃、④脱税の防止、などを目指して改革運動を進めます」。

設立趣旨で表現されているように、税負担配分による公平性とは負担能力により課税すること、つまり応能負担によるものが最も公平であることの前提を立てている。その上で、総合課税・累進税率、最低生活費非課税、勤労所得軽課・不労所得重課などの原則をあげている。租税特別措置は、「一定の政策目的のために、特定のものに対し、減免税の特恵を与えるもので、その経済的実質あるいは財政的効果は、国庫補助金あるいは無利子の国庫融資と同じものです。それは税負担の公平を著しく破壊し、国会の予算審議権を事実上無視するものです。そして、租税特別措置の最大の特徴は、減免税特権の大部分を一握りの独占的大企業および特定の資産所得（不労所得）者に集中することにあります」（谷山治雄『税制改革』（新日本出版社、一九七四年）と指摘されている。ただす会は、それら不公平税制の実態からみて次のような基準を立てている。①費用でないものを費用として経理しているもの＝利潤の費用化（引当金、準備金等）。②利益なのに利益でないとして除外しているもの＝利潤の資本化（株式払込剰余金、法人間受取配当益金不算入）。③資本を過小に評価しているもの（土地、保有株式等）。④税負担の公平を著しく損なうもの（税額控除、外国税額控除、連結納税制度等）。⑤税の執行上著しく公平を損なわせているもの（公益法人課税等）。

五　北野先生、谷山先生が、今後の運動に期していたこと

ほぼ一年ぐらいの間にただす会は谷山先生を追うように北野先生という二人の巨頭を失った。政治情勢が混沌とし、政策も朝令暮改的に一貫性にかけ、国民はこれまでにない将来への希望を失っているとき、おふた方の助けがあればとの感慨は深くなる。ただす会をつくり、日本の税制と税務行政の民主化のために、ただす会を軸に、先頭に立って租税政策の理念の「質（理論）」を高め、全国的な運動の柱となって活躍した功績の数々は筆舌に尽くせない。その意味では、今後のあり方を示唆するものとして、おふた方が三〇周年記念誌に載せた「ただす会創立三〇周年によせて」の一部を紹介したい。

北野先生は、『三〇年の歩みと課題――活動記録集』（不公平な税制をただす会、二〇〇七年）で「『平和・福祉の憲法』である日本国憲法は、負担能力のある大企業・大金持ちから、多額の税金を徴収し、その徴収した税金を社会的弱者の平和・福祉に使用することを求める。日本国憲法は、自由主義経済のもとでも、国家として、税金の取り方と使い方とを通じて、最低限、人々のナショナルミニマム（生存権）を保障すべきだと要求しているわけである。いま、政府が進める庶民増税、大企業・大金持ち減税の税制『改革』の方向は、憲法が規定する『平和的生存権を含む基本的人権の尊重』の考え方を真っ向から否定するものであり、九条二項を改正しようという動きと同根である。

日本国憲法の平和主義は九条二項にある。日本国憲法の根幹である九条二項等の改正は九六条の憲法改正権の法的限界をこえる。これは憲法学の通説であるといってよい。安倍総理が、『戦後レジュームからの脱却』といっているが、戦後レジューム（日本国憲法）のどこが悪いのであろうか。九条二項の改正は、学問上は不可能でクーデターに等しい。政府は、税制をフラット（均等税・比例税）化し、応能負担原則を崩壊させようとしているが、これは税法学的に誤りである。九条二項を改正しようとする流れと応能負担原則の崩壊とはつながっている。ただす会の究極的ねらいは『平和・福祉』のすばらしい日本国憲法の現実化にある。九条二項が危機にある今日、私たちは、ただす会創立三〇周年にあたって、改めて九条二項の死守を誓いあいたいものである。」としている。

谷山先生は、前掲書の中で「総評の解体後、『会』は縮小を余儀なくされ今日に至っている。それにしても三〇年という長期にわたり一つのセンターとして存続しているのである。その要因ともいうべきものはなんなのであろうか。私見ではあるが、それは不公平、不公正を憎み、それを是正しなければならないといういわば使命感のようなパッションが支えとなっているのではないかと思う。しかし、それは普通の人間ならだれしもがもっているモチベイションのようなものであるから、『会』が存続し、拡大する潜在的可能性はきわめて大きいと信じている。二一世紀の早い段階に『会』をいまよりさらに一層多くの組織から一目置かれるような大組織にさせたいと思う。最後に私事であるが、私も八〇歳を過ぎた『老骨』になり、脳梗塞の後遺症に悩まされている身ではあるが、これは実現したい『そして可能な』悲願であるといってよい。」としている。

この原稿を依頼されたのは、ただす会の歩みと北野先生の活動をたどってほしいとの趣旨であった。それにしては私は、三四年の歴史を持つただす会の運営に携わったのは一〇年足らずであり、全盛期の状況についても、総評解体による運動方向の転換のいきさつも未知の状態で引き受けることになった。したがってここで記述した資料は、三〇周年を記念しての記録集を私が作る過程で入手した資料を中心に、記念誌掲載の記述をお借りしてまとめたものである。紹介した主な項目以外にも運動の指針になった、『納税者の権利白書』（一九八一（昭和五六）年）、『国民のための税制論』（一九八四（昭和五九）年）、『不公平税制とはなにか』（一九八七（昭和六二）年）などの出版等や、「納税者の権利憲章」を作るための研究会を発足させ（一九九〇（平成二）年）、一九九四（平成六）年四月に「納税者権利憲章をつくる会（ＴＣフォーラム）」を創立したことなど、字数の関係で書き残しているものは多いが、主要な運動を中心にまとめたことをご容赦願いたい。

北野弘久先生主要業績目録（追補）

◇著者・編者・訳者等〈単行本〉

（単著）

二〇〇三年四月　『税法学原論・第五版』青林書院

二〇〇五年九月　『税法問題事例研究』勁草書房

二〇〇七年四月　『税法学原論・第六版』青林書院

（編著）

二〇〇五年四月　『現代税法講義・四訂版』法律文化社

二〇〇九年五月　『現代税法講義・五訂版』法律文化社

（共編著）

二〇〇八年一〇月　『日本税制の総点検』勁草書房

（中国語版）

二〇〇八年一一月　郭美松訳『税法学原論・第五版』中国検察出版社

◇論文・判例研究等

二〇〇一年八月　「消費税法三〇条七項の法的意味」税経新報四七八号
九月　「圧縮記帳引当金の益金不算入と租税ほ脱犯」税経新報四七九号
一〇月　「特別土地保有税の課税標準の法的意義」税経新報四八〇号
〃　「国民健康保険税・介護保険料などの違憲性」月刊民商四三巻一〇号
一一月　「論壇平和・福祉と納税者基本権―最も有効な『憲法保障装置』」学術の動向六巻一一号
〃　「租税の使途面と『法の支配』―官官接待問題」税経新報四八一号
一二月　「世界における日本の学術の役割―学術の在り方常置委員会」学術の動向六巻一二号
〃　「第三者の立会いと消費税法三〇条七項」税経新報四八二号
〃　「連結納税制度にたいする税法学的検討」税経通信五六巻一五号
二〇〇二年一月　「公平税制論（新春提言）」旬刊国税解説速報四二巻一五五〇号
〃　「清算所得課税における『寄付金』（上）」税経新報四八三号
二月　「日本法律学の問題性」学術の動向七巻二号
〃　「清算所得課税における『寄付金』（下）」税経新報四八四号
〃　「課税最低限問題と生存権（特集「構造改革」が福祉を潰す）」法と民主主義三六六号
三月　「物品税の課税対象認定問題と租税法律主義」税経新報四八五号
四月　「課税処分の理由不教示と損害賠償」税経新報四八六号
五月　『銀行税条例』違法判決の研究（特集銀行税と外形標準課税）」税経新報四八七号
〃　「税制改正論（1）税制改正の方向と応能負担原則」科学的社会主義四九号
六月　『平和の世紀』構築のために―平和問題研究連絡委員会の活動」学術の動向七巻六号
〃　「巻頭論文『銀行税条例』違法判決批判」税経通信五七巻八号

〃　「税制改正論（2）日本国憲法と課税最低限」科学的社会主義五〇号
〃　「農業所得の推計課税と実額課税」税経新報四八八号
七月　「相続税の連帯納税義務と滞納処分の停止」税経新報四八九号
〃　「特別寄稿応能負担原則と政府税調『基本方針』批判」旬刊国税解説速報四二巻一五六七号
〃　「税制改正論（3）法人事業税の外形標準課税」科学的社会主義五一号
八月　「公平税制論・応能負担原則の展開（政府税調『基本方針』（二〇〇二年）六月答申）の批判的検討特集）」税制研究四二号
九月　「地方税法一〇条・一〇条の二『連帯納税義務』の違憲性」税経新報四九一号
一〇月　「税理士の代理権への侵害と国家賠償責任」税経新報四九二号
一一月　「圧縮記帳引当金の益金不算入等と租税逋脱犯（続）」税経新報四九三号
一二月　「司法書士業の法人化とその所得の帰属」税経新報四九四号
〃　「経済財政諮問会議の税制観と社会権の空洞化―学問を尊重すべきだ（特集目前にせまる究極の大増税―憲法二五条の空洞化）」法と民主主義三七四号
二〇〇三年一月　「租税民主主義の危機（政府税制調査会答申［二〇〇二年一一月］批判を中心に）」税制研究四三号
〃　「所得税法上の雑損控除の要件」税経新報四九五号
二月　「コンビニエンスストア契約における加盟店の負担するチャージの違法性―契約の財務面」税経新報四九六号
三月　「人格なき社団等の課税」税経新報四九七号
四月　「消費税の非課税取引分の誤納付と還付」税経新報四九八号
〃　「巻頭論文『銀行税条例』控訴審判決の検討―その税法学的研究」税経通信五八巻四号
五月　「特別寄稿納税者訴訟の創設」旬刊国税解説速報四三巻一五九四号
〃　「税理士職業賠償責任保険の免責特約」税経新報四九九号
〃　「『平和文化』の形成―平和問題研究連絡委員会の活動」学術の動向八巻五号
六月　「『平和学』の研究推進」学術の動向八巻六号

〃　「外国子会社への支出金の損金性」税経新報五〇〇号
七月　「宗教法人の収益事業活動」税経新報五〇一号
八月　「応能負担原則と政府税調中期答申（政府税制調査会中期答申批判特集）」税制研究四四号
九月　「政府税調中期答申批判」科学的社会主義六五号
〃　「司法書士業の法人化とその所得の帰属（続）課税庁側所見への反論」税経新報五〇三号
一〇月　「住民税脱税犯における偽計行為」税経新報五〇四号
〃　「書評小山廣和著『税財政と憲法―イギリス近・現代の点描』」明治大学社会科学研究所紀要四二巻一号
一一月　「納税者基本権（特集税の基本をあらためて問う）」月刊民商四五巻一一号
〃　「政党助成法と納税者の権利―政党助成法違憲訴訟」税経新報五〇五号
一二月　「『朝鮮総連合』に対する課税と信義則」税経新報五〇六号
二〇〇四年一月　「『朝鮮総連』への課税とその法的検討」税制研究四五号
〃　「医療行為と消費税課税のあり方」税経新報五〇七号
二月　「宗教法人課税問題と『適用違憲』」税経新報五〇八号
三月　「二〇〇四年度政府税調答申批判」科学的社会主義七一号
〃　「無効な課税処分と不当利得の成立」税経新報五〇九号
四月　「租税特別措置法六四条の法的意義」税経新報五一〇号
五月　「租税犯の冤罪と再審請求」税経新報五一一号
六月　「所得税法五九条（みなし譲渡）の違憲性」税経新報五一二号
七月　「巻頭論文フラット・タックス論批判」税経通信五九巻九号
〃　「コンビニエンスストアに係るチャージ契約の違法性」税経新報五一三号
八月　「日本国憲法九条の死守は日本人の歴史的使命（特集平和と人権―日本の今）」科学的社会主義七六号
〃　「最近の憲法事情と納税者」税制研究四六号
九月　「不公平これだけある制度・行政上の歪み（1）『公正・公平な税』の確立」旬刊国税解説速報四四巻一六三七

号

〃　「税理士代理権への侵害と国家賠償責任（続）」税経新報五一四号

一〇月　「政党助成法と納税者の権利（続）政党助成法違憲訴訟」税経新報五一五号

一二月　「住民税脱税犯における偽計行為（続）」税経新報五一七号

二〇〇五年一月　「公明党・創価学会は存在そのものが憲法違反だ（創価学会＝公明党を理解するために（6））」月刊日本九巻一号

〃　「二〇〇五年度税制改正案批判（政府税調批判）」税制研究四七号

〃　「特定非営利活動法人［ＮＰＯ］の収益事業課税」税経新報五一八号

二月　「不公平これだけある制度・行政上の歪み（3）『公正・公平な税』の確立」旬刊国税解説速報四五巻一六五〇号

三月　「コンビニエンスストアに係るチャージ契約の詐術性」税経新報五二〇号

四月　「不公平これだけある制度・行政上の歪み（4）『公正・公平な税』の確立」旬刊国税解説速報四五巻一六五六号

〃　「良心的軍事費納税拒否訴訟（特集改憲阻止九条裁判―法廷における恒久平和主義）」法と民主主義三九七号

〃　「税理士の代理権（特集税理士の代理権）」税経新報五二一号

五月　「『朝鮮総聯』の固定資産税問題」立命館法學二〇〇五年二・三号

〃　「朝鮮総聯の固定資産税問題―東京地裁への鑑定所見書」税経新報五二二号

六月　「不公平これだけある制度・行政上の歪み（5）『公正・公平な』の確立」旬刊国税解説速報四五巻一六六一号

七月　「セブン-イレブン高裁敗訴の真相セブン-イレブン『会計マジック』を糾す」エコノミスト八三巻三七号

〃　「巻頭論文福祉国家は累進税を要求する」税経通信六〇巻九号

八月　「不公平これだけある制度・行政上の歪み（6）『公正・公平な税』の確立」旬刊国税解説速報四五巻一六六六号

〃　「政府税調『個人所得課税に関する論点整理』の問題点（税調（論点整理）批判）」税制研究四八号

一〇月　「不公平これだけある制度・行政上の歪み（7）『公正・公平な税』の確立」旬刊国税解説速報四五巻一六七二号
〃　「医療法人の出資額払戻しの評価」税経新報五二六号
一二月　「財政・地方自治『福祉本位』の地方分権的租税国家を目ざせ（特集自民党「新憲法草案」総力批判）」法と民主主義四〇四号

二〇〇六年一月　「小泉税制改革批判（特集二〇〇六年の情勢と展望）」科学的社会主義九三号
〃　「『小さな政府』論と税制改革—そのおそるべき『福祉国家否定』の論理（消費税問題）」税制研究四九号
〃　「日本国憲法九条二項と税財政問題（特集2平和の危機と大増税）」法と民主主義四〇五号
〃　「相続税連帯納付義務の問題点」税経新報五二九号
二月　「医師の宿日直手当の所得税課税問題」税経新報五三〇号
三月　「不公平これだけある制度・行政上の歪み（8）『公正・公平な税』の確立」旬刊国税解説速報四六巻一六八三号
〃　「熊本朝鮮会館に対する固定資産税等の免除を違法とした福岡高裁判決批判—税法学的には誤りの判決」税経新報五三一号
四月　「不公平これだけある制度・行政上の歪み（9）『公正・公平な税』の確立」旬刊国税解説速報四六巻一六八八号
〃　「靖国問題を考える」税経新報五三二号
五月　「消費税福祉目的税化等の問題点」科学的社会主義九七号
六月　「不公平これだけある制度・行政上の歪み（10最終回）『公正・公平な税』の確立」旬刊国税解説速報四六巻一六九三号
八月　「相続税連帯納付義務の問題点（続）」税経新報五三六号
〃　「日本国憲法九条二項廃棄・靖国問題・共謀罪創設などの動きと税財政—『応能負担原則』の崩壊と格差社会」税制研究五〇号

一〇月　「映画『不撓不屈』を斬る—飯塚税理士の虚像と実像」月刊民商四八巻一一号
〃　「地方朝鮮会館に対する固定資産税問題」税経新報五三七号
一一月　「巻頭論文コンビニ契約の問題性—その財務上の諸問題」税経通信六一巻一三号
〃　「コンビニ財務契約の違法性」税経新報五三八号
一二月　「誤った固定資産税評価額に基づく過大相続税額納税申告と損害賠償」税経新報五三九号
二〇〇七年一月　「相続税連帯納付義務と課税庁の徴収懈怠」税経新報五四〇号
〃　「政府税制調査会答申と今後の動き」税制研究五一号
二月　「誤った固定資産税評価額に基づく過大相続税額納税申告と損害賠償（続）」税経新報五四一号
〃　「財界主導の税制改革の「虚構」（特集財界主導の税制改革の本質）」法と民主主義号四一六号
三月　「『調査における法律的知識』わかりやすくマンガで解説批判」税経新報五四二号
四月　「税理士の債務不履行責任—鑑定事例」税経新報五四三号
五月　「共有建物の区分所有権の設定と不動産取得税」税経新報五四四号
六月　「弁護士の債務不履行責任—鑑定事例」税経新報五四五号
七月　「イラク特措法と納税者基本権」税経新報五四六号
〃　「大企業の実質税負担率—四〇%ではなく三〇%」科学的社会主義一一一号
八月　「日本国憲法九条二項と税財政」税制研究五二号
九月　「コンビニ・チャージ契約最高裁判決批判（最高裁二〇〇七・六・一一判決）」税経通信六二巻一二号
〃　「国民健康保険料と本来的租税条例主義」税経新報五四七号
〃　「憲法と消費税について（特集第四三回［税経新人会全国協議会］神戸全国研究集会「憲法と消費税」）」税経新報五四七号
一〇月　「『地方自治』と個人住民税問題—一〇%比例税率問題（特集第四三回［税経新人会全国協議会］神戸全国研究集会『憲法と消費税』（2））」税経新報五四八号
〃　「非税理士の税理士法違反問題」税経新報五四八号

一一月　「朝鮮総聯中央会館の固定資産税問題―東京地裁判決批判」税経新報五四九号
一二月　「『永田町の不動産屋』小沢一郎への公開質問状（特集小沢政治に異議あり！）」Ｗｉ Ｌ Ｌ三六号
二〇〇八年一月　「租税ほ脱額の立証と正規賃借対照表」税経新報五五一号
〃　「税制の基本原理―私たちは無条件的に無原則的に納税の義務を負うのではない」税制研究五三号
二月　「ストック・オプション給与課税と滞納処分免脱罪（上）」税経新報五五二号
三月　「ストック・オプション給与課税と滞納処分免脱罪（下）」税経新報五五三号
四月　「社会保障充実と財源問題を斬る（特集社会保障）」全労連一三五号
〃　「固定資産税の減免と課税庁の裁量」税経新報五五四号
五月　「ストック・オプション権利行使益の税法上の性格」税経通信六三巻五号
〃　「憲法と税制―最近の諸論議に思うこと（特集憲法―平和・人権・生活を守る）」科学的社会主義一二一号
〃　「生活保護基準額以下の所得者に対する国民健康保険税の課税と憲法二五条」税経新報五五五号
六月　「コンビニ契約の問題性（上）請求書引渡等上告事件」税経新報五五六号
七月　「コンビニ契約の問題性（下）請求書引渡等上告事件」税経新報五五七号
八月　「シャウプ勧告における『公平課税』―その特質と限界（シャウプ勧告六〇年記念特集）」税制研究五四号
〃　「地方議員の『法定外会議』への出席に係る費用弁償支出の違法性」税経新報五五八号
一一月　「『税理士会と税政連』、税理士制度（上）」税経新報五六〇号
一二月　「『税理士会と税政連』、税理士制度（下）」税経新報五六一号
二〇〇九年二月　「セブン-イレブン契約の問題性―最高裁からの差戻し審」税経新報五六三号
〃　「消費税判例と研究者の対応―消費税法三〇条七項問題（消費税二〇年特集号）」税制研究五五号
五月　「法律家としての税理士のあり方―コンビニ訴訟弁護団長の体験から」税経新報五六六号
六月　「日本における租税制裁制度と問題」税経新報五六七号
七月　「日本における税務調査権行使の実態と問題」税経新報五六八号
〃　「医療費の財源確保・消費税の引上げは不要」月刊保険診療六四巻七号

〃　「わが同級生福島重雄・元裁判官（小特集「長沼事件平賀書簡事件」から司法を考える）」法と民主主義四四〇号

九月　「コンビニ契約と公取委排除命令―セブン-イレブン本部の真実」税経新報五七〇号

〃　「租税の法的概念と納税者基本権―日本国憲法における）」税制研究五六号

一〇月　「給与振り込み分を含む預金債権差押えとその違法性」税経新報五七一号

一一月　「永田町の不動産屋小沢一郎（総力大特集独裁者・小沢一郎徹底解剖！）」W・iLL五九号

〃　「財産評価通達の不適用と課税処分の違法性」税経新報五七二号

一二月　「競走馬厩務員に対する課税取扱いの変更と信義則」税経新報五七三号

二〇一〇年一月　「民主党の税制改革批判（特集鳩山政権の検討（その二））」科学的社会主義一四一号

〃　「フランチャイズ規制法制定の動き―コンビニ問題解決のための立法」税経新報五七四号

〃　「応能負担原則に基づく抜本的税制の再構築を（特集鳩山政権の政策と私たちの課題）」法と民主主義四四五号

二月　「民主党税制マニフェスト批判（政権交代と日本税制）―（税制改革の視点）」税制研究五七号

三月　「民主党税制改革批判―納税者権利憲章制定の展望および民主的税制のあり方にふれて（特集納税者の権利を守るたたかい）」月刊民商五二巻三号

七月　「遺稿差押禁止財産を含む預金債権の差押えの違法性と「和解」による決着（特集給与差押裁判）」税経新報（五七九）

（共著）

二〇〇五年五月　「対談シャウプ勧告と戦後日本税制―塩崎潤元大蔵省主税局長×北野弘久日本大学名誉教授（戦後六〇年の日本税財政）」塩崎潤、北野弘久　経済一一六号

二〇〇七年四月　「対談この『改憲手続法案』は憲法違反である（緊急特集改憲手続法案の違憲性を問う）」北野弘久、伊藤成彦　軍縮問題資料三二七号

（北野先生に献呈された記念論文集）

二〇〇〇年一二月　坂田桂三編『法律学・政治学・財政学の理論と現代的課題　現代社会と納税者の権利　北野弘久先生古稀記念論文集』（日本法学六六巻三号）日本大学法学会

〔備考〕

北野弘久先生古稀記念論文集刊行会編『納税者権利論の展開』（勁草書房、二〇〇一年六月）以降のものを可能な限り取り纏め、これに欠落、修正分を加えた。それ以外の主要業績目録については、同書を参照されたい。

執筆者一覧（執筆順）

安藤　実	（あんどう　みのる）	静岡大学名誉教授
渋田　幹雄	（しぶた　みきお）	弁護士
渡辺　春己	（わたなべ　はるみ）	弁護士
鶴田　廣巳	（つるた　ひろみ）	関西大学教授
山田　朋生	（やまだ　ともき）	明海大学講師
髙沢　修一	（たかさわ　しゅういち）	大東文化大学准教授、税理士
中村　昌典	（なかむら　まさのり）	弁護士
甲斐　素直	（かい　すなお）	日本大学教授
小沢　隆一	（おざわ　りゅういち）	東京慈恵会医科大学教授
船山　泰範	（ふなやま　やすのり）	日本大学教授、弁護士
鳥飼　貴司	（とりかい　たかし）	鹿児島大学准教授
小林　武	（こばやし　たけし）	沖縄大学客員教授
諸坂　佐利	（もろさか　さとし）	神奈川大学准教授
青山　浩之	（あおやま　ひろし）	道都大学准教授
鴨野　幸雄	（かもの　ゆきお）	金沢大学名誉教授
石森　久広	（いしもり　ひさひろ）	西南学院大学教授
中北龍太郎	（なかきた　りゅうたろう）	弁護士
設楽　裕文	（したら　ひろぶみ）	日本大学教授
野木村忠度	（のぎむら　ただのり）	淑徳大学講師
奥谷　健	（おくや　たけし）	広島修道大学准教授
占部　裕典	（うらべ　ひろのり）	同志社大学教授
黒川　功	（くろかわ　いさお）	日本大学教授
松嶋　康尚	（まつしま　やすひさ）	税理士
三木　義一	（みき　よしかず）	青山学院大学教授、弁護士
余郷　太一	（よごう　たいち）	税理士
小川　正雄	（おがわ　まさお）	愛知学院大学教授
小田川豊作	（おだがわ　とよさく）	税理士
伊藤　悟	（いとう　さとる）	札幌大学教授、税理士
田中　治	（たなか　おさむ）	同志社大学教授
山田　二郎	（やまだ　じろう）	元東海大学教授、弁護士
湖東　京至	（ことう　きょうじ）	元静岡大学教授、税理士
鶴見　祐策	（つるみ　ゆうさく）	弁護士
小池　幸造	（こいけ　こうぞう）	税理士
石村　耕治	（いしむら　こうじ）	白鷗大学教授
岡田　俊明	（おかだ　としあき）	税理士
本村　大輔	（もとむら　だいすけ）	日本大学法学研究科博士後期課程
浦野　広明	（うらの　ひろあき）	立正大学客員教授
中村　芳昭	（なかむら　よしあき）	青山学院大学教授
阿部　徳幸	（あべ　のりゆき）	関東学院大学教授、税理士
馬奈木昭雄	（まなぎ　あきお）	弁護士
富山　泰一	（とみやま　やすいち）	税理士

納税者権利論の課題

2012年5月25日　第1版第1刷発行

編　者　北野弘久先生追悼論集
　　　　刊行委員会

発行者　井　村　寿　人

発行所　株式会社　勁《けい》　草《そう》　書　房

112-0005　東京都文京区水道2-1-1 振替 00150-2-175253
（編集）電話 03-3815-5277／FAX 03-3814-6968
（営業）電話 03-3814-6861／FAX 03-3814-6854
精興社・牧製本

ISBN978-4-326-40274-8　　Printed in Japan

http://www.keisoshobo.co.jp

北野弘久	現代税法の構造	二七三〇円 40029-4
北野弘久	現代法選書9 憲法と地方財政権	一七八五円 49807-9
北野弘久	税法問題事例研究	九六六〇円 40234-2
北野弘久・谷山治雄 編著	日本税制の総点検	二三一〇円 45088-6
中村芳昭 監修 東京税財政研究センター編	税務行政の改革 手続法から組織法へ	三五七〇円 40208-3
日本財政法学会 編	財政法講座 ①財政法の基本課題	四七二五円 40227-4
日本財政法学会 編	財政法講座 ②財政の適正管理と政策実現	三八八五円 40228-1
日本財政法学会 編	財政法講座 ③地方財政の変貌と法	四七二五円 40299-8

＊表示価格は二〇一二年五月現在。消費税は含まれております。